A modern exposition

of the

1689 Baptist Confession

of Faith

Samuel E. Waldron

A Modern Exposition

제 2 차

런 던 신

앙 고 백

해 설

사무엘 E. 왈드론 지음
김홍범 · 박대일 옮김

제5열람실

목차

제2판 서문

1689 신앙고백서 해설서 첫 영어판이 1689 신앙고백서 300주년쯤에 발간되어야 해서, 나는 출판 당시 이 책의 서문을 작성하는 것으로 나 자신이나 편집자들에게 부담을 주지 않았다. 하나님께서는 크신 자비로움으로 스페인어 번역이 계획되고 두 번째 영어판도 고려되는 상황에서 이 해설서를 쓸모 있게 하는 것이 교회들에게 좋다고 판단하셨다. 그리고 이 해설서의 몇 가지 내용들이 분명히 설명되는 것은 중요하다. 첫 번째 판이 출판된 이후로, 나는 몇몇 사람들이 내가 작업하고 있었던 원고에서 1689 신앙고백 증거 본문들을 지나치게 자유롭게 바꾸고 덧붙인다고 생각하는 것을 점점 분명히 알게 되었다. 그래서 나는 해설서에서 1689 신앙고백서의 본문을 신중하게 보존하면서, 증거 본문들은 바꾸고 덧붙여 아주 명확하게 하겠다. 이렇게 바꾸고 덧붙여진 증거 본문들은 각 장에서 주어진 분석적인 개요와 함께 사용될 때, 학구적인 독자들에게 원자료를 제공하기 위한 것이다. 원자료는 이 해설서에서 제공하는 까다롭고 압축적인 필수해설들을 상세히 설명한다.

첫 번째 판 여기저기에 있었던 많은 오타들은 수정되었다. 수정된 것들 중 몇 안 되는 일부는 본질적으로 내가 설명한 것의 의미를 부정적으로 변경시켰다. 내가 생각한 것에 대한 모든 혼란을 서문에서 드러내어 이를 깨끗이 없앨 기회가 주어졌다. 30페이지에서 종교개혁과 관련된 성경의 네 가지 주요한 속성들은 당연히 '성경의 필수성, 성경의 권위, 성경의 충분성과 성경의 명료성'이었다. 66페이지에서 하나님의 작정을 논할 때, 나는 하나님께서 '자신의 직접적인 동인으로' 죄를 발생시키시지 않는다는 사실을 말하려고 했다. 180페이지에서 나는 '하나님의 말씀이 지속적으로 성화되어 가는데 우리에게 요구하는 기본적인 행위들은 두 제목, '확실한 **판단**과 큰 노력을 필요로 하는 **행동**' 아래서 요약될 수 있다'고 말하는 것이었다.

이 해설서가 어떤 가치를 가지건 간에 세 부분에서는 반드시 크게 신뢰해야 한다. 그랜드래피즈의 개혁주의침례교회와 내가 존경하는 동료 목회자 짐 허프스테틀러Mr. Jim Hufstetler에 의해 주장되는 사역자들을 바라보는 광범위하고 현명하고 성경적 관점이 없었다면, 이 해설서는 아마도 상상할 수조차 없을 것이다. 우리 교회의 비서, 제인 보르두인Mrs. Jane Borduin과 나의 동료 목사, 데이빗 멀크Mr. David Merck가 편집에 쏟은 노력이 없었다면, 앞에서 언급한 오타는 곱절로 늘었을 것이고 이 책의 유용성은 상당히 떨어졌을 것이라고 나는 확신한다.

제3판 서문

두 번째 판이 출판된 이후, 몇몇 형제들은 내가 이전 판들에 있는 오류들을 찾아내도록 친절하게 도와주었다. 이에 나는 그들 모두에게 감사한다. 가장 중요한 변화는 내가 연구하고 있었던 1689 침례교 신앙고백서 판이 1689 침례교 신앙고백서 원문과 많은 부분들에 있어서 약간씩 다른 부분들이 있다는 것을 발견한 것과 관련이 있다. 나는 이번 판에서 일치하지 않은 부분들을 고치려고 시도해 왔다. 어찌 됐든 이러한 것들은 나에게 중요했다. 나는 모든 주요 불일치 부분이 지금은 제거되었다고 믿는다. 불일치한 부분들 가운데 가장 중요한 것은 이 책 148쪽과 149쪽의 변화이다. 1689 신앙고백서의 역사에 있어서 몇몇 사람들은 제10장 3항의 첫 번째 단어를 제거하여 3항을 '유아기에 죽은 선택된 유아들' 보다 '유아기에 죽은 유아들'이라고 시작하도록 만든다. 나는 이 변화에 대한 책임이 있는 사람이 19세기 후반의 유명하고 사랑받는 영국의 침례교 목사였다고 어설프게 추측해본다. 그러나 나는 확실히 알지 못한다고 고백할 수밖에 없다.

　나는 또한 1689 신앙고백서 원본의 정황들을 참고하여 428쪽의 사소한 오류들을 바로잡았다. 나는 1677년에 침례교도들의 일반적인 모임에 대한 증거가 없다는 것을 이해했다. 나는 또한 윌리엄 콜린스William Collins의 협동목사인 느헤미야 콕스Nehemiah Coxe가 1689 침례교 신앙고백서 체계를 세우는 데 도움을 주었을 가능성이 상당히 높다는 것을 이해했다.

서문에 이 책을 가능하게 만든 많은 사람들에게 감사함을 담는 것은 당연하고 적절하다. 무엇보다도 삼위 하나님께 감사드린다. 하나님께서는 은혜로운 섭리 안에서 내가 예상한 것을 훨씬 넘어 이 책을 통하여 자신의 교회에게 유익을 끼쳐오셨다. 1989년에 첫 출판이 되었고 **이 해설서는** 이제 다섯 번째 영어판이다. 또한 이 책은 스페인어, 독일어, 러시아어, 루마니아어로 번역되었다. 나는 하나님의 교회에 이렇게 유익을 끼치는 영광에 참여하도록 한 은혜로운 섭리에 감격하고 깊이 감사드린다.

많은 사람들이 이 은혜로운 섭리의 도구로 쓰여 왔다. 에반젤리컬 프레스Evangelical Press와 상무이사인 그레이험 하인드Graham Hind는 지난 여러 해 동안 출판사와의 계약을 진심으로 기쁘게 해주었다. 이 책의 계획에 대한 그와 출판사의 지지가 없었다면 이 책은 빛을 보지 못했을 것이다. 또한 나는 다섯 번째 판의 준비와 편집에 있어서 맡은 일 그 이상의 도움을 준 언약침례신학대학원의 행정처장인 렉스 샘래드Rex Semrad와 그의 딸 다니엘Danielle에게 감사드린다. 나는 나의 사랑하는 아내, 샬린Charlene을 언급하지 않을 수 없다. 샬린은 내가 무너져 내리려 할 때 나와 함께 있어주었고 나를 지지해 주었다. 그리고 아내는 결혼생활 41년 동안 평생 나의 평안이고 동반자이자 친구가 되어 주었다.

다섯 번째 판이 필요한 까닭에 대해서 이야기해보겠다. 이 책의 두 번째 판과 세 번째 판에서 첫 번째 판보다 중요한 진보를 많이 이루었다. 여러분들은 앞 장에서 반복된 서문을 읽어서 진전을 확인할 수 있을 것이다. 2009년에 출판된 네 번째 판에 이러한 진보들이 보이지 않았고 원고가 부정확한 것들을 가지고 있음에도 원판(첫 번째 판)의 형식으로 되돌아갔다. 나는 지난해에 이 문제의 범위를 드러내기만 했다. 그레이험 하인드와 에반젤리컬 프레스는 여전히 유통되고 있는 네 번째 판을 회수하여 즉각 이 문제에 대응했다. 그들은 내가 출판을 위한 준비를 마치는 대로 다섯 번째 판을 출판할 것에 동의하였다.

이 책의 다섯 번째 판 안에는 두 번째 판과 세 번째 판에 있었던 진전들이 다시 드러나 있다. 나는 이전 판들에 있었던 두 가지 부록들을 수정하였고 두 가지 이상을 덧붙이는 것으로 더 나은 발전을 이루었다. (내 생각에) 책 뒤쪽을 펴서 이 부록들을 먼저 읽으면 독자들이 더 많은 도움을 받을 것 같다.

마지막으로 나는 박사 로버트 폴 마틴Dr. Robert Paul Martin과 그의 가족들에게 제2차 런던 신앙고백서 해설 다섯 번째 판을 바친다. 신앙고백서들의 합법성과 용법에 대한 그의 서문은 이 책의 다섯 번째 판을 포함한 각 판의 첫 시작이다. 내가 보기에 박사 로버트 폴 마틴은 탁월한 짧은 논문에 대해 자신이 마땅히 받아야 하는 칭찬을 받지 못해 왔다. "박사 봅"Dr. Bob은 몇 달 전에 세상을 떠났다. 그러나 그리스도의 왕국을 위한 그의 신실함과 노력들은 잊혀지지 않는다.

사무엘 E. 왈드론

2016. 8

신앙고백서는 그 자체가 영감 된 문서이거나 성경과 같은 권위를 가지는 것
은 아닙니다. 하지만 역사적으로 '사도적 가르침'에 뿌리를 둔 교회들은 신
앙고백서를 '성경의 가르침의 충실한 요약'으로서, 또한 '자신들의 믿는 바
의 고백'으로서 존중해 왔고, 그 가치와 중요성을 강조해 왔습니다. 뿐만 아
니라 후대에도 이러한 전통이 전수되기를 원했고 이를 위해 성실하게 노력
해왔습니다.

신앙고백서의 필요성, 정당성, 유용성

신앙고백서가 불필요하다고 주장하는 사람들 중에는 "신앙고백서가 결국
사람이 만들어낸 문서이므로 이것을 강조하는 것은 성경으로 충분하지 않
다는 반증이 아니냐?"는 반론을 제기합니다. 그리고 "성경을 믿기 때문에
그 외에 다른 것은 필요 없다." ^{Campbellism}고 말합니다. 성경을 그만큼 높이
고 중시하는 마음은 백번 공감하지만, 매우 위험한 말이 될 수 있습니다. 단
적으로 이런 말은 우리 주변에 널려있는 신천지와 같은 이단들도 하는 말입
니다. 그들도 성경을 가지고 말하고, 성경이 제일 중요하다고 가르치지 않
습니까? 결국 "성경을 믿는다"는 것은 "성경이 하는 말을 어떻게 받아들이
고 이해할 것인가?"와 뗄 수 없는 문제입니다. 다시 말해 성경은 '해석'이 필

요한 '계시'입니다. 사람은 어쩔 수 없이 자기 속에 가지고 있는 '도구'를 사용하여 성경을 '해석'하게 되어있는데, 이때 그 도구를 가리켜 '신학'이라고 합니다. 그러므로 성경을 믿는다고 말할 때, 그 말이 진정으로 참이 되기 위해서는 '바른 신학'(사도적 가르침에 근거한) 그리고 개인의 신학이 아닌 '교회의 신학'(역사적 정통성에 근거한)이 무엇보다 중요하게 요구되는 것입니다. 신앙고백서는 교회사에서 이 중요성을 실천하기 위한 가장 검증된 방식으로 인정되어왔습니다.

또한 이러한 신앙고백서 전통은 단지 교회의 아이디어나 협의로 이루어진 것이 아닙니다. 오히려 교회를 보존하시고 다스리시는 우리 주 예수 그리스도께서 자신의 교회를 향하여 베푸신 하나의 섭리적 수단인 것입니다. 주님께서 자신의 교회가 세상 속에서 진리를 '보존'하고 '방어'하고 '전수'하는 일에 힘을 얻고 유익하도록 허락하셨고 명령하신 것이며, 교회는 이에 합당한 반응으로 이 방식으로 순종한 것일 뿐입니다. 역사적으로 참된 교회들은 진리를 순수하게 보존하고 오류와 외부의 공격에 대비하고 다음 세대에 진리가 희석 또는 변질 되지 않고 순수하게 전달되도록 세우신 기관으로서 스스로를 인식했습니다. 철저히 선지자와 사도의 가르침을 가르치고 배워 자신들이 이 터 위에서 자라가야 함을 알았습니다(엡 2:20).

따라서 지상에서 그리스도와 연결된 참된 교회, 즉 진리를 바르게 선포하고, 의식들을 신실하게 집례하며, 권징의 일을 소홀히 하지 않는 참된 교회와 성도들은 문서 이전에 '신앙고백'의 의미와 가치를 존중해왔으며, 또 존중할 것입니다. 혹 지금까지 그 중요성을 몰랐더라도 소개를 받는다면 그 중대성을 알고 이 유익을 누리고자 할 것입니다. 이 유익은 구체적으로 교회와 성도의 현실과 직결됩니다. 출석할 교회를 선택하는 일, 또는 교회가 한 사람을 회원으로 받아들이는 일, 직분자를 임명하는 일, 이단적 가르침을 분별하는 일, 그뿐 아니라 목사의 설교를 검증하고 확인하는 일, 성도의 신앙과 삶을 점검하고 권하는 일에 이르기까지 매우 다양합니다. 역사적으로 교회는 이 의무를 수행하기 위한 합법적인 수단으로서 그 내용을 문서화하여 신앙고백서를 채택하였을 뿐 아니라 활발하게 사용해왔습니다.

침례교회도 이러한 역사에서 예외가 아닙니다. 오히려 역사적으로 침례교인들은 자신들의 정체성을 드러내기 위한 가장 유용한 수단으로서 신앙고백서를 누구보다 인정하고 존중한 자들이었습니다. 단, 어떤 신조나 신앙고백서도 성경보다 더 권위 있는 것으로 보지 않았으며, 성경에 비추어 언제나 '교정'될 수 있다고 믿었습니다. 오늘 날 침례교회 목회자로서 교회에서 신앙고백서를 강조하고 가르치며 활용하는 모습을 보고는 "당신이 장로교 목사냐?"라는 분들도 적지 않았습니다. 그런 분들에게 이토록 자랑스러운 유산을 잘 보여주고 있는 이 책을 소개해드리고 싶습니다.

침례교 신앙고백서의 기원과 배경

침례교회의 기원은 16세기 후반에 영국의 성공회에서 분리되어 나온 분리주의 청교도들과 연결됩니다. 이들 중 특히 '신자의 침례'Believer's baptism를 주장한 이들이 침례교회의 뿌리입니다. 여기에서 크게 두 종류의 침례교회가 등장하는데, 하나는 일반침례교회General Baptist Churches였고, 다른 하나는 특수침례교회Particular Baptist Churches라 일컫습니다. 일반침례교회는 공식적으로 1611년 영국에서 시작되었습니다. 이들을 통상 '일반'이라 칭하는 이유는 '그리스도의 속죄가 모든 사람에게 미친다'는 일반속죄General Atonement를 따랐던 교회였기 때문입니다. 반면에 특수침례교회는 공식적으로 영국에서 1638년에 시작되었는데, 그리스도의 속죄에 대하여 '택자들만을 위한 것'이라는 제한속죄Particular/Limited Atonement를 믿었으므로 '특수'침례교회로 불리었습니다.

이에 침례교회의 기원에 있어서 일반침례교회가 특수침례교회보다 역사적으로 더 우선성을 점하는 것으로 생각하기 쉽지만, 그렇지 않습니다. 한 교파의 형성과 정통성은 자신들의 정체성을 역사 속에 드러내며 선언함으로 시작되는 것이기 때문입니다. 사실상 자신들의 신학적 정체성 확립에 있어서는 특수침례교회가 일반침례교회보다 훨씬 빨랐습니다. 일반침례교회들이 모여 자신들의 신학적 정체성을 처음으로 선언한 것은 1651년이었습니다. The Faith and Practice of Thirty Congregations 그리고 그 후 두 번에 걸쳐 신앙고백서를 발표하지만, 일반침례교회는 결국 여러 분파들로 쪼개지고 나뉘어져 1670년대에는 삼위일체를 부인하고, 그리스도의 신인성도 부인하는 이단이 되어 역사 속에서 사라져 버립니다.

이에 비해 특수침례교회는 1644년에 자신들의 첫 신앙고백서를 발표했습니다. 이것이 바로 제1차 런던신앙고백서 London baptist confession of faith 입니다. 1644년 런던에서 총 일곱 개의 특수침례교회의 대표들이 함께 모여 이 신앙고백서를 작성하였습니다. 제1차 런던신앙고백서는 네덜란드로 건너간 저명한 청교도 신학자이며 초기 독립파인 윌리엄 에임스 William Ames 로부터 영향을 받은 분리주의자들이 작성한 '분리주의 신앙고백' The Separatist Confession of 1596 의 상당부분을 참고하고 인용하였습니다.[1] 이러한 기반 위에 자신들의 정체성을 분명히 하기를, 침례와 회중의 최종 결정권과 지방회제도의 원리를 드러내었습니다. 무엇보다 이 고백서를 작성한 중대한 이유 중 하나가 그 고백서의 표지에 명시되었습니다. "재세례파 Anabaptist 로 잘못 일컬어지고 있는 일곱 교회가 우리의 신앙을 고백한다." 즉 자신들을 당대 급진적인 재세례파와 혼동하는 오해를 바로 잡고 자신들은 그들과 다른 무리들임을 알리기 위한 것이 이 고백서의 주된 목적이었던 것입니다.

그 후 1646년에 장로교 형제들이 웨스트민스터 신앙고백 The Westminster confession of faith 을 작성하였고, 1658년에 독립 회중파 형제들에게서 사보이

---

1   James M. Renihan, *True Confession: Baptist Documents in the Reformed Family* (Reformed Baptist Academic Press, 2004), p.3f.

선언 The Savoy declaration of faith 이 나왔습니다. 특수침례교회 역시 신학과 실천 전반에 걸친 새로운 신앙고백서의 필요성이 대두됨에 따라 1677년에 대표로 두 명의 권위 있는 목회자가 담당하여 신앙고백서 작성에 착수하였고, 그 임무를 완수하였습니다.

당시 이 중대한 임무를 맡았던 두 사람은 윌리엄 콜린스 William Collins 와 느헤미야 콕스 Nehemiah Coxe 였습니다.[2] 윌리엄 콜린스는 런던에 있는 페티 프랑스 침례교회 Petty France Baptist Church 의 목사로 존경받는 신학자요 설교자였습니다. 몇 년 뒤 그가 총회로부터 침례교 교리문답의 작성의 책임자로도 권유를 받았고, 그 임무까지도 성실하게 수행했다는 사실이 이를 잘 보여줍니다.[3] 느헤미야 콕스는 페티 프랑스 침례교회의 협동목사였습니다. 그는 라틴어, 헬라어, 히브리어에 능숙한 신학박사였으며, 무엇보다 침례교 언약신학의 정립에 가장 중대한 기여를 한 분으로 알려져 있습니다.[4] 이 두 사람은 '웨스트민스터 신앙고백서'와 '사보이 선언', 그리고 '제1차 런던신앙고백서'를 토대로 새로운 신앙고백서의 초안을 작성하였습니다.

이러한 두 사람의 노력의 결실에 대하여 서른일곱 명의 특수침례교회 지도자들이 확인하고 동의하여 서명을 했습니다. 하지만 당시 종교에 대한 탄압과 핍박이 너무 심한 나머지 익명으로 작성만 해 놓고 발표는 하지 못하다가, 1689년에 이르러 개신교 자유령 Act of Toleration 이 공표되면서 그 해에 공식적으로 채택되었습니다. 런던에 107개 교회의 대표들이 참석한 영국 특수침례교회의 제1회 총회에서 37명의 서명을 그대로 받기로 결의하고 특수침례교회의 새로운 공식적인 신앙고백서로 채택되었으니, 이것이 바로 제2차 런던신앙고백서(또는 1689 침례교신앙고백서)입니다.

---

2   Nehemiah Coxe, John Owen, *Covenant Theology: from Adam to Christ* (Reformed Baptist Academic Press, 2005), 16-18.
3   벤자민 벧돔, 『벤자민 벧돔 성경으로 답하다』(제5열람실, 2018), 22.
4   파스칼 드놀트, 『언약신학의 정수』(제5열람실, 2019), 40-41.

이 신앙고백서의 작성 목적은 출판 당시 서문에 분명하게 명시되기를, '우리의 신앙과 교리가 웨스트민스터 총회와 독립회중교회에서 출판한 신앙고백서들과 같은 입장이라는 것을 더 충분한 방식으로 명백히 하여 신앙의 연속성을 드러내고자 함'이라고 밝히고 있습니다. 특별히 차이점으로는 목사(장로)와 집사라는 2직분, 회중의 조직체제로서의 완전성과 우위성, 지방회 제도, 그리고 침수례에 의한 신자침례와 같은 특징들을 잘 보존하고 설명하고 있고, 무엇보다 이러한 차별성이 단지 표면적인 차이가 아니라, 성경을 바라보는 언약에 대한 관점에 따른 것임을 드러내고 있습니다. 하지만 신앙의 본질적인 주제와 내용에서는 거의 모든 부분에서 동일합니다. 이렇듯 이 신앙고백서에서 드러난 그들의 신앙은 침례교회의 교회론적 신앙을 유지 고수하되, 다른 개혁주의 청교도 형제들과 마찬가지로 종교개혁과 청교도의 정통의orthodox 역사적이고historic 고백적인confessional신앙을 자신들의 신앙으로 받아들이며, 동시에 알미니안 주의와 소시니안, 율법폐기론 그리고 제세례파를 분명하게 거절하는 것이라고 말할 수 있습니다. 이러한 배경과 근거로 침례교회의 제2차 런던신앙고백서는 그 가치와 중요성에 있어서 장로교의 표준문서들과 함께 개혁교회의 자랑스러운 전통이요 유산으로 인정되고 있습니다.[5]

우리의 현실과 소망

신앙고백서의 이러한 의미와 유익에도 불구하고 오늘 날 그 중요성을 알고 가르치고 활용하는 교회는 매우 드뭅니다. 일반적으로 개혁주의 전통을 따르는 장로교회가 강조하는 신앙고백 표준문서로는 대표적으로 「벨직 신앙고백서」(1561, 네덜란드), 「하이델베르크 요리문답」(1563, 독일), 「도르트 신조」

---

5   조엘 비키, 『칼빈주의 : 하나님의 영광을 위하는 삶』 (지평서원, 2010), 57-58, 75-78.

(1619, 네덜란드), 「웨스트민스터 신앙고백서」(1647, 영국), 「웨스트민스터 대·소요리문답」(1648, 영국) 등의 풍성한 유산들이 있습니다. 장로교회는 목사·장로 임직 및 신학교 교수 채용 시 "웨스트민스터 신앙고백 및 대소요리문답이 신구약 성경에 교훈한 도리를 총괄한 것으로 알고 성실한 마음으로 받아 믿고 따르겠다"는 서약의 순서가 있습니다. 그만큼 보편적으로 알려져 있다는 말입니다. 하지만 장로교회 내에도 과연 실제적으로 그에 따라 목회하고 그 고백에 입각하여 교회의 운영과 실제 신앙생활이 이루어지고 있는가에 대해서는 내부에서도 많은 자성의 목소리가 들리는 것을 봅니다.

침례교회의 상황은 더 열악합니다. 앞에서 소개드렸듯이 침례교회에도 자랑스러운 신앙고백서의 전통과 유산이 있습니다. 하지만 거의 알려져 있지 않다 하여도 지나치지 않을 것입니다. 침례교 신앙고백서의 존재조차도 소개 받지 못했거나, 알아도 관심이 없거나 현실의 목회 또는 교회의 현장과는 전혀 관련성을 찾지 못하는 상황이라고 할 수 있습니다. 본서의 역자들도 침례교인이며 침례교회의 젊은 목회자들입니다. 신학교 재학 시절에 하나님의 섭리로 종교개혁의 유산을 만나고 침례교회의 개혁주의 뿌리를 발견하고 배우며 '어두움 후에 밝은 빛'을 본 것 같이 기뻐하였습니다. 하나님의 은혜로 교회가 세워지고 지금은 한 신앙을 고백하는 자랑스러운 회중들과 함께 신앙생활하며 감사함으로 목회하며 사역하고 있습니다.

저희가 신앙생활하고 있는 교회의 목회와 운영의 동력은 다름 아닌 신앙고백서입니다. 성경이 가르치는 바를 잘 요약한 신앙고백서를 성실하게 가르치고 이에 동의하는 자들이 교회의 공식적인 회원, 즉 '회중'으로 가입할 수 있습니다. 회중가입을 희망하는 자들이 참여하는 과정으로 '예비-멤버십 교육'을 진행하고 있습니다. 신앙고백서의 총32장의 내용을 40주에 걸쳐 가르치고 배우는 시간으로 주일 오후 성경공부 시간에 별도로 운영되고 있습니다. 이 과정을 모두 수료하면 목회자들과의 만남을 통해 그의 신앙고백 및 교회 가입의사를 확인합니다. 최종적으로 그가 교회 가입을 자원하고 변함없이 희망한다면 예배 시간 중에 공적신앙고백을 통해 자신의 믿는 바와 고백에 걸 맞는 신앙 및 교회생활을 서약함으로 교회의 회중에 소속되고, 비로소 그 때 부터 주의 만찬에 참여할 수 있습니다. 그리고 이후 교회의 모든 의결과 결정에 참여하게 됩니다.

물론 처음에는 부정적인 의견들도 더러 있었습니다. 처음 2년간 지속했던 신앙고백서 및 신앙문답 설교에 그 방식과 내용 때문에 교회를 떠나시는 분들도 계셨습니다. "이렇게 해서 언제 부흥 시키냐?"는 인간적인 표현들도 있었습니다. 하지만 점차 진지하게 듣기 시작하고, 조금씩 그 중요성을 이해하며 깨닫는 모습이 나타나기 시작했습니다. 개척 3년차인 2017년에 처음으로 회중이 세워지면서 그 안에서 목회자를 정식으로 인준하고, 주의 만찬을 처음으로 시행 했습니다. 엄밀히 말해 이때부터 교회가 시작된 것이었다고 할 수 있겠습니다. 눈에 띄는 결실들도 확인하였습니다. 이렇게 회중이 되신 분들은 기본적으로 교회의 예배와 사역에 있어서 성실히 참여하고 적극적으로 지원하려는 태도를 지니고 있습니다. 공예배시에 선포되는 설교를 자신의 신앙생활에 가장 중요한 공급으로 인정합니다. 또한 주님께서 자신의 삶을 먹이시고 돌보심과 같이 마땅히 재정적으로도 주님의 사역을 지원해야 한다고 믿고 이를 실천하고 있습니다. 교회의 가르침과 방향에 따르고자 하며, 혹시라도 교훈이나 생활에서 태만하거나 그르치는 일이 있으면 교회의 권징에 기꺼이 순복해야 함도 알고 있습니다. 자신들이 그렇게 배웠고, 그렇게 고백하였고, 서약을 하고 들어온 교회이기 때문입니다.

교회의 의결은 특정 대표들이 아닌 회중의 결정으로 이루어집니다. 그렇다고 교회의 주인을 회중이라고 생각하지 않습니다. 회중주의를 자칫 민주주의로 혼동하거나 오해하는 경우를 봅니다. 회중주의를 강조하다가 마치 국민이 국가의 주권자라 하듯이 회중이 교회의 주인인 것처럼 착각에 빠지는 것입니다. 우리는 회중주의를 그렇게 배우지 않았습니다. 회중의 머리는 그리스도이시며, 온 회중이 그리스도에게 순종하려는 자세를 지녀야 할 것입니다. 우리 교회의 회중에 속한 자들은 이 사실을 끝까지 붙잡고 나아갈 것입니다. 외로운 길이고, 아직 어리고 부족한 걸음마라 할지라도 하나님께서 이 길에 함께 하실 것을 믿고 나아갑니다.

이 땅의 지역교회들이 천편일률적으로 다 똑같은 모습이 될 수는 없겠지만, 공교회성을 따르고 유지하는 가운데 진리를 드러내고 살아내는 교회들이 많아지기를 소망합니다. 특별히 침례교회 안에 침례교회의 정체성을 잘 실현하고 드러내는 교회들이 점점 많아지기를 소망합니다. 이 모든 일에 신앙고백서는 아주 유용한 도구이며, 우리 주 예수 그리스도께서 교회에게 허락하신 선물이라고 말씀드리고 싶습니다. 이 책이 이 일에 조금이라도 보탬이 되기를 바랍니다.

이 책의 특징

미국의 개혁주의 침례교회의 목사이자 조직신학박사인 사무엘 왈드론Samuel E, Waldron이 저술한 이 작품의 원제는 「A Modern Exposition of the 1689 Baptist Confession of Faith」입니다. 이 책은 제2차 런던신앙고백서 (1689)가 발표된 지 300주년 되는 해에 처음으로 출간되어 2016년 까지 27년간 총 다섯 번의 증보를 거쳤습니다. 그만큼 미국 개혁주의 침례교 내에서는 침례교 신앙고백서 해설서로서 권위를 인정받고 있다는 말입니다. 제5열람실에서 출간하는 이 번역서는 이 책의 최종판, 다섯 번째 판을 번역한 것입니다. 학자적인 접근으로 특히 목회자와 신학생들에게 유익하며, 일반 성도들도 차근차근 읽어 내려간다면 여러 가지 신앙생활의 현실적인 문제와 궁금증들에 대하여 폭넓은 도움을 얻을 수 있을 것입니다. 특별히 원제의 제목에서도 엿볼 수 있듯이 저자는 각 장의 주제와 관련된 이슈와 현대와의 관련성 및 적용에 관심을 기울였습니다. 이에 따라 어떤 주제는 전체적인 설명을 생략하고 간략하게 다루는 경우도 있습니다.

또한 임마누엘 개혁침례교회의 목사였던 로버트 폴 마틴Robert Paul Martin박사의 「신앙고백서의 합법성과 사용성」에 대한 서문과, 저자가 뒤에 소개하는 세 편의 「부록」들은 제2차 런던신앙고백서를 역사적으로 또한 체계적으로 이해하는데 큰 도움을 줄 것입니다. 무엇보다 저자가 제일 마지막에 준비한 각 장들에 대한 질문들은 각 장에서 핵심적으로 알아야 할 내용들을 정리할 수 있도록 도울 뿐 아니라 독자가 미처 생각하지 못하고 놓칠 수 있는 부분들을 짚어 줄 것입니다. 질문에 대한 답을 찾다보면, 각 장의 전체를 다 다루지 않은 것 같았지만 핵심적인 것은 다 다루어 준다는 것을 알게 될 것이며, 이에 성실한 독자들에게 훌륭한 변증 자료가 될 것이라 기대합니다.

수고와 감사

이 책의 출간도 노은하나교회 회중의 아낌없는 지지와 기도로 진행되었습니다. 가장 먼저 하나님께 감사와 영광을 돌리며, 회중에게 감사의 말을 전합니다.

이 책을 번역하기 시작한 것은 2015년부터입니다. 제5열람실 김홍범 대표가 전체적으로 초역을 하였고, 노은하나교회 박대일 목사가 수정 및 감수 과정에 참여하였습니다. 여기까지의 과정만 3년여가 걸렸습니다. 각자의 바쁜 사역과 목회 중에 이 책에 대한 번역만큼은 꼭 마쳐야 할 과업이라 생각하고 더디지만 인내하며 여기까지 왔습니다. 이 모든 과정이 하나님의 은혜입니다. 하나님께서 사람도 붙여주셨습니다. 번역 기간 중에 교회에 가입하거나 가입을 준비하는 분들 가운데, 이후 편집 작업에 참여하신 분들이 있습니다. 이 일에 주도적으로 자신의 일 처럼 여기고 수고해 주신 친구요 동역자인 방인성 형제에게 진심으로 감사의 인사를 드립니다. 원고를 읽고 교정 교열에 동참해 주신 나은총 자매, 박신애 자매, 박창대 형제, 이윤옥 자매에게 감사의 말을 전합니다. 특히 마지막 6개월간 바쁜 직장 생활 중에도 교회를 사랑하는 마음으로 교정교열 팀으로 섬겨주신 박나리 자매와 정아라 자매에게 깊은 감사의 말씀을 전합니다. 두 자매는 원문을 비교하며, 성경구절들까지 일일이 확인할 정도로 수고를 아끼지 않았습니다. 그리고 최종 교정으로 수고해주신 순천침례교회 고운석 집사님께도 감사의 말씀을 드립니다. 이 책은 이 모든 분들의 노력과 수고와 헌신의 결실입니다.

2020. 11. 15.

역자 김홍범, 박대일

들어가는 말

신앙고백서의 합법성과 사용

1989년은 제2차 런던 신앙고백서(또한 총회신앙고백서나 1689 침례교 신앙고백서로 알려졌다) 출판 300주년이다. 비록 제2차 런던 신앙고백서는 1677년에 익명으로 기록되고 출판되었지만, 윌리엄William과 메리Mary가 영국의 왕위에 오르고 관용령Act of Toleration 이후에, 영국의 특수침례교회들은 공식적인 총회로 모여서 제2차 런던 신앙고백서에 사인을 하고 성도들을 생각해서 다시 출판한다. 1647 웨스트민스터 신앙고백서는 제2차 런던 신앙고백서의 기본 체계로 활용되었지만 수정된 부분이 있다. 수정된 부분의 일부는 제2차 런던 신앙고백서를 작성한 사람들이 한 작업이었고 나머지 수정된 부분은 1658 독립회중주의자들에 의해 출판된 사보이선언과 1644년 제1차 런던 침례교 신앙고백서에서 인용된 것들이다. 이렇게 수정한 목적은 영국의 특수침례교와 다른 개혁주의 형제들 사이에 신앙의 연속성이 있다는 것을 최대한 보여주겠다는 의지를 드러낸 것이었다. 오늘날 개혁주의 침례주의자들은 제2차 런던 신앙고백서를 상당히 높이 평가하고 대부분의 교회는 자신들의 공식적인 신앙의 진술로 여긴다.

그렇지만, 탁월한 개혁주의 신앙고백들에 대해 많은 사람이 가진 열정은 모든 사람들에 의해 공유되지 않았다. 안타깝게도 우리는 신조가 없고 심지어 신조를 배척하는 시대 즉 실존적 상대주의와 반권위주의 그리고 역사적 고립주의로 특징되는 시대에 살고 있다. 많은 자칭 그리스도인은 신조들과 신앙고백서들을 사람이 만든 전통, 사람들의 교훈, 단순한 종교적인 견해들쯤으로 여긴다. 호라티우스 보나르Horatius Bonar는 자신이 살고 있는 시대에 대해 다음과 같이 말하고 있다.

회의론에 대한 모든 새로운 말은, 특히 종교적인 주제에 있어서 그리고 흔히 "종교적인"이라고 불리는 사람들로 인해 모든 신조를 바다 밑바닥으로 가라앉히는 또 다른 태풍 소리로 여겨져서 환호받는다. 들고나는 흐름은 주시되어야 하는데 그 까닭은 물 위로 진리가 드러나기 때문이 아니라 교리가 침몰하기 때문이다. 사람들은 자신들이 좋아하는 어떤 신에게 마음대로 예배하도록 내버려 두는 책이나 교리 혹은 신조에 대해서는 전혀 반대하지 않지만, 그들과 하나님의 관계를 고정시키고, 신앙에 대한 그들의 책임을 이끌어내고, 우리가 의무적으로 믿고 거절해야 하는 모든 것들과 하나님께서 권위 있게 말씀하시는 것을 담고 있는 모든 것을 반대한다. 이들은 왜곡된 자유의 이름 안에서 이것들에 대항한다.[1]

오늘날 어떤 사람은 보나르가 한 말을 기이하게 생각한다. 훌륭한 개혁주의 고백서들을 양심적으로 지지하는 사람들이 신앙과 교회의 적들로 여겨지지 않는다면, 시대착오적인 사람들로 여겨진다. 몇몇 공동체 안에서 우리는 비난받고 배척당한다. 그리고 만약 우리가 신앙고백을 가진 기독교의 유익과 교리적 자유주의의 위험성을 다른 사람에게 납득시키려고 노력한다면, 우

---

1   From Bonar's preface to *Catechisms of the Scottish Reformation* (London: 1866). Reprinted as "Religion without Theology," *Banner of Truth* 93 (June 1971): 37.

리는 신학적으로 그리고 교회적으로 부패(나병)와 동의어로 쓰이는 '옥죄는 교리주의'로 오염되었다는 취급을 받는다. 이러한 풍토에서 개혁주의 신앙고백서를 사랑하는 사람들이 신앙고백서의 합법성과 신앙고백서가 가지는 많은 유용한 쓰임에 대한 분명한 관점을 갖는 것은 아주 중요하다.

I. 신앙고백서의 합법성

성경은 교회를 '진리의 기둥과 터'라고 말한다(디모데전서 3장 15절). **스툴로스**(기둥)라는 말은 건물을 지지해주는 기둥을 가리킨다. 그리고 **헤드라이오마**(터)는 건물의 기초나 기반을 언급한다. 이 성경 구절에서 언급된 '진리'는 하나님께서 사람에게 계시하신 계시이다. 즉 이 계시는 에덴에서 시작되어서 새 언약이 세워질 때 종결되는 특별계시이다. 그리고 예수 그리스도의 복음, 즉 '경건의 비밀'에 초점이 맞추어진 계시이다(디모데전서 3장 16절).

교회를 '진리의 기둥과 터'라고 부르는 것으로, 성경은 우리에게 사람의 구원을 위해 하나님께서 주신 계시를 교회에 맡겨 오셨다는 사실을 가르쳐준다. 다시 말해, 진리를 순수하게 보존하고 오류에 대항하고 적들의 공격에서 진리를 보호하고 다음 세대에게 진리가 희석되지 않고 순수하게 전하기 위해 하나님에 의해 계획되고 목적된 기관, 즉 교회에게 계시를 맡기셨다. 교회는 계시된 진리를 이 세상에서 유지하고 증진시키기 위해 정해진 거룩한 사람들의 공동체로 창조되었다. 물론, 이것은 교회를 건물에 기둥이나 터가 반드시 필요한 것만큼 반드시 필요한 것으로 만든다.

(교회 안팎에 있는 사람들 모두에게) '진리의 기둥과 터'로서 교회의 의무를 행할 때, 다른 무엇보다도 교회는 신앙고백서를 공표해왔다. 그리고 교회는 역사적으로 교회의 의무를 잘 감당하기 위하여 신앙고백서를 공표하는

일을 합법적 수단으로 여겼다. 그러나 교회가 각각 고백의 표준들을 발표할 때마다, 신앙고백서가 해왔던 기능들에 대한 합법성에 반발하는 목소리들이 커져왔다. 두 가지 기본적인 반대들이 제기되어 왔다.

1. 몇몇 사람들은 신앙고백서가 신앙과 실천에 있어서 성경의 유일한 권위를 손상시킨다는 전제 위에서 신앙고백서의 합법성을 반대한다.

'신조가 아니라 성경이다'No creed but the Bible라는 외침이 종종 들린다. 어떤 경우에, 이런 외침은 존중받을 만한데 그 까닭은 몇몇 사람은 성경이 교회의 신앙, 교회생활과 관련하여 유일한 자리임을 인식함으로 인하여 진심으로 동기부여가 되는 것처럼 보이기 때문이다. 그럼에도 불구하고, 교회가 성경을 믿는다고 선언한 것으로 인해 교회가 진리의 기둥과 터의 의무를 완전히 완수했다고 믿는 것은 순진한 것이다. 대부분의 이단들은 의도적으로 이와 동일하게 말한다. 한 저자는 다음과 같이 선언한다. '진리에 도달하기 위해서 우리는 반드시 종교적 선입관을 버려야 한다. 우리는 하나님께서 자신을 위하여 말씀하시도록 해야만 한다. 우리는 진리인 성경에 호소해야만 한다.' 물론 이 진술과 관련한 문제는 여호와의 증인Jehovah's Witnesses에 의해 출판된 책 'Let God be True'에서 발췌된 것이다.[2]

동일한 맥락에서, 사무엘 밀러Samuel Miller가 니케아 신조를 근거로 제시한 반대의견들을 생각해보자. '니케아 공의회가 (그리스도의 신성에 관한 아리우스의 관점을)주제로 삼아 연구를 시작했을 때, 아리우스로부터 그 자신의 생각에 대하여 만족할 만한 설명을 듣는다는 것은 굉장히 어려웠을 것이다. 대부분의 정통 신학자가 성경을 믿는다고 고백하는 것 같이 아리우스도

---

2   Quoted by Kenneth L. Gentry, Jr., "In Defense of Creedalism," Banner of Truth 211 (April 1981): 6.

같은 고백을 했을 뿐만 아니라 그는 구속자의 인격과 속성에 관한 세부적인 사항에 있어서도 모두 성경에 쓰인 단어만을 채택하겠다고 선언했다. 그러나 니케아 회의의 참석자들은 아리우스가 이러한 말들을 어떻게 이해했는지를 확인하길 원했는데, 아리우스는 회피하고 모호하게 사용하려는 경향을 드러냈고 실제로 상당히 긴 시간 동안 아주 뛰어난 정통파 사람이 자신의 오류를 분명히 하고 그 오류를 빛으로 인도하려는 노력을 좌절시켰다. 아리우스는 논쟁 중에 이 주제에 있어서 일반적인 단어를 채택하려고 더없이 의도하고 있었다. 그리고 아리우스는 자신이 교회의 전체와 거의 다르지 않다는 사실을 믿어주길 소망했다. 이에 따라서 정통파 사람은, 예를 들어, "하나님", "참 하나님" "하나님의 드러난 형상"과 같이 신성을 분명하게 표현하는 그리스도에 대한 다양한 명칭들을 살펴보았다. 아리우스와 그의 추종자들은 이 각각의 명칭에 아주 기꺼이 동의하였다. 그렇지만 그들은 이 문제의 성경적 기조에 대한 자신들만의 해석의 정당성을 주장했다. 니케아 공의회는 이 교활한 도둑을 은신처에서 끄집어내고 그의 생각에 대한 설명을 듣기 위해서 많은 시간을 헛되이 보내고 쓸데없이 이것저것을 한 후에, 아리우스에게 성경을 믿는다는 일반적인 고백 뒤에 숨도록 허용하는 한, 자신들의 목적을 성취하는 것은 불가능하다는 것을 알아차렸다. 그러므로 니케아 공의회의 참석자들은 이전 모든 시대에 속한 교회들에게 행하도록 가르쳐 온 하나님의 말씀과 일반 상식 모두를 행했다. 그리고 오직 이것만이 교회가 교묘하게 오류를 지지하는 것을 간파할 수 있게 한다. 그들은 그들이 구원자의 신성에 관하여 성경의 가르침이라 전제한 것을 자신들만의 말로 표현하였다. 그들은 구원자의 신성에 관하여 성경이 가르치는 내용이라고 생각한 모든 것을 자신들의 말로 표현했다. 다른 말로 하면, 그들은 이 주제에 대해 신앙고백서를 작성했다. 그리고 그들은 아리우스와 그의 제자들에게 서명을 청하였다. 니케아신앙고백서를 이단들이 거부하였다. 그래서 이 이단은 실제로 니케아 공의회의 다른 참석자들이 성경을 이해한 것과 동일하게 성경을 이해하지 않았다는 사실을 인정하는 데까지 나아갔다. 물론 이 이단을 비난하는 것은 정당했다.[3]

성경에 대한 우리의 충성심을 고백하는 것은 충분하지 않다. 성경의 진리를 가장 극단적으로 부정하는 것은 일반적으로 성경의 권위와 증언을 겉으로만 높이 평가하는 것과 함께 한다. 사람들이 성경에 있는 말들을 이단을 지지하는 데 쓰는 경우에 그리고 진리의 말씀이 왜곡되어 오류에 봉사하는 경우에 다른 것이 아닌 바로 신앙고백서가 진리와 오류 사이에 공식적으로 선을 그어주는 역할을 할 것이다.

만약 우리가 권위에 있어서 우리의 신앙고백서와 성경을 동등한 위치에 놓았다면, 우리는 교회의 신앙과 실천의 최고재판장으로서의 성경의 유일한 권위를 쇠퇴시키는 것이다. 그렇지만, 이것은 개혁주의 표준문서들을 작성한 사람들의 의도가 아니다. 그들은 성경의 유일한 자리를 인정하였고 자신들이 틀리기 쉬운 사람이라는 것을 인식하였고 신앙고백서 그 자체에 이러한 견해들을 반영하였다. 1689 침례교 신앙고백서의 진술을 주목하라. '성경은 구원에 이르게 하는, 모든 지식과 믿음 그리고 순종에 있어서 충분하고 확실하고 신뢰할 수 있는 유일한 규칙이다'(1장 1항). '거룩한 성경에는 하나님 자신의 영광, 사람의 구원, 신앙과 생활에 필요한 모든 것에 관한 하나님의 전체 뜻이 명확하게 기록되어 있고 이 모든 것이 필수적으로 포함되어 있다. 어느 시대에도, 그 어떤 것도 더해져서는 안 된다. 그것이 성령님의 새로운 계시이거나, 사람의 전통이라도 말이다'(제1장 6항).

탁월한 개혁주의 신앙고백서들은 이전에 진리가 아니었던 것을 진리로 만들어 주장하지 않는다. 이 신앙고백서들은 성경의 권위에 있어서 이전에 의무적으로 믿으라고 하지 않은 사항을 믿으라고 사람들을 옥죄지 않는다.

---

3   Samuel Miller, *The Utility and Importance of Creeds and Confessions* (Philadelphia: Presbyterian Board of Publication, 1839; reprint ed. Greenville, SC: A Press, 1987), pp. 33-35.

신조나 신앙고백서는 신앙에 대한 간단한 진술이다(신조의 의미는 '나는 믿는다'이다). 그리고 예를 들어 '나는 하나님을 믿는다' 또는 '나는 그리스도를 믿는다' 또는 '나는 성경을 믿는다'와 같이 말하는 것이 결코 성경의 권위를 손상시키지 않는다. '신조가 아니라 성경'이라는 말을 지지하는 사람들도 실제로는 신조를 가지고 있다. 비록 기록된 것이 아닐지라도 말이다. 교수 머레이는 다음과 같이 주장한다. '성경을 하나님의 말씀으로, 신앙과 생활의 규칙으로 받아들이는 데 있어, 시초이고 기본적인 신조의 고백이 있다… 성경이 신앙과 실천의 다른 모든 세부 목록들을 포함하고 있지 않기 때문이다. 그러나 왜 신조의 고백이 성경의 가르침에 제한되어야만 하는가?'[4]

만약 이단적인 교리들이나 실천들을 따르는 사람들이 지역교회의 회중으로부터 차단되었다면, 만약 목회자와 회중이 반드시 진리로서 확고한 교리들을 붙잡고 있다면, 그러한 사실 때문에 *ipso facto* 당연히 일반적으로 인정되는 신조가 있다. 이러한 지역 교회들 안에서 신조는 각각의 회중이 마치 복사본을 가지고 있는 것처럼 실재한다. 하지만 신조가 없어야 한다는 생각 아래서는, '나는 성경을 믿는다'라고 말할 수 있는 한, 모든 사람들은 차별 없이 환영받아야 한다.

사실은 신앙고백서들을 가장 강력히 반대하는 자들도 자신들의 종교회의들에서 자신들만의 비공식적인 신조들을 사용하고 그들이 열변을 토한 신조주의자들과 같이 자신들도 '신조적'이다. 토마스와 알렉산더 캠벨은 사람의 생각으로 세운 모든 신조 없이, 예수님을 구주로 믿고 예수님의 말씀에 순종한다는 고백적인 결단만을 가지고 어떤 제한도 없이 그 그리스도인 공동체를 모으는 방식으로 자신들이 '분파주의'라고 부르는 것의 악을 제거할 수 있다고 생각했다. 그들은 보이는 교회가 가지고 있는 문제는 교회가

---

4   Murray, *Collected Writings*, I : 281

분열된 것이고, 신조와 신앙고백서가 그 원인이라고 주장하였다. 그들의 노력의 결과물들, 이른바 '그리스도의 교회'는 가장 분파적이고 '신조적인' 공동체들 가운데 있고, 이 열매들은 그 모든 곳에서 발견되어진다.

신앙고백이 성경의 권위를 손상시킨다고 걱정하는 사람들에게, 우리는 곧바로 그리스도인의 신앙과 실천의 궁극적인 근거가 신앙고백이 아니라 성경이라는 사실을 확실히 말한다. 그러나 이 말은 성경의 가르침들에 관한 그들의 판단들에 동의하는 사람들이 그 판단한 내용을 글로 써서 표현하고 그 판단 자체를 신앙의 규칙으로 따라야 하는 의무로 간주하는 것이 불법이라는 뜻은 아니다. 핫지A. A. Hodge는 다음과 같이 설명했다. '진짜 문제는 보통 그런 것처럼 보이는데 하나님의 말씀과 사람의 신조 사이의 문제가 아니라 하나님의 백성들이 모인 교회의 믿을 수 있고 입증된 신앙과, 신조를 부정하는 사람들의 사적인 판단과 독단적인 지식 사이의 문제이다.'[5]

2. 다른 사람들은 하나님 앞에서 양심의 자유와 모순된다는 전제 위에서 신앙고백서의 합법성을 반대한다. 두 부류의 사람들이 다음과 같은 방식으로 반대한다.

첫째로, 성경이든 신앙고백이든 모든 권위를 자신의 양심의 자유를 손상시키는 것으로 생각한다고 말하는 사람이다. 그들은 성경의 더 높은 기준에 반기를 들고 있는데, 더 낮은 권위를 가지는 신앙고백서 아래 있다는 것을 못 참아하는 것은 전혀 이상한 일이 아니다. 낙타에게 침을 뱉는데, 각다귀를 아주 간단히 죽이는 것은 놀랄만한 일이 아니다. 이런 사람들은 '자유로운 생각'과 '자유로운 의심'을 사람들의 생득권이라고 생각한다. 그렇지만,

---

5   A. A. Hodge, *The confession of Faith* (reprint ed., London: The Banner of Truth trust, 1964), p. 2.

(자신이 행동하는 데 있어서 확신을 주는)성경을 따르기 위해 자유롭게 되기를 바라는 대신, 그들은 자신들의 종교적 의견들을 체계화하고 전파하는 데 있어서 성경의 강제로부터 실제로 자유로워지기를 원한다.

쉐드Shedd는 이러한 사람들을 '자유주의 고집쟁이들'이라고 불렀다. 그리고 그들은 실제로 정확함을 싫어하고, 자유를 사랑하지 않고, 모든 사람들에게 그들의 자유주의 편협한 신념을 강요하길 원한다.[6] 밀러는 다음과 같이 말했다. 정통교리와 관련하여 '사람들의 모임이 약해지기 시작할 때마다 어느 때이건 간에, 그들이 만약 쇠퇴한다는 사실을 숨기지 않는다면, 그들은 일반적으로 신조들과 신앙고백서들을 비난함으로 자신들이 쇠퇴하는 것을 막으려고 노력한다.'[7] 쇠퇴를 막으려고 할 때, 이러한 사람들은 보통 신앙고백서의 가르침을 따르라고 주장하지만 신앙고백서의 원리를 따르라고는 주장하지 않는다. 일반적으로 시간은 그들의 위선을 드러낸다. '사람들은 좀처럼 신조가 그들을 배반하기 전까지 신조들을 반대하지 않는다.'[8] 이러한 사람들에 대해서 우리는 그들의 양심이 하나님의 말씀으로 묶여 있지 않는 한 신앙고백서가 그들의 양심을 단 한치도 침해하지 못하고 단지 그들이 위선자들이고 이단자들이라는 사실만 드러낼 수 있을 뿐이라고 말할 수 있다!

둘째, 다른 사람들 입장, 양심의 자유에 호소하는 것을 기본적으로 반대하는 의견은 이전의 반대 의견, 즉 성경의 권위에 대한 우려에 비해 간단히 결론이 난다. 이런 사람들은 양심이 하나님의 말씀의 권위로만 묶여 있다는 전제를 진심으로 지지하고 있는 것처럼 보인다. 이런 사람들에게 우리는 신앙고백서가 오직 하나님만이 양심의 주라는 것을 인정한다고 말한다. '하나님만이 양심의 주가 되신다. 하나님께서는 하나님의 말씀에 거스르는 모든

---

6   W. G. T. Shedd, *Orthodoxy and Heterodoxy* (New York: Charles Scribner's Sons, 1893), pp. 167-68.

7   Miller, p. 40

8   Ibid.

사람의 교훈들과 명령들로부터, 말씀에 포함되지 않은 것들로부터 양심을 자유롭게 하셨다. 따라서 양심을 떠나 이런 교훈들을 믿거나 이런 명령들을 따르는 것은 양심의 참 자유를 배반하는 것이다. 그리고 맹신하는 믿음과 절대적이고 맹목적인 순종을 요구하는 것 또한 양심과 이성의 자유를 파괴하는 것이다'(제21장 2항).

서명자가 신앙의 조항을 연구할 수 있는 능력이 없는 상태에서 신앙고백서에 서명할 것이 요구되었다면, 또 만약 서명이 사회 불이익에 의해 강압적으로 이루어진다면 양심의 자유에 대해 염려하는 것은 맞을 것이다. 그러나 만약 한 사람이 신앙고백서 내용이 성경적이라고 설득되었거나 서명이 자발적이라면, 신앙고백서는 누구의 양심도 침해하지 않는다. 만약 한 사람이 분명하게 양심적으로 더 이상 신앙고백서에 동의할 수 없다면, 그 사람은 자유롭게 언제든지 교회의 신앙고백을 공식적으로 거부해야한다. 그리고 그는 자유롭게 양심적으로 따를 수 있는 모임에 자발적으로 참여해야 한다.

밀러는 신앙고백서의 체계를 세우고 신앙고백서에 서명할 권한이 그리스도인들의 모임에 없다고 하는 것은 그들에게 양심의 참된 자유가 없다는 것이라고 올바로 주장한다. '물론, 그리스도인의 모임은 모든 자유로운 나라에서 그 나라의 공공질서에 반하지 않고 따르면서, 이러한 원리 위에서 함께 회의로 모이고 함께 걸어가는 권한을 가진다. 그리스도인의 모임은 자신들이 성경을 이해하는 방식에 동의하고 선포할 권한을 가진다. 그리스도인의 모임은 성경에서 발견된 모든 조항을 근본적인 것으로 생각하는 것에 동의한다. 그리고 이러한 의미에서 그들 자신과 자녀들을 교육하기 위하여, 그들은 공식적인 설교와 다스리는 정책을 가질 것이다. 사실, 그리스도인의 공동체는 다른 사람들을 결정하거나 판단할 그 어떤 권한도 없고 또 그들은 어떤 사람에게도 자신들의 모임에 참여할 것을 강요할 수 없다. 그러나 물론 그들이 스스로 판단하는 것은 그들의 특권이다. 그들 자신의 회의의 방침에 동의하는 것도 그들의 특권이다. 정해진 권리에 따라 다른 회중을 자신들의 형제로 받아들이기로 결정하는 것도 그들의 특권이다. 자신들과 조화롭게 함께 갈 수 없는 사람들을 그들의 모임에서 제외시키는 일련의 규칙들을 정하는 것은 그들의 특권이다. 이 문제는 그들이 모든 경우에 양심이 지시하는 것들을 따르는 이 권한을 지혜롭고 성경적으로 사용 하느냐 안 하느냐가 아니라 그들이 이 권한을 소유하느냐 그렇지 못하느냐? 이다. 사실, 그들은 권한을 사용함에 있어서 하늘에 계신 그들의 주인에게 해명해야 할 책임이 있다. 엄중한 책임이다. 그러나 그들은 사람에게 이러한 권한을 사용함에 있어서 억지로 설명할 수도 없고 할 필요도 없다. 이것(판단)은 그들 자신의 일이다. 그들이 그 공적인 평화를 깨뜨리지 않는 동안 그들과 함께하는 사람들은 그것과 관련이 없다. 다른 식으로 결정하는 것은 개인적인 판단의 권한을 침해하는 것이다.'[9]

원리적으로, 어떤 교리적이나 도덕적인 일탈은 양심의 자유를 빙자하여 교회 안으로 들어올 수 있다. 앤드류 풀러Andrew Fuller는 주장하였다.

세상에는 교리에 대해 그런 것처럼 도덕성에 관해서도 굉장히 다양한 의견들이 있다. 무엇이든 간에 모든 조항들에 찬성하는 것이 성경에 반하는 강요라면, 부도덕한 모든 사람을 배제하는 것이나 바로 그 이유로 그 사람을 비난하는 것 또한 성경에 반하는 강요임에 틀림없다. 모든 사람은 단지 자기 자신만을 위해 생각하고 그 생각에 따라 행동한다고 주장되기 때문이다.

또한 이것은 여기서 끝나지 않을 것이다. 거의 모든 부도덕한 측면들이 정당해질 수도, 감추어질 수도 있어 왔다. 그래서 개인적인 판단의 권한이라는 미명 아래, 하나님의 교회는 창녀들의 어머니와 같이 될 것이다. (그리고 교회는 또한) "악마들의 습관과 모든 나쁜 영의 창고가 되고 깨끗하지 않고

---

9   Ibid., pp. 56-57.

악한 새들의 새장"처럼 될 것이다.[10]

비슷하게, B. H 캐롤 B.H.Carroll은 주장한다.

신조가 거의 없는 교회는 생명력이 거의 없는 교회이다. 더 많은 하나 님의 교리에 교회가 동의할수록 교회의 힘은 더 강력해지고 교회의 유효성이 더 넓어질 것이다. 교회의 신앙의 조항들이 적을수록 교회의 연합과 긴밀성은 더 약해진다. "신조가 적을수록 더 자유롭다"라는 현대의 외침은 척추동물에서 해파리로의 퇴보이다. 그리고 이 외침은 더 약한 연합과 더 낮은 도덕성을 의미한다. 그리고 이것은 더 많은 이단을 의미한다. 명확한 진리는 이단을 만들지 않는다. 이 진리는 단지 이단을 드러내고 바로잡는다. 신조를 차단해라 그러면 기독교 세계는 알지도 못하고 올바르지 않은 이단들로 가득찰 것이다. 덜 치명적인 것은 없다.[11]

간단히 말해, 앞의 장에서 논의한 신조의 합법성을 반대하는 주장들에는 근거가 없다. 신앙고백서들은 '진리의 기둥과 터'로 그 의무들을 수행하는 교회의 합법적인 수단이다.

II. 신앙고백서들의 사용

1. 신앙고백서는 공식적으로 진리를 확언하거나 변증하는데 유용한 수단이다.

교회는 반드시 '바른 말을 본받아 지켜야만'하고(디모데후서 1장 13절), '성도에게 단번에 주신 믿음의 도를 위하여 힘써 싸워야'(유다서 1장 3절)하고 '너

---

10   Andrew Fuller, *Complete Works* (London: Holdsworth and Ball, 1832), 5:221-22.

11   B. H. Carroll, *Colossians, Ephesians, and Hebrews, in An Interptretation of the English Bible* (1948, reprint ed. Grand Rapids, Ml: Baker Book House, 1986), p. 140.

희가 한 마음으로 서서 한 뜻으로 복음의 신앙을 위하여 협력'(빌립보서 1장 27절)해야 한다. 이 의무를 성취함에 있어서, 신앙고백서는 오류에서 진리를 구별하기 위한 유용한 도구이고 성경의 올바르고 적절한 핵심 교리들을 간결하게 드러내기 위한 유용한 도구이다.

첫째, 신조의 정형화된 표현은 교회가 공식적으로 가르치는 일의 한 부분이다. 신앙고백서는 우리의 신앙의 핵심을 가진 회중 밖에 있는 사람들에게 있어서 공식적인 정의이다. 그리고 다른 사람들과 구별하는 데 있어서 우리가 가지는 신앙의 세계에 대한 증언이다.

둘째, 신앙고백서는 회중을 공식적으로 가르치는 유용한 도구이다. 신앙고백서는 우리 회중을 오류에서 피할 수 있게 해주는 것 같이 진리를 충분히 드러내는 간결한 신학체계이다. 신앙고백서는 그리스도인의 지식을 증진시키는 데 굉장히 유용하고 하나님의 백성들과 우리 교회의 공식 사역을 담당하는 사람들의 구별되는 신앙을[12] 증진시키는 데 굉장히 유용하다. 그리고 그리스도인의 자녀를 교육함에 있어서 하나님의 백성에게 굉장히 유용한 도구이다. 더욱이 신앙고백서는 골격으로서 역할을 하고 이 골격으로, 새로운 것과 오류에 빠질 때마다 이 오류를 경고해 주는 것 같이 회중은 선포된 말씀을 지적으로 동의하여 받아들일 수 있다.

---

12 존 머레이는 다음과 같이 기술했다. "오늘날 많은 공동체들 안에서 신앙고백서가 예증하는 잘 기술된 신학적 정의의 가치를 떨어뜨리는 경향이 있다. 이것은 신앙고백서를 비난하는 태도이다. 완전하고 최종적인 성경에 근거를 두고 성숙해가는 신앙은 점차 상세한 진술을 요구하고 오류에 자리를 내어주는 일반적인 진술들과는 일치할 수 없다." Collected Writings, I : 317

2. 신앙고백서는 교제와 훈련의 공식적인 기준의 역할을 한다.

성경은 지역교회를 다른 것에 동의하는 사람들의 모임으로 생각하지 않고 평안과 하나됨으로 특징되는 모임으로 생각한다. 교회는 '평안의 매는 줄로 성령의 하나 되게 하신 것을 힘써 지켜'야만 한다(에베소서 4장 3절). 교회의 회중은 '일치', 즉 한 마음과 한 영과 한 뜻과 한 목소리를 이루어야만 한다 (로마서 15장 5-6절, 고린도전서 1장 10절, 빌립보서 1장 27절, 2장 2절). 신앙고백서는 교회의 일치성을 지키고 교회의 평안을 유지하는 데 도움을 준다. 신앙고백서는 조화를 이루어 함께 걸어가고 일할 수 있는 만큼 의견이 일치하는 사람들 사이에 있는 교회회중의 교제의 근거로서 역할을 감당한다. 신앙고백서는 동일한 신앙을 주장하는 사람들을 모아 하나의 공동체로 묶어준다.

예수님께서는 말씀하셨다. '스스로 분쟁하는 동네나 집마다 서지 못하리라'(마태복음 12장 25절). 칼빈주의자들과 알미니안들과 펠라기안들과 유니테리안들이 각자 자신만의 진리의 개념을 유지하고 장려하면서 평화롭고 유익하게 함께 기도하고 사역하고 회중의 교제를 형성하고 예배드릴 수 있을까? 누가 예배를 이끌고 설교할 것인가? 예수님을 하나님으로 믿는 사람들이 이러한 예배를 우상숭배로 여기는 사람들과 함께 예배를 드릴 수 있을까? 오직 그리스도를 믿는 믿음으로 의로움을 받는다고 주장하는 사람들이 다른 식으로 믿는 사람들과 연합할 수 있을까? 그들이 같은 주의 만찬 식탁에 함께 앉을 수 있을까? 축자영감과 완전영감을 믿는 사람들이 그 교리를 부정하는 사람들과 강단 교류를 할 수 있을까? 본질적인 문제들에서 (서로)다른 사람들이 조화롭게 함께 살 수 있는 유일한 방식은 진리를 요구하지 않는 것이다. 그렇지 않으면 그들은 '하나님의 집을 비참한 바벨의 집으로 만들' 것이다.[13]

---

13   Miller, p. 10.

앞에서 주목했듯이, 모든 교회들은 교회의 회원들로 인해 기록되거나 이해된 신조를 가지고 있다. 그리고 지혜로운 모든 사람들은 교회에 회중으로 참여하기 전에 신조가 무엇인지 알기 원할 것이다. 그에게는 교회가 믿는 것을 알 권리가 있고 교회는 그가 믿는 것을 알 권리가 있다. 자, 만약 정직하다면, 회중됨을 심사하는 신조가 비공식적인 신조로 있다는 것은 무질서한 것이다. 각 사람은 자신을 위해 교회의 신조를 알도록 허용되어져 있다. 그리고 멤버십을 신청한 사람들이 교회의 회중들의 공통된 믿음과 조화를 이루는 자리에 있는지 교회가 분별할 수 있는 쉬운 방법은 없는데 그 까닭은 공통된 신앙의 본질들이 그 어디에도 상세히 언급되어 있지 않기 때문이다. 예비 회중으로 인해 공식적인 신앙고백서는 교회의 교리적인 자리를 평가하는 데 굉장히 유용하다. 그리고 그 교회가 예비 회중을 평가하는 데에도 유용하다.

또한 공식적인 신앙고백서는 교회의 훈련에서 사용하기 위한 간결한 교리적인 기준을 제공한다. 우리는 '너희 교훈을 거슬러 분쟁을 일으키고 거치게 하는 자들을 살피고 저희에게서 떠나라'고 권해야만 한다(로마서 16장 17절). 우리는 잘못된 교리로 교회의 평화를 깨뜨리는 사람들을 잘라내야만 한다. '이단에 속한 사람을 한두 번 훈계한 후에 멀리 하라'(디도서 3장 10절). 교회회중됨의 순수성을 지켜야 하는 교회의 역할을 수행하기 위해서, 교회는 반드시 교리적 기준을 가지고 있어야만 한다. 그리고 그 기준은 반드시 공개적으로 발표되어야만 하는데 그것은 그 상세한 조항들로 그들이 판단 받는다는 것을 사람들이 알 권한이 있기 때문이다. 공식적인 신앙고백서 없이 교리의 오류를 대항하는 교육을 시키라고 교회에 요구하는 것은 지푸라기 없이 벽돌을 만들라고 요구하는 것이다.

오직 신앙고백서만이 교회와 회중들 간의 합법한 주장들을 만족시킬 것이다. 제임스 배너맨James Bannerman은 '교회의 의무는 교회의 신앙을 형식적이고 공식적으로 선포함으로써 신앙의 고백이 건전하다는 확신을 회중들

에게 주어야 하고 회중들의 확신을 받아야 한다'라고 진술한다.[14] 신앙고백
서가 없는 교회는 지옥에 떨어지는 모든 이단들에게 항구가 될 준비가 되어
있다고 광고하는 것과 같을 수 있고 색다른 작물을 키우는 모든 사람들에게
는 토양이 될 준비가 되어 있다고 광고하는 것과 같을 수 있다. 신앙고백서
가 없는 교회는 신학과 교회의 측면에서 후천성 면역결핍증에 해당한다고
할 수 있다. 이러한 교회는 전염되는 병균, 잘못된 교리에 대항할 만한 면역
력이 전혀 없다.

그리고 지역교회의 관계에 있어서 참 생명은 지역교회 간의 참된 교제
이다. 교회의 평안과 일치성과 같이 교회의 교리적 순수성을 유지하는 것
을 중요하다고 생각하는 교회가 진리와 오류의 문제에 있어서 교회의 기준
을 알지 못하는 다른 지역교회와 아무런 문제없이 교제를 맺을 수 있을까?
정의된 신앙이나 통치체계가 없고 신앙고백서가 없는 교회는 좋은 방향으
로 나아지는 대신에 부패의 근원이 될 것이다. 이러한 환경 아래서, 우리는
깨끗한 양심을 가지고 강단교류를 할 수 없고 이러한 교인들과 교제를 맺는
용기를 낼 수 없다.[15]

우리가 신조들의 주요한 내용을 교제와 교육의 기준들로 놓기 이전에,
내가 신앙고백서를 가진 교회에서 회중됨을 얻고 유지하기 위해서 모든 회
중은 반드시 성경의 가르침을 바라보는 관점을 증진시켜야 한다는 말을 하
고 있다고 몇몇 독자들이 결론 내리지 않도록 몇 마디 해야겠다. 앤드류 풀
러의 의견을 주목하라.

만약 신앙공동체가 하나님의 말씀에서 끄집어 왔다고 인정하는 중요한
몇 가지 원리들을 구체적으로 기술하는 것을 찬성하고, 만약 어떤 사람이

---

14 James Bannerman, *The Church of Christ* (reprint ed., London: The Banner of Truth Trust,
    1960), I : 296.
15 우리가 우리의 신앙고백서들 간의 절대적인 일치가 없다는 것을 발견한 곳에서는, 적어
    도 우리는 넓어진 시각으로 우리를 분열시키는 관점들을 공유할 수 있다.

그들과 함께 회중이 되거나 회중으로 있기 위해서 그들의 신앙을 판단하는 것이 필수적이라는 것에 동의한다고 해서, 논리적으로 이러한 원리들이 동일하게 이해 될 수 없고 모든 형제들이 반드시 동일한 수준의 지식을 가질 수는 없다. 그렇다고 해서 그들이 그것을 다르게 이해하지도 않고 다른 것을 믿는 것은 아니다. 사람들이 가지고 있는 힘과 능력들은 다양하다. 한 사람은 동일한 진리를 다른 사람보다 더 많이 이해할 수 있다. 그리고 한 사람은 동일한 개념이 굉장히 다양하게 해석되기에 다른 사람보다 확장된 자신의 관점을 가지기도 하지만, 그들의 믿음의 본질은 여전히 동일하다. 신앙의 조항들의 목적은 믿음이 연약한 사람들과 거리를 두려는 것이 아니라 교회의 공언된 적들과 거리를 두려는 것이다.[16]

3. 신조는 말씀사역자들을 평가하기 위한 간결한 기준의 역할을 한다.

말씀사역자는 반드시 '충성된 사람'(디모데후서 2장 2절)이 되어야만 한다. '미쁜 말씀의 가르침을 그대로 지켜야 하리니 이는 능히 바른 교훈으로 권면하고 거스려 말하는 자들을 책망하게 하려 함이라'(디도서 1장 9절). 우리는 거짓 선지자들과 사도들을 경계해야만 한다. 우리는 '영들이 하나님께 속하였나 시험'해야만 한다(요한1서 4장 1절). 우리는 충성된 사람이 아닌 사람을 우리 집으로 들여놓지 않아야 하고 그를 형제로 받아들이지 않아야만 한다. 우리가 그의 악한 사역의 참여자가 되지 않도록 말이다(요한2서 10절).

　　우리는 한 사람이 성경을 믿는다는 고백을 단순히 받아들이는 것으로 이러한 권고들에 순종한다고 할 수 없다. 우리는 반드시 중요한 주제에서 그가 성경이 가르치는 모든 것을 믿는다는 사실을 알아야 한다. 신앙고백서는 교회를 위해 상대적으로 간략하게 성경의 진리 전반에 걸쳐 교리의 건전

16　Fuller, *Complete Works*, 5:222.

성에 대하여 연구하도록 만든다. 신앙고백서가 없는 교회는 교회 사역자에 대한 교회의 평가를 기껏해야 대충 하거나 깊이가 없다. 그리고 교회는 초심자와 이단들의 손에 놓이는 엄청난 위험에 처하게 될 것인데 그 까닭은 사역을 위한 후보자들을 넓고 깊은 기준에 의해 평가하지 않기 때문이다.

교회가 말씀사역자를 인정하는 데 있어서 진실된 모든 것은 사람들을 말씀사역자로 훈련시키는 직책으로 정해진 교수를 인정하는 것보다 곱절은 진실해야 한다. 어떤 사람도 신학과 학장을 임명하는 것에 그리고 젊은 말씀사역자 후보생들의 변덕스러운 지성과 영혼을 빚어갈 기회를 제공하는 데 부주의로 인해 교회에 닥치는 위험을 과대평가할 수 없다.

4. 신앙고백서들은 역사적인 연속성을 인지하는 데 도움을 준다.

어떻게 우리는 우리와 우리의 사람들이 역사에 있어서 독특한 존재가 아니라는 것과 우리가 역사에서 이런 방식을 믿고 있는 유일한 사람들이 아니라는 것을 아는가? 우리의 신앙고백서들이 우리를 과거로부터 받아들인 귀중한 믿음의 유산들과 묶어주고 우리가 계속해서 자녀들에게 우리 선조들의 신앙을 전해주도록 하는 유산이다. 물론, 이것이 중요하지 않은 문제는 아니다. 역사적 연속성을 깨닫는 것은 교회의 안정성과 교회 회중들의 개인적이고 영적인 행복에 기여한다.

III. 최종견해

1. 현대 기독교는 교리에 있어서 상대성의 홍수에 빠져있다. 사탄과 그의 군대는 오늘날 만연한 부정확함과 애매모호함을 사랑한다. 스펄전은 '진리의

최대의 적은 우리의 벽을 무너뜨리고 우리의 울타리가 있는 도시들을 떠나도록 우리를 초대한다'고 진술하였다.[17] 만약 스펄전이 이 시대에 살았고 얼마나 많이 격하되어 가는지 보았다면, 어떤 사람은 스펄전이 했던 말을 이상하게 생각할 수도 있다.

우리 중 옛 기준들을 사랑하는 사람들은 성도들에게 전할 신앙을 위해 성실히 달려갈 의무가 있다. 우리는 싸우지도 않고 우리의 신앙고백서들을 포기하지 않을 것이다. 신앙고백서의 중요성에 대해서 이야기할 때, 스펄전은 '우리의 적들을 공격하는 무기들을 결코 녹슬게 버려두지 않을 것이다'라고 말하였다.[18] 위대한 개혁주의 신앙고백서들은 신앙을 위해 충돌했던 모루 위에서 망치로 두들겨 맞아서 만들어졌다. 그리고 신앙고백서들은 진리를 위한 전투가 격렬한 모든 곳에서의 깃발들처럼 넘쳐났다. 사람들이 성경적 신앙의 진술들을 포기하는 모든 곳에서 그리고 자유주의자의 의견들이 지배하는 모든 곳에서, 하나님의 논점과 진리는 엄청난 고통을 받아왔다.

믿는다고 고백한 신앙을 정확하게 정의 내리려는 의도가 없는 것은 교회 그리고 교회의 리더십들에게 어떤 부분이 절망적으로 나쁜 상태라는 표이다. 이러한 교회가 '진리의 기둥과 터'의 기능을 한다는 것은 불가능하다. 그 까닭은 가지고 있는 것을 고백한 진리를 정의하거나 변증하려는 의도가 없다는 것이기 때문이다. 지금 상황의 현실은 오늘날 교회들에 비하면 많지 않은 신앙고백서들이 시험대에 올라 있다.

2. 정기적으로 위대한 신앙고백서들을 수정하는 것은 필요하다. 그렇지만, 우리는 신앙고백서들을 신학적 유행의 모든 변덕이나 변화에 따라 수정하지 않을 것이다. 신앙고백서는 급하게 만들어진 작품이 아니기에 이 문서들은 급하게 수정하면 안 된다.그럼에도 불구하고, 우리 신앙고백서들은 본

---

17 Willian Cathcart에 의해 인용 되었다. "Creeds, Advantageous," *in The Baptist Encyclopedia* (Philadelphia: Louis H. Everts, 1881), p. 294.

18 Ibid.

질적으로 신성한 것도 아니고 수정과 개선을 하지 못할 것도 아니다. 물론 교회의 역사가 17세기에서 멈춘 것도 아니었다. 우리는 이 위대한 신앙고백서를 작성한 사람들이 직면하지 않았던 것과 이 신앙고백서에 명확하게 기록하지 못했던 오늘날의 오류들을 직면한다. 그렇기에 수정은 필요하다고 판단되나, 최대한 신중하게 이 일을 맡아야만 한다.

만약 오늘날 우리가 우리의 신앙고백서들을 수정하는 데 참여한다면, 우리는 반드시 현대 신앙고백서 구조의 원리에 반하게 나가야겠다고 결심해야 한다. 현대 교리적인 진술들은 옛 신앙고백서들과 다른 목적들을 위해 구성되었다.

메이첸Machen은 그 시대에 대해 진술하였다. '역사적 신조들은 오류를 배제한다. 이 신조들은 의도적으로 오류를 배제하였다. 이 신조들은 성경의 가르침과 반대되는 것들과 날카롭게 대조시키면서 의도적으로 성경의 가르침을 드러내 놓았는데 이는 교회의 순수성을 보존하기 위한 것이었다. 반대로 현대의 신조들의 진술들은 오류를 포함한다. 이 신조들은 교회 안에 많은 사람들 그리고 가능하면 다양한 생각을 가진 사람들을 위한 공간을 만들려고 의도되었다.'[19]

3. 탁월한 개혁주의 신앙고백서들에 대한 우리의 이해와 같이, 우리는 반드시 각 세대는 그들의 신앙을 성경 안에 두었다는 사실을 기억해야만 한다. 사람들의 신앙은 결코 신앙고백서에 대한 충성에 뿌리를 두지 않았다. 우리의 교회에서 우리는 그리스도를 따르는 사람들을 만들려고 노력해야 한다. 침례교인, 장로교인 개혁주의자가 아니다. 신앙고백서는 하나님의 말씀에 뿌리를 두고 있다는 개인적인 확신 없이 주장되는 단순한 전통과는 결코 어울리지 않는다. 교수 머레이는 다음과 같이 진술했다. '모든 세대가 신학적인 유산에 전적으로 의지하고 독자적으로 신적 계시의 풍성함을 연구

---

19   J. G. Machen, "Creeds and Doctrinal Advance," Banner of Truth (November 1970).

하려 하지 않을 때, 쇠퇴는 이미 진행되고 이단은 다음 세대의 숙명일 것이다.'[20]

4. 우리가 신앙고백서의 쟁점을 설명할 때, 정직이라는 문제가 떠오른다. 교회들과 개인들의 입장에서, 한 신앙고백서에 서명하는 것은 도덕적 진실성과 정직함으로 특징되는 행위이다. 한 교회가 공식적으로 발표한 기준으로 충실히 지키는 전제와 한 개인이 자기 자신에 대하여 언급한 것에 대한 전제를 누가 반박할 수 있겠는가? 그렇지만 안타깝게도 많은 교회들이 여전히 옛 신앙의 기준을 고수하고 있다고 주장하고는 있지만 자신들의 신앙고백에서 떠나가고 있다. 그리고 대부분의 사역자는 실상 특별한 신앙의 조항들을 반대할 경우에도 (또는 특별한 신앙의 조항들에 대해서 진심으로 의심하고 있는 경우도) 자신들의 교회의 신앙고백에 충실하다고 주장한다.

한 교회가 지금까지 걸어온 길을 떠나서 다시 돌아가지 않을 경우에, 이는 공개적으로 교회의 신앙고백을 부인하겠다는 것이다. 이렇게 진리를 저버리는 것을 보는 것은 우리를 비통하게 하고 진리의 적은 비방하고 조롱할 기회를 움켜잡을 것이지만, 교회가 계속해서 위선을 떨고 있는 것보다는 공개적으로 신앙고백을 버렸다는 것을 드러내는 것이 더 좋고 정직한 것이다.

그리고 공동체의 생명에 속하는 것은 개인의 정직이다. 사무엘 밀러는 신조에 서명하는 것은 엄중한 계약이라고 주장한다. '이 계약은 아주 신중히 숙고하고 겸손히 기도함으로 맺어야 한다. 그리고 이 계약 안에서 만약 한 사람이 모든 면에 있어서 진실해야할 의무가 있다면, 그는 하나님께, 자기 자신에게, 함께 모인 교회에게 진실할 의무가 있다.'[21] 밀러는 계속해서 다음과 같이 말한다. '내 입장에서, 나는 이러한 계약 말고 불성실함이 마땅

---

20 Allan Harman에 의해 인용되었다. "The Place and Significance of Reformed Confessions Today," *The Banner of Truth* 112 (1월 1973): 28.

21 Miller, p. 98.

히 "성령님께 거짓말하는" 무시무시한 죄로 고소되는 다른 어떤 계약도 알지 못한다.'[22]

끝으로, 나는 절실히 목회자들에게 호소해야 한다. 우리 대부분은 이미 우리를 붙잡고 있는 신앙고백서를 따르고 있다고 확신한다. 형제들이여, 우리는 하나님 앞에서 우리가 사역하는 우리 공동체의 신앙을 일치시키는 길을 걸어가야 하는 엄중한 의무 아래 있다. 만약 우리가 정직하게 이 일을 감당할 수 없다면, 만약 우리의 관점이 변한다면, 우리는 마땅히 떠나서 위선 없이 우리 스스로 참여할 수 있는 공동체를 찾아야 한다. 만약 우리가 이렇게 하려고 하지 않는다면, 우리는 결백하지 않고 비난을 피하지 못한다. 그리고 그렇다면, 우리는 목회자의 자격이 없다.

로버트 폴 마틴Dr. Robert Paul Martin

박사 로버트 폴 마틴은 미국, 워싱턴주, 시택에 있는 임마누엘 개혁침례교회의 목회자이고 트리니티 목회 아카데미 성경신학교 교수이다.

22　Ibid.

제1장 성경에 관하여

Of the Holy Scriptures

1. 성경은 구원에 이르게 하는, 모든 지식과 믿음 그리고 순종에 있어서 충분하고 확실하며 신뢰할 수 있는 유일한 규칙이다.[1] 비록 자연의 빛, 창조와 섭리는 하나님의 선하심과 지혜 그리고 능력을 사람이 헤아리지 못할 만큼[2] 명백하게 드러내지만, 이것들은 구원에 필요한[3], 하나님과 그분의 뜻에 관한 지식을 충분하게 전해주지는 못한다. 그러므로 주님께서는 여러 시대에 다채로운 방식들로 교회에게 스스로를 드러내시고[4] 자신의 뜻을 선포하시는 것을 즐거워하셨다. 그 후 진리를 더 잘 보존하고 전파하시기 위해 그리고 육적 부패와 사탄과 세상의 악의에 대항해 교회를 더 굳건히 세우고 위로하기 위해 바로 그 진리를 모두 기록하도록 하시기를 즐거워하셨다. 그리고 성경은 가장 필수적인 것이 되었다.[5] 하나님께서 자신의 뜻을 자기 백성에게 계시하시던 이전의 방법들은 이제 중단되었다.[6]

1. 이사야 8장 20절, 누가복음 16장 29절, 에베소서 2장 20절, 디모데후서 3장 15-17절
2. 시편 19편 1-3절, 로마서 1장 19-21절, 32절, 2장 12절a, 14-15절
3. 시편 19편 1-3절, 7-11절, 로마서 1장 19-21절, 2장 12절a, 14-15절, 1장 16-17절, 3장 21절

4. 히브리서 1장 1-2절a

5. 잠언 22장 19-21절, 누가복음 1장 1-4절, 베드로후서 1장 12-15절, 3장 1절, 신명기 17장 18절ff, 31장 9절ff, 31장19절ff, 고린도전서 15장 1절, 데살로니가후서 2장 1-2절, 15절, 3장 17절, 로마서 1장 8-15절, 갈라디아서 4장 20절, 6장 11절, 디모데전서 3장 14절ff. 요한계시록 1장 9절, 19절, 2장 1절, 등, 로마서 15장 4절, 베드로후서 1장 19-21절

6. 히브리서 1장 1-2절a, 사도행전 1장 21-22절, 고린도전서 9장 1절, 15장 7-8절, 에베소서 2장 20절

2. 성경 즉 기록된 하나님의 말씀이라는 명칭 아래 이제는 구약과 신약의 모든 책이 포함되어 있다. 이 책은 다음과 같다.

구약 창세기, 출애굽기, 레위기, 민수기, 신명기, 여호수아, 사사기, 룻기, 사무엘상, 사무엘하, 열왕기상, 열왕기하, 역대상, 역대하, 에스라, 느헤미야, 에스더, 욥기, 시편, 잠언, 전도서, 아가, 이사야, 예레미야, 예레미야애가, 에스겔, 다니엘, 호세아, 요엘, 아모스, 오바댜, 요나, 미가, 나훔, 하박국, 스바냐, 학개, 스가랴, 말라기.

신약 마태복음, 마가복음, 누가복음, 요한복음, 사도행전, 로마서, 고린도전서, 고린도후서, 갈라디아서, 에베소서, 빌립보서, 골로새서, 데살로니가전서, 데살로니가후서, 디모데전서, 디모데후서, 디도서, 빌레몬서, 히브리서, 야고보서, 베드로전서, 베드로후서, 요한1서, 요한2서, 요한3서, 유다서, 요한계시록.

이 모든 책은 하나님의 영감으로 주어진 것이며, 신앙과 생활의 규칙이다.[1]

1. 디모데전서 3장 16절, 디모데전서 5장 17-18절, 베드로후서 3장 16절

3. 일반적으로 외경이라고 불리는 책들은 하나님의 영감에 속한 것이 아니기에 정경, 규칙의 일부는 아니다. 그러므로 외경은 하나님의 교회에 대하여 그 어떠한 권위도 없고, 다른 어떤 사람의 저작물들보다 더 뛰어난 것으로 인정받지도 못하며 더 유용하지도 않다.[1]

1. 누가복음 24장 27절, 44절, 로마서 3장 2절

4. 사람이 마땅히 인정해야 하는 성경의 권위는 사람이나 교회의 진술에 달려 있는 것이 아니라 전적으로 성경의 저자이신 (진리 그 자체이신) 하나님께 달려있다.[1] 그러므로 성경이 받아들여져야만 하는 까닭은 성경이 하나님의 말씀이기 때문이다.[2]

1. 누가복음 16장 27-31절, 갈라디아서 1장 8-9절, 에베소서 2장 20절
2. 디모데후서 3장 15절, 로마서 1장 2절, 3장 2절, 사도행전 2장 16절, 4장 25절, 마태복음 13장 35절, 로마서 9장 17절, 갈라디아서 3장 8절, 로마서 15장 4절, 고린도전서 10장 11절, 마태복음 22장 32절, 누가복음 16장 17절, 마태복음 22장 41절, 요한복음 10장 35절, 갈라디아서 3장 16절, 사도행전 1장 16절, 2장 24절ff, 13장 34-35절, 요한복음 19장 34-36절, 19장 24절, 누가복음 22장 37절, 마태복음 26장 54절, 요한복음 13장 18절, 디모데후서 3장 16절, 베드로후서 1장 19-21절, 마태복음 5장 17-18절, 4장 1-11절

5. 우리는 하나님의 교회의 증언에 감화를 받아 성경을 지극히 높고 귀하게 여긴다.[1] 성경 내용의 신성함과 가르치기에 유익함, 문체의 장엄함과 모든 부분의 일치, (하나님께 모든 영광을 돌리는) 전체의 범위, 사람을 구원하는 유일한 방식을 완전히 드러냄 그리고 그 밖의 다른 것들과는 비교할 수 없

을 만큼의 탁월함과 흠 없는 완벽함은 성경이 스스로 하나님의 말씀임을 충분히 증거하는 근거들이다.[2] 그럼에도 불구하고, 우리가 성경의 무오한 진리와 성경의 신적 권위를 전적으로 믿고 확신하는 것은 우리의 마음 안에서 말씀을 사용하시고 그 말씀과 더불어 증거하시는 성령님의 내적 사역에서 나온다.[3]

1. 디모데후서 3장 14-15절
2. 예레미야 23장 28-29절, 누가복음 16장 27-31절, 요한복음 6장 63절, 베드로전서 1장 23-25절, 히브리서 4장 12-13절, 신명기 31장 11-13절, 요한복음 20장 31절, 갈라디아서 1장 8-9절, 마가복음 16장 15-16절
3. 마태복음 16장 17절, 고린도전서 2장 14절ff, 요한복음 3장 3절, 고린도전서 2장 4-5절, 데살로니가전서 1장 5-6절, 요한1서 2장 20-21절, 27절

6. 거룩한 성경에는 하나님 자신의 영광, 사람의 구원, 신앙과 생활에 필요한 모든 것에 관한 하나님의 전체 뜻이 명확하게 기록되어 있고 이 모든 것이 필수적으로 포함되어 있다. 어느 시대에도, 그 어떤 것도 더해져서는 안 된다. 그것이 성령님의 새로운 계시이거나, 사람의 전통이라도 말이다.[1]

그럼에도 불구하고 우리가 말씀으로 계시된 것들을[2] 구원하는 것으로 이해하기 위해서, 우리는 성령님의 내적 조명이 반드시 필요하다는 것을 인정한다. 그리고 우리는 하나님을 예배하는 것과 교회의 정치와 관련된 몇몇 문제들이 사람의 행동들과 사회 공동체들과 공통된 부분이 있음을 인정하고, 이런 문제들을 항상 지켜야 하는 말씀의 일반규칙을 따라 그리고 자연의 빛과 그리스도인의 현명함으로써 결정해야 한다.[3]

1. 디모데후서 3장 15-17절, 신명기 4장 2절, 사도행전 20장 20절, 27절, 시편 19편 7절, 119편 6절, 9절, 104절, 128절

2. 요한복음 6장 45절, 고린도전서 2장 9-14절

3. 고린도전서 14장 26절, 40절

7. 성경의 모든 내용이 그 자체로[1] 모든 사람에게 똑같이 쉽거나 명확하지는 않다.[2] 그렇지만 구원을 위해 반드시 알아야 하고 믿어야 하고 지켜야 하는 내용들은 성경 곳곳에 아주 분명하게 제시되고 드러나기 때문에 배운 사람뿐 아니라 그렇지 않은 사람도 평범한 수단을 적절히 사용하면 그 내용을 충분히 이해하는 경지에 도달할 수 있다.[3]

1. 베드로후서 3장 16절

2. 디모데후서 3장 15-17절

3. 디모데후서 3장 14-17절, 시편 19편 7-8절, 119편 105절, 베드로후서 1장 19절, 잠언 6장 22-23절, 신명기 30장 11-14절

8. (하나님의 옛 백성의 모국어인)[1] 히브리어로 기록된 구약성경과 (신약성경이 기록될 당시 그 민족에게 가장 일반적으로 사용된) 헬라어로 기록된 신약성경은 하나님의 직접적인 영감을 받았고 그분의 특별한 보살핌과 섭리로 모든 시대에 그 순수함이 유지되었기에 신뢰할 만한 것이다.[2] 그래서 종교의 모든 논쟁에 있어서 교회는 최종적으로 성경에 호소해야 한다.[3] 그러나 성경에 대한 권리가 있고 하나님을 두려워하는 마음으로 성경을 읽고, 연구하도록 명령받은 모든 하나님의 백성이 이러한 원어를 모르기 때문에[4], 성경은 각 민족의 대중적인 언어로 번역되어야만 한다.[5] 그렇게 함으로써 하나님의 말씀이 모든 백성에게 풍부하게 거하여, 그들이 하나님께서 받으실 만한 방식으로 예배할 것이고 성경을 성실히 읽고 성경이 주는 위로를 받음으로써 소망을 품게 될 것이다.[6]

1. 로마서 3장 2절

2. 마태복음 5장 18절

3. 이사야 8장 20절, 사도행전 15장 15절, 디모데후서 3장 16-17절, 요한복음
10장 34-36절

4. 신명기 17장 18-20절, 잠언 2장 1-5절, 8장 34절, 요한복음 5장 39절, 46절

5. 고린도전서 14장 6절, 9절, 11-12절, 24절, 28절

6. 로마서 15장 4절, 골로새서 3장 16절

9. 성경을 해석하는 무오한 규칙은 성경 그 자체이다. 그러므로 어떤 성경구
절이 가지는 참되고 충분한 의미에 대해서 의문이 들 때(성경의 참 의미는 여러
가지가 아니라 한 가지다), 그 의문은 반드시 더 분명하게 말하는 다른 구절들
에 의해 확인되어져야 한다.[1]

1. 이사야 8장 20절, 요한복음 10장 34-36절, 사도행전 15장 15-16절

10. 최고 재판관, 그 재판관으로 인해 종교에 관한 모든 논쟁은 결정되어야
만 하고 종교회의의 모든 결정사항과 옛 저자들의 의견들과 사람의 가르침
그리고 개인의 사상들이 검토되어져야만 한다. 우리가 의지해야만 하는 판
결에서 최고 재판관은 그 어떤 것도 될 수 없고 오직 성령님으로 인해 주어
진 거룩한 성경뿐이다. 성경은 이렇게 최고 재판관으로 주어졌기에 우리의
신앙은 최종적으로 이러한 성경으로 귀결된다.[1]

1. 마태복음 22장 29절, 31-32절, 사도행전 28장 23-25절, 에베소서 2장
20절

개요[1]

---

1   워필드의 유용한 개요를 참고하십시오(몇몇 점에서 다르다). B. B. Warfield *The Works of Benjamin B. Warfield*, vol. VI (New York: Oxford University Press, 1931, reprinted Grand Rapids, MI: Baker Book House, 1981), pp. 191, 192.

전반적으로 신앙고백서를 연구할 때 우리는 신앙고백서가 주장하는 내용들이 격렬한 역사적 논쟁들 안에서 연마되었다는 사실을 지속적으로 떠올려야 할 필요가 있다. 이는 특히 1장과 관련해서 딱 들어맞는다. (위 개요) 1장 1~7항의 각각 주요한 주장들은 대응되는 로마 가톨릭 교리를 반박한다. 더 나아가, 최소한 두 주장(1항과 6항)에서는 급진적 재세례파Anabaptists가 주장하는 직통계시와 예언의 은사가 부정된다. 그러나 이러한 역사적인 고찰들이 이 신앙고백서가 시대에 뒤쳐져 있다는 것을 의미하지는 않는다. 오히려 그 시대가 직면한 오류들에 대해 사려 깊고 성실하게 답한 신앙고백서는 오늘날까지도 신앙의 기본적인 문제들에 빛을 비춰준다. 이러한 역사적인 고찰을 기억하는 것만으로도 우리로 하여금 이 신앙고백서의 주장들을 오해하지 않도록 도와줄 것이다.

　1장을 구성하는 10개 항에 담겨 있는 풍부한 통찰력을 하나도 남김없이 다루는 것은 어렵다. 우리는 간략히 개혁주의 전통과 관련 있는 성경의 필요성, 권위성, 충분성, 명료성, 즉 성경의 주요한 특성들에 대한 성경의 근거를 마련하도록 하겠다. 1689 신앙고백서와 웨스트민스터 신앙고백서 사이에 단지 몇 가지 부차적인 차이점들만[2] 있다는 사실에 주목하라. 1689 신앙고백서의 저자들은 성경교리에서 개혁주의 전통과 다르지 않았다.

I. 성경의 필요성

1. 이 필요성의 근거

이 신앙고백서는 성경의 필요성이 구속계시 그 자체의 필요성에 뿌리를 둔다는 것을 우리에게 상기시켜 준다. '자연의 빛'은 '구원에 이르게 하는 필연적인 지식을 충분히 알려주지 못한다.' 그러므로 구속계시는 구원에 필수이다.

　구속계시가 구원에 반드시 필요하다는 사실은 성경에 필요성을 부여하고 필요성을 요구한다. 사람들은 성경 없이 구원받아 왔지만, 구속계시 없이 구원받지 못해 왔다. 이것은 단 한 사람도 이 전제 없이 성경의 필요성에 대해서 말할 수 없다는 것을 의미한다. 성경은 구속계시처럼 절대적으로 필수적이지 않다. 이것은 1689 신앙고백서에서 명확하다. (1689 신앙고백서에서)

2　이러한 미묘한 차이들은 1항, 6항, 10항에 있다. 마지막 항은 사보이 선언에서 인용되었다. 이러한 차이들에 대한 연구는 단지 웨스트민스터 신앙고백서의 의미를 분명히 하려고 한 것이지 그 의미를 바꾸려는 의도를 가진 것은 아니라는 사실을 보여줄 것이다.

사용된 단어, '더 잘', '더 굳건히'는 비교급이다. 동시에 구속계시의 절대적인 필요성은 성경의 (제한적이고 이차적인) 필요성을 요구한다. 이 신앙고백서는 구속계시가 구속의 목적을 위해 존재한다는 사실을 우리에게 상기시킨다. 사람들은 반드시 이 구속계시에 접촉해야만 하는데 그 까닭은 (구속계시가) 구속의 목적을 성취하기 위함이다. 이 필수 목적을 이루기 위해 필수 수단으로서 성경은 그 자체로 필수이다. 예를 들면 디모데후서 3장 15절에서 말하길, 구원에 이르는 지혜는 성경을 통해서 주어진다.

2. 이 필요성의 전제

사람들을 구속계시와 접촉시키기 위해, 성경의 기록이 필수 수단이라는 주장은 1689 신앙고백서가 명백히 하는 내용을 전제한다. 이 주장은 '하나님께서 자신의 뜻을 계시하셨던 이전의 수단들이 지금은 중단됐다'라는 진술을 전제한다. 그리스도께서 여전히 우리 가운데 계시거나 그리스도의 감동 받은 사도들이 여전히 이 땅을 걷고 있었다면, 성경이 이렇게까지 필수적이지는 않았을 것이다. 사실, 자기 자신을 계시하신 하나님의 이전 수단들이 중단되지 않았다는 몇몇 사람의 주장이 성경의 필요성에 관한 개혁주의 주장을 이끌어냈다. 무오한 교황과 성당, 즉 가톨릭과 성령님께서 지금도 직접 계시하신다고 주장하는 몇몇 극단적인 개혁자 이 둘 모두는 성경의 필요성을 부정하든지 격하시킨다. 히브리서 1장 1-2절은 하나님께서 말씀하시는 두 방식들 사이에는 현격한 차이를 포함하고 있지만, 최소한 연속되는 한 지점은 있다. 이 두 방식들 모두 완성되었다. 이 사실은 감동받은 사도들, 즉 하나님의 아들의 유일한 감동받은 대표자들이 더 이상 이 땅을 걸어 다니지 않는다는 사실로 입증된다(사도행전1장 21절, 고린도전서 9장 1절, 15장 7-8절). 이 자리는 은사주의 운동의 주장들을 철저하게 다루는 자리가 아니다. 그러나 1689 신앙고백서와 그 속에 집약적으로 담겨 있는 개혁주의와 청교도의 명료하고 근본적인 진술들과 충돌하는 계속적인 계시에 대한 주장은 반드시 인지되어야 한다.

3. 필요성의 근거들

성경의 필요성에 대한 목적들과 근거들 가운데 첫 번째 항목이 가장 중요하다.

1) 보존

구속계시의 보존은 우리를 구속의 목적으로 되돌린다. 사람들의 구원은 구속계시에 대한 신뢰할 만한 기록물을 소유하고 있는지에 달려있다. 1689 신앙고백서는, '구원을 얻기 위한 필수적인 진리'를 '더 온전하게 보존하기 위해' 그리고 덧붙여진 목적, 즉 '육적 부패와 사탄과 세상의 악의에 대항해 교회를 더 굳건히 세우고 위로하기 위해' 기록하기로 결정되었다고 말한다.

그러므로 하나님께서 우리에게 성경을 주신 것은 육체의 타락(사람의 약함) 그리고 사탄과 세상의 악(사람의 악함)으로부터 진리를 보존하기 위한 것이었다. 우리는 성경 자체에서 이 목적의 증거들을 가지고 있다. 신적 계시의 정확한 내용에 대한 확실성이 성경의 목적이었다. 기록하는 것은 확실성의 필수이다. 그 까닭은 약함 (누가복음 1장 1-4절, 베드로후서 1장 12-15절, 3장 1절, 신명기 17장 18-20절, 31장 9-13절, 19-21절)과 타락한 세상의 악함(고린도전서 15장 1절, 데살로니가후서 2장 1-2절, 15절, 3장 17절) 때문이었다.

2) 전파

또한 1689 신앙고백서는 '이 진리를 더 잘 전파하시기 위해'라고 말한다. 심지어 감동 받은 사도들이 살아있었을 때조차 그들이 모든 곳에 동시에 있는 것이 불가능했다. 그래서 그들은 자신들이 가르친 진리를 더 잘 전파하기 위해 서신들을 썼다(로마서 1장 8-15절, 갈라디아서 4장 20절, 6장 11절, 디모데전서 3장 14-15절, 요한계시록 1장 9절, 19절, 2장 1절 등)

3) 선별

'성경을 기록한' 세 번째 목적은 1689 신앙고백서에 언급되지는 않았지만 이쯤에 위치시키는 것이 순서상 적절할 듯하다. 프레드 끌로스터$^{Fred. H.}$ ^{Klooster}는 "기록은 처음 주어진 많은 특별계시에서 기록하기로 하신 하나님의 목적에 맞는 것만을 선별해야 하는 성령님의 목적을 충족시켰다. 성경의 기록은 영감적 선택의 자리를 마련해 준다…라고 말한 어떤 사람의 말에"[3] 주목한다(요한복음 20장 30-31절, 21장 25절, 골로새서 4장 16절, 고린도전서 5장 9-10절을 주목하라).

1689 신앙고백서가 하나님께서 그 진리 '모두를 기록하도록' 하시기를 즐거워하셨다고 진술하는 것으로 보아, 끌로스터의 진술을 반박하는 것처럼 보였을 수도 있다. 성경의 저자들은 모든 구속계시가 기록되도록 결정되었다고 가리킬 의도는 없었다. 이것이 확실한 성경의 증언이다. 예전에 계시된 모든 것이 기록되는 것이 아니라 **지금** 계시된 모든 것이 기록된 것이다. 성경에 있는 구속계시는 구속계시 전체를 정확하고 충분하게 요약한 요약본이다.

4. 이 필요성의 의미

성경의 필요성은 성경과 관련된 하나님의 더 특별한 일하심을 암시한다. 만약 하나님의 주권적 목적이 자신이 계시해 오신 구속계시를 통하여 사람들을 구원하는 것이고, 만약 이 구속계시가 반드시 기록되어 이 타락한 세상

---

3   Fred H. Klooster, *Introduction To Systematic Theology* unpublished class notes p. 96.

안에서 보존되어야 한다면, 이 같은 하나님의 주권적 구속의 목적은 '하나님의 직접적인 영감을 받은' 성경이 '그분의 특별한 보살핌과 섭리로 모든 시대에 그 수순함이 유지'(8항)된다는 것을 보증한다는 내용이 전제되어 있는 것이다. 이러한 절대적인 필요성에 의해 이전에 기록된 구속계시는 하나님의 특별한 섭리로 인하여 부패로부터 보호될 것이다.

성경본문의 역사와 본문 비평에 대한 올바른 연구는 성경본문이 모든 옛 문서 가운데 가장 완벽하게 보존되어 있다는 것을 드러내고 있다. 이 사실을 이해한 사람들에게, 이는 전혀 놀랄 일이 아니다. 성경 가운데 그 어떤 진리의 메시지도 본문 비평 연구들의 결정에 갈팡질팡하지 않는 것 또한 놀랄 일이 아니다. 그러나 올바르고 믿을 만하게 사용된 본문 비평학이 (풀기) 어려운 성경본문들 가운데 상당히 많은 본문들을 확실하게 풀 수 있다는 것을 발견하는 것 또한 놀랄 일은 아니다.

II. 성경의 권위성

4항과 5항의 논지의 전개는 '성경 그 자체로서 성경의 권위$^{quoad\,se}$'와 '우리와의 관계에 있어서의 성경의 권위$^{quoad\,nos}$' 사이를 구분하는 전통적인 신학적 구분을 사용한다. 이 신학적 구분은 성경의 권위에 관하여 묻는 다음의 두 질문 간의 차이 위에 놓여있다. 이 두 질문은 '왜 성경에 권위가 있는가?' 그리고 '우리는 성경이 하나님의 말씀인 것과 성경에 권위가 있다는 사실을 어떻게 아는가?'이다.

반면, 우리가 앞으로 살펴볼 것과 같이, 이 두 질문과 각 대답은 아주 밀접하게 연결되어 있으나, 이 둘은 논리적으로 차이가 있다. 4항은 우리가 성경을 신뢰하는 것에 대해서는 아무런 언급도 없고 오직 성경 그 자체의 권위에 대하여 객관적으로 말하는 반면, 5항은 성경 그 자체의 권위를 계속 강조하면서 성경의 권위에 대한 우리의 주관적인 인식을 말하고 있다. '우리는 감화를 받아… 지극히 높이고 귀하게 여긴다…무오한 진리…에 대해 우리가 전적으로 믿고 확신하는 것은 우리 마음 안에서 말씀을 사용하시고 그 말씀과 더불어 증거하시는 성령님의 내적 사역에서 나온다.' 4항은 객관성을 강조하는 반면 5항은 주관성을 강조한다. 이 두 항에서 주장되는 진리들을 자세히 설명할 때, 앞에서 제시된 개요가 쓰일 것이다.

1. 성경의 신적 권위에 대한 사실 (4항)

성경의 신적 권위는 성경의 절대 권위, 성경의 축자영감과 완전영감을 의미한다. 축자, 완전영감은 성경에 (기록되어) 있는 단어들 즉, 성경의 모든 단어들이 성령님께서 자신의 기관, 도구인 사람들에게 직접적이고 초자연적으로 영향을 주어 만들어내신 결과물이라는 가르침이다. 성경은 한 치의 틀림도 없다. 이것은 앞으로 논의될 것과 같이, 1689 신앙고백서에 적절하게 함축되어 있다.

우리가 성경의 절대적이고 신적인 권위에 대한 증거를 깊이 생각하면서, 성경이 성경을 결코 부정하지 않는다는 사실에 주목하는 것으로 시작하는 것이 중요하다. 성경은 그 어느 곳에서도 성경의 다른 진술이 틀렸다고 주장하지 않는다. 이것은 다른 변증이 전혀 필요 없을 만큼 자명하다. 우리는 먼저 구약성경의 권위에 대한 증거를 연구할 것이다. 구약성경의 권위를 지지하는 신구약 성경의 증거를 하나씩 열거할 것이다. 즉, 구약성경이 구약성경을 증언하는 것과 신약성경이 구약성경을 증언하는 것이다. 신약성경이 구약성경을 증언하는 것은 유기적 통일체로서 구약성경의 권위를 가장 명료하게 한다. 그러므로 성경의 권위에 대한 주장은 신약성경에서 발견된 구약성경의 권위에 대한 가르침에서 시작한다.

1) 구약성경은 신성(디모데후서 3장 15절)하고 거룩(로마서 1장 2절)하다. 마치 성전과 같이(신성함과 거룩이 성전과 맺고 있는 관계를 주목하라), 구약성경은 하나님과 특별하게 관계를 맺고 있다. 구약성경의 책들은 하나님의 책들이다.

2) 구약성경의 책들은 하나님의 말씀이다(로마서 3장 2절, 사도행전 7장 38절, 히브리서 5장 12절). 워필드B.B.Warfield가 자세히 설명해 왔던 것처럼,[4] 번역된 단어 '하나님의 말씀'oracle은 일반적으로 하나님의 목소리를 가리킨다. 로마서 3장 2절은 하나님의 말씀oracle의 기록된 형태를 언급하고 로마서는 이것들이 이스라엘에게 '맡겨진' 것이라는 사실을 가리킨다.

3) 하나님께서는 최종적으로 그리고 결정적으로 구약의 말씀하시는 분이시며 저자이시다(사도행전 2장 16-17절, 4장 24-25절, 마태복음 13장 35절).

4) 이런 이유로 '하나님께서 말씀하신다'와 '성경이 말한다'라는 말은 동의어다. 로마서 9장 17절과 갈라디아서 3장 8절에서, 하나님께서 구약성경에서 하신 모든 말씀은 성경에 속한다. 동시에 마태복음 19장 4-5절에서도 구약성경의 모든 말씀이 하나님께 속한 것이다. 이 거룩한 혼용은 성경이 하나님께서 직접 말씀하고 계시는 것으로 보는 전제 위에서만 설명될 수 있다.[5]

5) 하나님께서 성경의 참 저자이시기 때문에 성경에는 계획된 먼 미래에 일어날 일들도 기록할 수 있었고 기록하였다(로마서 15장 4절, 고린도전서 10장 11절). 구약성경은 완전영감으로 된 것이라는 가르침이 로마서 15장 4절에 함축되어 있다는 사실에 주목하라.

6) 하나님께서 성경의 저자이시기에 성경에 무조건적인 권위가 주어졌

---

4 B. B. Warfield, *Revelation and Inspiration* (Grand Rapids, Ml: Baker Book House, 1981), pp. 335f.

5 B. B. Warfield, *Revelation and Inspiration*, p. 283.

을 뿐 아니라 성경은 그 세부내용에서도 권위가 있다. 이 주장들은 단어 하나에까지도 영향을 준다는 기초 위에 세워졌다(마태복음 22장 32절, 누가복음 16장 17절, 마태복음 22장 41-46절, 요한복음 10장 35절, 갈라디아서 3장 16절).

7) 성경은 신성한 것이기 때문에, 성경은 하나님의 신성한 작정의 기록물이라고 말할 수 있다. 신적필연성은 그것의 성취를 요구한다(사도행전 1장 16절, 2장 24-36절, 13장 34-35절, 요한복음 19장 34-36절, 24절, 누가복음 22장 37절, 마태복음 26장 54절, 요한복음 13장 18절).

8) 구약성경의 신적 권위를 체계적으로 언급한 다섯 개의 대표적인 성경구절은 디모데후서 3장 16절, 베드로후서 1장 19-21절, 마태복음 5장 17-18절, 요한복음 10장 34-36절이다. 이 성경구절들은 구약성경이 유기적인 통일체로서 단어 하나에 이르기까지 하나님의 숨결이고, 하나님께서 직접 시작하시고 마무리 지으신 결과물이고, 그 모든 내용에 있어서는 영원하며 깨질 수 없고, 기록물로서도 완벽하게 권위를 가진다고 주장한다.

전체내용과 세부내용에 이르기까지 구약성경의 신적 권위를 증거하는 연구는 우리에게 워필드의 말을 상기시킨다.

성경이 증언하는 완전영감을 얼버무리려는 시도는 마치 좁은 오솔길에 굉장히 많은 돌들이 굴러 내려올 때 침착한 사람이라면 쉽게 피할 수 있을 것이라고 연구실에 안전하게 있는 한 사람이 도표와 수학적 공식을 대입해가며 공들여 설명하는 모습을 떠올리게 한다. 그 돌사태가 돌이 굴러오는 것이라고 분석하고 그 오솔길은 좁고 협소해서 돌이 하나씩 굴러온다는 것이 명백하기에 쉽게 피할 수 있을 것이라 설명하려고 애쓰는 무모한 사람의 업적을 우리는 상상할 수 있다. 그러나 불행히도 이 돌사태는 멸망의 오솔길로부터 우리에게 피할 기회를 주려고 인정 많게 한 번에 하나씩 순서를 지켜 우리를 덮치지 않는다. 바로 이와 같이 우리는 다른 성경구절과의 연관성은 언급하지 않고 성경구절들을 각각 따로따로 다루면서, 단지 자기만족을 위해 완전영감을 가르치는 한두 성경구절들을 대충 넘기기도 한다. 그러나 불행하게도 우리가 알고 있는 이러한 성경구절들은 이렇게 인위적으로 서로 떨어져서 연관성 없이 우리를 덮치지 않는다. 숫자상으로 그 성경구절들은 결코 적지도 않다. 이런 성경 구절들은 수없이 많다. 그리고 이 성경구절들은 견고한 한 덩어리로 우리를 덮친다. 그 말씀들을 얼버무릴 수 있을까? 우리는 신약성경 전체를 얼버무려야 할 것이다.[6]

신약성경의 권위에 대한 근거는 구약성경의 권위를 인정하는 신약성경의 가르침으로부터 추론된 결과이다. 우리는 원칙적으로 신약성경이 구약성경과 동일한 권위(하나님의 숨결)를 가지고 있다는 것을 명확하게 확립할 필요가 있다.[7] 이 주제에 관한 존 머레이John Murray의 의견은 설득력이 있다.

신구약 성경의 유기적 통일성은 구약성경의 권위에 호소하고 있다는 사실을 전제로 하고 신약성경 안에 풍성하게 암시된 구약성경의 권위를 전제로 한다. 유기적 통일성에 관한 내용은 신약성경의 영감에 관한 문제와 아주 직접적인 관계가 있다. 우리가 지금까지 발견한 것처럼, 만약 신약성경의 권위 있는 증언이 구약성경의 파괴되지 않고 오류 없는 특징을 증언하고 있다면, 어떻게 구약성경과 유기적인 통일성을 가진 신약성경이 그 영감의 본질에 관하여 전적으로 다른 특징을 가질 수 있겠는가? 유기적 통일성의 의미가 완전히 이해된다면, 신약성경의 신성함이 구약성경의 그것보다 격이 낮다고 믿는 것이 불가능하다. 그렇다면 분명히, 이 문제에 있어서 가장

---

6 B. B. Warfield, *Revelation and Inspiration*, p. 65, 66.
7 신약성경의 권위에 대한 탁월한 논의들은 존 머레이의 책 *The Infallible Word*의 The attestation of Scripture이라는 장을 언급한다(Phillipsburg: Presbyterian and Reformed Publishing Co., 1978), pp. 33-42. 그리고 이 논의들은 아브라함 카이퍼Abraham Kuyper 의 *Principles of Sacred Theology*도 언급한다(Grand Rapids, MI: Baker Book House, 1980), pp. 460-473.

타당하고 권위가 있는 진술에 따라, 구약성경이 오류가 없다면, 신약성경 또한 반드시 그래야 한다.[8]

구약성경의 권위가 신약성경까지 미치기 위한 전제와 주요한 근거는 신구약성경 사이에 있는 유기적 통일성이라는 특별한 관계성이다. 구약성경의 예언적인 특징은 신약성경을 요구한다. 신약성경 그 자체는 구약성경의 성취라고 선언한다. 그러므로 반드시 유기적으로 펼쳐지는 구속역사 안에서 신약성경은 최소한 구약성경과 같은 차원에서 존재해야 한다. 이 사실은 같은 권위와 영감이 신약성경의 책들에도 있다는 것을 요구한다. 구약과 신약성경의 유기적인 일치를 가르치는 대표적인 성경구절들은 히브리서 1장 1-2절 그리고 고린도후서 3장 10-11절이다. 신약성경의 동일한 권위를 가르치는 특별한 성경구절은 새 언약의 제자들에게도 동일한 권위가 있다는 것을 가르치고(로마서 16장 25-26절, 베드로전서 1장 16-21절, 고린도전서 14장 37절, 15장 3-11절, 베드로후서 3장 1-2절, 요한복음 2장 22절)새 언약에서 기록된 문서들도 동일한 권위가 있다는 것을 가르친다(베드로후서 3장 16절, 디모데전서 5장 18절).

성경의 신적 권위와 무오를 비난하는 반대 의견 모두를 여기서 다룰 수는 없다. 그렇지만 성경의 인간적인 면에 근거하여 이 교리를 반대하는 의견은 다뤄볼 만하다. 이 의견은 성경이 사람들에 의해 기록되었다는 것이다. 인간은 제멋대로이고 오류가 있다. 그러므로 성경은 반드시 오류를 포함하고 있다.

성경이 사람들에 의하여 기록되었다는 것과 성경이 하나님과 사람의 책이라는 사실은 부정될 수도 없고 절대 그렇게 되어서도 안 된다. 그렇지만, (다음의) 두 개념들은 이를 반대하는 것으로 이 사실로부터 잘못된 결론이 도출되었다는 것을 명백히 드러낸다. 첫째는 그리스도의 인성에 대한 교

---

8   *The Infallible Word*, p. 34.

리와 유사하다. 그리스도의 인성이 그리스도의 완전한 신성을, 동시에 신성이 갖는 모든 함축적인 의미들을 격하시키거나 부정하지 않는다. 이처럼 성경의 인간적인 면도 성경에 잘못이 있다는 것을 뜻하지 않는다. 예수님께서는 오류 없는 참 사람이셨다. 이와 같이 성경은 오류 없고 신성의 어떠한 격하도 없는 사람의 책이다. 둘째는 유기적 영감에 대한 개혁주의교리이다. 이 관점은 영감에 관하여 사람저자의 인간적 속성이 배제된 기계적인, 즉 성경을 단지 받아만 적었다는 모든 관점을 부인한다. 유기적 영감은 성경의 온전한 인간적인 면, 즉 사람저자 자신의 성격과 자유가 충분하게 발휘되는 것을 가르친다. 또한 유기적 영감은 세부 내용까지 오류가 없는 성경의 신성을 가르친다. 즉, 유기적 영감은 인간이 가지는 왜곡 없이, 하나님께서 정확하게 말씀하시는 것이다. 하나님께서는 일반적인 섭리와 특별한 은혜를 거쳐 이러한 사람들의 입을 자신이 원하시는 정교한 도구로 만드셨다. 유기적 영감은, 이 같은 행위가 하나님에 의해 정해질 수 있고 정해지고 자유로운 행동, 대리자 사람의 행동도 그렇게 하셨다는 개혁주의 관점과 성경의 관점을 전제한다.

그러므로 성경은 사람이 자유롭게 기록하고 행동한 결과물이고, 동시에 신적인 힘에 의해 영감 된 것이고 오류가 없다.

이 의미는, 신적 주권에 대한 개혁주의 관점을 부인하지만 성경에 퍼져 있는 인간적인 면을 알고 있는 사람들은 반드시 논리적으로 성경의 완전한 무오성을 부인할 수밖에 없다는 것이다. 이것은 사실 최근에 잘 알려진 복음주의 신학자의 머리에서 떠오른 생각이다. 비록 한때는 성경의 권위에 대한 변증가였지만, 이 신학자는 알미니안 관점들을 채택했다. 결과적으로, 성경을 주제로 한 신간에서, 그는 무제한적인 성경무오성unlimited inerrancy을 부

정하였다.[9]

2. 성경의 신적 권위의 입증 (5항)

5항은 로마 가톨릭주의를 비판하였다. 로마 가톨릭주의는 교회가 성경을 무오하다고 증언할 수 있다고 주장한다. 무오한 권위를 부여할 수 있는 권한이 교회에게 있다는 그 어떤 관점도 프로테스탄트들에게 절대 받아들여질 수 없다. 그러나 종교개혁자들은 모순에 직면했다. 종교개혁자들이 자신들과 정반대 입장에 서있는 급진적인 재세례파와 그들의 주장인 직접계시를 거절했다면, 그들은 성경의 권위를 어떻게 입증할 수 있는가? 그들이 직면한 모순은 그들을 성경과 성경의 권위를 증언하는 깊은 통찰력이 있는 표현으로 이끌었다. 그들은 교회의 증언에 확실한 가치가 있다고 인식하였지만, 성령님께서 우리 마음에 심어 주신 성경 그 자체의 신적 탁월함이 성경의 권위를 성실하고 효과적으로 입증했다고 인정했다. 그러므로 그들은 성경의 자증을 가르쳤다.

성경의 자증에 대한 개혁주의자의 관점은 종교개혁의 세 가지 교리들 안에서 적절하게 이해될 수 있다. 더욱이 이 세 가지 교리들을 종합적으로 생각하는 것이 개혁주의의 해결책을 지지하는 성경증언들의 타당성에 대한 깊은 이해를 얻을 수 있는 유일한 방법이다.

1) 일반계시의 자증의 특징

코넬리우스 반틸Cornelius Van Til이, "가장 타락한 사람도 하나님의 음성에서 완전하게 벗어날 수 없다. 그들이 하나님의 권위에 대항하는 죄를 짓는다

---

9   See the review of Clark H. Pinnock's *Scripture Principle* Edward Donnelly, *Banner of Truth Magazine*, Issue 277 (October, 1986), pp. 27, 28.

고 가정하지만 않는다면, 그들의 최악의 사악함은 아무 의미가 없다. 극단적인 사악한 생각들과 행동들 그 자체는 비정상적으로 드러난다. 자연적 인간은 자기 자신을 고발하거나 그렇지 않으면 핑계를 댄다. 그 유일한 까닭은 자신의 극도로 사악해진 양심이 원래 타고난 상태를 지속적으로 다시 가리키기 때문이다. 방탕한 아들이라 할지라도 결코 아버지의 목소리를 잊을 수 없다. 이는 그의 영원한 걸림돌이다"[10]라고 말한 것을 생각하면, 아마 그보다 창조를 통해 일반적인 방식으로 모든 사람에게 드러난 자연계시의 자증의 특징의 중요성을 예리하게 말한 사람은 그 어디에도 없을 것이다.

자연계시에 대한 성경의 관점에 따르면 사람은 항상 직접 신의 계시에 직면한다. 하나님께서는 끊임없이 자기 계시로 자신을 사람에게 입증하신다. 피조물은 창조자를 결코 벗어날 수 없다. 자연계시, 즉 일반계시는 자증하는데 이는 창조주의 형상을 따라 만들어진 피조물에게 창조주를 계시하시기 때문이다.

일반계시의 자증에 대한 성경의 증언은 여기서 간략하게 요약할 수 있을 것이다. 시편 19편은 피조세계가 한 목소리를 가지고 있다고 주장한다. 세상은 하나님의 말씀으로 창조되었고 이제 세상은 사람들에게 말을 전한다. 그 소리가 있는 피조세계는 살아계신 하나님의 영광을 큰 소리로, 명료하고, 풍성하게, 끊임없이 그리고 온 우주에 선포한다. 로마서 1장 18-32절은 시편 19편을 반영한다. 로마서 1장은 일반계시가 사람이 핑계치 못하게 한다고 계속 주장한다. 그 까닭은 그 계시가 하나님에 대한 확실한 지식을 그들에게 실제로 전해 주기 때문이다. 일반계시로 하나님에 관하여 알려진 지식은 사람들 안에서 그리고 사람들에게 증언한다. 하나님의 영원한 능력과 신성은 사람들에 의하여 명료하게 드러나고 이해된다. 그러므로 사도 바울은 사람들이 어떤 의미로 하나님과 하나님의 법 그리고 하나님의 명령을

---

10   *The Infallible Word*, Cornelius Van Til, "Nature and Scripture," pp. 274, 275

알기에 그 법을 파괴하는 사람들은 반드시 죽는다고 주장할 수 있다. 비록 그들이 이 진리를 억압하지만, 그들은 이 진리를 분명히 가지고 있다. 이 사실들에 관한 관점은 하나님의 존재를 합리적인 논증으로 증명하려는 것을 단호히 거부하는 다른 성경구절들로 인하여 명확하게 확증되었다. 심지어 바울이 경건한 이교도들을 만나는 사도행전 17장에서도, 그는 하나님의 존재와 속성을 증명하거나 논증하기보다 오히려 주장하고 전제하고 선포하였다. 바울이 자신의 주장을 확증하려고 이교도 시들을 인용할 때, 바울은 그들이 구속계시의 빛이 없는 자들이지만 그 체계적인 생각의 틀 안에서 왜곡되게 표현된 하나님에 대한 왜곡된 지식을 소유하고 있다고 간주했다.

성경이 증언하는 핵심을 명백히 하자. 이는 사람들이 하나님을 알 수 없다는 것이다. 성경은 사람들이 자신의 이성을 올바로 사용한다면, 하나님을 알 수 있는 잠재력이 있고 또 하나님을 알아갈 수도 있다고 하지 않는다. 자연계시로 인해 사람들은 밝혀지지 않은 신에 대하여 어떤 희미한 개념도 가지지 못한다. 오히려 사람들은 참되고 살아계신 하나님의 명료하고 피할 수 없는 계시를 직접 마주하게 된다.

성경자증에 대한 증거는 이러한 배경을 고려하지 않고서는 결코 적절히 강조되지 못한다.[11] 만약 일반계시가 자증한다면, 특별계시는 성경에 기록되어 있는 만큼 반드시 훨씬 더 많이 자증해야 한다. 사실, 그 이유는 일반계시와 특별계시 사이의 어마어마한 차이는 특별계시가 일반계시보다 훨씬 더 직접적이고 인격적인 특징을 가지고 있기 때문이다. 일반계시로 창조는 우리에게 하나님에 관하여 말한다. 특별계시로 하나님께서는 직접적이고 인격적으로 우리에게 친히 오셔서 말씀으로 우리에게 말씀하신다. 그렇다면, 상대적으로 간접적이고 비인격적인 일반계시가 그 자체로 사람에게

---

[11] 존 머레이는 이 관계를 보아왔다. "만약 하늘이 하나님의 영광을 선포하여서 신성한 창조주를 증언한다면, 하나님의 작품으로서 성경은 반드시 하나님께서 원작자이시라는 새겨진 흔적들을 가진다." *The Infallible Word*, p. 46

신적계시로 입증된다면, 특별계시의 자중에 있어서 특별계시로 하나님께서 직접적이고 인격적으로 사람들에게 하시는 말씀은 훨씬 더 많이 입증될 것이다.[12]

2) 성경의 자증성의 특징

여기서 우리는 성경의 자증성에 대하여 종교개혁이 제시하는 해결방안의 핵심으로 들어간다. 성경은 그 어느 곳에서도 성경말씀들을 결코 죽은 글로 간주하지 않고, 하나님의 생명의 말씀으로 본다고 주장한다(예레미야 23장 28-29절, 누가복음 16장 27-31절[13], 요한복음 6장 63절, 베드로전서 1장 23-25절, 히브리서 4장 12-13절). 하나님의 생명의 말씀으로서 성경의 본질과 성경 그 자체는 성경을 믿을 것과 성경을 듣는 모든 사람에게 성경을 믿을 것을 요구한다. 논리적인 논문들이나 외부의 논증이 성경에 더해지지 않아도, 성경은 구원하는 믿음을 얻기에 충분히 신뢰할 만하다(신명기 31장 11-13절, 요한복음 20장 31절, 갈라디아서 1장 8-9절, 마가복음 16장 15-16절). 만약 성경이 본질적, 직접적으로 성경에 대한 믿음을 강요할 수 있다고 분명하게 말하지 못하면, 그 사람은 진심으로 성경의 충분성의 교리를 훼손시키는 것이다.

---

12 이 관점은 종교개혁신앙을 충실히 따르는 사람들에 의해 분명히 주장되어져 왔다. 칼빈은 기독교강요 서문에서 빈번하게 바로 이 관점을 주장했다. 1:3:1,2,3,; 1:4:1,2; 1:5:1,2, 11, 15; 1:6:1,2를 주목하라. 1:5:4의 진술이 대표적이다. "그들은 하나님께서 일하심이 얼마나 경이로운지 알게 되고, 경험은 하나님의 자비하심으로 인해 자신들이 얼마나 많은 복을 받았는지 가르친다. 그들은 알고 싶어서든지 저절로든 간에 이러한 것들이 신성을 증거하는 증거들이라는 사실을 알 수밖에 없다. 그렇지만 그들은 이 지식을 그들의 마음에 숨겨버린다." 존 오웬은 전문적인 관점으로 이 점을 더 분명하게 만들었다. 오웬은 로마서 1장 19절과 2장 14, 15절을 인용한 후에 다음과 같이 말한다. "그래서 지성은 추론적인 기능, 이성의 실제적 활동이나 다른 어떤 진술들을 인정하기보다 먼저 하나님의 존재와 권위의 원리들을 인정한다." *The Works of John Owen*, vol. IV (Edinburgh: Banner of Truth Trust, 1965) p. 84.

13 Note John Owen's comment on Luke 16:27-31, *The Works of John Owen*, vol. IV (Edinburgh: Banner of Truth Trust, 1965) pp. 75, 76.

칼빈은 이점을 아주 명확하게 했다.

그러나 "우리가 교회의 결정에 의지하지 않고서, 우리는 성경의 신성한 근원에 대해 어떻게 확신할 수 있는가?"라는 질문에 관하여, 이것은 마치 한 사람이 "어떻게 우리는 어둠과 빛, 흑과 백, 쓴맛과 단맛을 구분하는가를 배울 수 있는가?"라고 묻는 것과 같다. 성경은 마치 색깔에 있어서 흰색과 검은색 그리고 맛에 있어서는 단맛과 쓴맛이 드러나는 것처럼 그 진리의 명백한 증언으로서 드러난다.[14]

3) 성경에 대한 성령님의 증언

이제 성령님의 증언에 대해 개혁주의의 교리가 말하는 참뜻을 이해하는 것이 가능하게 되었다. 이는 주관적이거나 신비로운 방식으로 내적인 빛에 호소하는 것이 아니다. 이는 성경의 자증 안에서 객관적인 근거를 가진다. 칼빈은 이것을 명료하게 이해했다.

성령님에 의해 내적 가르침을 받은 사람들은 성경을 철저히 따라야 한다고 깨닫는다. 성경의 증언이 성경에 있다는 것이 성경의 자증이다. 성경은 이성에 근거한 논증과 논쟁의 주제로 만들어져서는 안 된다. 이와 같은 사실은 부인할 수 없는 진리로서 인식되어야만 한다. 그러나 성령님의 증언으로 성경은 우리와의 관계에서 가치 있는 신뢰를 가진다.'[15]

그러나 '성경이 자증한다면, 성령님의 추가적인 진술이 필요한 까닭은 무엇인가?'라는 의문이 떠오를 수 있다. 더욱이, 만약 성경이 자증한다면, 많은 사람들에 의해 성경이 믿어지지 못하고 부정되는 까닭은 무엇인가? 이것

---

14 존 칼빈, 기독교강요, 1:7:2. 또 1:7:5도 주목하라. 존 오웬은 이 교리에 있어서 칼빈을 따른다. *The Works of John Owen*, vol. IV (Edinburgh: Banner of Truth Trust, 1965) pp. 73-82, 115. 조나단 에드워드는 그들의 생각들을 그대로 따른다. *The Collected Works of Jonathan Edwards*, vol. II (Edinburgh: Banner of Truth Trust, 1974), p. 16.

15 존 칼빈, 기독교강요, 1:7:5.

은 우리를 성령님의 증언의 필요성을 논하는 자리로 데려다 놓는다.

성경자증에 대한 성령님의 증언의 원인이나 필요성은 한마디로 말해서 죄이다. 사람의 타락은 사람의 지적 사고를 왜곡시킨다. 이 왜곡은 사람들로 하여금 진리를 은폐하게 하고, 영적으로는 그들의 눈을 멀게 해서 신적계시의 빛을 보지 못하게 한다(로마서 1장 21절, 에베소서 4장 17-21절, 고린도후서 4장 3-4절). 그러므로 성령님의 증언은 그 본질상 사람의 눈을 멀게 하여 신적계시의 빛을 못 보게 만든 인간의 악한 도덕적 성향을 제거한다. 이와 같이 성령님의 증언은 윤리적 작용이다. 그러하기에 성령님의 증언의 본질은 성경 내용에 더해지는 어떤 새로운 계시가 아니다.

성령님의 증언의 실체는 성경이 증언하는 다음의 두 가지로 명백해질 것이다. 첫째, 성경은 사람이 올바로 생각하면, 그 사람은 반드시 윤리적으로 올바른 사람이라고 가르친다(시편 111편 10절, 잠언 9장 10, 1장 7절, 15장 33절, 요한복음 3장 19-21절, 7장 16-17절, 디모데후서 2장 25절, 3장 7절, 요한복음 10장 26-27절). 믿음, 두려움, 하나님의 뜻을 행하는 것, 회개 이 모든 것은 성령님께서 중생시키시는 일로 인해 죄인들 안에서 발생된다. 이 주장을 지지하는 성경구절들은 잘 알려져 있기에 여기서 인용하지 않겠다. 둘째, 성령님께서는 우리로 하여금 영적인 진리를 보고 이해하도록 하신다고 직접적으로 언급하고 있는 성경구절들이 많이 있다(마태복음 16장 17절, 고린도전서 2장 14-16절, 요한복음 3장 3-8절, 고린도전서 2장 4-5절, 데살로니가전서 1장 5-6절, 요한 1서 2장 20-21절, 27절).[16] 이 구절들은 오직 성령님께서만 성경을 믿는 믿음을 일으킬 수 있다는 것을 분명히 한다.

무오한 교회나 역사적 권위자로 성경을 증언하려는 것과 같이, 성경을 외적으로 증언하려는 모든 노력이 잘못되었다는 결과에 주목하는 것은 중요하다. 이는 몇 가지 이유들 때문에 그렇다. 첫째, 하나님께서는 말씀하셨

---

16 Note John Murray's exposition of many of these passages in *The Infallible Word*, pp. 47-54.

고 성경은 그 자체로 하나님의 살아있는 말씀이기 때문에, 가장 합당한 증언은 성경이 성경을 증언하는 것이다. 둘째, 성경의 계시를 증명하는 데 있어서 성경계시 이후의 신적계시가 필수적이라고 전제하는 것은 성경계시 이후의 신적 증언은 세 번째 계시로 증명되어야 하고 이러한 식으로 **끝도 없이 반복되어야 한다.** 하늘로부터 들리는 하나님의 음성인 성경이 성경을 증명하지 않는다면, 하늘로부터 들리는 그 수많은 소리들도 결코 성경을 증언하는 데 충분하지 않을 것이다.[17] 셋째, 성경을 증언하기 위해 만들어진 독립적인 존재에게 호소하는 것은 성경을 그 존재의 특별한 권위로 대체하려는 것이다. 다시 말해 성경을 증명하기 위해 만들어진 독립적 존재는 그 존재에 호소하는 사람들이 가지는 실제 교회법이 되고 결국 성경에 손상을 입히는 데까지 이른다. 이런 주장은 로마 가톨릭이 교회의 권위에 호소하는 것으로 확실하게 입증된다. 이 사상이 전개되는 역사는 성경의 권위를 증명하려고 로마 가톨릭이 교회에 호소하는 것이 성경의 권위를 갉아먹는다는 사실을 보여준다. 그 까닭은 개개인이 서로 이런 식으로 호소하면 성경이 절대기준이라는 사실이 사라지기 때문이다. 각 사람 안에서 성경이 더 높은 기준인 규범이나 법에 호소함으로 증명되어야 하기에 그렇다. 그래서 로마 가톨릭이 내놓은 각각의 대답은 사실상 성경의 절대적인 신적 권위를 부정한다. 그러므로 우리와 관계있는 성경의 권위와 본질적인 성경의 권위 사이를 논리적으로 구분하는 것은 도움이 되지만 이 두 경우 모두 성경의 권위를 '성경은 하나님의 말씀이다'(4항)라는 유일한 근거에서 이끌어내야 한다는 사실을 반드시 기억해야 한다.

---

17   스톤하우스Stonehous는 "만약 하늘에 계신 주님의 또 다른 객관적인 계시로부터 나온 것이 아니라면, 바로 이 진술을 담아 낼 수 있는 구체적인 체계는 성경 그 자체의 목소리일 뿐이다"라고 올바로 진술한다. *The Infallible Word*, p. 105.

III. 성경의 충분성 (6항)

성경의 충분성에 대한 1689 신앙고백서의 교리가 반드시 먼저 정의되어야한다. 무엇보다도 이 정의에서 주장하지 않는 것, 성경의 충분성이 의미하지 않는 것에 주목해야 한다. 분명히 말해, 첫째로 성경의 충분성은 1689 신앙고백서에 언급된 문제들에 관하여 우리가 알 필요가 있는 모든 내용들이 성경 안에 명시적으로, 또는 문자적으로 다 적혀있다는 것을 뜻하지 않는다. '필수적으로 포함되어 있다'는 말은 웨스트민스터 신앙고백서에서 의도적으로 명료하게 진술한 '건전하고 필연적인 결론을 성경으로부터 연역할 수 있다'라는 말과 같다. 건전한 논리로 성경에서 연역할 수 있는 것, 다시 말해서 성경에 필수적으로 포함돼 있다는 것 그 자체가 성경의 권위를 갖는다.

둘째, 성경의 충분성은 '모든 면에서의 충분성'을 뜻하는 것이 아니라는 것을 1689 신앙고백서의 정의에서 분명히 알 수 있다. 충분성은 항상 어떤 목적과 관련하여 제한적이다. 이 문제에서 항상 첫 번째 질문은 반드시 '무엇에 관한 충분성인가?'이어야 한다. 성경의 충분성이 갖는 목적의 정확한 본질에 대한 논점은 다음에 자세히 설명할 것이지만, 성경의 충분성은 아주 주의를 기울여 정확히 이야기되어야 한다. 성경은 생각 가능한 모든 목적에 완전히 충분한 것은 아니다. 예를 들어, 성경은 수학이나 생물학 또는 스페인어의 교과서로서 충분하지 않다. 성경의 충분성은 기하학이나 대수학을 배우는 목적에 관하여 성경이 우리가 필요로 하는 모든 것이라는 뜻은 아니다. 웨스트민스터 신학자들은 성경이 자신들의 믿음을 고백하는 데 충분하다는 것이지, 성경이 모든 면에서 충분하다는 것은 아니라고 고백했다.

그렇다면 어떤 목적에 있어서 성경은 충분한가? 성경의 충분성은 구속계시의 목적을 위한 충분성 그 이상 그 이하 그 어떤 것도 아니다. 이것은

'하나님 자신의 영광, 인간 구원, 신앙과 생활을 위해 필수적인 모든 것들'이라는 1689 신앙고백서의 권위 있는 진술로 확실하게 명료해진다.

일반적으로 성경은 우리에게 구원의 길을 보여주는 데 있어 충분하다고 말한다. 이 말은 자칫 오해하기 쉬운데 그 까닭은 의도적으로 구원의 길을 가장 초보적인 수준으로 낮추어 과소평가하는 경향이 오늘날 만연해 있기 때문이다. 이것은 웨스트민스터 신앙고백서에 명확하게 기록되어 있는 역사적 종교개혁의 이해에서 벗어난 것이 확실하다. '하나님 자신의 영광, 인간 구원, 신앙과 생활을 위해 필수적인 모든 것들'은 '사영리'보다 훨씬 더 고차원적이다. 도덕적이고 종교적인 삶의 범위 전체에서 개인과 공동체적으로 사람을 구원하는 데 있어서 조금의 부족함도 없을 만큼 충분하다는 사실이 강하게 주장되었다.

우리는 반드시 이 주장의 범위를 심사숙고해야 한다. 우리가 종교와 윤리의 영역이 사람의 삶과 지식의 최고의 자리라는 것을 기억할 때, 우리는 성경의 충분성의 교리가 위대하고 가치 있는 것임을 점차 알게 될 것이다. 비록 이것이 모든 면에서의 충분성을 주장하는 것은 아니지만, 성경은 다른 모든 과학적 연구에 충분한 기초가 되고 출발점이 된다고 말하고 있는 것이다. 성경은 생물학 교과서는 아니지만, 성경은 도덕적이고 종교적이고 기초적인 견해를 생물학에 관련된 모든 분야에 제시하기에 충분하다. 성경은 우리가 하는 모든 것에 충분하지 않지만, 성경은 하나님의 영광 그리고 구원의 길과 의무의 길에 관하여 우리가 해야 하는 모든 것에 있어서 충분하다고 말한다.

한 크리스천 공대생의 평범한 화요일 일상을 한 예로 들어보자. 그가 가진 성경은 미적분학과 생물학 그리고 불어 시간의 교재로는 불충분하다. 그러나 그에게 성경은 이러한 평범한 화요일 일상에서의 의무의 길을 보여준다. 성경은 그가 아침에 기도하고 성경을 읽어야 하며 그의 학업에서 성실하며 분별력을 가져야 하고, 공부하는 중에 짧은 치마를 입고 도서관을 가로질러 가는 여학생에게 시선을 뺏기지 말라고 가르친다. 성경은 그에게 창조와 구속의 역사에 대한 무오한 기록을 전해 준다. 이 기록은 확실한 경계들과 제한들을 두어 생물학이나 역사학을 공부할 때 그를 인도한다. 그는 성경의 역사적 진술과 모순되는 역사학이나 생물학의 모든 이론을 적절한 방식으로 거부해야 한다. 그러므로 사람의 도덕적이고 종교적인 범위의 지식은 다른 학문 분야와 동떨어져 있지만, 이 지식은 모든 학문의 기초이다.

성경의 충분성과 관련하여 추가적인 사항은 반드시 강조되어야 한다. 역사적인 관점으로 말하자면, 이것이 가장 기초가 된다. 성경의 충분성은 성경의 유일한 충분성을 의미한다. (재세례파와 같은 노선의 사람들로 인해 주장되는) 새로운 계시들과 (로마 가톨릭 교회에 의해 주장되는 추가된 성경적 전통들과 같은) 인간의 전통들이 더해질 필요 없이 구속계시를 성취하기 위해서 성경은 충분하다.

이제는 성경의 충분성은 다른 어떤 관점이 아니라 바로 이 관점으로 설명되어야만 한다.

하나님에 의해 처음 주어진 구속계시는 반드시 계시된 목적에 충분한 것으로 여겨져야 한다. 이와 다르게 생각하는 것은 하나님의 지혜에 의문을 제시하는 것이다. 기록된 구속계시 안에서 우리가 하나님의 뜻에 대한 충분한 계시를 가지고 있다고 명백히 주장하는 성경의 특별한 기록들이 이 신학적 주장에 반드시 더해져야 한다.

성경의 다른 특성들 필요성, 권위성, 명료성을 나타내는 매우 중요한 성경구절에서 성경의 충분성에 대한 대표적인 주장이 발견되는 것은 놀랄 일은 아니다(디모데후서 3장 15-17절). 지금 다루고 있는 성경의 충분성에 관한 중요한 성경구절인 디모데후서 3장 15-17절에는 세 가지 주장들이 있다. 15절 '성경은 능히 너로 하여금 그리스도 예수 안에 있는 믿음으로 말미암아 구원에 이르는 지혜가 있게 하느니라'라는 주장이다. 이 구절에는 성경이 구원을 위한 필수적인 모든 지혜를 포함하고 있다는 분명한 주장이 있다. 16절 '모든 성경은 교훈과 책망과 바르게 함과 의로 교육하기에 유익하니'라는 주장이다. 개역개정에 '유익'으로 번역된 단어는 쓸모 있고 도움 되고 편리하다는 뜻이다. 여기서 바울에 의해 하나씩 열거된 성경의 4가지 유용함은 젊은 목사 디모데에게 성경이 충분한 안내서라는 것을 분명하게 함축하고 있다. 디모데는 에베소에서 당황스러울 만큼 산적해 있는 감당해야 할 일들에 직면했고 그것들은 여러 분야의 사역들을 차례로 요구하였다. 디모데는 '내가 어떻게 이런 다양한 문제들을 감당할 수 있는가?'라고 종종 자신에게 의문을 품어왔을 것이다. 바울의 주장은 디모데를 부르시고 맡기신 모든 사역을 위해 성경이 그를 무장시켜 준다는 결론에 이른다. 17절 '하나님의 사람으로 온전하게 하며 모든 선한 일을 행할 능력을 갖추게 하려 함이라'는 주장이다. 17절은 성경이 하나님의 사람에게 단지 적당히 유용한 것이 아니라 그의 모든 필요에 완벽히 충분하다는 확신을 주는 것이다.

성경의 충분성을 주제로 디모데후서 3장 15-17절의 논의에 대해 자세히 설명하기 위해 더 자세한 언급이 필요하다. 첫째, 바울이 근본적으로 강조한 것은 '하나님의 사람'에게 성경은 충분하다는 것을 인정해야 한다는 것이다. 이후 성경의 명료성에 대한 논쟁에서 주장하는 것처럼, 이 성경구절은 모든 그리스도인을 가리키는 것이 아니라, 하나님의 말씀을 선포하는 직책을 맡은 사람을 특별히 가리키는 것이다. 이 사실이 일반성도들에게 성경이 충분하다고 증언하는 말씀을 손상시키지 않는다. 오히려 더 확고히 한다. 확실하게 성경이 하나님의 사람의 다양한 의무에 대해서 충분하다면, 반드시 일반성도에게도 그들의 의무의 길을 보여주기에 충분해야 한다. 더욱이, 목회서신은 일반성도들이 모든 선한 일을 하는 데 충분히 공급받았다는 증거로 가득하다(디모데전서 5장 10절, 디모데후서 2장 21절, 디도서 1장 16절, 2장 14절, 3장 1절).

성경의 다른 많은 구절은 기록된 구속계시의 충분성에 대한 증언을 담고 있다(신명기 4장 2절, 사도행전 20장 20절, 27절, 시편 19편 7절, 119편 6절, 9절,

104절, 128절).

　　잘못된 추론들을 성경의 충분성으로부터 이끌어 내지 않기 위해, 몇몇 주의해야 할 점들을 드러내는 것이 이 지점에서 중요하다. 이 일을 1689 신앙고백서가 한다. 이 신앙고백서 저자는 철저한 개인주의 시대에 이런 주의할 점들은 특히 필수라고 생각한다.

　　성경의 충분성은 개인 노력의 필요를 부정하지 않는다. 이 교리는 지적 게으름에 대해 용납하지 않는다. 1689 신앙고백서(1장 7항)는 '평범한 수단들을 적절하게 사용하는 것'의 중요성을 강조한다(잠언 2장 4절).

　　성경의 충분성은 성령님의 가르침이 필요하다는 사실을 부정하지 않는다. 이 교리는 지적 교만을 용납하지 않는다. 성령님 없이 성경은 충분하거나 명료하지 않다. 1689 신앙고백서는 '그럼에도 불구하고 우리는 말씀으로 계시된 것들을 구원을 얻도록 이해하는 데 성령님의 내적 조명이 필수적이라는 것을 인정한다…' (1장 6항, 참고 고린도전서 2장 14절) 라고 주장한다.

　　성경의 충분성은 상식이 필요하다는 것을 부정하지 않는다. 자연적 이성은 성경을 받은 사람들 안에 있다. 이 이성 자체가 하나님의 말씀으로 창조되었다. 1689 신앙고백서 1장 6항 '하나님을 예배하는 것과 교회의 정치와 관련된 몇몇 문제들이 일반적인 인간의 행동들과 사회공동체와 공통적으로 시행되는 부분이 있음을 인정한다. 이는 항상 지켜져야 하는 말씀의 일반적인 규칙을 따라 자연의 빛과 그리스도인의 현명함으로 지켜져야 한다'라고 진술한다. 이러한 진술을 보면 1689 신앙고백서는 이 사실을 당연한 것으로 여기는 것이다.

IV. 성경의 명료성 (7항)

(성경의 명료성에 대한) 1689 신앙고백서의 정의는 세 가지 간단한 주장들로 설명되기도 한다.

성경은 쉽다. 성경의 명료성을 지지하는 주장들이 반드시 가장 먼저 언급되어야 한다. 첫째, 성경의 명료성은 성경의 충분성의 한 측면이라고 주장될 수도 있다(디모데후서 3장 16-17절). 만약 하나님의 사람이 이해하기에 성경이 충분히 쉽지 않다면, 성경이 모든 선한 사역을 위해 그를 준비시키는데 적합하다고 말하는 것은 터무니없는 것이다. 이러한 문서들은 그 어떤 것에도 전혀 충분하지 않을 것이다. 둘째, 성경의 명료성은 확신을 주는 성경의 능력에 전제된다(디모데후서 3장 14절). 개역개정에서 '확신한'으로 번역된 동사는 굳게 믿고 있는 것을 뜻한다. 디모데는 확신했다. (디모데후서 3장 14절을) 15절과 연결시켜보면 성경이 이 확신의 원천임이 분명하다. 이 점이 분명하게 진리라고 생각되기 전까지 사람은 결코 아무것도 확신하지 못할 것이다.

진리가 어렴풋이 드러난다면, 비록 진리라 할지라도 확신과 굳은 믿음을 결코 만들어내지 못할 것이다. 성경은 디모데 안에 단지 개념들을 심어준 것이 아니라 확신이 들게 하였기 때문에, 성경은 분명 쉽다. 셋째, 성경의 명료성, 즉 명확성은 다른 많은 성경구절에서 확실하게 언급된다(시편 19편 7-8절, 119편 105절, 베드로후서 1장 19절, 잠언 6장 22-23절, 신명기 30장 11-14절).

또한 성경의 명료성의 범위도 여기서 다룰 것이다. 1689 신앙고백서는 이 명료성의 범위에 대해 '구원을 위해 필수적으로 알아야 하고 믿어야 하고 지켜야 하는 내용들'이라고 말한다. 또, 이 진술은 성경의 명료성을 복음의 몇 가지 단순한 진리로 제한시키려는 의도는 없다. 이렇게 과소평가하는 사고방식은 런던 신앙고백서 신학자들과는 무관했다. 오히려 위에서 인용된 1689 신앙고백서의 진술은 성경의 명료성을 그렇게 극단적으로 제한하지 않는다. 웨스트민스터 신학자들이 생각하기에 구원을 얻기 위해 필수인 것들은 최소한 그리스도인의 생활과 선한 사역에 있어서 중심이 되는 의무들을 분명히 포함하고 있다. 이러한 의무들은 생명으로 이끄는 길(마태복음 7장 13-14절)을 완성한다.

성경은 모든 부분들이 동일하게 쉽지 않다. 명확하게 이 점과 전통적으로 연관된 구절은 베드로후서 3장 16절이다. 베드로는 이 말씀에서 (자신도 더러 이해하기 힘든 내용에 대해 기록하였다) 바울의 서신에서 이해하기 힘든 내용들이 있다고 분명히 말한다. 이 진술은 베드로에 의해 신중하게 제한되었다는 사실에 반드시 주목해야 한다. 단지 **몇** 구절들만 이해하기 어렵다. 교육받지 못한 사람과 믿음이 굳세지 못한 사람이 이 범위를 왜곡시키고 그들 스스로 파괴하는 데까지 이른다. 그리고 베드로는 이런 부류의 사람들이 성경의 다른 말씀과 관련해서도 이런 방식으로 왜곡하는 데 열중하는 특성이 있다고 덧붙여 말한다. 물론, 이것은 왜곡하는 잘못이 바울 서신들의 애매모호함에 있다는 것이 아니라 배우지 못하고 믿음이 굳세지 못한 사람에게 있다는 것을 강조한다. 이렇게 이해가 어려운 성경구절들이 있다는 사실이 성경의 구속목적을 이루는 데 있어서 말씀의 충분성과 명료성을 부정하지 않는다는 것은 분명하다.

성경은 모두에게 동일하게 쉽지 않다. 다시, 이 지점에서 디모데후서 3장 15-17절은 이 주장을 설명한다. 15절은 성경이 구원에 이르게 하는 지혜를 어린아이에게 가르쳐줄 만큼 충분히 쉽다고 주장한다. 이것은 '어렸을 때부터'(말 그대로) 구원하는 지혜를 줄 수 있는 말씀을 디모데가 알았었다는 바울의 진술이다. 물론, 이것은 과장법이다. 유아는 성경은 말할 것도 없고 책에 관해서는 전혀 모른다. 바울은 디모데가 어떤 것을 알게 되었을 나이에 성경을 알았는데, 어린 디모데는 자기와 같은 어린아이도 구원에 이를 수 있게 지혜롭게 하는 성경의 뼈대를 정확하게 알았다는 것을 말하려고 한 것이다. 17절은 성경이 모든 선한 사역을 담당하는 하나님의 사람을 준비시키는 데 충분히 쉽다고 주장한다. 15절의 어린아이와 17절의 하나님의 사람을 의도적으로 대조시켜 놓은 듯하다. 어찌 됐든 간에 하나님의 사람과 관련해서 바울이 언급한 모든 말씀을 살펴보는 것은 유익하다.

우리는 바로 여기서 '누가 하나님의 사람인가?'라는 질문에 직면한다. 이 말씀은 하나님의 사람이 모든 신자가 아니라 오히려 하나님의 백성들 중에서 공식적으로 목사의 직무와 관련된 사람임을 말한다. 하나님의 사람은 하나님께서 직접 교회의 특별한 위치인 지도자의 직위를 맡긴 사람이다. 하나님의 백성들 가운데 특별한 측면에서 하나님과 관계를 가지거나 하나님과 동일시되는 사람이다. 이 의견의 세 가지 노선들은 이 결론을 정당화하는 데 집중한다.

1. 구약성경의 어법이 있다. 분명하게 구약성경에서 ('하나님의 사람'이라는) 이 명칭은 모든 독실한 이스라엘 백성들을 관례적으로 지칭한 것이 아니라 그들을 이끄는 사람들을 위해 따로 구별된 것이었다.

2. 디모데전서 6장 11절의 어법이 있다. 6장 전체에서 바울은 분명히 디모데에 대해서 그의 공적인 목회자의 소양이라는 측면에서 생각하고 있는 것처럼 보인다(디모데전서 1장 18절, 5장 17-25절, 6장 2절, 14절, 17-18절, 20절).

3. 디모데후서 3장 17절의 문맥이 있다. 16절에서 바울은 명확하게 목회자에 대해서 생각하고 있다. 성경은 (개역개정의 번역에서와 같이) 교훈과 책망과 바르게 함과 의로 교육하기에 유익하다. 이는 디모데와 모든 참된 목사의 사역의 다양한 측면들이다. 이어지는 구절에서도 지속적으로 목사직에 중점을 두고 있다(디모데후서 4장 1-5절).

하나님의 사람과 모든 참된 성도를 단순히 동일하게 생각하지 말아야 한다. 그러므로 이는 바울이 성경은 모든 사람들에게 똑같이 명료하지 않다는 생각을 디모데후서 3장 15-17절에 반영한 것으로 보는 것이 합당하다.

구원의 길과 관계된 것은 어린아이들을 가르치기에도 충분히 쉽다. 하나님의 사람의 모든 의무과 관련해서도 그를 가르치기에 충분히 명료하다.

그러므로 성경의 충분성과 명료성은 교회의 말씀 사역자의 필요성을 부정하지 않는다. 이러한 주의함은 오늘날에 절실히 필요하다. 대표적인 성경구절에서 목회자와 교사의 사역에 대한 성경의 명료성과 충분성은 특별히 강조된다. 오직 이 사실만이 교회의 목사 직무를 맡은 자로부터 우리 시대에 성경의 충분성에서 추론된 (일반성도의) 독단적인 자립을 거절할 수 있을 것이다(다시 사도행전 8장 30-31절, 17장 11절, 에베소서 4장 11-13절을 보자). 이어지는 결론들은 이러한 성경구절들로 인하여 지지를 받는다. 이 말씀들은 성경의 유일하고 최종적인 권위를 분명하게 강조한다. 목회자들과 다른 성도들을 질적으로 다르게 만드는 사제의 권위는 목회자 직에 전혀 없다. 또한 이러한 성경구절들은 하나님의 백성들의 삶에 하나님의 사람이 특별히 필요하다는 사실을 가르친다. 비록 단 한 사람도 교회의 목회자가 개인의 회심에 절대적으로 아주 중요하다고 주장할 수 없지만, 이 목회자의 직분은 보통 회심의 수단이 된다. 더 중요하게, 목회자와 교사는 교회의 생명력을 유지하는 데 결정적으로 중요하다. 어떤 이는 가르치는 목회자 직분에 대한 일반적이고 특별한 필요성에 대해 말한다. 마지막으로, 종합적으로 생각해 볼 때 이러한 진리들은 하나님의 말씀과 하나님의 사람의 상호보완적인 역할을 가르친다. 성경은 우리에게 어느 쪽이든 무시하거나 부정하는 것을 허락지 않는다.

몇 가지 특별히 함축하고 있는 뜻이 있다. 우리는 반드시 현대 개인주의를 거부해야 한다. 우리는 성경의 안내자를 필요로 한다. 우리는 반드시 믿음으로 우리의 성경교사들의 가르침에 잘 따르려는 자세와 그들에게 겸손한 자세를 유지해야 한다. 우리는 반드시 그들의 가르침을 받아들여야 하고 성경을 연구해야 한다. 우리는 반드시 공식적인 말씀사역자로부터 얻는 우리의 유익을 감소시키는 그 어떤 쓸데없는 짓도 하지 말아야 한다. 자신과 가족을 신실한 말씀사역자의 가르침 아래 두는 것이 모든 그리스도인들이 마땅히 가장 우선시해야 할 일로 삼아야 할 일이다.

성경의 완전성, 다시 말해 성경의 충분성과 명료성으로부터 아주 중요한 몇몇 실천적인 결론들이 도출된다. 첫째는 그리스도인의 삶의 지침에서 성경이 중심이라는 사실이다. 성경은 우리의 인생들을 향한 하나님의 뜻을 발견하는 열쇠 즉 비밀을 알려준다. 성경이 이 일을 할 수 있는 까닭은 성경이 우리를 향한 하나님의 교훈적인 전체 뜻에 이르게 하는 충분하고 명료한 안내서이기 때문이다. 성경에 쉽고 충분하게 담겨 있는 지혜는 우리로 하여금 지혜로운 모습으로, 하나님이 기뻐하시는 모습으로 삶을 스스로 정할 수 있게 한다. 심지어 대학과 직업 그리고 결혼에 이르기까지 골치 아픈 결정들이 성경과 그 지혜의 빛 안에서 쉬워진다. 그러므로 우리는 반드시 시편 25편에서 약속된 하나님의 안내가 꼭 필요하다는 것에 주목해야 한다.

또한 성경의 완전성은 성경의 의미 혹은 적절한 해석과 관련해서 냉소적이거나 회의적인 모든 것들을 반드시 제거한다. 심지어 자칭 그리스도인들도 가끔은 '하나님의 위대한 사람들도 서로 의견이 다른데, 어떻게 내가 이 점에 있어서 성경이 말하는 확실한 뜻을 기대할 수 있을까?'라고 말할 것이다. '그것은 단지 당신의 해석이 아닌가!'라는 반대의견이 정말 빈번하게 제기된다. 이런 반대의견들은 성경의 불충분성과 불명료함을 전제하고 담고 있다. 이 반대 의견들은 성경의 완전성을 부정하는 것이다. 이 반대의견들은 하나님께서 말씀하셨을 때 하나님께서 말을 중얼거리셨거나 더듬으셨거나 어눌하게 말씀하셨다는 주장이다. 이러한 반대 입장들은 분명하게 성경의 하나님을 대적하는 반란에 뿌리를 두는 것이다. 이 반대주장들은 성경 그 자체의 충분성과 명료성에 의해 부정된다.

성경의 완전성은 신앙과 삶의 문제에 있어서 성경을 잘못 해석하는 오류의 근원이 죄라는 것을 전제한다. 이 말은 모든 오류가 오직 죄로 인하여 발생하거나 죄로 인해 동일하게 생겨나는 것은 아니라고 말하는 것이다. 타락한 사람들은 그들이 믿어야 하고 실천해야 하는 모든 것에 관하여 무지에 대한 죄의 책임이 없다고 말한다. '하나님의 위대한 사람들도 서로 의견이 다르다'는 반대의견이 제시될 때, 그렇기는 하지만 그 위대한 사람들도 죄인들, 그들의 남아있는 죄들로 인하여 눈이 가리어진 죄인들이었다고 답해야만 한다.

성경의 충분성과 명료성은 반드시 우리가 직면한 신앙과 삶의 모든 문제와 관련된 일들의 전제이다. 우리의 의무이자 특권은 신앙과 삶의 모든 문제에 대한 우리의 의무가 성경에 충분하고 분명하게 계시되어 있다는 사실을 기대하는 것이다. 이런 관점에 근거를 두지 않는 성경의 실천적 연구의 모든 접근은 부적절하고 분명 쓸모없는 것이다. 이유는 성경에 숨을 불어넣으신 성령님을 슬프게 하는 것이기 때문이다. 수면 위로 드러나는 것만으로도 골치 아픈 그리스도인의 안식일과 신자침례 그리고 그 밖의 문제들은 절대로 해결될 수 없는 것으로 여겨지지 않는다. 이 문제들은 분명히 의무에 대한 문제이기 때문에, 우리는 반드시 성경이 그 문제들을 해결하는 데 충분하고 명료하다고 여긴다.

이 장은 무제한적인 성경무오성을 지지하는가?
나는 '무제한적 성경무오성'이라는 말을 성경이 확실하게 말하는 모든 것들에 있어서 오류가 없다는 개념이라고 생각한다. 이는 '무오성inerrancy'이라는 단어보다 '무류성'infallibility, 즉 '제한적 무오성'으로 성경을 설명하기 좋아하는 복음주의자들을 전체적으로 반대하는 의미로 이것을 주장한다. 이러한 관점들이 주장하는 것은 성경 안의 역사 또는 과학적인 주장들에 오류가 있다는 것을 허용하려는 의도를 가지고 있다. '무오성보다 무류성', 즉 '제한적인 무오성'과 같이 명백하게 모순되는 방식들을 참아주면서 논하기는 어렵다. 언어는 거의 이런 식으로 비비꼬아 쓰이지 않는다. 앞으로는 더 직접적인 언어를 사용하겠다.

이 장을 꼼꼼히 읽는다면, 1689 신앙고백서의 작성자들이 현대의 토론에 참석할 경우 '무제한적 성경무오성'을 지지했을 것이라는 결론에 틀림없이 이르게 된다. 그들은 시작하면서 성경이 '하나님의 영감에 의해 주어졌다' 그리고 '하나님의 영감에 의한 것이다' 마지막으로 '하나님으로부터 직접 영감을 받았다'라고 말한다(1장 2항, 3항, 8항). 더욱이, 가장 보수적인 측에 서 있는 그들은 구약과 신약의 66권이 유일한 정경이라는 것에 대해서 한 치의 의심도 없다(1장 2항, 3항). 또한 그들은 가장 보수적인 방식으로 성경이 '하나님의 말씀'이라고 분명하게 주장한다(1장 4항). 더욱이 그들은 '성경의 모든 부분의 일치' '성경의 비교할 수 없을 만큼 탁월함과 전체의 완벽함' '성경의 오류 없는 진리'에 대해서 말한다(1장 5항). 분명히 그들은 성경이 성경과 모순된다는 것과 성경의 역사적인, 과학적인 주장들은 신뢰할 만한 것이 못 된다는 의견을 믿지 않는다. 또한 1689 신앙고백서는 가장 보수적인 방식으로 '직접적으로 영감 받은' 원문, 최종적인 법정과 비록 사람의 번역본들이지만 필수적인 번역본들 사이를 구분한다(1장 8항). 더욱이, 1689 신앙고백서 9항과 10항에서는 성경의 절대적인 최종성과 최고의 탁월성을 강조한다. 성경은 성경 해석의 결정적인 문제들에 대한 '무오한 규칙'이고 다른 모든 종교적인 논쟁들에 대한 '최고의 재판관'이다. 이러한 이해는 현대 과학이나 역사연구의 기초적인 명제들과 관련한 성경의 진술들에 절대로 의심이 생기지 않게 한다. 만약 현대 과학의 주장들과 성경의 진술들 사이에서 선택을 해야 한다면, 분명히 이 저자들은 매번 성경을 지지할 것이다. 이러한 가르침은 무제한적으로 오류가 없다는 것과 동일한 것이다. 마지막으로, 만약 증거가 더 필요하다면, 독자들은 1689 신앙고백서의 4장 1항-3항, 19장 1항 그리고 22장 7항을 참고하기 바란다. 그리고 언급된 1689 신앙고백서의 본문 내용들을 올바로 읽는다면, 오늘날 모든 곳에서 철저히 성경의 무오성과 관계된 창조와 창세기 1-3장의 관점은 당연한 것으로 여겨진다.

런던 신앙고백서나 웨스트민스터 신앙고백서가 무제한적 성경무오설로부터 벗어나는 것을 묵인하고 있다는 생각은 분명히, 결코 정당하지 않다. 그러나 한 가지 더 자세한 설명이 반드시 필요하다. 오류를 제거하는 것이 신앙고백서 그리고 신앙고백서와 같은 문서들의 목적이다. 그러나 오류들, 지금도 불법적으로 기생하는 이단의 주장들은 성경에 대한 고백적인 태도를 취하기도 하고, 심지어 그 오류의 가르침을 표현하기 위해 오랜 세월 동안 인정받아 온 신학적인 단어를 취하기도 한다.[18] 교묘한 이단들은 신중하지 못한 사람에게 자신들의 태도를 그럴싸하게 보이게 만들 수 있다. 역사 안에서 드러난 오류와 진리를 말로 표현하기 위해 교회가 이해하고 수용하는 과정은 일반적으로 오류를 제거하기 위해 한때 충분했던 체계들을 강화하고 분명하게 할 것을 요구한다. 이 주제와 관련하여 1689 신앙고백서에 더 자세한 설명을 덧붙일 곳은 없겠는가? 축자영감과 완전영감 그리고 성경이 확실하게 말하는 부분에는 오류가 없다는 입장을 분명히 취하고 있다는 진술이 필요하지 않을까?

---

18 특별히 소요리문답 2번째 문답을 주목하라. 신전통주의와 그들과 비슷한 전통을 가진 사람들은 아주 쉽게 "성경 안에 **있는** 하나님의 말씀"에 대해서 말할 수 있다. 이러한 신학용어가 처음 사용되었을 때는 전혀 문제들을 드러내지 않았으나 이제 신학적으로 깨어있는 모든 사람들은 받아들이기 어렵게 만들었다.

제2장 하나님과 삼위일체에 관하여

Of God and of the Holy Trinity

1. 주 우리 하나님께서는 살아계시고 참되신 한 분 하나님이시다.[1] 하나님의 본체는 그 자체로 그리고 스스로 존재와 완전에 있어서 무한하시다.[2] 하나님의 본체는 하나님 자신을 제외한 그 누구에 의해서도 가늠될 수 없다.[3] 하나님께서는 가장 순수한 영이시고, 보이지 아니하시고, 육체도, 부분들도, 정욕도 없으시며, 불멸하시고 그 어떤 사람도 도달할 수 없는 빛 안에 거하신다.[4] 그리고 하나님께서는 불변하시고 광대하시고 영원하시고 측량할 수 없으시며 전능하시고, 모든 면에서 무한하시고 가장 거룩하시고 가장 지혜로우시고 가장 자유로우시고 가장 절대적이시다.[5] 그리고 하나님께서는 모든 일을 자신의 영광을 위해 자신의 불변하고 가장 의로운 의지의 계획을 따라 행하신다.[6] 그리고 하나님께서는 지극히 사랑하시고 은혜로우시며 자비로우시고 오래 참으시고 선과 진리가 충만하시고 부정과 불법과 죄를 용서하신다.[7] 그리고 하나님께서는 자신을 부지런히 찾는 자들에게 상 주시는 분이시고 더욱이 자신의 심판에 있어서 가장 의로우시고 엄격하시며, 모든 죄를 미워하시고 죄의 책임을 결코 면제해 주시지 않으신다.[8]

1. 신명기 6장 4절, 예레미야 10장 10절, 고린도전서 8장 4절, 6절, 데살로니가 전서 1장 9절

2. 이사야 48장 12절

3. 출애굽기 3장 14절, 욥기 11장 7-8절, 욥기 26장 14절, 시편 145편 3절, 로마서 11장 33-34절

4. 요한복음 4장 24절, 디모데전서 1장 17절, 신명기 4장 15-16절, 누가복음 24장 39절, 사도행전 14장 11절, 15절, 야고보서 5장 17절

5. 말라기 3장 6절, 야고보서 1장 17절, 열왕기상 8장 27절, 예레미야 23장 23-24절, 시편 90편 2절, 디모데전서 1장 17절, 창세기 17장 1절, 요한계시록 4장 8절, 이사야 6장 3절, 로마서 16장 27절, 시편 115편 3절, 출애굽기 3장 14절

6. 에베소서 1장 11절, 이사야 46장 10절, 잠언 16장 4절, 로마서 11장 36절

7. 출애굽기 34장 6-7절, 요한1서 4장 8절

8. 히브리서 11장 6절, 느헤미야 9장 32-33절, 시편 5편 5-6절, 나훔 1장 2-3절, 출애굽기 34장 7절

2. 하나님께서는 자기 자신 안에 그리고 스스로 모든 생명과 영광과 선과 복을 가지고 계시고, 하나님만이 그 자체로 그리고 스스로 완전히 충분하시고, 자신이 만든 그 어떤 피조물도 필요치 않으시고 또한 피조물로부터 그 어떤 영광도 취하실 필요가 없으시며 오히려 자기 자신의 영광을 피조물 안에, 피조물에 알맞게, 피조물에게, 피조물 위에 나타내신다.[1] 하나님께서는 모든 존재의 유일한 근원이시다. 모든 것은 그분에게서 나왔고 그분을 통하며 그분께로 귀결된다. 하나님께서는 자신이 기뻐하시는 것은 무엇이든지 모든 피조물에 의하여, 모든 피조물을 위하여, 모든 피조물을 지배 아래 두시고 행하실 최고의 주권을 가지고 계신다.[2] 하나님의 눈앞에는 모든 것이 드러나 명백하고, 하나님의 지식은 무한하고 무오하며 피조물에게 의존하지 않으신다. 그렇기에 하나님께는 그 어떤 것도 우발적이거나 불확실한 것은 없다.[4] 하나님의 모든 계획과 모든 일과 모든 명령은 지극히 거룩하다. 피조

물로서 그들이 의무적으로 창조주께 마땅히 드려야 하는 모든 경배, 예배, 섬기는 일과 하나님께서 그들에게 더 즐거이 요구하시는 모든 것은 천사들과 사람들로부터 하나님께 합당하게 드려져야 한다.[5]

1. 요한복음 5장 26절, 사도행전 7장 2절, 시편 148편 13절, 시편 119편 68절, 디모데전서 6장 15절, 욥기 22장 2-3절, 사도행전 17장 24-25절

2. 요한계시록 4장 11절, 디모데전서 6장 15절, 로마서 11장 34-36절, 다니엘 4장 25절, 34-35절

3. 히브리서 4장 13절, 로마서 11장 33-34절, 시편 147편 5절, 사도행전 15장 18절, 에스겔 11장 5절

4. 시편 145편 17절, 로마서 7장 12절

5. 요한계시록 5장 12-14절

3. 이 신성하고 무한하신 존재 안에는 하나의 실체와 능력과 영원하심을 가진 성부, 말씀이신 성자, 성령 세 위격이 있다.[1] 그리고 각 위격은 완전한 신적 본질을 가지고 있으나 그 본질은 나뉘지 않는다.[2] 성부께서는 출생도 발출도 아닌 그 어떤 기원도 없으시다. 성자께서는 성부로부터 영원히 나셨다. 성령께서는 성부와 성자로부터 발출되셨다.[3] 이 세 위격 모두 무한하시고 시작이 없다. 그러므로 한 분 하나님께서는 본질과 존재에 있어서 분리될 수 없지만, 몇몇 특정한 관계적 특징들과 인격적 관계들에 의해 구별된다. 이 삼위일체 교리는 하나님과 우리의 모든 교제의 근거이고, 하나님께 평안히 의존하는 토대가 된다.

1. 마태복음 3장 16-17절, 28장 19절, 고린도후서 13장 14절

2. 출애굽기 3장 14절, 요한복음 14장 11절, 고린도전서 8장 6절

3. 잠언 8장 22-31절, 요한복음 1장 1-3절, 14절, 18절, 3장 16절, 10장 36절,

15장 26절, 16장 28절, 히브리서 1장 2절, 요한1서 4장 14절, 갈라디아서 4장 4-6절

개 요

1689 신앙고백서 제2장은 하나님과 거룩한 삼위일체에 관한 정통교리를 진술한다. 그렇기에 이 장은 니케아 신조에서 진술되고, 급진적 종교개혁 형태인 '회복주의자'의 기독교, 즉 반(反)삼위일체주의자의 모든 형태와 단절된 삼위일체에 관한 교회 역사적 교리와 일치한다. 한편으로 이 장은 제4장 '창조에 관하여'에서[1] 개혁주의자들이 하나님의 주권을 강조할 것을 미리 염두에 두고 하나님의 속성들과 하나님께서 피조물들과 맺으시는 관계들을 설명한다. 제2장의 항목들 안에는 하나님의 속성들, 즉 특성을 아주 탁월하고 균형 있게 설명한 문장들이 있다.[2] 오늘날 기독교는 하나님을 더 깊게 생각할 필요가 있고, 하나님께 우리가 반드시 행해야 하는 의무가 있다는 사실을 현실에서 의식하고 살아야 할 필요가 있다.

그렇지만 이 교리들은 기준이 되는 많은 작품들 안에서 훌륭히, 빈번하게 그리고 상세히 다루어져 왔다.[3] 그러므로 이 장에서 (이와 관련하여) 반복적인 설명을 하지 않으려고 한다. 여기서 허용되고 제한된 분량은 3항 삼위일체 교리에 초점을 맞추어 해설하는 데 쓰여질 것이다.

3항이 흥미로운 까닭은 제1차 런던 신앙고백서와 웨스트민스터 신앙고백서 그리고 사보이 선언의 진술들을 결합시킨 것이기 때문이다. 그래서 3항은 다른 어떤 신앙고백서들보다 삼위일체에 대해 더 상세하게 설명한

---

1   각 세 항들에서 웨스트민스터신 앙고백서와 약간의 차이들이 있다. 그러나 어느 하나도 교리적인 본질에 속하지 않는다. 1689 신앙고백서의 저자들은 근본적으로 그리고 모든 부분에 있어서 웨스트민스터 신앙고백서에 동의한다.

2   항을 연구하여 공유적 속성들과 비공유적 속성들로 구분하는 것은 전혀 어렵지 않다는 것을 보여준다. 그렇지만 비슷한 속성들은 같이 다루어지거나 (위에서 기록되어 있듯이) 세미콜론으로 구분된다.

3   다음의 책들이 추천된다. Stephen Charnock's *The Existence and Attributes of God* (Grand Rapids, MI: Baker Book House, 1979); Herman Bavinck's *The Doctrine of God* (Edinburgh: The Banner of Truth Trust, 1977). 다음의 책들이 더 대중적으로 추천된다. J. I. Packer's *Knowing God* (Downers Grove: Intervarsity Press, 1973) and Stuart Olyott's *The Three Are One* (Welwyn: Evangelical Press, 1981). 마지막 책은, 그 제목이 가리키는 것처럼 오직 삼위일체만을 다룬다. 반면 첫 번째 책은 하나님의 속성들에 집중한다.

다. 아마도 (알미니안주의이고 특별히 보편속죄를 믿기 때문에 일반침례주의자들이라고 불리는) 17세기 영국의 일반침례주의자들이 '유니테리아니즘' 이단에 빠져있는 경향은 1689 신앙고백서 작성자들에게 이러한 상세한 설명이 중요하게 보이도록 만들었다.

역사적이고 성경적인 삼위일체 교리 안에는 근본적인 세 부분이 있다. 잘 알려진 신앙문답에서 삼위일체를 다루는 세 질문들은 이 근본적인 부분들을 아주 적절하게 구분한다. '하나님께서는 여럿이신가? 아니요, 하나님께서는 오직 한 분뿐이십니다. 한 분 하나님의 위격은 몇인가? 세 위격이다. 세 위격은 누구신가? 성부하나님과 성자하나님 그리고 성령하나님이십니다.' 한 분 하나님께서 계시고, 한 분 하나님께서는 세 위격으로 존재하시며, 구분되는 각 위격의 특징들을 가지신다.

이 삼위일체 교리는 영원한 신적 신비이고, 반드시 그래야 한다. 교회의 신조들이 이 신비를 설명하려는 의도를 가지고 있다고 생각하는 것은 (1689 신앙고백서 제2장 3항에 요약된)교회의 신조들을 오해하는 것이다. 역사적으로, 반대자들이 실제로 이 신비를 설명하려고 하였다. (사벨리안주의자나 양태론자로도 알려진) 단일신론 이단 내에서, 하나님의 세 위격이 연속적인 세 가지 모습들로 존재하지만 궁극적으로는 오직 한 분이시라고 진술하는 방식으로 이 신비를 설명하는 의견을 교회에 제시하였다. 아리우스 이단Arian heresy 안에서, 예수 그리스도와 성령님께서는 완전한 의미에서의 하나님이 아니었다고 말하는 것으로 이 신비를 설명하는 의견을 교회에 제시했다. 이 두 방식들 모두가 그 긴장 관계를 해결하긴 하였지만 교회는 이 두 방식 모두를 거절하였다. 교회는 어떤 의미에서는 하나님께서 한 분이시고 또 다른 의미로는 세 분이시라는 사실을 유지함으로 이 신비를 유지하였다. 교회는 하나님께서 궁극적으로 한 분이시고 동시에 세 분이심을 주장하였다. 그리고 교회는 하나님께서 한 본질, 한 실체 그리고 세 인격, 세 위격임을 주장하였다. 교회의 신조들은 이 신비를 둘러 울타리를 친다. 교회의 신조들은 그 신비를 설명하지 않는다. 하나님의 불가해성은 사람의 이성을 넘어서고 세속적인 지혜와는 모순되는 거룩한 신비들을 포함하는 교리를 뜻한다. (예를 들어 제3장 '하나님의 작정에 관하여' 그리고 제8장 '중보자 그리스도에 관하여'를 주목하라.) 하나님의 존재를 반드시 이해해야 하고 이해할 수 있다는 이성주의의 오만하고 멍청한 개념에서 벗어난 이성만이, 이러한 신비들을 겸손과 경외의 마음을 가지고 인정할 수 있다. (시편 131편).

삼위일체에 관한 역사적 교리가 오늘날 이러한 이성주의로 인하여 위험에 처해 있는 상황은, 복음주의 교사들 안에 성자하나님의 영원한 나심과 성령하나님의 영원한 발출에 관한 교리를 전반적으로 의심하고 있는 상황 때문이다. 이 의심은 아마도 성자하나님께서 스스로 존재하시는 하나님이신 것과 영원히 나셨다는 주장을 표면적으로 반박하기 위한 것일 수 있다. 웨스트민스터 신앙고백서와 사보이 선언 그리고 교회의 모든 역사적 신조들과 동일한 노선을 따르는 침례교 신앙고백서는 삼위일체 교리에 관해 이러한 의심을 품는 것을 경고한다.

영원출생교리가 종속설을 수반한다고 생각하는 것이 일반적이다. 세 종류의 종속은 반드시 구분되어야 한다. 행하시는 일의 역할에 있어서 종속은 있다. 이것은 구속의 경륜 안에서 하나님이시자 사람이신 성자하나님께서 성부하나님께 종속된다는 것을 언급한 것이다. 이것은 경륜적 종속이라고 불린다. 둘째, 존재에 있어서의 종속이 있다. 이것은 삼위일체의 인격들(혹은 위격들) 사이에서 기원의 순서와 관계에 관하여 말하는 것이다. 아들은 아버지께 낳음을 받는다. 성령님께서는 성부하나님과 성자하나님 모두에게서 발출하신다. 이것은 위격적 종속이라 불릴 수 있다. 셋째, 본질에 있어서 종속이 있다. 이것은 성자하나님과 성령하나님의 신성이 성부하나님의 신성으로부터 부여받은 형태라는 개념을 언급하는 것이다. 이것은 본질적 종속이라고 불리기도 한다. 역사적으로 이 본질적 종속설이 잘 알려진 종속설이다.

교회와 교회신조들의 역사적 교리는 삼위의 본질에 있어서 성자하나님과 성령하나님이 성부하나님과 그 능력이나 영광에서 동일하지만, 각 위격들에 있어서 성부하나님으로부터 성자하나님께서는 영원히 나셨고 성령하나님께서는 발출되셨다. 그래서 본질에 있어서 삼위하나님께서는 스스로 존재하시는 반면, 위격에 있어서 성자하나님과 성령하나님께서는 영원히 성부하나님께로부터 나오신 것이다. 교회의 역사적 교리로서 이 두 교리들이 종속설이라고 불리는 것은 옳지 않다. 종속설이라고 하는 바로 이 용어는 성자와 성령님께서 본질에 있어서 성부보다 격이 낮은 신이고 덜 초월적이라는 가르침을 담고 있다. 그러므로 존재론적 종속설과 경륜적 종속설은 종속설이 아니다.

성자하나님의 영원한 나심을 찬성하는 성경의 증언은 다음과 같이 요약된다.

1. 구속경륜은 창조경륜이다(요한복음 1장 1-3절, 히브리서 1장 2절, 고린도전서 8장 6절). 만약 이 경륜적 종속이 삼위일체 안에서 본질적으로 위격의 종속을 반영하지 않는다면, 창조경륜과 구속경륜 안에서 모두 동일한 질서가 유지된다는 것은 확실히 이상한 일이다.

2. 성경은 성자하나님께서 출생하셨고 혹 최소한 나셨다고 분명하게 가르친다(요한복음 1장 14절, 18절). 그렇지만 그 핵심단어의 번역이 논쟁이 된다. 어떤 이들은 그 단어를 번역하는데 '독생자'로 하는 반면 다른 이들은 '유일한'이라는 번역을 선호한다. 이 번역의 문제는 논쟁이 되는 어원과 어느 정도 관련이 있다. 어떤 이들은 '낳다'라는 의미의 동사에서 그 단어의 유래를 찾고 다른 이들은 '되다'라는 뜻의 동사에서 기원을 찾는다. 양쪽이 다 내포하고 있는 어원의 뜻은 (영원히) 나셨다는 개념을 포함한다.

3. 또 잠언 8장 22-31절이 만약 하나님의 아들에게 적용되는 것이라면, 이 말씀 또한 이 의도에 딱 맞는 분명한 가르침을 포함하고 있다. 신약이 그 적용을 본질적인 것으로 만드는 것처럼 보인다(골로새서 2장 3절, 고린도전서

1장 24절, 30절, 누가복음 11장 49절). 또한 미가서 5장 2절을 주목해보라.

4. '성자'의 명칭은 성육신 이전의 그리스도께 결코 사용되지 않았다는 주장이 가끔 제기되어 왔다. 이 주장에 따라 이 명칭들을 해석하면, '성부'라는 명칭을 설명하지 못한다. 성부라는 명칭은 분명히 삼위일체 첫 번째 위격에 적용되어 성육신 이전의 두 번째 위격과의 관계를 설명한다(요한복음 10장 36절, 16장 28절, 요한1서 4장 14절). '성부'의 명칭은 원인이시고 근원이신 즉 낳으신 분이라는 개념에서 벗어나는 것이 불가능하다. 성부께서는 정확하게 성자의 아버지이시다(요한복음 5장 18절, 골로새서 1장 3절, 에베소서 1장 3절, 고린도후서 1장 3절, 고린도전서 8장 6절).

5. '성자'의 명칭은 성육신 이전의 그리스도에게 결코 사용되지 않았다는 주장은 설득력이 없다(요한복음 3장 16절, 갈라디아서 4장 4절, 요한1서 4장 14절).

6. '성자'의 명칭이 단지 동등함을 제외한 그 어떤 것도 의미하지 않는다는 주장은 설득력이 없다. 물론, 우리는 이 명칭이 동등성을 나타낸다는 사실을 부정하지 않는다. 그렇지만 동등성만을 나타낸다고 말하는 것은 '아버지'라는 말과 '아들'이라는 말에 대해 우리가 아는 모든 것들을 무시하는 것임을 드러낸다.

7. 영원출생 교리에 대한 더 명백한 증거는 우리가 '영원한 나심의 교리'라고 부르는 것에서 얻어진다. 성육신하기 이전에 분명히 아들을 가리키는 다른 명칭은 말씀이다. 확실히 이 명칭은 하나님의 위격과 요한복음 1장 1절에서의 그 말씀의 위격 사이의 종속 관계를 암시한다. 본질에 관해서 두 분 모두는 완전한 신성이신 하나님이시다. '그 말씀은 하나님이셨다.' 그렇지만 위격들에 관하여서 한 분께서는 '하나님'이라고 불리시고 다른 분께서는 하나님의 '말씀'이라고 불리신다.

8. 영원출생 교리, 영원발출 교리, 위격에 대한 종속 교리를 제외하고 삼위하나님의 위격들을 구분하는 것은 불가능하다. 계시된 위격의 관계들

이나 속성들은 전혀 없다. 심지어 삼위일체의 첫 번째 위격, 두 번째 위격, 세 번째 위격과 같은 용어가 적절한 어법이 아니게 된다. 삼위일체 안에는 아무런 특색이 없고 단일하고 구분되지 않는 세 위격들만 우리에게 남겨질 뿐이다. 이 결과는 성경계시의 풍성함의 향기가 아닌 철학의 죽음의 냄새를 풍긴다.

9. 마지막으로, 영원히 친아버지 되심과 친아들 되심을 억압하는 것은 구속하시는 사랑의 영광을 감소시키는 것이다. 아들 되심을 단지 동등함에만 국한시킨다면, 성부의 영광이 우리의 구속을 위해 성자에게 주어졌다는 사실이 약화되지는 않을까? 그 결과는 이도 저도 아닌 한 신적 위격이 또 다른 특색 없는 신적 위격을 낳는 것이다. 이 개념 위에 아버지의 산 제물의 영광은 어디에 있는가? 아들의 자식으로서의 순종의 영광은 어디 있는가? 영원한 출생과 영원한 발출을 의심하는 경향은 복음의 영광을 감소시킨다.

제3장 하나님의 작정에 관하여

Of God's Decree

1. 하나님께서는 영원 전부터 자신 안에서 자기 의지의 가장 지혜롭고 거룩한 계획을 따라 일어날 어떤 일이라도[1] 그 모든 것을 자유롭고 변함없도록[2] 작정하셨다. 하지만 그렇다고 해서 하나님께서는 죄의 저자도 아니시고 죄 안에 있는 누군가와 교제하지도 않으시며[3] 또한 피조물의 의지와 충돌하지 않으시고 제2원인들의 자유, 즉 우발성을 제거하지 않으시고 오히려 확립하신다.[4] 이런 식으로 모든 것을 적소에 놓으신 것에서 하나님의 지혜가 드러나고, 하나님의 작정이 성취된 것에서 능력과 신실함이 드러난다.[5]

> 1. 다니엘 4장 34-35절, 로마서 8장 28절, 11장 36절, 에베소서 1장 11절
> 2. 잠언 19장 21절, 이사야 14장 24-27절, 46장 10-11절, 시편 115편 3절, 135편 6절, 로마서 9장 19절
> 3. 창세기 18장 25절, 야고보서 1장 13절, 요한1서 1장 5절
> 4. 창세기 50장 20절, 사무엘하 24장 1절, 이사야 10장 5-7절, 마태복음 17장 12절, 요한복음 19장 11절, 사도행전 2장 23절, 사도행전 4장 27-28절
> 5. 민수기 23장 19절, 에베소서 1장 3-5절

2. 하나님께서는 가정된 모든 조건 위에서 일어날 수 있거나 일어날 모든 일

을 알고 계시지만,[1] 앞날 즉, 이러한 조건에서 일어날 일을 미리 아셨기 때문에 작정하신 것은 아니다.[2]

1. 사무엘상 23장 11-12절, 마태복음 11장 21절, 23절, 사도행전 15장 18절
2. 이사야 40장 13-14절, 로마서 9장 11-18절, 11장 34절, 고린도전서 2장 16절

3. 몇몇 사람들과 천사들은 하나님의 작정에 의해, 하나님의 영광을 나타내기 위해 예정되어 있다. 다시 말하면 이들은 예수 그리스도를 통하여 영생으로 미리 정해지고 하나님의 영광스러운 은혜를 찬양하게 된다.[1] 다른 사람들과 천사들은 자신들의 죄 안에서 행하도록 버림받고, 정당한 유죄판결을 받아 하나님의 영광스러운 공의를 찬양하게 된다.[2]

1. 마태복음 25장 34절, 디모데전서 5장 21절
2. 요한복음 12장 37-40절, 로마서 9장 6-24절, 베드로전서 2장 8-10절, 유다서 4절

4. 이렇게 미리 예정되고 정해진 천사들과 사람들은 특별히 그리고 변함없게 계획된 것이다. 그리고 그들의 수는 확정되고 결정되어 있어서 증가되거나 감소될 수 없다.[1]

1. 마태복음 22장 1-14절, 요한복음 13장 18절, 로마서 11장 5-6절, 고린도전서 7장 20-22절, 디모데후서 2장 19절

5. 하나님께서는 인류 가운데서 생명으로 예정된 사람들을 세상의 기초가 놓여지기 전에 자신의 영원하고 불변한 목적과 은밀한 계획과 자신의 뜻의

선하고 기뻐하심을 따라 그리스도 안에서 영원한 영광으로 선택하셔서, 단지 자신의 값없는 은혜와 사랑만을 드러내셨다.[1] 하나님을 그렇게 움직이게 하는 조건이나 원인이 되는 다른 어떤 것도 피조물 안에는 없다.[2]

1. 로마서 8장 30절, 에베소서 1장 4-6절, 9절, 디모데후서 1장 9절

2. 로마서 9장 11-16절, 11장 5-6절

6. 하나님께서는 그가 택자들을 영광에 이르도록 정하신 것처럼, 자기 의지의 영원하고 지극히 자유로운 목적으로 그 영광에 이르게 하는 모든 수단을 미리 정해 놓으신다.[1] 이런 까닭으로 아담 안에서 타락한 사람들 중에 선택받은 사람들은 그리스도로 인해 구속되고,[2] 정해진 시기에 성령님의 사역으로 유효한 소명을 받아 그리스도를 믿게 되고, 칭의되고, 양자되고, 성화되고,[3] 그리스도의 능력으로 믿음을 통하여 구원에 이르도록 보호받는다.[4] 오직 택자를 제외한 다른 어떤 사람들도 그리스도로 인한 구속과 유효한 소명과 칭의와 양자됨과 성화와 구원을 받지 못한다.[5]

1. 에베소서 1장 4절, 2장 10절, 데살로니가후서 2장 13절, 베드로전서 1장 2절

2. 데살로니가전서 5장 9-10절, 디도서 2장 14절

3. 로마서 8장 30절, 에베소서 1장 5절, 데살로니가후서 2장 13절

4. 베드로전서 1장 5절

5. 요한복음 6장 64-65절, 8장 47절, 10장 26절, 17장 9절, 로마서 8장 28절, 요한1서 2장 19절

7. 매우 신비한 이 예정 교리는 특히 주의를 기울여 신중하게 다루어져야만 한다.[1] 하나님의 말씀에 계시된 하나님의 뜻에 주의하고 순종하는 사람들은

자신들이 받은 유효한 소명의 확실성으로부터 영원한 선택을 받았다는 사실을 확신할 수 있다.[2] 따라서 이 교리는 필연적으로 하나님을 찬송하게 하고 경외하게 하며 존경하도록 하고,[3] 복음에 진심으로 순종하는 모든 사람들에게 겸손과[4] 부지런함과[5] 넘치는 위로를[6] 제공한다.

1. 신명기 29장 29절, 로마서 9장 20절, 11장 33절

2. 데살로니가전서 1장 4-5절, 베드로후서 1장 10절

3. 에베소서 1장 6절, 로마서 11장 33절

4. 로마서 11장 5-6절, 20절, 골로새서 3장 12절

5. 베드로후서 1장 10절

6. 누가복음 10장 20절

개 요

제3장의 전반적인 논리의 흐름이 일반작정에서 특별작정으로 흐르고 있다는 것에 주목하라. 특별작정이 주된 것이지만, 모든 일에 대한 일반작정을 다루고 나서 이 일반작정 가운데 특별작정, 생명으로의 예정을 다룬다. 특정 개인들을 구원으로 택함은 예정에 관한 작정과 일치한다. 예정이 사람들과 천사의 운명에 관련된 1689 신앙고백서 제3장 '하나님의 작정'에서 쓰인다는 사실에 주목하라. 제3장의 구조는 선택교리의 문맥과 배경과 위치한 자리가 '일어날 모든 일'에 관한 하나님의 포괄적인 작정을 포함한다. 택함을 가르칠 때, 이 위치한 자리는 결코 등한시되어서는 안 된다.

이 장의 해설은 앞에서 제시한 1689 신앙고백서의 개요와 같이 연속적인 순서를 따라 설명하는 방식으로 하지 않겠다. 오히려 단순하게 1689 신앙고백서의 중심이 되는 주장들을 해설하는 것이 이해하기 쉬울 것이다. 이러한 까닭은 제3장의 몇몇 항들, 특히 6항이 1689 신앙고백서 다른 장에서 충분하게 설명될 것이기 때문이다. 그러나 일반적으로 1689 신앙고백서를 구분하는 두 측면들은 다음과 같다.

I. 모든 일들의 작정(1-2항)

1. 1689 신앙고백서 작정교리에 대한 성경의 지지

1) 그 어떤 것도 결코 하나님의 작정을 좌절시키지 못한다.

하나님께서는 (하나님의 비밀스러운 의지 혹은 주권적 의지라고도 불리는) 결정적 의지를 가지고 계신다. 이 결정적 의지는 방해 받을 수 없고 그것이 목적 하는 모든 것을 확실하게 성취한다(잠언 19장 21절, 이사야 14장 24-27절, 시편 115편 3절, 135편 6절, 로마서 9장 19절).

2) 그 어떤 것도 결코 하나님의 작정을 벗어나지 못한다.

일어나는 모든 일은 하나님의 작정 안에 포함되어 있다. 이 주장을 지지하 는 두 가지 근거가 있다.

첫째, 성경은 일반적으로 하나님의 작정이 우주적이라고 말한다(다니엘 4장 34-35절, 로마서 8장 28절, 11장 36절, 에베소서 1장 11절). 둘째, 성경은 특별히 모든 종류의 일들이 하나님의 작정 안에 포함되어 있다고 가르친다.

(1) 좋은 일들과 나쁜 일들(이사야 45장 7절, 아모스 3장 6절, 욥기 1장 21절, 예 레미야 15장 2절).

(2) 죄악 된 행위들(창세기 50장 20절, 사무엘하 16장 10-11절, 24장 1절, 참고 역대상 21장 1절, 욥기 1장 11-12절, 누가복음 22장 22절, 사도행전 2장 23절, 4장 27-28절).

(3) 사람들의 자율적인 행위들(잠언 16장 1절, 9절, 21장 1절, 로마서 8장 28절, 35-39절).

(4) '우연히' 일어난 일들(열왕기상 22장 28-34절, 욥기 5장 6절, 36장 32절, 잠

언 16장 33절, 요한복음 1장 7절).

(5) 우리 삶의 사소한 일들(욥기 14장 5절, 시편 139편 16절, 마태복음 10장 29-30절, 야고보서 4장 15절).

(6) 국가의 일들(열왕기하 5장 1절, 시편 75편 1-7절, 잠언 21장 31절, 다니엘 2장 21절).

(7) 악한 자의 최후 멸망(사무엘상 2장 25절, 잠언 16장 4절, 로마서 9장 17절, 베드로전서 2장 8절, 유다서 4절).

3) (물론, 하나님 자신을 제외하고) 그 어떤 것도 결코 하나님의 작정의 조건이 되지 못한다.

이것은 몇몇 고려해야 할 것들로 인해 증명된다.

그 상황의 특징

하나님께서 작정하신 그때, 단 한 사람도 그 자리에 없었고 아무것도 존재하지 않았다. 그러므로 하나님께서 모든 것들을 작정하셨을 때, 자기 자신의 뜻 외에 그 어떤 것도 고려하지 않으셨다.

성경의 증언

성경은 하나님께서 작정하셨을 때, 어느 누구도 하나님께 조언하지 않았다고 증언한다(이사야 40장 13-14절, 로마서 11장 34절, 고린도전서 2장 16절).

작정의 보편성에서 추론할 수 있는 결론

우리는 이미 하나님의 작정이 절대적으로 보편적 즉 포괄적이라는 것을 증명했다. 이 작정은 모든 일들을 결정한다. 그러나 만일 하나님의 작정이 모든 것들을 결정한다면, 하나님의 작정은 그 작정이 결정한 것들로 인해 결정되지 않는다.

2. 1689 신앙고백서 작정 교리 전반에 걸친 최근의 논쟁

[이 주제에 관련된 자료들은 루서스 존 러쉬두니R.J.Rushdoony1 와 코넬리우스 반틸2에게 빚지고 있다.]

1924년 기독개혁교회Christian Reformed Church 회의는 일반은총에 관하여 세 가지 점을 공식화하였다.3 이것은 헤르만 훅세마Herman Hoeksema와 그와 함께 개신개혁교회Protestant Reformed Church를 구성한 사람들의 탈퇴로 이어 졌다. 이 논쟁은 거기서 멈추지 않았고, 하나님의 주권을 주제로 한 끝없는 논쟁에 불을 지폈다.

코넬리우스 반틸은 세 가지 점에 동의하였지만, 그 회의의 결정은 편파 적이라고 느꼈다. 기독개혁교회 회의는 하나님의 작정에 대한 훅세마의 숙 명론적 해석을 다루었으나, 하나님의 작정을 제한하고 정반대 입장의 잘못 으로 치우쳐 가고 있는 기독개혁교회의 다른 회원들에게 설명해 주지는 않 았다. 반틸의 관점에서 보면, 숙명론과 알미니안주의로 쏠려있는 양쪽 모두 성경의 사상과 올바른 기독교의 극단을 초래했다. 덧붙이자면, 이 둘 모두는 종교개혁 신앙고백서들에 속한 칼빈주의로부터 벗어났다.

1689 신앙고백서는 하나님의 절대 주권과 사람의 자유의 실재, 양쪽 모 두를 확실히 말한다. 이를 부정하거나 가볍게 여기면 진리와 칼빈주의 기독교 는 시들어 죽게 될 것이다. 이를테면 이 숙명론과 알미니안주의가 득세하는 곳 에는 어디든지 성경의 칼빈주의를 말살시키려는 합리주의의 양극단이 있다.

---

1   R. J. Rushdoony, By What Standard? (Fairfax, VA: Thoburn Press, 1958), pp. 122-134.

2   Cornelius Van Til, *Common Grace* (Philadelphia: Presbyterian Reformed Publishing Company, 19477).

3   1689신앙고백서는 14장 3항에서 일반은총이라는 신학용어를 사용한다. 이 말이 그곳에 쓰였다는 것은 사보이선언을 반영한 것이다. (이 논쟁에서 논쟁거리가 된)값없이 주심이 라는 신학용어는 7장 2항에서 사용되었다. 이 책 7장에서 값없이 주심이라는 말의 해설 을 유심히 보라.

1) 하나님의 주권을 보호하기 위해 사람의 자유의 실재를 축소하거나 부정하는 경우가 있다. 이것은 엄격한 고등 칼빈주의로 이어질 것이고, 말하자면 생명의 물을 얼리는 데까지 갈 것이다.

2) 사람의 자유를 지키기 위해 하나님의 주권을 축소시키는 경우가 있다. 이는 알미니안주의로 이어질 것이고 생명의 물을 '증발'시키는 데까지 이를 것이다.

양극단들의 일반적인 전제는 어쨌든 하나님의 주권과 사람의 자유는 조화되지 않으며 서로 양립할 수 없는 원리들이라는 것이다. 이 오류는 러쉬두니에 의해 정확하게 진술된다. "하나님과 사람이 수밀구획들water-tight compartments에 있다. 그래서 하나님의 활동과 사람의 활동은 같은 공간에서 동시에 일어날 수 없고 동시에 결정될 수도 없다."[4] 그들의 생각을 지배하고 있는 이 잘못된 양자택일의 입장에 치우쳐져 있는 사람들은 사람의 자유가 실제로 존재한다는 것을 부인함으로써 그 문제를 해결하려고 한다. 예를 들어 훅세마는 다음과 같이 말했다. '사랑하는 형제여, 나는 항상 이렇게 말한다. 만약 내가 반드시 하나만 선택을 해야 한다면, 하나님을 선택할 것이다. 만약 내가 반드시 하나님이나 사람을 버려야 한다면, 하나님을 선택할 것이다. 나는 사람을 버릴 것이다. 이것이 나에게 옳다. 거기에는 그 어떤 위험도 없다. 하나님을 선택할 것이다! 바로 이것이 종교개혁이다! 특별히 바로 이것이 개신교 종교개혁이다!'[5]

동시에 다른 입장은 하나님의 주권을 제한하는 쪽을 선택하고 있었다. 말하자면 하나님을 버렸다. 제임스 데인James Daane과 다른 사람들은 사람의 참 자유를 지키기 위해서 하나님의 작정을 제한하는 것을 선택하고 있었다.

---

4   Rushdoony, *By What Standard*, p. 117.
5   Ibid., p. 111.

한 측은 하나님을 선택하여 그 문제를 해결한다. 다른 측은 사람을 선택해서 그렇게 한다. 그러나 이 두 입장 모두는 선택을 했고 이것이 그들의 오류다! 그러나 반틸은 개혁주의 신앙고백서들과 발맞추어 하나님의 자유와 사람의 자유는 충돌하지 않는다고 가르친다. 하나님의 자유와 사람의 자유를 보호하기 위해 그 어느 쪽도 제한해서는 안 된다. 사람의 자유는 하나님의 자유가 아니다. 사람의 자유는 하나님의 자유를 문제 삼지 않고 함께 공존한다. 반틸과 그 이전의 개혁주의 신앙고백서들이 말했던 것 같이, 하나의 사건은 사람의 자유로운 결정과 하나님의 주권의 결정 모두의 결과이다.

이것이 확실히 이 문제에 관한 성경의 진리이다. 이 가르침은 고등칼빈주의와 알미니안주의 각각의 합리적인 대안들을 피하게 하고, 하나님 말씀의 명확한 가르침을 향하여 우리 마음을 순종시킨다.

3. 1689 신앙고백서 작정 교리에 관한 몇 가지 심각한 주제들

1) 죄악된 행위들에 대한 작정

하나님의 작정에 관하여 1689 신앙고백서의 가르침으로 인해 발생하는 가장 일반적인 반대는 이것이다. 이것이 하나님을 죄의 저자로 만들지 않는가? 만약 그렇지 않다면, 무슨 근거로 1689 신앙고백서는 하나님께서 모든 일들을 정하시는데 죄의 저자는 아니라고 주장하는가?

비록 1689 신앙고백서는 하나님께서 죄를 작정하신다고 가르치지만, 하나님께서 죄의 저자라는 사실을 부정한다. 1689 신앙고백서는 '제2원인들의 자발성 또는 우발성'의 기초 위에서 이 부정을 정당화한다. 다시 말해, 하나님께서는 죄의 저자가 아니시다. 그 까닭은 하나님께서 직접 그 일이 일어나도록 하시지 않았기 때문이다. 이는 의지를 발휘하여 죄에 참여한 제2원인들의 책임이다. 이것은 다윗이 악하게 이스라엘의 인구를 조사하도록 하나님께서 작정하신 경우로 설명된다(사무엘하 24장 1절, 역대상 21장 1절). 역대상 21장 1절의 말씀에서 우리는 이 작정이 성령님께서 다윗을 감동시킨 것이 아니라 사탄이 한 것임을 깨닫는다.

우리는 죄악된 행위들과 관련하여 하나님의 작정을 말하는 성경구절들로부터 이 문제를 해결하는 데 도움이 되는 다른 논리를 얻을 수 있을 것이다(창세기 50장 20절, 사무엘하 24장 1절, 사도행전 2장 23절). 각 성경구절에서 죄를 작정하시는 하나님의 근본적인 이유가 완벽하게 순수하다는 것이 분명하게 드러난다. 창세기 50장 20절과 사도행전 2장 23절의 말씀에서 하나님의 동기는 은혜로운 구속이다. 사무엘하 24장 1절의 말씀에서 그 동기는 공의로운 징계이다.

2) 제2원인들의 자유

1689 신앙고백서 안에서 함축하고 있는 자유의 정의는 많은 사람들이 가지고 있는 자유의 개념과는 아주 분명히 다르다. 이것은 하나님의 작정에 완벽하게 종속되어 있다는 사실과 모순되지 않는 하나의 자유이다. 윌리암슨은 1689 신앙고백서의 정의와 동일한 '제2원인들의 자유'에 대한 성경의 정의를 제공한다. '자유는 "외부적 강제의 부재"로 정의할 수 있을 것이다. 만약 한 사람이 자신 외부의 어떠한 힘에 의해서 "자신이 원하는 것"과 반대되는 것을 강제로 하지 않는다면, 우리는 아마도 정당하게 그는 '자유'하다고 말할 것이다. 하나님의 예정의 놀라움은, 하나님께서는 모든 사람이 매 순간 하고 싶어 하는 모든 일들을 예정하셨지만 하나님께서는 외부의 강압이 없다는 의미에서 사람들을 자유하게 두신 것이다."[6]

'자유는 언제라도 선과 악을 행할 능력이 있는가? 자유는 제멋대로 행동할 수 있는 능력이 있는가? 내가 틀림없이 어떤 것을 해야 한다는 사실이 내가 그것을 할 수 있다는 것을 뜻하는가?' 윌리암슨의 정의는 이 모든 질문

---

[6]   G. I. Williamson, *The Westminster Confession of Faith for study Classes*, p. 31.

들에 대해 부정적인 답을 포함하고 있다.

3) 허용된 뜻에 대한 개념

'허용된 작정' 또는 '허용된 뜻'에 대한 개념은 일반적으로 하나님의 작정에 관련된 논의 안에서 사용된다. 이러한 각 개념들은 타당한가? 성경은 하나님의 허용된 뜻에 대해서 말하는가? 하나님께서는 특정한 일들을 허용하시는가? 하나님께서는 요셉이 팔릴 것과 또는 그리스도의 죽음을 허용하셨는가?

지금까지 이야기한 것과 같이 하나님께서 의롭게 하시고 구원하시기로 마음먹으신 것에 관여하시는 방식과 같이, 하나님께서는 인간이 죄를 초래하는 것에 적극적으로 관여하시지 않으신다는 것은 분명한 사실이다. 이러한 의미에서 우리는 특정한 행위들에 대한 하나님의 허용에 대해서 말할 수 있는 것이다.

반면에, 우리는 노골적인 허용이나 마지못해 하신 허용이나 강제적인 허용에 대해 하나님과 관련지어 결코 말할 수 없다. 하나님께서는 역사가 시작되기 이전에 이미 확실히 작정하신 모든 것들을 역사 안에서 단지 허용하시는 것이다. 위에서 증명한 것처럼, 그 어떤 것도 하나님의 작정의 조건이 되지 않는다. 그러나 허용의 개념은 서로 대립하는 의지를 전제하는 것이다. 하나님께서 앞으로 발생할 그 모든 것들을 작정하실 때, 그 어떤 것도 존재하고 있지 않았기에, 허용적인 작정에 대해 이야기하는 것은 무의미한 것이다. 이같은 정의로 보면 하나님의 작정은 허용적이지 않다. 그 까닭은 하나님의 작정은 조건적이거나 제한적이지 않기 때문이다.

4) 하나님의 예지의 본질

여기서 다음과 같은 질문을 하는 것은 사변적이지 않다. '하나님께서 그것을 작정하시기 이전에 일어날 그 일을 미리 아실 수 있으신가?' 이 질문의 직접적인 답변은 '아니다!'이다. 틀림없이 일어날 일만 미리 보셨거나 미리 아셨을 것이다. 어떤 것을 미리 보셨다는 것은 그 일이 일어날 일이라는 것이다. 그렇지만, 하나님의 작정은 일어날 모든 일들을 확실하게 하기 때문에, 그 일이 일어날 것이라고 작정하시기 이전 까지는 그 어떤 일도 틀림없이 일어날 것이라고 미리 보실 수 없다.

하나님의 예지를 근거로 하여 하나님의 작정에 관한 어려운 문제들에서 빠져나가 보겠다는 생각은 근거가 없다. 예지는 어떤 미래의 일이 틀림없이 일어난다는 것을 전제한다. '무엇이 그 일을 틀림없이 일어나게 만들까?'라는 의문이 남는다. 가능한 유일한 답은 하나님의 작정이다.

성경에 있는 미래에 대한 예언이나 예견은 단순히 하나님의 예지에 근거한 것으로 보는 것이 아니라 하나님의 작정에 근거한 것이다(이사야 46장 10절, 사도행전 3장 18절, 4장 27-28절, 15장 15-18절). 그러므로 성경의 예언은 하나님께서 미리 보신 것들을 기록한 것이 아니라 하나님께서 작정하신 것을 기록한 것으로 보아야 된다(마태복음 26장 54절, 누가복음 22장 37절, 요한복음 13장 18절, 19장 24절, 34-36절, 사도행전 1장 16절, 2장 24-31절, 13장 34-35절).

II. 특별한 작정, 생명으로의 예정 (3-7항)

1. 선택 교리의 성경적 특징들

선택-구분되는 선택 (3항)

비록 개혁신학자들이라고 공언하는 몇몇 사람이 의문을 가지고 있지만, 유기에 관한 교리를 지지하는 결정적인 성경의 증언이 있다. 선택의 한 행위로서 성경의 선택 교리는 배제시키는 행위를 전제하고 그 배제의 의미를 포함하고 있다(로마서 9장 11절). 이어지는 논의들은 예정된 선택을 찬성하고, 그리스도 안에서 모든 사람이 예정되었다는 주장을 거부하는 것으로 정리될 것이다.

1) 예정을 지지하는 말씀들이 선택의 개념을 함축하고 있다(시편 147편 19-20절, 아모스 3장 2절, 신명기 7장 7-8절).

2) 유기를 가르치는 성경구절들이 선택의 개념을 함축하고 있다(요한복음 12장 37-40절, 유다서 4절).

3) 택자와 비택자를 대조하는 성경구절들이 선택의 개념을 함축하고 있다(로마서 9장 6-24절, 베드로전서 2장 8-10절).

선택의 개별성 (개인선택) (4항)

4항은 하나님의 예정의 불변성과 개별성에 대해 말하면서 예정의 개별성을 강조한다. '하나님께서 민족이나 집단을 선택하셨는가? 로마서 9장은 단지 민족의 선택만을 다루고 있는가? 하나님께서는 교회를 한 집단으로서 선택하셨는가?' 이런 질문들이 생긴다. 이 질문들에 긍정적으로 답하는 것은 비논리적이며 비성경적이다.

1) 이는 비논리적이다. 하나님께서 개인이 아닌 집단을 선택하신다면, 그 집단에 있는 모든 사람들이 떨어져 버릴 수도, 잃어버려지게 될 수도 있게 된다. 따라서 하나님께서 선택하신 집단 전체를 잃어버릴 수도 있다. 달리 말하면, 만약 어떤 사람들의 구원이 확실하다면 어떻게 개별적인 선택 없이 구원이 보장될 수 있을까?

2) 이는 비성경적이다(요한복음 13장 18절, 로마서 11장 5-6절, 고린도전서 7장 20-22절, 디모데후서 2장 19절). 고린도전서 7장 20-22절과 연관 지어, 부르심은 역사적인 표시, 즉 선택이 드러난 것임을 주목하라(로마서 8장

30절, 고린도전서 1장 26-31절). 만약 부르심이 개별적이고 개인적이며 특별한 것이라면 부르심이 역사 가운데 드러난 선택도 반드시 그래야만 한다.

선택의 원인 (무조건적인 선택) (5항)

"회개하고 믿고 받아들이고 거룩하게 되고 인내하는 사람들을 하나님께서 미리 보시고 택하신 것이 아닌가?" 라는 질문을 종종 받는다. 다음의 것들을 생각해보면, 이런 모든 질문에 부정적인 답변이 요구된다.

1) 우리가 이미 앞에서 본 것처럼, 예지는 하나님의 작정을 전제한다.

2) 예지는 미리 정하심을 의미한다. 표준헬라어 사전The Standard Greek Lexicon 에서 '예지'라는 말은, 선택은 미리 본 조건들에 기초한다는 것을 증명하는 데 가장 자주 사용되는 성경구절들에 포함된 예정을 뜻한다고 주장한다.[7] 이 사전은 로마서 8장 29절과 로마서 9-11장에서의 '미리 아심'이라는 말의 뜻이 '미리 선택하심' 그리고 베드로전서 1장 2절의 '미리 아심'이라고 주장한다. 이 성경구절들 안에서 택자에 관련한 것들을 미리 아신 것이 아니라, 택자를 미리 아신 것이라는 사실에 주목하는 것이 중요하다. 여기서 우리는 성경에서의 '안다'는 단어가 종종 사랑의 개념을 가지고 있다는 것을 기억해야 한다. 그러므로 이 성경구절들에서 예지는 구별된 사랑의 개념을 포함하고 있다.

3) 성경은 우리 안에 있는 선한 것 때문에 하나님께서 우리를 선택하셨다는 생각을 딱 잘라 부정한다(로마서 9장 16절, 11장 5-6절).

4) 성경은 우리 안에 선한 것이 없음에도 우리를 선택하셨다는 생각을

---

7   W. Bauer, W. F. Arndt, F. W. Gingrich, *A Greek-English Lexicon of the New Testament and Other Early Christian Literature* (Chicago: The University of Chicago Press, 1952), p. 710.

특별히 증언한다(에베소서 1장 6절, 9절).

5) 하나님께서 우리 안에서 미리 보셨다고 전제하는 모든 선한 것들, 믿음과 회개와 오래 참음과 거룩 그리고 받아들임 이 모든 것들은 선택의 열매이다. 선택의 열매로서 이것들은 선택에 앞선 조건들이 되지 못한다.

2. 선택 교리와 연관된 집요한 질문들

선택 밖에 있는 사람이 구원받을 수 있는가?

4항에 의하면 이 질문의 답은 '아니다'이다. 그 까닭은 하나님께서 적극적으로 그들이 구원받는 것을 막으시기 때문이 아니라, 단지 하나님의 선택하신 목적 안에 있는 자들을 위해 미리 정하신 은혜로 선택받은 자만이 진정으로 구원을 찾기 때문이다. 다시 말해, 선택의 자비 바깥에 있는 사람은 단한 명도 구원을 원하지 않는다(6장 '인간의 타락, 죄, 그리고 그 죄의 처벌에 관하여'를 보라).

하나님께서 생명으로 정한 사람과 죽게 내버려둔 사람들 사이의 차이를 만드는 것은 무엇인가?

3항과 5항에 따르면 (위에서 이미 설명한 해설 참고) 이 차이는 하나님의 선택과 은혜로 만들어진다. 원죄 때문에 모든 사람은 동일하게 하나님의 진노에 드러나 있다. 그들에 관한 그 어떤 것도 하나님께서 자신의 은혜로 선택하거나 정하신 것의 조건이 되지 못한다. 하나님의 선택이 구원받을 사람과 원죄 안에서 스스로 멸망으로 치닫는 사람 사이의 차이를 만든다. 택자와 비택자 사이의 차이는 하나님의 주권으로 만들어지는 것이지 하나님의 심판으로 되는 것은 아니다.

우리는 우리가 택자인지 어떻게 알 수 있을까?

우리는 우리의 삶 속에서 선택의 열매를 목격함으로써 우리가 택자라는 사실을 알 수 있다. 6항을 주목하라. 만약 우리가 우리 자신의 상황 속에서 그리스도를 믿는 믿음과 성화와 오래 참음, 그리스도인의 삶의 모습을 경험한다면, 오직 선택의 은혜 때문에 우리 안에 믿음과 성화와 오래 참음이 있는 것이다. 그러므로 이것들이 우리의 것이라면, 우리가 택자인 것을 확신해도 될 것이다.

하나님의 '비밀스러운 경륜과 의지의 선하신 즐거움'에 순종해야만 하는가?

성경에서 말하는 하나님의 의지는 두 부분으로 구분된다. '비밀스러운 경륜과 의지의 선하신 즐거움'이라는 표현은 분명히 하나님의 결정적 의지라고 불리는 것들을 언급하는 것이다(또한 간혹 하나님의 결정적 의지는 하나님의 비밀스러운 의지 그리고 주권적 의지로 알려져 있다). 우리에게 바라시는 하나님의 윤리적 요구들, 하나님의 법은 하나님의 명령적 의지로 불려진다. 하나님의 의지의 두 측면은 분명하게 구분된다. 결정적 의지는 하나님께서 자신이 하고자 하신 일들을 결정해 놓으신 것이다. 명령적 의지는 사람이 반드시 해야만 하는 모든 것을 명령하신 것이다. 이 차이를 지지하는 성경근거들 중 가장 분명하게 언급된 곳은 아마도 신명기 29장 29절 말씀일 것이다. '감추어진 일은 우리 하나님 여호와께 속하였거니와 나타난 일은 영원히 우리와 우리 자손에게 속하였나니 이는 우리에게 이 율법의 모든 말씀을 행하게 하심이니라.' 이 차이는 창세기 50장 20절에도 함축되어 있다. 요셉을 이집트에 팔았을 때 요셉의 형제들이 하나님의 결정적 의지를 실행하였다는 것은 분명하다. 그렇지만 이 일을 저지르면서, 요셉의 형제들은 죄를 지었고 하나님의 명령적 의지를 범하였다. 하나님의 결정적 의지는 우리 행동의 규칙이 되지 않는다. 비록 어떤 상황들 속에서는 하나님의 섭리가 우리의 윤리적 책임에 직접적인 영향을 주기도 하지만, 그것이 결코 우리의 행위의 규칙은 아니다. 사실, 하나님의 결정적 의지가 우리의 의무로서 우리에게 명령하는 것은 부적절하다고 말하는 것이 옳다. 우리 행위의 규칙은 하나님의 법, 즉 하나님의 명령적 의지이다.

우리가 고등 칼빈주의의 여러 가지 엉뚱한 생각들을 피하려면, 이 구분은 절대적으로 중요하다. 예를 들어, 종종 그리스도를 믿는 믿음이 모든 사람들의 의무라는 점이 부정되어왔는데, 그 까닭은 하나님께서 믿음을 주려고 모든 사람을 택하신 것은 아니기 때문이라는 것이다. 그러나 이는 하나님의 선택의 목적, 즉 하나님의 결정적 의지를 우리 행위의 규칙으로 만들어 버린 것이다. 이것은 중대한 실수다. 택함을 받았든지 받지 않았든지, 그리스도를 믿는 믿음은 모든 사람의 의무이다.

택자가 무슨 짓을 하더라도 구원받을 것이라는 말은 진리인가? 사람의 행동들과 다른 역사적 사건에 따라서 발생하는 예정된 사건들이 있는가?

이 질문들의 대답은 1항과 6항에 부분적으로 포함되어 있다. 두 번째 질문에 답할 때, 반드시 예정된 일들은 사람의 행동들과 다른 사건들에 달려 있다고 대답해야 한다. 1항에 따르면, '제2원인들의 자유, 즉 우발성(사람의 행동들과 다른 사건들은 다가올 사건들의 조건들)을 제거하지 않으신다'. 6항에 분명히 나와 있듯이, 하나님께서 목적을 미리 정하시고, 또한 '그곳에 이르게 하는 모든 수단들을 미리 정해 놓으셨다.' 따라서 택자는 그들이 행하는 그 어떤 것으로도 구원받지 못할 것이다. 다른 방식이 아닌 하나님께서 미리 정하신 그 방식으로만 그들은 구원받을 것이다. 이것만이 '내가 택함 받은 자들을 위하여 모든 것을 참음은 그들도 그리스도 예수 안에 있는 구원을 영원한 영광과 함께 받게 하려 함이라'(디모데후서 2장 10절)라는 바울의 진술을 이해하는 것이다. 바울은 만약 하나님께서 그 마지막을 정해 놓으셨다면, 또한 '그곳에 이르게 하는 모든 수단을 미리 정해 놓으셨다'라는 사실을 알고 있었다.

선택과 하나님의 작정은 단지 하나님의 계획이라는 것을 항상 기억해야만 한다. 계획들은 어떻게 이루어지든 간에 반드시 성취된다. 작정이 하나님의 설계도라 할지라도 설계도는 집이 아니다. 택자를 구원하시겠다는 작정은 하나의 일이다. 그들에게 실제로 일어나는 구원은 또 다른 일이다. 에베소서 1장 4절은 선택이 창세전에 일어난 일이라고 가르친다. 그러나 구원은 역사가 진행되는 동안에 발생하는 일이다.

3. 선택 교리에 대한 신앙고백서의 진술

침례교 신앙고백서에서는 웨스트민스터 신앙고백서 3장 7항이 삭제되었다. 웨스트민스터 신앙고백서의 논증의 전개는 이 빠진 항에 달려 있다. 이는 작정의 두 측면들을 드러낸다. 3-6항은 구원, 7항은 유기에 관한 작정이다. 웨스트민스터 신앙고백서의 7항을 삭제한 것은 유기 교리에 관하여 침례교 신앙고백서의 진술을 약화시키는 결과를 낳았다. 우리 신앙고백서에서 유기 교리는 부족한 방식으로 진술된다. 우리 침례교 신앙고백서인 런던 신앙고백서 3항과 웨스트민스터 신앙고백서 3항을 비교해보라. 성경은 런던 신앙고백서보다 더 많이 말한다. 비록 침례교 신앙고백서가 유기 교리를 분명하게 전제하고 있지만, 이 주제에 대한 실제적인 진술들은 교리적 진술이라고 할 만큼 명료하지 않다. 이 점에서 웨스트민스터 신앙고백서는 성경을 충실하게 따랐다고 칭찬할 만하다.

그러나 웨스트민스터 신앙고백서도 부족하다. 이 고백서는 구원과 유기를 대등하게, 나란히 놓는다. 이것은 하나님께서 잔혹하시다는 잘못된 인상을 남기는 경향이 있다. 하나님께서 유기에 대해 말씀하시는 것과 구원으로의 작정에 대해 말씀하시는 것은 다르다(에스겔 33장 11절, 18절). 이것이 침례주의자들이 유기에 관한 웨스트민스터신앙고백서의 핵심적인 진술들 가운데 몇몇을 뺀 이유일 것이다.

제4장 창조에 관하여

Of Creation

1. 태초에 성부와 성자 그리고 성령께서는[1] 영원한 능력과 지혜 그리고 선하심의 영광을[2] 드러내시기 위해 이 세상과 그 안의 모든 것, 즉 보이는 것들과 보이지 않는 것들을[3] 6일 동안[4] 매우 선하게[5] 창조, 만드시기를 즐거워하셨다.

  1. 히브리서 1장 2절, 요한복음 1장 2-3절, 창세기 1장 2절, 욥기 26장 13절, 33장 4절
  2. 로마서 1장 20절, 예레미야 10장 12절, 시편 104편 24절, 시편 33편 5-6절, 잠언 3장 19절, 사도행전 14장 15-16절
  3. 창세기 1장 1절, 요한복음 1장 2절, 골로새서 1장 16절
  4. 창세기 2장 1-3절, 출애굽기 20장 8-11절
  5. 창세기 1장 31절, 전도서 7장 29절, 로마서 5장 12절

2. 하나님께서 다른 모든 피조물을 만드신 후에 사람, 즉 남자와 여자를 이성적이고 불멸한 영혼을 가진 존재로 그들을 창조하셨고, 창조된 목적에 맞게 하나님께 속한 삶을 살기에 적합하게 하셨다.[1] 그들은 지식과 의와 참 거룩에 있어서 하나님의 형상을 따라 지음 받았고[2] 자신의 마음에 새겨진 하

나님의 법을 가지고 있었으며 그 법을 만족시킬 능력도 있었다. 하지만 그들의 의지는 범죄를 저지를 가능성 아래 있었다. 다시 말해, 범죄의 가능성은 그들 자신의 의지의 자유에 맡겨져 있어서, 변화의 가능성이 있었다.[3]

1. 창세기 1장 27절, 2장 7절, 야고보서 2장 26절, 마태복음 10장 28절, 전도서 12장 7절
2. 창세기 1장 26-27절, 5장 1-3절, 9장 6절, 전도서 7장 29절, 고린도전서 11장 7절, 야고보서 3장 9절, 골로새서 3장 10절, 에베소서 4장 24절
3. 로마서 1장 32절, 2장 12절a, 14-15절, 창세기 3장 6절, 전도서 7장 29절, 로마서 5장 12절

3. 그들의 마음에 새겨진 법 이외에도, 그들은 선악을 알게 하는 나무의 열매를 먹지 말라는 명령을 받았다. 그들이 이 명령을 지킬 동안에, 그들은 하나님과 교제하면서 행복을 누렸고 피조물들을 다스릴 권한을 가지고 있었다.[1]

1. 창세기 1장 26절, 28절, 2장 17절

개 요

1항	Ⅰ. 창조의 개요
	1. 창조의 때 : '태초에'
	2. 창조자 : '성부와 성자 그리고 성령'
	3. 창조의 목적 : '영원한 능력과 지혜 그리고 선하심의 영광을 드러내시기 위해'
	4. 창조의 영역(대상 혹은 범위) : '이 세상과 그 안의 모든 것들, 즉 보이는 것들과 보이지 않는 것들'
	5. 창조의 기간 : '6일 동안'
	6. 창조의 결과 : '모든 것들이 매우 선하게'

이 장에서 다루어진 많은 문제들은 1689 신앙고백해설서의 다른 장에서 더 충분하게 다루어진다.[2] 제4장에서는 6일 동안의 창조 기사에 관한 문제와 육과 영혼으로 구성된 사람의 구조 그리고 하나님의 형상인 사람의 정체성을 상세히 설명할 것이다.

I. 창조 기사

모든 것이 명백하려면, 제4장은 창세기 1장과 2장을 지극히 문자적으로 이해해야 함을 전제해야 한다. 1689 신앙고백서의 저자들은 자신들이 창세기 1-2장을 가장 문자적이고 역사적인 것으로 이해하고 있다는 사실을 분명히 하는 방식으로 반복적이고 직접적으로 창세기 1-2장의 일들을 신앙고백서

---

1 1689 신앙고백서는 단지 마지막 문장을 따로 떼어 한 항으로 만들었다는 것만 웨스트민스터 신앙고백서와 사보이 선언과 다르다. 이렇게 한 까닭은 우리 개요에서 기본 제목들을 일반적인 우주창조와 사람창조로 만들지 않으려고 선택한 것이다. 오히려, 목사 그렉 니콜스Greg Nichols의 인도에 따라서, 우리는 세 번째 항을 분리된 주제로 삼는 것으로 1689 신앙고백서 저자들의 의도를 드러낸다. 이것은 세 번째 항을 적절히 강조하는 데 도움이 된다. 하나님의 창조는 사람에게서 정점에 이른다. 그러나 전 인류와 우주의 역사는 선악을 알게 하는 나무와 관련된 명령에 대한 아담의 반응에 모든 것이 지지되고 있고 달려 있다는 것을 드러낸다.

2 사람이 영혼과 육체로 구성된다는 이분설은 제31장에서 증명된다. 자유의지는 제9장에서 다루어진다. 행위언약과 아담과 그리스도의 대조는 제6장에서 다루어진다.

제4장 각 항에서 언급한다. 그러므로 제시된 여러 이론들, 즉 문자적으로 창세기를 읽는 것과는 거리가 있는 여러 이론들에 관해 언급되는 것이 무엇이든지 간에, 그것들은 침례교 신앙고백서에 그 어떤 도움도 주지 못한다. 그러나 근본적인 문제는 당연히 '성경이 가르치는 것은 무엇인가?' 이다.

1689 신앙고백서는 또 이 문제에 있어서 성경의 뜻과 일치하는, 안전하고 정확한 안내서이다. 이 문제를 간단명료하게 언급하면, 올바르고 유일한 성경해석은 하나님께서 문자적 의미로 창조의 엿새 동안에 세상을 만드셨다는 사실을 가르친다고 이해하는 것이다. 두 부류의 해석자들은 바로 1689 신앙고백서의 역사적 입장에서 벗어났다. 이런 식으로 그들은 성경을 현대 과학이 제시하는 지구의 오랜 연령에 끼워 맞추려고 애를 쓴다. 날-시대 이론가들day-age theorists이 있다. 이 이론가들은 창세기 1장과 2장에 사용된 '날'이 비유적으로 '시대'를 의미한다고 주장하고 있다. 창세기 1장과 2장 그리고 사실상 창세기 1-11장의 역사성과 사실성을 간단히 부정하는 복음주의 신학자들이라 불리어지는 두 번째 부류가 있다. 이 해석자들은 창세기 1-11장에 대해서 기껏해야 상징적이거나 비유적으로 말할 뿐이다. 최악의 경우, 그들은 창세기 1-11장의 명백한 역사의 세부사항들에 대해 하나님의 계시를 담아 우리에게 전해 주는 포장 재료로 라고 말한다. 이것은 당연히 성경의 완전한 신성함과 무오성 그리고 무류성을[3] 부정하는 신정통주의의 성경의 관점과 근본적으로 전혀 다르지 않다. 그러므로 두 부류의 해석자들 가운데 후자는 확실히 최악이다. 그러나 이 두 부류 모두 성경의 명백한 가르침을 정당하게 다루는 데는 실패한다. 두 번째 부류의 해석자들이 언급한 주장들을 지금부터 신중히 다루겠지만 그들 중 몇몇은 첫 번째 부류의 오류

---

3   See both (!) these methods of evading the intention of Genesis 1-11 used by Howard J. Van Till, *The Fourth Day* (Grand Rapids, MI: Wm. B. Eerdmans, 1986), pp. 1-93, and their refutation in detail by myself in A Critique of Howard J. Van Till's *The Fourth Day* (Grand Rapids, MI: Truth For Eternity Ministries, 1988).

들도 드러낸다.

무엇보다 먼저, 창세기 1-11장이 비유적이라는 생각은 반드시 설명되어야 한다. 물론, 성경에는 비유적인 부분들도 있다. 그러나 창세기 1-11장에 대한 편견 없는 문자적 해석은 독자로 하여금 이 장들이 역사적 진술이 가지는 모든 특이점을 품고 있다고 확신하게 한다.

만약 우리가 창세기 12장과 이후의 장을 역사적인 이야기로 여긴다면 (그리고 아브라함의 역사성을 부인하는 것을 극단적으로 비판하는 입장이라면), 창세기 1-11장은 의심의 여지없이 역사적인 이야기로 이해된다. 창세기 10장과 11장의 족보는 아브라함의 가정배경으로 끝난다. 더욱이 창세기 11장 10-31절의 족보는 창세기 5장에 있는 족보의 구조와 일치한다. 그러나 창세기 5장의 족보는 아담과 셋에서 시작한다. 그래서 단절이 없는 문학적인 구조와 형식은 아브라함을 아담에 연결 짓는다. 만약 창세기 1-11장과 12장 이후의 문학적 형식이 극단적으로 다르다면, 이상하게도 한 형식에서 다른 형식으로 변화가 눈에 띄지 않는다.

더욱이, 만약 창세기 1-11장이 문자적인 해석을 의도하지 않은 종류의 문헌이라면, 창세기 1-11장이 주는 분명한 역사성이 끊임없이 드러나, 이 의도는 깨진다. 에덴동산이라는 특정한 장소가 아주 자세히 묘사된다(창세기 2장 8-17절). 가인의 족보가 주어지고 수많은 특별한 이름들이 그 안에 나타나는데, 이 가인의 족보와 구약에 관한 설화문학에 흩어져 있는 다른 족보들 사이의 별다른 차이점은 없다(창세기 4장 16-24절). 셋(창세기 5장)과 노아(창세기 10-11장)의 족보들이 주어진다. 이 족보들은 역대상 1장과 누가복음 3장 23-38절에서 일반적인 역사로 다루어진다. 방주의 정확한 치수와 같이, 노아 홍수에 대한 정확한 연대도 아주 자세하게 주어진다. 홍수 이후 땅을 가득 채운 셈, 함, 야벳의 자손들에 대한 창세기 10장의 이야기는 중동 이스라엘 주변 민족들의 역사적 배경을 의도적으로 제공한다. 창세기 10장에서 언급된 민족들은 구약성경의 역사적 이야기 어딘가에는 있는 분명히 실재한 민족들이다. '이들은 그 백성들의 족보에 따르면 노아 자손의 족속들이요 홍수 후에 이들에게서 그 땅의 백성들이 나뉘었더라'(창세기 10장 32절)라는 진술로 창세기 10장은 마무리된다. 만약 이런 진술이 문자적으로 해석되도록 의도되지 않았다면, 성경이 문자적인 해석을 의도한 것과 그렇지 않은 것을 확신을 가지고 분별하는 것은 불가능해 보인다. 그래서 성경의 명료함이나 권위를 중요하게 주장하는 목적이 있는 것이다.

둘째로, 우리는 창세기 1-11장의 역사적인 많은 세부 내용들이 단지 포장 재료이고 하나님의 계시는 아니라는 이러한 극단적인 개념을 설명해야 할 것이다. 성경에 대한 신약성경의 교리는 구약성경의 일부분이 포장 재료일 수도 있다는 가능성을 조금도 고려하지 않는다. 요한복음 10장 35절에서 주 예수님께서 "성경은 폐하지 못하나니"라는 자신의 신념을 주장한다. 마태복음 4장에서 세 번이나, 예수님께서는 사탄에 대한 답변의 권위를 단순히 '기록되었으되'라는 말씀 위에 두신다(마태복음 4장 4절, 7절, 10절). 이런 말은 성경의 일부분이 단지 포장 재료라는 생각과는 완전히 상반된다.

창세기 1장 1절부터 2장 3절까지에 대해서 포장 재료 관점을 독특하게 사용하려는 것에 맞서, '포장 재료' 관점을 반대하는 다른 의견은 반드시 제시되어야 한다. 이 관점에 따르면 창세기 1장 1절부터 2장 3절까지 7일 구조는 '실제 메시지'에 대한 이야기 요소, 문학적 구조일 뿐이다. 그러므로 어떤 사람은 성경의 나머지 부분에서 점점 실제 메시지가 무의미하게 사라질 것이라고 기대하게 된다.

매우 흥미롭게도, 포장 재료 관점을 대신해 우리는 창조 주간에서 지속되고 확장되는 실제 메시지의 중요성을 발견한다. 여호와께서는 십계명에서와 같이 정확하게 창조의 7일에 중요성을 부여하신다. 매주 유대인의 경배의 날인 안식일은 일곱 번째 날이다. 그 까닭은 '이는 엿새 동안에 나 여호와가 하늘과 땅과 바다와 그 가운데 모든 것을 만들고 일곱째 날에 쉬었음이라 그러므로 나 여호와가 안식일을 복되게 하여 그 날을 거룩하게 하였

느니라'(출애굽기 20장 8-11절)라고 여호와께서 말씀하였기 때문이다. 여호와
께서는 자신이 정확하게 6일 동안 모든 것들을 만드셨다고 주장하신다. 이
것이 역사의 사실에 대한 명료한 진술이다. 더욱이, 만약 창조주간의 7일 구
조가 단순히 문학적인 틀이라면, 왜 여호와께서 스스로 이런 중요성을 7일
간에 돌리셨는가? 연관된 문제는 여호와께서 일곱째 날을 안식일로 정하셨
다는 것이다. 출애굽기 20장 11절 후반부는 창세기 2장 3절의 인용구이거
나 말을 바꿔 쓴 것이다. 대단히 흥미로운 점은 출애굽기 20장 11절에서 여
호와께서는 창조의 일곱째 날을 '안식일'로 부르셨다는 것이다. 출애굽기
20장 11절에서 '안식일'의 의미는 논쟁이 없을 것이다. 여기 11절에서 안식
일은 문자적인 날이다. 안식일은 매번 반복되는 문자 즉 매주 일곱째 날을
의미한다.[4]

또한 출애굽기 20장에서 창조주간을 언급하는 또 하나의 중요한 측면
이 반드시 언급되어야 한다. 일곱째 날에 주님께 예배함으로, 이스라엘은 자
신들이 예배하는 하나님께서 엿새 동안 세상을 만드셨고 일곱째 날에는 쉬
신 바로 그 하나님이시라고 말하고 있었다. 이것이 출애굽기 20장에서 창조
주간을 언급한 것에 지나치게 중요성을 돌리고 있다는 생각이 들지 않도록,
우리는 창조주간에 대한 신학적으로 상당한 중요성을 가지고 있는(출애굽
기 31장 15-17절) 두 번째 성경구절을 반드시 인용해야 한다. 출애굽기 31장
15-17절에서 안식일을 지켜야 하는 원리가 다시 한 번 강조되었다. '엿새

---

4   날-시대 이론을 반대하는 이러한 개념들의 타당성을 주목하라. 출애굽기 20장 8-11절
     의 말씀을 들은 히브리사람이 하나님께서 실제로는 수백만 년의 긴 시대를 한 날로 비유
     적으로 말씀하고 계시다고 결론 내리는 것은 상상할 수 없다. 또한 날-시대 이론은 창세
     기 1장에서 언급된 창조의 6일의 아침과 저녁을 반대한다. 우리는 시대의 아침들과 저녁
     들에 대해 생각할 수 있는가? 더욱이 창세기 1장 5절에서 정의된 날의 뜻은 저녁과 아침
     과 같이 낮과 밤의 시기들로 구성된다. 여기서 사용된 말이 비유라는 생각은 해석에 있
     어서 신뢰하지 못한다. 날-시대 이론에 대한 상세한 반박은 Henry Morris' treatment in
     Scientific Creationism (San Diego, CA: Creation-Life Publishers, 1974) pp. 221-230.을 참
     고하라.

동안은 일할 것이나 일곱째 날은 큰 안식일이니 여호와께 거룩한 것이라 안식일에 일하는 자는 누구든지 반드시 죽일지니라 이같이 이스라엘 자손이 안식일을 지켜서 그것으로 대대로 영원한 언약을 삼을 것이니 이는 나와 이스라엘 자손 사이에 영원한 표징이며 나 여호와가 엿새 동안에 천지를 창조하고 일곱째 날에 일을 마치고 쉬었음이니라 하라' 출애굽기 31장 15-17절에서 안식일 의식은 표와 언약으로 정해졌다. 왜 그런가? 안식일은 이스라엘의 하나님께서 엿새 동안 세상을 만드셨고 일곱째 날에 쉬셨다는 사실을 증명하는 표이고 언약이다! 안식일을 지킴으로 이스라엘은 엿새 동안 세상을 만드시고 일곱째 날에는 쉬신 하나님을 예배했다고 선포하였다. 우리가 알기 원하는 것은 '어떻게 누가 이를 부인하면서 엿새 동안 세상을 만드셨고 일곱째 날에 쉬신 하나님을 경배한다고 여전히 주장하겠는가?' 이다.

이 포장 재료 관점을 강력하게 비난하는 다른 주장은 신약성경에서 창세기 1-11장의 인물과 사건들에 대해 자주 문자적으로 사용한 것이다(마태복음 19장 4-6절, 24장 37-39절, 마가복음 2장 27-28절, 10장 6절, 누가복음 3장 23-38절, 17장 26-32절, 요한복음 8장 44절, 로마서 5장 12-19절, 고린도전서 11장 7-12절, 15장 21-22절, 44-49절, 에베소서 2장 3절, 5장 31절, 디모데전서 2장 13-14절, 히브리서 11장 3-7절, 야고보서 3장 9절, 베드로전서 3장 20절, 베드로후서 2장 5절, 3장 5-6절, 요한1서 3장 8절, 12절, 유다서 14-15절).

사실 어느 누구도 창세기 1-11장을 성경의 유기성으로부터 완전히 제거할 수는 없다. 이는 페인트 작업이 끝난 후, 건물 공사 중 설치한 비계 scaffolding처럼 제거되는 것이 아니다. 이는 오히려 살아있는 동물에서 머리를 떼내는 것과 비슷하다. 그 머리가 사라지면, 모든 종류의 힘줄과 뼈 그리고 뚝뚝 떨어지는 핏방울이 그 머리가 유기체에서 떼어버릴 수 있는 부분이 아니었다는 것을 증명한다. 성경 권위의 유기성에 이러한 폭력적 행동의 증거가 배어나도록 방치하지 않는다면, 창세기 1-11장은 성경에서 뜯겨질 수 없다. 창세기 1-11장은 성경의 권위와 성경의 신앙을 훼손시킴 없이 성경의 다른 부분에서 억지로 뜯겨질 수 없다.

이 '포장 재료' 관점은 교묘한 방식으로 진화의 동일과정설을 채택했다. 동일과정설은 물질 세상에 미치는 자연적 원인들의 단조로움이 초자연적인 원인에 의해 결코 방해받지 않는다는 관점이다. 그렇기에, 동일과정론자의 세상 안에서 초자연적인 것은 불가능하다. 하나님께서 어떤 것들을 창조하셨는데 어떤 시점에서 피조물들이 실제로 존재한 것보다 더 오래된 것처럼 보는 개념, 즉 '겉보기 나이'의 개념에 대해 비아냥거리면서 동일과정설을 채택한 것과 연관이 있다. 두 가지 내용들이 이러한 관점들을 성경적으로 허용할 수 없는 것으로 만든다.

성경은 자연적 원인들이 단조롭다는 세상의 개념을 분명히 거부하고 하나님이 세상을 만드신 것 같이 세상의 진행과정과 법칙들을 초월하는 사건들이 세상역사에 여기저기 끼어있다는 개념을 명백하게 주장한다. 기적들은 하나님께서 자기 자신과 상반되거나 따로 존재하는 자연법칙들과 원인들을 찢어버리심으로 여겨지지 않는다. 단순히 말해서 자연법칙들은 신실하신 창조주 하나님께서 세상 안에서 일반적으로 작용하도록 선택하신 방법들이다. 우리가 지금까지 말한 모든 것들은, 이런 자연법칙들을 창조하시고 그것들이 결정하는 자연적 변화들 안에서 인격적으로 일하시는 하나님께서 이런 식으로만 활동하시도록 갇혀 계시지 않는다는 것이다. 하나님께서는 이런 자연법칙들을 자유롭게 초월하실 수 있으시고 자신의 영광과 탁월함을 죄인들에게 드러내기 위해 다른 방식으로도 행하실 수 있으시다.

하나님의 이러한 자유를 주장하는 핵심 성경구절은 베드로후서 3장 1-13절이다. 이 성경구절에서 동일과정설이 거절되는 것에 주목하라. 자연적 원인들이 단조롭다는 개념은 4절에서 아주 분명하게 언급된다. 동일과정설이 논리적으로 요구하는 것과 현실적으로 드러내 보이는 결과는 그리스도의 재림을 부정하는 것처럼 나타난다. 베드로후서 3장 3절에서 이 개념을 자신들의 욕망으로 사고방식과 삶의 과정이 좌지우지되는, 조롱하는 자들의 탓으로 돌린다. 5절에서 이 개념은 부족하고 부분적인 정보에 근거한 무식으로 특징지워진다.

또한 세상의 단조로운 과정을 초월하시는 하나님의 행위들로 인해 세상 역사의 단조로움이 깨졌다는 것에 주목하라. 사도 베드로는 이런 단조로운 과정들이 아니라 오직 하나님의 주권적 말씀만이 세상이 바로 존재하는 데 책임이 있다고 말한다(5절). 더욱이 이같은 하나님의 주권적이고 개입하시는 말씀은 홍수로 온 세상을 파괴시키심으로 과거의 실제 역사에 끼어들었다(6절). 이러한 사건들은 우리를 부인하게 이끄는 것이 아니라, 오히려 초자연적으로 살아계시는 구원자께서 초자연적으로 다시 오심을 기대하도록 이끌고, 동일과정설을 아주 사랑하고 지지하는 이들의 논리적인 진화론적 패턴으로 설명되지 않는 많은 것들을 기대하게 할 것이다(7-13절).

성경은 모든 참된 그리스도인이 어떤 형태나 관점으로든지 겉보기 나이의 개념을 받아들이도록 강요하는 사건들을 기록한다. 이러한 두 가지 사건들을 예로 들어 볼 것이다. 창세기 2장 6절은 사람의 창조를 기록한다. 여섯째 날, 아담과 하와가 창조되던 때 현대 과학자들에게 그들은 몇 살로 보였겠는가? 의심할 것 없이, 하루 산 사람보다는 훨씬 더 들어 보였을 것이다! 요한복음 2장 1-11절은 어떻게 예수 그리스도께서 물로 포도주를 만드셨는지 기록한다. 이 포도주는 연회장이 평가한 대로 확실히 물질적 특징들을 가지고 있었다(10절). 전문가이든지 비전문가이든지, 특별히 그 당시의 와인전문가도 전혀 의심 없이, 이 포도주에서 십 분보다 훨씬 오랜 시간을 뜻하는 깊은 맛을 발견하였다. 와인전문가는 심지어 이 '좋은 포도주'의 역사적인 배경을 제공해주는 포도원과 포도의 종류는 무엇인지를 구체적으로 말할 수 있었을 것이다. 그러나 실제 역사적인 기초도 없는데, 역사적 모든 징조들이 분명히 나타났다.

기적적이고 초자연적인 개념은 겉보기 나이의 개념을 요구한다. 겉보기 나이의 개념을 비웃는 것은 기적을 비웃는 것이다. 다른 말로 하면, 겉보기 나이의 개념에 덧붙여 기적의 개념을 받아들이는 것은, 진화론적 과학이 제기하는 많은 문제들을 성경의 관점에 알맞게 설명한다.

II. 사람의 구성

1689 신앙고백서 제31장에서 중간상태 교리가 설명되는데, 육과 영혼으로서 사람의 이중 구조에 대한 근거가 가장 명확하게 드러난다. 육과 영혼이 죽음과 중간상태에서는 분리된 상태로 머문다는 것이 사람이 이중구조로 창조되었다는 가장 확실한 증거이다. 그러나 이것이 아주 중요하다. 만일 죽음의 끔찍한 비정상이 육과 영혼을 분리시키는 것이라면, 육은 사람의 존재에 있어서 무의미하지 않다는 것을 우리에게 상기시켜 준다. 비록 사람이 단지 육적인 존재만은 아니지만(마태복음 10장 28절, 26-41절, 고린도전서 7장 1절, 34절, 고린도후서 12장 2절, 야고보서 2장 26절), 사람은 육적인 존재이다(창세기 2장 7절, 3장 19절, 시편 90편 3절, 마태복음 28장 6절, 누가복음 24장 7절, 요한복음 5장 28절, 6장 39-40절, 사도행전 2장 31-32절, 24장 15절).

　몇몇 특별한 결론들이 사람의 이중구조에 대한 성경의 교리에서 도출된다.

　1. 성경의 교리는 육과 영혼 사이의 성경 이분법과 헬라 이분법이 다르다는 것을 보여 준다. 그리스 입장에서, 육은 가장 좋게 말하면 무가치한 것이고 나쁘게 말하면 본질적으로 악한 것이다. 반대로, 영혼은 거의 (또는 실제적으로도) 신성하고 영원하다.

　2. 성경의 교리는 삼분설과 극복할 수 없는 어려움을 전제한다. 중간상태에서 사람은 자신의 두 구성요소로 나뉘고 두 특별한 장소(세 곳이 아닌)로 간다(의로운 자의 경우 육은 무덤으로 가고 영혼은 하늘로 간다 고린도후서 5장 6-8절).

삼분설(사람은 기본적으로 세 요소 몸과 혼과 영으로 구성되었다는 생각)은 중간상태에 관한 성경의 교리와는 양립할 수 없다. 그 까닭은 삼분설은 혼이 세 번째 구분되는 요소이고 중간상태에서 혼이 거할 제3의 장소를 요구하는 것을 전제하기 때문이다.

3. 성경의 교리는 사람을 단일체, 즉 단조롭게 보는 관점의 위험성을 나타낸다. 이러한 관점은 심지어 복음주의자들 사이에서조차 점차적으로 인기를 얻어갔다. 영혼과 육체간의 헬라적 이분법적 사고의 거짓을 깨닫고 나서, 단일체 관점은 육의 중요성을 강조해왔고 사람의 본성의 영혼과 육체의 긴밀한 연합을 강조해왔다. 그렇지만, 단일체 관점은 사람의 이중 구조를 부정한다. 이것은 중간상태와 그 상태에서 영혼이 분리되어 존재한다는 것을 부정하는 경향으로 자연스럽게 흘러간다. 반대로 말하면, 신약성경 전체에서 가르치는 중간상태의 교리는 이러한 단일체, 단조로운 관점을 결정적으로 반대한다.

4. 사람의 이중구조에 대한 성경의 교리는 육체의 기능들과 욕구들의 적법함과 선함을 지지한다. 이 교리는 영혼과 육체에 대한 헬라적 이분법적 사고에 뿌리를 둔 금욕주의와 육체를 부정하는 모든 경향들을 반대한다.

5. 사람의 구조에 대한 적절한 관점은 영혼과 육체의 협력(창세기 3장 1-6절, 로마서 10장 9절)과 상호작용(잠언 17장 22절, 18장 14절)을 제시한다. 영혼과 육체 사이는 친밀하고 신비로운 관계이고 서로 영향을 미친다.

6. 다섯 번째 결론이 여섯 번째 결론을 넌지시 비친다. 사람의 영적이고 육적인 요구들에 맞게 이중적 사역이 필요하다. 만약 우리가 사람들의 영혼을 보살핀다면, 우리는 그들의 육체를 무시하지 못할 것이다.

7. 사람의 이중구조에 대한 성경의 교리는 사람들의 많은 문제들에 대해 균형 잡히고 현실적인 관점이 필요하다는 것을 제시한다. 그리고 사람의 문제들에 있어서는 육적인 원인이든지 영적인 원인이든지 단지 한쪽으로만 치우쳐서 문제들을 조사하여 얻은 단순한 대답들은 피해야 할 것이다.

8. 결국, 성경의 교리는 죽음이 부자연스럽고 당연히 달갑지 않은 것이라는 특징을 제시하고, 그리고 육체가 없는 존재를 제시한다(1689 신앙고백서 제31장을 보라).

III. 사람의 정체성

1689 신앙고백서 제4장은 사람이 '하나님의 형상을 따라 만들어졌다'는 사실을 언급한다. 이 사실은 교회의 역사 안에서 많은 논쟁거리가 되어왔는데, 그럴 만도 한 것이 이것은 성경의 굉장히 중요한 개념이기 때문이다. 비록 우리가 이 개념을 요약하여 다루어야만 하겠지만, 이 개념은 마땅히 우리의 주의를 요한다.[5] 하나님의 형상에 관한 성경의 자료를 연구하는 것은 다음 두 주제 아래에서 다루어져야 할 것이다.[6]

1. 하나님의 형상에 관한 성경의 개념

사람은 하나님의 형상과 어떻게 연관되어 있는가? 우리는 하나님의 형상을 사람에게 있어서 하나의 첨가물이나 속성으로 생각하지 않는다. 심지어 우리는 사람이 하나님의 형상을 소유하고 있다고도 말하지 않는다. 그 까닭은

---

5 나의 요약된 진술은 사람의 교리에 대한 탁월하지만 출판되지 않은 목사 Greg Nichols 의 강의안들의 일부를 요약한 것이다. 나는 Trinity Ministerial Academy, Montville New Jersey에서 이 강의안들을 받았다.

6 이 개념에 대한 핵심 성경말씀들은 구약성경, 창세기 1장 26절, 27절, 5장 3절, 9장 6절이고 신약성경, 고린도전서 11장 7절, 골로새서 3장 10절(참고 에베소서 4장 24절), 야고보서 3장 9절이다. 또한 이 개념은 고린도전서 15장 49절, 고린도후서 4장 4절, 골로새서 1장 15절에서 그리스도께 적용된다.

그 형상은 사람이 소유하고 있는 것이 아니기 때문이다. 하나님의 형상은 사람의 어떠함이다. 사람은 하나님의 형상이다.

창세기 1장 26절('우리의 형상을 따라 우리의 모양대로')에서 사용된 히브리어 전치사들이 창세기 5장 3절('자기의 모양 곧 자기의 형상과 같은')에서는 뒤바뀌었고, 즉 서로 위치가 바뀌어 사용되었다. 이것이 담고 있는 의미는 이 전치사들이 같은 뜻이라는 것이다. 두 전치사가 가지고 있는 수많은 뜻 중에 공통적으로 가지는 딱 하나의 의미가 있다. 바로 그 뜻만 같다. 이때 두 전치사 모두의 초점은 사람과 하나님의 형상 또는 모양을 동일시하는 것이다. 사람은 하나님의 형상이고 사람은 하나님의 모양이다. 이 해석은 고린도전서 11장 7절에서 지지를 받는다. 고린도전서는 사람이 **하나님의 형상이다**라고 말한다.

'형상'과 '모양'이 의미하는 것은 무엇인가? '형상'과 '모양' 사이의 차이는 전혀 중요하지 않다. 이 두 단어 모두는 하나의 개념을 전달하도록 의도된 것이다. 두 단어들 중 한 단어만 사용해도 하나의 개념을 전달할 수 있다는 사실이 이를 지지한다. 예를 들어, 창세기 1장 27절에서 '형상'만 사용하였고 창세기 5장 1절에서는 '모양'만을 사용하였고 고린도전서 11장 7절에서는 '형상' 그리고 야고보서 3장 9절에서는 '모양'(개역개정에는 '형상'으로 번역되어 있다)만이 사용되었다.

'형상'이라는 말은 하나의 복제품을 뜻한다(민수기 33장 52절, 사무엘상 6장 5절, 11절, 에스겔 7장 20절). '모양'이라는 말은 비교한다는 뜻을 가진 동사에서 유래되었는데 다른 어떤 것과 비슷하게 보인다는 것을 뜻한다(열왕기하 16장 10절, 역대하 4장 3절, 이사야 13장 14절, 에스겔 10장 1절). 이 두 단어에서 눈에 보이기에 닮았다는 복합개념이 드러난다.

특별히 구약성경에서 하나님의 다른 형상들이나 모양들에 대해 일반적으로 정죄하는 관점에서(출애굽기 20장 4-6절, 다니엘 3장 1-18절) 사람이 하나님의 형상, 보이는 복제품이라는 개념은 주의를 끄는 개념이다. 정죄 받은 형상들의 두드러지고 가증스러운 특징은 그것들이 죽었고 생명이 없다는 것이 특징이다(시편 115편 3-8절). 이것은 우리로 하여금 하나님의 형상으로서 사람의 독특함에 관심을 갖도록 한다. 사람은 생명이 있는, 즉 하나님의 살아있고 보이는 복제품이다.

2. 하나님의 형상에 관한 신학적 견해들

그러므로 하나님의 형상의 본질은 무엇인가? 이 질문은 논쟁된 다른 문제들과 연관이 있다. 천사들이 하나님의 형상으로 만들어졌는가? 사람의 육체가 하나님의 형상과 연관이 있는가? 위에서 설명한 성경의 개념은 사람을 하나님의 살아있고 눈에 보이는 복제품, 즉 사람을 사람답게 만드는 모든 것이, 사람이 하나님의 형상이라는 것과 연관이 있다는 개념을 요구한다. 사람은 자신의 정체성으로서 하나님의 형상을 가진다. 육체도 포함되는 데 그 까닭은 보이는 것이 포함되기 때문이다. 통치가 강조된다(창세기 1장 26절, 시편 8편, 고린도전서 11장 7-8절). 사람의 인격적이고 지적이고 도덕적인 본성은 본질이다(골로새서 3장 10절, 에베소서 4장 24절). 사람이 이 땅에서 하나님을 나타낼 수 있게 하는 모든 것은 그 형상과 관련 있다.

　　타락한 인간도 하나님의 형상인가? 물론 이것은 하나님의 형상 전반에 걸친 논쟁 안에서 쟁점이다. 많은 신학적 전통들은 이 질문에 대해 단호히 '아니다'라는 답변을 해왔고 타락 안에서 인간은 하나님의 형상을 잃어버렸다고 주장해 왔다. 하나님의 형상에 관한 성경의 개념은 위의 질문에 대해 단 한마디로 답하는 것이 불가능하다고 말한다. 사실, 이런 질문은 성경의 개념을 이해하는데 근본적으로 실패한 것이다. 하나님의 형상은 사람의 정체성이다. 이것은 사람이 간단히 잃어버릴 수 있는 어떤 것이 아니다. 그렇기에, 분명하게 사람은 타락 후에도 계속해서 하나님의 형상이다(창세기 5장 1-3절, 9장 6절, 고린도전서 11장 7절, 야고보서 3장 9절).

오히려 이 질문은 다음과 같이 해야만 했다. '타락한 인간도 하나님의 틀림없는 복제품인가? 인간은 하나님의 선한 형상인가? 왜곡된 형상인가?' 이에 대한 분명한 대답은 사람은 하나님의 많이 왜곡된 형상 즉, 많이 부족한 복제품이라는 것이다. 그러므로 그 형상은 사람의 구속 안에서 필수적으로 새롭게 되어야 한다(골로새서 3장 10절, 에베소서 4장 24절). 사람은 하나님의 형상이다. 사람은 선한 형상이거나 결함이 있는 형상이다. 사람은 항상 하나님의 형상으로 남아있다.

사람의 정체성이 하나님의 형상이다. 이는 사람이 항상 하나님과 친밀하고 파괴되지 않는 관계를 맺고 있다는 것을 의미한다. 하나님의 형상인 사람은 하나님을 계속 알고 싶어 할 만큼 하나님과 친밀한 관계 안에 있다. 만약 사람이 자기 자신을 안다면, 그는 반드시 하나님을 안다(로마서 1장 18-21절, 32절, 2장 14-15절). 하나님의 형상인 사람의 전적인 의무는 이 땅 위에서 하나님의 형상이어야만 하고 하나님을 드러냄, 즉 하나님의 대리자로서 하나님을 대신하는 것이다. 우리의 도덕적 의무는 하나님 같이 되는 것이고 하나님을 모범으로 따라야 하는 것이다(예를 들어 창세기 2장 1-3절을 주목하라). 사람이 하나님의 형상이지만, 사람의 죄는 항상 하나님을 왜곡하여 드러낸다. 죄인은 하나님을 왜곡하여 드러낸다. 우리가 하나님을 올바로 드러내든지 왜곡하여 드러내든지, 절대 도덕적으로 중립적일 수는 없다. 그렇기 때문에, 하나님께서는 절대 죄인의 행동을 무시하실 수 없다. 하나님께서는 자신의 선한 이름을 분명하게 밝히시고 자신을 지속적으로 왜곡되게 드러내는 사람들에게 직접 보복하신다.

제5장 하나님의 섭리에 관하여

Of divine providence

1. 만물의 선하신 창조자 하나님께서는[1] 자신의 무한한 능력과 지혜로,[2] 피조물과 가장 큰 것에서 가장 작은 것에 이르기까지[3] 모든 것들을 붙드시고 이끄시고 적소에 놓으시고 다스리신다.[4] 그리고 하나님께서는 자신의 최고의 지혜와 거룩한 섭리로,[5] 창조된 목적에 이르게 하기 위해서,[6] 하나님 자신의 무오한 예지와 자신의 의지의 자유롭고 불변한 계획에 따라,[7] 하나님의 지혜와 능력과 공의 그리고 무한한 선하심과 자비의 영광을 찬양하게 하신다.[8]

1. 창세기 1장 31절, 2장 18절, 시편 119편 68절
2. 시편 145편 11절, 잠언 3장 19절, 시편 66편 7절
3. 마태복음 10장 29-31절
4. 히브리서 1장 3절, 이사야 46장 10-11절, 다니엘 4장 34-35절, 시편 135편 6절, 사도행전 17장 25-28절, 욥기 38-41장
5. 잠언 15장 3절, 시편 104편 24절, 시편 145편 17절
6. 골로새서 1장 16-17절, 사도행전 17장 24-28절
7. 시편 33편 10-11절, 에베소서 1장 11절
8. 이사야 63장 14절, 에베소서 3장 10절, 로마서 9장 17절, 창세기 45장 7절,

시편 145편 7절

2. 제1원인이신 하나님의 예지와 작정에 따라 모든 일이 불변하게 그리고 무오하게 발생한다. 따라서 우연히, 즉 하나님의 섭리 밖에서 일어나는 일은 아무것도 없다.[1] 그렇지만 하나님께서는 이와 동일한 섭리로 제2원인들의 본성을 따라, 즉 필연적으로나 자유롭게 혹은 우발적으로 그것들이 발생하도록 정하셨다.[2]

1. 사도행전 2장 23절, 잠언 16장 33절
2. 창세기 8장 22절, 예레미야 31장 35절, 출애굽기 21장 13절, 신명기 19장 5절, 이사야 10장 6-7절, 누가복음 13장 3절, 5절, 사도행전 27장 31절, 마태복음 5장 20-21절, 빌립보서 1장 19절, 잠언 20장 18절, 누가복음 14장 25절, 잠언 21장 31절, 열왕기상 22절 28절, 34절, 룻기 2장 3절

3. 하나님께서는 자신의 일반섭리 안에서 수단을[1] 사용하시지만, 그 수단 없이,[2] 그 수단을 초월해서,[3] 그 수단을 거슬러서[4] 자신이 즐거워하시는 대로 자유롭게 행하신다.

1. 사도행전 27장 22절, 31절, 44절, 이사야 55장 10-11절, 호세아 2장 21-22절
2. 호세아 1장 7절, 누가복음 1장 34-35절
3. 로마서 4장 19-21절
4. 출애굽기 3장 2-3절, 열왕기하 6장 6절, 다니엘 3장 27절

4. 하나님의 전능하신 능력과 헤아릴 수 없는 지혜 그리고 무한한 선하심은 섭리 안에 잘 나타난다. 이는 하나님께서 결정하신 계획이 본질상 천사들과

사람들 모두의 첫 타락과 다른 모든 죄악된 행동들에까지 미치고 있는 것을 나타난다.[1] 또한 하나님께서 이 모든 것들을 (단순한 허용에 의한 것이 아니라) 자신의 가장 거룩한 목적들을 이루기 위한 여러 방식으로 최고의 지혜와 능력으로 제한하시고 명령하시고 통치하시는 허용에 의한 것이다.[2] 그렇지만 그들의 행위들의 죄악들은 오직 그들로부터 시작된 것이지 하나님으로부터 시작된 것은 아니다. 하나님께서는 가장 거룩하고 의로우시므로 죄의 저자도 승인자도 아니며 그러실 수도 없으시다.[3]

1. 로마서 11장 32-34절, 사무엘하 24장 1절, 역대상 21장 1절, 열왕기상 22장 22-23절, 사무엘하 16장 10절, 사도행전 2장 23절, 4장 27-28절

2. 사도행전 14장 16절, 열왕기하 19장 28절, 창세기 50장 20절, 이사야 10장 6-7절, 12절

3. 야고보서 1장 13-14절, 17절, 요한1서 2장 16절, 시편 50편 21절

5. 가장 지혜로우시고 의로우시고 영광스러우신 하나님께서는 때때로 잠시 동안 자신의 자녀들을 여러 유혹들과 그들 자신의 마음의 부패들에 내버려 두셔서, 이전의 죄들에 합당한 벌을 주시거나 마음에 감춰진 부패의 힘과 부정직함을 발견하게 하시어 그들을 겸손하게 하신다. 그리고 하나님께서는 자녀들을 일으키시어 자신들의 필요를 위해 더 철저하고 지속적으로 하나님께 의존하게 하고 장래에 일어날 모든 죄를 더 경계하도록 하시고 다른 의롭고 거룩한 목적들을 추구하도록 만드신다.[1]

그러므로 택자에게 일어나는 모든 일은 하나님의 영광과 그들의 유익을 위해 하나님의 정하심에 의한 것이다.[2]

1. 역대하 32장 25-26절, 31절, 사무엘하 24장 1절, 누가복음 22장 34-35절, 마가복음 14장 66절f, 요한복음 21장 15-17절

2. 로마서 8장 28절

6. 악하고 불경건한 사람들에 대한 의로우신, 바로 그 재판장이신 하나님께
서 이전의 죄로 인해 그들을 눈멀게 하시고 마음을 강퍅케 하신다.[1] 악한 자
들에게 하나님께서 은혜를 베풀지 않으셔서 그들은 멋대로 생각하여 깨닫
고 마음대로 행동한다.[2] 뿐만 아니라 때때로 하나님께서는 그들이 가진 은
사들을 거두기도 하시고[3] 그들의 부패가 하는 일이 죄짓는 기회를 만들어
내는 것이라는 사실을 그들 앞에 두어 보게 하신다.[4] 게다가 하나님께서는
악한 자들을 그들 자신의 욕망과 세상의 유혹들 그리고 사탄의 권세에 넘기
신다.[5] 이로 인하여 그들은 하나님께서 다른 사람들의 마음을 부드럽게 하
기 위해 사용하시는 수단들 아래서도 스스로를 강퍅하게 만들게 된다.[6]

1. 로마서 1장 24-26절, 28절, 11장 7-8절
2. 신명기 29장 4절
3. 마태복음 13장 12절, 25장 29절
4. 신명기 2장 30절, 열왕기하 8장 12-13절
5. 시편 81편 11-12절, 데살로니가후서 2장 10-12절
6. 출애굽기 7장 3절, 8장 15절, 32절, 고린도후서 2장 15-16절, 이사야 6장
9-10절, 이사야 8장 14절, 베드로전서 2장 7절, 사도행전 28장 26-27절, 요
한복음 12장 39-40절

7. 하나님의 섭리가 일반적으로 모든 피조물에게 미치는 것처럼, 더욱 특별
한 방식으로 하나님의 교회를 보살피고 교회의 유익을 위해 모든 것을 처리
한다.[1]

1. 잠언 2장 7-8절, 이사야 43장 3-5절, 14절, 아모스 9장 8-9절, 로마서 8장

28절, 에베소서 1장 11절, 22절, 3장 10-11절, 21절, 디모데전서 4장 10절

개 요

1항	**Ⅰ. 섭리교리에 관한 요약**
	1. 섭리의 주인 : '선한 창조자'
	2. 섭리의 기초 : '자신의 무한한 능력과 지혜'
	3. 섭리의 본질 : '붙드시고 이끄시고 적소에 놓으시고 다스리신다'
	4. 섭리의 대상 : '가장 큰 것에서 가장 작은 것에 이르기까지 모든 피조물들을'
	5. 섭리의 근원 : '자신의 최고의 지혜와 거룩한 섭리로'
	6. 섭리의 조화(피조물과) : '모든 피조물들을 창조된 목적에 이르게 하신다.'
	7. 하나님의 섭리의 결정적인 원인들
	1) 하나님의 마음: '자신의 무오한 예지'
	2) 하나님의 의지: '자신의 의지의 자유롭고 불변적인 계획'
	8. 섭리의 목적 : '영광을 찬양하게 하신다.'
2-7항	**Ⅱ. 섭리교리에 관한 주요 관심사들**
2-3항	1. 수단의 사용과 섭리와의 관계
2항 a	1) 인정
2항 b	2) 확정
3항	3) 초월
4-6항	2. 죄의 실상과 섭리와의 관계
4항	1) 일반적인 죄
5항	2) 하나님의 자녀들의 죄
6항	3) 불신자의 죄
7항	3. 교회를 보살피심과 섭리와의 관계[1]

---

[1] 그렉 니콜스Greg Nichols는 신앙고백서에서 주목해 온 2-7항이 섭리교리로 인해 발생되고 일반적으로 논쟁이 되는 질문들로 가득 차 있다고 자신의 녹음파일에서 설명했다. 섭리는 내가 행한 모든 일에 어떤 차이를 만드는가(3항)? 만약 하나님께서 모든 일을 통제하신다면, 하나님께서는 나의 죄로 나를 비난하실 수 있으신가(4항)? 어떤 선함이 나의 죄로부터 나올 수 있는가(5항)? 사랑하시는 하나님께서는 그들의 죄 안에 있는 백성들을 강퍅하게 하실 수 있으신가(6항)? 누가 하나님의 돌보심과 섭리의 특별한 관심을 받는가(7항)?

제5장에서 펼쳐지는 섭리교리는 제3장의 작정교리와 깊은 관계가 있고 그 교리에 뿌리를 둔다. 작정은 청사진, 즉 계획이다. 섭리는 역사의 실제 과정을 이끌어 감으로 청사진, 계획을 성취한다. 작정은 영원에서 일어나는 것이다. 섭리는 역사에서 일어나는 것이다. 이 장은 이미 설명되었고 1689 신앙고백서의 내용은 웨스트민스터 신앙고백서와 사보이 선언[2]의 내용과는 아주 작은 차이뿐이기 때문에, 여기서의 해설은 간략하게 수단의 사용, 교회의 돌보심과 관련된 섭리교리에 초점을 맞출 것이다.

I. 수단의 사용

개요를 주의해서 보면, 인정과 확정 그리고 초월이 있다. 그리고 이 세 단어는 함께 수단의 사용에 대한 신앙고백서 진술을 구성한다.

인정, 즉 승인은 '제1 원인이신 하나님의 예지와 작정에 따라 모든 일들이 불변하게 그리고 무오하게 발생한다. 따라서 우연히, 즉 하나님의 섭리

---

2 이 장에는 웨스트민스터 신앙고백서와 사보이 선언에 대응하는 1689 신앙고백서에 있어서 몇 가지 사소한 변화가 있다. 첫 번째 항에서 몇 가지 변화가 있다. (이 변화는 "위대한" 창조주 대신 "선하신" 창조주, 그리고 그 문장에 "그들이 창조된 목적"이라는 말이 들어간다.) 이러한 변화는 하나님께서 자신의 창조를 보존하실 때, 섭리가 선하신 하나님의 사역이라는 사실을 강조하려는 의도라고 보인다. 두 번째 항에서 우연과 운을 정확하게 거절하는 말이 더해진다. "따라서 우연히, 즉 하나님의 섭리 밖에서 일어나는 일은 아무것도 없다." 제4항에서 "죄악된 행동들"이라는 말은 "죄들"이라는 말을 대신한 것이다. 이것은 하나님께서 죄를 통제하실 때 하나님의 순수함을 더 보호하려는 의도가 분명하다. 5항의 마지막 문장은 덧붙여진 것이다. 이러한 수정은 사소한 것이기 때문에, 윌리엄슨 G. I. Williamson의 *The Westminster Confession of Faith for study Classes* (Philadelphia: Presbyterian and Reformed, 1964) 그리고 하지A. A. Hodge의 *The Confession of Faith* (Edinburgh: Banner of Truth Trust, 1983) 이와 같은 유용한 웨스트민스터 신앙고백서 해설서들을 참고할 수 있다.

밖에서 일어나는 것은 아무것도 없다'3라는 것이다. 하나님께서 창조하신 이 세상 안에 있는 수단의 실재와 그 중요성은 하나님의 영원한 작정의 실재와 불변함을 부정하지 않는다. 숙명론자와 알미니안주의는 만약 하나님께서 모든 것들을 정해 놓으신 것이라면, 우리가 행하는 것이 결코 다른 것들을 만들 수 없다고 주장한다. 성경은 정확하게 반대로 설명한다. 하나님께서 모든 것들을 정해 놓으셨기에, 하나님께서 정하신 그 수단이 차이를 만든다. 이것의 증거는 제3장에서 이미 인용된 구절들과 수단 사용의 중요성과 필연성에 관하여 아래에 인용된 구절들을 비교하는 것에 있다.

1689 신앙고백서에서의 확정은 '그와 동일한 섭리로 하나님은 제2원인들의 본성을 따라, 즉 필연적으로나 자유롭게 혹은 우발적으로 그것들이 발생하도록 정하셨다'라는 것이다. 여기에 긴장이 있다. 자유롭고 우발적인 일들의 연속으로 이루어진 사건들의 과정이 이미 정해진 결과를 만들어 낸다고 한다. 자유로운, 즉 우발적 행동들은 하나님께서 결정하신 사건들의 필수 조건들이라는 진술에 대한 많은 증거가 있다(누가복음 13장 3절, 5절, 사도행전 27장 23-24절, 31절, 마태복음 5장 20절, 빌립보서 1장 19절, 잠언 20장 18절, 누가복음 14장 25-33절). 전쟁에서의 승리는 이미 정해져 있지만(잠언 21장 31절), 장비를 철저히 준비해야 하고, 지략을 세워야만(잠언 20장 18절) 한다. 앗수르 궁수가 무심코 쏜 화살이 아합의 정해진 죽음을 이루는 수단이었다(열왕기상 22장 28절, 34절). 룻은 보아스에게 주님의 선물이었으나(잠언 19장 14절), 그녀는 우연히 그를 만났다(룻기 2장 3절). 하나님께서 수단들을 통해 세상을 움직이신다는 사실을 이해하는 것은 세 가지 것들에서 우리를 지켜준다.

---

3 권위 있는 성경 판에서 우연이라는 단어가 여러 곳에서 쓰이는 것은 사실이다. 구약성경 (사무엘상 6장 9절, 전도서 9장 11절)에서 우연으로 번역된 단어에 대한 연구는 우연이라는 말이 단순히 맞닥뜨리거나 발생한다는 뜻, 그래서 예기치 못한 만남이나 일을 뜻하는 즉 (사람이) 계획하지 못했던 사건을 뜻하는 데까지 나간 동사로부터 나왔다는 것을 보여준다. 권위 있는 신약성경에서 번역된 이 말은 문자적으로 우연의 일치를 뜻한다(누가복음 10장 31절).

1. 삶을 비참하게 하는 근심과 불만

모든 것이 살아계신 하나님의 통치 아래 있다. 만약 당신이 이 사실을 믿는다면, 이것은 당신의 삶을 비참하게 만드는 근심과 불만에서 당신을 지켜줄 것이다.

2. 무력한 숙명론

수단의 사용이 무슨 차이를 가져오는가? 세상의 모든 차이를 가져온다. 그 까닭은 하나님께서 그 수단들을 정하셨기 때문이다.

3. 파멸을 초래하는 추측

수단을 사용하지도 않고 결과와 결론을 볼 수 있을 거라고 건방지게 추측하지 마라. 당신이 사랑하는 사람들을 위해 기도하지 않으면서 하나님께서 그들을 구원하실 거라고 기대하지 마라. 당신이 조심하지 않으면서 안전할 것이라고 기대하지 말라. 구원에 이르는 수단은 회개와 믿음이다. 유익을 얻기 위한 수단은 노력이다. 천국에 이르는 길은 거룩하고 좁은 길을 걷는 것이다.

수단의 중요성과 필요성에 대한 진술의 필수 조건은 제3항에서 제시된다.

제3항은 기적을 베푸실 수 있는 하나님의 능력에 대해서 말하고 있다. 하나님께서는 자신이 정해 놓은 수단의 노예가 아니시다. 이것이 당신이 아무 일을 하지 않고도 나눠 주시는 열매를 맛보는 기적을 기대하게 하는 근거가 된다. 그러나 그럼에도 불구하고 하나님께서는 자신의 수단에 갇혀 있지 않으신다. 하나님께서는 수단 없이도 일을 이루셨다. 그리스도의 동정녀 탄생은 아버지도 정자도 없이 이루어졌다(누가복음 1장 34-35절). 하나님께서

는 수단을 초월하셔서 이루셨다. 아브라함과 사라가 아이를 임신할 수 있는 일반적인 나이를 넘었을 때, 이삭을 잉태하게 하셨다(로마서 4장 19-21절). 일반적인 수단에 기적적으로 활력을 불어넣으셨다. 하나님께서는 수단을 거슬러서도 일을 이루신다. 떨기나무가 타서 없어지지 않았고(출애굽기 3장 2-3절), 쇠도끼가 떠올랐고(열왕기하 6장 6절), 풀무불은 하나님의 종들을 해하지 못하였다는 것을 주목하라(다니엘 3장 27절). 하나님께서는 수단을 거슬러서 자유롭게 일하신다.

II. 교회를 보살피심

섭리는 예전부터 어떤 것을 돌보고 주목하는 것을 뜻한다. 1689 신앙고백서는 하나님의 왕으로서의 섭리, 우주적인 섭리 안에서 자신의 돌봄과 주목이 특별히 자신의 백성, 즉 교회에 초점이 맞춰져 있다는 사실을 7항에서 분명하게 한다(잠언 2장 7-8, 이사야 43장 3-5절, 14절, 아모스 9장 8-9절, 로마서 8장 28절, 에베소서 1장 11절, 22절, 3장 10-11절, 21절, 디모데전서 4장 10절).

만일 어떤 사람이 하나님의 돌보심을 받는다면, 누가 하나님의 돌보심을 받는가? 유명한 사람인가? 위대한 사람인가? 정치적 지도자인가? 유대인인가? 아니다! 그것은 교회다. 이 사실은 일반적으로는 감추어져 있으나 큰 위로가 되는 사실이다. 이 세상에서 하나님의 섭리가 초점을 맞추고 있는 곳은 어디인가? 예루살렘의 성전인가? 아니다! 로마의 바티칸인가? 메카인가? 아니다. 그곳은 교회, 즉 우리가 있는 곳이다. 삶의 중요한 모든 일에서 세속적인 사고방식에 물들지 마라. 삶에서 발생하는 모든 일이 교회를 위한 것이다.

제6장 인간의 타락과 죄와 그 형벌에 관하여

Of the fall of man, of sin and of the punishment thereof

1. 비록 하나님께서 사람을 바르고 완벽하게 창조하셨고 의로운 법을 주셔서 그 법을 지키면 생명에 이르고 어기면 죽음이라고 경고하셨지만, 사람은 이 명예로운 상태에 오래 거하지 못하였다.[1] 사탄은 뱀의 교활함을 이용하여 하와를 굴복시킨 후 하와가 아담을 부추기게 했다. 아담은 그 어떤 강요도 받지 않고 금지된 열매를 먹는 것으로 자발적으로 그들의 창조의 법과 그들에게 주어진 명령을 어겼다.[2] 하나님께서는 자신의 지혜롭고 거룩한 계획을 따라 그렇게 허용하시길 즐거워하셨고 자신의 영광을 위해 그것을 정하기로 결심하셨다.[3]

1. 전도서 7장 29절, 로마서 5장 12절a, 14-15절, 창세기 2장 17절, 4장 25-5장 3절
2. 창세기 3장 1-7절, 고린도후서 11장 3절, 디모데전서 2장 14절
3. 로마서 11장 32-34, 사무엘하 24장 1절, 역대상 21장 1절, 열왕기상 22장 22-23절, 사무엘하 16장 10절, 사도행전 2장 23절, 4장 27-28절

2. 우리의 첫 조상들은 이 죄로 인하여 자신들의 본래의 의로움과 하나님과의 교제에서 떨어졌다. 그들 안에서 우리도 그렇게 되었고 그로 인해 죽음

이 우리 모두에게 임하게 되었다.[1] 모든 사람이 죄 가운데 죽은 상태가 되었고, 영혼과 육체의 모든 기능과 부분에 있어서 전적으로 더럽혀졌다.[2]

1. 창세기 3장 22-24절, 로마서 5장 12절ff, 고린도전서 15장 20-22절, 시편 51편 4-5절, 58편 3절, 에베소서 2장 1-3절, 창세기 8장 21절, 잠언 22장 15절
2. 창세기 2장 17절, 에베소서 2장 1절, 디도서 1장 15절, 창세기 6장 5절, 예레미야 17장 9절, 로마서 3장 10-18절, 1장 21절, 에베소서 4장 17-19절, 요한복음 5장 40절, 로마서 8장 7절

3. 우리의 첫 조상들은 모든 인류의 뿌리였고, 하나님의 정하심으로 모든 인류를 대신하여 서 있었기에, 이 죄의 책임은 일반출생으로 그들로부터 내려온 그들의 모든 후손에게 전가되었고, 부패한 본성은 전달되어 왔다. 이제는 주 예수님께서 그들을 자유롭게 하시지 않는 한, 그들은 죄 가운데 잉태되고 본질상 진노의 자녀들이고 죄의 노예들이며 죽음의 지배를 받는 자들이고, 다른 모든 비참들을 영적으로, 이 세상에서 그리고 영원히 겪게 된다.[1]

1. 로마서 5장 12절ff, 고린도전서 15장 20-22절, 시편 51편 4-5절, 58편 3절, 에베소서 2장 1-3절, 창세기 8장 21절, 잠언 22장 15절, 욥기 14장 4절, 15장 14절

4. 이 원래의 부패로 인해 우리는 모든 선을 전적으로 싫어하게 되었고, 선에 대해 무능하게 되었고, 선을 반대하게 되었으며, 모든 악으로 완전히 기울어졌고,[1] 이 원래의 부패로부터 모든 실제적인 범죄가 일어나게 된다.[2]

1. 마태복음 7장 17-18절, 12장 33-35절, 누가복음 6장 43-45절, 요한복음

3장 3절, 5절, 6장 37절, 39절, 40절, 44-45절, 65절, 로마서 3장 10-12절,

5장 6절, 7장 18절, 8장 7-8절, 고린도전서 2장 14절

2. 마태복음 7장 17-20절, 12장 33-35절, 15장 18-20절

5. 그 본성의 부패는 이 생애를 살아가는 동안 거듭난 사람들 안에 남아 있다.[1] 그리고 비록 그 부패가 그리스도를 통하여 용서받고 억제되었지만 부패 그 자체와 부패의 첫 번째 충동들은 실제로 틀림없이 죄이다.[2]

1. 요한1서 1장 8-10절, 열왕기상 8장 46절, 시편 130편 3절, 143편 2절, 잠언 20장 9절, 전도서 7장 20절, 로마서 7장 14-25절, 야고보서 3장 2절

2. 시편 51편 4-5절, 잠언 22장 15절, 에베소서 2장 3절, 로마서 7장 5절, 7-8절, 17-18절, 25절, 8장 3-13절, 갈라디아서 5장 17-24절, 창세기 8장 21절, 잠언 15장 26절, 21장 4절, 창세기 8장 21절, 마태복음 5장 27-28절

개요 1. 주제 : 타락에 관하여

1항	I. 타락의 본질
	1. 타락의 일반적인 배경: '비록 하나님께서는…창조하셨고…경고하셨지만,… 이 영광스러운 상태에 오래 거하지 못하였다.'
	1) 온전한 상태
	2) 가변성
	3) 짧은 시간
	2. 타락의 구체적인 설명: '사탄은 뱀의 교활함을 이용하여…'
	1) 타락의 시점
	2) 타락의 방식
	3) 타락의 핵심
	4) 타락의 본질
	5) 타락의 허용
2-5항	II. 타락의 결과

2항	1. 대표자의 죄
3항	2. 원죄
	1) 원죄의 전가: '그들은 모든 인류의 뿌리였고… 전달되었다.'
	원죄의 두 가지 기초
	원죄의 두 가지 핵심
	일반출생으로 원죄를 전가 받은 사람
	2) 원죄의 결과들: '이제는 … 겪게 되었다.'
4항	3. 자범죄
	1) 근원: '이 원래의 부패로 인해'
	2) 경향: '우리는 모든 선을 전적으로 … 모든 악으로 완전히 기울어졌고'
5항	4. 남아있는 죄

개요 2. 주제 : 죄에 관하여

1항	I. 원죄 : 타락
	1. 타락의 일반적인 상황
	2. 타락의 구체적인 설명
2-3항	II. 죄의 연대 책임
2항	1. 실재
3항	2. 전가
4-5항	III. 죄의 결과들
4항	1. 일반적으로, 거듭나지 않은 사람 안에 있는 죄의 통치
5항	2. 특별히, 거듭난 사람 안에 남아 있는 죄의 흔적들[1]

1689 신앙고백서 4장과 6장 그리고 9장 사이에는 아주 밀접한 연관이 있다. 만약 관심을 일으킬만한 주제가 이 장에서 다루어지지 않으면, 4장, 6장, 9장을 자세히 살펴보기를 권한다. 이 장에서는 밀접하게 관련된 두 주제

---

[1] 다른 두 개요가 이 장에서 제시되었다. 그 까닭은 6장의 제목이 제시하듯이 이 장은 적어도 밀접하게 관련이 있는 두 주제를 가지기 때문이다. 간략한 두 번째 개요는 첫 번째 개요와 비교하면서 설명된다.

들만 다루어질 것이다. '행위언약', 즉 '아담에게 행하신 언약시행'Adamic administration과 죄에 대한 성경의 교리이다.[2]

I. '행위언약', 즉 아담에게 행하신 언약시행

창세기 2-3장의 표면적인 내용은 남자, 여자, 뱀 그리고 하나님의 동산에서 그들이 저지른 죄를 하나님께서 벌주신다는 아이들을 위한 간단한 성경 이야기 정도로 보일 수도 있다. 더 사려 깊은 판단이 창세기 2-3장 안에서 보편적으로 중요한 특징들을 인식하기 시작한다. 성경은 창세기 2-3장을 확증하고 이 이야기를 세상과 구속에 대한 성경의 전반적인 이해의 기초로 간주한다. 다른 많은 종교개혁 신학자들과 동일하게 청교도들도 이 독특한 중요성을 인식하였고 창세기 2-3장을 '행위언약'에 대한 신학적 기초로 중요시하였다. 그들의 신학적 유산 대부분은 '행위언약'이라는 용어를 거부해 왔거나 적어도 이 용어에 대해 심각한 의구심을 가진다. 1689 신앙고백서의 저자들도 그들 가운데 속해 있었다고 생각된다. 이렇게 추측하는 근거는 1689 침례교 신앙고백서 작성자들이 다른 여러 부분에서 사보이 선언이 사용한 전문 용어를 채택했지만, 사보이 선언이 제6장 한 단락에서 사용한 "행위언약"이라는 전문 용어는 이 작성자에 의하여 완전히 무시되었기 때문이다. 웨스트민스터 신앙고백서와 사보이선언의 7장 2항과 19장 1항에서

---

2   이 장은 1689 신앙고백서 저자가 다른 세 신앙고백서들을 참고하여 이 장을 작성한 사실을 분명히 보여준다. 1689 신앙고백서 전체로 보면 지배적이고 뿌리까지 미치는 영향은 웨스트민스터 신앙고백서이다. 제1차 런던 침례교신앙고백서에도 1항과 3항에 명백하게 드러나 있다. 아주 흥미롭게도, 사보이 선언, 웨스트민스터 신앙고백서의 독립교회 판에는 2항에 분명히 드러난다. 그리고 "그들 안에서 우리는" 이라는 말은 사보이선언으로부터 가져온 것이다. 그리고 3항에서 전반부의 진술은 사보이선언의 것이다.

동일하게 사용된 단어가 1689 신앙고백서에서는 그 단어가 사용되어야 할 자리에 쓰이지 않은 것으로 보아, 1689 침례교 신앙고백서의 신학적인 방향은 확실히 정해진 것으로 보인다.

이 추측의 문제점은 침례교 신앙고백서 작성자들이 19장 6항과 20장 1항에서 '행위언약'이라는 용어를 그대로 썼다는 것이다. 1689 신앙고백서 작성자들의 마음에 모순이 있는 것처럼 보이는 이 문제에 대한 하나의 해설은 이 작성자들이 이 용어에 관하여 어떠한 의혹을 가졌지만 이 용어가 올바로 나타내는 의미에는 상당히 동의하고 있다는 결론을 내릴 수 있을 것이다.

그러나 나의 학생들 중 한 학생이 이 해석은 잘못되었다는 설득력 있는 증거를 제시했다. 그 학생은 침례교 신앙고백서의 가장 중요한 서명자들의 다수가 '행위언약'이라는 용어를 사용하는 것에 찬성했다는 주목할 만한 증거를 발견하였다.[3] 그 학생은 편집상 고려해야 할 사항들이 6장 1항과 7장 2항 그리고 19장 1항에서 그 용어를 삭제하도록 이끌었다고 주장했다. 예를 들어, 7장에서 '하나님의 언약에 관하여'라는 제목이 단수라는 점은 두 언약을 언급하는 웨스트민스터 신앙고백서와 사보이 선언과는 이상하게도 다르다. 그래서 침례교 신앙고백서는 오직 하나의 언약, 은혜언약만을 언급한다. 침례교 신앙고백서 19장 1항에서도 동일한 편집상의 고려가 이 목적에 딱 맞게 드러난다. 사보이 선언이 웨스트민스터 신앙고백서를 개정한 것을 침례교 신앙고백서가 전체적으로 따라갔고 이 증거는 특별히 19장 안에 있다. 사보이 선언 19장 2항 첫 부분은 거칠고 약간 혼란스럽다. 사보이 선언

---

3   학생의 이름은 제리 도만Mr. Jerry Doman이다. 그 보고서 제목은 *Reformed Baptist Concepts of Covenant: Definition and Covenant of Works—1640-1860*. 그 학생은 핸서드 놀리즈Hansard Knollys, 윌리엄 키핀William Kiffen, 벤자민 키치Benjamin Keach는 행위언약의 개념과 그 용어를 사용했다는 증거를 가져온다. 그 학생의 보고서는 침례교 신앙고백서에서 행위언약이라는 용어가 세 곳에서 사라진 이유를 편집의 관점에서 설명한다고 제안한다.

19장 1항의 주제는 '행위언약'이다. 그렇지만 2항에서 뜬금없이 '마음에 새겨진 것과 같은, 이 법은…'으로 시작한다. 의도치 않게 남겨진 인상은 마음에 기록된 법이 행위언약이라는 것이다. 아주 갑작스럽고 혼란스러운 변화를 자연스럽게 하기 위하여, 침례주의자는 19장 1항에서 행위언약에 대해 언급하지 않고 '사람의 마음에 맨 처음 새겨 주신 이같은 법이 타락 이후에도 계속해서 의에 관한 완전한 규칙이 되었다'라는 말로 2항을 시작한다.

그래서 1689 신앙고백서의 작성자들이 '행위언약'이라는 신학용어를 사용하는 데 있어서 어떤 모순을 느꼈다고 볼 만한 그 어떤 이유도 없다. 그렇지만 우리는 이 용어에 대해서 이 신앙고백서에 의해 거절되지 않고, 우리에 의해서 절대 거절되거나, 거절 할 수도 없는 것이 창세기 2-3장 내용의 보편적인 의미이고 거기에 기록된 하나님과 아담 사이의 특별한 계약이라고 생각한다. 존 머레이는 이 계약들을 '아담에게 행하신 언약경륜'[4]이라고 부른다. 여기서 우리는 마땅히 아담에게 행하신 언약경륜의 목적과 수단 그리고 중요성을 연구를 할 것이다.

1. 아담에게 행하신 언약경륜의 목적

아담에게 행하신 언약경륜의 목적은 아담을 창조 받았던 존재보다 더 높은 존재로 올려놓는 것이었다. 우선 이러한 생각은 독특하거나 심지어 악하게

---

4   John Murray, *Collected Writings of John Murray*, vol. 11, "The Adamic Administration," (Edinburg: The Banner of Truth Trust, 198), pp. 47-60. 나는 머레이가 이 글에서 일반적으로 행위언약으로 이해되는 모든 것을 가르친다는 사실을 계속해서 믿는다. 그러나 행위언약의 타당성에 대한 의심 때문에 단순히 행위언약이라는 용어만 바꾼 것이다. 동시에 이 장을 작성하기 시작한 그 해에, 나는 행위언약이라는 용어를 더 많이 쓰려고 했고 하나님과 아담 사이에 맺어진 합의를 부르기에 성경에 합당한 기초가 있다는 사실을 더 확신하게 되었다. 나는 행위언약이 성경에 근거하며, 행위언약이 구원의 방식을 드러내는 것이 성경에 근거를 둔다는 사실을 확실히 믿는다.

보일 수도 있다. 어떤 존재가 '올바르고 완벽한' 존재보다 더 낫거나 더 높을 수 있겠는가? 더 심각한 질문은 '하나님의 선한 피조물을 격하시키고 있는 것인가?'라는 질문이다. 이러한 질문들은 앞에 언급한 주장에 대한 근본적인 증거를 제시하라고 요구한다. 창세기 2장 17절이 이 증거의 핵심이다. 몇 사람들은 이 본문을 읽고 명령과 위협은 있지만 더 높은 존재에 대한 그 어떤 약속은 없다는 결론을 내린다. 이런 식으로 창세기 2장 17절을 이해하는 것은 지금부터의 논의들로 인해 반박된다.

1) 하나님의 마음에 그 어떤 목적도 없었다면, 특별한 합의들을 맺은 목적이 무엇이겠는가? 마음에 어떤 목적이 있었다면, 그 목적이 순전히 부정적이라고 결론 내리는 것은 하나님의 신적 특성을 비난하는 것으로 보인다.

2) 시험나무와 관계된 생명나무에서 연상되는 것은(창세기 2장 9절, 3장 3절) 우리로 하여금 긍정적인 목적을 추론할 수 있도록 한다. 바로 이 목적은 생명나무가 줄 수 있는 영원한 생명일 것이다(창세기 3장 22절).

몇몇 사람들은 타락하기 이전에 아담이 이미 생명나무의 열매를 맛보았을 것이라고 생각한다. 이러한 해석을 반대하는 몇 가지 반대의견들이 곧바로 제시된다. 선악을 알게 하는 나무와 관계된 생명나무가 동산 중앙 같은 자리에 창조되었다는 것에서 (창세기 2장 9절, 3장 3절) 연상되는 것은 아담과 하와가 생명나무의 열매를 먹었다고 생각하기에 자연스럽지 않다는 것이다. 하와가 뱀의 유혹에 굴복하기 전에, 그 나무의 열매에 가까이 접근하는 것조차 굉장한 반감을 드러냈다(창세기 3장 3절). 더욱이 창세기 3장 3절에서 그녀는 동산 중앙의 오직 한 그루 나무에 대해서만 말했다. 결론적으로, 아담이 생명나무의 열매를 이미 맛보았다는 생각은 창세기 3장 22-24절을 가장 부자연스러운 의미로 억지 해석하는 것이다. 만약 아담이 생명나무의 열매를 먹어서 타락 후 영원히 살았다면, 분명 우리는 아담이 타락 이전에 그 열매를 먹었기 때문에 그가 영원히 살았을 것이라는 결론을 내려야만 했을 것이다. 그러나 그는 심지어 타락 이전에 죄를 짓는 것도, 그래서 죽는 것도 가능했다. 그러므로 아담은 생명나무의 열매를 먹지 않았을 것이다.

3) 창세기 2장 17절에 포함되어 있는 것과 같은 금지의 위협은 성경에서 일반적으로 긍정의 약속들을 암시한다.

4) 마지막 아담이신 그리스도께서는 자신의 순종으로 생명, 즉 영원하고 변화된 생명을 획득하셨다(로마서 5장 14-21절, 고린도전서 15장 45-49절). 아담이 자신의 시험을 성공적으로 완수했다면 그리스도께서 획득하신 것과 비슷한 것을 얻었을 것이라고 추측할 수 있을 것이다. 따라서 존 머레이는 다음과 같이 주장한다.

인류는 아담의 범죄로 인하여 죄, 유죄선고, 죽음으로 확증되었다. 확실히 이 확증의 원리가 아담의 입장에서 만약 순종했을 경우 생명이 주어지는 것과 동일하게 적용되었을 것이다.

아담과 그리스도 사이에 유사성은 밝혀졌다. 그들은 인류와 독특한 관계를 맺고 있다. 아담 이전에는 아무도 없었다. 그는 첫 사람이다. 아담과 그리스도 사이에 아무도 없다. 그리스도께서 두 번째 사람이시다. 그리스도 이후에도 아무도 없다. 그리스도께서 마지막 아담이시다(고린도전서 15장 44-49절). 여기서 우리는 사람들 사이의 관계를 포괄적으로 구조화한다. 우리는 그리스도 안에 대표성이 있다는 사실과 완벽하게 성취한 순종은 그리스도께서 대표한 모두를 위해 의, 칭의, 생명이 된다는 사실을 안다(고린도전서 15장 22절). 그래서 아담이 성공적으로 순종하고 있는 기간에는 그가 대표하는 모든 사람을 위한 영원한 생명이 보장되어 있었다.[5]

창조되었을 때 아담에게 완벽하고 복된 상태가 주어졌다면, 더 높은 상태의 본질은 무엇인가? 죄와 저주 그리고 죽음이 없다는 차원은 아닐 것이다. 그것들은 아담이 타락 전에도 이미 누리고 있었던 복들이기 때문이다. 의로움과 심지어 죽음의 가능성으로부터의 자유와 이전에 복들로 주어졌던

---

5   John Murray, *Collected Writings* ..., p. 49.

하나님과의 교제보다 더 깊고 자유로운 교제가 확증되었을 것이다.[6] 더 높은 상태의 본질은 이러한 확증된 의로움, 자유, 교제였을 것이다. 결국, 고린도전서 15장에서 언급되는 영광스럽게 변화된 몸에 대한 복들은 아담의 소유가 되고 그의 후손의 것이 된다.

2. 아담에게 행하신 언약경륜의 수단

하나님께서는 인류의 대표인 아담을 위해 시험의 기간을 집약적이고 집중적으로 사용하셨고, 앞에서 언급한 목표에 아담과 그의 후손이 이르게 할 수단으로 선악을 알게 하는 나무의 실과를 먹는 것을 금지하는 일을 중심에 두셨다.

우리는 시험의 기간이 정확하게 얼마나 오래 지속되었는지 알 수 없다. 그러나 우리는 그 기간이 일시적이었다는 것을 알 수 있다. 이 시험의 목적은 시험기간을 필요로 하였다. 만약 시험이 결코 끝나지 않는다면, 생명을 절대 얻을 수 없을 것이고 하나님의 목적은 이루어지지 않을 것이다.[7] 또한 그리스도의 일시적인 시험기간에서 유추해 보는 것으로도 이 같은 결론에 이르게 된다.

이 금지에 포함된 정확한 시험은 독단적인 것으로 묘사되기도 한다. 다른 말로 하면 이 시험이 아담의 마음에 새겨진 법에 대한 의무들을 폐기하는 것은 아니고, 어떤 의미에서는 포함하지만, 이 시험은 아담의 선천적이고 도덕적 성향들로는 결코 도움을 받지 못하는 순종의 행동을 요구함으로써

---

6   Ibid., p. 47.
7   Ibid., p. 53. 보통 간결하고 치밀한 머레이는 "그 같은 경우에 시험은 반드시 기간이 제한된다. 사건에 달려 있는 운명은 그 사건이 발생하기 전까지 결코 결정될 수 없다"고 진술한다. 또 R. L. Dabney, *Lectures in Systematic Theology* (Grand Rapids, MI: Zondervan, 1972), p. 305를 주의해 보라.

아담의 순종을 시험한 것이다.[8] 아담은 올바로 순종해야만 하는데 그 까닭은 하나님께서 이를 명령하셨기 때문이다!

왜 그 나무를 '선악을 알게 하는 나무'라고 부르는가? 선과 악을 아는 지식은 성경에서 성숙함을 뜻하고 (신명기 1장 39절, 이사야 7장 15-16절, 사무엘하 14장 17절, 20절) 창세기 2장에서 그 지식은 특별하게 도덕적 윤리적인 성숙을 뜻한다. 그 나무는 사람을 영적 유아기에서 영적으로 성숙한 사람으로 인도하도록 계획된 도구였다. 창세기 3장 22절은 시험에 순종하든지 불순종하든지 간에 선악을 알게 된다는 것을 분명히 한다. 좋든 싫든 이 나무는 윤리적 성숙의 도구였다.[9] 악에 대한 성숙이나 의로움에 대한 성숙은 선악을 알게 하는 나무의 필연적인 결과였다.

3. 아담에게 행하신 언약경륜의 중요성

이러한 관점은 창조 그리고 특별히 사람 창조에서 하나님의 본래 목적에 대한 이해를 제공한다. 바로 이 목적은 반드시 사람을 영원한 생명과 불변하는 의로움의 상태에 이르게 하는 것이었다. 이어서 이 목적은 그리스도의

---

8   게할더스 보스Geerhardus Vos는 다음과 같이 진술한다. "이성적인 통찰력을 근거로 그들 각자의 본성에 따라 선을 행하고 악을 거절하는 것은 고결한 일이다. 그러나 하나님의 본성을 존중하는 마음에서 이와 같은 일을 행하는 것이 더 고결하다. 그리고 모든 것 가운데 가장 고결한 것은 필요시 그 순간 난해한 이유들을 따지지 않고, 하나님을 향한 인격적인 애착에서 행동하는 윤리적 힘이다. 순종하는 순수한 기쁨은 윤리적 선택의 가치에 더해진다. 이와 같은 경우에 윤리적인 힘은 유일한 결정적 요소가 되었고 윤리적인 힘을 행사하기 위해서 임의적인 금기가 생겨났다. 이 임의적인 금기는 결과를 만들어 내는 모든 힘, 타고난 본성을 제거한 윤리적 힘의 자유재량 바로 이것에 근거를 둔다." *Biblical Theology*(Grand Rapids, MI: Wm. B. Eerdmans, 1948), pp. 42, 43.

9   생명나무와 관련하여 비슷한 상황이 있다. 이 나무는 영원히 육체적으로 존재하는 영원한 생명을 심지어 죄인인 아담에게도 부여할 수도 있었다(창세가 3장 22절). 그러나 죄 안에서 이것은 가장 큰 저주였을 것이다. 죄인이 가지는 영원한 생명은 부활로 악인에게 주어지는 영원한 생명과 같은 것일 수 있다.

사역을 통하여 창조의 원래 목적을 회복하고 성취함으로 구속의 본질에 대한 이해를 제공한다. 그리스도께서는 첫 아담이 성취하려다 실패한 것을 이루셨다. 이것이 성경에서 그리스도의 사역에 우주적인 의미가 부여된 이유이다. 하나님께서는 창조의 목적을 포기하지 않으시고 구속 안에서 다른 목적을 계속 행하신다. (이것은 창조 때의 하나님의 목적이 좌절되었다는 것을 함축하는 것일수 있다.) 오히려, 하나님께서는 두 번째 아담을 통하여 창조의 목적을 성취하신다. 우주만물, 세상과 인류는 그리스도 안에서 구속(회복)되었다. 구속의 결과는 구속된 인류와 구속된 세상이다(로마서 8장 19-23절).

더욱이 마지막 아담이신 그리스도께서는 아담의 실패의 결과를 뒤집어 놓아야 하셨고 성공적으로 시험을 성취하셔야 했다. 이와 같이 그리스도께서는 자신과 자신의 백성을 위해 영원한 생명을 획득하셔야 한다. 그리스도의 하나의 순종의 행위는(로마서 5장 12-21절) 소극적으로는 죄에 대한 속죄로 여겨지고 적극적으로는 의로움을 얻는 것, 즉 그 시험을 성공적으로 성취하는 것으로 간주될 수 있다. 그리스도의 적극적이고 소극적인 순종은 그리스도의 사역을 두 부분으로 즉 다른 두 사역들로 나누는 것이 아니라 다른 두 관점으로 보여지는 하나의 순종의 사역이다. 다르게 보이는 두 관점은 아담이 행했던 모든 일들(죄에 합당한 고통)을 감당하셔야 한다는 관점 그리고 아담이 하려다 실패한 모든 것들을 행하셔야 한다는 관점(모든 의로움을 성취하는 것)이다.

II. 죄에 대한 성경의 교리

죄에 대한 성경의 교리를 요약하는 데 있어서 1689 신앙고백서는 우리의 안내서 역할을 할 것이다. 우리는 앞에서 제시된 첫 번째 개요가 가리키는 일반적인 방향을 따라갈 것이다.

타락의 본질은 **죄의 핵심 혹은 정의**를 명확하게 드러낸다. 첫 번째 죄의 본질은 법을 어기는 것에 있었다. 1689 신앙고백서에 따르면, 타락했을 때 아담은 자신의 마음에 새겨진 법의 일반적인 의무들을 어겼고, 그 나무에 관하여 특별한 방식으로 드러난 특정 명령을 어겼다. 이것은 죄란 하나님의 법에 대한 반역, 위반 또는 불복종이라는 것을 강하게 제시한다. 죄에 대한 이러한 정의는 다른 성경구절들에 의해 증명된다(로마서 2장 12-15절, 4장 15절, 5장 13절, 요한1서 3장 4절). 그렇기에 '죄란 하나님의 법을 순종함에 있어서 부족한 것이나 어기는 것이다'라는 신앙문답(제14문)의 전통적인 정의는 완전히 옳다.

죄에 대한 이러한 정의는 몇 가지 더 특별히 주목해야 할 것들을 제시한다. 만약 죄가 (부정적으로) 하나님의 법을 어기는 것이라면, 죄는 (긍정적으로) 자치권으로 (자기 마음대로 하거나 자기 원하는 대로 하려는 것으로) 설명되기도 한다. 죄는 하나님과 그분의 법으로부터의 독립을 전제하거나 원하는 것이다. 죄가 반드시 의식적으로 하나님을 반하여 대적하는 것이라고 할 필요는 없다. 죄는 삶의 모든 부분에서 다른 어떤 기준과도 상관없이 오직 내 자신의 욕망들을 따라 단지 내가 좋은 대로 행동하는 것을 전제한다. 우리 시대의 반 율법적인 성향과 반 권위적 태도들이 죄의 정의의 정수이다. 죄는 나 자신 바깥의 권위와 상관없이 살기를 바라는 것이다. 그 권위는 하나님 자기 자신의 법이거나 하나님께서 국가와 교회 그리고 가정에 대표자로 정하신 사람들의 법들이다. 요즘 자유에 대한 숭배는 바로 죄의 본질을 찬양하는 것과 밀접하게 연결되어 있다.

여기에서 제시된 죄의 정의가 올바르다면, 일반적으로 알려진 죄에 대한 또 다른 정의는 올바를 수 없다. 죄는 일반적으로 '자아'를 뜻한다고 말하기도 한다. 죄가 자기를 사랑하는 마음인가? 이기심인가? 어거스틴은 '인간의 최초의 부패는 자신에 대한 사랑이었다'[10]라고 말했다. 물론, 이러한 경향들 속에도 진리의 요소가 있지만, 이러한 설명은 죄에 대한 아주 잘못된 정의를 논리적이고 실제적으로 형성할 만큼 애매하고 혼란스럽다. 사실 올바른 자기 사랑은 있다. 성경은 모든 사람에게 그들의 이웃들을 그들 자신과 같이 사랑할 것과 남편들에게 자기 아내들을 그들 몸과 같이 사랑할 것을 명령하는데 그 까닭은 그렇게 할 때, 그들은 그들 자신을 사랑하기 때문이다(마태복음 22장 39절, 에베소서 5장 28절). 우리의 가장 진실되고 높은 자기애는 항상 하나님의 영광과 일치한다. 죄를 자기애로 정의하는 것은 하나님의 영광과 우리의 선 사이를 틀어지게 하는 경향이 있고 그로 인하여 하나님의 백성의 삶 안에 도덕적인 혼란을 일으키기도 한다. 이 정의들은 올바로 행하고 하나님을 섬기기 위한 성경적인 동인들을 자기애로부터 빼앗아간다. 처음부터 끝까지 성경 전체는 하나님을 섬기는 일이 일반적으로 이 땅에서 우리의 유익이고 그 섬기는 일이 항상 우리의 최고 유익이기에 하나님을 예배하는 것이 참 자기애의 표현이라고 증언한다.

하나님의 영광을 위해 기꺼이 죽겠다고 말하는 것은 터무니없는 말은 아니지만(욥기 13장 15절), 하나님의 영광을 위해 기꺼이 저주를 받겠다고 말하는 것은 터무니없는 말이다. 하나님께서는 결코 누군가가 받을 저주로 자신의 영광을 대신하지 않으신다. 하나님의 영광을 찾는 사람들은 결코 저주를 받지 않고, 그들은 항상 하나님의 영광을 자기 자신들의 최고 유익 안에서 찾는다.

1689 신앙고백서에 제시된 죄의 정의는 멋대로 하는 것이다. 하나님의 법은 자유의 법이다(시편 119편 45절, 야고보서 1장 25절, 2장 12절). 만약 죄가 단지 하나님의 법에 대한 위반이라면, 내 친구의 생각을 따르지 않고 자기 자신을 사랑하는 것은 죄가 아니다. 실로 이 자유의 개념은 우리의 양심과 꼭

---

10 Reinhold Seeberg, *History of Doctrines*, Vol. 1 (Grand Rapids, MI: Baker Book House, 1978), p. 345.

들어맞는다! 나는 죄를 짓지 않았는데 그 이유는 단지 내가 형제의 소원들을 위반하지 않았기 때문이고, 단지 내가 나 자신의 유익 안에서 행하지 않았기 때문이다. 주님과 입법자는 한 분이시다. 나는 오직 주님께만 책임을 다해야만 한다(이사야 33장 22절, 로마서 14장 4절, 야고보서 3장 12절).

1689 신앙고백서 2항에 자세히 기록된 **타락의 첫 번째 결과는 대표자의 죄**이다. 이 말은 아담과 일반출생으로 그로부터 내려오는 모든 후손들 사이에 죄의 연대가 있다는 개념이다. 그러므로 아담이 죄를 지었을 때, 우리는 그 안에서 죄를 지었다. 이 진리는 인간의 지혜와 가장 모순된다. 이는 우리가 기본적으로 악한 사람이라는 것뿐만 아니라 악한 사람으로 태어났다는 것을 가르치는 것이다. 그리고 우리가 악하게 태어난 이유는 우리가 태어나기 수천 년 이전에 우리가 아닌 다른 누군가가 행한 것 때문이라고 가르치는 것이다.

그러므로 이 교리에 대한 명백한 증거를 요구하는 것은 자연스러운 일이다. 그 증거는 다음과 같다. 첫째로, 성경은 우리가 아담 안에서 타락했다는 사실을 분명하게 가르친다(로마서 5장 12-21절, 고린도전서 15장 20-22절). 둘째로, 대표로서 그리스도의 사역과 대속 사역은 아담이 대표로 지은 죄로부터 유추한 것에 근거를 둔다(로마서 5장 14-21절, 고린도후서 5장 14-21절). 셋째로, 성경에서 발견되는 많은 예들 중 피지배자들의 생활 깊숙이 영향을 끼치는 지도자들의 행동이 있다. 부모와 왕 그리고 종교 지도자들은 그들을 따르는 사람들이 선과 악을 택하는 데 깊은 영향을 준다. 비록 어떤 관점에서는 동일하지 않지만, 이러한 관계들은 실례로서 처음이자 최초의 대표자로서의 지위가 아담에게 주어진 것에서 유추된 것들이다. 넷째, 사람이 죄 안에서 잉태되고 태어났다는 성경의 가르침은 오직 아담 안에서의 연대에 대한 기본적인 교리 또는 대표자의 죄에 근거해서만 설명될 수 있다(시편 51편 4-5절, 58편 3절, 에베소서 2장 1-3절, 창세기 8장 21절, 잠언 22장 15절).

왜 하나님께서 우리 모두를 대신하여 아담이 행하도록 결정하셨는가? 간단히 말해서 그것이 하나님을 기쁘게 하는 일이었기 때문이다. 어떤 사람은 "그러나 그것은 공평하지 않다!"라고 반문하기도 한다. 우선, 우리는 "하나님께 그런 식으로 말하는 당신은 누구인가?"라고 답할 것이다. 둘째로, 우리는 "오직 믿음으로 그리고 오직 그리스도로 인한 칭의가 타당한가?"라고 물을 수 있다. 칭의는 바로 그 동일한 연대의 원리, 즉 많은 사람을 대신한 한 사람의 행위 위에 세워졌다. 이 사실은 타당한가? 만약 아담이 모든 인류 대신 서 있는 것이 타당하지 않다면, 그리스도께서 자발적으로 우리를 대신하신 것도 타당하지 않은 것이다.

이 모든 것이 우리를 **원죄**의 문제로 이끈다. 원죄에 대한 성경의 근거는 대표로서의 죄의 증거 안에서 드러나 있다. 여기서 강조하게 될 단 하나의 초점은 죄가 죄책과 부패로 전가되는 이중 기초가 있다고 신앙고백서가 주장하는 것에 있다. "그들은 모든 인류의 뿌리였고, 하나님의 정하심으로 모든 인류를 대신하여 서 있었기에…"라는 이 진술은 아담과 그리스도가 생물학적, 자연적, 법적, 언약적 연관성이 있다는 것을 주장한다. 1689 신앙고백서는 원죄를 더 자세히 정의하려고 시도하지 않고 그 문제를 지혜롭게 남겨 두었다. 이는 법적인 관계를 자연적인 관계에 종속시키지 않는다. 이는 생물학적인 관계를 언약적인 관계에 종속시키지 않는다. 이것이 아담이 가진 대표자로서의 지위에 대한 두 기초들 사이의 관계를 간단히 정의 내리는 것은 아니다. 성경은 두 측면 모두, 즉 생물학적이고 언약적인 존재를 충분하고 분명하게 가르친다 (사도행전 17장 26절, 로마서 5장 18-19절). 그러나 여전히 남아있는 문제가 있다.[11]

---

11 "우리의 첫 조상들은 모든 인류의 뿌리였고, 하나님의 정하심으로 모든 인류를 대신하여 서 있었기에"라는 진술은 1689 신앙고백서의 진술이다(이 진술은 웨스트민스터 신앙고백서와 사보이 선언과도 같다). 이 진술은 애매하다. 성경과 신학의 정확함을 위해서, (신앙고백서에 말하는 것 같이 **첫 조상들이** 아니라) 아담만이 인류의 대표였다. 로마서 5장 12절 그리고 고린도전서 15장 20절에서 핵심적인 성경의 진술들은 하와에 대해서는 전혀 언급하지 않고 "한 사람의 범죄로 말미암아" 그리고 "한 범죄로"(로마서 5장 17절, 18절) 인류가 타락했다는 사실을 분명히 한다. 1689 신앙고백서의 진술이 애매모호하게 된 것은 아마도 인류의 생물학적이고 자연적인 "뿌리"로 아담만을 언급하는 것이 부자연스럽다고 느꼈기 때문일 것이다.

개요에서 4항은 **자범죄**로 제목이 붙여졌다. 여기서 사용된 이 용어는 원죄가 실제 죄가 아니라는 것을 암시하려고 하는 것이 아니라, 이 용어는 이 항에서 우리가 악한 행위들만 다루고 악한 본성들은 다루지 않을 것이라는 사실을 암시한다. 1689 신앙고백서 5항은 '원래의 부패'라 불리는 것들이 그 부패로부터 발생한 어떤 행위들과는 구별되는 진짜 악한 상태라는 점을 분명하게 한다. 이에 대한 증거는 앞으로 제시될 것이다.

4항에서 자범죄에 대해 두 가지를 주장한다. 자범죄의 근원은 우리의 "원래의 부패"이다. 이는 우리가 우리의 근본적인 선한 성향에 반하여 우발적으로 죄를 짓는 것이 아니라 죄를 짓는 이유는 우리가 근본적으로 악하기 때문이라는 것이다. 자범죄들은 실수나 우발적인 것이 아니다. 자범죄들은 우리의 근본적인 악한 마음들의 표현이다(마태복음 7장 17-20절, 12장 33-35절, 15장 18-20절). 사과를 비유로 들어보자. 우리 삶의 표면에 있는 작은 멍들은 근본적으로 좋은 사과에 있는 작은 흠에 불과한 것이 아니다. 그 흠들은 그 열매의 근원이 되는 핵심 표현이다.

자범죄에 대해 언급된 두 번째 사실은 자범죄의 상황이나 풍토 또는 정황이다. 그 상황은 전적 무능력이다. 이 성경의 진리는 제9장에서 시작될 것이다.

마지막 항은 **남아 있는 죄**의 실재, 즉 죄가 모든 성도들 안에 남아 있다는 진리를 주장한다. 이 항이 진행되는 가운데, 이 항은 한발 더 나아가 우리 본성의 원시부패 그 자체가 실제 죄라고 진술한다. 이 사실은 원죄를 증명하는 많은 구절들이 가르치고 있다(시편 51편 4-5절, 잠언 22장 15절, 에베소서 2장 3절). 또한 이 진술은 앞에서 언급한 죄에 대한 정의를 따른다. 하나님의 법에 순종함의 부족이 죄이다. 핫지A.A.Hodge는 "죄의 본질을 떠나서, 도덕법은 행동뿐만 아니라 기질과 성향에까지 절대적인 완벽함을 요구한다… 하나님은 우리가 올바로 행동하는 것뿐 아니라 거룩하게 되길 요구하신다"라고 말한다. 마지막으로, 성경에서 육신이라는 단어는 종종 타락한 사람의 본성이라는 의미로 사용된다. 특별히 이 표현은 '악한 것'으로 묘사되었다 (로마서 7장 17-18절, 25절, 8장 3-13절, 갈 5장 17-24절). 우리의 부패한 본성들이 악하다면, 당연히 그 본성의 "첫 번째 충동들" 또한 악한 것이다(창세기 8장 21절, 잠언 15장 26절, 21장 4절, 창세기 8장 21절, 마태복음 5장 27-28절).

그렇지만 제5항에서 특별한 점은 성도들의 부패도 악하다는 것이다. 아마 이 점은 청교도시대에 "반율법주의자들"이라고 알려진 사람들을 철저하게 반대하려고 주장된 것이다. 그들의 특징 중 하나는 그리스도인들은 죄를 짓지 않고 죄 된 본성이 없다고 할 만큼 은혜를 강조하고 칭의교리를 해석했다.

이 점에 대한 전통적인 성경구절은 요한일서 1장 8-10절이다. 일반적으로 이 문맥에서 그리스도인들은 빛이신 하나님과 함께 동행한다고 가르친다(5절). 물론 이것은 그들의 생활이 어둠 안에서 걷는 사람들과는 본질적으로 그리고 실제적으로도 다르다는 것을 뜻한다(6절). 또한 이는 그들이 빛 안에서 걷고 있고 그 빛으로 남아 있는 죄를 지속적으로 드러냄으로써 자신들의 남아 있는 죄를 진지하게 다루는 것으로 특징 지워진다는 것을 뜻한다(7-10절). 이런 점에서 요한은 특별히 그 당시 반율법주의로 기독교화된 영지주의의 성향을 설명하고 있다. 영지주의 지지자들은 앞에서 언급한 죄를 주장한다. 요한의 관점은 이런 주장들이 그들 스스로를 구원받지 못할 상태로 만든다는 사실을 드러낸다. 참된 기독교의 특징 중 하나는 죄를 지속적으로 회개하는 것과 죄로부터 씻음을 받는 것이었다.

이 두 가지 것들이 그리스도인들과 이 구절들의 명백한 관련성을 분명하게 한다. 첫째로, 요한1서 1장 8-10절의 진술에서 첫 번째 인칭대명사는 복수로 표기하였다. 첫 번째 사람의 복수 명사(우리가, 우리를)는 8-10절에서 열세 번(여덟 번 개역개정) 사용된다. 그리스도의 사도로서 요한이 그리스도인들에게 썼기 때문에(요한1서 1장 1-3절) 이러한 표기는 반드시 요한 자신과 그의 그리스도인 독자들을 가리키는 것이 되어야만 한다. 둘째로, 이 절에서 죄에 대한 회개와 죄 씻음에 대한 진술들은 현재시제이다. 이 진술들은 요한과 그리스도인 독자들의 과거의 경험이 아니라 현재 그들의 인생의 현실에서 진행되고 있는 것들에 대해 말하고 있는 것이다. 예를 들어, 9절은 "만일 우리가 우리 죄를 자백하면 저는 미쁘시고 의로우사 우리 죄를 사하시며 모든 불의에서 우리를 깨끗케 하실 것이요"라고 번역되기도 한다.

이 성경구절에서 관심을 가져야 하는 중요한 마지막 하나는 우리가 죄악된 행동들을 하지 않는다고 주장하는 것(10절)과 같이 죄악된 본성이 없다고 주장하는 것(8절) 모두를 요한이 반박한다는 것이다. 요한1서 1장의 가르침은 다른 성경구절에 의해서 확증된다(열왕기상 8장 46절 시편 130편 3절, 143편 2절, 잠언 20장 9절, 전도서 7장 20절, 로마서 7장 14-25절, 야고보서 3장 2절).

1689 신앙고백서 5항의 가르침은 완전주의와 바리새주의 두 오류들에 대한 중요한 안전장치이다. 그리스도인의 행동의 기준은 여전히 완벽이지만(베드로전서 1장 15-16절, 2장 21-22절, 요한1서 2장 1절), 그 어떤 그리스도인도 이 세상에서 그 기준에 도달하지 못한다. 제5항의 가르침은 그가 여전히 죄에 허덕이고 있기 때문에 자신은 이류 그리스도인이거나 아마 그리스도인이 아닐 거라고 느끼는 부담으로부터 겸손한 그리스도인을 보호한다. 또한 제5항의 가르침은 하나님의 법에 외적으로 순종하는 것에 온 신경을 쏟아 부으면서 자신의 전적 부패를 실제로 대면하는 것을 피하려 드는 바리새주의를 드러낸다. 하나님의 법은 그들의 타고난 그리고 가장 근본적인 충동들과 첫 번째 행위들과 같이 우리의 그 본성들까지도 규제한다.

제7장 하나님의 언약에 관하여

Of God's covenant

1. 하나님과 피조물 간의 차이는 굉장히 커서, 비록 이성적인 피조물들이 자신의 창조자에게 순종의 의무를 다할지라도, 하나님 편에서 자발적으로 낮아지시지 않고서는 그들은 결코 생명의 보상을 받을 수 없다. 하나님께서는 언약의 방법으로 낮아지심을 드러내시길 즐거워하셨다.[1]

> 1. 욥기 35장 7-8절, 시편 113편 5-6절, 이사야 40장 13-16편, 누가복음 17장 5-10절, 사도행전 17장 24-25절

2. 더욱이 사람은 타락으로 인해 스스로 그 법의 저주 아래로 들어갔기 때문에, 하나님께서 은혜언약 맺으시기를 즐거워하셨다.[1] 하나님께서 은혜언약 안에서 예수 그리스도가 획득한 생명과 구원을 죄인들에게 값없이 주시고, 그들을 구원하시기 위해 그들에게 예수 그리스도를 믿는 믿음을 요구하신다.[2] 그리고 하나님께서 영원한 생명으로 정해진 모든 사람에게 성령을 주셔서 그들로 하여금 믿기 원하고 믿을 수 있도록 만들어 주신다고 약속하셨다.[3]

> 1. 창세기 3장 15절, 시편 110편 4절 (히브리서 7장 18-22절, 10장 12-18절), 에베소서 2장 12절 (로마서 4장 13-17절, 갈라디아서 3장 18-22절), 히브

리서 9장 15절

2. 요한복음 3장 16절, 로마서 10장 6절, 9절, 갈라디아서 3장 11절

3. 에스겔, 36장 26-27절, 요한복음 6장 44-45절

3. 이 언약은 복음으로 계시되었다. 이 언약은 가장 먼저 아담에게 여자의 후손으로 말미암는 구원의 약속으로 주셨다. 그 후 신약성경 안에서 그 언약이 완전히 드러나 성취되기 전까지[1] 점진적으로 드러났다. 그리고 이 언약은 택자들의 구속에 대한 성부와 성자 사이의 영원한 언약 합의에 기초한 것이다.[2] 타락한 아담의 구원받은 모든 자손이 생명, 복된 영생을 얻는 것은 오직 이 언약의 은혜로 인한 것이다. 이제 아담이 무죄상태에 서 있었던 조건 위에서는 사람은 하나님께 받아 들여지는 것에 있어서 전적으로 무능하다.[3]

1. 창세기 3장 15절, 로마서 16장 25-27절, 에베소서 3장 5절, 디도서 1장 2절, 히브리서 1장 1-2절

2. 시편 110편 4절, 에베소서 1장 3-11절, 디모데후서 1장 9절

3. 요한복음 8장 56절, 로마서 4장 1-25절, 갈라디아서 3장 18-22절, 히브리서 11장 6절, 13절, 39-40절

개요

도입

1. '은혜언약'의 신학적 타당성

제7장을 연구해 나갈 때 우리는 아주 어렵고 동시에 매우 중요한 주제를 마주한다. 이 주제에서 어려운 문제는 웨스트민스터 신앙고백서에서 상당히 벗어난 내용이 침례교 신앙고백서에 포함되어 있다는 것으로 드러나게 된다. 침례교주의자들에게 있어서 이 주제의 중요성은 이러한 광범위한 개정들로 인해 드러난다.

이 장을 해석함에 있어서 우리가 직면한 가장 시급한 문제는 은혜언약이라는 용어와 관련이 있다.[1] 다음과 같은 질문들이 우리에게 닥쳐온다. 은혜언약은 존재하는가? 성경은 '은혜언약'에 대해서 말하는가? 만약 성경이 말한다면, 어디에서 말하는가? 만약 말하지 않는다면, 이 은혜언약이라는 신학 용어는 정당한가? 이런 질문들은 특별히 중요한데 그 까닭은 오늘날 적지 않은 사람들이 이 용어를 비성경적인 것으로 거부해 왔기 때문이다. 반대로, 개혁주의 전통 안에 있는 몇몇 사람들은 이 용어를 거절하는 것이 세대주의자라는 것을 입증하는 충분한 증거라고 여긴다. 우리는 이러한 질문들에 답하기 위해 그리고 이 장의 진술에 합당한 성경의 기초를 드러내기 위해 힘쓰면서 도입부에서 이 용어의 의미와 타당성을 다룬다.

몇 가지 미리 언급되어야 하는 내용들이 있다. 첫째, 우리는 반드시 단순히 용어에만 국한된 시시한 언쟁을 경계해야 한다. 중요한 것은 우리가

---

[1] 웨스트민스터 신앙고백서는 은혜언약과 행위언약의 대조 안에서 체계가 짜여졌다. 침례교주의자는 자신들의 1689 신앙고백서에서 제7장과 다른 장에서도 행위언약이라는 말을 사용하는 것을 피했다. 1689 신앙고백서 제19장 6항과 제20장 1항에는 행위언약이라는 말이 남아 있지만 말이다. 이 책 제6장에서 그것에 대한 설명을 참고하라.

사용하는 단어가 아니라 이 단어들이 가진 개념에 관해 우리가 동의하는지 또는 동의하지 않는지이다. 둘째, 우리는 반드시 오래된 신학적 개념들을 경솔하고 성급하게 거절하는 것을 주의해야 한다. 우리 믿음의 선조들, 장로교주의자와 침례교주의자 모두는 '은혜언약'을 매우 중요한 신학적 개념으로 여겼고 이 용어를 자신들의 신앙고백서에 새겨 넣었다. 그들에 동의하지 않고 이 용어를 거절하는 것에 앞서 우리는 반드시 주의 깊게 행동해야 한다. 셋째, 우리는 반드시 용어가 중요하지 않다는 생각을 버려야 한다. 우리의 개념을 표현하는 단어들이 진리, 그리고 그 진리에 관한 우리의 이해를 정확하게 표현하거나 잘못된 다른 것들을 표현하기도 한다.

'은혜언약'은 이 장에서 아담의 타락 이후로부터 계속해서 모든 죄인의 구원의 근거로 여겨진다. 아담의 타락 이후에 이 언약이 맺어졌다는 2항의 진술은 이런 의미를 포함하고 있다. 3항의 주장에서 이것은 다음과 같이 명백하게 진술되었다. '타락한 아담의 구원받은 모든 자손들이 생명, 복된 영생을 얻는 것은 오직 이 언약의 은혜로 인한 것이다.'

그러나 성경은 '언약'이라는 단어를 인류 역사 전체에 걸쳐 있는 포괄적인 은혜언약을 언급하는 단어로 결코 사용하지 않는다. 성경에 나와 있는 신성한 언약을 언급하는데 각각 사용되는 단어는 어떤 특별한 역사적 시점에 하나님으로 인하여 맺어진 언약을 언급한다. 성경의 언약들은 단순히 1689 신앙고백서에서 '은혜언약'으로 설명되는 것과 일치하지 않는다. 장로교주의자들은 일반적으로 아브라함과 맺은 언약이 마치 은혜언약인 것 같이 말하지만 이런 정의는 언약의 모형적인 요소들을 간과한 것이고, 아브라함 언약이 타락 후에 곧바로 시작된 것이 아니라 아브라함의 생애에 그 언약이 시작되었다는 사실 또한 간과한 것이다(제29장을 보라). 일반적으로 새 언약은 '은혜언약'과 동일시되어 왔다. 1689 신앙고백서가 진술한 것과 같이, 은혜언약의 '충분한 발견'은 '새 언약 안에서 이루어졌다'. 그러나 새 언약은 그리스도의 초림을 둘러싼 사건들 안에서 시작되었다는 것이 분명하다(예레미야 31장 31절, 히브리서 8장 13절). 그러므로 은혜언약과 성경의 언약들, 즉 신성한 언약들 사이의 분명한 차이를 유지하는 것은 아주 중요하다. 신적 언약들은 의심의 여지없이 이 은혜언약이라는 용어를 내비치고는 있지만, 그 언약들 중 단 하나도 은혜언약과 동일하지는 않다.[2]

해석학이 실제로는 '은혜언약'이라는 말을 사용하는 것을 부정하기 위한 기초로 사용되어 왔다는 것은 부정할 수 없다. 은혜언약이라는 말을 부정하는 것은 정당하지 않다. 필수적이고 유용한 다른 신학적 용어들, 예를 들어 '삼위일체'와 '성경무오설'은 명백히 성경에 표현된 말이 아니다. 성경의 내용을 설명하는 것 외에 다른 내용을 설명하는 데 쓰이는 성경용어가 혼란을 야기하기도 하지만, 변함없는 사실은 '은혜언약'이라는 말은 성경의 진리를 언급한다. 더욱이 은혜언약이라는 용어는 신적인 언약들과 직접적으로 관련된 성경의 진리를 언급한다. 그 진리는 구원의 방법 또는 계획이 세상의 모든 시대에 있어서 하나이고 동일하다는 것이다. 이 구원계획의 계시 안에 모든 신적 언약들이 포함되었다. 그 언약들은 그 계획의 역사적 시

---

2 거의 30년 동안 나는 은혜언약에 대한 논의를 집필해 왔고 굉장히 많은 역사적 연구는 개혁주의, 특수침례교의 전통 안에서 모든 언약들에 초점을 맞춰 왔다. 이것은 1689 언약주의로 알려진 것을 드러내왔다. 이러한 관점은 굉장히 가치 있다. 많은 내 친구들은 1689 언약주의 운동에서 주목을 끌었다. 그렇지만 여기서 제시한 은혜언약에 대한 변증은 은혜언약을 새 언약과 구별한다. 은혜언약은 새 언약으로 완벽히 계시된다. 이 말은 1689 신앙고백서가 말하는 모든 것을 단순히 말하는 것이다. 1689 언약주의가 확실하게 말하는 것은 새 언약이 은혜언약이라고 확증하는 것이 아니다. 물론 이것을 설명할 때 내가 언급해 온 문제를 일으켰다. 만약 은혜언약이 모든 시대에 걸쳐 있는 언약이라면 어떻게 은혜언약과 새 언약이 같을 수 있는가? 이 문제에 수반되는 것은 다른 문제이다. 만약 은혜언약이 새 언약이라면, 그리스도의 보혈로 효력이 발휘된 새 언약 이전에 어떻게 사람들은 구원을 받았는가(히브리서 7장 22절)? 이 물음에 대한 1689 언약신학의 대답은 그리스도의 보혈로 실제로 비준 받기 전에 사람들은 은혜언약의 약속으로 구원을 받았다는 것이다. 그래서 나는 구약성경의 성도들은 은혜언약이 공식적으로 시작하기 전에 은혜언약의 은혜로 구원을 받았다고 생각한다. 나는 나의 친구들의 입장이 1689 신앙고백서와 일치한다고 생각한다. 그렇지만, 나는 이것을 확신할 준비가 안 되어 있고 이것에 대해 여전히 남아 있는 의문들을 가지고 있다. 나는 여기서의 나의 설명이 "신약성경 안에서 (은혜언약이) 완전히 드러나 성취된다"라고 언급하는 3항의 말과 일치한다고 생각한다.

행이다. 이렇게 실제로 존재하는 것을 설명하기 위해 더 적합한 용어가 있으면 좋겠다고 생각할 수도 있다. 그러나 그 어떤 용어도 '은혜언약'이라는 명칭이 가지는 일반적인 수용성을 가지지 못하고, 또 그 언약의 명칭이 가지고 있는 역사적인 지속성도 없다. '은혜언약'이라는 말에 성경의 진리가 포함되어 있다는 증거는 이제부터 드러날 것이다.

이 증거는 위에서 언급한 신적 언약들의 동일성 안에서 발견된다. 이 증거는 반드시 그 언약들의 유기적 동일성과 주제의 동일성을 살펴보는 것으로 설명되어야 한다.

이 언약들의 **유기적 동일성**은 언약들이 서로 의존하고 서로에게서부터 나온다는 것을 뜻한다. 하나님의 모든 언약들은 독립된 실체들이 아니다. 이 언약들은 같은 줄기에서 자라난 각 마디들이다. 노아와 맺은 언약은 이후의 언약들이 가진 하나님의 구속의 목적을 추구해 갈 수 있는 안정적인 배경을 제공한다(창세기 8장 20절-9장 7절). 모세 언약은 아브라함 언약에 유기적으로 근거를 둔다. 아브라함과 맺은 언약의 특별한 복들은(창세기 12장 1-3절, 15장 1-7절, 18-21절, 17장 1-8절) 모세 언약 아래서 성취되기 시작하였다(출애굽기 1장 6-7절, 2장 23-25절, 6장 2-8절, 신명기 1장 8-11절). 이스라엘에게 베푸신 하나님의 자비는 아브라함과 맺은 언약 때문이었다. 거꾸로 말해, 아브라함 언약의 복들은 모세 언약을 순종함에 달려 있었다(신명기 7- 12장, 13장, 11장 13-17절). 이 성경구절들에서 언급된 복들은 처음에는 아브라함 언약 안에서 약속되었지만, 이후에 그것들은 모세 언약에 대한 순종에 좌우되었다. 아브라함과 맺은 언약을 은혜언약이라고 부르고 모세 언약을 행위언약이라고 부르는 것은 정말 불가능한 것이다! 이 두 언약은 나누어지지 않는다.

다윗과 맺은 언약은 아브라함과 모세 언약들과 유기적으로 관계가 있다. 신명기 17장 14-20절은 다윗왕국이 모세와 아브라함의 언약과 아주 밀접한 관계가 있다고 가르친다. 열왕기상 2장 2-4절은 모세 언약에 대한 순종이 다윗에게 하신 약속들의 성취를 위해 필수였다는 것을 가리킨다. 새 언약은 이전의 모든 언약들과 유기적으로 관계가 있다(에스겔 37장 24-28절, 누가복음 1장 72-73절, 사도행전 13장 32-34절, 히브리서 8장 10절).

언약들 간의 **주제의 동일성은** 언약들이 유일하고 궁극적인 주제, 즉 목적을 가지고 있다는 뜻이다. 이 점을 집약적으로 요약한 성경구절은 '약속의 언약들'에 대해서 언급하는 에베소서 2장 12절이다. 이 성경구절은 정확하게 번역되었다. 바울이 마음에 생각하고 있는 특정한 약속이 무엇인지 분명하지 않으나, 분명한 것은 모든 언약은 많은 약속들이 아니라 단 하나의 약속에서 발전한 것이었다는 사실이다. 이 주제의 동일성은 신적 언약들 안에서 반복되는 핵심 문장이나 주제 안에서 볼 수 있다. 이 핵심 문장은 '너희로 내 백성을 삼고 나는 너희 하나님이 되리니'이다(창세기 17장 7-8절, 출애굽기 25장 8절, 6장 6-7절, 사무엘하 7장 14절, 역대하 23장 16절, 예레미야 31장 33절, 요한계시록 21장 3절). 모든 언약의 위대한 약속은 그리스도와 새 언약 안에서 성취된다(요한복음 1장 14절, 마태복음 1장 22-23절). 여기서 강조하는 것은 하나님께서 사람과 관계를 맺으신다는 것이다.

에베소서 2장 12절에서 '약속의 언약들'에 대한 언급은 매우 중요하다. 이 성경구절은 하나님의 모든 언약이 구원에 관한 유일한 약속이 펼쳐지는 것과 관련이 있다고 주장한다. 만약 바울이 창세기 3장 15절에서 처음 주어진 구속자에 대한 약속을 특별하게 언급하고 있는 것이라면, 하나님의 언약들에 대해 이어지는 아주 짤막한 개관은 이 약속과 그 언약들의 관계를 명확하게 한다. 노아와 맺은 언약은 발판으로서 주어졌다. 노아 언약 안에서 약속이 성취될 때까지 일반은총으로 세상이 보존될 것이다. 아브라함과 맺은 언약은 약속된 구속자가 나올 공동체가 공식적으로 시작된 것이다. 모세 언약은 가족단위가 끝나고 한 민족을 이룬 시점에서 그 공동체를 위한 필수적인 규정과 법률을 제공한다. 그런 가운데 하나님께서는 자신의 언약의 은혜에 대해 마땅히 행할 의무의 본질과 필수성에 대한 완전한 계시를 제공하신다. 다윗 언약 안에서 하나님의 백성을 다스리는 하나님의 규칙이 구체적으로 명시됐다. 그런 가운데 구속자가 나올 계보가 명확히 기술되었다. 구속자가 새 언약으로 출연하고 구속을 성취하심으로, 이전의 언약들의 모든 모형과 예언들을 성취하셨다. 구속자는 언약 공동체의 최종적인 형태를 시작하셨다.

우리에게 있어서 이 모든 것들 중 가장 중요한 점은 구속자에 대한 약속이 구원의 계획, 방법과 아주 밀접하게 관계를 맺고 있다는 것이다. 구원은 약속에 의해 존재한다. 이 말은 즉, 구원은 오실 구속자를 믿는 믿음을 통하여 은혜로 존재한다는 것이다. (1689 신앙고백서 제20장 1항의 해설을 주목하라). 구원의 유일한 길은 인류역사의 모든 시대 안에서 열려 있었고 점진적으로 계시되어 왔다(로마서 4장 13-17절, 갈라디아서 3장 18-22절). 이전의 모든 언약들은 모형적이고 예비적인 것들이었다. 이 언약들의 구원하는 효력은 오직 그리스도의 예견된 사역을 통해서만 나타난다(히브리서 9장 15절).

(모든 시대에 있어서 구원의 유일한 근원) 그리스도의 사역은 근본적으로 그리스도와 하나님 아버지 사이의 언약 관계에 뿌리를 둔다. 하나님 아버지께서 구속자 그리스도와 맺으신 언약이 있다. 위에서 살펴보았던 것처럼 언약은 맹세한 약속, 맹세로 묶여진 약속이다(신명기 4장 31절, 7장 12절, 호세아 10장 4절, 에스겔 16장 8절, 17장 13-19절). 성경은 시편 110편 4절에서 성부께서는 그리스도께서 구원받은 백성의 제사장과 왕이 될 것이라는 맹세한 약속을 그리스도께 주셨다고 가르친다. 흥미롭게도, 신약성경 안에서 발견되는 언약의 절반 이상을 다루는 히브리서에서 이 시편 말씀을 자주 인용하거나 암시한다. 그리스도와 맺은 바로 이 언약에 의해, 구원받기로 되어 있는 모든 사람들은 구원받는다.

성부 하나님과 구속자 그리스도 사이에서 맺은 이 언약은 새 언약 안에서 완전하게 계시된다(히브리서 7장 18-22절, 10장 12-18절). (히브리서 10장 12-13절에서 시편 110편을 언급하는 것과 예레미야 31장과 연결되는 방식을 주목하라.) 시편 110편의 제사장은 새 언약의 제사장이다. 새 언약의 피는 시편 110편 4절의 언약 안에서 흘린 피다. 그러므로 구원의 방식에 있어서 그리스도와 맺으신 성부의 언약과 새 언약 사이에는 가장 밀접한 관계가 있다.

모든 시대에 단 하나의 은혜언약이 있다는 신학적 개념을 앞에서 살펴본 말씀들과 같이 해석학적으로 이해하는 것에서 가장 본질적인 길이 나온다. 그러므로 단 하나의 은혜언약에 대하여 올바로 이야기해야 한다. 그렇지만 이 신학용어가 사용될 때, 이 용어는 반드시 두 측면에서 철저히 제한적으로 쓰여야 한다. 첫째, 신적 언약들과 '은혜언약' 사이의 차이는 반드시 유지되어야 한다. 둘째, 신학적 추론들이 이 신학적인 개념으로부터 얻어진다면, 우리가 '은혜언약'을 이해하는 데 있어서 표준적인 계시는 반드시 새 언약이 되어야 한다. 침례교 신앙고백서 3항에서의 진술은 위에서 살펴본 고찰들로 인해 완벽하게 입증되었다. '['은혜언약'의] 완벽한 드러남은 신약성경 안에서 완성되었다'. 유아세례주의자pedo-baptist는 은혜언약을 구약 시대의 예비적이고 모형적인 언약들의 범위 안에서 정의하기 때문에 그들은 은혜언약이 유아세례를 지지하는 데 도움이 된다고 생각한다. 우리는 은혜언약이 새 언약 안에서 완벽하고 명백하게 드러났다고 이해한다. 그렇기에 새 언약에 유아가 포함되었다고 생각하는 것은 불가능하다.

언약들의 유기적 동일성과 주제의 동일성은 널리 알려진 세대주의적 성경 체계를 부정한다. 구별된 다른 백성들과 다른 시험들과 관련된 시대들 대신에, 점진적으로 계시된 하나의 구속 목적과 점진적으로 계시된 구속 백성이 있다.

2. 은혜언약에 관한 대조적인 설명

이 장에서 침례교주의자와 장로교주의자 간의 견해 차이를 반드시 이해한 후에, 우리는 '은혜언약'에 대한 설명으로 관심을 돌려야 한다. 제2차 런던 신앙고백서와 웨스트민스터 신앙고백서를 비교한 개요는 이 차이들을 명료하게 하는 데 도움이 된다.

하나님의 언약에 관하여- 개요 비교	
웨스트민스터	**1689**
1항 - 언약의 일반적 필요성	1항 - '은혜언약' : 은혜언약의 일반적 필요성 (이 내용은 웨스트민스터 1항의 내용과 거의 동일하다).
2항 - 언약의 첫 번째 드러남: 행위언약, 행위언약의 본질	(웨스트민스터의 2항은 제2차 런던 신앙고백서에서 삭제된다. 제2차 런던 신앙고백서 제6장의 행위언약에 관한 진술에 주목하라.)
3항 - 언약의 두 번째 드러남: '은혜언약', 은혜언약의 본질적 특징	2항 - '은혜언약' : 그 본질적 특징 이 진술은 (웨스트민스터 신앙고백서 3항과 거의 일치한다).
4항 - 은혜언약의 유언적 특징	(웨스트민스터 신앙고백서 4-6항은 제2차 런던 신앙고백서에서 삭제된다.)
5, 6항 - 은혜언약의 이중적 경륜	3항 - '은혜언약' : 은혜언약의 중요한 특징들 (이 문단은 웨스트민스터 신앙고백서 5, 6항과 대조를 이룬다. 이 항에서 '은혜언약'이 역사적으로 드러난 것을 다룬다.)

I. '은혜언약'의 일반적인 필요성

웨스트민스터 신앙고백서와 제2차 런던 신앙고백서 모두는 동일한 기조로 시작하고 그들의 용어도 거의 동일하다. 은혜언약의 일반적인 필요성에 관하여 완전한 의견일치를 이룬다. 이 두 신앙고백서는 은혜언약의 필요성을 창조주와 피조물의 차이에 근거를 둔다. 그러므로 언약의 필요성은 죄와 구속의 범위를 넘어선 것이다. 누가복음 17장 5-10절은 하나님께서 절대 우리에게 빚지지 않으신다고 가르친다. 예수님께서는 우리가 죄를 지어 비참해졌기 때문에 우리를 무익한 종이라고 가르치지 않는다. 예수님께서는 비록 하나님께서 명령하신 모든 것들을 우리가 행하였음에도 우리를 무익한 종이라고 말씀하신다. 그러므로 하나님께 순종하는 사람들의 행실은 마땅히 자랑치 못하고 또 하나님께서 그들에게 어떤 것을 빚지고 있다는 태도가 아니어야 한다. 만약 우리의 순종에 대한 보상이라고 할 만한 것이 있을 수 있다면, 반드시 언약이 있어야 한다. 반드시 하나님 편에서의 낮아지심이 있다. 바로 이 위대한 사실에 하나님의 언약의 필요성이 있다. 하나님의 언약은 은혜로운 보상을 주시기 위한 자발적인 낮아지심의 사건이다.[3]

II. '은혜언약'의 핵심적인 특징

2항의 내용은 은혜언약에 대하여 침례교 신앙고백서가 반드시 말해야 하는 모든 내용의 정수이다. 은혜언약이 정의될 때, 제시된 정의는 웨스트민스터 신앙고백서에 있는 내용과 동일하다. 웨스트민스터 신앙고백서의 정의는 두 측면을 가진다. 첫째, 보편적인 차원이다. 이것은 복음의 형태로 값없이 그리고 차별 없이 자비를 베푸는 것이다. 둘째, 특별한 차원이다. 이것은 오직 택자와만 관계가 있다. 그러므로 은혜언약은 자비를 베푸시는 것과 중생을 약속하시는 두 측면이 있다. 은혜언약은 보편적이고 특별한 차원 모두이

---

3   그래서, 만약 우리가 이 용어의 기초 위에 우리의 행위들이나 아담의 가상순종에 대한 합법적이고 공로적인 개념들을 웨스트민스터 신학자들에게 돌린다면, 그 신학자들이 그들의 신앙고백서 2항에서 행위언약에 대해 계속해서 언급할 때, 우리는 그 신학자들을 굉장히 부당하게 대우하고 있는 것이다. 심지어 행위언약에 있는 모든 보상조차도 1항에 따르면 은혜롭고 신적인 낮아지심의 문제이다.

다. 은혜언약은 자비를 베푸는 것에 있어서 차별 없는 측면을 가진다. 은혜언약은 거듭나게 하여 믿음에 이르게 하겠다고 약속하시는 것에 있어서 특별한 측면을 가진다.

은혜언약을 두 측면으로 정의 내린 것과 성경을 비교할 때 몇 가지 문제들이 발생한다. 첫째, 이러한 정의는 성경이 말하는 언약에 대한 정의가 아니다. 다시 말해, 심지어 이것은 은혜언약에 대한 정의도 아니다. 오히려 이 정의는 새 언약 안에서 언약관계가 세워지는 방법을 설명하는 것이다. 웨스트민스터 신앙고백서는 '어떻게 하나님께서는 사람들을 진노에서 은혜로 옮기실까?'라는 질문에 답을 한다. 둘째, 이 정의는 은혜언약을 맺은 당사자들에 관한 혼란을 일으킨다. 웨스트민스터 신앙고백서는 그 언약을 맺은 당사자들이 언약의 보편적 차원에서 모든 인류라고 주장하는 듯 보인다. 그러나 이 문제는 성경은 하나님께서 어떤 의미에서도 자신의 대적들과 언약을 맺으신다고 결코 암시하지 않는다는 것이다. 셋째, 하나님께서 '영원한 생명으로 정해진 모든 사람들에게 성령님을 주셔서 그들로 하여금 믿기 원하고 믿을 수 있도록 만들어 주신다고 약속하셨다'라는 진술이 애매모호하다. 성경 그 어디에도 하나님께서 언약을 맺지 않은 사람들에게 그들을 회심시키시겠다고 약속하셨다는 진술은 없다. 이러한 약속은 없다. 이것은 확실히 하나님의 언약의 핵심이 아니다. 성경 안에 있는 구원의 모든 약속들은 복음의 요구들이 성취되어야 하는 조건부이다. 물론 하나님께서 중생한 택자에게 성령님을 주시기로 결정하시지만, 이것은 하나님의 감추어진 작정의 문제이지 복음으로 드러난 하나님의 뜻의 문제는 아니다. 성령님께서 거듭나게 하신다는 약속에 대해서 애매모호하게 진술하는 것은 심각한 혼란의 원인이 될 수 있다. 따라서 신앙고백서에 사용된 '약속'이라는 단어를 '결정'이라는 단어로 바꾸는 것이 나을 수도 있겠다고 생각한다.

주의할 점들을 확실히 마음에 새겨야만, 하나님께서 언약관계를 맺으시는 방법에 대한 웨스트민스터 신앙고백서의 정의가 여전히 중요하고 균형 잡히고 성경적이라고 말할 수 있다. 하나님께서 언약관계를 맺으시는 방법은 사실 성경 안에서 두 가지 측면을 가진다. 하나님의 주권적 선택과 부르심의 은혜를 포함한 특별한 차원은 1689 신앙고백서 제3장과 제10장에서 다룬다. 제7장에서는 보편적인 차원이 강조된다. 일반은총의 대상은 제3장에서 설명하고 있는 반면, 값없이 주어지는 복음을 받는 대상은 제10장의 목적에 맞게 설명될 것이다. 칼빈주의 몇몇 그룹 안에서 '복음의 값없는 제공'과 '일반은총'과 같은 표현들은 알미니안의 것으로 생각하지만, 1689 신앙고백서 안에서는 망설임 없이 이런 단어들을 사용한다.[4] 더욱이 '값없는 제공'이란 표현은 다름 아닌 은혜언약 그 자체를 정의하는 데 사용된다. 값없는 제공을 부정하는 것을 칼빈주의적 전통의 특징으로 만든 사람들의 불균형과 극단주의를 그 어떤 것도 이보다 더 강하게 나타낼 수는 없을 것이다. 이러한 사람들은 개혁주의 신학의 역사적 주류에서 벗어났다.

III. '은혜언약'의 주요한 특징들

침례교 신앙고백서 3항은 감탄할 만한 진술이다. 웨스트민스터 신앙고백서의 강조점은 '은혜언약'의 동일성 위에 있다. 단지 은혜언약의 외적인 규례들 또는 의식들이 복음 아래에서 변화된다는 것이다. 침례교 신앙고백서는 그 언약의 외적인 경륜, 즉 규례들로 드러나는 단순한 변화로 은혜언약의

---

4   신학용어, 일반은총은 1689 신앙고백서 제14장 3항에서 사용된다. 이 용어는 사보이 선언의 용어를 반영한 것이지 웨스트민스터 신앙고백서의 용어를 반영한 것이 아니다. 1689 신앙고백서 제7장 2항에서 "값없는 제공"이라는 말을 쓴 것은 웨스트민스터 신앙고백서와 사보이 선언을 반영한 것이다. 도르트 신조는 첫 번째 교리 5항과 세 번째 교리와 네 번째 교리 6-8항에서 "값없는 제공"과 "일반은총"에 대한 개념을 아주 분명히 주장한다.

발전을 인위적으로 제한하지 않는다. 더욱이, 침례교 신앙고백서는 '은혜 언약'의 계시에 대한 논쟁을 '은혜언약'의 옛 언약과 새 언약의 경륜에 관한 (다소 편협한) 이중적 설명으로 제한하지 않는다. 오히려, 1689 신앙고백서는 '아담'으로 시작하여 '한 단계씩' 나아가 신약에서 '은혜언약'이 '충분하게 드러날 때'까지 계속되는 점진적 계시의 개념을 소개한다. 웨스트민스터 신 앙고백서의 설명은 하나님의 언약의 방식들의 다양성을 축소하고, 언약공 동체의 특징들이 발전해 가는 과정을 놓치는 경향이 있다. 침례교 신앙고백 서의 설명은 점진적 계시의 개념을 사용하여 동일성과 다양성의 균형 그리 고 하나님의 언약적 관계에 있어서의 폭넓은 관점을 제시한다.

두 가지 결론적인 연구들

1. 성경에서 발견되는 '언약'의 뜻

'언약'이라는 말은 성경에서 가장 중요한 단어들 중 하나이다. 아주 빈번한 쓰임은 이 단어의 중요성을 나타낸다. 히브리어 '베리트'는 275번 사용된 다. 헬라어 '디아테케'는 33번 사용된다. 신적 언약들은 구속역사의 체계이 고 심지어 성경 그 자체의 기초적인 구조를 제공한다. (신약과 구약의 '약'은 성 경원어 '언약'이라는 단어를 단순히 대체한 번역이다.) 우리의 구원은 언약의 체계 안에서 우리에게 주어진다(누가복음 1장 72절, 예레미야 31장 33-34절). 결국 따 지고 보면, 삶의 가장 기본적인 제도인 결혼이 언약이다(잠언 2장 17절, 말라기 2장 14절). 성경에 대해서 우리가 물을 수 있는 가장 기본적인 질문들 중 하나 는 '언약은 무엇인가?'이다.

'언약'이라는 단어는 일반적으로 두 당사자 간의 조약 혹은 계약 또는 법적 합의로 정의된다. 더욱이 이러한 계약은 일반적으로 교섭이나 상호 토론의 결과의 개념이다. 예를 들어, 계약상의 합의, 조약에 이르기 위하여 한 회사가 상대 회사와 교섭하는 것이다. 이 단어의 일반적인 개념이 상당히 많은 신학적 개념을 왜곡해 왔다. 대부분의 초기 언약신학자들은 이러한 일반적인 이해를 가지고 생각을 이어 갔다.[5] 그렇지만, 언약에 대한 이러한 개념은 성경에 나타난 언약의 의미에 대한 논의들을 손쉽게 그리고 매번 왜곡해 온 요소들을 포함하고 있다. 성경의 신적 언약은 결코 교섭이나 상호 합의로 얻어진 결과로서의 조약이 아니다. 언약에 있어서 계약적인 개념은 완전히 틀린 것은 아니나, 언약이 상호 합의의 결과로 얻은 조약이라는 제안은 잘못된 것이다. 하나님의 언약은 항상 일방적이고 한쪽이 지는 의무이다. 이러한 의미로서 몇몇 가르침들을 언급하겠다.

1) 성경에서 언급한 하나님의 첫 번째 언약, 노아와 맺은 언약은(창세기 6장 18절, 9장 8-17절) 그것의 의무에 있어서 분명히 일방적이다. 이 언약이 일방적인 계약이라는 사실을 가리키는 성경말씀은 하나님께서 주권적으로, 자발적으로 주셨다는 언약의 증표로 '내가 내 언약을 세우리니'라는 말씀이 반복되고, 땅 위 모든 생물, 즉 사람과 동물과 언약을 맺으셨다는 것과, 마지막으로 언약에 언급된 조건들이 하나도 없다는 사실이다.

2) 예레미야 33장 20절, 25절은 이 단어를 불변하는 창조 법칙들을 가리키는 데 사용한다.

3) 또한 언약은 법령 또는 율법 또는 규례의 동의어로 사용된다(레위기 26장 15절, 여호수아 7장 11절, 24장 25절, 사사기 2장 20절, 열왕기상 11장 11절, 열왕기하 17장 15절, 역대상 16장 15-17절).

---

5   John Murray, *The covenant of Grace* (London: tyndale Press, 1977),pp. 5f.

4) 헬라어에는 특별히 두 당사자들 사이의 계약을 의미하는 한 단어가 있다. 그러나 (유언과 유서 혹은 물건을 처분한다는 뜻으로 종종 사용되는) '디아테케'는 신약에서 일관되게 언약의 의미를 전하는 단어로 사용된다 (히브리서 9장 16-17절).

5) 특별히 모세 언약은 형식에 있어서 그 당시 (B.C 1200-1400) 중동에서 정복자가 정복한 민족들과 맺은 계약들과 상당히 비슷한 것처럼 보인다. 종주권 계약 또는 종주권 언약이라고 불리는 것들은 서로 협의 계약이 아닌 일방적인 책임을 부과하는 것이 두드러진 특징이다.

6) 성경에서 발견되는 사람 간의 언약들도 의견 일치 또는 계약이 아니라 일방적인 특징을 가진다(사무엘상 18장 3절, 20장 8절). 다시 말해 성경의 언약들은 계약이라기보다는 의무이다.

성경에서 발견되는 언약의 의미는 구원이 하나님의 주권적 행동에서 시작한다는 사실을 우리에게 말해 준다. 하나님의 구속의 행동은 일방적이다. 이 행동은 사람이 요구하거나 설득한 결과가 아니다. 이 행동은 하나님의 자유롭고 자발적인 행동에서부터 나온다. 더욱이 만약 구원이 언약적이면, 우리는 하나님의 주권적 구속 계획에 따라서 구원받게 된다는 것을 의미한다. 하나님께서는 사람과 교환하시거나 흥정하시거나 논쟁하시지 않으신다. 하나님께서는 자신의 언약을 사람들에게 효과적으로 실행하신다.

'언약'이라는 말이 상호 언약을 가리키는 것이 아니라 오히려 주권적으로 실행되고 적용시키는 것으로 이해된다면, 우리는 반드시 훨씬 더 정확한 언약의 정의를 찾아야 한다. 언약의 가장 간결한 정의는 맹세한 약속, 즉 맹세로 보증된 의무라는 것이다. 이 정의에는 기본적인 두 가지 요소가 있다.

1) 언약은 약속이다(창세기 9장 11절, 15장 18절, 17장 3-8절, 신명기 7장 9절, 열왕기상 8장 23절, 역대하 6장 14절, 느헤미야 1장 5절, 9장 32절, 시편 89편 28절,

106편 45절, 111편 9절, 에베소서 2장 12절).

2) 언약은 단순한 약속 이상이다. 언약은 맹세한 약속이다. 언약은 맹세로 보증된 약속이다. 언약은 공식적인 맹세로 법적 효력이 보장된 약속이다(창세기 21장 22-32절, 26장 28-31절, 31장 44-54절, 신명기 4장 31절, 7장 12절, 8장 18절, 29장 12-14절, 여호수아 9장 15절, 역대상 16장 15-17절, 시편 89편 3절, 105편 8-9절, 에스겔 16장 8절, 59절, 17장 13-19절, 호세아 10장 4절). 약속을 언약으로 만드는 것은 맹세이다. 법적으로 그리고 공식적으로 보증되고 공개적으로 공증된 약속이 언약이다. 그렇기에 우리는 언약의 맹세와 증인과 선물과 희생제물 그리고 증거표가 수반된 언약들에 대해서 알고 있다. 언약에 수반되는 모든 요소들은 언약적 약속을 공개적이고 법적이고 보증적이고 공식적이고 확증적이고 공증적인 것으로 확실하게 특징짓는다. 아마도 이것에 대한 가장 적절한 예는 창세기 15장 9-17절일 것이다. 이 성경구절에 관한 가장 훌륭한 해설은 이것이 하나님의 자기 저주의 맹세라는 것이다. 하나님께서 '만약 내가 너 아브라함에게 맹세한 확증된 약속을 지키지 않는다면, 나를 죽여라'라고 말씀하고 계신 것이다.

우리는 반드시 하나님께서 언약을 맺으셨다는 사실이 기적이고 영광스러운 사건임을 놓치지 말아야 한다. 하나님께서는 우리와 언약을 맺으실, 즉 우리에게 맹세를 하실 필요가 없으시다. 하나님의 약속들은 확증이 전혀 필요치 않지만 하나님께서는 스스로를 낮추시어 맹세하심으로써 우리에게 약속들을 확증해 주셨다. 하나님의 이러한 행하심은 하나님께서 자신의 백성에게 자신의 약속들에 관해서 전적인 확신과 신의를 주시려고 애쓰셨고 또 자신의 사랑과 은혜로 약속들이 완전하게 보증된다는 확신을 주시려고 노력하셨다는 사실을 보여준다. 몇몇 사람들은 당신이 항상 의심하고 있는 것을 좋아한다. 하나님께서는 당신이 의심하고 있는 것을 좋아하지 않으신다. 하나님께서는 우리가 우리와 하나님과의 관계가 보증된 것임을 전적으로 신뢰하길 원하신다(사무엘하 23장 5절, 히브리서 6장 13-20절).

이 논의는 지금까지 하나님의 언약에서 하나님의 주권적이고 일방적인 행동을 강조해 왔다. 이 강조는 하나님의 언약들이 언약의 당사자들의 반응을 요구한다는 것에 주목하는 것으로만 균형이 맞춰진다.[6] 사람과 맺은 하나님의 언약으로 인해 요구되는 그 반응과 관련된 6가지 사실들은 반드시 검토되어야 한다.

1) 하나님의 언약들은 그 언약에서 요구하는 반응에 따라 영적인 복들이 좌우된다. 아브라함과 맺은 언약에서 요구되는 반응은 분명히 드러나 있다(창세기 17장 1절, 9절 ,14절). 모세 언약은 이 요구하는 반응을 강조한다. 그래서 몇몇 사람들은 모세 언약을 행위언약으로 부르고 모세 언약을 다른 언약들과 분명히 대조시켜 왔다. 그렇지만 우리는 언약이 순종을 요구함에 있어서 모세 언약이 독특하지 않다는 사실을 반드시 기억해야 한다. 이 명령적인 요구는 원리적으로 아브라함과 맺은 언약과 다르지 않다. 존 머레이는 다음과 같이 언급한다. '우리는 처음부터 조건적 성취의 개념이 모세 언약의 독특함이 아니라는 사실을 반드시 기억해야 한다. 우리는 아브라함 언약과 관련하여 바로 이 문제에 정면으로 부딪친다 … 여기서 필수적으로 강조되어야 할 모든 것은 모세 언약이 아브라함 언약과 순종의 조건에 있어서 다른 범위에 있지 않다는 것이다.'[7] 그러나 모세 언약은 하나님의 언약들이 요구하는 반응들에

---

6 특별히 구속과 관련이 있는 각각의 하나님의 언약들은 이러한 반응을 요구한다. 앞에서 언급했듯이 노아 언약은 구속과 직접적인 관련이 없다. 노아 언약의 약속들은 언약을 받은 당사자의 어떤 반응에 따르는 조건부가 아니다(창세기 9장 8-17절) 그래서 노아 언약은 하나님의 모든 언약들 가운데 가장 무조건적이다. 그럼에도 불구하고, 노아 언약은 언약에 관련된 명령을 가진다(창세기 6장 14-22절, 9장 1-7절).

7 Ibid., pp. 20, 22.

관한 가장 충분한 계시이다. 여기서 그 반응은 특별하게 강조된다(출애굽기 19장 5-6절, 24장 7-8절). 심지어 십계명도 언약이라고 불린다(신명기 4장 13절, 9장 9절, 11절, 15절, 역대하 6장 11절). 십계명은 하나님께서 이스라엘에게 맹세하신 약속으로 인한 요구사항들을 요약한 것이고, 언약의 복을 받는 조건이다(출애굽기 19장 5-6절, 레위기 26장, 신명기 28절). 다윗과 맺은 언약에서 언약의 주권적 은혜를 다시 강조하지만, 이 요구에 대해서 지속적으로 강조하지 않는 것은 아니다(사무엘하 7장 14절, 시편 89편 30-31절). 새 언약은 하나님의 은혜에 대한 언약적 계시의 정점이다(예레미야 31장 33절, 34절, 32장 40절, 비교 히브리서 10장 19절, 23절과 16절, 18절). 심지어 여기 은혜언약의 정점에서도 은혜언약에 대한 반응은 사라지거나 무시되지 않는다. 비록 반응 그 자체가 은혜로 주어진 것이지만, 이것은 더 와닿도록 그 반응의 필요성을 강조한다.

2) 그 요구되는 반응이 하나님께서 언약들을 맺으시거나 세우시는 하나의 조건은 아니다. 우리의 순종은 이미 세워진 언약에 대한 반응이지 언약을 세우기 위한 필요조건이 아니다. 이러한 진술은 창세기 17장 1-2절과 출애굽기 19장 5-6절에 의해 부정되는 것처럼 보인다. 실제로 자세히 살펴보면, 창세기 15장에서 언약이 세워진 후에 창세기 17장 1절의 사건이 일어난 것을 보여주고, 창세기 17장과 관련 있는 이후의 언약을 기대하게 한다. 또한 출애굽기 19장 5-6절은 이스라엘에게 언약을 지킬 것을 명령한다. 이것은 이미 관련된 언약을 전제한 것이다. 더욱이, 순종의 결과로 언약이 세워지는 것이 아니라 오히려 언약 안에서 약속된 복들이 우리의 실제 소유가 되는 것이다. 머레이는 '언약을 지킬 때 실제로 그 언약이 전제가 되어 있다'[8]고 적절하게 설명한다. 그 언약이 이스라엘의 순종에 달려 있는 것이 아니라 그 언약이 주는 복들

---

8   Ibid., p. 21.

과 열매가 이스라엘의 순종에 달려 있는 것이다.

3) 그 요구되는 반응이 하나님의 언약들의 열매나 성취를 불확실하게 만들지 않는다. 어떤 이는 마치 이 요구되는 반응이 언약이 성취되고 언약의 복을 받는 일을 불확실하게 만들 것이라고 생각한다. 그 까닭은 그 성취와 복이 사람의 순종에 달려 있다고 생각하기 때문이다. 사실은 그렇지 않다. 아마도 하나님의 언약의 약속들에 대한 무조건적인 확신과 보증에 대해서는 다윗과 맺은 언약이 가장 적절한 예시가 될 것이다 (사무엘하 7장 14-15절, 시편 89편 30-36절). 그러나 모세 언약에서 조차도 하나님의 목적이 좌절된다는 개념은 없다(출애굽기 6장 2-8절, 신명기 30장 1-10절). 물론 언약에 속한 개인들이 자신들의 불순종 때문에 이런 복들을 받지 못하고 열매를 맛보지 못하기도 하였다. 그러나 결국 하나님께서는 이스라엘의 집과 유다의 집에 새 언약을 맺으심으로 자신의 목적을 이루신다(예레미야 31장 31-34절).

4) 그 요구되는 반응은 하나님의 언약의 약속들의 피할 수 없는 필연적인 결과이다. 이는 하나님의 은혜에 대한 거부할 수 없는 반응이다. 노아 언약과는 반대로 아브라함과 맺은 언약의 높아진 영적인 차원에 대해 말할 때, 머레이는 다음과 같이 언급한다.

노아 언약과 대조적인 아브라함 언약의 영적인 차원은 본질적으로 아브라함 언약이 하나님과 가장 높은 단계의 종교적 관계를 맺고 있고 하나님과 연합하고 교감을 하고 있다는 사실이다. 종교적 교감이 있는 곳에 상호 관계가 있고 우리가 상상할 수 있는 최고 높은 수준의 종교적 관계를 맺고 있다면 반드시 영적으로도 가장 높은 수준의 상호 관계를 맺고 있는 것이다. 이것은 은혜를 받는 입장의 반응과 가장 높은 종교적 헌신에 대한 반응이 반드시 있다는 것을 말하고 있다. 언약의 본질을 은혜의 경륜으로 생각하는 것과 양립할 수 없기보다, 언약을 지키는 것은 종교적 밀접한 관계의 친밀성과 영성으로 인한 필연적인 사건이

다.[9]

감사가 요구된다. 감사는 실제로 하나님과 가장 특권적인 교제로 얻어지는 언약에 속한 복의 한 부분이다. 믿음과 신뢰와 감사 그리고 순종이 없다면 이런 언약의 복을 전혀 누릴 수 없다. 무엇보다도, 이것은 사실이다. 언약의 최고의 복은 특별히 믿음과 신뢰와 감사와 순종으로 드러나는 하나님과의 교제이다.

5) 그 요구되는 반응은 개인이 그 언약의 열매를 얻는 조건이다. 이 말은 아브라함(창세기 17장 14절)과 모세(출애굽기 19장 5-6절)와 노아(창세기 6장 18절, 히브리서 11장 7절)와 맺은 언약 그리고 새 언약(예레미야 31장 33-34절, 32장 40절)에서 사실이다. 그렇지만 여기에 공로라는 개념은 전혀 없다. 시작과 성취에 있어서 언약은 전부 은혜로운 것이다. 그 반응은 단순히 언약에 약속된 바로 그 복을 누리기 위해 요구되는 필수적인 조건 또는 태도이다.

6) 그 요구되는 반응은 새 언약을 획득하는 유일한 것이다. 옛 언약 안에서 언약적 신분은 영적인 자격들과 관계없이 주어졌다. 그러므로 언약의 복은 잃어버릴 수 있었고 잃어버리기도 했다(사도행전 3장 25절, 참고: 23절, 신명기 5장 2-3절, 27-29절, 예레미야 31장 3-32절). 새 언약에서 필연적으로 주어져 소유하게 되는 언약적 신분은 요구되는 반응을 확실히 보장한다(예레미야 31장 33-34절, 32장 40절, 고린도후서 3장 1-9절). 고린도후서 3장 1-9절에서 바울은 옛 언약이 행위언약이라고 말하고 있는 것은 아니다. 바울은 옛 언약이 언약의 은혜를 받은 사람에게 생명과 의로움을 효과적으로 주지 않는다는 것을 말하고 있는 것이다. 옛 언약의 지위에 있는 많은 사람들은 요구되는 반응을 행하지 않고서는 약속된 복에 미치지 못했다. 새 언약은 요구되는 반응을 새 언약에 있는 모

---

9   Ibid., p. 17.

176

든 사람들에게 준다. '그들 모두는 나를 알아야만 한다'는 것은 새 언약의 근본적인 목적이다. 옛 언약의 위치는 생명을 보장하지 않았다. 새 언약의 자리는 생명을 보장한다(고린도후서 3장 3절).

우리가 성도의 모든 자녀들에게 생명과 복이 보증되고 양도할 수 없는 소유라고 말하고 있는 것이 아니라면, 우리는 새 언약이 **성도들과 그들의 육신의 자녀들과** 함께 맺어졌다고 말할 수 없다. 이 때문에 이에 대한 유일한 대안은 한번 획득하였지만 새 언약의 지위를 잃어버릴 수도 있다고 가르쳐야만 한다. 이는 성경 전반에 분명하게 드러나는 증거와 반대될 뿐만 아니라, 이는 알미니안주의이다. 결국, 유아세례는 새 언약이 요구하는 조건들을 보증하는 주권적 은혜인 새 언약의 개념과 일치하지 않는다.

2. 성경에서 말하는 값없는 제공

'그러나 나는 사람에게서 증거를 취하지 아니하노라 다만 이 말을 하는 것은 너희로 구원을 얻게 하려 함이니라'(요한복음 5장 34절). 이 성경구절은 가장 중요한 부분인 값없이 주신다는 핵심 개념을 집약하고 있다. 바로 이 핵심 개념은 죄인들의 구원을 위한 하나님의 차별 없는 바라심이다. 요한복음 5장 34절에서 '이 말'은 메시아로서 예수님의 위엄과 관련한 침례 요한의 진술을 언급한 것이다(요한복음 5장 33절, 35-36절). 침례 요한의 증언에서 '너희로 구원을 얻게 하려 함이니라'는 이 구절은 예수님의 목적을 진술한 것이다. 요한복음 5장 34절은 목적을 나타내는 가장 중요한 헬라어 단어들 중 하나로 시작한다. 침례 요한의 진술에서 암시되는 예수님의 참된 목적은 예수님 자신을 변호하는 것이 아니라 자신의 말을 듣는 사람들을 구원하기 위함이다. 대명사 '너희'는 예수님께서 구원하시려고 의도하신 대상들이 분명하다. 이 성경구절에서의 대명사는 분명히 '유대인'을 가리킨다(참고: 요한복음 5장 18-19절, 33절, 함께 보라 1장 19-24절). 이 복음이 전역에 퍼졌을 때 '너희'가 가리키는 것은 유대인 지도자들을 언급한 것이다(요한복음 5장 10절, 15절, 16절, 18절, 33절, 1장 19-24절, 9장 22절). 이 '유대인들'의 특징은 아주 분명하다. 그들은 엄청난 빛(요한복음 5장 35절)의 복을 받았지만, 결국 그 빛(요한복음 5장 38-47절)을 거부하였다. 이 사람들은 평범한 죄인들이 아니라 예수님의 죽음을 초래한 살인자들이다(요한복음 5장 16절, 18절, 18장 12절, 14절, 31절, 36절, 38절, 19장 7절, 12절, 38절, 20장 19절). 최소한 그들 대부분이 하나님의 진노 아래에서 죽을 운명이었다(요한복음 8장 21절, 24절, 마태복음 12장 24절, 31절, 12장 24절, 31절, 24장 15-28절, 누가복음 21장 20-24절, 데살로니가전서 2장 14-16절). 사실 바로 이 성경 구절은 이러한 유대인들이 참된 메시아를 거절하고 거짓 메시아들을 받아들였다는 것을 가르친다(요한복음 5장 43절). '내가 말하노니'라는 구절은 다른 사람이 아니라 이러한 말씀을 하신 분이(요한복음 1장 1절, 5장 19절, 43절) 하나님의 영원한 아들(요한복음 1장 18절, 5장 18-26절)이시고 하나님의 영원한 말씀이라는 것을 강조한다. 요한복음의 이러한 강조점에 근거하여 생각하면, 우리는 예수님께서 하나님의 마음과 뜻을 여기서 계시하셨다는 것을 반드시 인식해야 한다(요한복음 12장 49-50절, 14장 10절, 24절, 17장 8절).

하나님께서는 복음을 들은 각 사람의 구원을 진정으로 원하셔서 값없이 그리스도를 그들에게 주셨다는 이 본문의 교리는 성경 전반에 걸쳐 확증된다. 성경은 하나님께서 비택자들이 포함된 모든 사람들에게 일반적으로 주신 선한 선물들이 그들을 향한 하나님의 일반적인 사랑과 일반은총을 드러낸다고 가르친다(마태복음 5장 43-48절, 누가복음 6장 35절, 사도행전 14장 17절). 반면, 일반적인 선한 선물들은 그것들을 남용하는 사람들의 죄책을 증가시키는 데 일조하지만, 이것이 하나님께서 비택자들에게 그것들을 주신 유일한 의도는 아니다. 성경은 하나님께서 그들을 위해 주신 선한 소망들을 결코 경험하지 못하는 비택자들의 선행도 기대하신다고 가르친다(신명기 5장

29절, 32장 29절, 시편 81편 13-16절, 이사야 48장 18절). 성경은 또한 죄인들이 스스로 자초한 멸망 때문에 하나님의 아들께서 눈물을 흘리기까지 그들을 사랑하셨다고 가르친다(마태복음 23장 37절, 누가복음 13장 34절, 19장 41-44절). 하나님께서는 회개하지 않은 자들이 회개하는 것이 자신의 바라시는 것임을 분명하게 드러내셨다(에스겔 18장 23절, 32절, 33장 11절, 로마서 10장 11절). 성경은 차별 없이 사람들에게 전해지고 거절될 수 있고 종종 거절되는 일반적인 복음의 부르심을 가르친다(잠언 1장 24절, 8장 4절, 이사야 50장 2절, 65장 12절, 66장 4절, 예레미야 7장 13-14절, 35장 17절, 마태복음 22장 14절).

이 성경의 증언은 무조건적인 선택과 불가항력적인 은혜에 대한 성경의 가르침을 무너뜨리지 않는다. 우리의 유한한 마음으로 성경에 계시된 이해할 수 없는 하나님의 영광을 이해하려고 할 때, 우리는 마치 대조적으로 보이는 두 진리들을 어떻게 완벽하게 조화시킬 수 있는지 일반적으로 꿰뚫어 볼 수 없을 것이다. 그렇지만 차별 없이, 열정적으로, 값없이, 위엄 있게 사람들을 부르실 때 값없이 복음을 주시는 분으로 예수 그리스도를 받아들이는 것이 우리에게서 우유부단함을 제거해 준다.

제8장 중보자 그리스도에 관하여

Of Christ the mediator

1. 하나님께서는 자신의 영원한 목적 안에서[1] 자신의 독생자 주 예수님을 두 분 간에 맺으신 언약을 따라[2] 하나님과 사람 사이의 중보자, 선지자, 제사장, 왕, 교회의 머리와 구원자와 모든 것의 상속자 그리고 세상의 심판자로[3] 선택하시고 정하시기를 기뻐하셨다.[4] 하나님께서는 영원 전부터 아들에게 한 백성을 주어 그 백성을 그의 자녀가 되게 하셨고, 곧 아들로 그들이 구속 받았고, 즉 부르심을 받았고 칭의 받았고 성화 받았으며 영화롭게 함을 받았다.[5]

1. 베드로전서 1장 19절
2. 시편 110편 4절, 히브리서 7장 21-22절
3. 디모데전서 2장 5절, 사도행전 3장 22절, 히브리서 5장 5-6절, 시편 2편 6절, 누가복음 1장 33절, 에베소서 1장 22-23절, 5장 23절, 히브리서 1장 2절, 사도행전 17장 31절
4. 이사야 42장 1절, 요한복음 3장 16절
5. 로마서 8장 30절, 요한복음 17장 6절, 이사야 53장 10절, 시편 22장 30절, 디모데전서 2장 6절, 이사야 55장 4-5절, 고린도전서 1장 30절

2. 하나님의 아들, 거룩한 삼위일체의 제2격은 참되고 영원한 하나님이시며 아버지의 영광의 광채 그리고 세상을 만드시고,[1] 그 만드신 모든 것들을 붙드시고 다스리시는 하나님과 한 본질이시며 동일하시다. 때가 차매[2] 사람 본성의 모든 기본적인 속성[3]과 일반적인 나약함을 취하셨으나[4] 죄는 없으시다.[5] 성령님께서 동정녀 마리아에게 임하셨고 지극히 높으신 능력이 마리아를 덮음으로 동정녀 마리아에게서 성령으로 잉태되셨다. 성경에 따라 유다 지파 여자에게서 아브라함과 다윗의 자손으로 나셨다.[6] 따라서 완전하고 완벽한 그리고 구별되는 두 본성이 한 인격 안에 연합되어 있지만 서로 분리되지 않고 전환이나 혼합이나 혼동이 없다. 이 인격은 참 하나님이시고[7] 참 사람이시고[8] 한 분 그리스도이시며 하나님과 사람 사이의 유일한 중보자이시다.[9]

1. 요한복음 8장 58절, 요엘 2장 32절, 로마서 10장 13절, 시편 102편 25절, 히브리서 1장 10절, 베드로전서 2장 3절, 시편 34편 8절, 이사야 8장 12-13절, 3장 15절, 요한복음 1장 1절, 5장 18절, 20장 28절, 로마서 9장 5절, 디도서 2장 13절, 히브리서 1장 8-9절, 빌립보서 2장 5-6절, 베드로후서 1장 1절, 요한1서 5장 20절

2. 갈라디아서 4장 4절

3. 히브리서 10장 5절, 마가복음 14장 8절, 마태복음 26장 12, 26절, 누가복음 7장 44-46절, 요한복음 13장 23절, 마태복음 9장 10-13절, 11장 19절, 누가복음 22장 44절, 히브리서 2장 10절, 5장 8절, 베드로전서 3장 18절, 4장 1절, 요한복음 19장 32-35절, 마태복음 26장 36-44절, 야고보서 2장 26절, 요한복음 19장 30절, 누가복음 23장 46절, 마태복음 26장 39절, 마태복음 9장 36절, 마가복음 3장 5절, 10장 14절, 요한복음 11장 35절, 누가복음 19장 41-44절, 누가복음 10장 21절, 마태복음 4장 1-11절, 히브리서 4장 15절, 야고보서 1장 13절, 누가복음 5장 16절, 6장 12절, 9장 18절, 28절, 누가복음 2장 40절, 히브리서 5장 8-9절

4. 마태복음 4장 2절, 마가복음 11장 12절, 마태복음 21장 18절, 요한복음 4장
   7절, 19장 28절, 요한복음 4장 6절, 마태복음 8장 24절, 로마서 8장 3절, 히
   브리서 5장 8절, 2장 10절, 18절, 갈라디아서 4장 4절

5. 이사야 53장 9절, 누가복음 1장 35절, 요한복음 8장 46절, 요한복음 14장
   30절, 로마서 8장 3절, 고린도후서 5장 21절, 히브리서 4장 15절, 7장 26절,
   9장 14절, 베드로전서 1장 19절, 2장 22절, 요한1서 3장 5절

6. 로마서 1장 3-4절, 9장 5절

7. 1번을 참고하라

8. 사도행전 2장 22절, 13장 38절, 17장 31절, 고린도전서 15장 21절, 디모데
   전서 2장 5절

9. 로마서 1장 3-4절, 갈라디아서 4장 4-5절, 빌립보서 2장 5-11절

3. 아들의 위격 안에 신성에 이렇게 연합된 인성을 취하신 주 예수님께서는
성령으로 측량할 수 없을 만큼 거룩하게 되고 기름부음을 받아 지혜와 지식
의 모든 보물을 자기 자신 안에 가지셨다. 하나님께서는 예수님 안에 모든 충
만함이 있는 것을 기뻐하셨다. 주 예수님께서 끝까지 거룩하시고 흠이 없으
시고 순결하시며 은혜와 진리가 충만하셔서 중보자와 보증자의 직분을 행하
기 위해 철저히 준비되셨다.[1] 이 직분을 예수님께서 스스로 취한 것이 아니라
성부의 부르심에 의한 것이었다. 또한 성부께서는 모든 권한과 심판을 예수
님의 손에 맡기셨고 예수님에게 그 일을 수행하라는 명령을 주셨다.[2]

1. 시편 45편 7절, 골로새서 1장 19절, 2장 3절, 히브리서 7장 26절, 요한복음
   1장 14절, 사도행전 10장 38절, 히브리서 7장 22절

2. 히브리서 5장 5절, 요한복음 5장 22절, 27절, 마태복음 28장 18절, 사도행
   전 2장 36절

4. 이 직분을 주 예수님께서 아주 기꺼이 맡으셨다.[1] 이 직분을 수행하기 위하여 예수님께서는 법 아래 나셨고[2] 그 법을 완벽하게 이루셨다. 우리가 마땅히 받고 당해야 할 형벌을 겪으셔서[3] 우리를 대신하여 죄와 저주가 되셨다.[4] 예수님께서는 영혼으로는 가장 극심한 슬픔들을 견디셨고 육신으로는 가장 아픈 고통들을 견디셨다.[5] 예수님께서 십자가에 달리셨고 죽으셨고 죽음의 상태에 머물러 계셨으나 그 어떤 부패도 없었다.[6] 셋째 날 예수님께서 고통을 겪었던 동일한 그 육신으로 죽음에서 일어나셨고[7] 또한 그 동일한 육신으로 하늘에 올라가셨고[8] 성부의 우편에 앉으셔서 중재하시고[8] 세상 마지막 날 사람들과 천사들을 심판하시러 다시 오실 것이다.[10]

1. 시편 40편 7-8절, 히브리서 10장 5-10절, 요한복음 10장 18절, 빌립보서 2장 8절

2. 갈라디아서 4장 4절

3. 마태복음 3장 15절, 5장 17절

4. 마태복음 26장 37-38절, 누가복음 22장 44절, 마태복음 27장 46절

5. 마태복음 26-27장

6. 빌립보서 2장 8절, 사도행전 13장 37절

7. 요한복음 20장 25절, 27절

8. 사도행전 1장 9-11절

9. 로마서 8장 34절, 히브리서 9장 24절

10. 사도행전 10장 42절, 로마서 14장 9-10절, 사도행전 1장 11절, 마태복음 13장 40-42절, 베드로후서 2장 4절, 유다서 6절

5. 주 예수님께서는 자신의 완벽한 순종으로[1] 그리고 성령님을 통하여 단 한 번에 자기 자신을 산 제물로 하나님께 드리는 것으로[2] 하나님의 공의를 충분히 만족시키셨고,[3] 화목케 하셨고,[4] 성부께서 주 예수님께 주신 모든

사람을 위해[5] 하늘나라의 영원한 유업을 값 주고 사셨다.[6]

1. 로마서 5장 19절, 에베소서 5장 2절

2. 히브리서 9장 14절, 16절, 10장 10절, 14절

3. 로마서 3장 25-26절, 히브리서 2장 17절, 요한1서 2장 2절, 4장 10절

4. 고린도후서 5장 18-19절, 골로새서 1장 20-23절

5. 히브리서 9장 15절, 요한계시록 5장 9-10절

6. 요한복음 17장 2절

6. 비록 예수님께서 성육신하시기까지는 구속의 값이 그리스도에 의해 실제로 지불 된 것은 아니지만, 그 값의 효력과 유효성과 유익은 세상의 시작부터 모든 시대에 계속해서[1] 약속들의 형태로 그리고 약속들로, 그리스도를 드러내는 모형들과 희생 제물들을 택자들에게 주셨다. 이 약속들은 뱀의 머리를 상하게 할 여자의 후손과[2] 세상의 기초가 놓여질 때부터 죽임 당하신 어린 양을 뜻하고,[3] 어린 양은 어제나 오늘이나 그리고 영원히 동일하시다.[4]

1. 갈라디아서 4장 4-5절, 로마서 4장 1-9절

2. 창세기 3장 15절, 베드로전서 1장 10-11절

3. 요한계시록 13장 8절

4. 히브리서 13장 8절

7. 그리스도께서는 중보자 사역에 있어서 두 본성을 따라 각각의 본성에 의해 그 자체의 고유한 일을 행하신다. 하지만 인격의 통일성으로 인해, 성경에서는 한 본성의 고유한 일이 때때로 다른 본성으로 불리는 인격에 속한 것으로 나타날 때도 있다.[1]

1. 사도행전 20장 28절, 요한복음 3장 13절

8. 그리스도께서는 구속하기로 한 모든 사람을 위해 영원한 구속을 획득하셨고 그들에게 그 구속을 확실하고 효과적으로 적용해 주시고 나눠 주신다.[1] 그리스도께서는 그들을 위해 중재하시고,[2] 성령님으로 그들을 자신과 연결시키시고,[3] 말씀 안에서 그리고 말씀으로 구원의 신비를 그들 속에 드러내시고,[4] 그들이 믿고 순종하도록 설득하시고,[5] 자신의 말씀과 성령님으로 인해 그들의 마음을 다스리시고,[6] 자신의 전능하신 능력과 지혜로 그들의 모든 적을 물리치신다.[7] 그리스도께서는 자신의 놀랍고 신비한 경륜과 가장 조화를 이루는 이러한 방식과 방법들로 이루신다.[8] 그리고 그리스도께서는 그들 속에 그것을 얻을 만한 그 어떤 조건도 없음에도 그저 값없고 절대적인 은혜로 그것을 이루시는 것이다.[9]

1. 요한복음 6장 37절, 39절, 10장 15-16절, 17장 9절

2. 요한1서 2장 1-2절, 로마서 8장 34절

3. 로마서 8장 1-2절

4. 요한복음 15장 13절, 15절, 17장 6절, 에베소서 1장 7-9절

5. 요한1서 5장 20절

6. 요한복음 14장 16절, 히브리서 12장 2절, 로마서 8장 9절, 14절, 고린도후서 4장 13절, 로마서 15장 18-19절, 요한복음 17장 17절

7. 시편 110편 1절, 고린도전서 15장 25-26절, 골로새서 2장 15절

8. 에베소서 1장 9-11절

9. 요한1서 3장 8절, 에베소서 1장 8절

9. 하나님과 사람 사이의 중보자 직분은 오직 그리스도께만 고유하다. 그리스도께서는 하나님의 교회의 선지자이시고 제사장이시고 왕이시다. 그리고

이 직분은 전체적으로든 부분적으로든 그분으로부터 다른 어떤 이에게로 옮겨질 수 없다.[1]

1. 디모데전서 2장 5절

10. 직분들의 수와 순서는 필수이다. 우리의 무지로 인해 우리는 그리스도의 선지자 직분이 필요한 처지에 서 있다.[1] 그리고 하나님으로부터의 단절과 우리의 최선의 예배가 불완전함으로 인해, 우리는 우리를 하나님과 화해시키고 하나님께서 받아 주실 만하게 우리를 드러내시는 그리스도의 제사장 직분이 필요한 처지에 서 있다.[2] 그리고 우리가 하나님을 싫어하고 하나님께 돌아갈 수 있는 능력이 전혀 없음으로 인해 또한 우리의 영적인 적들로부터 구하고 보호하기 위해, 우리에게 그리스도의 하늘나라에 대한 확신을 주시고, 복종시키시고, 이끄시고, 붙드시고, 인도하시고, 지켜 주시는 그리스도의 왕의 직분을 필요로 한다.[3]

1. 요한복음 1장 18절
2. 골로새서 1장 21절, 갈라디아서 5장 17절, 히브리서 10장 19-21절
3. 요한복음 16장 8절, 시편 110편 3절, 누가복음 1장 74-75절

개요

1항	I . 그리스도께서 중보자직에 임명되심
	1. 임명자
	2. 시기
	3. 절차
	4. 특징
	5. 목적
2항	II . 중보자직을 위한 그리스도의 성육신

1689 신앙고백서 제8장은 1항부터 8항까지 웨스트민스터 신앙고백서와 거의 모든 부분이 동일하다. 웨스트민스터 신앙고백서에 없는 마지막 두 항은 1689 신앙고백서 저자들이 제1차 런던 신앙고백서를 확장시킨 것이다. 제8장에서 중보자 그리스도에 대한 그 영광스러운 주제를 상세하게 서술하고 있지만, 제기되는 중요한 세 가지 쟁점을 다루는 데만 지면을 할애하겠다.

I. 그리스도의 인격

그리스도의 인격에 대한 교리는 8세기 초 교회의 주된 관심이었다. 이것은 이 교리가 기독교 교회에 정말 중요하다는 것을 보여 준다! 교회가 오랜 시간 동안 그리스도의 인격에 관한 교리를 명확하게 체계화시키려는 이유는 신앙의 신비 가운데 하나이기 때문이다. '예수 그리스도는 누구이신가?'라는 질문에 그리스도인은 간단하게 대답하지 못할 것이다. 그는 반드시 그리스도가 하나님이라고 분명하게 말해야 한다. 그는 단지 그렇게만 말해서는 안 된다. 그는 또한 그리스도가 사람이시라고도 말해야 한다. 그러나 그는 그리스도께서 하나님이시라고만 말해서도 안 되고 사람이라고만 말해서도 안 된다. 그는 그리스도께서 반드시 구별되는 두 본성이지만 한 인격이신 하나님이시라고 말해야 하고 사람이라고도 말해야만 한다. 바로 이것이 신비이다.[1]

1. 그리스도의 완전한 신성

그리스도의 신성에 대한 여러 많은 증거들이 성경에 포함되어 있다. 신성한 예배, 신성한 칭호, 신성한 사역 그리고 신성한 속성들 이 모든 것들이 그리스도께 주어졌다는 것이 신약에 의해 드러났다. 요한복음 8장 58절을 보면, 영원한 존재의 속성이 그리스도께 속해 있다. (하나님에 대해 스스로 존재하시고 언약의 주님이시고 위대한 '존재'로 부르는 하나님의 호칭 '여호와' 또는 '야훼'로 언급하는) 구약의 구절들은 반복적으로 그리스도께 적용된다(요엘 2장 32절, 로마

---

1   그리스도의 인격에 대한 탁월한 동시대의 진술은 스튜어트 올리오트Stuart Olyott의 진술이다. *Son of Mary, Son of God* (Welwyn: Evangelical Press, 1984).

서 10장 13절, 시편 102편 25절, 히브리서 1장 10절, 베드로전서 2장 3절, 시편 34편 8절, 이사야 8장 12-13절, 3장 15절). 가장 분명한 증거는 단순하고 직접적으로 주 그리스도를 '하나님'이라고 부르는 성경구절이다(요한복음 1장 1절, 5장 18절, 20장 28절, 로마서 9장 5절, 디도서 2장 13절, 히브리서 1장 8-9절, 빌립보서 2장 5-6절, 베드로후서 1장 1절, 요한일서 5장 20절).

2. 그리스도의 참된 인성

그리스도의 참된 인성을 지지하는 일곱 가지 내용들은 성경이 말하는 그리스도의 인성에 관한 기초와 특징을 분명하게 한다.

1) 사람을 약속하심
구약의 예언들은 이스라엘의 메시아가 사람일 것이라고 약속하였다(미가 5장 2절, 이사야 7장 14절, 9장 6-7절, 창세기 3장 15절, 17장 7절, 이사야 52장 13-53장 12절, 예레미야 23장 5-6절).

2) 사람을 가리킴
사도행전 2장 22절, 13장 38절, 17장 31절, 고린도전서 15장 21절, 디모데전서 2장 5절은 그리스도께서 사람이셨다고 분명하게 주장한다. 이 성경 구절들이 주로 부활하신 현재의 그리스도에 대해서 말하고 있기 때문에 그리스도께서 부활하신 후에도 여전히 사람으로 계시고 영원히 사람으로 계실 것을 분명히 한다.

3) 사람으로 인식함
예수님을 사람으로 생각했거나 묘사했던 사람들이 단지 예수님의 제자들이나 다른 사람들만은 아니었다. 예수님 스스로도 자기 자신을 사람이라 생각하셨고 말씀하셨다(요한복음 8장 39-40절). 사실 예수님께서 가장 좋아하는 호칭은 '인자', 사람의 아들이었다. 예수님께서는 여든 번이나 이 명칭으로 자신을 언급하셨다. 예수님께서는 '인자'가 '안식일의 주인'이라고 말씀하셨다(마태복음 12장 8절). 다른 곳에서 예수님께서는 '인자가 온 것은 잃어버린 자를 찾아 구원하려 함이니라'고 말씀하셨다(누가복음 19장 10절).

4) 사람의 모습

요한복음 4장 29절, 7장 46절, 51절, 9장 11절, 16절, 24절 10장 33절, 11장 47절, 50절, 18장 14절, 17절, 29절, 19장 5절은 예수님께서 사람으로 드러났다는 사실을 분명히 한다. 그렇지만 예수님께서 단지 사람으로 보이신 것만은 아니었다. 예수님께서는 모든 면에서 실제로 사람이셨다. 만약 우리가 이 땅에서 예수님과 함께 살았다면, 예수님께서는 여러분들과 나와 전혀 다르지 않게 보였을 것이라는 사실을 우리는 반드시 기억해야 한다.

5) 사람의 몸

교회를 공격한 첫 번째 오류들 가운데 두 가지는 하늘에 계신 그리스도께서 육신이 되지 않았고, 단지 사람으로 보인 것일 뿐이라는 주장이다. 그리스도께서 실제 육신을 취했다는 일반적인 성경의 주장들이 이 사실을 부정한다(히브리서 10장 5절, 마가복음 14장 8절, 마태복음 26장 12절, 26절, 누가복음 7장 44-46절, 요한복음 13장 23절, 마태복음 9장 10-11절, 11장 19절, 누가복음 22장 44절, 히브리서 2장 10절, 5장 7-8절, 베드로전서 3장 18절, 4장 1절, 요한복음 19장 32-35절).

6) 사람의 영혼

예수님께서 겪으신 고통은 예수님께서 참 사람의 영혼을 가지셨다는 아주 중요한 점을 직접적으로 암시한다. 분명이, 겟세마네 동산에서 고통을 겪으신 것은 육체적인 것보다는 오히려 본질적으로 영적인 것이었다(마태복

음 26장 36-44절). 예수님의 죽음 또한 예수님께서 사람의 영혼을 가지셨다는
사실을 분명하게 전제한다. 그 까닭은 성경에서 죽음은 영혼과 육신의 분리
로 정의되기 때문이다(야고보서 2장 26절). 예수님의 영혼이 떠났을 때 예수님
께서는 죽으셨다(요한복음 19장 30절, 누가복음 23장 46절). 또한 이 진리는 예수
님께서 사람의 의지를 소유했다는 사실로 인해 명확하게 설명된다(마태복음
26장 39절).

　더욱이, 예수님께서는 사람의 감정들과 격한 감정들이 있었다. 하나님께
도 감정들과 격한 감정들이 있지만, 우리는 일반적으로 예수님의 감정들
을 특별히 사람의 것으로 생각한다. 예수님께서는 불쌍히 여기는 감정을 수
없이 경험하셨다(마태복음 9장 36절). 예수님께서는 화를 내셨고(마가복음 3장
5절, 10장 14절) 또한 때로는 탄식하실 만큼 슬퍼하셨고(마가복음 8장 12절), 때
로는 조용히 눈물을 흘리셨고(요한복음 11장 35절), 때로는 통곡하셨다(누가복
음 19장 41-44절). 다른 한편으로, 예수님께서는 성령님을 기뻐하시고 즐거워
하시는 것이 무엇인지를 경험하셨다(누가복음 10장 21절). 그러나 예수님께서
는 하나님께서 경험하실 수 없는 격한 감정들을 경험하셨다. 예수님께서는
두려움을 경험하셨고 그 두려움으로부터 비롯되는 감정을 공감 받고 싶어
하셨다(마태복음 26장 36-39절).

　또한 예수님께서 사람의 영혼을 가지셨다는 사실은 예수님께서 시험
을 받으셨다는 사실로 인해 요구된다(마태복음 4장 1-11절, 히브리서 4장 15절).
하나님께서는 시험받을 수 없으시고(야고보서 1장 13절) 오직 사람의 영혼만
이 시험을 당할 수 있기 때문에, 이것은 예수님께서 사람의 영혼을 가지고
계셨다는 것을 의미한다. 더욱이, 예수님께서는 성령님의 능력으로 그리고
기도하심으로 시험을 견디셨다(누가복음 10장 21절, 히브리서 9장 14절, 마가복음
1장 35절, 누가복음 5장 16절, 6장 12절, 9장 18절, 28절). 예수님께서 사람의 영혼을
가지셨다는 사실은 영적으로, 도덕적으로 성장과정을 겪으셨다는 사실을
반복해서 이야기하는 성경말씀에서 가장 결정적으로 드러난다(누가복음 2장

40절, 52절, 히브리서 5장 8-9절).

7) 사람의 제약들

예수님께서는 하나님께서 경험하시지도 않고 경험하실 수도 없는 사람의
여러 제약들을 경험하셨다. 예수님께서는 배고프셨지만(마태복음 4장 2절, 마
가복음 11장 12절, 마태복음 21장 18절), 하나님께서는 배고프실 수 없으시다(시
편 50편 12절). 예수님께서는 목마르셨지만(요한복음 4장 7절, 19장 28절), 하나
님께서는 결코 목마르지 않으시다. 예수님께서는 피곤하셨지만(요한복음 4장
6절), 하나님께서는 결코 피곤치 않으시다(이사야 40장 28절). 예수님께서는
주무셨지만(마태복음 8장 24절), 하나님은 결코 주무시지 않으신다(시편 121편
4절). 그리고 마지막으로 아마 가장 놀랄 만한 것은 예수님께서 자신이 알지
못하는 것이 있다는 것을 고백하셨다는 것이다(마가복음 13장 32절).

3. 예수님의 단일 인격

여기서 세 가지 중요한 점이 반드시 강조되어야 한다.

첫째, 그리스도께서는 한 인격이시다. 이는 그리스도를 언급할 때 복수
대명사가 아닌 단수 대명사가 사용되었다는 사실에서 드러난다. 심지어 두
본성을 언급하는 성경구절에서도 오직 단일 인격임을 분명히 하고 있다(로
마서 1장 3-4절, 갈라디아서 4장 4-5절, 빌립보서 2장 5-11절).

둘째, 그리스도의 인격은 영원한 하나님의 아들이시다(요한복음 1장
14절, 갈라디아서 4장 4절, 요한복음 5장 18절, 히브리서 1장 2절, 8절, 요한복음 10장
29-37절).

셋째, 단일 인격은 그리스도의 두 본성이 하나의 혼합된 본성으로 섞이
거나 혼합된 결과가 아니다. 1689 신앙고백서는 '완전하고 완벽한 그리고
구별되는 두 본성이 한 인격 안에 연합되어 있지만 분리되지 않고 서로 전

환이나 혼합이나 혼동이 없다'라고 말한다. 어떤 식으로든지 그리스도의 두 본성의 혼합은 다른 세 번째 본성을 만들어 내거나, 그리스도의 본성들 가운데 하나를 흡수하거나, 다른 하나를 흡수하는 결과를 가져올 것이다. 지금까지 그리스도의 완전한 신성과 참 인성을 지지하는 인용된 성경구절들은 성육신이 그리스도의 신성을 제하거나 그리스도의 인성을 흡수하는 결과를 초래하지 않는다는 것을 보여 준다. 그리스도께서는 여전히 동일하게 '그는 만물 위에 계셔서 세세에 찬양을 받으실 하나님이시니라'(로마서 9장 5절) 그리고 영광 중에 다시 오실 그날과 때를 모르시는 사람이시다(마가복음 13장 32절).

4. 그리스도의 죄 없으신 완전한 상태

'사람의 본성의 모든 기본적인 속성들과 일반적인 나약함들을 취하셨으나 죄는 없으시다'라는 말로, 1689 신앙고백서는 그리스도의 인성은 저주의 영향 아래 있었다는 사실(로마서 8장 3절, 히브리서 5장 8절, 2장 10절, 18절, 갈라디아서 4장 4절)과 그리스도의 인성은 죄가 없었고 여전히 죄가 없다는 중요한 본성(이사야 53장 9절, 누가복음 1장 35절, 요한복음 8장 46절, 14장 30절, 로마서 8장 3절, 고린도후서 5장 21절, 히브리서 4장 15절, 7장 26절, 9장 14절, 베드로전서 1장 19절, 2장 22절, 요한1서 3장 5절)을 가르친다. 이 성경구절들의 교리는 하나님의 거룩한 법의 완벽한 기준을 따라 그리스도께서 절대적으로 죄가 없으셨다는 것이다. 그러므로 생각과 말과 행동 그리고 본성에 있어서 그리스도께서는 죄로 인한 오염이 없으셨다.

그리스도의 인격의 신비를 풀어 가려고 노력할 때, 사람의 지혜는 많은 거짓된 가르침들을 발명해왔다. 가현설Docetism은 그리스도께서 참 사람이셨다는 사실을 부정했다. 아리우스주의Arianism는 그리스도께서 참 하나님이셨다는 사실을 부정했다. 아폴리나리우스주의Apollinarianism는 그리스도께서 사람의 영혼을 취하셨다는 사실을 부인하였고 말씀이 사람의 영혼을 대신하였다고 가르쳤다. 네스토리우스주의Nestorianism는 그리스도께서 단일 인격이심을 부인하였고 두 본성을 가지고 계셨기에 반드시 두 인격이 있어야 한다고 가르쳤다. 단성론 이단인 유티케스주의Eutychianism는 그리스도께 구분되는 두 본성이 있다는 것을 부인하였고 그리스도께는 단지 신성과 인성이 혼합된 한 본성만을 가지셨다고 가르쳤다. 성경의 진리는 이런 모든 인간의 지혜를 뛰어넘는다. 이 신비를 설명하려는 노력들, 즉 이 긴장을 해결하기 위한 노력들은 결과적으로 항상 이단이 되었다. 이런 이단을 거절해 온 교회의 신조들은 사람의 교만한 이성으로 이 거룩한 신비를 모독하는 것을 방지하기 위해 교회가 세운 울타리일 뿐이다. 기독교가 신적인 기원을 가졌다는 가장 중요한 증거는 이런 교리들이 사람의 이성을 초월한다는 것이다. 그러나 비록 이런 교리들이 사람의 이성을 초월할지라도, 그리스도의 인격에 대한 바로 이 교리만이 사람의 부족함을 만족시켜줄 수 있다. 하나님이시고 사람이신 유일한 한 분만이 사람을 대신할 수 있었고 십자가 위에서의 짧은 시간동안 무한한 하나님의 진노를 만족시킬 수 있었다.

II. 하나님께서는 왜 사람이 되셨는가 Cur Deus Homo : 속죄의 필수성

지금까지 언급된 논란들을 잠재우고 난 후에, 교회는 논리적인 다음 질문을 할 수 있었다. 하나님께서 사람이 되셨다는 것은 굉장히 놀라운 일이다. 이러한 일은 설명을 요구하였다. 그러므로 11세기에 안셀름Anselm은 *Cur Deus Homo?* (하나님께서는 왜 사람이 되셨나?)라는 획기적인 논문을 썼다. 안셀름의 초점은 하나님께서 사람이 되셔야만 했던 이유가 죄인을 구원하기 위해서 필수적이기 때문이라는 사실을 보여주는 것이었다. 우리는 속죄의 필수성에 관한 네 가지 기본적인 질문들에 답해야 한다.

그리스도의 속죄는 필수였는가? 속죄는 당연히 절대 필수이다. '당연히'라는 단어는, 하나님께서 구원을 위해 값없이 선택하실 때 유일한 조건 위에 속죄가 필수적이라는 것을 의미한다. '절대적'이라는 단어는 하나님께서 구원하시기로 선택하셔서, 속죄는 이 값없는 선택의 목적을 성취하기 위하여 절대적으로 필수라는 의미이다. 속죄는 필수인데 이는 하나님께서 구원을 위해 오직 이 방식을 정하셨기 때문만이 아니라, 하나님의 속성이 사람을 다른 어떤 방식으로도 구원하길 허락지 않으시기 때문이다. 하나님께서 하실 수 있는 것과 하실 수 없는 것에 대한 논쟁은 주제넘는 것이고 사변적인 것으로 보일 수도 있다. 그러나 성경은 하나님께서 하실 수 없는 것들이 있다는 사실을(디모데전서 1장 17절, 디도서 1장 2절, 디모데후서 2장 13절) 가르치고 그래서 속죄가 필수라는 것을 가르친다(히브리서 2장 10절, 17절, 요한복음 3장 14-16절, 히브리서 9장 23절, 갈라디아서 3장 21절, 로마서 3장 26절).

그리스도의 속죄를 필수로 만든 하나님의 속성에 관한 것은 무엇인가? 이는 하나님의 공의이다(로마서 3장 26절, 갈라디아서 4장 4절, 로마서 8장 3절, 갈라디아서 3장 13절, 고린도후서 5장 21절, 고린도전서 15장 56절). 빌라도나 유대인들 혹은 사탄이 그리스도를 죽였던 것이 아니다. 하나님이 하신 것이었다. 이는 하나님의 공의였다.

속죄가 어떻게 하나님의 공의의 요구들과 관련이 있는가? 속죄는 하나님을 화목하게 한다. 속죄를 설명하는 것으로 화목이라는 말이 쓰인다(로마서 3장 25절, 히브리서 2장 17절, 요한1서 2장 2절, 4장 10절). 화목이라는 말은 진정시키거나 달래거나 누그러뜨리거나 화해시킨다는 의미이다. 하나님께서는 화가 나셨다. 그리스도께서는 하나님의 화를 진정시키셔야 한다. 여기 제8장 5항에서 말하는 것처럼 그리스도께서는 하나님의 공의를 만족시키신다.

만약 화목을 이해하려면 반드시 세 가지 잘못된 생각들을 바로잡아야 한다. 첫째, 한 사람을 사랑하는 것은 그 사람과의 화목한 상태에 있다는 것과 동일한 것은 아니다. 하나님께서는 자신이 진노하고 있는 사람들을 사랑하신다(요한복음 3장 36절, 에베소서 2장 3절, 1장 4-5절). 하나님께서는 자기 자신을 부인할 수 없으시다. 하나님께서는 화목하지 않은 상태로 인간을 구원하실 수 없으시다. 둘째, 화목은 진노의 하나님을 사랑의 하나님으로 돌려놓는 것이 아니다(요한1서 4장 10절). 화목은 사랑하는 아들이 진노하신 아버지를 진정시키는 것이 아니다.

셋째, 화목은 하나님의 사랑과 자비를 손상시키지 않는다. 오히려, 화목은 그것이 얼마나 값비싼 것이고, 얼마나 확고한 결정이고, 얼마나 영광스러운 것이고, 얼마나 견고한 것인지를 보여 준다. 하나님께서는 자신의 아들을 희생시키면서까지 사랑하셨지만 하나님께서는 자신의 공의를 희생시키면서까지는 사랑하지 않으신다. 그러므로 하나님의 사랑은 확고하다. 공의가 그 사랑을 변하게 할 수 없다.

그리스도의 죽음으로 인하여 어떻게 하나님의 진노가 진정되고 하나님의 공의가 만족되었는가? 그리스도께서 실제로 우리의 자리에서 대표로 그리고 대신하여 하나님의 공의가 죄인들에게 요구하는 형벌을 감당하시는 고통을 받으심으로 하나님의 공의를 만족시켰다. 그 형벌은 하나님께 버림받았다는 육적인 상징인 죽음이었다(로마서 6장 23절). 지옥은 하나님께서 죄인들을 철저하게 버리신 장소이다. 그리스도께서도 십자가에 달려 하나님께 버림받으셨다(마태복음 27장 46절). 그리스도께서 우리를 대신해서 우리 죄의 형벌을 감당하셨다고 가르치는 성경구절들은 갈라디아서 3장 13절, 고린도후서 5장 21절, 로마서 5장 6-8절, 에베소서 5장 2절, 로마서 5장 12절, 15-19절, 고린도전서 15장 22절, 고린도후서 5장 14절, 에베소서 1장 4절, 2장 4-6절, 골로새서 2장 13절, 갈라디아서 2장 20절, 로마서 6장 5-8절, 히브리서 2장 11-14절, 5장 1절, 7장 24절이다.

III. 속죄의 범위

누구를 위해 그리스도께서 죽으셨는가? 이 질문이 담고 있지 않는 몇 가지 점들에 대한 설명들이 필요하다. 이것은 '그리스도께서 누구의 유익을 위해 죽으셨는가?'는 아니다. 그리스도의 죽음으로부터 유익을 얻은 많은 사람들이 택함을 받지 못한다. 일반 은혜의 많은 유익들이 그리스도의 죽음으로 흘러넘친다. 많은 일시적인 유익들이 그리스도의 죽음의 결과로 비택자에게 이른다. 이것은 '속죄가 제한적인가?'라는 질문도 아니다. 그리스도의 죽음으로 정해진 사람들만이 궁극적으로 구원받을 것이라고 믿는 모든 복음주의 그리스도인들은 제한 속죄를 믿는다. 알미니안주의자들은 사람이 자신의 자유의지로 속죄의 효력을 제한할 수 있다고 말함으로 그리스도의 죽음의 효력을 제한한다. 칼빈주의자들은 속죄의 범위를 제한한다. 그러므로 이 질문은 속죄가 제한적이냐 제한적이 않느냐의 문제가 아니라 속죄의 범위, 효력에 있어서 제한적이냐 그렇지 않느냐의 문제이다. 이 질문은 이것이다. '그리스도께서는 누구를 대신하셨는가?'

1. 특별구속에 대한 진술된 증거들

속죄의 본질은 특별구속을 요구한다. 속죄의 본질은 저주를 대신 감당한 것이었다. 우리가 그리스도께서 죄인들을 대신하여 죽으셨다고 말할 때, 이는 그리스도께서 죄인들을 대신하여 저주를 감당하시는 사역을 맡으셨다는 것을 뜻한다. 만약 그리스도께서 실제로 나를 대신하여 내 죄들을 대신하여 저주를 받으셨다면, 어찌 내가 그 저주를 받을 수 있겠는가? 공의로우신 하나님께서 동일한 죄들을 두 번 벌하시겠는가? 하나님께서는 그리스도 안에서 실제로 구속, 즉 십자가 위에서 우리를 향한 자신의 진노를 거둬들이시고 가라앉히지 않으셨는가?(요한계시록 5장 9절, 고린도후서 5장 14절, 로마서 6장 5절, 8절).

그리스도께서 누구를 위해 죽으셨는지에 관한 성경의 구체적이고 명확한 진술들은 특별구속을 요구한다(요한복음 10장 15절, 26절, 6장 37-40절, 15장 13-14절, 17장 9절, 에베소서 5장 25절).

속죄의 효력들은 특별구속을 요구한다. 성경은 속죄가 구원을 가능하게 하거나 구원을 제공하는 것 그 이상이라고 가르친다. 속죄는 구원을 보장하고 보증한다(로마서 8장 28-39절).

속죄의 배경은 특별속죄를 요구한다. 언약은 그리스도의 사역의 배경이다. 그리스도의 피는 언약의 피다. 이것은 신약에서 가장 빈번하게 언급되는 진리들 중 하나이다(마태복음 26장 28절, 마가복음 14장 24절, 누가복음 22장 20절, 고린도전서 11장 25절, 에베소서 2장 12-13절, 히브리서 10장 29절, 13장 20절). 모든 사람이 언약 안에 있지 않다. 더욱이, 언약은 언약 안에 있는 사람들의 구원을 보장하는 것이다(예레미야 31장 31-34절). 만약 속죄의 전체 배경이 언약적인 것이라면, 속죄의 범위는 틀림없이 언약의 범위와 동일하다. 이것은 특별구속을 요구한다.

2. 특별구속과 관련하여 논의된 문제들

특별구속에 제기된 어려운 문제들이 이 교리를 반대하는 근거가 될 수 없다. 이 어려운 문제들은 특별구속을 지지하는 성경의 모든 분명한 증거들을 약화시키지도 못하고 심지어 설명조차 못한다. 바로 이 증거가 분명하고 논쟁의 여지가 없는 만큼 이 교리는 굳건할 것이다. 기껏해야 어려운 문제들이란 특별구속과 관련된 문제들일 뿐이다.

가장 일반적인 어려움은 그리스도께서 대신 죽으신 사람들에 대해 보편적인 범위로 언급하는 성경구절들에서부터 기인한다. 제한속죄를 반대하는 알미니안주의와 다른 사람들은 이러한 보편적인 범위는 인류의 개개인 모두를 포함한다고 믿는다. 이 주장에 대해 결정적으로 따라 나오는 반대들이 있다. 첫째, 보편적인 범위는 일반적으로 성경에 나타난 문맥으로 제한된다(누가복음 2장 1절, 마태복음 2장 3절, 3장 5절, 10장 22절, 21장 10절, 마가복음 1장 5절, 누가복음 16장 16절, 요한복음 3장 26절, 히브리서 2장 9절, 히브리서 2장 10-14절 그리고 17절, 고린도전서 15장 22절, 23절, 요한1서 2장 2절, 5장 19절, 요한복음 11장 51-52절). 둘째, 보편적인 범위는 일반적으로 유대인의 배타주의를 비난한다. 신약은 하나님의 구원이 모든 민족과 족속에까지 미치고 있다는 것을 강조하고 있다. 그러므로 그리스도께서 세상의 모든 사람을 위해 죽으셨다고 말할 때, 이는 한결같이 일반적으로 유대인과 이방인을 뜻하는 것이다. '모든 사람들'과 '세상'이라는 단어는 민족적인 표현이다(요한복음 1장 29절, 6장 33절, 51절, 디모데전서 2장 4-6절, 로마서 11장 15절). 셋째, 신약의 보편주의는 임시적이거나 가능성이 있는 보편주의가 아니라 예언적인 보편주의이다. 알미니안주의자들은 조건적이거나 가능성이 있는 보편주의를 가르친다. 그들은 모든 사람, 즉 세상은 조건적으로 구속되었다고 말한다. 그리스도의 죽음으로 세상은 구원받을 가능성이 있는 상태이다. 그렇지만 성경의 보편주의는 예언적인 보편주의이다. 선지자는 세상이 확실하게 구원받을 것이라고 예언하였다. 성경의 보편주의는 확실한 것들과 관계가 있지, 가능한 것들과는 관계가 없다(시편 22편 27-29절, 72편 8-11절, 17-19절, 86편 9절, 이사야 2장 2-4절, 예레미야 3장 17절, 요엘 2장 28절, 스가랴 14장 9절, 이사야 66장 23-24절, 요한복음 12장 32절, 로마서 5장 18절, 고린도후서 5장 19절, 요한계시록 21장 1절, 24절). 간단히 말해 핵심은 이것이다. 만약 성경이 그리스도께서 세상과 모든 사람들을 위해 죽으셨다고 말한다면, 그 세상은 구원받을 것이다. 구원받은 세상은 그리스도의 죽음의 결과로 이뤄질 것이다. 그러나 이것은 개개인 모두가 구원받는다는 것을 요구하지는 않는다.

특별구속에 이의를 제기한 또 다른 문제는 복음의 값없는 제공으로부터 발생한다. 집요한 질문이 있다. '만약 그리스도께서 개개인 모두를 위해 죽으시지 않았다면, 어떻게 우리는 개개인 모두가 구원받도록 초대하고 부를 수 있겠는가?' 이것은 깊은 신비를 포함하고 있는 어려운 문제이다. 그러나 이것과 직접적으로 관련된 어려운 문제들을 분명하게 제거하기에는 충분하다.

이 문제는 복음의 값없는 선포를 비난함으로 인해 해결되지 않을 것이다. 이 개념은 제한속죄가 사람으로 하여금 값없는 복음 선포를 부정하게 만든다는 생각을 퍼뜨려 왔다. 이것은 잘못된 것이다. 제한속죄를 믿는 거의 모든 사람들도 복음의 값없는 선포를 믿는다.

복음의 값없는 선포는 우리로 하여금 사람들에게 그리스도께서 너희들을 위해 죽으셨다고 말하도록 강요하지 않는다. 만약 복음의 값없는 선포가 회심하지 않은 죄인들에게 '그리스도께서 당신을 위해 죽으셨다'고 전하는 것을 뜻한다면, 제한속죄는 값없는 선포와 상반되는 것일 수 있다. 그러나 성경 그 어느 곳에서도 회심하지 않은 죄인들에게 그리스도께서 그들을 위해 죽으셨다는 사실을 말하는 것이 복음 선포라고 하지 않는다. 사도행전에서 사도들은 결코 이렇게 선포하지 않았다! 복음 선포는 무턱대고 그리스도께서 너희들을 위해 죽으셨다고 선포하는 것이 아니다. 복음은 죄인들의 완전한 구원자이신 그리스도 그분 자체를 선포하는 것이다(마태복음 11장 28-30절, 사도행전 4장 12절, 5장 28-31절). 우리는 하나님께서 어떻게 그리스도께서 위해서 죽지 않은 사람들에게 그리스도를 전하라고 하실 수 있으신가에 대한 물음에 답하지 못할 수 있다. 그러나 한 가지는 분명하다. 하나님께서 특별히 그리스도께서 그들을 위해서 죽으셨다는 사실을 그 사람들에게만 전하라고 하시지는 않았다는 것이다.

그리스도께서 위하여 죽으신 사람들이 망할 수 있다고 가르치는 것처럼 보이는 성경구절은 특별구속을 주장하는 사람들에게 가장 혼란스러운 어려움을 준다(로마서 14장 15절, 고린도전서 8장 11절, 베드로후서 2장 1절, 히브리서 10장 29절). 그러나 우리에게는 특별구속을 지지하는 성경의 명백한 증거들과 일치하는 타당한 해석을 내놓아야 할 의무가 있다. 일반적인 네 가지 의견이 이런 성경구절들이 야기하는 어려움을 해결할 수 있도록 도와준다.

첫째로, 이런 모든 성경구절들은 오로지 자칭 그리스도인들에 대해서 말하고 있다. 이 성경구절들이 가르치는 것이 무엇이든 간에, 이 구절들은 보편속죄를 가르칠 수 없다. 둘째로, 그리스도의 죽음이 자칭 그리스도인들에게 제한된다는 것으로 본다면 이 구절들은 실제로 보편속죄를 거부한다. 예를 들어, 고린도전서 8장 11절은 '그는 그리스도께서 위하여 죽으신 형제'에 대해서 말한다. 여기에서 그리스도의 죽음은 형제들을 친절하게 대하기 위한 특별한 동기로 제시된다. 만약 그리스도께서 모든 사람들을 위해서 죽으셨다면 이것은 어떤 의미인가? 히브리서 10장 29절은 '자기를 거룩하게 한 언약의 피'에 대하여 말한다. 여기에서 그리스도의 피는 모든 사람들에 의하여 짓밟혀진 것이 아니라 자칭 그리스도인에 의해 짓밟혔던 것이다. 만약 그리스도께서 절대적으로 모든 사람들을 위해 죽으셨다면, 이렇게 짓밟는 것을 자칭 그리스도인의 죄를 악화시키는 것으로 보는 것은 말도 안 된다. 셋째로, 오늘날 특별구속에 대해 가장 극심하게 반대하는 세력들도 영원한 보장을 믿는다. 이를 지지하는 입장에서, 고린도전서 8장 11절과 히브리서 10장 29절은 부인할 수 없을 만큼 많은 것을 증명한다. 우리가 이 성경구절들을 그들과 같이 해석한다면, 그들은 제한속죄 뿐만 아니라 성도의 견인도 증명하지 못한다. 히브리서 10장 29절은 그리스도께서 위하여 죽으신 사람, 바로 그 사람만이 거룩하게 되는 것에 대해서도 말하고 있다. 베드로후서 2장 1절은 그리스도께서 위하여 죽으셨을 뿐만 아니라 회심한 사실을 깨달은 사람에 대해 말하고 있다(베드로후서 2장 1절, 17-22절, 유다서 4-5절). 넷째로, 이 성경구절들에서 언급된 사람들은 내적이고 영적인 실체에 따른 것이 아닌, 그들의 외적이고 눈에 보이는 고백과 특권들에 따라서 묘사된 것이다(고린도전서 8장 11절, 로마서 14장 15절). 이 성경구절들에서 형제들이 멸망할 수 있음을 암시한다면, 단지 눈에 보이는 고백에 따라 묘사된 사람이다(로마서 14장 4절). 베드로후서 2장 1절은 주인이 값을 치러 산 사람이 임박한 멸망을 스스로 취한다는 것에 대해서 말한다. 그러나 참으로 값을 주고 산 사람 즉, 구속된 사람들은 멸망할 수 없다(요한계시록 5장 9절, 14장 3-4절). 내면의 실체를 따지면 이 거짓 선생들은 멸망하는 것으로 예정된(유다서 4절, 베드로후서 2장 3절) 개 또는 돼지이다(베드로후서 2장 22절). 히브리서 10장 29절에서 그리스도의 피로 거룩하게 된 사람에 대해서 말한다. 그러나 참으로 거룩하게 된 사람들은 그리스도의 죽음(히브리서 10장 10절, 14절)을 통하여 영원히 완벽하게 되었고 새 언약의 복을 누린다(히브리서 10장 15-18절). 그러므로, 히브리서 10장 29절에서 언급된 사람들은 그리스도께서 위하여 죽으신 언약의 백성에게 따라오는 외적인 측면에서만 성화된 사람들일 뿐이다.

제9장 자유의지에 관하여

Of free will

1. 하나님께서는 사람의 의지에 선천적 자유와 선택의 능력을 부여하셨다. 이 의지는 선이나 악을 행하도록 강요받지 않고, 본성의 어떤 필연성으로 인해 선이나 악을 행하도록 결정되지도 않는다.[1]

　1. 마태복음 17장 12절, 야고보서 1장 14절, 신명기 30장 19절

2. 사람이 무죄상태에서는 하나님께 선하고 기쁘게 해 드리는 일을 원하고 행할 자유와 능력을 가지고 있었다.[1] 그러나 여전히 변할 수 있는 상태였고 그 상태에서 떨어질 가능성이 있었다.[2]

　1. 전도서 7장 29절
　2. 창세기 3장 6절

3. 사람은 죄의 상태로 떨어짐으로 인해 구원을 수반하는 어떤 영적인 선에 이르는 모든 의지력을 완전히 잃어버렸다. 따라서 영적인 선을 행하기를 전적으로 싫어하고 죄 안에서 완전히 죽은 자연인으로서, 그는 자기 자신의 힘으로 회심하거나 회심에 이르기 위해 자신을 준비시킬 능력도 없다.[1]

1. 로마서 6장 16절, 20절, 요한복음 8장 31-34절, 에베소서 2장 1절, 고린도
   후서 3장 14절, 4장 3-4절, 요한복음 3장 3절, 로마서 7장 18절, 8장 7절,
   고린도전서 2장 14절, 마태복음 7장 17-18절, 12장 33-37절, 누가복음
   6장 43-45절, 요한복음 6장 44절, 예레미야 13장 23절, 요한복음 3장 3절,
   5절, 요한복음 5장 40절, 6장 37절, 39-40절, 44-45절, 65절, 사도행전 7장
   51절, 로마서 3장 10-12절, 야고보서 1장 18절, 로마서 9장 16-18절, 요한
   복음 1장 12-13절, 사도행전 11장 18절, 빌립보서 1장 29절, 에베소서 2장
   8-9절

4. 하나님께서 죄인을 회심시키시고 그를 은혜의 자리로 옮기실 때, 그를 선
천적인 죄의 노예의 신분으로부터 자유롭게 하신다. 오직 그분의 은혜로 영
적인 선한 일을 자발적으로 원하고 행하게 하신다.[1] 그렇지만 그에게 남아
있는 부패들로 인하여 유일하게 선한 것만을 원하지 못하고 악한 것을 원하
기도 한다.[2]

   1. 골로새서 1장 13절, 요한복음 8장 36절, 빌립보서 2장 13절
   2. 로마서 7장 14-25절, 갈라디아서 5장 17절

5. 사람의 의지는 오직 영화의 상태에서만 선만을 행할 수 있는 완벽하고 불
변한 자유의 상태가 된다.[1]

   1. 에베소서 4장 13절, 히브리서 12장 23절

이 장의 개요는 아래에 두 다른 방식으로 제시된다.

개요 1

개요 2

사람의 자유의지에 관한 교리는 신학과 실천에 있어서 핵심이다. 자유의지에 대한 잘못된 관점들은 기독교 진리의 전체 체계를 왜곡시켜 왔다. 옛 신학자 오리겐Origen은 이 잘못된 관점들에 대한 가장 분명한 실례이다. 오리겐은 자신이 기독교를 볼 때 아주 중요하다고 판단되는 자리를 자유의지에 점점 더 내주었다. 켈리Kelly는 '자유의지에 대한 개념이 오리겐의 전 체계에 핵심을 제공한다'라고 말한다. 이 말은 문자적으로 사실이다. 첫째, 오리겐은 사람의 죄 된 상태를 선재 상태에 있는 각 사람의 영혼이 개별적으로 타락한 것에 근거를 둔다. 이것만이 사람의 죄의 보편성을 자유의지와 모순되지 않게 설명한다. 둘째, 하나님이자 사람이신 분이 취하신 사람의 영혼은 죄를 짓지 않은 한 영혼과 같은 상태였다. 셋째, 사람이 이 세상에서 얻는 여러 지위들과 여러 형태로 정해진 일들은 선재한 상태에서 그들이 지은 죄의 정도의 결과이다. 넷째, 사람들은 항상 자신들의 자유의지를 가지고 있었기에, 모든 사람이 결국 지옥의 정화하는 불을 통하여 구원을 받게 될 것이다.

따라서 보편주의와 연옥은 오리겐의 자유의지 교리에 근거를 둔다. 심지어 마귀조차도 회복될 수 있을 것이다. 다섯째, 사람들은 자신들의 자유의지를 유지하고 있기 때문에, 천국에서도 그들의 상태가 영원한 것인지도 확실치 않다. 따라서 마지막으로, 그리스도의 사역은 단지 교사와 본보기의 사역일 수 있다.[1]

오리겐의 예는 우리에게 자유의지에 대해 자기 멋대로 추측한 것을 성경에 끼워 맞춰서는 안 된다고 경고한다. 또한 오리겐의 예는 1689 신앙고백서 제9장의 중요성을 시사한다.[2] 우리가 (제9장) 3항에서 진술한 전적 무능력에 대한 1689 신앙고백서의 교리에 집중하기 전에, 몇 가지 예비적인 진술들이 있어야 한다.

1689 신앙고백서는 자유의지를 확증하고 정의 내린다. 사람은 본질적인 자유를 가진다. 이는 선택하여 행할 수 있는 바로 그 능력이다. 이는 외부의 상황 또는 환경의 요소들이 한 사람을 둘러싸고 있을 때에라도 상관없이 자기가 원하는 대로 선택하는 자유이다(마태복음 17장 12절, 야고보서 1장 14절, 신명기 30장 19절). 이러한 사람의 의지는 '강요되지' 않고 '본성의 어떤 필연성으로 인해 선이나 악을 행하도록' 결정된 상태도 아니다. 그러므로 다른 의미에서 성경적 칼빈주의가 자유의지를 거절하는 것이 행동주의나 물리적이거나 화학적인 결정론의 어떤 다른 형태를 받아들이고 있는 것은 아니다. 사람의 의지는 어떤 물리적 필연성에 종속되어 있지 않다. 사람들은 자유롭다. 그들의 선택들은 그들의 자유와 인격적인 정체성과 도덕적 본성에 반하는 외적인 요소들에 의해 결정되지 않는다. 이러한 것이 아니라면, 성경이

---

1 J. N. D. Kelly, *Early Christian Doctrines* (New York: Harper & Row, 1978), pp. 180ff. 또 Reinhold Seeberg, *History of Doctrines*에 주목하라. (Grand Rapids, MI: Baker Book House, 1978), pp. 152-160.

2 이 주제의 핵심을 염두에 두고, 사보이 선언이나 1689 신앙고백서가 웨스트민스터 신앙고백서의 진술에 단 하나의 변화도 주지 않았다는 사실에 주목하는 것은 흥미롭다. 이 장은 각 신앙고백서의 내용과 동일하다.

분명히 가르치는 사람의 책임과 의무가 없을 수도 있을 것이다(잠언 1장 24-33절, 요한복음 3장 18-19절).

따라서 1689 신앙고백서는 주의를 기울여 자유의지를 제한하고 한정한다. 자유의지는 완전히 예측 불가능한 것이 아니다. 사람의 자유는 최종적인 것이 아니다. 자유의지는 무죄한 상태였을 때에도 하나님의 주권적 의지의 통제 아래 있었다(1689 신앙고백서 5장 4항과 6장 1항의 진술을 주목하라). 하나님의 자유(하나님의 주권적, 작정적 의지)와 사람의 자유는 충돌하지 않는 상태로 있다. 더욱이 우리의 파생적인 의지가 자유로운 단 하나의 이유는 우리의 의지가 하나님의 최고 의지의 자유의 형상으로 만들어졌기 때문이다. 사람의 자유는 하나님의 주권적 자유에 뿌리를 둔다.

우리의 의지들은 우리의 윤리적 성향과 도덕적 본성에 의해 통제된다. 자유의지는 사람이 자기 자신도 모르게 선이나 악을 행하는 것처럼, 그 본성과 반대되는 것을 하려고 하는 능력이 아니다(마태복음 7장 17-20절, 12장 33-35절). 3항은 회심하지 않은 사람의 자유의지는 '어떤 영적인 선'도 행할 의지가 없다고 확실히 말한다. 또한 5항에서는 영화된 사람의 자유의지는 완벽하고 영광스럽게 자유하며 영광의 상태에서, 변함없이 선한 일만을 하도록 고정되어 있다고 주장한다(에베소서 4장 13절, 히브리서 12장 23절).

그러므로 자유의지는 결정되지 않은 것들을 결정하는 어떤 불변하는 기능 같은 것이 아니다. 자유의지는 사람의 본성에 얽매여 있다. 자유의지가 다른 상태로 존재하는 이유는 사람의 본성이 다른 상태로 존재하기 때문이다. 1689 신앙고백서의 구조가 이 사실을 설명한다. 1항은 자유의지를 정의 내린다. 2-5항은 자유의지가 존재하는 다른 상태들을 다룬다. 이 다른 상태는 가변적 상태인 무죄의 상태에서부터 불변을 나타내는 영광의 상태로 나아간다. 유한한 윤리적 존재인 우리들은 도덕적이고 윤리적인 발전을 겪는다. 사람이신 그리스도께서도 직접 윤리적인 성숙을 경험하셨다. 물론, 이 성숙이 죄에서 의로 발전하는 것은 아니었지만, 미성숙한 윤리적 의에서 성숙한 거룩함으로 나아가신 것이었다(누가복음 2장 40절, 52절, 히브리서 2장 10절, 18절, 5장 8-9절). 물론, 우리 모두는 우리의 아담이 아니다. 우리 모두가 죄인으로 태어나고, 한 사람의 행동의 결과로 인해 전적으로 스스로를 구원할 수 없다. 그렇지만, 우리는 선이나 악을 선택하는 데 우리의 의지들이 불변하게 고정된 상태로 태어나는 것이 아니다. 그 의지들이 점점 악으로 굳어지는 회심하지 않은 상태에서 일어나는 윤리적 성숙 과정이 있다. 그 의지들이 점점 성화되는 회심의 상태에서 일어나는 윤리적 성숙의 과정이 있다. 이러한 과정들은 항상 죽음의 순간에 완성된다. 따라서 '나무가 … 그 쓰러진 곳에 그냥 있으리라'라고 기록하고 있고, 우리는 '그 몸으로 행한 것'을 따라서 심판을 받을 것이다(전도서 11장 3절, 고린도후서 5장 10절). 이러한 진리는 우리를 냉철하게 바라보게 만든다. 우리는 영원히 존재할 어떤 존재로 되어가고 있다. 그러므로 우리의 도덕적 특징들과 자유의지가 영원히 고정되기 전에 우리는 필요한 은혜를 구하고 반드시 훈련을 해야만 한다.

3항에서 진술된 전적으로 무능한 죄인들의 상태에 대한 교리는 여기서 반드시 다뤄져야 한다. 우리는 이 전적 무능을 세 가지 방향성, 즉 정의와 변증과 반대 의견들 아래서 다룰 것이다.

I. 전적 무능의 정의

마치 전적 부패와 전적 무능 사이에 그 어떤 차이도 없는 것처럼, 전적 부패와 전적 무능에 대해서 언급하는 것이 일반적이다. 이렇게 이야기되어온 것은 적절하고, 역사적으로 정의된 전적 부패 교리가 전적 무능을 암시하고 있기 때문일 것이다. 그렇지만 유지되어야 할 차이가 있다. 전적 부패는 사람의 모든 기능과 능력의 부패, 즉 사람의 전체에 있어서 부패이다. 1689

신앙고백서 제6장 2항은 사람이 '영혼과 육신의 모든 기능과 부분에 있어서 전적으로 더럽혀졌다'고 진술한다. 1689 신앙고백서 제6장 4항에서 전적 무능은 '우리는 모든 선을 전적으로 싫어하게 되었고, 무능하게 되었고, 반대하게 되었으며, 모든 악으로 완전히 기울어졌고…'라고 언급된다. 전적 무능은 사람이 영적으로 선한 것들을 하고 싶은 마음이 있을 수 없다는 것을 의미한다. 전적 무능 교리에 대한 정의는 신앙고백서 제9장 3항에 있다. 1689 신앙고백서는 '사람이… 구원을 수반하는 어떤 영적인 선에 이르는 모든 의지력을 완전히 잃어버렸다'라는 단언과 '사람은… 자신의 힘으로 회심하거나 회심에 이르기 위해 자신을 준비시킬 능력도 없다'고 진술된 두 가지 결론으로 구성된다.

II. 전적 무능에 대한 변증

이 사실에 대한 증언은 다섯 가지 범주로 요약된다.

1. 성경은 자연적인 상태에 있는 사람들은 노예 상태이고 죽은 상태이고 눈먼 상태라고 주장한다. 노예와 죽음과 소경은 전적 무능에 대한 세 가지 모습들이다(로마서 6장 16절, 20절, 요한복음 8장 31-34절, 에베소서 2장 1절, 고린도후서 3장 14절, 4장 3-4절, 요한복음 3장 3절).

2. 성경은 사람이 하나님을 즐거워하거나 하나님의 뜻을 행하거나 하나님의 것들을 인식하고 받아들일 능력을 잃어버렸다는 것을 분명하고 명시적으로 주장한다(로마서 7장 18절, 8장 7절, 고린도전서 2장 14절, 마태복음 7장 17-18절, 12장 33-37절, 누가복음 6장 43-45절, 요한복음 6장 44절, 예레미야 13장 23절, 요한복음 3장 3절, 5절).

3. 단 한 사람도 하나님의 이끄심 없이는 그리스도를 받아들이거나 하

나님께로 나아가지 못한다(요한복음 5장 40절, 6장 37절, 39절, 40절, 44절, 45절, 65절, 사도행전 7장 51절, 로마서 3장 10-12절).

4. 구원을 적용시킬 때 사람의 의지가 근원이거나 결정짓는 요소는 아니다(야고보서 1장 18절, 로마서 9장 16-18절, 요한복음 1장 12-13절).

5. 복음 안에서 죄인에게 놓인 매우 중요한 의무들, 회개와 믿음은 하나님의 선물이다(사도행전 5장 31절, 11장 18절, 디모데후서 2장 25-26절, 빌립보서 1장 29절, 에베소서 2장 8-9절).

III. 전적 무능에 대한 반대 의견들

1. 전적 무능은 성경의 명령들과 모순된다.

이 반대 의견의 근원적인 전제는 만약 하나님께서 사람들에게 회개하고 믿고 그리스도께 나아가라고 명령하신다면, 그들은 반드시 그렇게 할 수 있어야 한다는 것이다. 다른 말로 하면, 책임은 능력을 전제한다. 전적 무능에 대한 이러한 반대에 몇 가지 결정적인 변론들이 제시될 것이다.

1) 전적 무능을 반대하는 전제는 성경의 분명한 가르침에 의해 부정된다. 하나님께서는 사람들에게 믿으라고 명하신다. 그러나 성경은 그들이 할 수 없다고 가르친다(사도행전 16장 31절, 요한복음 6장 37절, 40절, 44절, 65절). 하나님께서는 사람들에게 회개하라고 명하신다. 그러나 성경은 그들이 할 수 없다고 가르친다(사도행전 2장 38절, 디모데후서 2장 25-26절). 하나님께서는 사람에게 새 마음을 품으라고 명하신다. 그러나 성경은 그들이 할 수 없다고 가르친다(에스겔 18장 31절, 11장 19절).

2) 전적 무능을 반대하는 전제가 옳다면, 그 전제는 하나님의 명령 모두

를 성취할 수 있는, 즉 하나님의 법과 말씀 전체에 완벽하고 영구적으로 순종하는 완벽한 사람의 능력을 암시하는 것일 수 있다. 그 어떤 사람도 이것을 하지 못했고 할 수 없다는 것을 우리는 안다.

3) 전적 무능을 반대하는 전제는 완전히 다른 두 가지 것들, 즉 본성적이고 육적인 능력과 도덕적이고 영적인 능력을 뒤섞어 놓는다. 1689 신앙고백서는 도덕적 자유(3항, 4항)와 본성적 자유(1항)를 구별한다. 사람은 의지나 지성이나 마음이 부족한 상태가 아니다. 사람은 사랑이나 신뢰나 슬픔의 감정들이 부족한 상태가 아니다. 사람들이 믿을 수 없다는 사실이 어떤 식으로든 본질적으로 인간성을 제한하지 않는다. 물론, 어린아이에게 높이 15미터가 되는 벽을 뛰어 넘으라고 명령하는 것은 잘못된 것이다. 그것은 불공평하고 모질고 가혹하다. 그 아이에게는 명령 받은 것을 수행할 만큼 초자연적인 능력이 없다. 이 상황은 여기에 해당하는 경우가 아니다. 전적 무능력은 초자연적인 문제가 아니다. 이것은 도덕적인 문제이다. 당신을 싫어하는 사람에게 당신을 위해 호의를 베풀 것을 요구하는 것과 상당히 비슷하다. 그 사람은 당신을 싫어해서 그렇게 할 수 없다.

심지어 우리의 일상적인 경험에 있어서도, 우리는 항상 책임이 능력을 암시하고 있다고 말하지 않는다. 술에 취한 운전자의 예는 책임은 능력을 암시한다는 전제가 어리석은 것임을 보여준다. 술 취한 운전자는 자신의 차선에 맞춰 유지할 수 있는 능력이 없다. 그는 도로 규정을 지킬 능력이 없다. 당신은 정부가 술 취한 운전자가 차선을 지킬 수 있는 능력이 없다고 그를 용서하는 것을 상상할 수 있겠는가? 용서받을 수 없는 무능력이라는 것이 있다. 사람들은 회개를 할 수 없다. 그러나 그것은 그들이 하나님께 대한 반역이라는 독한 술로 인해 너무 취해 있기 때문이다.

4) 전적 무능을 반대하는 전제는 성경의 명령들과 조건들의 함축된 의미들을 잘못 이해한 것이다. 그 법의 명령들은 바뀔 수 없다. 구원의 조건들은 반드시 지켜져야 한다. 성경의 명령들과 조건들의 성취는 은혜로 인한

것이다. 그러나 이 말이 그 지키는 것이 절대적으로 필요하지 않다는 것은 아니다.[3]

2. 전적 무능은 사람의 삶의 현실들과 일치하지 않는다

전적 부패와 전적 무능 교리는 어떤 관점에서 보면 타락한 인간성에 대한 비현실적이고 지나치고 가혹한 관점을 드러내고 있을 수 있다. '회심하지 못한 몇몇 사람들이 회심하지 못한 다른 사람들보다 더 선한 경우도 있지 않는가?' '회심하지 못한 사람들이 의로운 일들을 하지 않는가?'라는 물음이 있을 수 있다.

　이러한 질문들에 대한 대답은 '그렇다'이다. 어떤 의미에서 구원받지 못한 어떤 사람들이 구원받지 못한 다른 사람들보다 낫다. 그렇지만 우리는 반드시 세속의 의와 영적인 의 사이 그리고 일반은혜와 구원하는 은혜 사이를 구별해야 한다. 성경 안에서 세상이 의롭다 하는 의미의 선은 구원받지 않은 사람들에게 속한 것이다(열왕기하 10장 29-30절, 12장 2절, 로마서 2장 14절). 그러나 앞에서 간단히 설명한 구별은 필수적인데 그 까닭은 성경이 중생하지 못한 사람이 하나님을 기쁘시게 할 수 없고, 하지도 않는다고 분명하게 가르치기 때문이다(로마서 3장 10-12절, 8장 7-8절, 히브리서 11장 6절, 데살로니가후서 3장 2절).[4] 전적 부패와 전적 무능은 사람들이 나빠질 수 있을 만큼 나쁘다거나 그들이 사탄이라는 것을 의미하지 않는다. 전적 부패와 전적 무능은 사람들이 할 수 있을 만큼 나쁜 쪽으로 벗어나서, 본질적으로 그들 자신을 구원하기 위해 그 어떤 것도 할 수 있는 능력이 없다는 것과 구원을 위해 그들 자신들을 준비할 능력도 없다는 것을 의미한다. 이런 식으로 이

3　John Murray, *Collected Writings*, Ⅱ, p. 86.
4　John Murray, *Collected Writings*, Ⅱ, pp. 106,107.

해했다면, 절대적 부패와 전적 부패 사이의 구별은 성경적이다.[5]

3. 전적 무능은 죄인의 현실적인 활동에 있어서의 무능과는 관계없고 소망 없음과 절망감만을 준다

유감스럽게도, 무능 교리를 믿기로 고백하고 이 교리를 남용하여 사람이 무능하고 아무것도 못한다는 것을 가르쳐 온 자들이 있다. 그러나 이 교리를 적절히 잘 이해했다면, 이 교리가 게으름과 절망을 만들어내는 쪽으로 가지는 않는다. 세 가지는 반드시 이야기되어야 한다. 첫째, 소망 없음과 절망은 구원받아야겠다는 의지를 전제한다. 전적 무능 교리는 단순히 그리스도께 나아갈 의지는 있지만 그리스도께 나아갈 수 없는 사실을 가르치는 것이 아니다. 정반대의 경우이다. 전적 무능은 하나님께서 그들에게 역사하시기 전까지 단 한 사람도 마음먹지 못하고 마음먹을 수도 없음을 의미한다. 둘째, 사람의 능력에 대한 절망은 사실 복음을 위한 필수적인 준비이다. 이것은 진짜 나쁜 방해물인 사람의 충분한 능력에 반하는 교리이다.[6] 만약 죄인을 열쇠를 자기 주머니에 넣고 있으면서 불타고 있는 집 안에 있는 사람으로 비유한다면, 이 비유는 그 죄인 안에 단지 게으름과 건방짐 그리고 자만심이 있는 것을 보여주기에 적절하다. 그러나 죄인을 열쇠 없이 불타는 집에 있는 사람으로 비유한다면, 어떤 마음이 들까? 평범한 사람이라면 무엇을 하겠는가? 그는 도와달라고 소리칠 것이다. 전적 무능 교리는 도움이 필요한 죄인의 마음에 무관심이 아닌 절박함을 일으키도록 계산된 것이다.

---

5   E. H. Palmer, *The Five Points of Calvinism* (Grand Rapids, MI: Baker Book House, 1979), p. 9.

6   John Murray, *Collected Writings*, Ⅱ, pp. 87, 88.

4. 전적 무능은 하나님의 진실함과 모순된다

하나님께서는 자신이 타락한 사람들을 이끌기 전까지 그들은 결코 올 수 없다는 사실을 스스로 알고 계시는데, 하나님께서는 어떻게 타락한 사람들에게 (자비를 베푸시는 척하지 않으시고) 진실로 자비를 베푸실 수 있으신가?라는 문제이다. 여기에 실제적인 어려움이 있다. 성경은 하나님께서 차별을 두지 않으시고 악인에게도 자비를 베푸신다고 분명하게 가르친다. 반면, 성경은 사람이 나아갈 수 있는 능력이 없다는 것을 분명하게 가르친다. 이 문제는 성경에 의해 발생된다. 이 문제를 우리에게 강제하는 것은 신학체계가 아니다. 우리는 악의 문제에서 직면하는 것과 비슷한 정도의 문제에 직면하고 있다. 이 문제는 하나님의 한 의지에 속한 두 측면들 사이의 근본적인 긴장감으로 좁혀진다. 이 두 측면들은 결정적인 측면과 명령적인 측면(제3장을 참조하라)이다. 죄의 경우에 하나님께서는 죄가 반드시 저질러질 것을 작정하셨고 우리에게는 반드시 죄를 짓지 말라고 명령하셨다. 우리는 여기에서 정확하게 모순되는 문제에 직면한다. 하나님께서는 사람에게 믿을 것을 명령하시지만, 하나님께서는 그것이 되지 않도록 작정하셨다. 하나님의 감춰진 결정과 하나님의 명령적인 의지 사이에 긴장이 있다. 이러한 신비가 있다는 것이 이 긴장의 각 측면을 틀렸다고 입증하지 않는다. 우리는 반드시 불가해한 하나님의 모든 계시에 우리의 지성을 복종시켜야 할 것이다. 이것이 그리스도인의 겸손이다(시편 131편).

　1689 신앙고백서와 성경에 따르면, 사람들은 구원을 위해 스스로를 준비시키는 그 어떤 것도 할 수 있는 능력이 없다. 그러므로 전적 무능에 대한 진술은 반드시 '준비론'preparationism의 모든 형태를 깨뜨리는 것으로 결론 내려야 한다. 준비론은 그리스도를 믿고 자신의 죄를 회개하기 이전에 그들이 반드시 어떤 것을 해야만 한다는 것을 가르치거나 의도하는 것이다. 몇몇 사람들에게는 이것이 전적 무능에서부터 자연스럽게 추론되는 것처럼

보여 왔다. 그 몇몇 사람들은 사람들이 그리스도께 나아갈 수 있는 능력이 없고 하나님께서 반드시 은혜를 주셔야 하기 때문에, 그들은 사람들이 우선 다른 어떤 것을 행해야만 한다고 명령받았다는 결론을 내려왔다. 예를 들어, 그들은 일반적으로 사람들이 새 마음을 위해 기도해야 한다고 말한다. 이러한 결론은 비논리적일 뿐 아니라 복음을 손상시킨다. 만약 사람들이 구원받기 전에 영적으로 선한 것을 할 수 있는 능력이 아무것도 없다면, 복음의 첫 요구사항에 따르는 것을 벗어나서 그들이 행하는 모든 것은 선이 아니다. 하나님께서 모든 사람이 할 수 있다고 하신 영적으로 선한 첫 번째 일은 회개하는 것과 복음을 믿는 것이다. 그러므로 바로 그것들이 그들이 반드시 해야 한다고 명령받은 첫 번째 일이다. 더욱이 사람들이 "회개하고 복음을 믿는 것!"을 제외하고 구원에 이르는 것들을 행하라고 받은 명령들은 성경적 복음이 아니고 가짜다.

제10장 유효적 소명에 관하여

Of Effectual Calling

1. 생명으로 예정하신 사람들을[1] 하나님께서는[2] 자신이 정하시고 허락하신 때에[3] 말씀과[4] 성령으로[5] 그들의 자연적인 상태인 죄와 죽음의 상태로부터 예수 그리스도로 인한 은혜와 구원으로[6] 유효하게 부르시기를[7] 즐거워하신다. 이는 그들의 마음에 빛을 비추셔서 영적으로 그리고 구원에 이르도록 하나님의 일들을 이해하게 하시고,[8] 그들의 돌 같은 마음을 제거하시고 그들에게 새로운 마음을 주시고,[9] 그들의 의지를 새롭게 하시고 그분의 전능하신 능력으로 그들이 선한 일을 하도록 결정하시고, 그들을 예수 그리스도께로 유효하게 이끄는 것이다.[10] 하지만 그들은 가장 자유롭게, 하나님의 은혜로 인해 자발적으로 나아가는 것이다.[11]

1. 로마서 8장 29-30절, 9장 22-24절, 고린도전서 1장 26-28절, 데살로니가후서 2장 13-14절, 디모데후서 1장 9절
2. 로마서 8장 28-29절
3. 요한복음 3장 8절, 에베소서 1장 11절
4. 데살로니가후서 2장 14절, 베드로전서 1장 23-25절, 야고보서 1장 17-25절, 요한1서 5장 1-5절, 로마서 1장 16-17절, 로마서 10장 14절, 히브리서 4장 12절

5. 요한복음 3장 3절, 5-6절, 8절, 고린도후서 3장 3절, 6절

6. 로마서 8장 2절, 고린도전서 1장 9절, 에베소서 2장 1-6절, 디모데후서 1장 9-10절

7. 마태복음 22장 14절, 고린도전서 1장 23-24절, 로마서 1장 6절, 8장 28절, 유다서 1절, 시편 29편, 요한복음 5장 25절, 로마서 4장 17절

8. 사도행전 26장 18절, 고린도전서 2장 10절, 12절, 에베소서 1장 17-18절

9. 에스겔 36장 26절

10. 신명기 30장 6절, 에스겔 36장 27절, 요한복음 6장 44-45절, 에베소서 1장 19절, 빌립보서 2장 13절

11. 시편 110편 3절, 요한복음 6장 37절, 로마서 6장 16-18절

2. 이 유효적 소명은 오직 하나님의 자유롭고 특별한 은혜에 속한 것이지, 사람 안에서 미리 보신 어떤 것이나 피조물 안에 있는 어떤 능력이나 작용으로부터 기인하는 것이 결코 아니다.[1] 성령님께서 살려주시고 새롭게 하시기 전까지, 사람은 유효적 소명에서 철저히 수동적이고 죄와 불법 안에서 죽은 상태이다.[2] 성령님의 새롭게 하심으로 인해 사람은 이 부르심에 응답할 수 있게 되고 그 부르심 안에서 제공되고 전달된 은혜를 받아들일 수 있게 된다. 그리고 이 유효적 소명은 그리스도를 죽은 자들로부터 일으키신 능력과 다름이 없는 것이다.[3]

1. 디모데후서 1장 9절, 디도서 3장 4-5절, 에베소서 2장 4-5절, 8-9절, 로마서 9장 11절

2. 고린도전서 2장 14절, 로마서 8장 7절, 에베소서 2장 5절

3. 요한복음 6장 37절, 에스겔 36장 27절, 요한복음 5장 25절

3. 유아기에 죽은 선택된 유아들은 그리스도로 인해 성령님을 통해 중생되

고 구원받는다. 성령님께서 기뻐하시는 때에, 기뻐하시는 장소에서, 기뻐하시는 방식으로 일하신다.[1] 또한 말씀 사역으로 인한 외적 부르심을 받아들일 능력이 없는 모든 택자에게도 그러하다.

1. 요한복음 3장 8절

4. 택함을 받지 못한 다른 사람들은 비록 그들이 말씀 사역으로 부르심을 받고 성령님의 일반적인 역사하심을 어느 정도 경험했을지라도,[1] 성부하나님께서 그들을 효과적으로 이끌지 않으시기에 그들은 진실로 그리스도께 나아갈 마음도 능력도 없으므로 구원을 받을 수 없다. 하물며 기독교를 받아들이지 않는 사람들은 구원받을 수 없다.[2] 그들이 고백하는 종교의 법과 자연의 빛을 따라 자신들의 인생을 설계하는 일을 아무리 부지런히 행할지라도 그들은 구원받지 못한다.[3]

1. 마태복음 13장 20-21절, 22장 14절, 히브리서 6장 4-5절, 마태복음 7장 22절
2. 요한복음 6장 44-45절, 64-66절, 8장 24절
3. 사도행전 4장 12절, 요한복음 4장 22절, 17장 3절

개요

인한 은혜와 구원으로'

7. 소명의 영향: '그들의 마음에 빛을 비추셔서...돌 같은 마음을 제거하시고...의지를 새롭게 하시고...하지만 그들은 가장 자유롭게...나아가는 것이다.'

I. 유아기에 죽은 아이들에 관한 집요한 문제

1689 신앙고백서 제10장 2-4항은 1항에서 유효적 소명을 개관한 것과 관련된 몇 가지 특별한 사안들로 채워져 있다. 위 개요에서 보여준 것처럼, 이런 사안들은 유효적 소명의 작용과 유효적 소명의 수단과 관련이 있다. 이러한 사안들은 1항에서 유효적 소명은 하나님의 '말씀과 성령'이라는 두 수단에 의한 것이라는 주장으로 인해 발생된다. 2항은 유효적 소명의 작용이 단독적이라고 진술한다(유효적 소명은 하나님의 단독적인 능력으로 인해 일어난 일이다). 3항과 4항은 유효적 소명에 있어서 말씀의 수단과 관련된 세 가지 사안으로 채워져 있다. 만약 유효적 소명이 말씀을 수단으로 사용한 것으로 인한 것이라면, 세 가지 질문이 제기된다. '말씀을 이해할 정신적인 능력이 없는 사람들은 어떻게 되는가?', '말씀을 듣지만 선택 받지 못한 사람들은 어떻게 되는가?', '말씀을 결코 들을 수 없는 무지한 이교도들은 어떻게 되는가?' 두 번째 질문의 답은 1689 신앙고백서 제3장 해설에서 얻게 된다. 세 번째 질문은 1689 신앙고백서 제1장 1항 해설에서 다뤄진다(또한 제20장을 참조하라). 이 질문들 중 첫 번째 질문만 여기서 다룰 것이다.

3항의 주장에 대한 성경적 입장의 문제를 다루기 전에, 우리는 반드시 3항이 주장하는 것이 무엇인지를 정확하게 밝혀야 한다. '말씀 사역으로 인한 외적 부르심을 받아들일 능력이 없는' 사람들을 언급하는 문장은 의심할 여지없이 심한 정신장애가 있는 사람들을 언급하는 것이다. '유아기에 죽은 선택된 유아들'의 의미를 담고 있는 질문들은 조금 더 복잡하게 얽혀 있다. [우리 신앙고백서의 몇몇 버전들은 '선택'이라는 단어를 삭제했다. 그러나 선택된 유아들이라는 말은 1689 신앙고백 초판에 명확하게 표현되어 있었다.] '유아기에 죽은 선택된 유아들'이라는 말은 굉장히 애매모호하다. 이 말은 유아기에 죽은 단지 몇몇 유아들만이 선택됐다고 주장하는 것은 아니다. 그리고 이 말은 유아기에 죽은 모든 유아들이 선택 받았다는 것을 주장하는 것도 아니다. 이 말은 **적어도** 유아기에 죽은 어떤 아이들이 선택 받았다는 것을 추측할 뿐이다. 바로 이것이 이 애매모호한 말에서 올바로 추측할 수 있는 전부이다.

　　웨스트민스터 신앙고백서와 1689 신앙고백서 모두에서 언급된 이 주장에 대한 성경의 근거는 요한복음 3장 8절이다. 그렇지만, 이 성경 말씀은 하나님께서 자신이 뜻하신 사람을 중생시키시는 능력이 있다고 분명하게 주장하지만, 유아기에 죽은 유아들을 일부든 모두든 중생시키신다는 것에 대해서는 전혀 말씀하지 않는다. 이 주장에 대한 증거로 침례요한(누가복음 1장 44절)과 선지자 예레미야(예레미야 1장 5절)의 경우가 자주 인용된다. 이 성경구절들의 의미와 관련된 일련의 질문들을 제쳐 놓더라도, 요한이나 예레미야는 유아 때 죽지 않았다는 문제가 남아 있다. 많은 사람들은 사무엘하 12장 23절에서 '나는 저에게로 가려니와 저는 내게로 돌아오지 아니하리라'고 하는 다윗의 죽은 어린 아들에 관한 그의 진술에 호소해 왔다. 이 호소의 전제는 다윗이 언급한 내용이 천국과 관계있다는 것이다. 구약성경의 평행 구절들은 다윗의 언급이 스올 또는 무덤과 관계된 것임을 명백하게 암시한다는 것이 상당히 설득력 있다(욥기 7장 8-10절, 전도서 3장 20절). 다윗은 무덤, 스올로 갈 것이나, 그의 어린 아들은 무덤에서부터 다윗에게 돌아오지 못할 것이다. 1689 신앙고백서 안에서 주장되는 이 교리에 대한 확실한 지지는 다른 성경구절들과 훨씬 더 가능성 있는 해설에서 조차 엿볼 수 없다.

내가 생각하기에, 성경은 유아기에 죽은 유아에 대한 문제를 직접 설명하지 않는다. 몇 가지 측면에서 신앙고백서도 이 점에 대해 아무 말도 하지 않는 것이 훨씬 더 옳을 수 있다고 판단된다.

하지만 이것은 그들 자신의 어린 자녀나 다른 사람의 어린 자녀들의 죽음에서 많은 이들이 직면하는 문제이다. 만약 성경이 이 문제에 대해서 직접적으로 아무 말도 하지 않는다면, 유아기에 죽은 아이들의 상태에 대해 우리의 생각을 좌지우지할 만한 일반적이고, 성경적인 관점들이 반드시 있어야 한다. 세 가지 중요한 사실들이 이 문제에 있어서 우리를 인도하고 평안하게 하는 지식을 제공한다.

자비, 선, 공의, 정의, 능력, 주권과 같은 하나님의 속성에 대한 우리의 지식이 우리를 인도해야 마땅하다. 우리는 하나님께서 유아들에게 하시는 모든 일은 그 일이 무엇이든 간에 선하고 정의로운 일을 하실 것이라는 사실을 알고 있다(창세기 18장 25절). 우리는 또한 하나님께서 기뻐하시는 일들을 행하심에 있어서 그 어떤 것도 하나님을 방해할 수 없다는 것을 알고 있다. 하나님께서는 유아기에 죽은 우리 아이들을 구원하실 수 있는 능력이 없지 않으시다(요한복음 3장 8절).

유아들의 죄책과 죄의 상태에 대한 우리의 지식이 반드시 우리를 인도해야 한다. 성경은 유아들의 죄책이 실제로 있다는 사실을 가르친다(시편 51편 4-5절, 58편 3절, 잠언 22장 15절, 에베소서 2장 1-3절, 요나 4장 1-11절). 책임질 수 있는 연령에 대한 개념이나 신자의 자녀들이 비신자들의 자녀들보다 덜 부패했다는 생각은 성경이 전혀 보증하지 않는다. 그렇지만 또 성경은 유아들의 죄책이 제한된 것이라는 사실을 가르친다(누가복음 12장 47-48절, 야고보서 4장 17절, 고린도후서 5장 10-11절). 그러므로 어떤 유아들이 지옥에 간다면,

그 유아들의 형벌은 반드시 다른 어른들의 형벌보다는 상당히 덜하기는 할 것이다.

또한 하나님의 목적에 대한 우리의 지식이 반드시 우리를 인도해야 한다. 우리는 하나님께서 자기 자녀들에게 베푸시는 자비의 일반적인 목적들이 한 집단으로나 전체로서 그들 자녀들을 위한 현세적인 유익들 심지어 영적인 유익들까지도 포함한다는 것을 안다(잠언 20장 7절, 시편 112편 1-2절, 115편 14-15절). 여기서 우리는 반드시 주의해야 하는데, 그 까닭은 이것들이 단지 일반적이고 조건적인 약속들이기 때문이다. 그러나 이런 성경 구절들로부터 하나님께서 종종 자신의 구원 목적 안에서 자신의 백성들의 유아들을 받아들이실 만큼 자기 백성들을 사랑하신다는 사실을 추론한 것이 잘못은 아니다. 이러한 깊은 생각이 단순한 지적 호기심이나 감당할 수 없는 슬픔의 원인을 만족시키기에는 적절하지 않으나, 하나님께 순종하는 유족의 아픈 마음을 진정시키기에 적합하다.

II. 유효적 소명 교리에 대한 성경의 지지

1. 유효적 소명의 수단

우리가 유효적 소명의 수단을 논의할 때, 유아 구원에 대한 전체적인 문제와 깊은 관련이 있는 주제를 논하는 데까지 나아갈 것이다. 많은 사람들이 유아 구원에 대한 자신들의 교리로부터 언제든지 잘못되고 쓸데없는 추론을 이끌어 낼 수가 있다. 그들의 생각은 보통 유아들은 중생 받았고 구원받았다는 식으로 흘러간다. 만약 유아들이 중생 받고 구원받았다면, 그것은 하나님의 말씀을 수단으로 삼아서 된 것이 아니다. 따라서 유아들은 하나님의 말씀을 수단으로 삼지 않고 단지 성령님의 사역으로만 중생, 즉 부르심을 받고 구원받는다. 그러므로 성인들도 꼭 말씀을 수단으로 삼아 중생하는 것은 아니다. 중생은 말씀 없이 성령의 직접적인 일하심이다. 몇 가지 위험한 추론들이 이 교리에서 나온다. 대부분의 사람들이 복음을 듣기 몇 년 전에 구원을 받았고, 여전히 죄 안에 사는 사람들이 중생을 받았고, 중생과 회심 사이에는 상당한 간격이 있다고 언급된다.

이러한 주장의 흐름과 관련된 문제는 성경 그 어디에서도 유아들이 중생했다고 주장하지 않는다는 것이다. 예레미야 1장 5절이나 누가복음 1장 44절이 요한과 예레미야의 경우 전적으로 유아의 회심을 분명하게 언급한 것은 아니다. 더욱이 만약 유아들이 중생 한다면, 성경은 우리에게 어떤 식으로 그 일이 일어나는지에 대해 말해야 하는데 이야기 하지 않는다. 만약 하나님께서 유아들의 마음을 바꾸실 수 있으시다면, 하나님께서 유아들에게 믿음으로 자신의 말씀을 포용할 수 있는 능력을 주실 가능성은 없는가? 더욱이, 만약 유아들이 말씀 없이 중생하였다 할지라도, 성인들이 말씀 없이 중생되거나 될 수 있다는 것이 당연한 결과로 따라오는 것은 아니다. 마지막으로 이론적인 전제로 시작되는 이 추론의 과정은 성경의 분명한 가르침과 정반대의 결과를 가져온다. 유효적 소명과 중생은 하나님의 말씀을 수단 삼아서 발생한다(데살로니가후서 2장 14절, 베드로전서 1장 23-25절, 야고보서 1장 17-25절, 요한1서 5장 1-5절, 로마서 1장 16-17절, 10장 14절, 히브리서 4장 12절). 유아들의 중생에 관하여 사변적으로 성경과 반하는 추론을 이끌어내는 것은 완전히 도리에 맞지 않는 생각의 흐름이다.

2. 유효적 소명의 사실성

복음의 일반적인 부르심과는 다른 부르심이 있다(마태복음 22장 14절, 고린도전서 1장 23-24절, 로마서 1장 6절, 8장 28절, 유다서 1절). 부르심을 받은 사람들 모두가 복음을 들었을 뿐만 아니라 이 성경구절들과 일치하게 그 부르심으로 구원을 받은 사람들이다.

3. 유효적 소명의 우선성

이 유효적 소명은 모든 사람의 반응보다 앞선다. 그러므로 유효적 소명은 선행한다(데살로니가후서 2장 14절, 로마서 8장 29-30절, 고린도전서 1장 9절, 25-30절). 이 부르심은 믿음보다 앞서지만 어떤 시간적인 차이는 없다. 부르심을 받은 사람들은 즉각적으로 믿는다. 존 머레이는 로마서 1장 16-17절에 대한 주석에서 이를 훌륭하게 설명한다.

이것은 구원이 믿음과 관계없이 성취되지 않는다는 것을 우리에게 알려준다. 그러므로 이 서신에서 바울이 다루고 있는 구원은 믿음과 뚝 떨어져서는 실재하지도 않고 유효하지도 않으며 의미가 있지도 않다. 구원의 순서에서 유효적 소명과 중생이 앞서는 것이 우리가 생각하거나 복음을 설교할 때 이 진리를 훼손하도록 내버려 두지 않는다. 인과관계에 있어서 중생은 믿음에 앞서는 것은 사실이다. 그러나 단지 인과관계에 있어서 앞서는 것이고 중생된 성인은 항상 믿음을 발휘한다. 그러므로 복음으로 인한 구원은 믿음과 떨어져서 우리의 것이 절대 아니다. 단지 중생되기만 한 자는 구원받은 것이 아닌데, 간단한 이유는 그런 사람은 없기 때문이다. 또한 구원받은 자는 부르심을 받고 칭의 되고 양자가 된다.[1]

---

1   John Murray, *The Epistle to the Romans*, vol. 1 (Grand Rapids, MI: Eerdmans, 1968), p. 27.

4. 유효적 소명의 효력

유효적 소명의 효력은 부르심을 받은 모든 사람이 구원받았다는 사실로부터 입증된다. 위에서 다룬 유효적 소명의 사실성을 보라. 또한 이것은 선택과의 관계에서 입증된다(로마서 8장 29-30절, 9장 22-24절, 고린도전서 1장 26-28절). 부르심은 선택을 드러내는 사역이다(로마서 8장 28절, 디모데후서 1장 9절). 선택은 부르심의 원형이다. 또한 선택은 전능한 능력으로 입증된다. 하나님의 음성은 본질에 있어서(시편 29편) 그리고 또한 구속에 있어서(요한복음 5장 25절, 로마서 4장 17절) 효력이 있다. 이러한 부르심은 틀림없이 그것이 불러일으키는 반응을 만들어낸다.

5. 유효적 소명의 개별성

유효적 소명은 단순히 공동체의 것만이 아니다. 이 부르심은 개인적이고 개별적이다(고린도전서 7장 18-24절, 요한복음 10장 3절). 우리가 거부할 수 없는 개별적인 부르심을 부정하면서, 유효적 소명의 효력을 공동체, 즉 교회에 제한하지 못할 것이다.

제11장 칭의에 관하여

of Justification

1. 하나님께서는 자신이 유효하게 부르신 사람들에게 의를 주입하는 방식이 아니라 그들의 죄를 용서하시고 그들을 의롭다 간주해 주시고 받아주심으로써[1] 그들을 값없이 의롭다 하신다.[2] 이는 그들 안에 일어난 어떤 일이나 그들이 행한 어떤 일 때문이 아니라 오직 그리스도 때문이다.[3] 그들에게 믿음 그 자체, 믿는 행위 또는 어떤 다른 복음적인 순종을 그들의 의로 전가하는 것으로 인한 것이 아니라, 그들의 완전하고 유일한 의를 위해 모든 법에 대한 그리스도의 적극적인 순종과 죽음에서의 소극적 순종을 믿음으로 전가하시는 것으로 인한 것이다. 이 믿음을 그들 스스로는 얻을 수 있는 것이 아니다. 하나님의 선물이다.[4]

1. 로마서 4장 5-8절, 에베소서 1장 7절
2. 로마서 8장 30절, 3장 24절
3. 고린도전서 1장 30-31절, 로마서 5장 17-19절
4. 고린도후서 5장 19-21절, 디도서 3장 5절, 7절, 로마서 3장 22-28절, 예레미야 23장 6절, 빌립보서 3장 9절, 사도행전 13장 38-39절, 에베소서 2장 7-8절

2. 따라서 그리스도와 그분의 의를 받아들이고 의지하는 믿음만 이 칭의의 유일한 도구이다.[1] 그러나 칭의를 받은 사람 안에 믿음만 있는 것이 아니라 구원에 이르게 하는 다른 모든 은혜들을 동반한다. 믿음은 죽은 믿음이 아니라 사랑으로 역사하는 것이다.[2]

> 1. 로마서 1장 17절, 3장 27-31절, 빌립보서 3장 9절, 갈라디아서 3장 5절
>
> 2. 갈라디아서 5장 6절, 야고보서 2장 17절, 22절, 26절

3. 그리스도께서는 자신의 순종과 죽음으로 칭의 받는 모든 사람의 죄책을 완전히 갚으셨고 십자가에서 피 흘리심으로 자신을 산 제물로 바치셔서 그들이 마땅히 받아야 할 형벌을 그들을 대신하여 받으셨고, 그들을 대신하여 하나님의 공의를 적절하고 실제적으로 충분히 만족시키셨다.[1] 그러나 성부 하나님께서 그들을 위해 그리스도를 주신 것이고[2] 그들을 대신하여 그리스도의 순종과 만족을 받으셨으며[3] 이 둘 모두를 값없이 받아 주셨기 때문에, 그들의 칭의는 그들 안에 있는 어떤 것 때문이 아니라 오직 값없는 은혜이다.[4] 하나님의 엄격한 공의와 풍성한 은혜가 죄인들의 칭의 안에서 영광이 될 것이다.[5]

> 1. 로마서 5장 8-10절, 19절, 디모데전서 2장 5-6절, 히브리서 10장 10절, 14절, 이사야 53장 4-6절, 10-12절
>
> 2. 로마서 8장 32절
>
> 3. 고린도후서 5장 21절, 마태복음 3장 17절, 에베소서 5장 2절
>
> 4. 로마서 3장 24절, 에베소서 1장 7절
>
> 5. 로마서 3장 26절, 에베소서 2장 7절

4. 하나님께서는 영원부터 모든 택자들을 의롭게 하시기로 작정하셨다.[1] 때

가 차매 그리스도께서는 그들의 죄를 위해 죽으셨고 그들의 의를 위해 부활하셨다.[2] 그럼에도 불구하고, 그들은 성령께서 적절한 시기에 그리스도를 실제로 그들에게 적용시키시기 전까지 개인적으로 의롭게 되지 않는다.[3]

1. 갈라디아서 3장 8절, 베드로전서 1장 2절, 19-20절, 로마서 8장 30절
2. 갈라디아서 4장 4절, 디모데전서 2장 6절, 로마서 4장 25절
3. 골로새서 1장 21-22절, 갈라디아서 2장 16절, 디도서 3장 4-7절, 에베소서 2장 1-3절

5. 하나님께서는 칭의 받은 사람들의 죄를 계속해서 용서하신다.[1] 그리고 비록 그들이 칭의의 상태에서 떨어질 수는 없을지라도,[2] 그들은 자신들의 죄로 인해 하나님 아버지로서의 화내심 아래로 떨어질 수도 있다. 바로 이 상태에서, 그들은 스스로를 낮추고 자신들의 죄를 고백하고 용서를 빌고 믿음과 회개를 새롭게 하기 전까지, 일반적으로 자신들을 향한 하나님의 회복된 얼굴의 빛을 일반적으로 보지 못한다.[3]

1. 마태복음 6장 12절, 요한1서 1장 7절-2장 2절, 요한복음 13장 3-11절
2. 누가복음 22장 32절, 요한복음 10장 28절, 히브리서 10장 14절
3. 시편 32편 5절, 51편 7-12절, 마태복음 26장 75절, 누가복음 1장 20절

6. 구약 성도들의 칭의는 모든 면에서 신약 성도들의 칭의와 하나이며 동일하다.[1]

1. 갈라디아서 3장 9절, 로마서 4장 22-24절

1689 신앙고백서 제11장 본문은 웨스트민스터 신앙고백서와 거의 대부분이 일치한다. (유일한 변화는 사보이 선언에서 소개되어 첨가된 아주 짧은 내용뿐이다. 그러나 이 사소한 변화는 이 장의 주제의 본질에는 영향을 주지 않는다.) 이 사실은 1689 신앙고백서 저자들이 루터와 전 개신교 개혁주의에 의해 주장된 칭의 교리에 완전히 동의한다는 사실을 강조한다. 우리는 지면의 제약으로 이 중요한 교리와 관련하여 다섯 가지 가장 중요한 문제에 집중하겠다.

I. 칭의의 필요성

칭의 교리는 우리를 신앙의 핵심 질문으로 이끈다. 어떻게 내가 하나님과 올바른 관계를 맺을 수 있는가? 또 어떻게 하나님 앞에서 의로울 수 있는가? 우리는 바로 이 질문이 포함하고 있는 문제들을 이해하기 전까지는 칭의를 이해하지 못할 것이다. 하나님께서는 거룩함과 의로움에 있어서 완벽하신가? 하나님께서는 죄인을 깨끗이 하시지 않으실 분이신가? 하나님의 흠 없는 순결함과 불타는 듯하는 거룩함과 강렬한 진노는 실제인가? 반면에, 우리는 비열하고 죄의 책임이 있는 죄인들인가? 우리는 죄의 삯으로 죽어 마땅한가? 만약 우리가 이 질문에 진지하게 묻고 답한다면, 우리는 실제로 이 질문을 이해하게 될 것이다. '어떻게 우리는 하나님과의 관계에서 의로울 수 있는가?' 성경은 가장 분명한 방식으로 우리를 이 질문과 마주하게 한다(시편 130편 3절, 13편 2절, 로마서 3장 19-20절, 신명기 25장 1절). 의롭지 않은 심판은 하나님께 혐오스러운 것이다. 하나님께서는 심판자이시고 반드시 의롭게 심판하신다. 이런 경우에, 어떻게 우리는 하나님의 영원한 저주에서 빠져나갈 수 있겠는가?[1]

---

1   John Murray, *Redemption Accomplished and Applied* (London: Banner of Truth Trust, 1961), p. 117f.

II. 칭의의 행위자

칭의의 장본인이자 행위자는 성부하나님이시다(로마서 3장 25-26절, 8장 33절). 그러므로 우리는 반드시 죄에 합당한 사죄나 변명이나 행위로 하나님 목전에서 우리가 우리 스스로를 의롭게 할 수 있다고 절대 생각하지 말아야 한다. 오직 하나님만이 의롭게 하실 수 있으시다.[2]

III. 칭의의 의미

1. 칭의의 일반적이고 세속적인 용법

이 점에 대한 연구는 로마 가톨릭으로 인해 우리에게 강조되었다. 로마 가톨릭은 의롭다 하는 것이 어떤 사람을 선한 사람으로 만들고, 그들에게 거룩한 본성을 주고, 사랑으로 기울어진 윤리적 성향을 주는 것이라고 가르친다! '의롭게 하다' 또는 '의로움'이라는 단어의 일반적인 용법조차 로마 가톨릭이 가르치는 칭의의 의미와는 대조된다. 우리가 우리 자신을 의롭다고 할 때, 이 단어의 일반적인 용법은 우리가 우리 자체를 선하게 만드는 것이 아니라 우리 스스로를 의롭다고 주장하거나 선언하는 것이다.[3] 이와 같은 의미는 일상적인 문제와 관련하여 성경의 칭의의 용법에 반영된다(신명기 25장 1절, 잠언 17장 15절, 누가복음 7장 29절, 로마서 8장 33절). 그리고 이것은

---

2   Murray, *Redemption Accomplished and Applied*, p. 118.
3   Ibid., p. 119.

칭의를 정죄의 반대로 사용함으로 칭의라는 말의 이해를 확실하게 한다. 물론, 정죄하는 것은 어떤 사람을 악하게 만드는 것을 의미하는 것이 아니라, 그 사람을 악하다고 말하고 선언하는 것을 뜻한다. 더욱이, 로마서 8장 33-34절은 재판 상황이다. '누가 능히 하나님의 택하신 자들을 고발하리요?'라는 구절을 주목하라. 칭의는 우리 안의 변화가 아니다. 칭의는 우리에 관한 법률적인 판단이다. 칭의의 행위 안에 하나님께서는 재판관으로서 행하시는 것이지 외과의사로서 행하시는 것이 아니다.

2. 칭의의 독특하고 구속적인 의미

그러나 만약 "의롭다"가 의롭다고 선언하는 뜻이라면, 어떻게 하나님께서 의롭지 않은 자를 의롭다 할 수 있는가? 라는 심도 있는 질문이 더 정곡을 찌른다(신명기 25장 1절, 잠언 17장 15절). 그러나 성경은 하나님께서 불경건한 사람을 의롭다 하신다고 선언한다(로마서 3장 19-24절, 4장 5절). 그렇게 선언하심에 있어서 하나님께서는 불의하시지 않다(로마서 3장 26절). 하나님께서 부정한 사람을 의롭다고 하실 때, 무엇이 하나님을 의롭다 할 수 있는가?

하나님께서 죄인을 의롭다 하실 때, 의로운 자로 정당하게 선언하시기 위하여 하나님께서는 사람이 의롭다는 것을 선언하실 뿐만 아니라 또한 그를 의로운 사람으로 간주하신다(로마서 5장 19절). 이것이 칭의의 독특하고 구속적인 의미이다. 그렇지만 여기서 주의가 요구된다. 바울은 "의롭게 되거나 의롭게 여겨진다"라는 말을 사람이 선한 사람이 된다는 의미로 말하지 않는다. 바울은 하나님께서 그를 법적으로 의로운 자의 범주에 두셨다는 뜻으로 말한다. 그 까닭은 하나님께서 의롭다고 하실 때, 하나님께서 보고 계시는 의는 우리 자신의 것이 아니라 다른 사람의 것이기 때문이다. 하나님께서 의롭다고 하실 때, 그것은 우리의 순종으로 획득한 의가 아니라 그리스도의 순종으로 획득한 의 때문이다(로마서 5장 17-19절). 바로 이 점이 우리를 칭의의 기초 혹은 근거로 이끈다.

IV. 칭의의 기초

하나님께서는 우리를 의롭다고 선언하신다. 그러나 하나님께서는 무엇에 기초하여 그렇게 선언하시는가? 하나님께서 우리를 의롭다고 선언하실 때 하나님께서 생각하시는 의는 무엇인가? 몇몇 사람들은 로마서 4장 3-5절 말씀이 하나님께서 우리를 의롭다고 판단하시는 기초로, 우리의 믿음이나 복음적인 순종을 보신다는 것을 가르친다고 이해 해왔다. 이 사실은 성경의 칭의 교리에 대한 철저한 배신이다.

1. 성경의 증거

이제부터 생각해야 할 사항들은 지금까지 언급된 사실이 옳다는 것을 밝히는 것이다. 첫째, 바울이 로마서 4장 5절에서 말하고 있는 믿음은 믿음 그 자체가 아니라 그리스도를 소유하는 믿음으로서의 믿음이다. 예를 들어 비록 반지의 링이 값싼 것이라도, 그 링에 다이아몬드가 박혀 있다면, 우리는 그 반지에 대해 아주 값비싼 가치가 있다고 말한다. 이와 같은 식으로, 바울은 의로 여겨지는 믿음에 대해 말한다. 그 까닭은 이 믿음이 그리스도를 붙잡고 소유하는 믿음이기 때문이다. 둘째, 우리의 순종은 완벽하지 않아서 하나님의 완벽한 의의 기준을 만족시키지 못한다. 더욱이, 만약에 우리의 순종이 완벽하다 치더라도, 칭의의 한 부분인 죄용서가 포함되지 않기에 이는 불가능하다. 셋째, 칭의는 우리의 행위들로 인하지 않는다(로마서 3장 20절, 4장 2절, 10장 3-4절, 갈라디아서 2장 16절, 3장 11절, 5장 4절, 빌립보서 3장 9절). 넷째, 칭의는 은혜로 인한 것이다. 칭의는 우리가 행한 것에 대한 보상이 아니다(로마서 3장 24-28절, 5장 15-21절). 다섯째, 칭의는 그리스도 안에 있다(사도행전 13장 38-39절, 로마서 8장 1절, 고린도전서 6장 11절, 갈라디아서 2장 17절). 우리가 의롭다함을 받는 것은 그리스도와의 연합 안에서이지 우리의 행위들이나 공로 안에서가 아니다. 여섯째, 칭의는 그리스도의 보혈과 죽음을 통한 것이다(로마서 3장 24-25절, 5장 9절, 8장 33-34절). 일곱째, 칭의는 하나님의 의로 인한 것이다(로마서 1장 17절, 3장 21-22절, 10장 3절, 빌립보서 3장 9절). 이 성경구절들에서 언급하는 하나님의 영광스러운 의를 우리의 믿음이나 복음적인 순종으로 정의내리는 것은 이상한 해석이다.[4] 마지막으로, 칭의는 그리스도의 순종에 근거를 둔다(로마서 5장 17-19절). 이러한 모든 이유들 때문에 하나님께서 우리를 의로운 존재로 선언하실 때, 하나님께서 보시기에 우리의 칭의의 기초는 오직 그리스도의 순종뿐이다.

2. 칭의의 두 가지 특징 - 적극적인 순종과 소극적인 순종

1689 신앙고백서 제11장 1항은 그리스도의 적극적인 순종과 소극적인 순종[5] 사이를 구분하는 전통개신교를 명확하게 설명한다. 이 구분은 일반적으로 그리스도의 사역을 두 갈래, 즉 두 부분으로 나눠야 하는 것으로 이해되어 왔다. 십자가는 포함하지 않는, 하나님의 법에 온전히 순종하는 완벽한 삶은 그리스도의 적극적인 순종으로 여겨진다. 그리스도께서 십자가 위에서 받으신 고통은 소극적인 순종으로 여겨진다. 그렇지만 이러한 이해는 성경의 지지를 얻지 못한다. 그리스도의 적극적이고 소극적인 순종은 그리스도의 구분되는 두 사역이 아니라 두 방식으로 보이는 하나의 사역이다. 예

---

4   Ibid., p. 127.
5   여기에 쓰인 소극적이라는 말은 그리스도의 고통, 수난을 나타내는 것이지, 그 고통을 겪으실 때, 그리스도의 소극성을 드러내는 것은 아니다.

를 들어, 빌립보서 2장 8절은 그리스도를 '죽기까지 복종하셨으니 곧 십자
가에 죽으심이라'라고 묘사한다. 성경은 많은 곳에서 십자가를 그리스도께
서 아버지의 뜻에 순종하는 절정의 행동으로 여긴다(요한복음 14장 31절, 15장
10절, 로마서 5장 17-19절, 히브리서 5장 8-9절, 10장 5-10절).

성경에 그리스도의 순종이 구분되는 두 부분으로 나뉘어져 있지 않다
면, 왜 굳이 이런 구분이 필요한가? 이에 대한 답은 만약 우리가 영생을 유
산으로 받았다면 우리에게 두 가지가 필요하기 때문이다. 첫째, 우리는 우리
죄의 책임에 대한 용서가 필요했다. 이것은 그리스도께서 법의 형벌을 당하
시는 그리스도의 소극적 순종으로 제공되는 것이다. 둘째, 우리는 적극적인
의의 선물이 필요했다. 이는 그리스도의 적극적인 순종에 의해 제공된다. 이
적극적인 순종은 그리스도께서 하나님의 법에 대한 순종과 자신에게 주어
진 성부하나님의 명령적 의지의 다른 모든 측면들에 대한 순종이다.

아담의 예는 이것을 분명하게 이해하는 데 도움을 준다. 그리스도께서
는 둘째 아담이시지만, 그리스도의 사역은 첫 번째 아담의 실패로 복잡하게
되었다. 아담이 영생을 유산으로 받기 위하여 반드시 해야 할 일은 무엇이
었는가? 아담은 단순히 자신의 마음에 기록된 법과 하나님께서 자신에게 주
신 특별한 요구에 대한 순종만을 필요로 했다. 만약 우리가 영생을 얻으려
면,[6] 그리스도께서 하셔야 하는 일은 무엇이겠는가? 그리스도께서는 아담
이 저지른 일을 말소하는, 즉 우리의 죄책을 다루셔야만 한다. 그리고 그리
스도께서는 아담이 실패한 일, 즉 적극적인 순종을 제공하셔야만 한다. 그리
스도의 고통스러운 소극적인 순종으로 인하여 첫 번째 것이 제공된다. 그리
스도의 의로운 적극적 순종으로 두 번째 것이 제공된다. 두 번째 아담의 영
광은 순종의 환경과 요구하는 것들에 있어서 첫째 아담의 영광을 훨씬 초월
한다. 첫째 아담은 에덴동산 안에서 순종해야만 했다면, 둘째 아담은 악한

---

6   제6장 아담의 경륜에 대한 진술에 집중하라.

세상의 광야에서 순종해야만 했다. 첫째 아담은 단지 나무의 열매를 먹는 것을 거부해야 했지만, 둘째 아담은 나무, 즉 십자가에서 죽어야만 했다.

성도들아, 하나님의 미소를 얻기 위해 너 자신을 바라보아서는 안 된다.
하나님께서 의롭다하시는 이유인, 오직 그리스도만을 바라보라.
칭의를 기뻐하라. 완벽하고 값없고 취소할 수 없다.
너를 위한 그리스도의 사역을 찬양하라. 그것으로 충분하고 완벽하다.

V. 칭의의 매개체

1. 확립된 사실

오직 믿음의 은혜만이 칭의의 매개체이자 수단이다. 칭의의 수단으로서 믿음을 강조하고, 율법의 행위를 철저히 거절하는 많은 성경말씀에서 이 사실이 확립되었다(로마서 1장 17절, 3장 27-31절, 빌립보서 3장 9절, 갈라디아서 2장 16절). 이 성경구절들의 강조는 믿음에 대하여 성경의 일반적인 강조와 중요성으로 인해 그리고 칭의의 도구적 수단이 되는 다른 어떤 은혜도 없다는 것으로 인해 확증된다.

2. 설명된 사실

하나님께서 칭의의 매개적 수단으로 선택하신 것이 다른 어떤 은혜가 아니라 왜 믿음인가? 믿음이 하나님의 선물이라는 사실이 그 이유는 아니다. 모든 은혜들이 하나님의 선물들이지만 오직 믿음만이 칭의의 매개적 수단이다. 로마서 4장 16절과 고린도전서 1장 29-31절은 믿음이 매개체라고 가리킨다. 그 까닭은 믿음은 칭의가 오직 은혜로 다른 누군가의 의의 기초 위에 있다는 사실을 가리키기 때문이다. 하나님께서는 믿음으로 우리를 의롭다 하신다. 그래서 우리는 구원이 오직 하나님의 영광을 위하여, 오직 은혜로, 오직 그리스도로 말미암은 것임을 알게 될 것이다. 믿음은 그리스도를 붙잡는 빈손이다. 믿음은 붙잡고 있고 받아들이고 바라보고 있는 것이다. 그러므로 믿음은 의롭게 한다. 그 까닭은 믿음은 그리스도께 모든 집중을 쏟게 하고, 믿음 그자체로부터 눈길을 돌려 그리스도께로 향하게 하기 때문이다.

3. 주의해야 할 사실

사람이 믿으면서 지속적으로 악한 삶을 사는 것이 가능한가? 이 점에 대한 개혁주의 신학의 전통적인 진술이 1689 신앙고백서 제11장 2항에 있다. 우리는 오직 믿음으로 의롭다함 받으나, 오직 믿음 그 하나만을 말하는 것은 아니다(갈라디아서 5장 6절, 야고보서 2장 17절, 22절, 26절). 참된 믿음은 거룩한 삶을 살게 한다.

오직 믿음으로의 칭의 그리고 교회의 연합

1689 신앙고백서가 칭의라는 주제에 있어서 개신교 개혁주의 전체와 완전히 일치한다는 것은 이미 언급하였다. 더욱이, 1689 신앙고백서가 주장하는 많은 점들에서 1689 신앙고백서는 로마 가톨릭의 교리를 명백하게 부정한다. 1689 신앙고백서 제26장 4항에서 교황의 지위를 적그리스도로 여길 만큼 로마 가톨릭에 대한 적대감은 아주 격렬하다. 물론, 개혁주의자들은 무엇보다 우선 로마 가톨릭의 칭의 교리에서 그들을 배교자로 여긴다. 로마 가톨릭은 칭의에 관한 트렌트 공의회의 오류들을 단 한 번도 포기한 적이 없기에, 칭의에 대한 그들의 교리가 그 때 이후로 완전히 바뀌었다고 생각할

근거가 전혀 없다. 더욱이, 트렌트 공의회의 오류들은 칭의 교리로부터 심각하게 벗어났을 뿐 아니라 전반적인 신앙의 관점과도 완전하게 모순된다.[7] 이 주제에 대해 1689 신앙고백서에 요약된 개혁주의 교리는 트렌트 공의회의 교리와 절대 조화될 수 없다.

여기서 우리가 주의해야 하는 유일한 문제는 그리스도인의 믿음에서 칭의 교리가 얼마나 중요하고 핵심적인지에 대한 문제와 관련이 있다. 또, 이 문제를 더 현실적으로 다룬다면, 종교적으로나 복음적인 복적을 위해서 로마 가톨릭과 협력하는 것이 합법적인가? 종교적인 목적을 위해 어떤 주제들에 있어서 우리와 다른 입장을 가진 형제 그리스도인들과 협력하는 것은 분명히 합법적이다. 물론 이것이 가능한 까닭은 그 몇 가지 주제의 대부분이 그리스도인의 믿음에 근본적으로나 핵심적으로 연결되지 않기 때문이다. 이러한 몇 가지 주제들에 관하여 그리스도인 형제들은 다름을 인정하지만, 서로를 참 그리스도인으로 여긴다. 여기서 이것과 관련된 모든 문제는 그리스도인의 연합을 위해서 칭의가 상대적으로 중요하다는 것이다.

성경은 바로 이 사안에 대해서 불확실성을 전혀 허용하지 않는다. 사도 바울은 칭의 교리를 광범위하게 다룬 자신의 두 통의 편지에서 칭의 교리가 복음의 핵심교리라는 것을 아주 분명히 한다. 이것은 로마서에서 분명하다. 로마서 1장 16절에서 바울은 복음을 '구원을 위한 하나님의 능력'이라고 인정한다. 다음 구절에서 바울은 복음에 구원하는 효력이 있는 이유를 설명한다. 바울은 '복음에는 하나님의 의가 나타나서'라고 말한다. 이 주장은 하나님의 의가 사람들에게 전가된다는 교리가 복음에 구원하는 효력 있다는 것의 핵심이라는 것을 뜻한다. 바울이 죄악 된 세상은 완전히 절망적인 상태라는 것을 길게 설명한 후 하나님의 진노에서 벗어날 유일한 근원을 밝힐

---

7   제임스 뷰케넌James Buchanan의 트렌트공의회의 입장에 대한 전통적인 폭로와 비난, *The Doctrine of Justification* (Grand Rapids, MI: Barker Book House, 1977).

때, 이 사실은 더욱 분명해진다. 바로 이 구원의 근원은 하나님의 의에 관한 계시이다(로마서 3장 21절). 그리고 바울은 이 교리를 성경의 전통적인 설명 방식으로 구원의 근원을 오직 믿음으로 의롭다함을 받는다는 교리로서 계속해서 설명한다(로마서 3장 21절-5장 21절).

로마서는 이 교리의 핵심을 침착하고 신중히 신학적인 진술로 분명히 하는 반면, 갈라디아서는 사도의 분노로 인한 격양된 감정으로 이 교리의 가장 중요한 본질을 분명히 한다. 그래서 여기 유대주의자의 위협에 대한 반응으로, 바울은 복음을 행위와 의식으로 구원받는 체계로 바꾸려는 모든 사람들에게 끔찍한 저주가 임할 것이라고 선언한다(갈라디아서 1장 8-9절, 3장 10절, 4장 30절, 5장 12절). 그렇지만 칭의 교리가 핵심이라는 전통적인 주장은 갈라디아서 5장 4절에서 발견된다. '율법 안에서 의롭다 함을 얻으려 하는 너희는 그리스도에게서 끊어지고 은혜에서 떨어진 자로다.' 여기서 바울은 칭의로부터의 일탈이 그리스도에 대한 배교로 여겨지고, 없이는 구원을 받을 수 없는 바로 그 은혜를 빼앗긴 것으로 여겨진다는 사실을 분명히 한다. 로마 가톨릭의 칭의 교리는 그래서 단순한 오류 또는 심각한 오류의 정도가 아니다. 이단 교리이다. 선한 양심을 가진 그리스도인이라면 절대 동의할 수 없는 근본적인 오류이다. 이단 교리를 주장하는 사람들과는 그 어떤 종교적인 협력도 허락되지 않는다.

제12장 양자에 관하여

of adoption

1. 하나님께서는 자신의 독생자 예수 그리스도 안에서 그리고 예수 그리스도로 인하여,[1] 의롭다 함을 받은 모든 자들이[2] 양자됨의 은혜에 참여자가 되는 은혜를 허락해 주셨다.[3] 이로 인해 그들은 하나님의 자녀의 수에 들게 되고 자녀의 자유와 특권을 누린다. 그들은 그분의 이름을 자신들 위에 두고[4] 양자의 영을 받고 담대히 은혜의 보좌로 나아가서 아바 아버지라 부를 수 있게 되며[5] 불쌍히 여김을 받고 보호를 받으며 공급을 받고 아버지이신 그분께 벌을 받는다. 그러나 결코 버려지는 것이 아니라 구원의 날까지 인침을 받고[6] 영원한 구원의 상속자들로서 그 약속들을 상속받는다.[7]

1. 에베소서 1장 5절, 갈라디아서 4장 4-5절, 로마서 8장 17절, 29절

2. 갈라디아서 3장 24-26절

3. 요한1서 3장 1-3절

4. 로마서 8장 17절, 요한복음 1장 12절, 고린도후서 6장 18절, 요한계시록 3장 12절

5. 로마서 8장 15절, 에베소서 3장 12절, 로마서 5장 2절, 갈라디아서 4장 6절, 에베소서 2장 18절

6. 시편 103편 13절, 잠언 14장 26절, 마태복음 6장 30절, 32절, 베드로전서

5장 7절, 히브리서 12장 6절, 이사야 54장 8-9절, 예레미야애가 3장 31절, 에베소서 4장 30절

7. 로마서 8장 17절, 히브리서 1장 14절, 9장 15절

개요

1항	I. 양자의 기초
	1. 대상: '의롭다 함을 받은 모든 자들'
	2. 근원: '하나님은 … 은혜를 허락해 주셨다'[1]
	3. 근본: '자신의 독생자 예수 그리스도 안에서 그리고 그리스도의 목적 때문에'
	II. 양자의 유익[2]
	1. 하나님의 가족으로 받아들여진다.
	2. 자녀의 지위를 받는다.
	3. 하나님께서 아버지로서 (우리를) 대하시는 경험을 한다.
	4. 약속된 유산을 상속받는다.

위에서 제시된 제12장의 근거 구절들과 개요는 양자라는 주제 연구를 위한 기초를 제공한다. 더 깊고 성경적이고 실천적인 많은 주제들을 따라 설명할 때, 이 주제들은 성경이 말하는 양자 교리의 일반적인 주제 아래에 두고 설명될 것이다.[3] 나는 '구속사에서의 양자' 그리고 '구원의 적용에서의 양자' 라는 두 가지 주요한 주제 아래서 이 논의를 체계적으로 세우기로 정하였다. 이 구조는 요약된 설명이라고 할만하다. 신학자들은 일반적으로 그리고 아주 적절하게 구속사(*historia salutis*)를 구원의 적용(*ordo salutis* 구원의 서정)과

---

3   나는 이 주제를 설명하기 위해 두 자료에 빚지고 있다는 것을 분명히 언급한다. 존 머레이는 *Redemption Accomplished and Applied*에서 (London: Banner of Truth Trust, 1961) 탁월하게 구원의 순서를 다루었다. 그 책에 양자에 대한 아주 탁월한 장이 있다 pp. 132-140. 나의 협동목사들 가운데 한 분인 데이브 멀크Dave Merck는 *The Biblical Doctrine of adoption*이라는 제목으로 아주 도움이 되는 글을 썼다. 그렇지만 이 글은 출판되어 있지 않다.

구분한다. 구속사의 가장 중심이 되고 객관적인 사건들 (성육신, 십자가 고난, 부활, 유월절, 오순절 성령강림)은 하나님의 백성을 구속공동체 전체로 여김으로 세운다. 그리고 이 구속사의 사건들은 구속사 아래 포함된다. 구원의 서정 아래 있는 사건들(중생, 믿음, 칭의)은 우리의 개별적인 구원의 경험으로 구성된다. 그리고 이 사건들이 발생하는 논리적이고 인과적인 순서에 특별한 관심을 기울여 연구해야 한다. 아주 명백하게, 구속사와 구원의 서정에 대한 연구는 다르다. 그러나 이 둘은 아주 밀접한 관련이 있다. 구속사는 그 적용인 구원의 서정을 연구하는 데 필수적인 배경을 형성한다. 이렇게 설명하는 체계는 양자 교리가 이러한 연구 분야들에서 중요한 자리를 차지하고 있음을 전제하고 함축한다. 이것은 구속사 아래에서의 양자에 관한 성경의 가르침이 구원의 적용에서 한 개인이 양자되는 것에 대한 가르침을 이해하기 위해 필수적이라는 것을 뜻한다.

I. 구속사 안에서 양자

1. 자녀 신분의 원상태 - 아담의 자녀 신분

양자라는 단어를 대하 쓴 성경의 단어는(오직 신약성경에서만 딱 다섯 번 사용되었다 - 로마서 8장 15절, 23절, 9장 4절, 갈라디아서 4장 5절, 에베소서 1장 5절) 문자적으로 자녀의 자리에 있는 것을 의미한다. 그러므로 자녀됨을 주제로 하는 포괄적인 성경의 가르침을 고려하지 않은 양자에 대한 논의는 틀림없이 어긋날 것이다. 이 가르침은 확실히 아담이 태어날 때부터 하나님의 아들이었다는 개념에서 시작한다. 이것은 누가복음 3장 23절과 38절에서 명확하게 진술된다. 또 창세기 1장 26-27절과 창세기 5장 1-3절을 비교해 볼 때 그 안에 자녀라는 개념이 함축되어 있다. 그리고 이 말씀들 안에는 형상을 가진 자의 개념이 자녀 신분의 개념과 직접적으로 연결되어 있다. 이러한 개념은 자녀 신분의 개념이 신분이나 법적 관계에 제한되어 있지 않다는 것을 보여 준다. 물론 신분이 양자의 핵심이지만 또한 자녀 신분은 공유된 본질에 대한 개념을 포함한다(요한복음 5장 18-23절, 8장 33-47절).

창세기의 진술(창세기 2장 17절, 3장 24절)과 성경 전체의 증언은 하나님과의 자녀 신분의 원래 관계가 아담이 타락했을 때 끊어졌다는 것이다. 그러므로 타락 이후, 하나님의 자녀의 특권은 오직 하나님의 구속 목적의 대상들과 언약과 관련된 대상들에게 거의 배타적으로 제한되었다(창세기 6장 2절, 출애굽기 4장 22-23절, 요한복음 1장 12-13절). 그러나 하나님과 아담과의 이 원래 관계는 어떤 의미에서 모든 사람이 하나님의 후손 또는 자손이라는 것을 매우 드물게 설명한다(사도행전 17장 28-29절, 히브리서 12장 9절). 그들의 존재가 창조주에게서 나왔다는 의미에서 그리고 그분의 섭리의 돌봄을 받는 대상이라는 의미에서(사도행전 17장 25-28절) 사람들은 여전히 하나님의 자녀로 평가되지만 단지 이 제한적인 의미에서만 그런 것이다. 성경 전체의 이야기는 인류와 그들의 아버지로서 하나님과의 본래의 자식관계가 그리스도의 사역을 통하여 어떻게 회복되었는지에 관한 이야기이다. 사람들이 다시 한 번 하나님의 본성을 공유하고 하나님께서 특별히 사랑하시는 대상이 될 때, 충분한 의미에서 하나님의 자녀들이다. 이런 의미로 존 머레이는 '구속과 양자로 구성된 메시지를 하나님의 보편적인 부성의 메시지로 대체하는 것은 복음을 취소하는 것이다'라고 날카롭게 주장한다.[4]

---

4   John Murray, *Redemption Accomplished and Applied* (London: The Banner of Truth Trust, 1961), p. 135.

2. 자녀 신분의 모형적인 지위 - 양자, 이스라엘

성경에 나타난 양자에 관련한 다섯 개의 성경구절들 중 하나는 이스라엘의 민족적인 양자를 명확하게 묘사한다(로마서 9장 4절). 바울은 육적 이스라엘 국가가 누려 온 어마어마한 특권들을 나열하면서 먼저 '그 양자'에 대하여 말한다. 이러한 성경구절이 있다는 것은 이 양자가 분명하고 잘 알려진 사실이었다는 것을 나타낸다. 이스라엘은 구약성경에서 일반적으로 하나님의 아들로 묘사된다(출애굽기 4장 22절, 신명기 32장 5-6절, 18-20절, 이사야 45장 9-11절, 예레미야 31장 9절, 말라기 2장 10절). 그러나 이스라엘의 자녀 신분과 같은 선상으로 이스라엘이 노예 신분으로부터 구속 받았다는 사실을 이야기하는 성경구절에 대해 특별히 언급한다(출애굽기 19장 5절, 신명기 7장 6-8절, 에스겔 16장 1-15절, 예레미야 3장 1-22절). 이스라엘이 양자 되었다는 언급들은 양자 삼으시는 아버지에 의해서 선택 받았다는 사실을 가리키고 이전의 신분이 무력한 상태였고 노예의 처지였다는 것과 아버지로서 그들을 돌보시는 여호와로 인하여 바로 그 노예의 처지에서 구속 받았다는 것을 가리킨다.

이스라엘의 양자됨에 대한 이해는 그것의 모형적인 특징을 명확히 가리킨다. 이스라엘의 양자를 드러내는 체계를 형성한 애굽에서 노예의 처지와 애굽으로부터 구속은 둘 다 모형적이다. 그것들은 죄 안에서 사람의 노예 상태를 가리키고 그리스도의 사역으로 인한 그곳으로부터의 구속을 가리킨다. 또한 이스라엘의 양자됨에 대해 바울이 언급한 모든 내용들로 인하여 이것은 명명백백해졌다. 바울이 이스라엘의 양자에 대해 이야기하는 바로 그곳에서 그의 마음은 슬픔으로 가득했는데 이는 이스라엘이 그리스도를 거절한 것과 그들의 구원받지 못한 상태 때문이다(로마서 9장 1-3절, 10장 13절). 이 양자는 '그리스도와 함께 상속자들을 따르는', 그들의 최종적인 구원을 보증하는 사람들로 구성된 양자와 분명히 다르다(로마서 8장 15-17절,

23절). 이 양자는 요한복음 1장 11-13절에서 이야기되는 양자와는 분명히 다르다. 요한복음 1장 11절에서 이스라엘은 '자기 백성이'(11절)라고 묘사된다. 이것은 이스라엘이 가지는 특별한 언약의 지위를 언급하는 것이 분명하고 일반적으로 구약성경에서 자녀 신분이라는 면에서 묘사된다. 그러나 요한복음 1장 12-13절에서 자녀 신분은 '영접하는 자 곧 그 이름을 믿는 자들에게는 하나님의 자녀가 되는 권세를 주셨으니 이는 혈통으로나 육적으로나 사람의 뜻으로 나지 아니하고 오직 하나님께로서 난 자들'로 제한된다. 이러한 성경구절들의 관점으로 보면, 구속적 자녀 신분에는 두 차원이 있다. 하나님께로부터 태어나서 신적 본성을 공유하는 것은 13절의 초점이다. 그러나 12절의 '하나님의 자녀가 되는 권세를 주셨으니'라는 말씀은 양자신분의 법적인 상태에 대한 명확한 언급이다. 그러므로 구약의 모형적인 자녀 신분과 새 언약에서 실제적이고 본질적인 자녀 신분 사이의 뚜렷한 대조가 로마서 9장 4절에 함축되어 있고 요한복음 1장 11-13절에 명백히 드러나 있다.

이 대조는, 유아세례를 지지하기 위해 구약과 신약의 차이를 단조롭게 하는 경향이 있는 사람들에 의해서 절대로 잊혀지지 말아야 한다. 옛 언약의 자녀 신분과 새 언약의 자녀 신분은 모형적인 측면에서 관계가 있다. 이 둘은 같지 않다. 옛 언약과 새 언약 모두 하나님의 모든 자녀들에게 마땅히 언약의 증표를 새겨 넣는 것은 사실이다. 따라서 옛 언약에 속한 하나님의 모든 자녀들은 할례를 받았다. 새 언약 안에 있는 하나님의 모든 자녀들은 마땅히 침례를 받아야 한다. 옛 언약의 기초인 혈통이나 육으로 태어난 것이나 사람(문자적으로, 남편 또는 성인남자)의 의지에 기초를 두는 이러한 상태가 새 언약에서는 주어지지 않는다는 것을 절대 잊지 말아야 한다. 새 언약에서 '하나님의 자녀가 되는 권세'는 오직 그리스도를 받아들인 사람들에게만 주어진다.

3. 자녀 신분의 본질적인 지위 - 양자, 교회

새 언약의 이스라엘, 교회 그 전체를 양자 삼는 것은 로마서 8장 15, 23절과 에베소서 1장 5절에 함축되어 있다. 그러나 갈라디아서 4장 5절의 언급은 양자와 관련하여 구속적이고 역사적인 사건으로서 교회 전체를 양자 삼는다는 것을 아주 명백하게 언급한다. 갈라디아서 4장 5절 전체 내용이 이 주장을 지지한다. 갈라디아서의 요지는 유대주의자들을 반박하는 것이다. 그리고 유대주의자들은 의롭게 되기 위하여 율법과 관련한 의식들(할례, 규정법, 종교력)을 지키는 것이 필수라고 주장하고 있었다. 유대주의자들의 주장에 대한 바울의 대응은 오직 믿음으로 의롭게 된다는 교리를 간단히 설명하는 것으로만 그치지 않는다. 오히려 유대주의자들이 최고로 중요하게 여겼던 전체 경륜이 단순히 일시적인 것이었다고 주장한다. 따라서 유대주의자들의 주장하고 있는 모든 근거는 깨져버렸다. 그러나 이것은 구원의 순서와 믿음으로 의롭게 된다는 것만을 의미할 뿐만 아니라, 역사적 구속과 갈라디아인들을 옥죄고 있는 모세 언약의 보조적이고 일시적인 특징도 의미한다. 더욱이 갈라디아서 4장 5절이 포함된 전체 문맥은 구속사에 대한 논쟁이 주를 이룬다. 갈라디아서 3장은 역사적으로나 그 중요성에 있어서 아브라함의 약속이 어떻게 모세의 법보다 우위에 있는지에 대해 말한다. 갈라디아서 3장 23절은 '믿음이 오기 전' 시기에 대하여 말하고 25절은 '믿음이 온 후'의 시간에 대해서 말한다. 이 성경구절의 더 정확한 의미가 무엇이든지 간에, 이 구절들은 개별적인 의미가 아닌 역사적인 의미로 반드시 이해되어야 한다. 바꿔 말하면, 바울은 회심 때 각 개인들에게 믿음이 주어진다는 사실을 말하고 있는 것이 아니라, 그리스도의 강림이라는 역사적인 사건 안에서 계시를 통해 믿음이 세상에 들어왔다고 말하는 것이다. 그러므로 갈라디아서 4장 4절에서 바울은 '때가 차매 하나님이 그 아들을 보내사'라고 말한다. 양자됨의 결과를(5절) 바울은 그리스도께서 오시기 전 하나님의 미성숙한 자녀들이 '이 세상 초등 학문 아래 있어서 종 노릇'(3절) 하던 시대와 대조시킨다. 그리스도의 구속 사역을 통해 교회가 양자된 것은 이스라엘이 민족적으로 양자된 것으로 주어진 일시적인 특권들을 훨씬 넘어선 복들을 포함한다. 갈라디아서 4장 6-7절에 따르면, 이 자녀 신분은 내주하시는 성령님의 복들과 영원한 유산을 가져다준다. 이러한 복들은 종과 노예 상태에 속해 있는 것이 아니었다. 민족 이스라엘은 종과 노예의 상태에서 그 모든 특권들을 가지고 있었다(갈라디아서 4장 1-3절, 5절, 7절).

여기서 설명이 꼭 필요하다. 물론, 그 어떤 경우에도 옛 언약 아래 있는 개인들이 내주하시는 성령님의 복들과 영원한 유산을 소유하는 경우가 전혀 없다고 주장하는 것은 아니다. 개인들은 이러한 복들을 당연히 소유했다. 이스라엘이 민족적으로 양자가 되었기에 이러한 복들이 이스라엘 전체에 속한 것은 아니라고 말할 뿐이다. 교회가 양자되어서, 전체적으로 이러한 복들이 교회에 속한다. 그 까닭은 오직 교회가 그리스도를 받아들인 사람들로만 구성되었기 때문이다(1689 신앙고백서 제11장 6항과 제21장 1항의 해설을 보라).

II. 구원의 적용 안에서 양자

만약 갈라디아서 4장 5절이 교회를 전체적으로 양자 삼는 것을 지지하는 핵심구절이라면, 로마서 8장 15, 23절은 반드시 그리스도인들을 개인적으로 양자 삼는다는 교리를 지지하는 결정적인 성경구절로 생각해야 한다. (에베소서 1장 5절은 아주 중요하지만 양자의 언급에 있어서는 결정적이지는 않다.) 아마 이 두 성경구절에 관해 가장 인상적인 부분은 명백히 다른 시간 기준이다. 과거에 양자의 영을 받고 현재 양자의 영을 소유한다는 로마서 8장 15절의 언급은 분명히 회심 때 일어나는 양자를 언급하는 것이다.[5] 로마서 8장 23절의 '양자 될 것 곧 우리 몸의 속량을 기다리느니라'라는 이 말씀은 단지 부활 때 일어나는 양자에 대하여 분명하게 말한다. 이 이중적 관점은 양자에 관한 로마관습과 법을 근거로 삼으면 가장 잘 설명된다. 명백히, 로마의 양자는 공적으로 선언하기 이전에 사적인 의식과 공적인 의식으로 구성된다. 사적인 의식에서 양자된 아들은 법적으로 생물학적 아버지의 권위를 떠나 양자 삼은 아버지의 권위에 속하게 된다. 공적인 의식에서 양자된 아들은 아버지의 아들이 되었다는 사실이 엄중히 선언되다. 비록 일반적으로 이 두 사건 사이에 오랜 시간이 걸리지 않지만, 이런 관습들은 바울이 어떻게 로마서 8장 15절의 과거에서 로마서 8장 23절의 미래로 옮겨 가는지를 쉽게 설명한다. 더욱이, 이는 바울이 다른 두 양자에 대하여 생각한 것이 아니라 오히려 법적으로 지금 소유하고 있는 양자와 미래에 공식적으로 인정받을 양자에 대하여 생각하고 있는 것이다.

1. 양자의 정의

지금까지 앞에서 로마서 8장에서 발견한 내용과 이미 살펴본 구속사적 사건으로서 양자의 배경을 가지고, 우리는 영원한 그리스도인의 개별적이고 영적인 특권들의 부분인 양자를 정의하려는 자리에 서 있다.

---

5   이 논의에서 나는 갈라디아서 4장 6절의 병행 말씀에 기초하여 이 언급이 성령님께 속한 것이지 영혼의 기질에 속한 것이 아니라고 확신하고 있다.

양자는 법적인 지위가[6] 노예의 신분에서 하나님의 아들[7]의 신분으로 변하는 것이다. 그리고 이 변화는 그리스도와 연합되는 바로 그 순간 믿음에 의해 일어난다.[8] 그러나 양자는 부활의 바로 그 순간 공개적으로 드러날 것이다.[9] 양자는 영원에서[10] 하나님 아버지의 택하시는 사랑과 시간 속에서 성령님의 중생케 하시는 능력으로부터[11] 흘러나오는 하나님의 자유로운 은혜의 사역이다. 그리고 이 은혜의 사역은 즉시 양자의 영[12]을 부어주시고 하나님의 상속자들 중 하나가 되는 특권을 준다.[13] 다른 특권들, 책임, 법적 의

---

6 이미 앞에서 언급했듯이 이 말의 본질은 양자가 칭의와 같이 법적이고 재판에서 처리되는 것으로 봐야한다고 요구한다. 물론 자녀됨과 관련된 큰 문제의 하나는 우리의 본질이 윤리적이고 주관적인 변화의 측면을 포함한다는 것이다. 그러나 양자는 중생이나 성화와 혼동되지 않는다.

7 양자 안에서 보이는 특별한 법적인 변화는 노예에서 아들이 되는 변화이다(로마서 8장 15절, 갈라디아서 4장 3, 5절). 법적인 변화에 있어서, 양자는 칭의와 아주 밀접한 관계가 있다. 칭의 받은 사람이 양자 된다는 것을 주장할 때, 1689 신앙고백서 작성자들은 칭의와 양자를 밀접하게 결부시키고 이 둘을 날카롭게 갈라놓는다. 큰 두 가지 복들은 발생한 회심과 함께 단 한 번 발행하는 법적인 변화들이다. 갈라디아서 3장과 4장 특별히 갈라디아서 3장 24~26절에 함축되어 있는 칭의와 양자 간의 밀접한 관계를 주목하라. 한 사람이 믿을 때, 그는 칭의도 받았고 양자도 되었다. 더욱이, 칭의와 양자 모두는 법정상황을 전제한다. 그렇지만, 여기서 이 두 복들의 차이가 시작한다. 칭의는 하나님께서 범죄를 판단하시는 법정 안에 있는 죄인이다. 양자는 공중하는 법정 안에 있는 노예이다. 우리 사회에도 범죄를 판단하는 법정과 공중하는 법정의 차이가 있듯이 성경에도 칭의와 양자는 차이가 있다. 칭의는 죄와 의로움과 관련된 판결을 내린다. 양자는 노예와 자녀와 관련된 일을 한다.

8 양자는 순간에 일어난다. 이 순간에 그리스도와 연합이 시작된다. 우리의 양자로 자녀됨은 분명히 그리스도의 영원하고 본질적인 아들 되심과 완전히 다르지만, 우리는 하나님의 유일하신 아들이신 그리스도와 연합했기 때문에 우리는 하나님의 아들이 된다(로마서 8장 17절, 갈라디아서 3장 26-29절, 4장 6절).

9 로마서 8장 23절, 요한1서 3장 1절 그리고 에베소서 1장 5절과 4장 30절을 주목하라.

10 에베소서 1장 5절을 주목하라.

11 요한복음 1장 13절, 3장 3절, 5절, 8절, 요한1서 2장 29절을 주목하라.

12 로마서 8장 1, 9, 14, 15절, 갈라디아서 4장 6절을 주목하십시오. 양자의 영과 양자 그 자체와 혼동하면 안 된다. 갈라디아서 4장 6절을 특별히 주목하십시오. **너희가 아들이므로 하나님이 그 아들의 영을 우리 마음 가운데 보내사 아빠 아버지라 부르게 하셨느니라**

13 로마서 8장 17절, 갈라디아서 4장 7절을 보라.

무와 마찬가지로 말이다.[14]

2. 양자와의 관계

위에서 언급하고 지지하는 양자에 대한 정의가 옳다면, 몇 가지 교리적이고
실천적인 결론들이 따른다. 우리는 무엇보다도 양자가 구원의 적용에 있어
서 아주 분명한 자리를 차지한다는 것을 발견한다. 양자는 논리적으로나 인
과관계적으로 (비록 시간적 순서는 아니지만) 우선 부르심과 중생 이후에 일어
난다. 핵심구절은 요한복음 1장 12-13절이다. 여기서 그리스도의 이름을
믿는 사람들과 하나님의 자녀가 되는 권세를 가진 사람들은 '하나님께 난'
사람들이라는 것을 분명히 한다. 이 말씀에서의 시제는 하나님께로 났다는
것이 논리적으로 하나님의 자녀가 되는 권세를 믿고 받아들이는 것보다 앞
선다는 것을 암시한다. 이 관계는 요한복음 3장 3-5절에서 확증된다. 이 성
경구절에서 거듭난다는 것은 하나님의 나라를 '보고' '들어가는' 능력을 주
는 것이다. 이 말은 믿음을 언급하는 말이다. 요한복음 1장 12-13절도 믿는
것(그리스도를 영접하는 것)이 논리적으로나 인과관계적으로 양자보다 우선한
다는 것을 분명히 한다. (그리스도를 영접한 사람들은 그 권세를 받는다…) 믿음과
양자의 관계는 갈라디아서 3장 26절에 의해서 확증된다. '너희가 다 믿음으
로 말미암아 그리스도 예수 안에서 하나님의 아들이 되었으니.'
　칭의와 양자의 정확한 인과관계를 결정하는 것은 믿음과 양자의 관계
를 결정하는 것보다 훨씬 어렵지만, 칭의와 양자의 정확한 인과관계를 결정
할 때는 크게 걸리는 것이 없다. 여기에서도 큰 어려움은 없다. 구원의 시작
(소명과 중생)은 분명히 양자보다 앞선다. 사람의 반응(회심과 믿음)은 분명히

14　1689 신앙고백서에서 언급된 특별한 내용들과 그 내용들에 대한 각각의 증거구절들에
　　주목하라.

양자보다 앞선다. 양자는 우리가 복음의 요구에 순종한 것에 대한 반응으로 주어진 복들 중 하나이다. 그러므로 양자와 우리가 복음을 믿음으로 그리고 반응함으로 얻은 다른 복들 사이에는 밀접한 논리적 관계가 있다. 그러나 칭의가 논리적으로 양자보다 앞선다고 생각할 합당한 이유가 있다. 하나님께서 자신의 진노 아래 있다고 여기는 사람을 양자 삼으신다고 생각하기는 어렵다. 그러므로 칭의가 양자보다 앞선다고 믿는 것이 옳다고 판단된다.

성령님의 선물이 논리적으로나 인과관계적으로 양자 이후에 일어난다고 주장하는 더 근거 있는 해석학적 이유가 있다. 성령님의 선물은 중생에서의 성령님의 사역과 혼동되어서는 안 된다. 그 까닭은 성령님의 선물은 논리적으로나 인과관계적으로 믿음의 작용 이후에 주어지기 때문이다(잠언 1장 23절, 요한복음 7장 37-39절, 사도행전 2장 38절, 갈라디아서 3장 2절). 더더욱 성령님의 선물은 양자의 영과 동일하다고 생각하는 것이 논리적이다(로마서 8장 15절, 갈라디아서 4장 5절). 그러나 하나님께서 성령님을 우리 마음에 보내주신 것은 우리가 자녀들이기 때문이라고 갈라디아서 4장 6절은 명시적으로 우리에게 말한다. 더욱이, 양자의 영의 사역은 '성령이 친히 우리 영으로 더불어 우리가 하나님의 자녀인 것을 증거'하는 것이다(로마서 8장 16절). 그러나 이 사역은 논리적인 출발점으로서 우리는 이미 하나님의 양자된 자녀들이라는 것을 가정한다.

구원의 서정의 관점에서 보면 함축된 중요한 의미가 있다. 사람들이 복음을 따랐다는 것에 대한 반응으로, 사람에게 중생을 주고, 새로 태어나게 한다는 것은 신학적으로나 실천적 측면에서 오해를 일으킬 수 있다. 그러나 만약 사람들이 복음 안에서 값없이 제시된 그리스도를 받아들였다면, 칭의와 양자 그리고 성령님의 선물이 사람들에게 주어지는 것은 적절하다. 우리는 사람들에게 다음과 같이 말해 줄 수 있어야 한다. '그들은 현재 자신들이 가진 힘 안에서 그리스도인의 삶을 살도록 부르심을 받았다고 절대로 생각하지 말아야 한다.' 오히려 사람들은 그리스도께 불쌍하고 도움이 필요한 죄인들로서 붙어 있어야만 하고 그리스도로부터 생명과 신앙을 위해 필요한 모든 것을 받아야만 한다. 사람들은 그리스도로부터 믿음의 빈손으로 칭의와 양자의 수많은 복들과 성령님의 선물을 받아야만 한다. 칭의 받고 양자 되고 권세를 부여받은 하나님의 자녀들로서 그들은 비로소 그리스도인의 삶을 살아갈 수 있다. 우리가 그리스도의 복음 안에서 얼마나 엄청난 복들을 사람들에게 제시해야만 하는가!

제13장   성화에 관하여

of Sanctification

1. 그리스도와 연합되고 유효적 소명을 받아 중생되고, 창조된 새 마음과 새 영혼을 가진 사람들은 그리스도의 죽음과 부활의 공로를 통해서[1] 더 나아가 그 동일한 공로로[2] 그들 속에 있는 그리스도의 말씀과 그들 안에 성령님의 거하심으로 인해[3] 실제로, 인격적으로[4] 더 성화된다. 온몸을 지배하는 죄의 권세는 파괴되고 죄의 여러 정욕들은 점점 약화되고 억제된다. 그리고 그들은 구원에 이르게 하는 모든 은혜 안에서 점점 되살아나고 강건해져서 모든 참된 거룩함을 실천하기에 이른다.[5] 이러한 실천 없이 그 어떤 사람도 주를 볼 수 없다.[6]

1. 요한복음 3장 3-8절, 요한1서 2장 29절, 3장 9-10절, 로마서 1장 7절, 고린도후서 1장 1절, 에베소서 1장 1절, 빌립보서 1장 1절, 골로새서 3장 12절, 사도행전 20장 32절, 26장 18절, 로마서 15장 16절, 고린도전서 1장 2절, 6장 11절, 로마서 6장 1-11절

2. 고린도전서 6장 11절, 사도행전 20장 32절, 빌립보서 3장 10절, 로마서 6장 5-6절

3. 요한복음 17장 17절, 에베소서 5장 26절, 에베소서 3장 16-19절, 로마서 8장 13절

4. 데살로니가전서 5장 23절, 로마서 6장 19절, 22절

5. 로마서 6장 14절, 갈라디아서 5장 24절, 로마서 8장 13절, 골로새서 1장 11절, 에베소서 3장 16-19절, 고린도후서 7장 1절, 로마서 6장 13절, 에베소서 4장 22-25절, 갈라디아서 5장 17절,

6. 히브리서 12장 14절

2. 이 성화는 전 인격에 미치지만 여전히 이생에서는 불완전하다. 모든 부분에 부패의 몇몇 찌꺼기들이 여전히 남아 있다.[1] 그것으로부터 지속적이고 타협할 수 없는 전쟁이 일어난다. 성령님을 대적하는 육신의 정욕과 육신을 대적하는[2] 성령님의 전쟁이다.[3]

1. 데살로니가전서 5장 23절, 요한1서 1장 8절, 10절, 로마서 7장 18절, 23절, 빌립보서 3장 12절

2. 갈라디아서 5장 17절, 베드로전서 2장 11절

3. 고린도전서 9장 24-27절, 디모데전서 1장 18절, 6장 12절, 디모데후서 4장 7절

3. 이러한 전쟁 안에서 비록 남아 있는 부패가 일시적으로 크게 우세하기도 하지만,[1] 그리스도의 거룩하게 하는 영으로부터 지속적으로 힘을 공급받음으로, 중생한 부분이 확실히 이긴다.[2] 그래서 성도들은 은혜 안에서 성장하고 하나님을 두려워하는 가운데 거룩함을 온전히 이룬다. 그리고 그들은 머리이시고 왕이신 그리스도께서 자신의 말씀으로 그들에게 주신 모든 명령에 대한 복음적인 순종으로 천국의 삶을 추구한다.[3]

1. 로마서 7장 23절

2. 로마서 6장 14절, 요한1서 5장 4절, 에베소서 4장 15-16절

3. 베드로후서 3장 18절, 고린도후서 7장 1절, 3장 18절, 마태복음 28장 20절

개요

---

1   이 언급은 "그리스도의 죽음과 부활의 효력"이라는 말과 일치한다. 웨스트민스터 신앙고백서 대응 진술을 잘 살펴보라.

I. 성화의 정의

성경에서 '거룩하게 하다'라는 말은 일상에서 쓰는 것과 구별하여 하나님께 속한 것으로 둔다는 것이다. 어떤 것이 거룩한 상태라면, 그것은 하나님의 특별한 소유가 된다는 것이다. 보통 널리 쓰이는 신학적인 용법에 있어서, '성화'라는 말은 한 사람의 실제 행동에 있는 죄에서 분리시켜 그리스도인의 삶 속에서 점진적으로 의로움으로 향하게 정한 것으로 쓰인다. 그리스도인의 거룩함이 점진적이고 지속적으로 성장하는 것을 설명하는 말로 이 단어를 일반적으로 사용하는 것은 정당하다(요한복음 17장 17절, 19절, 데살로니가전서 5장 23절, 로마서 6장 19절, 22절, 데살로니가전서 4장 3절, 4절, 7절, 히브리서 12장 14절). 이러한 일반적인 용어로서의 성화(점진적인 성화)는 그리스도인이 회심하는 바로 그 순간에 결정적으로 성화된다는 성경의 가르침을 불분명하게 하는 것은 결코 아니다. 존 머레이는 이 성경의 가르침을 결정적 성화라고 표현했다.[2] 1항 '더 나아가 … 성화된다'라는 문장 안에서 성화의 최초 행위의 실재가 함축되어 있다. 성화의 근본적인 특징은 '그리스도와 연합되고 유효적 소명을 받고 중생되고, 창조된 새 마음과 새 영을 … 가진' 사람들만이 '더 나아가 성화된다'라는 1689 신앙고백서의 주장에서 드러난다.

---

2   John Murray, *Collected Writings* ..., vol. II (Edinburgh: Banner of Truth Trust, 1977), p 277.

II. 성화의 첫 단계

결정적 성화는 죄인이 유효적 소명과 중생에서 그리스도와 연합될 때 죄인의 도덕적이고 윤리적인 상태에 일어나는 기본적이고 급진적인 변화에 대한 또 하나의 간단한 언급 방식이다. 결정적 성화는 점진적인 성화가 진공 상태에서 발생하는 것이 아니라는 사실을 우리에게 상기시킨다. 결정적 성화는 유효적 소명과 중생과 그리스도와의 연합 그리고 심지어 칭의까지 전제한다. 성화와 같이 중생은 우리 안에 변화를 일으킨다. 다시 말해서 우리의 도덕적 특징에 변화를 준다(요한복음 3장 3-8절, 요한1서 2장 29절, 3장 9-10절). 결정적 성화는 점진적 성화가 확장시키고 지속시키는 도덕적 변화를 일으키는 첫 발걸음이다. 우리가 성화에 대해서 생각할 때, 대체로 점진적이거나 지속적인 성화에 대해 생각한다. 그러나 단순히 사용 빈도수로만 본다면, 이 단어는 점진적 성화보다 결정적 성화로 훨씬 더 자주 언급된다. 결정적 성화라는 말이 형용사, 동사 그리고 명사로 쓰이는 것은 결정적 성화가 훨씬 더 많이 쓰인다는 사실을 지지하는 것이다.

　복수 형태 앞에 쓰인 형용사 '거룩한'은 신약에서 그리스도인들을 나타내는 말로 많이 사용된다. 그리스도인들은 일반적으로 '거룩한 자들', 성도들로 번역된다. 단지 선택된 몇몇이 아니라 하나님의 모든 백성들은 성도들이기 때문에, 이 명칭을 신자들을 부르는 이름으로 쓰이는 것은 중생의 순간에 각 성도가 거룩한 존재가 되고, 결정적으로 성화된다는 것을 암시한다(로마서 1장 7절, 고린도전서 1장 2절, 6장 1절, 고린도후서 1장 1절, 에베소서 1장 1절, 빌립보서 1장 1절, 골로새서 3장 12절). '거룩하게 만들다' 또는 '거룩케 하다'라는 동사는 자주 결정적 성화로 사용된다(사도행전 20장 32절, 26장 18절, 로마서 15장 16절, 고린도전서 1장 2절, 6장 11절). 흥미롭게도 각 동사는 동일하게 부정과거이고 수동태이다. 이것은 우리에게 두 가지를 말해준다. 첫째, 성화는 과거에 발생했다는 것이다. 둘째, 성화된 사람은 스스로 성화된 것이 아니다. 하나님께서 그를 성화시키셨다. 이러한 성화의 작용에서 하나님께서는 적극적이셨고 사람은 수동적이었다. 또한 일반적으로 '거룩'이나 '성화'로 번역되는 명사형은 이러한 적극적인 하나님의 행위를 나타내는 것으로 쓰였다(고린도전서 1장 30절, 데살로니가전서 4장 7절, 데살로니가후서 2장 13절, 베드로전서 1장 2절).

이 단어의 이러한 쓰임은 두 가지 결론에 이른다. 첫째, 성화는 사람의 마음과 행동에 도덕적이고 윤리적인 변화를 포함한다. 예를 들어, 성화는 믿음과 순종 그리고 성적인 순결을 만들어낸다. 이것은 성령의 활동(고린도전서 6장 11절, 로마서 15장 16절)이다. 그래서 성화는 우리의 법적인 지위나 영적인 상태의 변화 그 이상이다. 성화는 획기적인 윤리적 변화를 포함한다(데살로니가전서 5장 23절, 에베소서 5장 26절, 요한계시록 22장 11절). 둘째, 결정적 성화는 단지 마음에서만 일어나는 변화 그 이상을 포함한다. 이 성화는 전체적으로 새롭고 영적인 지위 또는 상태를 가져온다(고린도전서 1장 2절, 30절, 6장 11절). 이것은 성화에 대한 히브리서의 독특하고 의미 있는 표현법이다(히브리서 2장 11절, 9장 13절, 10장 10절, 14절, 29절, 13장 12절). 성화는 새로운 영적 상태에 놓이게 되는 것을 의미한다. 그것은 예수님 안에서 은혜, 용서, 능력, 영적 유익들을 갖추고 있는 것을 의미한다.

결정적 성화는 단순한 위치적 성화positional sanctification를 반박한다. 위치적 성화를 가르치는 사람들은 일반적으로, 회심 때 발생하는 성화는 단순히 법적으로 그들의 지위에 있어서 구분되어 하나님께 속한다는 것만을 뜻한다. 이것은 사실이 아니다. 결정적 성화는 회심의 순간에 죄의 근본적이고 실제적인 파괴를 뜻한다. 또한 결정적 성화는 단순한 점진적인 성화를 반박한다. 몇몇 사람들은 그리스도인의 삶이 칭의에서 시작하는 것으로 본다. 그래서 이들은 사람의 도덕적 특성에 그 어떤 근본적인 변화도 포함시키지 않는다. 그렇다면, 신자들은 칭의 이후부터 점진적으로 성화된다. 그렇지만 이것은 점진적인 성화가 영점에서 시작한다는 것을 의미한다. 이것은 사실이 아니다. 기본적으로 첫 단계에 성화 받은 사람들만이 점진적인 성화를 경험할 수 있는 어떤 위치에 있는 것이다.

결정적 성화를 이해하는 데 있어서 핵심 성경구절은 로마서 6장 1-11절이다. 성화와 관련 있는 성경구절은 1절과 2절이다. 바울이 '우리가 죄에 거하겠느뇨?'라는 질문을 던질 때는, 특별히 성화를 설명하고 있는 것이다. 바울이 '죄에 대해서 죽은 우리가'라고 말할 때, 그는 특별히 결정적 성화를 설명하고 있는 것이다.

로마서 6장 1절에서 드러난 바울의 앞선 진술과 로마서 6장 1-11절의 연관성이 중요하다. 바울은 우리가 행위로 칭의 받는 것이 아니라 하나님의 초자연적인 풍성한 은혜로 칭의 받는 것이라고 주장하여 왔다. 바울은 이러한 교리가 은혜가 충만한 가운데 죄를 계속 짓게 할 것이라는 반론을 예상한다. 바울은 이 반대 의견을 거부하면서 값없이 주어진 칭의는 죄의 생활을 멀리하게 하고 성도를 위해 새롭고 의로운 삶을 보장한다고 주장한다.[3]

로마서 6장 1-11절의 요지는 로마서 6장 2절에 있다. '죄에 거하겠느뇨?'라는 물음에 대한 바울의 답변은 단순히 우리가 마땅히 계속해서 죄를 짓지 않겠다고 하는 것도 아니고, 우리가 스스로 계속해서 죄를 짓지 않겠다고 다짐하겠다는 것도 아니며, 우리에게 계속해서 죄를 짓지 않겠다는 가장 강력한 동기부여가 있다는 것도 아니고, 심지어 계속해서 죄를 짓겠다는 우리의 고백을 반박하는 것도 아니다. 이 모든 답변들이 옳을 수는 있으나, 이것은 바울의 대답이 아니다. 바울의 대답은 칭의 받은 사람은 지속적으로 죄를 지을 수 있는 가능성이 없다는 것이다. '그럴 수 없느니라 죄에 대하여 죽은 우리가 어찌 그 가운데 더 살리요?' '어찌'는 그리스도인이 죄 안에서

---

3   John Brown, *Analytical Exposition of the Epistle of Paul to Romans* (Grand Rapds, MI: Baker, 1981), pp. 85-87.

지속적으로 살아가는 것이 불가능하다는 의미를 함축하고 있다.

이 말씀의 주제는 로마서 6장 3-10절에서 체계적으로 구성되어진다. 이 주제는 '죄에 대해서 죽은 우리가'라는 말씀으로 요약된다. 이 진술과 관련하여 다음의 몇몇 의문들은 반드시 해결되어야 한다.

어떻게 우리는 죄에 대하여 죽었는가? 주 예수님께서 죄에 대하여 죽으심 그 안에서 우리는 죄에 대하여 죽었다. 죄에 대하여 죽으신 그리스도와 연합함으로 인해 우리는 죄에 대해서 죽었다(로마서 6장 3절, 4절, 5절, 6절, 8절). 로마서 6장 3절에서 침례가 언급되는 이유는 그것이 회심 때 시작된 그리스도와 연합의 상징이기 때문이다.

죄에 대하여 죽었다는 의미는 무엇인가? 이것은 우리가 실제로 죄를 짓는 것에 대하여 죽었다는 의미는 아니다. 그리스도인들은 여전히 죄를 짓는다. 이러한 의미가 될 수 없다. 그 까닭은 그리스도께서 실제로 죄를 짓지 않으셨지만 죄에 대하여 죽으셨기 때문이다(로마서 6장 8-10절). 죄에 대해서 죽었다는 것이 우리가 실제로 죄를 짓는 것에 영향을 준다. 그러나 바로 이 말이 죄에 대하여 죽었다는 말의 모든 뜻은 아니다. 이것은 죄의 통치에 대하여 죽었다는 것을 의미한다. 그리스도께서는 죄의 통치 아래 계셨다(로마서 6장 9절). 여기 이 문맥에서 죄는 왕 또는 노예의 주인으로 보인다(로마서 5장 21절, 6장 6절, 9절, 12절, 14절). 우리는 더 이상 죄의 왕국의 노예들이 아니다. 어떻게 그리스도께서 죄의 형벌을 제거하시고 우리를 죄의 통치로부터 자유롭게 해주셨는가? 그 대답은 '죄의 권능은 율법'이라고 우리에게 가르치는 고린도전서 15장 56절에 함축되어 있다. 존 브라운John Brown은 그 관계를 분명하고 체계적으로 말한다.

영적변화에 대한 기독교 체계만이 이러한 어려움들을 직면하거나 실제로 깊이 생각하는 유일한 것이다. 기독교 체계는 태초에 시작한다. 이 체계가 사람의 성품을 변화시키는 견고한 근거를 제공하는 만큼 사람의 관계들의 변화를 제공한다. 정죄의 형벌을 파기할 때, 기독교 체계는 부패의 족쇄를 풀고, 사람의 내부에서나 외부에서 부패시키려는 영향력을 초월하여 거룩하게 하는 영향력을 보증하고, 죄를 억제하고 거룩을 증진시키게 하도록 하는 적절한 동기를 제공한다.[4]

죄책은 죄 안에서 우리를 옭아매는 족쇄이고 하나님의 거룩하게 하는 능력에서 우리를 분리시킨다.

언제 우리는 죄에 대해서 죽는가? 우리는 회심 때 딱 한 번 죄에 대하여 죽는다. 로마서 6장 2절, '죄에 대하여 죽은 우리'와 6장 6절 '우리 옛 사람이 십자가에 못 박힌 것은'에서 사용된 부정과거 시제는 이 문맥에서 완료된 과거행동을 언급한 것이다. 더욱이 로마서 6장 10절과 11절의 관계에서는 이 개념이 필요하다. 로마서 6장 10절은 예수님께서는 단 번에 죄에 대해서 죽으셨다고 주장한다. 로마서 6장 11절은 그리스도인들에게 '너희도 너희 자신을 죄에 대하여는 죽은 자로 여길지어다'라고 명령한다.

죄에 대하여 죽은 결과는 무엇인가? 실제로 의로운 새로운 생명이 거부할 수 없는 결과로 주어진다(로마서 6장 4-6절, 17-18절, 22절, 7장 4-6절).

로마서 6장 1-11절 말씀의 결론은 11절에 있다. 이 구절이 어려운 까닭은 많은 의문들이 떠오르기 때문이다. 만약 내가 참으로 죄에 대하여 죽었다면, 왜 그렇게 간주되어야 할 필요가 있는가? 다른 말로 하면, 만약 내가 죄에 대하여 죽지 않았다면, 어떻게 그렇게 간주될 수 있을까?

우리 스스로를 죄에 대하여 죽은 자로 여기라는 이 명령은 긍정적으로 생각하라는 것이 아니다. 이 긍정적인 생각은 우리 자신이 죄에 대하여 죽었다고 간주하거나 여기는 것으로 인해서 우리가 그렇게 되게 할 수 있다는 것을 가르치는 것이다. 그러나 이 명령은 우리가 죄에 대하여 죽었다는 사실에 기초를 둔다. 그러나 이 실제는 보이는 세상에 대한 문제는 아니다. 이것은 그렇게 간주될 필요가 없을 만큼 외적으로 분명하지 않다. 우리가 죄

---

4   John Brown, *Analytical Exposition...*, p. 89.

에 대하여 죽었다는 것은 믿음의 문제이다. 따라서 우리가 죄에 대하여 죽었다는 것을 믿음의 문제로 간주해야 하는 것은 필수적이다. 바울은 로마 성도들에게 이러한 자세를 유지해야 할 것을 강력히 권고한다. 그 까닭은 이것이 그리스도인의 삶에 있어서 거룩함을 추구하기 위한 기본적인 관점이기 때문이다.

III. 성화의 진행

어떻게 한 사람이 거룩하게 되는 일을 시작하는가? 그 목적을 위해 그는 무엇을 해야 하는가? 다음의 진술들은 이 질문에 대한 대답이 될 것이다.

1. 성화의 은혜로운 구조

우리는 여기서 결정적 성화에서 미루어 놓은 것을 계속해 나간다. 성화의 일은 진공상태에서 발생하지 않는다. 성화는 그리스도인인 우리의 생활에서 주권적 은혜의 활동을 전제하고 그것에 기초를 둔다. 신학자들은 이것을 직설법과 명령법의 관계라고 부른다.

무엇이 직설법이고 무엇이 명령법인가? '너희는 거룩한 나라다'라는 진술은 직설법이다(베드로전서 2장 9절). '거룩한 자가 되라' 이 말은 명령법이다(베드로전서 1장 15절). 신약성경 전체에 걸쳐 이 두 종류의 진술은 나란히 존재한다. (로마서 6장 2절과 12절을, 골로새서 3장 3절과 5절을, 로마서 8장 2절, 9절과 8장 12-14절을, 갈라디아서 5장 24절과 25절을, 에베소서 4장21-23절과 25절을, 골로새서 3장 10절과 9절을, 갈라디아서 3장 26-29절과 로마서 13장 14절을 비교하라).

이 성경구절들에서 두 가지를 주목해야 한다. 첫째로, 이 관계는 순서가 바뀌면 안 된다. 이것은 항상 직설법이 먼저이고 그 다음이 명령법이어야 한다는 것이다. 명령법은 항상 직설법에 기초를 둔다. 그 관계가 역으로 될 수 없다(빌립보서 2장 12-13절). 성화는 은혜의 문제이다. 성화는 우리의 삶 속에서 하나님의 은혜로운 행동에 기초를 두고 실행된다. 이것은 우리의 행동들을 하나님의 은혜에 더하는 문제는 아니다. 스스로가 그리스도인이라고 생각하는 올바른 근거를 가진 사람들만이 성화에 열심을 낼 수밖에 없다. 둘째로, 명령법은 선택 사항이 아니다. 명령법에 대한 순종이 없는 직설법은 어디에도 없다. 명령에 순종하는 것은 직설법이 우리의 생활 안에서 실현되는 것을 보여주는 것이다(골로새서 3장 1절, 갈라디아서 6장 7-10절). 이것은 순서가 바뀌면 안 된다! 이것은 직설법과 명령법은 뗄 수 없다는 것을 의미하는 것이다. 죄에 대하여 죽고 성화되는 것에 참여하지 않은 사람은 단 한 사람도 '나는 성화되었다'고 결코 말하지 못한다.

2. 성화의 기본적인 활동들

거룩해지기 위해 해야 하는 기본적인 활동들에 대한 문제는 쟁점을 일으킨다. 이 쟁점은 지난 세기 동안 복음주의자들 가운데 지속적으로 강조된 논의의 주제였다. 다음과 같은 진술은 일반적이다.

케직총회Keswick Convention에서 한 사람이 말했던 것처럼, 우리 모든 그리스도인들은 믿음으로 칭의를 받았다는 것을 알고 있다. 그러나 어떻게 된 일인지 성화를 위해서는 반드시 스스로 카누를 저어야 한다는 생각을 가져왔다. 하나님을 찬양하라, 우리는 하나님의 은혜로 베푸신 모든 것들을 위해 우리 스스로 카누를 젓지 않는다… 우리는 하나님의 은혜에 대해 말하면서 우리에게 주어진 승리는 잊어버린다. 너는 선물을 위해 일할 필요가 없고 그 선물을 얻기 위해 어떤 대가도 지불하지 않아도 된다. 너의 노력이나 대

가 없이, 이 모든 것이 너에게 주어진다.[5]

또 다른 선생도 '승리의 삶'에 대해 위의 말과 비슷하게 이야기 한다.

어떤 사람은 "어떻게 이것을 할 수 있습니까?"라고 묻는다. 그 대답은 간단하다. 그 답은 로마서 6장 10-18절에 있다. 두 단어 '여길지어다'와 '드리라'가 밀접한 관련이 있다. 너를 유혹하고 있는 죄가 무엇이든 간에 그 죄에 대하여 너 자신은 죽었다고 여겨야 하고 하나님께 대하여는 살았다고 여겨야 한다. 너희가 여기고 있는 것 같이 드려라. 하나님께 드려야 하고 죄에게 주지 말아야 한다. 그렇다. 사랑하는 친구여, 성화는 이렇게 간단한 것이다. 너 스스로를 죽었다고 여기고 그 여김을 따라 드려라.[6]

이러한 견해들은 다음과 같은 의문들을 일으키게 되어 있다. '우리는 오직 믿음으로만 성화를 받게 되는가? 우리는 반드시 성화되려고 일을 해야 하는가? 우리는 칭의 받은 방식과 동일하게 성화되는가? 여겨야 하고 드려야 하는 것으로 우리의 의무를 실제로 실행해야 하는가?' 이어지는 성경의 증언들을 연구해 나가면 이러한 의문들이 해결될 것이다.

계속해서 성화를 추구해 나갈 때 하나님의 말씀이 우리에게 요구하시는 기본적인 행동들은 확고히 **여기는 것**과 강한 추진력, 이 두 가지로 요약될 수 있다.

우리가 반드시 가장 먼저 해야 하는 일은 하나님께서 자신의 백성의 삶 안에 일어난다고 말씀하신 모든 것들이 우리에게 있어서 가장 좋은 것이라는 것을 확실하게 여기는 것이다. 우리는 반드시 그리스도 안에서 우리를 위하여 하나님께서 지금까지 하셨던 일들과 하실 모든 일들을 믿음을 가지고 자세히 살펴보아야 한다. 로마서 6장 11절은 관련된 전통적인 말씀이다. 존

---

5   Charles G. Trumbull, *Victory in Christ* (fort Washinton, PA: Christian Literature Crusade, 1972), pp. 65, 66.

6   Robert T. Ketcham, *God's Provision for Normal Christian Living* (Chicago: Moody Press, 1963), p. 15.

머레이는 로마서 6장 11절의 명령의 뜻을 다음과 같이 아주 유용하게 설명한다. '명령된 모든 것들을 주의해서 살펴볼 필요가 있다. 우리가 죄에 대하여 죽게 되고 하나님께 대하여 살게 되었다는 것을 말하는 것이 우리에게 명령된 것은 아니다. 이것들은 전제된 것이다. 그리고 이 내용들을 사실이라고 여겨서 사실이 된 것이 아니다. 명령법의 힘은 우리가 그리스도와 연합함으로 인해 이미 얻은 사실들을 우리가 가진 것으로 여기고 이해하는 것이다.'[7]

성경의 약속은 그리스도를 믿고 자신들의 죄를 회개하는 사람들이 그리스도께 참여하게 되고 그리스도의 새로운 창조의 일부가 된다는 것이다. 장차 올 시대의 능력들이 그들 안에서 작용된다. 주권적 은혜가 그들의 삶 속에 풀려난다. 바울은 이러한 일들이 믿음으로 일어나는 것이라고 우리에게 강하게 말하고 있다. 성화와 관련해서 바울이 가장 먼저 성도들에게 명령한 것이 바로 이것이다. 베드로전서 4장 1-2절과 로마서 13장 14절에도 이와 같은 명령들이 있다. 바울은 그리스도인의 새로운 신분에 대해 자주 언급한다. 이렇게 자주 언급하는 것은 이러한 관점이 중요하다는 것을 가리킨다(로마서 6장 14절, 7장 4-6절, 골로새서 2장 9-12절, 20절, 3장 1-3절). 만일 그리스도인이 거룩을 위한 전쟁에서 아주 난폭하고 사나운 적들을 마주한다면 이 관점은 정말 중요하다. 자신을 새로운 신분으로 여기는 확신이 하나님께서 우리를 부르셔서 거룩하게 하시는 데 있어서 유일한 것이라면, 우리는 케트쳄ketcham과 트럼불Trumbull이 옳았다고 생각해야 할 것이다. 문제는 신약성경이 그들이 멈춘 곳에서 멈추지 않는다는 것이다!

성경은 성화에 있어서 계속해서 우리에게 행동하라고 권한다(로마서 6장 11절과 6장 12절, 로마서 13장 14절a와 13장 14절b, 빌립보서 2장 12-13절을 참고하라).

행하는 것은 성경에 반복적으로 드러난 두 방향성을 가진다. 1689 신앙

---

7   John Murray, *The Epistle to the Romans*, pp. 225-226.

고백서가 가리키는 대로, 죄는 억제되어야만 하고 은혜는 강화되어야만 한다(로마서 6장 13절, 고린도후서 7장 1절, 에베소서 4장 22-25절). 이것은 우리에게 영적인 대체에 대한 결정적 원리를 가르친다(갈라디아서 5장 17절). 옛 사람의 습관은 새 사람의 습관으로 반드시 대체되어야 한다. 왜 이 원리가 그렇게 강요되어야 하는가? 그 까닭은 오직 이러한 두 방향의 노력들로만이 성화를 성공적으로 이루어 갈 수 있기 때문이다.

우리가 노력해야 하는 여러 형태들이 또한 성경에 나타나 있다. 로마서 13장 14절은 죄 지을 기회를 피하기 위해 앞날을 잘 살피고 계획을 세울 필요를 암시한다. 로마서 12장 1-2절은 배우고 읽고 듣고 연구하는 것의 중요성을 가리킨다. 히브리서 10장 25절은 교회의 회중으로서 하나님의 백성들이 함께 잘 모여야 할 필요성을 보여준다. 마태복음 26장 41절은 우리에게 깨어 기도하는 것의 중요성을 가르쳐 준다. 그리스도인의 삶에서 필요한 다른 특별한 노력들은 아마 틀림없이 증가될 것이다.

우리는 오직 믿음으로만 성화되는가? 또는 믿음에 더해지는 행동들이 있는가? 그 대답은 성화는 믿음에 행동을 더하는 문제가 아니다. 성화는 믿음이 작용하는 문제이다(갈라디아서 5장 6절). 우리는 믿음, 하나님의 약속을 믿는 믿음과 하나님의 명령으로 인해 작용하는 믿음으로 거룩하게 된다. 우리가 오직 믿음에 대해서 이야기할 때, 우리는 단순히 하나님의 약속에 의지하는 믿음만 생각을 하고 있다. 이것은 죄인이 칭의 받는 방식이다. 행하는 것 없이 하나님의 약속을 의지하는 것으로 받는 것이다. 그래서 우리가 오직 믿음으로만 성화 받는다고 말하면 잘못된 인상을 남긴다.

그렇지만 성화는 결코 한 사람의 고집스러운 결정에 관한 문제가 아니다. 바울은 반복해서 성화에 대한 명령법을 직설법 위에 세운다. 계속해서 바울은 우리에게 우리가 회심 때 구원받아 그리스도께 참여하게 된다는 사실을 생각하라고 명령한다. 이 사실은 우리가 그리스도 안에 있다는 성경의 기본적인 말씀들을 알지 못한다면 로마서 6장 11절에 순종할 수 없다는 것이다. 우리의 현재 상태와 과거의 구원에 대한 문제는 성화 안에서 무시되지 않는다. 만약 우리가 거룩함에 있어서 어떤 실제적인 발전을 이루어야만 한다면, 우리는 반드시 그리스도와 함께 죽었다는 기본적인 생각 위에서 성화의 일을 시작할 수 있는 자리까지 올라가야 한다.

제14장 구원 얻는 믿음에 관하여

of Saving Faith

1. 믿음의 은혜는 택자로 하여금 믿을 수 있게 함으로 그들의 영혼을 구원에 이르게 하는 것이고, 이는 그들의 마음속에서 일어나는 그리스도의 영의 사역이며 일반적으로 말씀의 사역으로 인해 발생한다.[1] 또한 침례와 주의 만찬의 시행 그리고 기도와 하나님께서 정해주신 다른 수단으로 인해, 이 믿음의 은혜는 자라고 강해진다.[2]

> 1. 요한복음 6장 37절, 44절, 사도행전 11장 21절, 24절, 13장 48절, 14장 27절, 15장 9절, 고린도후서 4장 13절, 에베소서 2장 8절, 빌립보서 1장 29절, 데살로니가후서 2장 13절, 베드로전서 1장 2절
> 2. 로마서 10장 14절, 17절, 누가복음 17장 5절, 사도행전 20장 32절, 로마서 4장 11절, 베드로전서 2장 2절

2. 이 믿음으로 인해 그리스도인은 하나님 자신의 권위 때문에 그 말씀 안에 계시된 모든 것을 진리로 믿는다. 그리고 또한 그들은 이 믿음으로 인해 이 세상의 다른 모든 저작물들과 다른 모든 것들 위에 있는 말씀의 탁월함을 깨닫게 된다. 이는 말씀이 하나님의 속성들로 그분의 영광을 드러내고, 그리스도의 본성과 직분들로 그분의 탁월함을 드러내고, 성령님의 사역들과 활

동들로 그분의 능력과 충만함을 드러내기 때문이다. 그래서 그리스도인은 자신의 영혼을 이렇게 믿어지는 진리에 맡길 수 있게 된다.[1] 그리고 또한 말씀의 각 구절이 포함하는 바를 따라서 다르게 행동한다. 즉, 명령들에 순종하고[2] 위협들에는 두려워하고[3] 이 세상과 오는 세상에 대한 하나님의 약속들을 받아들인다.[4] 그러나 구원하는 믿음의 주요한 행위들은 그리스도와 직접적인 관계를 가지고, 은혜언약의 효력으로 칭의와 성화와 영생을 위해서 그분만을 받아들이고 영접하고 의지하는 것이다.[5]

1. 사도행전 24장 14절, 데살로니가전서 2장 13절, 시편 19편 7-10절, 119편 72절
2. 요한복음 15장 14절, 로마서 16장 26절
3. 이사야 66장 2절
4. 디모데전서 4장 8절, 히브리서 11장 13절
5. 요한복음 1장 12절, 사도행전 15장 11절, 16장 31절, 갈라디아서 2장 20절

3. 이 믿음은 비록 정도의 차이가 나고, 약하거나 강하기도 하겠지만,[1] 구원하는 다른 모든 은혜와 같이 이 믿음이 가장 약할 때에라도 일시적으로 믿는 자들의 믿음과 일반은총과는 그 종류와 본질에 있어서 다르다.[2] 그러므로 이 믿음이 수없이 공격받고 약해질 지라도, 이 믿음은 승리를 얻을 것이고[3] 우리의 믿음의 저자이시고 완성자이신 그리스도를 통하여[4] 충분한 확신을 얻는 데까지 여러 면에서 성장할 것이다.[5]

1. 마태복음 6장 30절, 8장 10절, 26절, 14장 31절, 16장 8절, 마태복음 17장 20절, 히브리서 5장 13-14절, 로마서 4장 19-20절
2. 야고보서 2장 14절, 베드로후서 1장 1절, 요한1서 5장 4절
3. 누가복음 22장 31-32절, 에베소서 6장 16절, 요한1서 5장 4-5절

4. 시편 119편 114편, 히브리서 6장 11-12절, 10장 22-23절

5. 히브리서 12장 2절

개요

1항	**I. 구원 얻는 믿음의 근원**
	1. 이 믿음과 관계된 인격적 대리인
	2. 이 믿음과 관계되어 사용될 수 있는 수단
2항	**II. 구원 얻는 믿음의 작용**
	1. 구원 얻는 믿음은 성경의 무오성과 탁월함을 포함한다.
	2. 구원 얻는 믿음은 성경에 있는 모든 내용에 적절하게 반응한다.
	3. 구원 얻는 믿음은 죄로부터의 구원을 위해 오직 그리스도만을 (근본적으로) 신뢰한다.
3항	**III. 구원 얻는 믿음의 독특성**
	1. 이 독특성의 사실
	1) 제한적인 사실
	2) 강조된 사실
	2. 이 독특성의 결과

침례교 신앙고백서 제14장은 또 다시 웨스트민스터 신앙고백서의 수정판인 사보이 선언을 거의 따른다. 사보이 선언과 구별되는 의미 있는 차이가 2항에서 발견된다. 여기에서 성경의 탁월함에 관한 신앙적 이해가 논의된다. 구원 얻는 믿음을 주제로 한 훌륭한 진술들이 많이 있다. 그러므로 여기에서 제시하는 해설은 선택적이다. 이 장에서는 구원 얻는 믿음의 본질과 수단 그리고 관계들을 다룬다.

I. 믿음의 본질

성경에서 믿음은 두 가지 상호적인 관점으로 보여진다. 그러므로 구원 얻는 믿음에 관한 앞으로의 논의는 성경의 두 관점들에 입각하여 구성된다.

믿음은 우선 복음의 내용에 대한 확신이다. 구원하는 믿음은 복음이 진리라는 확신이다. 구원하는 믿음은 복음 설교자들에 의해 선포되는 사실에 입각한 설교를 신뢰하는 것이다. 이 설명은 구약성경에서 '아만'이라는 단어에서 명확하게 드러나는 듯하다. '아만'이라는 말은 어떤 것을 진리로 또는 신뢰할 만한 것으로 여기는 것을 뜻한다. '아만'이라는 단어는 수백 곳에서 제시되는데 여기에서 구원하는 믿음은 '이를 믿는 것'으로 설명된다. 구원하는 믿음은 '이를 믿는 것'을 포함한다(히브리서 11장 6절). 이 믿음은 어떤 것이 진리라는 것을 알고 있는 것이다(요한복음 6장 69절, 10장 38절, 12장 46절, 요한1서 4장 16절). 구원 하는 믿음은 진리를 보는 눈이 있는 것이다(요한복음 12장 38-39절). 이것이 구원하는 믿음에 대한 전통적인 성경적 정의의 핵심이다(히브리서 11장 1절). 이 성경말씀에서 믿음에 대한 두 가지 핵심적인 설명으로 믿음은 확신이라는 개념을 분명히 나타낸다. 히브리서 11장 1절에서 믿음을 설명하는 첫 번째 단어는 '실상'(개역개정)이라는 단어로 번역되었다. 이것은 의미에 있어서 구약에서 믿음을 대신하는 단어 '아만'과 아주 비슷하다. 고대헬라어사전은 '신뢰나 확신이나 보증'이나 '확고함'의 의미가 '아만'과 동일한 의미라고 한다. 이 말씀에서 사용된 두 번째 단어는 '증거'(개역개정)로 번역된 단어이다. 고대헬라어사전은 '증거 또는 확신'으로 번역한다(유다서 15절, 디도서 1장 9절). 성경이 '믿는다'believe를 거짓 믿음을 가리키는 것으로, 반면 '믿는다'believe in 를 참 믿음을 가리키는 것으로 사용한다는 것은 일반적인 생각이다. 이것은 잘못된 개념이다. 그리스도를 믿는 believe in 몇몇 사람들이 거짓 믿음을 가지고 있다는 것이 발견된다(요한복음

2장 23절, 8장 31절). 그들 중 몇몇에 대해서 그들이 복음을 믿었다고 단순히 말했을 것이고 또는 복음 전도자들은 참 성도로 여겨졌을 것이다(사도행전 8장 12절).

다른 한편으로 믿음은 복음이 말하는 그리스도께 헌신하는 것이다. 여기서 헌신은 우리 자신을 그리스도께 맡기는 행위를 의미한다. 존 머레이의 탁월한 견해는 이 문제를 명확하게 한다.

믿음은 반드시 신뢰를 일으키는데 이 신뢰의 본질은 그리스도께 맡기는 것이다. 내적 동기가 사람의 구원을 위해서 유일하신 그리스도를 전인격적으로 받아들이고 의지하도록 할 때, 믿음 안에 인격과 인격이 맺는 약속이 있다. 이는 우리가 자발적으로, 전적으로 그리스도께 헌신하는 모든 행위 안에서 우리 자신이나 어떤 사람의 방편을 신뢰하지 말라는 뜻이다.[1]

믿음은 모든 문제들을 물리치고 우리 자신을 그리스도께 믿음으로 맡기는 것이다. 믿음은 모든 소원과 우리 전 운명을 예수 그리스도의 손에 믿음으로 맡기고 내려놓는 것이다. 생각해야 할 네 가지 것들은 믿음이 헌신을 의미한다는 것을 가리킨다.

1. 맡기다 또는 헌신하다를 뜻하는 '믿는다'로 일반적으로 번역되는 헬라어의 쓰임은 믿고 있다는 것이 내어 드린다는 행위를 포함하고 있다는 것을 가리킨다. 예를 들어, 요한복음 2장 23-24절에 있는 단어들의 역할을 주의해서 보라. 단어들의 역할의 의미는 '그들이 그리스도를 믿었으나, 그리스도께서는 그들을 믿지 않으셨다'라는 이 문장 안에서 드러나기도 한다. '믿는다'라는 단어가 23절에서 '믿는다'는 의미로 24절에서는 '맡긴다'는 의미로 사용된다. 또 어떤 것을 맡긴다는 개념은 디모데후서 1장 12절에 잘 드러난다.

---

1 John Murray, *Collected Writings*, vol. II (Edinburgh: The Banner of Truth Trust, 1977), p. 258.

2. 자주 사용되는 '푹 빠져 믿는다'believe into라는 말은 헌신이라는 개념을 나타낸다(요한복음 2장 11절, 3장 16절, 18절, 36절, 4장 39절, 6장 29절). 머레이는 이 말이 '"~로 움직인다"는 개념을 가졌다'[2]고 설명한다. 워필드는 '어떤 사건에서, 이 성경구절들이 나타내는 것은 절대적으로 우리 자신에게서 다른 사람에게로 신뢰가 옮겨간다는 것, 즉 완벽하게 자기 스스로를 그리스도께 항복시키는 것'이라고 말한다.[3]

3. 자주 사용되는 '의지해서 믿는다' believe upon (누가복음 24장 25절)라는 말은 그리스도께 의지한다는 것이 내포하고 있는 의존한다는 개념과 맡겨서 내어놓는다는 개념을 전달한다. 제자들에 의해 경험된 영혼의 불안은 누가복음 24장 25절에서 선지자들을 '의지해서 믿는 것'과 대조적이다. 영혼의 불안은 이런 믿음이 그들에게 주는 전적인 의지와는 반대된다.

4. 믿는다는 것과 나란히 사용된 비유들과 예들은 믿는다는 것이 단순히 진리에 대한 설득 그 이상, 즉 의지의 작용을 포함하고 있다는 것을 보여준다. 요한복음 1장 12절에서 믿는다는 것은 그리스도를 받아들이는 것과 일치하는 것이고 그리스도의 말씀들을 거절하는 것과 대조되는 것이다(요한복음 1장 11절). 요한복음 3장 36절에서 믿는다는 것은 그리스도께 순종하는 것을 의심하여 거절하는 것과 정반대 위치에 있는 것이고 그리스도의 말씀들로 우리의 삶을 지배하게 하는 것이다. 요한복음 6장 35절, 64-65절에서 믿는다는 것은 그리스도께 다가가는 것이다. 그리고 믿는다는 것은 우리와 우리 구원을 위하여 그리스도께서 주시는 유익들이 우리 자신에게 도움이 된다는 것이다. 요한복음 6장 47-51절, 53절에서 믿는다는 것은 생명의 떡을 먹는 것이고 그리스도의 피를 마시는 것이다. 따라서 믿는다는 것은 우리의 영적 필요들을 위해 그리스도께서 제공하신 것들을 인격적으로 우리

---

2   Ibid.

3   B.B. Warfield, *Biblical and Theological Studies* (Philadephia: Presbyterian and Reformed, 1968), p. 439.

의 것으로 삼는 것이다. 각 성경해석들의 공통된 요소는 믿는다는 것이 의지의 작용을 포함한다는 것이다. 이 의지의 작용은 받아들임과 순종과 다가감 그리고 적용하는 것이다. 믿음은 적절한 반응을 하도록 우리를 움직이는 확신이다. 믿음은 단순히 우리의 지성을 수동적으로 설득하는 것이 아니다. 믿음은 단순히 확실한 교리들에 동의하는 것도 아니다. 믿음은 진심으로 복음의 그리스도께 전념하도록 이끄는 전인격적인 확신이다.

믿음에 대한 이러한 두 가지 설명들의 관계는 반드시 지금 살펴야 한다. 만약 믿음이 그리스도께 전념하는 것이라면(단지 그것뿐이라면), 어떻게 성경이 때때로 구원하는 믿음을 진리에 대한 확신이라고 설명할 수 있는가? 반면, 믿음이 확신이라면, 왜 성경은 때때로 그 믿음을 의지의 작용이라고 설명하는가?

구원하는 믿음은 일반적으로 진리에 대해 단순한 확신으로 여겨지기도 한다. 그 까닭은 성경은 만약 우리가 실제로 어떤 진리를 확신한다면, 우리가 적절히 반응할 것을 전제하기 때문이다. 성경은 참된 확신이 헌신을 포함한다고 전제한다. 우리가 있는 건물이 불타고 있다는 확신은 만약 그것이 참이라면 그곳을 탈출하려는 헌신을 이끌어 낸다. 구원하는 믿음은 때때로 결심으로 여겨지는데 그 까닭은 적절히 행동하지 않고 어떤 일들에 확신한다고 말을 하는 사람들이 있기 때문이다. 그들은 믿음이 결심을 포함한다는 것을 알 필요가 있다. 불타는 건물에서 화재피난장치를 이용하도록 당신을 이끌지 않는 이름뿐인 확신은 구원하는 믿음이 아니다.

믿음의 본질을 설명하는 이 해설로부터 몇 가지 중요한 실천적인 교훈들을 얻을 수 있다. 성경이 구원하는 믿음을 '그것을 믿고 있는 것'으로 강조하는 것은 믿음을 굉장히 주관적이고 신비로운 문제로 만들려는 사람들의 성향을 치료하는 건전한 해결책이다. 구원하는 믿음은 간단히 말해 복음이 진리라는 확신이다. 다른 말로 하면, 성경이 구원 하는 믿음을 '~을 믿다, ~을 받아들인다, ~에 근거해서 믿는다'로 강조하는 것은 믿음을 단순히 성경의 명제들을 지적인 찬성으로 축소시키려는 사람들의 경향을 억제하려는 것이다.

확신은 헌신을 시험하는 것이다. 짐작컨대 '헌신한 그리스도인들'이 우리 시대에 많이 있고, 그들은 창조, 죄, 지옥이나 그리스도의 신성, 속죄나 부활과 같은 기독교의 위대한 진리들을 믿지 않는다. 이러한 사람들의 헌신은 가짜이고 그리스도의 길을 유효하고 지속적이고 참되게 걸어갈 수 없다. 헌신은 확신의 시험이다. 만약 당신이 성경을 믿는다고 말을 한다면, 당신의 삶은 반드시 성경의 진리로 인하여 근본적으로 변해야 된다. 그들은 구원자요 주이신 그리스도께 전인격적으로 전념하는 데로 나아갈 것이다. 만약 그렇지 않다면, 당신들의 믿음은 모조품이다.

진리는 구원하는 믿음의 핵심이다. 믿음은 어떤 것을 진리로 여기는 것이다. 당신은 당신이 인식하지 못하는 것을 믿을 수는 없다. 당신은 당신이 확신하지 못하는 것에 계속해서 헌신할 수 없다. 믿음은 의지의 작용을 포함한다. 유명하고 평판이 좋은 개혁주의 저자들은 믿음이 이성을 수동적으로 설득한다고 가르쳐 왔고 믿음을 의지의 작용으로 보는 것은 율법주의라고 가르쳐 왔다. 그러나 성경은 믿음이 그리스도에 관한 지적인 이해뿐 아니라 그리스도를 향한 의지의 움직임이라는 것을 분명하게 가르친다. 믿음은 그리스도를 인격적으로 받아들이는 것을 포함한다. 복음의 식사에 대해 냄새 맡거나 칭찬하거나 이야기하는 것으로는 충분하지 않다. 우리는 반드시 그것을 먹어야만 한다. 그렇지 않으면 그것은 우리를 구원할 수 없다. 믿음은 또한 그리스도와 인격적인 관계를 포함한다. 믿음은 우리 자신을 다른 인격에게 맡기는 것이다. 믿음은 당신 자신을 그리스도의 보호와 인도하심에 맡기는 것이다.

II. 구원하는 믿음의 수단

성경은 그리스도를 믿는 믿음이 구원의 도구적 수단이라는 주장을 충분히 확증한다. 성경은 분명 믿음이 구원의 경륜 가운데 중요하고 중심적인 위치를 차지한다고 가르친다. 우리는 믿음으로 구원을 받는다(로마서 1장 16-17절, 10장 9절, 에베소서 2장 8절). 우리는 믿음으로 구원을 받게 될 것이다(베드로전서 1장 8-9절, 히브리서 10장 38-39절). 우리는 믿음으로 영원한 생명을 받는다(요한복음 20장 31절). 우리는 믿음으로 인해 산다(갈라디아서 2장 20절, 3장 11절). 이 구원 또는 영원한 생명에 속한 모든 구성요소들은 믿음으로 인해 우리의 것이 된다. 이 구성요소들은 칭의와 죄 용서(사도행전 10장 43절, 26장 18절)와 양자됨(갈라디아서 3장 26절, 로마서 4장 14절, 16절), 성령님을 받는 것(갈라디아서 3장 2절, 5절, 14절, 22절, 에베소서 1장 13절, 요한복음 7장 39절) 그리고 견인(히브리서 4장 3절, 6장 12절, 10장 39절, 베드로전서 1장 5절)이다. 분명히, 구원하는 믿음은 구원의 경륜 안에서 핵심적으로 중요한 자리를 차지한다. 그 까닭은 이 단어가 신약성경에서 600번 넘게 언급되었기 때문이다. 그렇지만 왜 믿음이 구원의 도구적 수단인가?

부정적으로 말하면, 믿음이 하나님의 선물이기 때문은 아니다. 이는 사랑, 회개, 소망, 순종, 모든 다른 은혜들도 믿음과 같은 선물이기 때문이다. 오히려, 믿음이 구원의 경륜에서 중요한 도구적인 위치를 차지한다. 그 까닭은 구원은 값없는 은혜와 주권적 은혜로 인한 것이라는 사실을 믿음이 강조하고 가리키기 때문이다. 구원하는 믿음은 하나님께서 즐거이 인간에게 요구하시는 조건이 하나님의 은혜의 영광을 손상시키거나 가리는 위험을 최소화시킨다. 구원은 그 위대한 목적에 부합하게 하나님의 은혜 안에 하나님의 영광을 가지고 있다. 모든 것은 구원의 경륜 안에서 유일하고 위대한 목적을 성취하도록 계획되어 있다(고린도전서 1장 29, 31절, 고린도후서 5장 18절).

그 까닭은 구원이 이 목적을 성취하도록 치밀하게 계산되어 있거나 계획되어졌기 때문에 구원은 믿음에 의해 존재한다(로마서 4장 16절, 4장 2절, 5절, 20-21절). 믿음은 구원의 영광스러운 특징을 분명하게 한다. 구원의 본질은 겸손히 우리 스스로를 다른 분께 맡겨야만 하는 것이다. 한 청교도는 믿음을 '자기 비움의 은혜'라고 불렀고, '자기 자신을 버리는 은혜 그리고 그리스도께와 값없는 은혜에 모든 영광을 돌리는 은혜'라고 묘사했다. 또 다른 청교도는 '초월적 시각'이라는 단어를 써서 믿음을 설명하여, 이 초월적 시각으로 믿음은 그 실체를 초월하여 그 너머 또 다른 것을 본다는 것을 의도적으로 드러낸다. 믿음이 구원의 도구적 수단으로 정해진 것은 기드온의 군대를 300명으로 줄인 이유와 같다. 믿음은 기드온의 300용사와 같다. 왜 하나님께서는 기드온에게 명령하셔서 22,000명을 돌려보내시고 심지어 10,000명도 돌려보내셨는가? 사사기 7장 2절이 답을 준다. '너를 따르는 백성이 너무 많은즉 내가 그들의 손에 미디안 사람을 넘겨 주지 아니하리니 이는 이스라엘이 나를 거슬러 스스로 자랑하기를 내 손이 나를 구원하였다 할까 함이니라.' 믿음이 수단인 이유는 믿음 그 자체는 아무것도 아니기 때문이다. 믿음은 단지 그리스도를 취하는 빈손이다. 복음의 음식을 담을 빈 그릇이다. 만약 회개와 사랑과 선한 일과 순종이 하나님의 구원을 받는 수단이라면, 어떤 이들은 그들의 행위가 구원을 받을 만한 가치가 있다고 생각할 여지가 있다. 이런 것들은 그들 자신들에게 초점을 맞춘다. 믿음은 그리스도와 은혜에 초점을 두는 것이다.

III. 믿음과 관계된 것들

이 주제 아래에서 우리는 믿음과 다른 중요한 주제들과의 관계에 대하여 몇 가지 특별한 문제들을 거론할 것이다.

1. 믿음과 구원의 확신

구원의 확신은 한 사람이 자기가 영원한 생명을 가지고 있고 그 마지막 날에 영원한 생명으로 들어갈 것이라는 사실을 알고 있는 것으로나 믿고 있는 것으로 정의되기도 한다. 믿음과 확신의 관계에 대하여 반드시 언급되어야 하는 필수적인 두 진술이 있다.

믿음은 확신이 아니다. 믿음에 대한 성경의 용법은 분명히 믿음과 확신을 구분시킨다. 인격적인 확신의 개념을 포함하는 성경단어들이 있다. 그 단어는 신뢰와 소망이다. 성경은 이런 단어들을 구원 얻는 믿음을 나타내기 위한 핵심 단어로 사용하지 않는다. 믿음과 다른 어군인 소망과 신뢰는 구분되는 단어족들이다. 서로 바꿔 쓰지 않는 것이 분명하다. 이런 단어족들은 히브리어와 헬라어에서도 구분된다. 70인역은 이 두 단어족들을 히브리어에서 헬라어로 번역할 때, 이 구분선을 신중하게 유지하였다.[4] 성경에서 믿음의 기초는 항상 하나님의 말씀이다. 이것이 믿음은 확신이 아니라는 것을 분명하게 나타내준다. 성경은 단 한 군데에서도 '샘 왈드론'Sam Waldron이 영원한 생명을 가졌다고 주장하지 않는다. 만약 성경이 그렇게 말했다면, 내가

---

4   (구약성경의 헬라어판) 70인역 안에서 피스튜오는 신약성경에서 500번 넘게 쓰였고 여러 형태로 믿음이나 믿는다와 같은 뜻으로 옮겨진 헬라어 단어이다. 피스튜오 *pisteuo*, 히브리어로는 바타흐 *batach*는 결코 신뢰에 해당하는 말로 번역되어 쓰이지 않았다. 바타흐는 일반적으로 아멘 *aman*의 다른 단어이다.

확신을 갖는 것은 믿음의 작용일 것이다. 그러나 성경은 우리 중 누구의 이름도 실제로 거론하여 그리스도인이라고 주장하지 않는다. 그러므로 믿음은 확신이 아니다.

믿음은 지금까지 우리가 보아왔듯이 복음의 진리를 옳다고 판단하는 것과 복음에 나타난 그리스도께 헌신하는 것이다. 이것이 확신의 분명한 정의는 아니다. 확신은 현재 사람이 구원을 소유했다는 것을 스스로 알고 있는 것일 뿐이다.

믿음은 구원의 도구적 수단이다. 믿음이 확신을 포함하고 있다고 말하는 것은 구원받기 위해서 자신이 구원받았다는 사실을 반드시 믿어야 된다고 말하는 것이다. 이것은 논리적인 모순이다. 죄인이 그리스도께 나아간다. 그 까닭은 그가 구원받지 않았기 때문이지 그가 구원을 받았다는 것을 믿기 때문에 그런 것은 아니다. 만약 믿음으로 우리가 구원을 받는다면, 믿음은 우리가 구원받은 것에 대한 확신이 될 수 없다. 이렇게 고려해야 할 모든 것들은 믿음과 확신 사이를 분명하게 구별할 것을 강요한다. 이것은 우리를 균형 잡힌 진리에 이르게 한다.

믿음은 확신과 떼려야 뗄 수 없다. 모든 믿는 마음 밭에는 확신의 씨앗이 심겨져 있다. 이는 회심 때 발생되는 믿음이 양자의 영을 받아들이기 때문이다(갈라디아서 3장 2절, 4장 6절). 그러나 양자의 영이 확신의 씨앗을 주시는 것이므로 양자된 자가 믿음으로 '아바, 아버지'라고 부르짖게 되는 것이다(로마서 8장 15절, 갈라디아서 4장 6절). 또한 이것은 모든 성도가 소망의 은혜로 인해 표를 가진다는 사실에서도 보여진다(데살로니가전서 1장 3-4절, 베드로전서 1장 3절). 확신은 소망의 본질에 속하고, (더 긴밀하게 관련된 개념에서 보면) 신뢰의 본질에 속한다. 성경에서 확신은 하나님과 하나님의 말씀에 기초하여 보이지 않는 미래를 향한 인격적이고 순결하고 긍정적이고 간절한 기대로 정의된다(시편 119편 74절, 81절, 114절, 사도행전 24장 15절, 로마서 8장 24-25절, 빌립보서 1장 20절, 히브리서 3장 6절, 6장 19절, 요한1서 3장 1-3절).

몇 가지 실천적인 교훈들은 믿음과 구원의 확신 사이의 관계에서 나온다. 이런 관점들은 확신 때문에 고통받는 불필요한 근원으로부터 벗어나게 해준다. 만약 어떤 사람이 믿음은 본질적으로 확신이라고 실제로 믿는다면, 모든 시간 그는 확신과 씨름한다. 이것은 본질적으로 그 사람의 확신을 훔쳐갈 것이다. 때때로 자신의 구원을 의심하는 바로 그 사실은 그가 구원받지 않았다는 또 다른 논쟁이 될 것이다. 믿음이 확신이라는 교리는 확신과 씨름하는 성도들을 약하게 만드는 방해물이다.

이러한 관점들은 확신과 씨름하는 것에 대한 조언, 쓸모없고 잘못된 방향으로 이끄는 조언으로부터 우리를 구해준다. 평범한 미스터 복음주의씨는 종종 확신의 문제로 어려움을 겪는 영혼에 대해서 "하나님을 의심하는 것을 멈춰라! 하나님을 신뢰해라!"라고 말한다. 만약 믿음이 확신이었다면, 이러한 충고는 일반적으로 적절한 것일 수 있다. 그러나 보통 이 사람은 하나님을 의심한다기보다 자기 자신을 더 의심하고 있는 것이다.

이러한 관점들은 구원의 확신의 문제에서 자기를 살피는 것과 증거들을 활용하는 것 모두를 반대하는 사고방식으로부터 우리를 건져 준다. 이 사고방식은 믿음을 확신이라고 믿는 사람들 가운데 일반적이다. 만약 믿음이 확신이라면, 확신을 손상시키는 것들은 다 나쁜 것이고 율법적인 것이 된다. 은혜의 증거들을 찾는 것은 나쁜 것이다. 자기 자신을 살피며 반성하는 것도 나쁜 것이다. 설교를 연구하는 것도 나쁜 것이 된다. 그러나 믿음은 절대로 확신과 동일시되지 않는다. 몇몇 사람들에게는 구원의 확신에 손상을 끼치는 일이 다른 사람들에게는 전혀 나쁜 것이 아닐 수도 있다.

이러한 관점들은 모든 참 성도들에게 확신은 점차적으로 확고해질 수 있다는 소망을 준다. 확신은 점진적으로 확고해질 수 있다. 그 까닭은 확신이 그리스도를 믿는 믿음의 결과이고 뗄 수 없는 결과물이기 때문이다. 확신의 씨앗은 이미 양자의 영과 소망의 은혜 안에 있다. 그러므로 확신은 항상 확고하거나 아주 없거나 하는 문제가 아니다. 다른 모든 은혜들처럼 우리는 소망의 은혜와 구원의 확신 안에서 성장하는 것이다. 우리는 양자의 영에 대해 더 많이 알 수 있게 될 것이다. 더 강한 믿음, 더 활발한 믿음은 믿음을 더 확고히 할 것이다. 반대로, 흔들리고 약해지는 믿음은 구원의 확신의 문제로 씨름하게 하는 쪽으로 흘러가게 한다. 요한1서를 받은 사람들이 경험한(요한1서 5장 13절) 확신과의 씨름은 그들의 교회에 맹위를 떨치고 있는 영지주의 이단으로 인해 그들의 마음에 든 의심 때문이었다(요한1서 2장 18-27절, 4장 1절). 따라서 이 믿음의 전투들은 확신의 문제를 일으켰다. 확신을 점점 확고하게 하는 방법은 그리스도를 믿는 믿음을 발휘하는 것이다. 그리스도를 의지하는 믿음과 사랑으로 행하는 믿음으로(갈라디아서 5장 6절) 인해 확신의 은혜가 점점 풍성해진다는 사실을 우리는 알게 될 것이다(베드로후서 1장 5-10절).

2. 믿음과 거짓 믿음

거짓 믿음의 존재는 성경에 분명하게 드러난다. 거짓 믿음이라고 할 만한 것이 있다(요한복음 2장 23-25절, 8장 30-33절, 사도행전 8장 13절). 성경에서 거짓 믿음이 있다는 것을 우리에게 드러내는 것으로, 하나님께서는 '내 믿음이 참인가? 거짓인가?' 라는 피할 수 없는 질문에 직면하게 하신다. 만약 우리가 이 문제에 대해 진지하다면, 이 질문을 회피하거나 얼버무릴 수 없다.

거짓 믿음의 본질은 1689 신앙고백서 3항과 같이 참 믿음과는 지속 기간뿐만 아니라 그 종류와 본질에 있어서도 다르다. 이는 성경의 가르침이다 (야고보서 2장 14절, 베드로전서 1장 1절, 요한1서 5장 4절). 거짓 믿음은 기간에서뿐 아니라 그 종류와 본질에 있어서 참 믿음과 다르다. 그렇다. 참 믿음과 거짓 믿음 사이의 큰 차이점들 중 하나는 거짓 믿음은 일시적이라는 것이다. 그러나 그것이 유일하게 다른 점은 아니다. 만약 그것만이 유일한 차이점이라면, 몇몇 결과들이 뒤따를 수도 있다. 첫째, 사람이 계속해서 믿음을 지키지 않는 한, 그 어떤 구원의 확신도 없을 것이다. 만약 우리가 우리의 믿음이 참인지 거짓인지 알 수 있는 유일한 방법이 믿음을 지키는 것이라면, 영생에 관한 그 어떤 확신도 없을 것이다. 이것은 확신의 실재를 근거한 성경의 가르침과 반대되는 것이다. 둘째, 일시적으로 믿는 사람은 칭의와 양자 그리고 죄 용서도 일시적일 것이다(사도행전 10장 43절, 로마서 1장 16절). 만약 일시적인 믿음이 그 본질에 있어서 참 믿음과 동일하다면, 일시적으로 믿는 사람도 구원의 조건을 충족시키는 것이 되는 것이다. 이런 이유로 하나님께서는 일시적인 신자를 일시적으로 구원하시겠다는 약속에 묶여계실 수도 있다. 일시적인 칭의, 양자 또는 일시적인 죄 용서는 불가능한 것이다. 이것은 알미니안주의이다.

거짓 믿음의 특징은 구원하는 믿음을 구별하는 세 가지 특성들의 부재로 특별하게 나타난다.

1) 구원하는 믿음 안에서 그리스도에 대한 최고의 애정은 다른 모든 헌신들과 애정들을 초월한다. (이것이 다른 특징들의 뿌리이다.) 거짓 믿음은 믿음의 그림자로 피상적인 확신과 헌신으로 표시된다(누가복음 8장 13절, 요한복음 2장 23-25절, 3장 11절). 참 믿음은 복음진리에 대한 최고의 확신과 복음의 그리스도에 대한 최고의 헌신으로 나타난다(야고보서 2장 20-24절, 창세기 22장 12-18절, 누가복음 14장 25-35절, 베드로전서 2장 7절, 요한복음 6장 68절, 마가복음 8장 34-38절).

2) 일반적인 거룩함은 또한 구원하는 믿음을 나타낸다. 일반적인 거룩함은 완벽한 거룩함을 의미하지 않는다. 이것은 우리가 그리스도의 명령들 가운데서 고르고 선택하지 않는다는 것을 의미한다. 일반적인 순종은 그리스도의 모든 명령을 알면서 고집스럽게 거절하지 않는 것을 의미한다. 그 모든 명령을 지키려는 진실한 마음과 노력이 있다(요한복음 6장 60절, 68절). 참 믿음은 그리스도의 모든 말씀을 참된 것으로 받아들이고 그리스도의 올바른 명령 모두를 따른다. 아브라함은 하나님의 가장 어려운 말씀들을 믿

었고 가장 어려운 명령들에 순종하였다(야고보서 2장 9-13절, 사도행전 3장 22-23절). 시편 119편은 이 믿음의 특징을 아름답게 설명한다(시편 119편 6절, 13절, 66절, 80절, 86절, 101절, 104절, 128절, 160절, 172절).

3) 인내의 결실도 구원하는 믿음을 특징 짓는다. 가짜 믿음은 흔히 일시적으로 드러난다(누가복음 8장 13절). 그렇지만, 가끔 열매나 결실이 없는 믿음이나 전통이 유지되기도 한다(누가복음 8장 14절, 야고보서 2장 19절). 참 믿음은 영원히 지속되는 풍성하고 선한 행동들로 표시된다(야고보서 2장 17절, 26절, 갈라디아서 5장 6절, 누가복음 8장 15절).

하나님과 성경은 '어떤 종류의 믿음을 가졌는가?'라는 질문과 관련이 있다. 오직 구원하는 믿음만이 하나님의 약속들에 관한 권리를 준다. 거짓 믿음과 참 믿음 사이에는 극명한 차이가 있다. 그러므로 거짓 믿음과 참 믿음을 구별하는 것은 어렵지 않다. 만약 당신이 알고 싶어 한다면, 당신은 당신의 믿음이 구원하는 믿음인지 아닌지를 알 수 있다.

3. 믿음과 회개

"나는 구원받기 위해 반드시 무엇을 해야 하는가?"라는 질문만큼 중요한 것은 없다. 그렇지만 이 질문에 대해 다른 두 답을 제시하여 성경은 모순인 것처럼 보인다. 사도행전 2:37-38과 사도행전 16:30-31을 비교해 보라.

"나는 구원받기 위해 반드시 무엇을 해야 하는가?"라는 질문의 답은 무엇인가? "회개하는 것"인가, "믿는 것"인가, "둘 다"인가? 사도행전이 바로 이 질문에 대한 성경의 두 가지 대답의 가장 좋은 모범이다. 답은 "회개"이다. 사도행전 3장 19절, 5장 13절, 11장 18절, 17장 30절을 보라. 답은 "믿음"이다. 사도행전 8장 12-13절, 10장 43절, 11장 17절, 13장 39절을 보라. 만약 답이 "회개"라면, 왜 성경은 어떤 구절에서는 "믿음"만을 말하는가? 만약 답이 '믿음'이라면, 왜 성경은 어떤 구절에서 "회개"만을 언급하는가? 만약 둘 다 필수적이라면, 왜 이 둘 모두를 항상 언급되지 않는가?

이 어려움에 대해 논리적으로 일관되고 성경의 말씀과 일치하는 유일한 해결책이 있다. 비록 믿음과 회개는 구분되는 은혜들이지만, 그것들은 다른 것 없이 결코 존재할 수 없을 만큼 밀접하게 연결되어 있다는 것이다.

회개와 믿음은 구분된다. 어떤 사람은 '회개와 믿음이 같은 것에 대한 다른 두 이름들이고, 회개와 믿음은 동의어'라고 생각하기도 한다. 이것은 잘못된 결론일 수도 있는데 그 까닭은 성경의 자료가 이를 허락하지 않기 때문이다. 회개와 믿음은 다른 실체를 설명하는 것이다. 회개는 헬라어 두 단어로 표시된다. 하나는 하나님과 죄에 대한 마음의 변화를 의미한다. 다른 하나는 죄를 떠나 하나님께로 돌아서는 것을 의미한다. 믿음은 진리에 대한 확신과 그리스도께 헌신하는 것이다. 깊은 관계가 있으나 다르다. 회개와 믿음은 다른 실체들을 가리켰다(사도행전 20장 21절). 회개는 하나님과 하나님의 법에 초점이 맞춰져 있다. 믿음은 그리스도와 그리스도의 은혜에 초점이 있다. 회개와 믿음은 구원에 있어서 다른 역할을 갖는다. 예를 들어, 성경은 우리가 회개함으로 칭의 받았다고 결코 주장하지 않는다. 믿음은 구원을 일으키는 은혜를 강조한다. 회개는 구원이 일으키는 변화를 강조한다. 이것은 하나님과 죄에 대하여 중생한 영혼의 필수적인 반응이다.

반면, 회개와 믿음은 다른 하나가 존재하지 않으면 있을 수 없을 만큼 밀접하게 연결되있다(사도행전 10장 43절, 참고 11장 17-18절, 17장 30절, 34절). 당신이 믿지 않는 한, 회개할 수 없다. 당신이 회개하지 않는 한, 믿을 수 없다. 모든 참 믿음은 회개이다. 모든 참 회개는 믿는 것이다. 그러므로 믿음과 회개 이 둘 모두는 구원을 받기 위해 필수이다. 주어진 상황에서는 오직 한 가지만이 죄인에게 강요되기도 하는데 그 까닭은 진실한 하나의 행동은 다른 행동을 포함하기 때문이다.

몇 가지 특별한 교훈들은 믿음과 회개의 관계를 연구하는 것에서 나온다. 첫째, 믿음이나 회개는 서로 간에 그 어떤 시간적이거나 논리적인 우위가 있을 수 없다. 둘째, 회개는 구원하는 믿음의 표시이다. 셋째, 만약 하나나 둘 모두 왜곡되지 않으려면, 이 두 복음의 의무들에 대한 균형 잡힌 강조는 반드시 유지되어야 한다. 마지막으로, 가장 적절한 진리는 주어진 모든 상황에서도 반드시 강조되어야 한다.

제15장   생명과 구원에 이르는 회개에 관하여

of Repentance unto Life and Salvation

1. 성숙한 나이에 회심한 택자들도 이전에는 자연 상태로 살아왔고[1] 이 상태 안에서 온갖 정욕과 쾌락을 쫓아왔으나, 하나님께서는 유효한 소명으로 그들을 부르신 상태에서 그들에게 생명에 이르는 회개를 주신다.[2]

  1. 디도서 3장 2-5절
  2. 역대하 33장 10-20절, 사도행전 9장 1-19절, 16장 29-30절

2. 선을 행하고 죄를 짓지 않는 사람은 단 한명도 없기 때문에,[1] 그리고 가장 경건한 사람이라도 자신들 안에 자리 잡고 있는 부패의 힘과 속임수와 그들 안에 만연해 있는 유혹에 의하여 큰 죄들에 빠지고 하나님을 도발하는 짓들을[2] 하기 때문에, 하나님께서는 이렇게 죄를 짓고 타락한 성도들이 구원에 이르는 회개를 통하여 새롭게 되도록 은혜언약 안에서 자비를 베푸신다.[3]

  1. 시편 130편 3절, 143편 2절, 잠언 20장 9절, 전도서 7장 20절
  2. 사무엘하 11장 1-27절, 누가복음 22장 54-62절
  3. 예레미야 32장 40절, 누가복음 22장 31-32절, 요한1서 1장 9절

3. 이 구원 얻는 회개는 복음적인 은혜이다.[1] 이 은혜로 사람은 죄의 수많은 악함을[2] 성령님에 의하여 알아차리게 되고[3] 그리스도를 믿음으로 인해 스스로를 낮추어 죄에 대해 경건하게 슬퍼하고, 죄를 혐오하고 자신을 미워하는 마음을 가진다. 그리고 용서와 은혜의 힘을 구하고[4] 성령의 공급하심들로 인해 모든 일을 하나님 앞에서 행하여 하나님을 기쁘시게 하려는 목적을 가지고 노력한다.[5]

1. 사도행전 5장 31절, 11장 18절, 디모데후서 2장 25절
2. 시편 51편 1-6절, 130편 1-3편, 누가복음 15장 17-20절, 사도행전 2장 37-38절
3. 시편 130편 4절, 마태복음 27장 3-5절, 마가복음 1장 15절
4. 에스겔 16장 60-63절, 36장 31-32절, 스가랴 12장 10절, 마태복음 21장 29절, 사도행전 15장 19절, 20장 21절, 26장 20절, 고린도후서 7장 10-11절, 데살로니가전서 1장 9절
5. 잠언 28장 13절, 에스겔 36장 25절, 18장 30-31절, 시편 119편 59절, 104절, 128절, 마태복음 3장 8절, 누가복음 3장 8절, 사도행전 26장 20절, 데살로니가전서 1장 9절

4. 사망의 몸과 그 몸의 행위들 때문에 우리가 인생의 전 과정을 통하여 반드시 회개를 지속해야만 하므로,[1] 분명히 드러난 자신들의 죄들을 낱낱이 회개하는 것은 모든 사람의 의무이다.[2]

1. 에스겔 16장 60절, 마태복음 5장 4절, 요한1서 1장 9절
2. 누가복음 19장 8절, 디모데전서 1장 13절, 15절

5. 하나님께서 그리스도를 통하여 은혜언약 안에서 성도들의 견인을 위해

마련하신 규정은 이와 같다. 비록 지옥에 떨어지지 않아도 될 사소한 죄는 그 어디에도 없지만[1] 참된 회개를 한 사람에게 저주를 가져다줄 만큼의 엄청난 죄도 없다. 이 규정이 회개에 대한 지속적인 설교를 필수로 만든다.[2]

1. 시편 130편 3절, 143편 2절, 로마서 6장 23절
2. 이사야 1장 16-18절, 55장 7절, 사도행전 2장 36-38절

개 요

I. 제15장에서 발생한 의문들에 대한 답변들

제15장으로 인해 진지한 그리스도인들의 마음 가운데는 몇 가지 의문이 들 수도 있을 것이다. 여기에서는 세 가지 질문을 예상하고 답을 하겠다.

1. 오직 성숙한 나이에 회심한 사람들에게만 회개가 주어지는가?

이 의문은 하나님께서는 성숙한 나이에, 즉 성숙한 시기에 회심한 택자에게 회개를 주신다는 1항의 진술로 인해 발생된다. 이 의문이 신앙고백서의 진술로 인해 발생하게 되었다는 사실은 위험을 야기시킨다. 이 점에 있어서

1689 신앙고백서를 적절하게 수정하는 것은 가능하다. 그렇지만, 이 항을 작성한 사람들의 생각에 실제로 어떤 오류가 있다고 생각하기는 어렵다. 위에서 발생한 의문에 대한 1689 신앙고백서의 대답은 분명하게 '아니다'이다. 2항과 4항 모두는 모든 성도가 회개하고 이렇게 하나님으로 인해 회개가 주어진다는 것을 분명히 한다.

이 장에서 런던 신앙고백서가 웨스트민스터 신앙고백서의 수정판, 존 오웬John Owen과 사보이 선언의 저자들에 의해 광범위하게 수정되어 작성된 수정판을 채택했다는 사실에 주목하는 것이 여기에서는 중요하다. 이것이 우리가 반드시 이같은 결론, 즉 1689 신앙고백서는 모든 사람이 구원받기 위해 회개해야 한다고 가르친다는 결론을 내려야 하는 더 깊은 이유이다. 이러한 사람들은 어떤 사람이 구원받게 되었다면 회개는 절대적으로 필요하다는 것을 알고 있었을 것이다. 그러나 이 모든 것들은 더 깊은 의문이 들게 한다. 왜 사보이 선언과 그 선언을 따르는 런던 신앙고백서는 성숙한 나이에 회심을 한 사람들에게 주어진 회개와 일반적으로 모든 믿는 자들에게 주어지는 회개를 구분하는가?

1689 신앙고백서는 극적인 경험과 같은 회개와 일반적인 은혜와 같은 회개를 구분하고 싶은 마음에서 이렇게 구분을 한 것이다. 모든 믿는 자는 일반적인 은혜로 드러나게 되나, 모든 믿는 자가 극적인 경험으로 회개를 알거나 알 필요는 없다.

제15장에서 이런 극적인 경험에 관한 두 가지 경우가 언급된다. 1689 신앙고백서는 첫 번째로 '이전에 자연 상태로 살다가 성숙한 나이에 회심한 택자'를 언급한다. 이 경우에 관한 성경의 모범들은 므낫세와 바울 그리고 빌립보의 간수이다. 둘째, 신앙고백서는 '큰 죄들에 빠지고 하나님을 화나게 하는 짓들을 하는 […] 성도들'을 언급한다. 이 성경의 모범들은 여기 다윗과 베드로가 있다.

나는 우리 침례교 선조들이 몇 가지 현실적인 관심들을 가지고 이렇게 구분했다고 생각한다. 무엇보다, 우리 선조들은 그 누구도 모든 그리스도인이 반드시 빌립보 간수의 경험과 같은 극적인 회심을 해야 한다고 믿고 있다는 사실만으로 그들을 비난할 수 없다는 것을 확실히 하기를 원했다. 우리 선조들은 '비록 우리는 개인적인 회심을 강하게 주장하지만, 그리스도인의 가정에서 양육된 한 아이의 경험이 어린 시절 기독교적 양육의 유익 없이 회심한 사람의 경험과는 상당히 다를 수 있다고 이해한다'라고 말했다. 이 두 회심 모두는 회개를 경험한다. 그러나 이 둘 모두가 극적인 회심의 경험을 가지는 것은 아니다.

이것에 대한 현실적인 적용들은 다양하고 중요하다. 단순히 주 안에서 존경받는 몇몇 형제나 자매와 같은 극적인 경험이 부족하기 때문에 당신의 구원을 의심하지 말라. 다른 형제나 자매들에게 참 은혜의 필수적인 특징으로 특정한 회심의 경험의 표시를 요구하지 말라. 한 사람의 생활양식 안에서 감정적인 격동 즉 극적이고 외적인 변화와 자신이 중생한 정확한 시간을 아는 것과 율법으로 인하여 죄를 깨닫는 광범위한 일 그리고 직접적이고 갑작스런 기쁨, 이 모든 것들이 회심에 따라오는 것들이나, 그 어떤 것 하나도 참 회심의 필수적인 특징들은 아니다.[1]

2. 왜 제15장은 제14장 '구원 얻는 믿음에 관하여'라는 제목과 동일한 방식으로 '구원 얻는 회개'로 제목을 붙이지 않았는가?

비록 '구원 얻는 회개'라는 말이 3항에 있지만, 웨스트민스터 신앙고백서에서는 사용되지도 않았고, 런던 신앙고백서에서도 제15장의 제목으로 사용되지 않았다. 그 이유는 중요하다. 구원에 있어서 믿음이 필수적인 것과 같은 식으로 회개가 구원에 필수적이지는 않다. 회개는 영원한 생명을 얻는

---

1   John Flavel, *Works*, vol. 4 (Banner of Trust, 1968), pp. 376,377

데는 필수적이나, 믿음과 똑같이 구원과 관련되어 있지는 않다. 벌콥^{Berkhof}
은 회개를 '구원의 소극적인 조건'[2]이라고 부르는 것으로 이를 시사한다. 이
에 대하여 있는 그대로의 실례를 들자면, 믿음은 생명의 빵을 먹는 것인 반
면, 회개는 우리의 죄들을 토해 내는 것이다. 회개는 영적인 위장에서 죄와
자아를 토해 내는 것이고 생명의 빵을 갈망하게 하는 것이다.

3. 회개는 '복음적인 은혜'라고 주장될 때 어떤 오류가 바로잡히는가?

벌콥은 '루터주의자들은 일반적으로 회개가 율법에 의해서 일어나고 믿음
은 복음에 의해서 생겨난다고 강조한다'[3]라고 설명한다. 1689 신앙고백서
에 따르면 회개는 율법에 의하여 타락한 인간 본성에서 근거를 두고 나오는
자연적인 두려움이 아니다. 회개는 선물이자 복음적 은혜가 요구된다.

II. 제15장의 주제에 대한 해설

성경에서 말하는 회개는 웨스트민스터 소요리문답에서 가장 간단명료하게
정의 내려진다. 87문은 '생명에 이르는 회개가 무엇인가?' 라고 묻는다. 이
에 주어진 답은 다음과 같다. '생명에 이르는 회개는 구원하는 은혜인데 이
로 말미암아 죄인이 자기 죄를 바로 알고 그리스도 안에서 하나님의 자비를
깨달아 자기 죄를 슬퍼하고, 미워하고, 그 죄에서 돌이켜, 새로운 순종을 목
적으로 삼아 노력함으로써 하나님께로 향하는 것이다.' 성경이 말하는 회개

---

2   Louis Berkhof, *Systematic Theology* (Grand Rapids, Ml: Wm B. Eerdmans Publishing Co.,
      1939), 487.

3   Ibid.

나무표

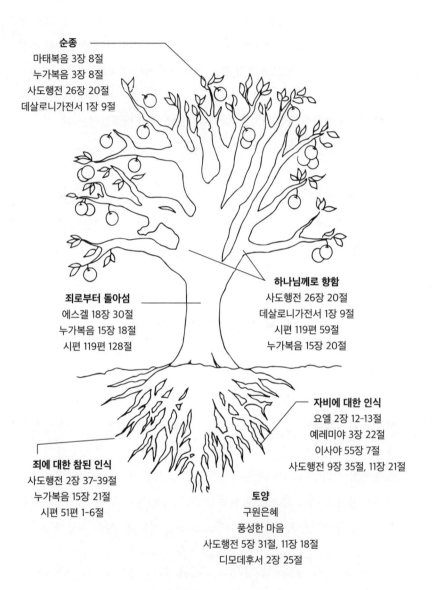

순종
마태복음 3장 8절
누가복음 3장 8절
사도행전 26장 20절
데살로니가전서 1장 9절

죄로부터 돌아섬
에스겔 18장 30절
누가복음 15장 18절
시편 119편 128절

하나님께로 향함
사도행전 26장 20절
데살로니가전서 1장 9절
시편 119편 59절
누가복음 15장 20절

자비에 대한 인식
요엘 2장 12-13절
예레미야 3장 22절
이사야 55장 7절
사도행전 9장 35절, 11장 21절

죄에 대한 참된 인식
사도행전 2장 37-39절
누가복음 15장 21절
시편 51편 1-6절

토양
구원은혜
풍성한 마음
사도행전 5장 31절, 11장 18절
디모데후서 2장 25절

에 대한 요약은 알버트 마틴 ^{A.N.Martin}목사가 제시한 나무에 비유되어 왔다. 이 비유는 유용하다. 소요리문답의 교리는 이 부분에 있어서 런던 신앙고백서의 교리와 동일하기 때문에, 나무 비유와 같이 소요리문답의 답을 회개의 본질을 간략히 설명하는 데 사용하려 한다.

1. 회개의 토양

회개의 토양은 무엇인가? '회개는 … 구원하는 은혜'이다. 회개를 은혜로 여기는 것으로, 소요리문답은 회개가 하나님의 선물이라는 것을 분명히 한다. 회개는 중생한 마음, 즉 새롭게 된 토양에서 자라는 식물이다(사도행전 5장 31절, 11장 18절, 디모데후서 2장 25절).

그래서 참 회개는 로마 가톨릭의 신학이 '불완전한 참회'라고 부르는 것 그 이상이다. 적어도 회개는 죄의 결과를 싫어하는 것이나 지옥을 두려워하는 것이나 생활의 외적인 개혁 그 이상이다. 중생하지 못한 사람도 이런 것들을 소유하기도 하나(사도행전 24장 24-27절), 그들은 생명에 이르는 회개에 대해서 아무것도 모른다.

2. 참 회개의 뿌리들

우리가 참 회개의 뿌리에 대해서 말할 때, 회개의 뿌리는 무엇인가? 나무뿌리의 기능은 나무에게 영양분을 공급해야만 하는 것이다. 정확하게 이것이 지금 우리가 회개와 관련하여 생각해야 하는 것이다. 참 회개는 영혼의 두 가지 확신으로 인해 영양을 공급받아 그로부터 성장한다. 만약 우리가 회개하게 된다면, 두 가지가 반드시 사람의 의식 안에 실체들이 되고 생생한 형태가 된다. 이 두 실체들은 웨스트민스터 소요리문답에서 '자기 죄를 바로 알고 그리스도 안에서 하나님의 자비를 깨닫는 것'으로 불린다.

성경은 이 두 실체들이 영혼을 사로잡아 회개를 하게 하는 방법에 대해 적어도 두 가지 예를 든다. 첫 번째 예는 시편 130편 시편 기자의 예이다. 영감 받은 저자는 시편 130편 1-3절에서 죄의 깊음에 대한 자신의 경험을 생생하게 묘사한다. 4절에서 이 저자는 자신이 저지른 죄가 용서 받았다고 확실히 인식한다고 말한다. 분명히 하나로 연결된 이러한 인식들은 새로운 회개 안에서 그를 여호와께로 인도한다. 비록 이 시인이 이미 믿는 자라는 것에는 어떠한 의심도 없으나, 그럼에도 불구하고 이 시인은 아주 분명하게 모든 참 회개의 뿌리를 분명히 설명한다. 두 번째 예는 탕자의 예이다(특별히 누가복음 15장 17-20절을 보라). 여기서의 증언은 지금까지 두 실체들 때문에 탕자가 회개함으로 아버지께로 되돌아왔다는 사실이다. 그가 죄와 악한 마음의 상태에 대해 인식하는 것은 특권이며, 동시에 그의 회심의 모든 진행 과정은 아버지가 자신을 비록 일꾼으로라도 받아주실 수 있으리라는 것을 알고 있었음을 전제한다.

사람들을 회개로 이끄는 이러한 두 실체들에 대한 성경의 예시들을 주목하면서, 동시에 우리는 지금 이 실체들에 대해 좀 더 자세히 이야기하겠다.

1) '죄에 대한 참된 인식'

이 말의 의미는 무엇인가? 죄에 대한 참된 인식은 1689 신앙고백서에 따르면 '죄의 수많은 악함을 알아차리게 되는 것'으로 설명된다. 아주 명백하게, 이것은 단순히 지적인 동의나 시인이 아니다. 일반적으로 이것은 우리의 죄들이 우리 자신에게 위험하고 부정적인 영향들을 초래한다는 것에 대한 단순한 지각이 아니다. 분명히, 죄에 대한 참된 인식은 하나님 앞에서 우리 자신의 죄들의 더러움과 죄책을 느끼고 그것들을 경험하는 것이다. 시편 130편에서 '깊은 데서' 그리고 '누가 서리이까'라는 구절은 죄를 참으로 지각했다는 것을 설명하는 것이다. 탕자의 부르짖음 또한 그렇다. '나는 아버지의 아들이라 일컬음을 감당치 못하겠나이다'(참고 사도행전 2장 37-38절, 시편 51편 1-6절).

2) '그리스도 안에서 하나님의 자비를 깨닫는 것'

참 회개에 대해 전혀 알지 못하는 많은 사람들이 자신의 죄들에 대한 죄책과 더러움 그리고 위험에 대한 개인적인 경험을 한다. 이 실체에 대한 대표적인 예는 가룟 유다이다(마태복음 27장 3-5절). 유다는 자신의 죄를 참으로 인식하였으나, 그는 참 회개의 분명한 두 번째 뿌리인 '그리스도 안에서 하나님의 자비에 대한 이해'가 부족하였다. 참 회개의 두 번째 뿌리와 관련된 두 가지 질문들에 반드시 답을 해야 한다.

'그리스도 안에서 하나님의 자비에 대해 깨닫는 것'이란 무엇인가? 이는 만약 내가 회개하고 하나님께로 돌아간다면, 하나님께서 나를 받아주시고 용서해주실 것이라는 신뢰 또는 확신이다. 우리가 주목했듯이, 이것은 탕자의 결심에 잠재되어 있었다. 심지어 더 분명히, 시편 기자는 '사유하심이 주께 있음은'이라고 주장한다.

어떻게 우리는 이것이 참 회개에 필수적인 뿌리라는 것을 아는가? 몇 가지 이유들을 열거하려고 한다. 첫 번째로, 회개는 믿음과 뗄 수 없기 때문이다(마가복음 1장 15절). 그리스도 안에서 하나님의 자비를 움켜쥐는 것이 믿음의 씨앗이다. 두 번째로, 하나님께서 자비를 베푸심은 회개로의 부르심을 항상 수반하기 때문이다(요엘 2장 12-13절, 예레미야 3장 22절a, 이사야 55장 7절). 세 번째로, 참 회개는 주 예수 그리스도께 돌아서 있는 것을 포함하기 때문이다(사도행전 9장 35절, 11장 21절).

이러한 가르침은 여러 가지 방식으로 적용되기도 한다. 당신은 당신의 죄의 실제 정체에 관하여 그 죄를 본 적이 있는가? 당신은 경험적으로 당신 자신의 죄의 더러움과 악한 마음 그리고 죄책에 대한 것을 아는가? 만약 모른다면, 당신은 참 회개에 대해서 아무것도 모른다. 그리스도 안에서 하나님의 자비를 움켜쥐지 못한 상태에서 여러분의 죄들에 대한 자책이나 양심의 가책에 주의하라. 이런 자책과 양심의 가책이 참 회개라 생각하는 것을 주의하라. 한 사람의 마음의 악함과 비참함의 느낌이 회개의 하나의 뿌리이기는 하지만, 본질에 있어서 회개는 아니다. 당신 자신의 더러움과 죄책에 대한 느낌을 억누르는 것에 주의하라. 죄에 대한 이러한 인식은 여러분의 적이 아니다. 이것은 오히려 당신을 그리스도께로 인도하도록 의도된 것이다.

3. 참 회개의 몸통과 줄기들

웨스트민스터 소요리문답이 죄인의 회개에 대해 언급할 때 '자기 죄에 대하여 슬퍼하고, 미워하고 그 죄에서 돌이켜 하나님께로 향하는 것'이라고 말한다. 이 말은 회개의 몸통과 가지들로 집약된다. 한 나무의 몸통과 가지들은 나무의 주요한, 즉 본질적인 형태이다. 정확히 그렇게, 우리가 참 회개의 몸통과 가지들에 대해 논할 경우, 우리는 회개의 본질, 즉 회개의 핵심에 대해 말하고 있는 것이다.

이 소요리문답은 회개를 영적으로 돌아서고 있는 것으로 설명한다. 이것은 성경이 회개에 대해 말하는 방식과 상당 부분 일치한다. 회개와 대응되는 신약성경의 가장 중요한 두 단어는 마음의 변화라는 의미인 **메타노이아**^{metanoia}와 돌아온다는 의미인 **에피스트로페이**^{epistrophei}이다. 첫 번째 단어는 돌아서거나 변화가 외적인 결과들과 열매들을 가지고 있으나, 주로 마음과 이성의 문제라는 것을 우리에게 상기시킨다. 그러므로 회개는 '참회하다'라는 말이 암시하는 것과 같은 단순한 외적인 행동과 동등하게 취급되어서는 안 된다.

돌아서고 있는 것은, 영적으로 돌아서는 것조차 한 곳에서 다른 곳으로 가는 것이다. 웨스트민스터 소요리문답은 돌아서고 있는 곳과 도착할 곳을 분명하게 명시한다.

회개는 죄를 슬퍼하고 미워하는 마음을 가지고 죄에서 돌아서고 있는 것
이다. 회개는 슬픔과 비통함 그리고 미워함과 혐오를 포함한 죄에 대한 반
감이다(스가랴 12장 10절, 고린도후서 7장 10-11절, 마태복음 21장 29절, 에스겔 16장
60-63절, 36장 31-32절). 이 성경구절들은 회개를 한탄하고 있고 비통해하고
있고 죄를 분노하고 있고 후회하고 있고 부끄러워하고 있고 초라해하고 있
고 혐오하고 있고 불명예스럽게 여기고 있는 것으로 생생하게 묘사한다. 분
명하게, 참 그리스도인은 자신의 죄 때문에 겸손하게 되고, 그러므로 그는
두려움 없이 훈계를 받을 것이고 경고를 받는 자일 것이다.

회개는 하나님의 자비와 하나님의 방식과 예배 안에서 하나님께 향하는
것이다. 사도행전 20장 21절은 문자 그대로 '하나님께 대한 회개'에 대해 말
한다. 마치 믿음이 영혼을 그리스도께로 움직이게 하는 것인 것처럼, 회개
는 영을 하나님께로 움직이게 하는 것이다(사도행전 15장 19절, 26장 20절, 데살
로니가전서 1장 9절). 특별히 누가복음 15장 20절을 주목하라. 탕자는 자기 자
신의 죄와 비참함을 확신하였고 아버지의 자비도 확신하였을 뿐만 아니라,
그는 실제로 자신의 아버지께로 일어나 갔다. 탕자는 자신의 아버지의 자비,
즉 아버지의 방식과 아버지의 규율로 되돌아왔다. 이는 다음과 같은 적용을
제시한다. 당신은 실제로 하나님 아버지께 되돌아왔는가? 만약 당신이 실제
로 하나님께 돌아서는 경험이 없었다면, 단지 당신의 죄를 느끼거나 하나님
께서 당신을 받아주실 거라는 확신만으로는 충분하지 않다.

4. 참 회개의 열매

여기에서 웨스트민스터 소요리문답 87문은 '새로운 순종을 목적으로 삼아
노력하는'이라는 말을 쓴다. 여기서 핵심 성경구절은 잠언 18장 13절인데,
죄를 자백하고 있고 죄를 짓지 않고 있는 것의 결과가 회개라고 말한다.

1) 이 열매의 필수요소

죄의 고백은 필수요소이다(마가복음 1장 4-5절, 누가복음 17장 3-4절, 시편 51편 1-4절). 자신의 생활에서 드러난 죄를 고백하기를 계속해서 거절하는 사람은 참 회개한 사람이 아닌 것이 확실하다. 죄를 끊는 것 또한 필수요소이다 (마태복음 3장 8절, 데살로니가전서 1장 9-10절).

"새로운 순종을 목적으로 삼아 노력하는"이라는 웨스트민스터 소요리문답의 주장은 어떤 오류들을 피하려 하는가? 또한 1689 신앙고백서도 아주 신중하게 "모든 일을 하나님 앞에서 행하여 하나님을 기쁘시게 하려는 목적을 가지고 노력한다"라고 말하고 있다.

이 진술들에서 최소한 두 가지 오류들은 피한다. 첫 번째는 자기기만의 오류이다. 이것은 참으로 죄를 끊어내지는 않으면서 회개했다고 주장하는 사람 안에 있다. "새로운 순종을 목적으로 삼아 노력하는 것"이 반드시 있어야 한다. 두 번째 오류는 율법주의, 아마 더 정확하게는 완전주의의 오류이다. 이는 자기반성적인 성향을 가진 그리스도인들을 공격하는 오류이다. 만약 회개가 완벽하게 죄를 끊어내지 못하고 부족한 것을 내놓는다면 그들의 회개의 합법성에 의문을 제기할 것이다. 죄를 끊는다는 것은 영원히 완벽하고 죄 없는 순종을 완성하는 것은 아니다. 죄를 끊는다는 것은 참으로 이 목적을 '목표로 삼아 노력하는 것'이다.

다음의 성경구절들은 1689 신앙고백서와 웨스트민스터 소요리문답에 의해 신중하게 정의된 것으로 죄를 끊는다는 것이 필수요소라고 가르친다 (마태복음 3장 8절, 누가복음 3장 8절, 사도행전 26장 20절, 데살로니가전서 1장 9절).

2) 이 열매의 특징들

죄를 고백하고 단념하는 것은 보편적인 것이다. 단지 보편적인 거룩함이 구원 얻는 믿음의 표시인 것처럼, 죄에 대한 보편적인 단념은 참 회개의 열매이다. 참 회개의 한 가지 특징은 드러난 모든 죄를 끊는 것이라고 성경이 가르칠 때(에스겔 36장 25절, 18장 30-31절, 시편 119편 59절, 104절, 128절), 우리는 놀라지 않는다. 이로써 회개는 알려진 죄들을 버리는 것에 대한 완고하고 고집스러운 거절은 없다는 것을 뜻한다. 모든 죄가 미워지고 모든 죄는 끊어진다. 물론 완벽하거나 반복적인 전투가 없지 않을 것이지만 말이다. 참으로 회개한 사람은 사회적으로 받아들이지 못하는 죄들뿐만 아니라 사회적으로 허용되는 죄들, 그리고 공적인 죄들과 마찬가지로 사적인 죄들도 고백하고 끊는다.

죄의 고백과 단념은 반복된다. 이것은 단순히 극적으로 회심한 사람들의 일시적인 경험이 아니라, 삶의 반복적인 특징이고 습관이다. 왜 그러한가? 우리가 죄인으로 있는 동안만큼은 반드시 회개하는 사람으로 남아 있어야 하기 때문이다. 1689 신앙고백서는 4항에서 '우리가 인생의 전 과정을 통하여' 회개의 의무는 지속되어야만 한다고 주장한다. 다음의 성경구절들을 주목하라(요한일서 1장 9절, (동사의 시제는 계속용법 현재이다.) 에스겔 16장 61절, 마태복음 5장 4절).

이것은 다음과 같이 적용될 수 있다. 회개, 죄 고백, 죄를 끊어버리는 것 그리고 죄를 슬퍼하고 미워하는 마음을 가지고 죄에서 돌아서는 것이 당신의 반복적인 매일의 경험인가? 만약 당신이 참 그리스도인이라면 그럴 것이다. 전적으로 긍정적이기만 하고, 죄의 부정적이고 비관적인 실체를 전혀 알지 못하는 그리스도인의 삶은 환상이고 착각이다. 슬픔과 비통은 그리스도인의 삶의 일부이다. 그 까닭은 그것들이 회개의 한 부분이고 일부이기 때문이다.

제16장 선행에 관하여

of Good Works

1. 선행은 오직 하나님께서 자신의 거룩한 말씀에서 명령하신 행위이다.[1] 말씀의 정당한 보증 없이 사람에 의한 맹목적인 열정으로나 어떤 선한 의도로 가장하여 고안된 행위는 선행이 아니다.[2]

   1. 미가 6장 8절, 로마서 12장 2절, 히브리서 13장 21절, 골로새서 2장 3절, 디모데후서 3장 16-17절
   2. 마태복음 15장 9절, 이사야 29장 13절, 베드로전서 1장 18절, 로마서 10장 2절, 요한복음 16장 2절, 사무엘상 15장 21-23절, 고린도전서 7장 23절, 갈라디아서 5장 1절, 골로새서 2장 8절, 16-23절

2. 하나님의 계명에 대한 순종으로 행해지는 선행은 참되고 살아있는 믿음의 열매들이고 증거들이다.[1] 이 선행으로 성도들은 감사함을 드러내고[2] 확신을 강하게 하고[3] 형제들에게 덕을 끼치고[4] 복음에 대한 고백을 돋보이게 하고[5] 원수들의 입을 막고[6] 하나님을 영화롭게 한다. 성도들은 하나님의 작품이고 예수 그리스도 안에서 선한 일을 위하여 지음 받았기에[7] 거룩함에 이르는 열매를 맺음으로 마지막에는 영생을 얻을 것이다.[8]

1. 야고보서 2장 18절, 22절, 갈라디아서 5장 6절, 디모데전서 1장 5절

2. 시편 116편 12-14절, 베드로전서 2장 9절, 12절, 누가복음 7장 36-50절, 마태복음 26장 1-11절

3. 요한1서 2장 3절, 5절, 3장 18-19절, 베드로후서 1장 5-11절

4. 고린도후서 9장 2절, 마태복음 5장 16절

5. 마태복음 5장 16절, 디도서 2장 5절, 9-12절, 디모데전서 6장 1절, 베드로전서 2장 12절

6. 베드로전서 2장 12절, 15절, 디도서 2장 5절, 디모데전서 6장 1절

7. 에베소서 2장 10절, 빌립보서 1장 11절, 디모데전서 6장 1절, 베드로전서 2장 12절, 마태복음 5장 16절

8. 로마서 6장 22절, 마태복음 7장 13-14절, 21-23절

3. 선행을 할 수 있는 그들의 능력은 결코 그들 자신의 것이 아니라 전적으로 그리스도의 영으로부터 나오는 것이다. 그들이 선행을 할 수 있으려면 이미 받은 은혜들 외에도 그분의 선한 뜻을 바라고 행하도록 그들 안에 역사하시는 동일한 성령님의 실제적인 감화가 필수이다.[1] 그러나 그렇다고 해서 성령님의 특별한 역사가 없다면 마치 어떤 의무를 행하는 것에도 얽매일 필요가 없는 것처럼 태만해져서는 안 되고 그들 안에 있는 하나님의 은혜를 불러일으키는 것에 부지런해야만 한다.[2]

1. 에스겔 36장 26-27절, 요한복음 15장 4-6절, 고린도후서 3장 5절, 빌립보서 2장 12-13절, 에베소서 2장 10절, 요한복음 10장

2. 로마서 8장 14절, 요한복음 3장 8절, 빌립보서 2장 12-13절, 베드로후서 1장 10절, 히브리서 6장 12절, 디모데후서 1장 6절, 유다서 20-21절

4. 순종하는 것으로 이생에서 가능한 최고의 높이에 도달한 자들이 의무보

다 더 많은 일을 행하거나 하나님께서 요구하시는 것보다 더 많이 행할 수 없다. 이는 그들이 마땅히 해야 할 의무를 행하기에도 많이 미치지 못하기 때문이다.[1]

1. 열왕기상 8장 46절, 역대하 6장 36절, 시편 130편 3절, 143편 2절, 잠언 20장 9절, 전도서 7장 20절, 로마서 3장 9절, 23절, 7장 14절f, 갈라디아서 5장 17절, 요한1서 1장 6-10절, 누가복음 17장 10절

5. 우리는 우리의 최선의 행위들로도 하나님의 손에서 죄 용서 또는 영생을 공로로 받을 수 없다. 이는 우리의 행함과 장차 올 영광 사이의 엄청난 불균형과 우리와 하나님 사이의 무한한 거리 때문이다.[1] 우리의 최선의 행위로는 우리의 이전 죄의 빚에 대하여 합당하게 하나님께 유익이나 만족을 드릴 수 없다. 그러나 우리가 할 수 있는 모든 것을 행했을 때, 우리는 단지 우리의 의무를 행했을 뿐이고 우리는 무익한 종들일 뿐이다.[2] 그리고 우리의 행위들이 선하다면 그것들이 성령님으로부터 나온 것이기 때문이고[3] 그 행위가 우리로 인해 행해질 때에는 그것들이 부정해지고 하나님의 형벌의 엄격함을 견딜 수 없을 만큼 악과 결점이 섞여있다.[4]

1. 로마서 8장 18절
2. 욥기 22장 3절, 35장 7절, 누가복음 17장 10절, 로마서 4장 3절, 11장 3절
3. 갈라디아서 5장 22-23절
4. 열왕기상 8장 46절, 역대하 6장 36절, 시편 130편 3절, 143편 2절, 잠언 20장 9절, 전도서 7장 20절, 로마서 3장 9절, 23절, 7장 14절f, 갈라디아서 5장 17절, 요한1서 1장 6-10절

6. 그러나 그럼에도 불구하고 신자들의 인격이 그리스도를 통하여 받아들

여지고, 그들의 선행 또한 그리스도 안에서 받아들여진다.[1] 그들이 이생에서 하나님 보시기에 전적으로 흠이 없거나 책망 받을 것이 없다는 것이[2] 아니라 그분의 아들 안에서 그들을 바라보시기에 비록 약함과 불완전함이 많을지라도 진실된 것에 대해서는 받아주시고 상 주기를 즐거워하신다.[3]

1. 출애굽기 28장 38절, 에베소서 1장 6-7절, 베드로전서 2장 5절
2. 열왕기상 8장 46절, 역대하 6장 36절, 시편 130편 3절, 143편 2절, 잠언 20장 9절, 전도서 7장 20절, 로마서 3장 9절, 23절, 7장 14절f, 갈라디아서 5장 17절, 요한1서 1장 6-10절
3. 히브리서 6장 10절, 마태복음 25장 21절, 23절

7. 거듭나지 못한 자들에 의해서 행해지는 행위들은 비록 그 행위들이 그 자체로는 하나님께서 명령하신 것들이고, 자신들과 다른 사람들에게 좋은 일이라 할지라도,[1] 그것들은 믿음으로 정결하게 된 마음에서 나온 것이 아니며,[2] 말씀을 따라 올바른 방법으로 행해진 것도 아니며,[3] 하나님의 영광이라는 올바른 목적을 향한 것도 아니기 때문에[4] 그 모든 행위들은 죄악되며 하나님을 기쁘시게 할 수도 없고, 사람으로 하여금 하나님으로부터 은혜를 받기에 적합하게 만들지도 못한다.[5] 하지만 이러한 행위들에 대한 그들의 무시는 더욱 죄악되며 하나님을 화나게 하는 것이다.[6]

1. 열왕기상 21장 27-29절, 열왕기하 10장 30-31절, 로마서 2장 14절, 빌립보서 1장 15-18절
2. 창세기 4장 5절, 히브리서 11장 4-6절, 디모데전서 1장 5절, 로마서 14장 23절, 갈라디아서 5장 6절
3. 고린도전서 13장 3절, 이사야 1장 12절
4. 마태복음 6장 2절, 5-6절, 고린도전서 10장 31절

5. 로마서 9장 16절, 디도서 1장 15절, 3장 5절

6. 열왕기상 21장 27-29절, 열왕기하 10장 30-31절, 시편 14편 4절, 36편 3절

개 요

1항	I . 선행의 모범
	1. 긍정적 진술
	2. 부정적 진술
2항	II. 선행의 중요성
	1. 선행의 증거 때문에
	2. 선행의 결과들 때문에
	3. 선행의 역할 때문에
3항	III. 선행의 원인
	1. 그 원인이 강조하는 주장
	2. 그 원인의 일반적인 왜곡
4-5항	IV. 선행의 한계들
4항	1. 요구되는 것 이상의 행위는 불가능하다.
5항	2. 공로적 행위들은 불가능하다.
6-7항	V. 선행의 수용
6항	1. 신자의 선행
7항	2. 불신자의 선행

1689 신앙고백서 제16장은 웨스트민스터 신앙고백서 제16장과 사보이 선언 제16장과 거의 동일하다. 신학적으로 중요한 의미에서는 전혀 변화가 없다.

I. 선행의 모범 (1항)

인류에게 선과 악의 최고의 규칙, 즉 결정의 주체는 하나님의 뜻이다(디모데전서 6장 15절, 레위기 19장). 하나님의 뜻에 대한 실천적이거나 실용적인 지식은 오직 하나님의 거룩한 말씀 안에서만 발견된다(시편 147편 19-20절). 이런 진리들은 우리에게 '선행은 오직 하나님께서 자신의 거룩한 말씀에서 명령하신 행위이다'라는 1항의 주장에 동의할 것을 요구한다. 1항의 긍정적인 주장들과 부정적인 주장들 모두에 대한 성경의 증언은 아주 많다. 긍정적인 주장에 대한 성경 구절들은 (미가서 6장 8절, 로마서 12장 2절, 히브리서 13장 21절, 골로새서 2장 3절, 디모데후서 3장 16-17절)이고, 부정적인 주장에 대한 성경 구절들은 (마태복음 15장 9절, 이사야 29장 13절, 베드로전서 1장 18절, 로마서 10장 2절, 요한복음 16장 2절, 사무엘상 15장 21-23절, 고린도전서 7장 23절, 갈라디아서 5장 1절, 골로새서 2장 8절, 16-23절)이다.

일반적으로 선행은 성경에 계시된 하나님의 법을 따르는 행동들이다 (1689 신앙고백서 제19장을 보라). 더 특별하게, 선행은 친절함과 관대함의 구체적인 표현이고, 특히 실천적이고 금전적인 종류의 구체적인 표현이다(요한복음 10장 31-33절, 사도행전 10장 38절, 9장 36절, 고린도후서 9장 8-9절, 디모데전서 5장 10절, 6장 17-18절).

이러한 성경 구절들에 대한 진지한 연구가 질책하는 것은 무엇인가! 우리의 영적인 결핍은 성경이 선행이라고 부르는 우리의 실천적이고 재정적인 친절한 행위들의 부족에서 드러난다. 또한 오늘날 많은 자칭 그리스도인들의 영적인 왜곡이 드러나 있다. 유대인에게 있어서 하나의 선행은 빵을 먹을 때 자신들의 손을 씻는 것이었다. 유대인들은 인간이 만든 선행확인목록을 가지고 있었다. 그리고 또한 오늘날에도 많은 유대인들이 가지고 있다. 사람들은 이러한 사고방식을 사랑한다. 유대인들은 독수리의 눈을 가지고 자신들의 규칙들을 위반한 것들을 본다. 그러나 그들은 공감하는 마음과 선한 행동들에는 장님이다. 이 모순은 이 땅 위에서 가장 비판적이고 변변치 못한 영적인 사람들이 인간이 만든 선행확인목록에 순종하는 것을 스스로 자랑스럽게 여기는 사람들이라는 것이다. 많은 자칭 그리스도인의 영적인 무지는 자신들이 선행이라고 여기는 것을 위해 성경의 의무를 어기는 것 안에 드러난다. 얼마나 자주 그리스도인 직장인들이 사역자나 전도자로서 선행을 한다는 빌미로 가족들과 많은 시간을 보내지 못하거나 가족에 대한 가장 기본적인 의무와 부모로서의 의무를 하지 않는 것을 정당화해오고 있는가! 얼마나 자주 여성들이 설교하고 교회를 돌보는 선행을 하면서 성경을 어겨 왔는가!

II. 선행의 중요성 (2항)

1. 선행의 증거 때문에

선행은 유용하다. 그 까닭은 선행이 살아있는 믿음의 열매들이고 증거들이기 때문이다(야고보서 2장 18절, 22절, 갈라디아서 5장 6절, 디모데전서 1장 5절). 우리가 깨달았듯이, 우리 침례교 선조들은 이러한 주장과 함께 선행의 유익에 대해 반드시 생각해야 하는 맥락이 복음적 은혜의 영역이지 법적 공로의 영역은 아니라는 사실을 확실하게 한다(4-5항을 주목하라). 쟁기는 농장에서 굉장히 유용하나 그랜드 래피즈 교외에 있는 나의 집 앞마당에서는 전혀 소용이 없다. 이와 같이, 그리스도의 복음의 경륜과 은혜와 믿음 안에서의 선행은 굉장히 유용하나 법과 공로의 상황에서는 쓸모없다. 증거들에 대한 청교도신학은 율법주의라고 종종 비난을 받아왔다. 그러나 이것은 완전히 오해이다.

2. 선행의 결과들 때문에

복음의 경륜 안에서 선행은 많은 유익을 가진다. 선행은 감사를 드러낸다 (시편116편 12-14절, 베드로전서 2장 9절, 12절, 누가복음 7장 36-50절, 마태복음 26장 1-11절). 우리는 우리의 입술뿐만 아니라 우리의 행동으로도 하나님께 감사하는가? 하나님의 자비로운 행동들이 당신을 올바로 행동하도록 자극하는가? 당신은 특별한 감사로 귀한 자비들을 드러내려고 노력하는가? (레위기 7장 11-18절).

선행은 확신을 강하게 한다(요한1서 2장 3절, 5절, 3장 18-19절, 베드로후서 1장 5-11절). 여기서 우리는 반드시 선행이 믿음의 증거라는 1689 신앙고백서의 첫 번째 주장으로 되돌아가야 한다. 선행이 하나님 앞에서 우리의 공로를 쌓아 올리기 때문에, 선행은 확신을 강하게 하지 못한다. 오히려 선행은 우리의 믿음을 우리들에게 더 선명하게 해주고, 우리 안에 하나님의 은혜를 보여주고, 우리 안에 그리스도께서 살아계신다는 것을 입증해 주는 것으로 확신을 강하게 한다. 많은 그리스도인들이 확신으로 인해 어려움을 겪는다. 그 까닭은 그들이 자신들의 믿음을 약해지게 두고 게을러지게 두기 때문이다. 일반적으로 확신의 부족을 해결하는 방식은 자기반성에 의한 것이 아니라, 믿음을 발휘하는 것이다. 그리스도께 가라 당신의 영혼을 그리스도의 손에서 쉬게 하라 그리고 나서 감사함으로 당신의 믿음을 사용하라. 아마 확신과 관련해서 당신이 가지고 있는 문제는 다른 어떤 사람들을 위해 어떤 것을 해보려는 시간을 결코 가지지도 않고 자기 자신에게만 빠져 있는 것일 수 있다. 확신을 강하게 하기 위해서 선행을 행하는 것은 위선적인 것이 아니다. 성경적이다. 성경의 가르침을 거스르면서 자신을 하나님보다 더 영적인 자리에 놓으려고 하지 마라!

선행은 형제들에게 덕을 끼친다(고린도후서 9장 2절, 마태복음 5장 16절). 여러분의 열심과 선행은(혹 그것의 부족함은) 형제들에게 직접적인 영향을 미친다. 선행이 목회자들에게도 똑같이 덕을 끼친다. 선행은 복음을 돋보이게 한다. 어떤 것을 돋보이게 하는 것은 그것을 꾸며서 마음을 사로잡는 것이다. 즉 매력적으로 보이게 하는 것이다(마태복음 5장 16절, 디도서 2장 5절, 9-12절, 디모데전서 6장 1절, 베드로전서 2장 12절). 선행은 원수들의 입을 막는다(베드로전서 2장 12절, 15절, 디도서 2장 5절, 디모데전서 6장 1절). 선행은 하나님을 영화롭게 한다. 1689 신앙고백서가 설명하는 것 같이, 선행이 하나님을 영화롭게 하는 까닭은 선행이 하나님의 솜씨이고 창조이기 때문이다(에베소서 2장 10절, 베드로전서 2장 12절, 마태복음 5장 16절). 여러분의 삶의 방식이 하나님과 복음에 대해 따뜻한 마음을 드러내는가? 여러분은 여러분의 삶의 방식이 하나님과 복음을 부끄럽게 하거나 하나님의 원수와 진리의 적대자들에게 하나님과 복음을 모독할 수 있는 기회를 주지 않으려고 조심하는가? 또는 여러분의 부주의와 게으름과 죄 많음 그리고 훈련되지 못한 생활이 다른 사람들에게 짐이 되거나 또는 회심하지 못한 사람들에게 불쾌감을 주지는 않는가? 만약 여러분이 죄로 인하여 믿음의 증거가 빈약했는데도 아프지 않았던 때가 있었다면, 심각하게 잘못된 것이 있는 것이다. 복음을 돋보이게 하는 문제에 신경 쓰지 않는 사람의 신앙은 확실히 의심된다.

3. 선행의 역할 때문에

선행은 영생으로 가는 정해진 길이다(로마서 6장 22절, 마태복음 7장 13-14절, 21-23절). 선행은 길이다. 문이 아니다. 그리스도인의 삶은 선행으로 시작되는 것이 아니다. 복음이 '선행을 행하는 출발점'은 아니다. 그리스도인의 삶은 회개와 믿음 안에서 시작된다. 믿음이 선행을 행하기 전에 믿음은 반드시 그리스도를 의지하는 데로 나아간다. 회개가 회개에 합당한 행위들을 하기 전에 회개는 반드시 죄에서 돌아선다(죄를 미워하고 싫어하고 슬퍼하는 것이다).

III. 선행의 원인 (3항)

성령님께서 먼저 주신 은혜가 결정적일 뿐 아니라, 지금 실제적인 영향 또한 필수적이다(에스겔 36장 26-27절, 요한복음 15장 4-6절, 고린도후서 3장 5절, 빌립보서 2장 12-13절, 에베소서 2장 10절). 성령님의 활동 안에 명백하게 나타난 하나님의 주권이 선행의 원인으로 강하게 진술될 때마다, 타락한 인간의 마음은 거의 자동적으로 '나는 성령님 없이 그 어떤 선행도 할 수 없기에, 나는 한가롭게 성령님의 활동을 기다리고 나서 선행을 하려고 노력하겠다'라는 삐뚤어진 추론을 이끌어낼 것이다.

언뜻 보기에 논리적인 이 추론의 잘못은 무엇인가? 이 추론은 성령님의 영향을 어떤 감정적인 감동이나 느낌과 동일시한다. 이런 식으로 동일시하는 것은 성경 그 어디에서도 지지받지 못하고 사실 거절된다(로마서 8장 14절, 요한복음 3장 8절, 빌립보서 2장 12-13절). 이 추론은 성령님의 활동들을 우리의 의무의 규칙으로 만든다. 그러나 우리의 의무의 규칙은 하나님의 교훈적인 뜻이다. 이 추론은 사람의 의무에 관하여서 성경의 주장을 부정한다(베드로후서 1장 10절, 히브리서 6장 12절, 디모데후서 1장 6절, 유다서 20-21절).

IV. 선행의 한계 (4-5항)

1. 요구되는 것 이상의 행위, 잉여공덕은 불가능하다 (4항)

웹스터 새 사전은 '잉여공덕을 쌓는다'는 말은 '요구되거나 또는 기대되는 것보다 더 하는 것'이라고 말하고 문자적으로 그것은 '빚진 것보다 많거나 그 이상 갚는 것'을 의미한다고 말한다. 이 사전은 잉여공덕이 '로마 가톨릭 교회에서 성자들이 행한 바와 같이 하나님께서 명령하신 것보다 그 이상으로 많이 행해진 선행'[1]으로 정의한다. 잉여공덕을 행하는 것은 두 가지 이유에서 불가능하다. 첫째, 우리의 모든 행동은 죄로 얼룩져 있다. 단 한 사람도 죄가 없지 않다(로마서 3장 23절, 9절, 갈라디아서 5장 17절, 로마서 7장 14-25절, 시편 130편 3절, 요한일서 1장 6-10절, 전도서 7장 20절, 잠언 20장 9절, 열왕기상 8장 46절, 역대하 6장 36절, 시편 143편 2절). 공로와 잉여공덕의 행동은 완벽함을 전제한다. 만약 모든 사람이 죄로 얼룩져 있다면, 단 한 사람도 요구하는 것 그 이상을 행하는 자리에 있지 못한다. 둘째, 선행의 기준은 다른 그 어떤 것도 아닌 하나님의 말씀뿐이다. 우리의 의무는 하나님께서 말씀으로 명령하신 모든 것을 행하는 것이다. 그렇기 때문에 이것보다 더 많이 행하는 것은 불가능하다(누가복음 17장 10절). 우리가 하나님께서 요구하시는 것들을 초월할 수 있다는 생각은 하나님께서 자신의 말씀보다도 더 높은 그 이상의 선의 기준을 인정하고 계시다는 것을 암시한다. 이러한 생각은 하나님께서 명령하시거나 요구하시지 않은 어떤 선한 행동이 있다는 것을 암시한다. 이것은 불가능하고 선행의 기준에 대한 성경의 가르침을 위반하는 것이다.

2. 공로적 행위들은 불가능하다 (5항)

위 주장을 지지하는 네 가지 이유가 주어진다. 첫째, 선행은 **그 보상에 비해 너무 초라하다**. 하나님께서 요구하시는 모든 것과 하나님께서 보상하시는 모든 것은 동등한 가치를 가지지 않는다. 둘째, 선행은 **하나님께 반드시 필요한 것이 아니다**(욥기 22장 3절, 35장 7절, 로마서 4장 3절, 11장 3절, 누가복음 17장

---

1   *Webster's New World Dictionary of the American Language* (Cleveland, OH: The World Publishing Company, 1956), p. 1463.

10절). 선행은 하나님께 유익이 될 수 없다. 선행은 죄를 만족시킬 수 없다 (로마서 3장 20절). 셋째, 선행은 **은혜의 성령님에 의해 비롯된 것이다.** 만약 선행이 그 자체로 값없는 선물이고 주권적인 은혜라면, 하나님 앞에서 행하는 선행은 분명 그 어떤 공로도 없다. 넷째, 선행은 **죄와 섞여 있다.** 그러므로 선행은 기껏 해봐야 하나님의 영광에 이르기에 부족한 행동이다.

V. 선행의 수용 (6-7항)

1. 신자의 선행 (6항)

신자의 선행은, 그리스도 안에서 그리고 그리스도를 통하여 선행 그 자체가 받아들여진다는 사실 때문에 받아들여진다(에베소서 1장 6-7절, 베드로전서 2장 5절, 출애굽기 28장 38절). 그러나 선행은 받아들여질 뿐 아니라, 보상도 주어진다. 그 보상은 은혜에 속하나 (로마서 4장 4절), 보상이다(히브리서 6장 10절, 마태복음 25장 21절, 23절). 여기서 보상으로 사용된 헬라어 단어는 문자적으로 임금을 지급하는 것을 의미한다(히브리서 2장 2절, 10장 35절, 11장 6절, 26절). 우리가 하나님을 기쁘시게 하려는 노력에 결점이 있음에도 불구하고 하나님께서 은혜롭고 친절하게 답하시는 이유는 그리스도 안에서 우리를 바라보시기 때문이다.

2. 불신자의 선행 (7항)

선행은 반드시 네 가지 기준을 만족시키거나 그것들과 일치해야 한다. 선행은 반드시 올바른 **내용**을 가져야 한다(선행은 반드시 하나님께서 명하신 것이어야 한다). 선행은 반드시 올바른 **근원**을 가져야 한다(선행은 반드시 믿음으로 순수해진 마음에서부터 비롯되어야 한다). 선행은 반드시 올바른 **방식**을 가져야 한다(하나님의 일은 반드시 하나님의 방식으로 이루어져야 한다). 그리고 올바른 **목적**을 가져야 한다(하나님의 영광이 반드시 선행의 최종 목적이 되어야 한다). 일반적으로 불신자가 선한 일들을 행했다고 성경에 언급되지만(로마서 2장 14절, 열왕기하 10장 30-31절, 열왕기상 21장 27-29절, 빌립보서 1장 15-18절), 이런 '화려한 죄들'(루터)이 하나님께는 참 선행이나 기쁨이 아니다. 그 까닭은 화려한 죄들이 올바른 근원(창세기 4장 5절, 참고: 히브리서 11장 4-6절, 디모데전서 1장 5절, 로마서 14장 23절, 갈라디아서 5장 6절)과 올바른 방식(고린도전서 13장 3절, 이사야 1장 12절)이 없고 또 올바른 목적(마태복음 6장 2절, 5-6절, 고린도전서 10장 31절)이 없기 때문이다.

1689 신앙고백서는 이러한 '화려한 죄들'을 무시하는 것이 이 화려한 죄들을 행하지 않는 것보다 더 악한 것이라고 결론짓는다. 때리는 것이 두려워 싸움을 단념한 아이들이 물론 선행을 행한 것은 아니지만, 때리겠다고 결심한 것보다는 확실히 더 나은 행동을 한 것이다. 마찬가지로, 비록 아이들이 올바른 정신, 즉 회심된 마음이 없다 하더라도 아이들은 마땅히 기도하도록 교육을 받아야 한다. 그 까닭은 아이들이 기도하는 것을 얕보게 두는 것이 더 나쁘기 때문이다. 우리의 자녀들에게 올바른 영이 없다고 하여, 자녀들에게 올바른 것들 행할 것을 요구하지 않고 가르치지 않으면 안 될 뿐만 아니라, 우리의 자녀들이 아무 생각 없이, 즉 형식적으로 하나님의 뜻을 따르게만 두어서도 절대 안 된다.

제17장 성도의 견인에 관하여

of The Perseverance of the Saints

1. 하나님께서 그 사랑하시는 자 안에서 받아주시고, 성령님으로 효과적으로 부르셔서 거룩하게 하시고, 그분의 택자가 소유하는 귀한 믿음을 넣어주신 사람들은 은혜의 상태로부터 전적으로 또는 최종적으로 떨어질 수 있는 것이 아니라 확실하게 그 상태에서 끝까지 인내하여 영원한 구원받게 된다. 왜냐하면 하나님의 은사와 부르심에는 후회하심이 없기 때문이다. 하나님께서는 믿음, 회개, 사랑, 기쁨, 소망 그리고 성령님의 모든 은사들을 그들 안에 주시고 영원까지 자라게 하신다.[1] 그리고 비록 많은 폭풍과 홍수가 일어나 그들을 덮칠지라도 믿음으로 단단히 매여 있는 바로 그 기초와 반석에서 결코 나가 떨어질 수 없다. 그럼에도 불구하고 믿음 없음과 사탄의 유혹으로 인해, 하나님의 빛과 사랑을 볼 수 있는 눈이 얼마 동안 가려지고 의미해지기도 하지만,[2] 하나님께서는 여전히 동일하시며 하나님의 구원하는 능력으로 그들이 보존될 것을 확신하게 된다. 그들은 하나님의 손바닥에 새겨졌고 그들의 이름이 영원부터 생명책에 기록되어 있기에 구원의 완성의 자리에서 자신들이 얻은 유업을 즐거워할 것이다.[3]

1. 요한복음 10장 28-29절, 빌립보서 1장 6절, 디모데후서 2장 19절, 베드로후서 1장 5-10절, 요한1서 2장 19절

2. 시편 89편 31-32절, 고린도전서 11장 32절, 디모데후서 4장 7절

3. 시편 102편 27절, 말라기 3장 6절, 에베소서 1장 14절, 베드로전서 1장 5절, 요한계시록 13장 8절

2. 이러한 성도의 견인은 그들 자신의 자유의지에 달려 있는 것이 아니라[1] 하나님 아버지의 자유롭고 불변한 사랑에서 흘러나오는 선택의 작정의 불변성에 달려있다.[2] 이는 예수 그리스도의 공로와 중보의 효력과 그분과의 연합과[3] 하나님의 맹세에[4] 근거를 두고, 성령님의 내주하심, 그리고 그들 안에 있는 하나님의 씨와[5] 은혜언약의 본질에[6] 근거를 둔다. 이런 모든 것들로부터 성도의 견인의 확실성과 무오류성이 나온다.

1. 빌립보서 2장 12-13절, 로마서 9장 16절, 요한복음 6장 37절, 44절

2. 마태복음 24장 22절, 24절, 31절, 로마서 8장 30절, 9장 11절 16절, 11장 2절, 29절, 에베소서 1장 5-11절

3. 에베소서 1장 4절, 로마서 5장 9-10절, 8장 31-34절, 고린도후서 5장 14절, 로마서 8장 35-38절, 고린도전서 1장 8-9절, 요한복음 14장 19절, 10장 28-29절

4. 히브리서 6장 16-20절

5. 요한1서 2장 19절, 20절, 27절, 3장 9절, 5장 4절, 18절, 고린도후서 1장 22절, 에베소서 1장 13절, 4장 30절, 고린도후서 1장 22절, 5장 5절, 에베소서 1장 14절

6. 예레미야 31장 33-34절, 예레미야 32장 40절, 히브리서 10장 11-18절, 13장 20-21절

3. 그리고 비록 사탄과 세상의 유혹 그리고 그들 안에 남아있는 부패의 우세함과 그들을 보존하기 위한 그 수단을 게을리 사용함으로 인해 그들은 심각

한 죄에 빠지기도 하며, 얼마 동안 그 죄에 빠져있기도 하고[1] 이로 인해 그들은 하나님의 화나심을 초래하고 성령님을 몹시 근심케 하고,[2] 그들의 은혜와 위로가 손상되기에 이르고,[3] 그들의 마음이 강퍅해지고, 그들의 양심이 상처를 입고,[4] 다른 사람을 아프게 하고 중상하여[5] 그들 스스로 일시적인 심판을 야기하기도 하지만,[6] 그들은 자신의 회개를 새롭게 하여 예수 그리스도를 믿는 믿음을 통하여 끝까지 보존된다.[7]

1. 마태복음 26장 70절, 72절, 74절
2. 시편 38편 1-8절, 이사야 54장 5-9절, 에베소서 4장 30절, 데살로니가전서 5장 14절
3. 시편 51편 10-12절
4. 시편 32편 3-4절, 73편 21-22절
5. 사무엘하 12장 14절, 고린도전서 8장 9-13절, 로마서 14장 13-18절, 디모데전서 6장 1-2절, 디도서 2장 5절
6. 사무엘하 12장 14절, 창세기 19장 30-38절, 고린도전서 11장 27-32절
7. 누가복음 22장 32절, 61-62절, 고린도전서 11장 32절, 요한1서 3장 9절, 5장 18절

개요

I. 견인의 사실 (1항)

1항은 성도의 견인에 대한 의미 또는 설명을 간단한 말로 진술한다. 두 가지가 이 진술에서 강조된다. 견인의 대상과 뜻, 즉 의미이다.

견인의 대상에 대해 말하는 것은 '누가 끝까지 인내하는가?'라는 질문을 수반한다. 여기서 견인의 선물을 받은 사람들이 네 가지 방식으로 묘사되었다. 그들은 '그의 사랑하시는 자 안에서 받아들여진' 사람들이다. 그러나 그들은 요즘 흔히 하는 말로 예수를 자신들의 구주로 영접한 사람들이 아니다. 그들은 '유효적 소명을 받은 사람들'이다. 그들은 단순히 복음의 일반적인 부르심을 받고 반응한 모든 사람이 아니다. 그들은 '성령으로 거룩케 된' 사람들이다. 그들은 단순히 외적인 고백과 외적인 삶의 변화를 경험한 모든 사람이 아니다. 그들은 '[하나님의] 택자가 소유한 귀중한 믿음을 받은' 사람들이다. 성도들이 가지는 모든 종류의 믿음이 아니다. 이것은 아주 중요하다. 성도의 견인은 그리스도인이 되었다고 주장하거나 심지어 그리스도인이 된 것처럼 보이는 사람들 모두가 끝까지 인내한다는 것을 의미하는 것이 아니다. 오직 참 성도들만이 계속 인내한다고 말하는 것이다. 이것이 경험으로 이 교리를 반대하는 논거에 대한 결정적인 대답이다. 이 교리가 그리스도인들 중에서 논의될 때, 사람들은 '나는 그리스도인이었던 사람들을 알았으나 완전 떨어져 나갔고 그들의 죄들 안에서 죽었다'는 말을 자주 들을 것이다. 이 교리는 모든 자칭 그리스도인이나 그리스도인이 된 것처럼 보이는 모든 사람에 대한 견인교리가 아니다. 이것은 성도의 견인에 대한 교리이다.

견인의 중요성은 '견인은 무엇인가?'라는 질문을 다루는 것이다. 이 질문은 차례로 몇몇 다른 질문들에 대한 답변으로 해결될 것이다.

그들은 무엇을 끝까지 견디는가? 견인 그 자체는 아무것도 아니다. 견인은 반드시 어떤 것을 인내하는 것이다. 1689 신앙고백서는 우리에게 견인은 은혜상태에서 계속 인내하는 것이라고 말한다. 객관적으로, 은혜상태는 하나님의 진노로부터 건짐을 받고, 하나님 아버지로서의 사랑과 은혜 아래에 이른 상태 또는 조건이다. 주관적으로, 은혜상태는 성령님과 성령님의 열매들을 마음속에 간직한 상태이다. 제2차 런던 신앙고백서는 1항에서 이러한 열매들을 많이 언급한다. 성경에서, 믿는 자는 근본적으로 믿음 안에서(요한1서 5장 1-5절, 고린도전서 15장 1-2절, 골로새서 1장 23절, 히브리서 10장 39절) 그리고 또 회개 안에서(요한1서 1장 7-9절, 에스겔 16장 60절, 마태복음 5장 4절) 사랑 안에서(요한1서 3장 14-15절, 요한복음 15장 9절) 소망 안에서 (골로새서 1장 23절, 데살로니가전서 1장 3절) 그리고 기쁨 안에서(마태복음 13장 44절) 끝까지 인내한다. 비록 그리스도인이 자기 안에 있는 이러한 은혜들을 알아차리지 못하기도 하고, 비록 그들이 다른 은혜들을 보지 못하기도 하지만 이런 은혜들은 그리스도인이 슬프게도 죄를 지을 때조차도 결코 완전히 사라지지는 않는다. 견인

교리를 반대하는 한 일반적인 논지는 견인교리가 그것을 믿는 자 안에 죄를 범해도 된다는 면허를 준다는 것이다. 이것이 정확하게 견인을 반대하는 경우이다. 견인은 복음의 믿음, 회개, 사랑, 소망, 기쁨 안에서 오래 참는 것이다. 스스로 이러한 은혜들을 가지고 있다는 것을 모르는 사람은 견인교리로부터 위로를 거의 얻지 못하고 죄 안에 있는 그를 불안에 떨게 할 것이다.

그들은 얼마나 오랫동안 인내하는가? 1689 신앙고백서는 '끝까지'라고 답한다. 이 의미는 그들이 죽기까지 혹은 주님의 재림까지 인내한다는 것이다(마태복음 24장 13절, 디모데후서 4장 7절).

그들은 무엇을 위하여 인내하는가? 다시 1689 신앙고백서는 아주 명확하게 그들은 영원한 구원을 위해 인내한다고 답한다(히브리서 3장 6절, 14절, 10장 39절). 이것은 견인을 선택사항으로 여기는 사람들에게서 반드시 지켜져야 한다. 우리는 단지 사소한 별도의 보상들로 인해 오래 참는 것이 아니라 구원 그 자체를 위해 인내하는 것이다.

그들은 얼마나 확실하게 인내하는가? 1689 신앙고백서는 성도들이 '확실하게 그 상태에서 끝까지 인내한다'라고 상세히 말한다. 성도의 견인은 대부분의 그리스도인들이 일반적으로 인내하는 것을 의미하는 것이 아니라 참 그리스도인이 확실하게 인내한다는 것을 의미한다.

왜 인내하는 것이 필수인가? 어떤 사전은 견인을 '반대나 어려움에도 불구하고 어떤 일을 지속적으로 하는 것'이라고 정의 내린다. 1689 신앙고백서는 1항과 3항의 후반에 나오는 말의 함축적인 뜻을 강조한다. 견인이 필수적인 까닭은 그리스도인의 삶이 전투, 즉 마지막에 구원받지 못하도록 우리를 떼어 놓으려는 많은 적들과 싸우는 전쟁이기 때문이다(디모데후서 4장 7절). 이것은 달리고 싸우고 지키는 것이다. 우리는 반드시 그리스도인으로서 우리의 삶이 장애물과 실패 그리고 죄들로 가득한 것처럼 보일지라도 놀라지 말고 우리가 구원받았다는 사실을 의심하지 말아야 한다. 그리스도인의 삶과 최종 구원은 참 견인을 포함한다.

II. 견인의 근거들 (2항)

1. 그 근거들의 전제

사람들이 성경의 빛 안에서 정확하게 조사해 보지 않은 억측들을 가지고 성경을 읽는 것보다 흔한 일은 없다. 이러한 억측들 중 하나는 자유의지가 구원에 있어서 결정적이라는 비성경적 관점이다. 만약 우리가 성도의 견인을 지지하는 증언의 힘을 제대로 인식하고 있다면, 이러한 억측은 반드시 정확하게 조사되어야 하고 거부되어야 하고 다른 것으로 대체되어야 한다. 우리는 성도의 견인이 그들의 자유의지에 달려있는 것이 아니라는 것을 반드시 이해해야 한다. 우리는 반드시 자유의지가 구원에 있어서 결정적인 것이 아니고 값없는 은혜가 결정적이라는 선이해를 가지고 이 교리에 접근해야 한다. 은혜는 우리의 의지를 움직이고 우리의 의지보다 앞선다. 성경은 자유의지가 아닌 하나님의 은혜가 구원의 근본이라고 가르친다(빌립보서 2장 12-13절, 로마서 9장 16절, 요한복음 6장 37절, 44절). 1689 신앙고백서는 '성도의 견인은 그들 자신의 자유의지에 달려 있는 것이 아니다'라고 말한다. 이것이 성경의 전제이기 때문에, 이것은 성경의 진술이 올바로 평가받는 유일한 전제이다. 그렇지 않으면, 우리는 자유의지에 대한 전제가 모든 성경구절과 일치된다는 것을 읽게 될 것이다. 그 어떤 것도 우리를 설득시키지 못한다.

2. 근거들의 본질

1) 선택의 작정의 불변성

이런 불변하는 작정 때문에 사람들은 부름을 받고 그들에게 믿음이 주어지기에, 그들은 효과적으로 부르심을 받고 주어진 믿음을 끝까지 가지고 갈 것이다(마태복음 24장 22절, 24절, 31절, 로마서 8장 30절, 9장 11절, 11장 2절, 29절, 에베소서 1장 5-11절).

2) 그리스도의 사역의 효력

성경은 그리스도의 사역의 효력과 우리와 그리스도의 연합의 견고성에 대해 증언한다. 선택으로(에베소서 1장 4절), 구속으로(로마서 5장 9-10절, 8장 31-34절, 고린도후서 5장 14절), 그리고 부르심으로(로마서 8장 35-38절, 고린도전서 1장 8-9절, 요한복음 14장 19절, 10장 28-29절) 한번 맺어진 그리스도와의 연합은 불변하고 파괴될 수 없다. 그래서 그들 안에 있는 그리스도의 생명의 능력으로 인해, 그리스도의 백성은 은혜의 상태를 계속 유지할 것이다.

3) 내주하시는 성령님의 영속성

영속성이라는 것은 성령님의 내주하심이 일시적인 것이 아니라 영원하다는 개념을 의미한다. 먼저 견인을 지지하는 세 가지 근거는 선택의 작정에서는 성부하나님께, 구속 사역에서는 성자하나님께, 구속의 적용에서는 성령하나님께 각각 초점을 맞춘다. 견인이라는 선물은 삼위하나님의 세 위격에서 시작하는 것이다.

1689 신앙고백서는 "성령님의 내주하심 그리고 그들 안에 있는 하나님의 씨"에 대하여 말한다. 이것은 성경에서 언급하는 하나님의 씨가 성령님의 내주하심과 관련된 것임을 암시한다(그리고 나는 이 함축된 뜻에 동의한다)(요한1서 3장 9절). 요한1서 3장 9절은 단호하고 명백하게 성도의 견인을 가르친다(그렇지만 하나님께로서 난 자마다 죄를 짓지 않는다는 주장은 올바로 이해되어야만 한다). 요한1서에서 중생에 관한 병행구절들은 같은 것을 주장한다(2장 19-20절, 27절, 5장 4절, 18절). 요한복음도 물론 중생이 성령님의 사역이라는 것을 분명하게 주장한다(요한복음 3장 3-8절).

성령님의 사역과 관련된 다른 비유적인 설명은 동일한 개념을 포함한다. 성령님께서는 믿는 자를 인치시는 분으로 묘사된다(고린도후서 1장 22절, 에베소서 1장 13절, 4장 30절). 아주 밀접한 관련이 있는 세 가지 개념들, 즉 진리로 확증하고(요한복음 6장 27절), 부당한 것으로부터 차단하고(마태복음 27장 66절), 자신의 소유로 만든다(요한계시록 7장 3-4절, 9장 4절)는 것은 '인치다'라는 헬라개념에서 나온다. 각각의 이러한 개념들이 성령님의 인치심에 적용될 때, 이 개념들은 바로 성도의 견인의 교리에 이른다. 성령님께서는 또한 보증하시는 분, 즉 보증, 약속, 또는 담보(고린도후서 1장 22절, 5장 5절, 에베소서 1장 14절)로 묘사된다. 그러므로 성령님의 보증하심을 받은 참 믿는 자가 완전히, 그리고 마지막에 은혜에서 떨어진다는 개념은, 엄밀한 의미로 하나님께서 자신의 진지한 약속들을 이행하시지 않을 수도 있다는 것을 사실적으로 나타내는 것이다. 사람들이 은혜에서 떨어질 수 있다는 가르침으로 인해 하나님의 신실하심 그 자체는 성도의 견인교리에서 위태롭게 되고 비난받게 된다.

4) 하나님의 맹세에 대한 신뢰

언약은 맹세로 보증된 약속이기에, "하나님의 맹세"에 관한 1689 신앙고백서의 언급은 이 후에 "은혜언약"에 관한 언급과 밀접한 관련이 있다.[3] 이러한 암시는 히브리서 6장 16-20절과 분명한 관련이 있다. 바로 이 성경구절은 하나님께서 자기 백성에게 약속해오셨을 뿐만 아니라 맹세해오셨다는 사실에 대해서 언급한다. 자신의 약속을 항상 지키시기에 맹세하심으로 자신의 약속들을 확증하실 그 어떤 의무도 없으신 하나님께서 맹세를 위한 대상으로 자신보다 더 큰 존재가 그 어디에도 없기에, 자신의 약속을 스스로 맹세하셨다. 언뜻 보기에 하나님 입장에서 불필요한 노력과 과잉맹세를 하

---

3 이런저런 이유들로, 나는 확신의 근거를 다루면서 1689 신앙고백서의 순서를 조금 수정한다. "하나님의 맹세"와 "은혜언약"에 관하여 더 많이 설명하는 제7장을 주목하라.

신 것처럼 보이는 단 하나의 이유는 참 신자들의 위로 때문이다. 이것은 우리에게 "강한 용기", "영혼의 닻", "확실하고 확고한 소망"을 주기 위함이다.

5) 은혜언약의 절대 확실성

은혜언약의 절대 확실성은 그 언약이 실패할 여지가 없다는 것을 의미한다. 하나님의 은혜언약은 하나님과 맺은 언약 안에 있는 사람들을 구원하는 데 실패하지 않는다. 이 언약은 실제로, 그리고 틀림없이 언약 안에 있는 모든 사람을 구원한다.

1689 신앙고백서 안에서, '은혜언약'이라는 단어는 태초부터 세상 끝날까지 구원에 대한 하나님의 단 하나의 구상, 계획을 가리킨다. 은혜언약의 충분한 발견은 신약성경 안에서 완성되었다 (제7장 3항). 비록 새 언약이 은혜언약과 동일하지는 않지만, 신약(또는 언약) 아래서 새 언약은 은혜언약의 최종적인 계시로 주어진다. 새 언약은 예레미야 31장 31-34절에서 요약된다. "같지 아니할 것은" 이라는 말에서 옛 언약과 새 언약 사이에 있는 차이를 주목하라. 옛 언약은 깨질 수 있었다. 옛 언약은 그 안에 있는 사람들의 구원이나 견인을 보장하지 않았다(예레미야 31장 32절, 히브리서 8장 7-8절). 이것은 옛 언약의 "흠"이었다. 새 언약은 다르다. 새 언약은 그 언약 안에 있는 성도의 구원과 견인을 보장한다(예레미야 31장 33-34절, 히브리서 10장 11-18절, 예레미야 32장 40절).

새 언약에 어울리는 참된 호칭을 가진 사람, 실제로 새 언약에 속한 사람이 그 언약 안에 계속 있지 못하고 결국에 멸망할 수도 있다는 개념은 성경과 이질적이다. 믿는 자들의 자녀가 새 언약 안에 있다는 개념은 그들 모두가 끝까지 인내하고 구원받을 것이라는 추가된 개념을 필요로 한다. 그 어떤 유아세례주의자들도 그것을 믿지 않는다. 성경에서 강조하는 주장은 새 언약 안으로 들어온 모든 사람이 결국에 구원받게 된다는 것이다. 우리 각자는 우리의 최종적인 견인과 구원에 대한 확신을 얻게 된다! 성도의 견인은 단지 추상적인 진리가 아니고 인격적인 신뢰이다. 이 말은 다음의 것을 포함한다. 성도의 견인은 하나의 인침을 받은 표시, 닻 그리고 보증이다. 참된 확신이 부족한 기독교는 잘못된 확신을 가진 기독교만큼이나 흠이 있다.

3. 그 근거의 결과

성경의 진리에 관한 모든 주된 관점의 결과는 성도의 견인 교리를 절대적으로 확실한 것으로 만든다. 알미니안주의자들이 견인교리를 반대하기 위해 사용해온 문제시되는 모든 성경구절들을 설명하려고 노력할 필요는 없다. 이런 문제시되는 성경구절들로 인해 검증된 교리를 지지하는 주된 근거들이 뒤집어지지 않기에, 이런 성경구절들은 문제시되는 구절들로 남겨질 뿐이고, 이 교리 자체를 심각하게 반대하는 것이 아니다.

III. 견인과 관련된 어려움 (3항)

3항의 핵심 주장은 이어지는 내용으로 진술될 수 있다. 참 그리스도인들은 심각한 죄들을 짓고 죄에 빠질 수도 있고, 죄를 짓고 죄에 빠진다. 그리고 얼마동안 그 죄 안에 머무를 수도 있고 머무르기도 한다. 이 항의 내용들은 이렇게 핵심 주장을 중심으로 하여 배열되어 있다.

1. 실족의 여러 가지 원인

1689 신앙고백서는 우리와 친숙한 죄의 세 가지 원인에 주목한다. 세상, 육체, 사탄이다. 이러한 유혹의 세 가지 근원들에서 도망칠 수는 없지만, 그럼에도 그리스도인들은 사망의 죄들로부터는 벗어나 있을 수 있다. 그래서 1689 신앙고백서는 네 번째 이유를 언급한다. 이는 그들을 보호하는 수단들을 무시하는 것이다. 성경에 의하면 몇몇 수단들은 기도(에베소서 6장 18절, 누가복음 22장 46절), 말씀듣기(요한복음 15장 5-7절, 야고보서 1장 21절), 성도의 교제(히브리서 10장 24-27절), 부르심 안에서의 부지런함이다(데살로니가후서 3장 6-15절, 사무엘하 11장 1절). 이러한 수단들을 무시하는 것은 사망의 죄들에 대한 예언이다! 당신의 현재 삶은 이러한 예언대로인가?

2. 실족의 비극적인 열매들

1) "그 열매들은 하나님의 진노를 초래하고 성령님을 몹시 근심케 한다 …"(시편 38편 1-8절, 이사야 54장 5-9절, 에베소서 4장 30절, 데살로니가전서 5장 14절).

2) "그 열매들은 그들의 은혜와 위로가 손상되게 한다 …"(시편 51편 10-12절).

3) "그 열매들은 그들의 마음을 강팍하게 하고, 그들의 양심에 상처를 입히고 …"(시편 32편 3-4절, 73편 21-22절).

4) "그 열매들은 다른 사람을 아프게 하고 중상하여 …"(사무엘하 12장 14절, 고린도전서 8장 9-13절, 로마서 14장 13-18절, 디모데전서 6장 1-2절, 디도서 2장 5절).

5) "그 열매들은 그들 자신에게 일시적인 심판을 야기한다 …"(사무엘하 12장 14-23절, 창세기 19장 30-38절, 고린도전서 11장 27-32절).

형제들이여, 계속해서 부지런히 주의하지 않으면 우리 중 그 어떤 사람도 이러한 죄들에 빠지지 않는다는 그 어떤 보장도 없다. 당신이 그리스도인일 수 있지만, 자녀들을 저주한다거나 다른 사람들을 해치거나 당신과 당신 가족에 심판을 초래하거나 당신의 확신이 완전히 무력하게 될 가능성을 배제하지 못한다. 지혜롭고 사랑하는 그리스도인이여, 여전히 알고 있는 의무에 대해 나태하고 게으름을 피우고 부주의하고 있는가?

3. 실족의 적극적인 해결

참 그리스도인들은 그리스도 안에서 자신들의 회개와 믿음을 새롭게 한다(누가복음 22장 32절, 61-62절, 고린도전서 11장 32절). 택자가 회심하기 전에 죽지 않는 것과 같이, 중생한 자는 회개하기 전에 죽지 않을 것이다.

이것은 '만약 당신이 죄를 짓는다면, 당신은 회개할 수 있다'는 사탄의 속삭임에 반대하는 주요한 논점이다. 그렇다, 당신은 회개할 것이다. 그러나 참으로 회개한다는 것은 죄를 완전히 게워내는 것이다. 우아하게 죄를 한입 베어 먹는 모든 즐거움은 그 이상으로 비참하게 토하고 게워내는 것으로 인해 사라진다. 참 그리스도인에게는 죄 안에 있는 즐거움보다 더한 비참함이 항상 있을 것이다!

현대의 값싼 신앙주의는 성도의 견인교리를 반대하고 그 자리에 "영원한 보증"으로 잘 알려진 교리를 가르친다. 1689 신앙고백서가 어떤 의미로는 영원한 보증을 가르치지만, 이 신앙고백서는 대중적인 관점, 즉 사람들이 어떻게 살든지 간에 그리고 그들이 빠진 사망의 죄들을 회개하든지 안 하든지 상관없이 구원받는다는 것을 의미하는 영원한 보증을 가르치지는 않는다. 몇몇 성경구절들이 종종 이 대중적인 관점을 지지하는 말씀으로 제시되기도 한다. 고린도전서 11장 29-32절은 1689 신앙고백서 제30장에서 다루어진다. 히브리서 6장 4-6절과 10장 26-39절은 분명하게 실족함에도 불구하고 최종적으로 천국에 들어가는 그리스도인이 아니라 결국 멸망하는 사람들을 다룬다(히브리서 6장 8-9절, 10장 39절). 요한1서 5장 16-17절은 "사망에 이르는 죄"에 대하여 말한다. 사망에 이르는 죄는 일반적으로 계속해서 죄를 짓는 그리스도인으로 해석되고, 사망의 아비로 인해 육체적 죽음이 엄습한 그리스도인으로 여겨진다. 이 해석을 반박하는 몇몇 결정적인 반대들이 제시된다. 첫째, 이 성경구절은 영원한 죽음이 아니라 육체적 죽음을 말하는 것이다. 모든 그리스도인은 죽기 때문에, 육체적 죽음 그 자체를 심판으로 볼 수는 없다. 둘째, 요한1서 5장 16-17절에서의 죽음과 5장 11-13절, 20절에서의 영원한 생명에 대한 언급 사이의 현저한 차이를 주목하라(그리고 요한1서 3장 14-15절에 유사한 대비가 있다). 이 성경구절의 관점의 차이는 육체적 생명과 육체적 죽음 사이의 차이가 아니라 영원한 생명과 영원한 죽음의 차이이다. 셋째, 요한1서의 '생명'과 '죽음'의 단어는 단순히 육체적 생명과 죽음으로 사용한 것은 아니다. 넷째, 직접 관련 있는 문맥은 하나님께 난 사람과 사망에 이르는 죄를 범한 사람들을 대조하고 참으로 중생한 사람들은 사망에 이르는 죄를 범할 수 없다고 주장한다(요한1서 5장 18절, 3장 9절). 마지막으로, 요한1서가 기록된 역사적인 상황은 사망에 이르는 죄를 범하는 사람을 분간하기 위한 실마리를 제공한다. 요한1서 전체에서 성경 저자는 그리스도에게서 떠나 변절하고 멸망당할 운명인 그리스도인인 척하는 영지주의자들을 공격하고 있었다(요한1서 2장 18-22절, 4장 1-6절). 사망에 이르는 죄는 그리스도인인 척하는 영지주의자가 해 왔던 것처럼 그리스도의 복음을 부인하는 것이다.

제18장 은혜와 구원의 확신에 관하여

of the Assurance of Grace and Salvation

1. 비록 일시적인 신자들과 중생하지 못한 다른 사람들이 하나님의 은혜 안에 그리고 구원의 상태에 있다는 거짓된 희망과 육적인 확신으로 스스로를 헛되이 속일 수는 있을지라도 그들이 가진 이런 희망은 결국 사라지고 말 것이다.[1] 그러나 주 예수님을 참으로 믿고 성실하게 그분을 사랑하여 그분 앞에서 모든 선한 양심으로 걷기를 노력하는 사람들은 이생에서 자신들이 은혜의 상태에 있다는 확고한 확신을 얻게 될 것이다. 그리고 하나님의 영광을 바라는 것을 즐거워할 수 있다. 이러한 소망은 결코 그들을 부끄럽게 만들지 않는다.[2]

   1. 예레미야 17장 9절, 마태복음 7장 21-23절, 누가복음 18장 10-14절, 요한 복음 8장 41절, 에베소서 5장 6-7절, 갈라디아서 6장 3절, 7-9절

   2. 로마서 5장 2절, 5절, 8장 16절, 요한1서 2장 3절, 3장 14절, 18-19절, 24절, 5장 13절, 베드로후서 1장 10절

2. 이 확실성은 잘못될 수 있는 희망에 근거한 단순한 억측이나 그럴듯한 신념이 아니라,[1] 복음에 계시된 그리스도의 피와 의,[2] 또한 약속들로 주어진 성령님의 은혜들의 내적 증거[3] 그리고 우리가 하나님의 자녀라는 것을 우

리의 영혼과 함께 증언하는 양자의 영의 증언 위에 근거를 둔다.[4] 그리고 양자의 열매로서 그 마음이 더 겸손하고 거룩하게 유지된다.[5]

1. 로마서 5장 2절, 5절, 히브리서 6장 11절, 19-20절, 요한1서 3장 2절, 14절, 4장 16절, 5장 13절, 19-20절

2. 히브리서 6장 17-18절, 7장 22절, 10장 14절, 19절

3. 마태복음 3장 7-10절, 마가복음 1장 15절, 베드로후서 1장 4-11절, 요한1서 2장 3절, 3장 14절, 18-19절, 24절, 5장 13절

4. 로마서 8장 15-16절, 고린도전서 2장 12절, 갈라디아서 4장 6-7절

5. 요한1서 3장 1-3절

3. 이 틀림없는 확신은 믿음의 본질에 속한 것은 아니지만 참된 신자는 오래 참고 많은 어려움들과 싸우고 나서 이 확신의 참여자가 될 수 있다.[1] 그러나 참된 신자는 하나님의 사람에게 값없이 주어지는 것들을 성령님으로 인해 알 수 있기 때문에 예외적인 계시 없이도 은혜의 수단들을 올바로 사용하여 확신에 이를 수 있다.[2] 그러므로 그분의 부르심과 선택을 확실하게 하기 위해 모든 주의를 기울이는 것이 모든 신자들의 의무이다. 그로 인해 신자의 마음은 성령님 안에서 평안과 즐거움, 하나님을 향한 사랑과 감사, 순종의 의무들을 행함에 있어서 힘과 기쁨이 커지게 될 것이다. 이것이 이 확신의 참 열매들이다. 이 확신은 사람을 게으르게 하는 성향과는 아주 거리가 멀다.[3]

1. 사도행전 16장 30-34절, 요한1서 5장 13절

2. 로마서 8장 15-16절, 고린도전서 2장 12절, 갈라디아서 4장 4-6절, 3장 2절, 요한1서 4장 13절, 에베소서 3장 17-19절, 히브리서 6장 11-12절, 베드로후서 1장 5-11절

3. 베드로후서 1장 10절, 시편 119편 32절, 로마서 15장 13절, 느헤미야 8장 10절, 요한1서 4장 19절, 16절, 로마서 6장 1-2절, 11-13절, 14장 17절, 2장, 디도서 2장 11-14절

4. 참된 신자들은 자신들이 가진 구원의 확신을 여러 가지 방식으로 흔들고 약해지게 하고 일시적으로 사라지게도 한다.[1] 이는 확신을 지속하려는 것에 대해 게으르고, 양심에 상처를 입히는, 성령님을 근심케 하는 어떤 특별한 죄에 빠져있음으로 인해 발생한다.[2] 이는 갑작스럽거나 격렬한 유혹으로 인해,[3] 하나님께서 자신의 얼굴빛을 거두심으로 인해 그리고 하나님을 두려워하는 신자가 어둠 속을 걷고 그 어떤 빛도 가지지 못하게도 하시는 것으로 인해 그렇게 된다.[4] 그러나 그들이 결코 하나님의 그 씨와 믿음의 생명, 그리스도와 형제들에 대한 바로 그 사랑과 이것들로부터 나오는 의무에 대한 마음과 양심의 신실함을 완전히 잃을 때란 없다. 성령님의 역사로 이 확신은 절절한 때에 되살아날 것이고 그 동안 그들은 그분의 일하심으로 인해 완전한 절망으로부터 보호를 받는다.[5]

1. 히브리서 6장 11-12절, 베드로후서 1장 5-11절

2. 시편 51편 8절, 12절, 14절, 에베소서 4장 30절

3. 시편 30편 7절, 31편 22절, 77편 7-8절, 116편 11절

4. 이사야 50장 10절

5. 요한1서 3장 9절, 누가복음 22장 32절, 로마서 8장 15-16절, 갈라디아서 4장 5절, 시편 42편 5절, 11절

개요

제18장의 정확한 근원은 사보이 선언이다. 비록 이 장이 웨스트민스터 신앙고백서와 근본적으로 동일하지만, 많은 중요한 세부 사항들에 있어서 이 자료의 직접적인 출처는 (침례교 신앙고백서에서 흔히 있는 경우처럼) 사보이 선언이다.

제18장의 제한된 주제는 구원하는 믿음이 아니다. 구원하는 믿음은 제14장의 주제였다. (이 장에서 믿음과 구원의 확신의 관계에 대한 진술을 주목하라.) 이 확신은 **믿음에 대한** 틀림없는 **확신**, 즉 믿음으로부터 성장해 나아가는 확

신이다. 1689 신앙고백서의 저자들은 이 주제를 "이생에서 자신들이 은혜의 상태에 있다고 확고히 확신하는" 그리스도인이라고 설명한다. 은혜와 구원의 확신은 하나님의 약속들이 참이라는 확신이 아니다. 이 확신은 그 약속들이 우리의 것이라는 확신이다. 은혜와 구원의 확신은 자기 자신이 구원받은 것을 알고 있는 것이고 구원받았을 것이라는 사실을 알고 있다는 것이다. 1항과 2항 모두에서 1689 신앙고백서를 작성한 저자들은 이러한 확신과 소망의 은혜 사이에 밀접한 관계가 있다는 것을 가리킨다. 신학자들은 확신이 믿음의 본질에 속하는지 아닌지에 대한 논쟁을 해 왔지만, 확신이 소망의 본질에 속하는지 그렇지 않은지에 대해서는 그 어떤 논쟁도 없었다. 확신이 소망의 본질에 속하기 때문이다. 성경에서, 소망의 은혜는 구원에 대한 인격적이고 확고한 기대이다(로마서 5장 2절, 5절, 빌립보서 1장 19-20절).

　　이 장의 역사적 배경은 (1689 신앙고백서 안에 있는 많은 다른 장들처럼) 논쟁에서 비롯된 것이었다. 하나님께서는 자신의 교회를 위해, 진리를 분명하게 하시기 위하여 논쟁을 잠재우셨다. 확신이라는 주제와 관련하여, 우리 영적 선조들이 이 장에서 폐지하려고 노력한 최소한 두 가지 오류가 있다. 첫 번째는 구원의 확신에 관한 로마교회의 비난이다. 로마교회는 확신이 특별한 계시로 선별된 성자들에게만 주어지는 것이지, 평범한 그리스도인에게는 위험한 것이라고 가르쳤다. 이 오류와 대조적으로 1689 신앙고백서는 확신의 가능성과 유익을 지속적으로 주장한다. 두 번째 오류는 반율법주의 개신교의 오류였다. 이 왜곡은 삶에 있어서 일치하는 거룩함 없이 구원에 대한 높은 확신을 주장하는 것으로 나타나게 되었다. 이를 반대하는 1689 신앙고백서는 잘못된 확신의 위험 그리고 죄로 가득한 삶과 참된 확신의 불일치를 널리 주장한다.

I. 확신은 가능하다 (1항)

1689 신앙고백서가 지고 있는 책임은 참된 신자들이 이생에서 확신을 가질 수 있게 되는 일이 현실에서 일어나는 일임을 주장해야만 하는 것이다(로마서 8장 16절, 요한1서 2장 3절, 3장 14절, 18-19절, 24절, 요한1서 5장 13절, 베드로후서 1장 10절). 그러나 1689 신앙고백서는 양보절로 시작한다. "비록"이라는 단어를 주목하라. 첫 문장은 중생하지 못한 사람들이 거짓 희망들로 스스로를 속인다는 것이다(예레미야 17장 9절, 갈라디아서 6장 3절, 누가복음 18장 10-14절, 마태복음 7장 21-23절, 에베소서 5장 6-7절, 갈라디아서 6장 7-9절). 스스로를 그리스도인이라고 주제넘게 생각하는 위선자들과 일시적으로 믿는 사람들도 있을 수 있다. 우리는 반드시 착각의 위험성을 경계해야 한다. 이것이 우리를 신중하게 만드나, 우리를 회의적으로 만들지는 않는다. 우리는 반드시 착각의 위험성이 우리로 하여금 확신의 가능성을 부인하는 로마교회와 다른 사람들의 방향으로 잘못 가도록 허용하지 말아야 한다.

II. 확신은 틀림이 없다 (2항)

2항에서 기본적이고 유일한 강조는 확신, 참된 확신은 틀림이 없다는 것이다. '틀림없다'라는 단어는 문자적으로 '속임이 없다', 즉 실수나 착각할 수 있는 여지가 없다는 것, 잘못을 저지를 수 없고 실패할 수 없다는 것을 의미하는 두 개의 라틴어로부터 유래된다. 1689 신앙고백서는 단순히 가능성의 범위를 넘어서 우리를 속일 수 없고 우리가 착각할 수 없는 구원의 확신이 있다는 것을 주장하고 있다. 이것은 "나는 확신하기를 원하나, 내가 스스로 오해하거나 속이는 것이 두렵다"라고 말하는 사람을 안심시킨다. 당신이 가질 수 있고 당신을 속일 수 없는, 틀림없는 구원의 확신이 있다.

1689 신앙고백서는 먼저 소극적으로 그리고 나서 적극적으로 참된 확신이 틀림이 없다는 사실을 강하게 언급하면서 시작한다. 이것은 일반적인 성경의 약속이다(로마서 5장 2절, 5절, 히브리서 6장 19-20절, 요한1서 3장 2절, 14절, 4장 16절, 5장 13절, 19-20절). 물론, 이는 믿음 그 자체가 하나님의 틀림없는 말씀에 달려 있다는 것과 말씀의 진실성에 대한 확신 또는 신념이라는 것을 암시한다. 확신이 몇몇 틀림없는 근거들로부터 확장된다는 사실은 구원의 확신과 더 밀접하게 관련되어 있다.

이 틀림없는 확신의 첫 번째 근거는 1689 신앙고백서와 웨스트민스터 신앙고백서에서 여러 가지로 언급된다. 침례교인들은 사보이 선언을 따라 "복음에 드러난 그리스도의 피와 의"라는 문장을 사용한다. 장로교인들은 "구원의 약속들에 대한 신성한 진리들"에 대해서 언급한다. 그렇지만 같은 것을 표현하는 다양한 표현 방식들이 있다. 그리스도의 피와 의는 그 약속들의 내용이다. 이러한 약속들은 죄인들 중의 괴수를 위해서도 틀림없는 확신을 지지하는 기초를 제공한다(히브리서 6장 17-18절, 7장 22절, 10장 14절, 19절). 복음 안에 계시된 구원에 대한 절대적으로 값없고 은혜로운 약속들은 이러한 확신의 유일한 근원이고 핵심적인 기초이다.

이러한 약속들은 비록 영광스러운 것이나, 틀림없는 확신의 유일하고 충분한 근거는 아니다. "약속된 성령님의 은혜들의 내적 증거"가 또한 필수다(베드로후서 1장 4-11절, 요한1서 2장 3절, 3장 14절, 18-19절, 24절, 5장 13절). 이것이 필수인 이유는 분명하다. 복음의 약속들은 영광스럽고 값없는 것이나, 또한 보편적이고 조건적이다. 다시 말해서, 그들이 회개하고 복음을 믿는다는 조건 위에 모든 사람들에게 그 약속들은 값없이 차별 없이 선포된다(마태복음 3장 7-10절, 마가복음 1장 15절). 그래서 그 어떤 사람도 그 약속들의 조건들을 만족시켰다는 판단 없이 복음의 약속들을 자기 자신의 것으로 주장하지 못한다. 이 조건들은 그 약속들에서 비롯되고 약속들의 진실성을 드러내는 믿음과 회개 그리고 성령님의 다른 은혜들이다.

성도들에게 여전히 남아 있는 죄와 어둠은 그들의 새롭게 되지 못한 인식에 남아 있어서 성도들이 결코 성령님의 이러한 은혜들을 자신들의 영혼에서 발견하지 못하게 하고 그 은혜들로부터 확신을 가지고 자신의 선한 상태를 이끌어내지 못하게 하는 그런 것들이다. "우리가 하나님의 자녀라는 것을 우리의 영과 함께 증언하는 양자의 영의 증언"은 반드시 성령님 자신의 사역으로 우리의 마음과 생활 안에 큰 빛을 비추시는 것이다(로마서 8장 15-16절, 고린도전서 2장 12절, 갈라디아서 4장 6-7절).

구원의 틀림없는 확신이 신자들에게 유용하다는 교리를 일반적으로 반대하는 의견은 확신이 치명적인 건방짐과 자만 그리고 사악함을 길러낼 수 있다는 것이다. 1689 신앙고백서는 정반대라고 주장한다. "그것의 열매로서" 확신은 "마음이 겸손하고 거룩한 상태로" 머물러 있게 한다(요한1서 3장 1-3절). 그 어떤 확신도 유용하지 못하다는 개념이 바로 신앙의 진짜 적이다. 하나님의 말씀에 신중히 귀를 기울이더라도, 자신이 은혜의 상태에 있다는 사실을 확실히 알 수 없다고 믿는 사람은 헛된 계획을 따르고 신앙의 모양을 저버리는 사람과 같다(예레미야 2장 25절, 18장 12절).

몇 가지 현실적인 결과들이 위의 논의에서 도출되기도 한다. 우선, 모든 그리스도인은 확실히 착각할 수 있다는 두려움 없이 자신이 그리스도인이라는 사실을 알 수 있다는 것이다. 당신은 당신이 그리스도인이라는 사실을 알 수 있다. 절망이 낳은 무기력에 빠지지 마라. 모르고 있는 것에 만족하지 마라. 어떤 참 그리스도인도 자신이 그리스도인인지 모르겠다는 것에 절대 만족하지 못한다.

여기서 언급된 확신의 각 세 가지 근거들은 매우 중요하다. 그 근거들 중 어느 하나를 부인하거나 가치를 떨어뜨릴 때는 항상 파괴적인 오류가 초래될 것이다. 첫 번째 근거는 구원의 약속들이다. 첫 번째 근거의 가치를 떨어뜨리는 것은 두 번째 근거를 율법주의로 만드는 것이다. 두 번째 근거는 은혜의 증거들이고, 모든 면에서 확신과 관련이 있다. 두 번째 근거를 부인하는 것은 첫 번째와 세 번째 근거를 값싼 신앙주의로 만드는 것이다. 세 번째 근거는 성령님의 증언이다. 세 번째 근거를 부인하는 것은 첫 번째와 두 번째 근거를 이성주의로 만든다.

III. 확신은 지속된다 (3항)

3항에는 세 가지 중요한 점들이 있다. 이는 확신이 지속되기 어려운 점, 확신이 지속되도록 하기 위한 전제, 확신을 지속하기 위한 의무이다.

확신이 지속되기 어려운 점은 1689 신앙고백서에서 가장 논쟁이 되는 문장들 중 한 문장이다. "이 틀림없는 확신은 믿음의 본질에 속한 것은 아니지만 참된 신자는 오래 참고 많은 어려움들과 싸우고 나서 이 확신의 참여자가 될 수 있다." 이 문장은 확신이 믿음의 본질에 속한 것인지 아닌지에 대한 역사적 논쟁에서 필수적인 부분이 되어 왔다. 이 문장에서 크게 보아야 할 점은 그리스도를 참으로 믿는 동안에도 모든 사람이 틀림없는 확신에 이르지 못하는 것처럼 보인다는 데 있다. 물론, 이 문장은 어떤 사람은 믿은 후 즉시, 곧바로 확신에 이를 수도 있고 이르기도 한다는 것을 암시한다. 이것은 큰 진리이고 복음의 영광들 중 하나이다. 사람들이 회개하고 믿고 빌립보의 간수가 보여준 예와 같이 자신들이 의롭게 되었다는 사실을 깨달으면서, 그들의 집으로 돌아갈 수도 있다(사도행전 16장 30-34절). 그러나 1689 신앙고백서에서의 핵심은 이것이 모든 그리스도인의 경험은 아니라는 것이다. 구원 얻는 믿음과 틀림없는 확신은 하나가 없으면 다른 하나도 가질 수 없다는 것과는 같지 않다. 성경이 자신이 그리스도인이라는 것을 믿는 것과 아는 것을 다른 것들로 여길 때(요한1서 5장 13절), 그리고 참 그리스도인들이 성령님의 다른 은혜들을 자신들의 믿음에 덧붙이는 것으로 자신들의 부르심과 선택을 더욱 굳게 할 때(베드로후서 1장 5-10절) 성경은 이를 나타낸다. 대부분의 사람들이 자기가 그리스도인이 되었다는 것을 믿는 충분한 이유를 가지고 나서, 얼마의 시간이 흐른 후에 구원에 대한 확실한 확신을 가진다는 사실은 그리스도인의 경험이다. 나도 이러한 그리스도인 중 한 사람이다.

1689 신앙고백서의 이러한 진술들과 관련된 문제는 몇몇 참된 신자들이 구원의 확신을 전혀 갖지 못하는 것처럼 보인다는 것과 구원의 확신이 양자택일의 문제라고 암시하는 것처럼 보인다는 것이다. 이 해설서가 앞에서 언급하였듯이 (제14장, 278-283쪽을 보라) 이러한 암시들은 하나님의 말씀과 일치하지 않는다. 모든 그리스도인은 그들 안에 확신의 씨앗을 가지고 있다(데살로니가전서 1장 3절, 베드로전서 1장 4절, 로마서 8장 15절, 갈라디아서 4장 6절). 구원의 확신은 양자의 영의 소망과 사역의 본질이다. 또한 확신은 정도의 문제이다. 만약 확신이 완전이나 무의 문제였다면, 확신은 신비스럽고 불가사의하고 다룰 수 없는 문제일 것이다. 육체적이고 감정적이고 환경적인 문제가 한 사람의 확신의 경험을 좌지우지하는 원인이라면, 확신은 주 예수 그리스도의 은혜와 그리스도를 아는 지식 안에서 성장함에 따라 강해질 것이다(베드로후서 1장 5-11절, 3장 18절). 그렇지만 우리는 이 점에서 반드시 1689 신앙고백서의 의도에 주의해야 한다. 4항은 3항이 분명하게 함축하고 있는 의미들을 변경하는 것처럼 보인다. 3항은 확신이 '흔들리고 약해지고 사라질 수 있다… 그러나 참된 신자들은 … 항상 완전한 절망으로부터 보호받는다'라고 진술한다.

확신을 가지고 있기 위한 전제는 두 측면이 있다. 이는 성령님과 은혜의 방편들이다. 1689 신앙고백서가 강조하는 것은 이 전제가 모든 믿는 자에게 공통된 것이라는 점이다. 언급된 성령님의 사역은 그 어떤 "예외적인 계시"를 포함하고 있지 않다. 양자의 영은 모든 성도에게 주어진다(로마서 8장 15-

16절, 갈라디아서 4장 4-6절, 3장 2절). 언급된 수단들은 모든 신자들에게 유용한 일반적인 방법들이다. 이는 기도, 말씀 연구, 공적인 예배, 설교, 침례, 주의 만찬, 성도의 교제이다.[1]

확신을 지속하기 위한 의무는 신성한 전제의 윤리적 결과이다. 이 의무에 대한 진술 안에 두 가지 중요한 점들이 나타난다. 이는 확신을 지속해야 하는 보편적인 의무와 그것의 거룩한 동기들이다. 틀림없는 확신에 이르는 것은 모든 그리스도인의 의무이다. 그 까닭은 틀림없는 확신에 이를 수 있을 뿐만 아니라 그 확신은 신성하기 때문이다. "성령 안에서 평안과 즐거움"(로마서 15장 13절, 느헤미야 8장 10절), "하나님을 향한 사랑과 감사"(요한1서 4장 19절, 16절), 그리고 "순종의 의무들을 행함에 있어서 힘과 기쁨"(로마서 6장 11절)을 크게 하는 것이(인용된 성경구절들이 분명하게 하는 것 같이) 그들의 평안뿐만 아니라 거룩함과 그들 안에 있는 하나님의 더 큰 영광에 이르게 한다. 확신을 가져야 하는 더 많은 거룩한 이유들이 있다! 이것은 확신을 얻으려는 이기적인 욕망이나 노력이 아니다. 이것은 오히려 당신의 중대한 의무이다.

IV. 확신은 변하기 쉽다 (4항)

4항의 관점들은 위에서 이미 언급되었기 때문에, 확신이 변하기 쉬운 이유들만을 살펴볼 것이다. 네 가지가 언급된다. 일반적으로 게으름은 확신을 손

---

1   침례교 신앙고백서는 뚜렷한 이유 없이 웨스트민스터 신앙고백서와 사보이 선언 모두에 포함되어 있는 일상적인 이라는 단어를 포함시키지 않는다. 이 단어가 중요하고 침례교도 분명하게 앞서 언급한 두 신앙고백서들과 동일한 내용들을 가르치려고 하였기 때문에, 이것을 1689 신앙고백서 작성자들의 실수로 보고 싶다.

상시킬 수 있다. 특별한 죄는 성도에게 확신을 빼앗을 수 있다(시편 51편 8절, 12절, 14절, 에베소서 4장 30절). 또한 갑작스러운 유혹도 믿는 자의 확신을 훼방할 수 있다. 갑작스러운 유혹과 죄를 구별하는 것으로, 1689 신앙고백서 저자들이 여기서 우리로 하여금 분명하게 생각하게 하려는 것은, 유혹과 죄 짓는 것에 굴복하는 것이 아니라 얼마 동안 자신의 확신에 의심을 하게 할 만큼 믿는 자의 감정의 뼈대를 흔들어버리는 저항할 수 없는 시험, 즉 악으로 꾀어내는 짓에 대한 것이다. 이 부분에서 1689 신앙고백서에 인용된 성경구절은 이 해설을 정당한 것으로 입증한다(시편 31편 22절, 77편 7-8절, 116편 11절). 또한 청교도들은 하나님께서 자신의 미소를 주권적으로 거두시는 것이 확신이 부족한 이유일 가능성이 있다고 설명한다. 우리 신앙고백서 저자들은 이 의견과 같이 한다.

제19장 율법, 하나님의 법에 관하여

of the Law of God

1. 하나님께서는 아담에게 보편적인 순종의 법을 주셨고 이 법을 아담의 마음에 새겨주셨다.[1] 그리고 선과 악을 알게 하는 나무의 열매를 먹지 말라는 특별한 명령을 주셨다.[2] 이 법으로 하나님께서는 아담과 그의 후손들을 개별적이고 완전하고 영구적인 순종에 묶어 두셨다. 이 법의 순종 위에 생명이 약속되어 있었고 불순종 위에 경고된 죽음으로 위협하였고, 아담에게는 그 법을 지킬 힘과 능력을 부여하셨다.[3]

   1. 창세기 1장 27절, 전도서 7장 29절, 로마서 2장 12절a, 14-15절

   2. 창세기 2장 16-17절

   3. 창세기 2장 16-17절, 로마서 10장 5절, 갈라디아서 3장 10절, 12절

2. 사람의 마음에 맨 처음 새겨 주신 이 같은 법이 타락 이후에도 계속해서 의에 관한 완전한 규칙이 되었다.[1] 그리고 이 법은 하나님으로 인해 시내 산에서 열 개의 계명으로 전해졌고,[2] 두 돌판에 새겨졌다. 첫 네 개는 하나님을 향한 우리의 의무를, 그리고 다른 여섯 개의 계명들은 사람에 대한 우리의 의무를 포함한다.[3]

1. 제4계명, 창세기 2장 3절, 출애굽기 16장, 창세기 7장 4절, 8장 10절, 12절, 제5계명, 창세기 37장 10절, 제6계명, 창세기 4장 3-15절, 제7계명, 창세기 12장 17절, 제8계명, 창세기 31장 30절, 44장 8절, 제9계명, 창세기 27장 12절, 제10계명, 창세기 6장 2절, 13장 10-11절

2. 로마서 2장 12절a, 14-15절

3. 출애굽기 32장 15-16절, 34장 4절, 28절, 신명기 10장 4절

3. 일반적으로 도덕법이라고 불리는 이 법 외에도 하나님께서는 이스라엘 백성에게 몇 가지 예표적인 의식들이 포함된 의식법들을 주시기를 즐거워하셨다. 이 의식법의 한 부분은 그리스도와 그분의 은혜와 행적과 고통과 은택들을 예표하는 예배에 관한 것이고,[1] 한 부분은 도덕적 의무들에 대한 다양한 가르침들을 자세하게 제시한다.[2] 이 의식법의 성취를 위해 성부하나님으로부터 권한을 받으신 참된 메시아요 유일한 입법자이신 예수 그리스도께서 단지 개혁의 때까지만 제정되었던 이 모든 의식법들을 폐지하시고 제거하셨다.[3]

1. 히브리서 10장 1절, 골로새서 2장 16-17절

2. 고린도전서 5장 7절, 고린도후서 6장 17절, 유다서 23절

3. 골로새서 2장 14절, 16-17절, 에베소서 2장 14-16절

4. 또한 하나님께서는 이스라엘 백성에게 몇 가지 사법적인 법들을 주셨다. 이 법은 그 백성의 국가와 함께 소멸되었고 지금은 그 법의 효력이 그 어떤 사람에게도 구속력이 없다.[1] 그 사법적인 법의 일반적인 공정성만이 도덕적으로 사용된다.[2]

1. 누가복음 21장 20-24절, 사도행전 6장 13-14절, 히브리서 9장 18-19절,

히브리서 8장 7절, 13절, 9장 10절, 10장 1절

2. 고린도전서 5장 1절, 9장 8-10절

5. 도덕법은 의인만이 아니라 악인에게도, 즉 모든 사람을 영원히 그 법에 순종하도록 구속한다.[1] 그 법 안에 포함된 내용과 관련해서 뿐만 아니라 그 법을 주신 창조주 하나님의 권위로 인해 모든 사람이 순종해야만 하는 것이다.[2] 그리스도는 복음 안에서 이 순종의 의무를 어떤 식으로도 폐하시지 않으시고 오히려 더욱더 강하게 하신다.[3]

1. 마태복음 19장 16-22절, 로마서 2장 14-15절, 3장 19-20절, 6장 14절, 7장 6절, 8장 3절, 디모데전서 1장 8-11절, 로마서 13장 8-10절, 고린도전서 7장 19절, 갈라디아서 5장 6절, 6장 15절, 에베소서 4장 25절-6장 4절, 야고보서 2장 11-12절

2. 야고보서 2장 10-11절

3. 마태복음 5장 17-19절, 로마서 3장 31절, 고린도전서 9장 21절, 야고보서 2장 8절

6. 비록 참된 신자들은 행위언약으로서의 법의 지배 아래 있지도 않고 그 법으로 인해 의롭다함을 받거나 정죄 받는 것은 아닐지라도[1] 법은 다른 사람들에게와 마찬가지로 신자들에게도 크게 유익한 것이다. 삶의 규범으로서의 법은 하나님의 뜻과 그들의 의무에 대해 알게 하고, 그것에 따라 행하도록 그들을 지도하고 붙잡아 준다.[2] 또한 그들의 본성과 마음과 삶에서 죄로 가득한 오염들을 발견하게 하고 이로써 그들은 자신들을 살핌으로 죄를 더 크게 확신하게 되고, 죄로 인해 더 겸손하게 되고, 자기 죄에 대하여 더 미워하기까지 이르게 된다. 또한 그들에게 그리스도와 그분의 순종의 완벽함이 필수적이라는 더 분명한 시각을 갖게 한다.[3] 마찬가지로 법이 죄를 금하

고 있기 때문에, 거듭난 사람들에게 법은 자신의 부패를 억제하는데 유익하다. 그리고 비록 그들이 법의 저주와 누그러뜨림 없는 엄격함으로부터 해방되었다 할지라도, 법의 경고들은 그들의 죄로 마땅히 받아야 할 대가와 이 생에서 그들이 그 죄들로 받게 될 고통들이 무엇인지를 보여주는 데 유익하다.[4] 마찬가지로 이 법의 약속들은 비록 행위언약으로서의 법이 그들에게 요구하는 것은 아니지만,[5] 순종에 대한 하나님의 칭찬과 그들이 그 법을 이행함으로 기대하는 모든 복들을 그들에게 보여 준다.[6] 그래서 이 법이 선을 행하도록 힘을 주고 악을 삼가도록 하기 때문에, 사람이 선을 행하고 악을 삼가는 것은 그가 은혜의 지배가 아니라 율법의 지배 아래 있다는 그 어떤 증거도 아니다.[7]

1. 사도행전 13장 39절, 로마서 6장 14절, 8장 1절, 10장 4절, 갈라디아서 2장 16절, 4장 4-5절

2. 로마서 7장 12절, 22절, 25절, 시편 119편 4-6절, 고린도전서 7장 19절

3. 로마서 3장 20절, 7장 7절, 9절, 14절, 24절, 8장 3절, 야고보서 1장 23-25절

4. 야고보서 2장 11절, 시편 119편 101절, 104절, 128절

5. 누가복음 17장 10절

6. 에베소서 6장 2-3절, 시편 37편 11절, 마태복음 5장 6절, 시편 19편 11절

7. 참고: 잠언, 마태복음 3장 7절, 누가복음 13장 3절, 5절, 사도행전 2장 40절, 히브리서 11장 26절, 베드로전서 3장 8-13절

7. 앞에서 언급한 법의 용도는 복음의 은혜에 반대되는 것이 아니라, 오히려 그것과 잘 부합한다. 그리스도의 영이 사람의 의지를 복종시키고 힘을 주어 율법에 드러난 하나님의 뜻이 행하라고 요구하는 것들을 자발적으로 기꺼이 행하게 하신다.[1]

1. 갈라디아서 3장 21절, 예레미야 31장 33절, 에스겔 36장 27절, 로마서 8장 4절, 디도서 2장 14절

개요

제19장의 주제는 칼빈주의 침례주의자들 사이에서 논쟁거리가 되어 왔다. 몇몇 사람들은 이 주제에 있어서 1689 침례교 신앙고백서 저자들이 역사적 상황들로 인해 장로파나 청교도형제들을 따르는 쪽으로 기울어졌다고 주장하면서, 1689 신앙고백서를 '장로교주의자'의 것이나 '율법주의'라고 선언하여 왔다. 이런 판단들은 이 해설서에서 이미 빈번히 관찰되어온 사실을 무시한 것이다. 1689 신앙고백서의 저자들은 중요한 점들에 있어서 웨스트민스터 신앙고백서와 의견을 달리하고, 제1차 런던신앙고백서를 따르는 것을 두려워하지 않았다. 만약 그들이 이 장에서 웨스트민스터 신앙고백서의 율법교리를 단순히 인용하는 것에 만족하였다면,[1] 그것은 그들이 이 주제에 대하여 어떤 논쟁도 불필요하다고 느꼈기 때문일 것이다. 이 장에 있어서 웨스트민스터 신앙고백서와 사보이 선언 그리고 1689 신앙고백서들 간의 명백한 통일성은 분명하게 장로교주의자들과 독립회중주의자들과 특수침례교주의자들 간의 그 어떤 의도적인 차이점도 없음을 보여 주는 것이다. 모든 신앙고백서는 율법에 대한 청교도교리를 고집스럽게 고수했다.

이 주제에 대해 세부적인 해설은 하지 않겠다. 오히려 이 주제에서 드러난 주요한 논점들을 선택하여 설명할 것이다.[2]

---

1   침례교 신앙고백서 안에 신학적으로 드러난 단 하나의 중요한 변화는 1항에서 행위언약에 대한 언급을 삭제한 것이다. 침례교주의자는 여러 곳에서 사보이 선언을 선택하였다. 1689 신앙고백서 저자들에 의해서 제시된 약간의 변화들이 있다. 그러나 이 장을 좌지우지할 중요한 신학적인 문제에 영향을 끼치지 못한다.

2   다루지 않을 한 가지 주제는 1항 마지막 부분에서 언급된 생명의 약속과 죽음의 위협이 될 것이다. 그러나 제6장 아담의 경륜에 대한 논의를 살펴보라.

I. 아담의 마음에 기록된 법과 십계명의 근본적인 동일성

1항과 2항의 주된 주장은 아담의 마음에 기록된 법이 동일하게 십계명에 다시 반복되었다는 것이다. 여기에서 반드시 살펴보아야 하는 전형적인 성경구절은 로마서 2장 12절, 14-15절이다. 바울은 12절의 전반부에서 율법이 없는 사람들이 범죄하고 망한다는 것을 주장한다. 이것은 '어떻게 인간들이 율법도 없이 죄를 짓고 율법 없이 스스로 망할 수 있는가?'라는 의문을 낳는다. 물론 이 광범위한 논쟁은 특별계시를 소유하지 못한 사람들을 벌하시는 하나님의 공의에 관한 것이다. 이 집요한 논쟁을 바울은 14절과 15절에서 설명한다.

우리는 앞에서 발생한 의문이 성경과 일치하는 확실한 정당성을 가진다는 것을 반드시 인식해야 한다. 바울은 로마서 여기저기에서 죄를 짓는 것과 그 죄에 정당한 처벌에는 율법에 대한 지식이 필수적으로 필요하다는 사실을 전제하고 있다(로마서 4장 15절, 5장 13절).

이 의문에 바울의 기본적인 대답은 이 구절은 14-15절의 주어와 서술어를 포함하는 '이 사람은 … 자기가 자기에게 율법이 되나니' 라는 성경구절 안에 포함되어 있다. 이 주장은 그들이 율법을 직면하고 있는 현실에 대해 말한다. 비록 그들이 기록된 계시로 율법을 받아들이지 않았지만, 그럼에도 불구하고 그들 단 한 사람도 율법에 직면하지 못한 사람은 없다. 이것은 그들이 하나님의 법에 직면한 방식에 대해 말하는 것이다. 이방인들은 스스로 율법에 종속되어있다. (또는 그들은 율법에 대한 책임이 있다.) 율법은 '본성으로'(로마서 2장 14절), 즉 '마음에 새긴'(로마서 2장 15절) 것으로 그들에게 속해있다. 존 머레이는 '그들이 본질적으로 그리고 천성적으로 그런 존재이기 때문에 하나님의 법이 그들과 마주하고 그 법 자체가 그들의 양심에 새겨져 있다'라고 말한다.[3] 이것이 의미하는 바는 명확하다. 만약 순수한 이교도들이 율법을 가지고 있는 상태라면, 그 까닭은 오직 그 율법은 창조 때 아담의 마음에 기록되었던 것이고 타락으로 인해 지워지지 않았기 때문이다. 또한 이것은 그들이 마주했던 율법의 정체에 대해서도 말한다. 로마서 2장 12절에서 그 율법은 바울이 이야기하고 있는 율법이라는 것을 분명히 한다. 그러나 논쟁 중에 있는 이 성경구절에서 '율법'이라는 단어에 정관사가 없다는 사실이 몇몇 사람들을 혼란스럽게 하고 있다. 이 사실은 몇몇 사람들로 하여금 바울의 마음속에 있는 추상적인 의미로 법을 말하도록 부추겨 왔다. 이것은 분명 그런 경우는 아니다. 로마서에서 정관사가 없이 쓰는 '법'이라는 단어는 대개 율법을 언급하고 그런 뜻으로 번역해 놓은 것이다(로마서 2장 13절, 25절, 7장 25절, 13장 8절, 10절). 더욱이, 바울이 14절에서 이방인들은 '율법'을 가지지 않았다고 말할 때, 바울은 그들이 추상적인 법 없는 상태로 있다는 것을 의미하지 않았다. 이방인들은 많은 법을 가지고 있었다. 그들에게 부족했던 것은 분명히 율법이었다. 마지막으로 14절과 15절에서 이방인들이 직면한 법은 율법이라고 두 번 언급한다. 14절에서 그들은 본성적으로 '율법의 일'을 행하였다고 말한다. 15절은 '율법의 행위'가 그들의 마음에 새겨져 있다고 언급한다.

로마서 2장의 '그 법'은 분명히 시내 산에서 이스라엘에게 주어진 율법, 특별히 십계명을(로마서 2장 13절, 17-29절) 가리키는 것이다. 사실 로마서 전체에서 '율법'이라는 단어는 특별히 십계명을 언급한다(로마서 7장 7-13절, 13장 8-10절). 그러므로 바울이 이방인들이 율법을 가지고 있다고 주장하는 것은, 십계명과 창조로 인해 아담과 그의 모든 자손들의 마음에 기록된 율법 사이에는 근본적인 동일함이 존재한다는 것을 가르친다.

---

3   John Murrary, *The New International Commentary on the New Testament: The Epistle to the Romans,* vol. I (Grand Rapids, MI: Eerdmans, 1968), p. 79

"사람의 마음에 맨 처음 새겨 주신 이 같은 법이 타락 이후에도 계속해서 의에 관한 완전한 규칙이 되었다"라는 1689 신앙고백서의 진술을 지지하는 성경구절들에서 이에 대한 더 나은 증거를 얻게 된다. 타락과 모세 언약 사이에서 율법의 권위를 지지하는 다음의 성경구절들은 중요한 의미를 가진다. 제4계명을 지지하는 성경구절은 창세기 2장 3절, 출애굽기 16장, 창세기 7장 4절, 8장 10절, 12절이고, 제5계명을 지지하는 성경구절은 창세기 37장 10절이고, 제6계명을 지지하는 성경구절은 창세기 4장 3-15절이고, 제7계명을 지지하는 성경구절은 창세기 12장 17절이고, 제8계명을 지지하는 구절은 창세기 31장 30절, 44장 8절이고, 제9계명을 주장하는 성경구절은 창세기 27장 12절, 그리고 제10계명을 지지하는 성경구절은 창세기 6장 2절, 13장 10-11절이다.

1689 신앙고백서는 십계명이 도덕법 전부를 포괄하고 세부사항까지 담고 있는 조약문서라고 가르치지 않는다. 십계명은 포괄적인 요약문으로 여겨진다. 웨스트민스터 대요리문답 98항과 소요리문답 41항 이 둘 모두 웨스트민스터 신앙고백서의 의미를 분명하게 가리키고, 1689 신앙고백서는 이 개념을 따르고 있다. 십계명이 있다는 사실은 십계명이 포괄적인 요약이라는 것을 가리키는 것이다. 옛 언약에는 다른 도덕법들 또는 도덕으로 중요한 의미를 가진 다른 법들도 있다(레위기 18장 1-30절).

II. 모세 율법의 세 가지 분류

1689 신앙고백서는 이스라엘에게 주어진 다른 종류의 율법들을 도덕법과 의식법 그리고 시민법으로 분류한다. 의식법과 시민법은 폐기된 반면, 도덕법은 계속해서 모든 사람을 구속한다는 것을 가르친다. 1689 신앙고백서 가르

침의 그 어떤 부분도 율법에 관한 것보다 더 논란이 되지 않는다. 이 설명은 인위적으로 설명되어졌다. 이는 성경이 모세의 법들을 의식법, 도덕법, 시민법의 부분으로 날카롭게 구분하지 않기 때문이다. 이것은 시대에 맞지 않다고 설명되어져 왔는데 그 까닭을 말하자면 도덕법, 의식법, 시민법 사이의 구분이 옛 언약 아래 살았던 유대인들에게는 결코 명확하지 않았기 때문이다.

적절하게 인정된 몇몇 사실들이 있다. 분명히, 어떤 사람은 모세의 법 여러 곳에서 도덕법과 시민법 그리고 의식법이 서로 엉켜있는 것을 발견하기도 한다. 이것은 또한 각각의 법들이 동등하게 유대인들을 구속하고 있다는 것과 이 구분들이 우리에게 그런 것처럼 유대인들에게는 그렇지 않다는 것도 분명한 사실이다. 그렇지만 1689 신앙고백서의 구분은 이어지는 성경적인 고려사항들로 인해 요구되어진 것이다.

성경은 십계명과 나머지 모세 율법들 사이를 분명히 구분한다. 십계명의 독특한 위치와 중요성은 십계명이 유일하게 하나님의 목소리로 말씀하여 주신 것이고 유일하게 하나님의 손가락으로 기록하신 것이고 유일하게 하나님의 궤에 놓여 있었다는 것과(출애굽기 25장 16절, 21절, 신명기 10장 5절, 열왕기상 8장 9절) 유일하게 시내 산 위에서 하나님에 대한 두려움을 담고 있고 유일하게 돌에 새겨졌다는 사실로 인해 나타나게 되었다. 십계명은 모세 율법의(다른) 명령들, 규례들, 법도들과는 구분된다(신명기 4장 12-14절, 5장 1-3절, 5장 30절-6장 3절).

출애굽기의 실제 구조는 이 분류를 지지한다. 출애굽기 20장에서 도덕법이 주어졌다. 출애굽기 21-23장에서 시민법이 주어졌다. 출애굽기 24장에서 언약이 승인되었다. 그리고 출애굽기 25장에서와 다음 장들에서 성막 건설에 관련된 의식법들이 주어졌다. 십계명만이 유일하게 돌에 하나님께서 직접 기록해 주신 반면, 시민법은 (물론 도덕법과 의식법도) 모세에 의해 책에 기록되었다(출애굽기 31장 18절, 32장 15-16절, 34장 4절, 28절, 24장 4-7절).

이러한 분명한 구분으로 말미암아, 구약의 신자들은 도덕법과 시민, 의식에 관한 법령들 사이를 구분하였다(사무엘상 15장 22절, 시편 40편 6-8절, 51장 16-17절, 예레미야 7장 22-23절).

III. 시민법의 현재 상태

1689 신앙고백서는 시민법에 관하여 균형 잡힌 두 가지 핵심을 지적한다. 이는 오래전에 이 법이 폐지되었고 이 법이 새롭게 적용되었다는 것에 대해서 말하는 것이다. (근본적으로 웨스트민스터 신앙고백서와 일치하는) 4항은 시민법에 대해 분명히 **기독교강요**의 칼빈의 논법에 기초하고 있다. 시민법의 지속적인 유용성이 오늘날에도 지지받는다는 개념에 비추어 보면 이 논법은 아주 적절하다.[4]

시민법의 폐지는 하나님의 심판 아래 바벨론으로 시작되어 로마에 의해 끝난 구약의 신정정치의 파괴로 암시된다. 이 국가가 멸망했을 때, 1689 신앙고백서와 같이 공식적인 시민법이 국가와 함께 폐기되었다고 결론짓는 것은 합리적이다. 이 추론을 지지하는 성경의 증언은 이스라엘의 시민법을 포함한 언약의 책에 대하여 말하는 히브리서 9장 19절에서 엿볼 수 있다.[5]

---

4   John Calvin, *The Institutes*, 4:20:14-16.

5   위에서 언급된 것과 같이, 언약의 책은 십계명과 의식법도 포함할 수 있다 출애굽기 20장 18-26절, 24장 1-3절. 그러나 출애굽기 21-23장의 초점은 이스라엘의 시민법에 맞춰 있다. 이 장들은 단독으로, 배타적으로 돌판에 새겨진 십계명에 초점을 맞추고 있지 않다. 이것은 우리가 율법이 언약의 책과 동일하다는 히브리서의 관점과 율법이 주로 십계명이라는 로마서 관점을 반드시 구분해야 한다는 것을 뜻한다. 율법이 언약의 책과 동일하다고 하면, 히브리서와 같이 율법이 사라졌다고 말하는 것은 적절하다. 율법이 십계명과 동일하다고 하면, 로마서가 그런 것과 같이 그 강조점은 율법의 지속적인 유용성에 있다. 일반적으로, 경륜에 있어서 그 법은 사라졌다. 특별히 십계명으로서 율법은 사라질 수 없다. 그렇지만 이 모든 것은 히브리서 9장 19절을 잘못 이해하는 것으로부터 지키려는 의도가 있다. 바로 이 말씀에서 피할 수 없는 것은 언약의 책과 그것과 함께 시민법도 폐기되었다는 것이다.

이스라엘의 시민법에 대한 이러한 언급이 중요한 의미를 가지는 것은 이것이 시민법과 첫 언약, 즉 옛 언약과 동일시하는 문맥에서 드러났기에 그렇다(히브리서 9장 18절). 이 같은 문맥은 이 주제에 있어서 첫 언약은 쓸모없어지고 바로 사라진다는 개념을 포함하고 있다. 그 까닭은 시민법이 개혁시대까지만 시행되었기 때문이다(히브리서 8장 7절, 13절, 9장 10절, 10장 1절). 이스라엘의 의식법과 마찬가지로 시민법이 폐기되었다는 히브리서 9장 19절의 분명한 가르침을 무효화하는 것은 불가능하다.

비록 시민법이 폐지되었지만, 도덕법이 이스라엘 백성들의 상황에 원리적으로 적용되었던 것처럼 이 법은 시대를 초월한 일반적인 공평성과 공정함과 선함 그리고 의에 관련해서 여러 가지 원리들을 드러낸다. 이런 식으로 시민법은 현대 국가들뿐 아니라 현대 교회들과 그리스도인들에게도 여전히 관련이 있다(고린도전서 5장 1절, 9장 8-10절).

IV. 율법의 고유한 구속력

은혜의 복음과 율법의 요구들 간의 적절한 관계보다 더 중요하고 현실적인 신학적 쟁점은 없다. 어떤 사람은 종교개혁 자체가 믿는 자의 구원 안에서 은혜와 율법의 관계를 포괄하는 논쟁이 대부분이었다고 말하기도 한다. 개신교 종교개혁의 입장은 사람들이 율법의 행위가 아닌 오직 은혜와 믿음으로만 의롭게 된다는 것이었다.

이 입장은 바울이 수 세기 전에 답했던 '그러면 왜 율법인가?'라는 질문을 떠올린다 (로마서 3장 31절, 5장 20절, 갈라디아서 3장 19절). 신자의 생활에서 율법의 구속력과 율법의 유용성에 대한 의문은 1689 신앙고백서 제19장 5항과 6항에서 주를 이룬다. 몇몇 기독교인은 신자들이 율법의 행위로 의롭다함을 받은 것이 아니기에, 율법은 성도의 생활에 거의 사용되지 않는다고 결론을 내렸다. 다른 이들은 의롭다함을 받은 사람들에게는 율법에 순종해야 하는 그 어떤 강제적인 구속력도 없다고 말하고 있다. 반율법주의자의 교사들은 값없는 칭의 교리로부터 이것을 추론해 냈다. 그들은 값없는 칭의 교리가 한 사람을 완벽하게 율법의 노예에서 자유롭게 하고 율법에 순종해야 한다는 것에 묶여있는 감정은 노예의 것이었다고 주장한다. 율법에 순종해야 한다는 것에 매인 감정은 값없는 칭의와 일치를 이루지 않는다. 구원받지 못하고 의롭다함을 받지 못한 사람들은 율법에 묶여있다. 그러나 그리스도인은 아니다. 1689 신앙고백서는 이러한 입장들을 거절하고 대신에 모든 사람에게 해당하는 율법의 고유한 구속력과 신자들의 생활 안에서 율법의 긍정적인 유용함을 가르친다.

이렇게 1689 신앙고백서는 율법에 순종해야만 하는 구속력은 모든 사람의 존재에 있어서 고유하고 불가피한 부분이라는 근본적인 진리를 주장한다. 다른 말로 하면, 의롭다함을 받았든지 그렇지 않든지 간에 율법은 사람들을 영원히 구속한다. 그 까닭은 피조물로서 그들이 창조주께 마땅히 순종해야 하기 때문이다. 신약성경은 아주 명백하게 율법이 구원받지 못한 사람들에게 구속력이 있다고 가르친다(마태복음 19장 16-22절, 로마서 2장 14-15절, 3장 19-20절, 6장 14절, 7장 6절, 8장 3절, 디모데전서 1장 8-11절). 그러나 또한 신약성경은 도덕법, 즉 십계명이 신자들에게 구속력이 있다고 가르친다(로마서 13장 8-10절, 고린도전서 7장 19절, 갈라디아서 5장 6절, 6장 15절, 에베소서 4장 25절-6장 4절, 야고서 2장 11-12절). 에베소서 4장 25절-6장 4절에서 십계명 중 5계명에서 10계명은 공적으로 교회에 적용된다. 제5계명은 에베소서 6장 4절에서 명백하게 인용된 것으로 권위가 있다는 전제에 특별히 주목하라.[6]

---

6   제4계명의 지속적인 권위에 대한 특별한 논쟁은 제22장을 보십시오.

1689 신앙고백서는 5-7항에서 몇 가지 방법들로 이 사실을 자세히 설명하고, 이 사실에 제한을 둔다. 우선 1689 신앙고백서는 명백하게 암시한다. "그리스도는 복음 안에서" "이 순종의 의무를 어떤 식으로도 폐하지 않으시고 오히려 더욱더 강하게 하신다." 몇몇 사람들은 분명하게 우리가 율법이 말하는 모든 것을 행해야만 하는데, 우리가 그것을 행하는 이유가 율법이 그것을 하라고 했기 때문이 아니라, 단순히 그리스도께 감사하는 마음 때문이라고 말하고 있었다. 이런 의견에서 몇 가지 심각한 문제들이 드러났다. 이것은 성경에 반하는 것이다(야고보서 2장 10-11절, 마태복음 5장 17-19절, 로마서 3장 31절, 고린도전서 9장 21절). 이것이 의로운 사람들은 율법에 순종하는 것에 묶여 있지 않다는 오류의 교묘한 형태이다. 궁극적으로 이것은 그들이 율법의 권위를 인정해서가 아니라 그리스도께 대한 그들의 감사 때문이다. 이런 생각이 미치는 현실적인 영향은 평범한 마음에 율법의 위엄과 율법의 지속성의 중대함과 절대적인 필요성에 대한 의미를 퇴색시킨다. 이러한 생각은 의무를 행하도록 성실하게 권고하는 것을 어렵게 만든다. 그 까닭은 감사함으로 율법에 순종한다는 가르침을 가지고 있는 사람들은 당신들이 그들을 노예로 되돌려 놓고 있다는 것에 항상 반대하기 때문이다.

만약 어떤 사람들이 의무와 책임에 대해서 율법의 권위를 인정하는 사람들에게 말한다면, 그들은 이러한 권고가 합법적이라고 답한다. 그리스도께서 율법의 본질적인 권위를 강화시키셨다. 그리스도께서는 율법의 내용을 새로운 기반 위에 올려놓지 않으셨다. 그리스도께서는 우리의 창조주께 순종해야 하는 의무를 폐지하신 것이 아니라 우리의 구속자께 감사함으로 순종해야 하는 책임을 더하셨다.

6항을 시작하면서, 1689 신앙고백서는 참으로 믿는 자들은 "행위언약으로서의" 율법 아래 있는 것이 아니라 "삶의 규칙으로서의" 율법 아래 있다고 조심스럽게 진술하는 것으로 율법의 구속적 책임을 적절하게 제한한다. 법적으로 모든 율법을 지켜야 된다고 생각하는 사람들은 반드시 생활의 규칙으로서 율법 아래 있는 것과 구원을 얻는 방식인 행위언약으로서 율법 아래 있다는 것 사이에 어마어마하게 실제적이고 현실적인 차이가 있다는 것을 반드시 이해했다. 믿는 자는 칭의의 방식으로서 율법 아래 있는 것이 아니다(로마서 6장 14절, 10장 4절). '행위언약으로서' 율법은 죽음의 삯만을 주는 엄격한 노예의 주인이다(로마서 7장 1-6절, 고린도후서 3장 7절). 삶의 규칙으로서 율법은 그리스도인들이 즐거워하는 자유의 법이다(야고보서 2장 12절, 로마서 7장 25절).

'율법을 당신의 양심에 놓지 마시오!'라는 의견은 오류이고 여기서 거절된다. 물론, 우리는 반드시 '행위언약으로서' 율법을 우리의 양심에 놓지 말아야 한다! 그러나 율법이 생활의 규칙으로서 우리의 양심 안에 있지 않는다면(예레미야 31장 33-34절, 로마서 8장 4절, 7-9절), 우리는 그리스도와 새 언약 안에서 발견되는 구원에 참여하지 못한 것이다.

6항 대부분은 믿는 자의 삶에서 율법의 사용처를 하나하나 나열하는데 쓰였다. 율법의 사용처를 각각 열거하는데 지면을 할애할 수 없었다. 그렇지만, 우리의 현대의 상황 안에서 6항의 마지막 문장은 강조되어야 한다. 이 문장의 요지는 한편으로 불순종의 결과에 대한 두려움으로 율법에 순종하는 것이나 반대로, 순종의 보상을 받을 마음으로 율법에 순종하는 것은 잘못된 것이 아니라는 것이다. '만약 당신이 어떤 일을 한 이유가 율법이 복과 보상을 약속했기 때문이라면 그것은 합법적인 순종이다'라고 일반적으로 이야기된다. 이러한 진술들은 해석하기 어려운 하나님의 말씀을 잘못 구별하고 있는 것이다. 성경은 모든 곳에서 하나님의 말씀에 적절히 반응하도록 도와주는 위협과 보상 모두를 사용한다(예를 들어 잠언, 마태복음 3장 7절, 누가복음 13장 3절, 5절, 사도행전 2장 40절, 히브리서 11장 26절, 베드로전서 3장 8-13절).

율법의 고유한 책임이라는 주제에 대한 1689 신앙고백서의 마지막 설명은 율법과 복음은 대립하지 않는다는 것이다(갈라디아서 3장 21절). 오히려, 복음의 은혜와 그리스도의 영은 우리로 하여금 자유롭고 즐겁게 율법 안에서 하나님께서 계시한 모든 것들을 행하는 것을 가능하게 한다. 어떻게 율법과 복음이 충돌하지 않을 수 있는가? 복음의 목적은 사람들을 법을 지키지 않는 상태에서 구원하는 것이고 그들을 율법에 순종하도록 불러내는 것이다 (예레미야 31장 33절, 에스겔 36장 27절, 로마서 8장 4절, 디도서 2장 14절).

제20장 복음과 그 은혜의 범위에 관하여

of the Gospel and of the Extent of the Grace Thereof

1. 행위언약은 죄로 인해 파기되었고 생명에 무익한 것이 되었기에, 하나님께서는 택자를 부르시고 그들 안에 믿음과 회개를 생겨나게 하는 수단으로서 그리스도, 여자의 후손에 대해 약속하시기를 즐거워하셨다. 바로 이 약속 안에서 복음의 본질이 계시되었다. 그리고 이 약속 안에서 복음은 죄인들의 회심과 구원에 효과적이다.[1]

> 1. 창세기 3장 15절, 에베소서 2장 12절, 갈라디아서 4장 4절, 히브리서 11장 13절, 누가복음 2장 25절, 38절, 23장 51절, 로마서 4장 13-16절, 갈라디아서 3장 15-22절

2. 그리스도와 그분으로 말미암는 구원의 약속은 오직 하나님의 말씀으로만 계시된다.[1] 자연의 빛을 가진 창조나 섭리의 사역들은 그리스도와 그분으로 말미암는 은혜를 일반적이든 모호하게든 드러내지 않는다.[2] 더구나 약속이나 복음으로 인한 그분에 대한 계시가 없는 자들은 이로 인해 구원 얻는 믿음이나 회개를 얻을 능력이 없다.[3]

> 1. 사도행전 4장 12절, 로마서 10장 13-15절

2. 시편 19편, 로마서 1장 18-23절

3. 로마서 2장 12절a, 마태복음 28장 18-20절, 누가복음 24장 46-47절, 사도 행전 17장 29-30절, 로마서 3장 9-20절

3. 죄인들을 향한 복음 계시는 여러 시대와 다양한 방식으로 전해졌고 요구 되는 순종의 약속들과 명령들이 더해졌으며 민족들과 개인들에게 전해졌 다. 이 계시는 오직 하나님의 주권적인 의지와 선하신 즐거움에 속한 것이 다.[1] 이 복음 계시는 사람의 자연적 능력의 활용에 따른 어떤 가능성으로 부 수적으로 더해지는 것이 아니며 복음 없이 받은 보통의 빛으로서도 아니다. 어느 누구도 그런 적이 없으며 그렇게 할 수도 없다.[2] 그러므로 모든 시대에 복음이 널리 전파되거나 제한됨을 따라, 다양한 방식으로 하나님의 의지의 경륜을 따라 복음이 개인들과 민족들에게 설교되어져 왔다.

1. 마태복음 11장 20절

2. 로마서 3장 10-12절, 8장 7-8절

4. 복음이 비록 그리스도와 구원 얻는 은혜를 계시하는 유일한 외적 수단이 고, 이를 성취하는 데 있어서 완전히 충분할지라도,[1] 죄 안에서 죽은 자들이 거듭나게 되고 되살아나고 새로 태어나려면 영혼 전체에 영향을 주는 성령 님의 저항할 수 없는 효과적인 사역이 더욱 필요하다. 이는 그들 안에 새 영 혼을 만들어 내기 위함이다. 만약 이 사역이 없다면 다른 그 어떤 수단으로 도 그들을 하나님께로 효과적으로 회심시킬 수 없다.[2]

1. 로마서 1장 16-17절

2. 요한복음 6장 44절, 고린도전서 1장 22-24절, 고린도전서 2장 14절, 고린 도후서 4장 4절, 6절

개요. 주제 : 특별계시, 복음[1]

역사적 배경

제20장은 유일하게 침례교 신앙고백서에만 있는 완전히 새로운 장이다. 웨스트민스터 신앙고백서에 그 어떤 형태로도 포함되지 않는다. 그렇지만 이 장은 침례주의자들과 함께 시작된 것이 아니다. 회중주의 청교도들이 이것을 작성하였고 1658년 사보이 선언에 이것을 포함시켰다. 침례주의자들은 교회정치 사안에 있어서 자신들의 신앙고백서의 가장 중요한 자료로 사보

---

[1] 이 장의 제목은 일반적으로 다루어지는 주제를 언급하지만, 이 제목은 어느 정도 알려지지 않은 부분이 있다. 이 장이 특별한 주제를 가지고 있다는 실마리는 각 항에서 발견되는 계시를 강조하고 있다는 것에서 드러난다. 계시라는 단어는 다양한 설명으로 각 항에 있다. 2항에서 계시는 두 번 반복된다. 1항과 3항에서 동의어들이 발견된다. 그렇기에 특별계시, 복음은 제20장의 특별한 주제이다.

이 선언과 그 첨부된 진술들을 활용하였다. 역시 여기서도 침례주의자들은 이 장을 자신의 신앙고백서에 포함시키는 것으로 독립회중주의자들을 따랐다.[2] 이 장을 포함시키는 것으로 야기되는 문제는 다음과 같다. '이 문제에 있어서 무엇이 독립회중주의자들과 침례주의자들에게 자신들의 신앙고백서에 완전히 새로운 장을 포함시키도록 촉구하였는가?' 독립회중주의자들은 사보이 선언 서문에서 이 질문에 대해 기본적인 답을 제공한다.

몇 가지를 우리가 더하였다. 이는 이전 시대들보다 요즘에 더 광범위하고 뚜렷하게 주장되는 몇몇 잘못된 의견들을 방지하기 위한 것이다…

제19장 이후에 우리는 복음에 관한 장을 추가시켰다. 신앙고백서 내에서 좀처럼 생략될 수 없는 주제였다. 제20장에서, 몇몇 내용들이 조금씩 더해지고, 총회들의 신앙고백서 곳곳에 퍼져 있고 암시적인 내용들은 이 장에서 하나의 주제 아래 조화를 이루고 더 풍성해진다.[3]

이 진술은 제20장의 목적이 웨스트민스터 신앙고백서 안에서 이미 발견된 가르침을 요약하고 모으고 보완했다는 사실을 분명하게 한다. 후자와 전자의 인용문이 관련 있는 것이 맞다면, 이것을 지지하는 설명으로는 1647년과 1658년 사이에 (1647년에는 웨스트민스터 신앙고백서가 기록되었고 1658년에는 사보이 선언이 쓰여 졌다) 더 노골적으로 퍼져 있었던 몇몇 오류들에

---

2 침례주의자에 의해 1항 마지막 문장은 약간 수정되었다. 사보이 선언은 "였다was"라고 한다. 내가 확인한 1689 신앙고백서 몇몇 사본들은 "이다is"이다. 그러나 괄호 안에 있다 (Choteau, MT: Gospel Mission Press, 1980). 윌리엄 럼킨William L. Lumpkin은 자신의 침례교 신앙고백서 안에서(Chicago: The Judson Press, 1959) 1677년에 출판된 침례교 신앙고백서 원판을 포함한다. 이 원판에는 "였다was"를 삭제하고 괄호 안에 있는 "이다is" 도 없다. 복음의 첫 계시와 관련되어 있기에, 그 기록은 마땅히 "였다was"일 것이다.

3 침례주의자에 의해 1항 마지막 문장은 약간 수정되었다. 사보이 선언은 "였다was"라고 한다. 내가 확인한 1689 신앙고백서 몇몇 사본들은 "이다is"이다. 그러나 괄호 안에 있다 (Choteau, MT: Gospel Mission Press, 1980). 윌리엄 럼킨은 자신의 침례교 신앙고백서 안에서(Chicago: The Judson Press, 1959) 1677년에 출판된 침례교 신앙고백서 원판을 포함한다. 이 원판에는 "였다was"를 삭제하고 괄호 안에 있는 "이다is"도 없다. 복음의 첫 계시와 관련되어 있기에, 그 기록은 마땅히 "였다was"일 것이다.

대한 반박이 필요했다는 것이다. 위 인용문 안에서 그것과 관련되어 언급된 체계적이고 충분한 내용보다 더 많은 것을 언급하여 제20장이 독특하게 추가된 것을 설명하지 않는 것은 부자연스럽고 심지어 비논리적인 것처럼 보인다. 우리가 제20장을 작성하도록 만든 오류 또는 오류들을 찾을 경우에, 거의 확실한 증거가 될 것이다. 우리는 제20장의 내용과 신앙고백서가 작성된 시대에 대한 일반적인 지식에서 이 오류를 추론하게 된다. 제20장의 내용들은 구원을 위해 성경에 포함되어 있는 특별계시의 필요성의 가치를 이 오류가 떨어뜨렸다는 것을 나타낸다. 그 당시의 일반적인 지식은, 청교도 저자들이 이후에 이신론을 만들어낼 지적인 경향을 이미 인식하고 있었다는 합리적인 추측을 가능하게 한다. 이신론은 인간의 이성과 자연계시의 충분성을 강조하고 초자연적인 계시와 기독교의 독특한 교리들을 반대한다. 이신론주의자들은 하나님의 존재와 도덕에 대한 완벽한 이성적 기초를 세우길 원했다. 그들은 단지 몇몇 사람들에게만 주어진 특별계시가 하나님께서 받으실 만한 경배와 예배에 필수적이라는 생각을 싫어했다.[4] 이 시대에 만연해 있고 초자연적인 것을 거부하는 자연주의적 유물론은 이신론의 성향과 비슷하다. 그러므로 제20장의 강조는 지금 시기에도 여전히 유효하다.

1689 신앙고백서는 오늘날에도 동일하게 적절한 성경의 교리들을 사용하여 그 당시의 초기 이신론에 대처한다. 첫째, 이 장에서 1689 신앙고백서는 자연계시의 불충분함과 참되고 구원 얻는 종교를 위한 초자연계시의 필수성을 주장한다. 둘째, 1689 신앙고백서는 하나님께서 뜻하신 사람에게 복음을 알려주신다는 하나님의 주권의 특권을 주장하고 셋째, 개인적인 구원을 위한 중생의 능력에는 성령님의 직접적이고 신성하고 초자연적인 간섭이 필수라고 주장한다.

---

4   이신론의 아버지로 인정받은 셰버리의 허버트경Lord Herbert of Cherbury은 1648년에 죽었다. 그의 영향력 있는 작품 *De religione Gentilium errorumque apud eos causis*는 1645년 런던에서 출판되었다.

I. 특별계시의 시작 (1항)

1항의 근본적인 주장은 타락의 때부터, 즉 사람이 행위언약을 통해 더 이상 생명을 얻을 능력이 없었을 때부터 하나님께서는 죄인들의 구원의 수단으로서 복음을 알려 오셨다는 것이다. 이 주장으로 인하여 시작된 오류를 파악하는 것은 어렵지 않다. 흔히 거짓 교사들은 구약, 특히 가장 초기 상황에서 복음이 다른 어떤 방식으로 사람들이 구원을 받아왔다고 주장하고 있다. 이 주장의 전제는 복음은 단지 세상 역사의 끝자락에서 구원의 한 방식으로 유용했을 뿐이었다는 것이다. 비록 이 전제는 다른 사람들에 의해 주장되어 왔으나, 이 주장은 아마도 초기에 기독교의 특별계시와 배타적인 주장들에 대해 강력한 반대 의사를 체계적으로 제기한 17세기 중반 초기 이신론자들에 의해 사용된 주장이었을 것이다. (17세기 이신론에 의해서나 20세기 세대주의에 의해 제시된) 이 오류에 반대하여 1689 신앙고백서는 에덴동산에서 타락 직후에 주어진 여자의 후손에 관한 약속이 본질적으로 복음이었다고 대답한다.

창세기 3장 15절은 사실 메시아에 대한 약속이었다. 여자의 후손은 그녀의 모든 의로운 후손을 포함하지만, 그녀의 모든 육적인 후손을 포함하지는 않는다(로마서 16장 20절, 요한계시록 12장 17절). 뱀의 머리를 확실하게 박살낼 여자의 후손으로서 그리스도의 사역에 분명한 초점이 있다. 에드워드 J. 영E. J. Young은 이 문제를 훌륭하게 진술한다. '구속자로 이해되는 여자의 후손이 결정적인 한 방을 날릴 것이다.'[5] 창세기 3장 15절에 대한 이러한 이해는 '후손' 안에서 그리고 '후손'으로 인해 구원한다는 일련의 예언들 중에 첫 번째 예언으로 확증된다. 이어지는 구약말씀들 안에서 우리는 '아브라함

---

5   E. J. Young, *Genesis 3* (London: The Banner of Truth Trust, 1966), p. 120.

의 씨'(이삭과 야곱)와 '유다의 씨' 그리고 '다윗의 씨'에 대해 읽는다. 더욱이, '약속의 언약'을 언급하는 에베소서 2장 12절 그리고 '때가 차매 … 여자에게서 나게 하시고' 그 후손에 대해 말하는 갈라디아서 4장 4절 이 두 절은 창세기 3장 15절을 인용한 것이다. 그렇지만 이것이 그 경우이든 아니든 간에, 이 두 성경구절들은 그리스도의 복음이 단순히 역사 이전에 뿌리를 둔 과정과 계시가 서서히 완성될 때까지 진행한다는 것을 분명히 한다. 히브리서 11장 13절은 아벨과 에녹과 노아와 아브라함 그리고 사라에 대해 말하면서 그들은 구원의 약속들을 가지고 있었고 그 약속들을 믿었고 약속들로 인해 증거(39절)를 얻었다고 주장한다. 누가는 세 차례나 하나님의 구속 약속들이 성취될 것을 믿음을 가지고 기다리는 자들로 이스라엘 안에 남아있는 신실한 자를 확인하였다(누가복음 2장 25절, 38절, 23장 51절). 이와 같은 성경의 증거는 구원이 결코 단순하게 자연의 빛에 따라 살아가는 문제도 아니고 도덕적 삶으로 창조주 하나님을 섬기는 문제도 아니라는 것을 명확하게 보여준다. 오히려, 구원은 구속계시 위에 고정된 믿음과 항상 연결되어 있는 것이다.

어떤 사람은, '아담과 하와가 정말로 구원의 내용에 대하여 얼마나 실제적으로 알고 있었을까?'라는 물음으로 앞에서 제시된 내용들에 의문을 가질 수 있다. '창세기 3장 15절은 상당히 함축적이고 아주 모호하다.' 아담과 하와가 이해한 것이 새 언약 안에 있는 우리가 이해하는 것보다 훨씬 더 적을 것이라는 생각은 이 질문자에게는 당연한 것이다. 우리 선조 아담과 하와가 창세기 3장 15절을 구속사 안에서 점진적으로 펼쳐진다는 이해를 가지고 있었다는 것을 확인할 길은 없다. 심지어 (선지자들 중 마지막이고 가장 위대한) 침례요한도 하나님의 약속들의 성취로 인하여 혼란스러워 했기에(마태복음 11장 1-19절), 우리는 결코 구속사에서 초기 인물들에 대한 세부적인 이해를 과대평가하지 않아야 한다.

창세기 3장 15절과 같은 예언들은 수수께끼 같다. 우리가 그 답을 알고 나서는 그 수수께끼가 쉽지만, 그 전에는 어렵고 혼란스럽다. 그러나 심지어 이 모든 것이 설명되었을 때에도, 아담과 하와에게 주신 원시약속 안에는 복음에 관하여 사람들이 흔히 생각하는 것보다 훨씬 많은 것이 계시되어 있었다.[6]

1) 아담과 하와는 구원이 하나님의 전적인 은혜와 주권적인 과분한 자비로 인한 것이었다는 것을 알았다. 구원의 내용은 처음에 명령의 형태가 아니라 예언과 약속의 형태로 선포되었다. 아담은 죄를 범했었다. 창세기 2장 16-17절의 내용과 같이 아담은 자신이 죽음 말고는 그 어떤 것도 받을 수 없다는 사실을 알았다(창세기 3장 7-10절). 이 상황에서 하나님께서는 일방적이고 자발적으로 약속하셨다. 이것이 완전한 은혜였다. 그러므로 아담은 구원이 은혜로 인한 것이지 법을 행함으로 인한 것은 아니라는 것을 아주 잘 이해할 수 있었을 것이었다(로마서 4장 13-16절, 갈라디아서 3장 15-22절).

2) 그들은 구원이 믿음에 의한 것임을 알았다. 약속에 대한 적절한 반응은 무엇인가? 무엇보다도 약속들은 우선 반드시 믿어지거나 신뢰되어야 한다. 로마서 4장 13-16절과 갈라디아서 3장 15-22절은 약속의 개념을 은혜와 연결시킬 뿐만 아니라 믿음과도 연결시킨다.

3) 그들은 구원이 오실 그리스도로 인한 것임을 알았다. 사탄과 죄를 정복하는 것은 그들 자신의 노력으로 인한 것이 아니라 여자의 후손을 통하여 얻어진 승리로 인한 것이었다.

창세기 3장 15절은 종교개혁의 위대한 표어가 싹튼 씨앗이다. 이 구절은 (아담과 하와를 가르쳤고) 구원이 약속을 따라 오직 은혜로, 오직 믿음으로, 오직 그리스도로 인한 것임을 가르친다.

그러므로 모든 시대에서 구원의 내용의 동일성은 확증된다. 사람들은

---

6 에드워드 영의 인용문을 가져왔던 장을 주목하라. 에드워드 영과 같이 함축적으로 글을 쓰는 저자도 창세기 3장 15절의 의미에 대해서 상당히 자세하게 설명한다.

항상 같은 방식으로 같은 복음으로 인해 구원을 받아 왔다. 신구약 안에 바로 이 복음이 계시되었다. 여태까지 구원받은 모든 사람은 이 수단으로 인해 구원받았다. 이것은 사람들이 항상 그리스도로 인해 구원을 받는다고 말하고 싶지만, 구약 안에서는 아무래도 달랐을 것이라는 가르침을 받아온 우유부단한 그리스도인들을 바로 잡아준다. 이러한 이유로 우리는 사람들이 항상 동일한 방식으로 구원을 받아 왔다는 이 확신을 가진다. 끝!

그러므로 또한 구원의 배타적인 수단으로서 복음의 필수성이 입증된다. 여기서 반드시 일반적인 필요조건으로 시작된다. 유아들이 사망하는 것에 대해 말하는 방식과 몇몇 지적 장애인들은 다루지 않는다(제10장을 보라). 4항에서 우리는 만약 사람들이 반드시 구원받으려면 복음에 더하여 성령님의 중생의 능력이 필수라는 점을 볼 것이다. 그렇지만 몇몇 사람들은 복음을 믿는 믿음이 절대적으로 필요하다는 사실을 무색하게 할 만큼 성령님의 거부할 수 없는 중생의 능력을 지나치게 강조해 왔다. 이러한 사람들은 마치 성령님께서 복음을 가지고 또는 복음 없이 사람들을 중생시키실 수 있는 능력이 있으시고 그렇게 하시는 것처럼 이야기해 왔다. 이것은 마치 성령님께서 자연의 빛, 즉 하나님의 드러난 법칙을 사용하여 사람들을 새롭게 하시는 것과 같다. 이것은 그런 것이 아니다! 성령님께서는 자연의 빛이나 그 법칙으로 사람들을 중생시키지 않으신다. 성령님께서는 그리스도의 복음을 사용하신다. 오직 그 복음만이 '구원을 주시는 하나님의 능력'이다(로마서 1장 16절).

II. 특별계시의 필수성 (2항)

2항은 1항과 관련된 복음계시의 필수성을 주제로 삼았다(1항을 참고하라). 2항은 '그리스도와 그분으로 말미암는 구원의 약속은 오직 하나님의 말씀으로만 계시된다'라는 주장으로 시작된다. 이 말은 성경 안에 있는 특별계시와 구속계시를 말한다. 그리고 나서 이 필수성은 일반계시의 소극적인 의미들을 진술함으로 강조된다. 첫 번째 의미는 복음은 일반 또는 자연계시라고 불리는 계시로 인해서 흐릿하게도 계시되지 않는다. 두 번째 의미는 첫 번째 의미에서 발전되고, 사람들이 자연계시에 의해서 구원 얻는 믿음과 회개를 얻을 능력이 없다는 것이다. 여기서는 이 의미들 중 첫 번째에 집중하고 두 번째는 3항에서 다루겠다.

2항에서 기록되지 않은 계시에 대해 강조하는 것은 일반계시의 명료성이나 범위의 가치를 훼손하려는 의도가 아니다. 창세기 1장 31절, 시편 19편 1-6절, 사도행전 14장 16-17절, 로마서 1장 18-23절과 2장 12-14절과 같은 구절들은 하나님의 존재와 지혜와 거룩과 의와 법과 진노 그리고 선하심(일반은총)이 창조 안에 분명히 그리고 알 수 있도록 계시되었다고 명료하게 진술한다. 그러나 하나님의 선하심이나 일반은총은 복음이 아니다. 구속자에 대한 약속은 만물이 아주 선했던(창세기 1장 31절) 타락하지 않은 세상에서는 계시되지 않고 계시될 수도 없었다.

그러므로 성경은 오직 그리스도에 대한 지식에 의해서만 사람들이 구원을 받을 수 있다고 분명하게 주장한다(사도행전 4장 12절, 로마서 10장 13-15절). 이렇게 분명한 주장들은 로마서 1장 16-17절과 이어지는 구절 1장 18절-2장 16절의 관계로 인해 입증된다. 복음이 유대인들과 헬라인들 모두를 구원하기 위한 하나님의 능력이라는 명백한 주장 다음에 오는 주장은 일반계시 안에서 '하나님의 진노가 계시되고' 인간은 '변명하지 못하고' '율법 없이 죄지은 모든 사람들은 율법 없이 심판 받게 될 것이다'(로마서 1장 18절, 20절, 2장 12절)라는 주장들이다. 로마서 2장 12절의 진술은 특별히 흥미롭다. 이 말씀은 특별계시, 즉 복음에 대한 지식을 가지고 있는 것이 심판의 전제조건이 아니라는 것을 단언한다. 사람들은 심지어 '율법 없이도', 즉 특별계시가 없어도 멸망할 수 있고, 멸망한다. 더욱이 로마서 3장 9-20절은 가능한 가장 강하고 보편적인 단어로 '모든 사람이 죄를 범하였으매'(3장 23절)라고 진술하기에, 2장 12절에서 특별계시 없이 살고 죽은 모든 사람들은 사실상 멸망한 것이 된다. 로마서 3장 21절은 3장 9-20절 이후에 즉시 '이제는 율법 외에 하나님의 한 의가 나타났으니 율법과 선지자들에게 증거를 받은 것이라'고 주장할 때, 분명하게 함축된 의미는 오직 특별계시로만 구원이 획득될 수 있다는 것이다. 시편 19편은 비슷한 의미를 가진다. 이 시편말씀은 자연계시(1-6절)와 특별계시(7-14절)를 비교한다. 시편 19편 7-11절에는 특별계시의 구원을 얻게 하는 효력에 대한 연이은 주장들이 포함되어 있다. 비록 자연계시가 명료성과 내용 그리고 보편성에서 탁월하지만, 특별계시가 가지는 효과들과 오직 특별계시에만 허락되는 구원하는 효력에 대해서 단 한 마디도 말하지 않는 시편 19편 1-6절과 시편 19편 7-11절은 정확하게 대조를 이루고 있다. 마지막으로, 이 문제 안에서 모든 민족들에게 복음을 선포해야 한다는 명령은 반드시 신중히 따져 봐야 한다(마태복음 28장 18-20절, 누가복음 24장 46-47절). 물론 이 명령의 절박함과 필수성은 복음이 없으면 사람들은 멸망할 것이라는 개념 없이 설명될 수 없다. 사실 이것은 성경의 명백한 진술이다(사도행전 17장 29-30절, 로마서 3장 9-20절).

지금 이러한 성경의 가르침에 대한 실제적인 의미들은 반드시 정리되어야 한다. 사람들이 복음을 듣지 못한다면 그들은 멸망할 것이다. 사람들은 반드시 복음을 들어야 최소한 구원받을 가능성이라도 가진다. 사람들은 구원받을 기회를 얻을 자격이 없다. 하나님께서는 의로우시지만 많은 사람들에게 구원받을 기회조차 주시지 않으신다. 사람들은 변명하지 못할 만큼 충분한 신적 계시를 가지고 있지만 구원받기에는 충분하지 않다. 그러므로 사람들이 그리스도를 믿지 않는다는 단 하나의 단순한 이유로 인해 지옥에 떨어지는 저주를 받는 것은 아니다. 단 한 번도 복음을 거부한 죄를 범하지 않은 사람도 죄로 인해 지옥에 갈 것이다.

III. 특별계시의 주권 (3항)

특별계시와 관련된 주권은 복음의 빛을 사람들과 민족들에게 비추시는 데 있어서 하나님의 완전한 독립성과 자유를 의미한다. 하나님께서 복음을 사람들에게 주시는 것과 관계된 주권을 주장할 때, 1689 신앙고백서는 이 문제의 다른 관점을 분명하게 거부한다. 이 관점은 '이 복음 계시는 사람의 자연적 능력의 활용에 따른 어떤 가능성으로 부수적으로 더해지는 것이 아니며 복음 없이 받은 보통의 빛으로서도 아니다. 어느 누구도 그런 적이 없으며 그렇게 할 수도 없다'라는 주장 안에서 분명하게 설명된다. 이 문제에 대한 간단한 진술은, 타고난 능력들과 일반적인 빛으로 실제 구원이 없지만, 하나님께서 그들의 부지런함의 보상으로서 복음의 빛을 약속하시기에 몇몇 사람들은 이 방식으로 이러한 빛을 향상시킨다는 것이다. 백부장 고넬료는 이러한 덕이 높은 이방인의 예로 종종 인용된다. 하지만 고넬료가 환상을 받아들이고 회심을 하기 전에 그는 특별계시를 소유했기에(사도행전 10장 1-3절), 그를 인용한 것은 의미가 없다.

이 관점에 대한 성경의 대답은 직접적이다. 첫째, 단 한 사람도 그런 식으로 일반적인 빛을 향상시킨 자가 없다(로마서 3장 10-12절). 둘째, 그 어떤 사람도 일반적인 빛을 향상시킬 수 없다(로마서 8장 7-8절). (해설서 9장을 보라,

전적 무능력 교리를 더 지지한다.) 셋째, 하나님께서 복음의 빛을 사람에게 비추시는 까닭은 그들이 그 복음에 적절히 반응할 것을 미리 아시기 때문이 아니라 하나님 자신의 주권적이고 선하신 즐거움에 기초하기 때문이다(마태복음 11장 20절).

이 주제는 전도의 열정을 파괴시키는 오류들로부터 복음 전도 활동들을 지켜내기 위해 은혜교리(칼빈주의)의 중요성을 강조한다. 일반적으로 은혜교리를 주장하는 사람들은 전도의 열정을 파괴하는 관점을 가지고 있다는 비난을 받는다. 실제로 유일하게 이 교리들만이 전도의 열정을 완전히 사그라지지 않게 보호한다. 오직 칼빈주의자만이 이 장에서 거부된 복음을 파괴하는 오류들에 예방적 조치를 취한다. 칼빈주의자는 사람들이 전적으로 부패되었고 그들의 본성적인 빛을 향상시킬 수 있는 능력이 없다는 것을 안다. 칼빈주의자는 하나님께서 구원에 있어 주권자이시고 그 어떤 사람도 구원을 얻을 '기회'를 가질 자격이 없다는 사실을 안다. 그러므로 칼빈주의자는 하나님께서 자신이 뜻하신 사람에게 복음을 전하신다는 것과, 어떤 사람들에게도 복음을 전하실 빚을 지지 않으셨다는 사실을 깨닫는다. 칼빈주의자는 복음은 '택자를 부르는 수단'이라는 것을 안다. 그러므로 칼빈주의는 하나님께서 정하신 방식이 아닌 다른 어떤 방식으로 사람들이 구원받게 된다는 것을 받아들일 수 없다. 복음은 사람들의 의지의 자유와 다른 수단을 통해 추가적으로 덧붙여질 필요가 있는 우연한 수단, 차선의 수단이 아니다. 복음은 하나님께서 자신이 택한 백성을 구원하시로 정하신 방식으로 영원하게 결정된 방식이다. 칼빈주의자는 만약 어떤 사람이 택자라면, 하나님께서 그에게 복음을 전하실 수 있고 전하실 것이라고 믿는다.

IV. 특별계시의 충분성 (4항)

이 항은 복음의 충분성에 관해 두 가지 주장을 한다. '그리스도를 계시하는 유일한 외적 수단'으로, 복음은 바로 그 목적을 위해 '완전히 충분'하다. 내적인 중생의 능력에 관하여, 복음은 궁극적으로 성령님의 중생케 하는 능력이 수반되지 않는 한 불충분하다(요한복음 6장 44절, 고린도전서 1장 22-24절, 고린도후서 4장 4절, 6절). 당신의 침실에 있는 전등은 침실을 비추기 위해서 두 가지가 필요하다. 전등은 반드시 전구를 가지고 있어야 하지만, 이것만으로는 충분하지 않다. 또한 전등은 반드시 전력원에 전기플러그가 꽂혀 있어야 한다. 전기 그 자체는 당신을 감전사시킬 수도 있고, 당신의 방을 밝게 비춰 줄 수도 없다. 전등이 전구를 요구하는 것은 이 기능을 수행하기 위함이다. 그렇다. 만약 눈먼 영혼에게 구원하는 빛이 비추인다 하더라도, 성령님의 능력이 필수적이지만, 성령님께서는 반드시 복음 안에서, 복음을 통하여 일하신다.

제21장 그리스도인의 자유와 양심의 자유에 관하여

of Christian Liberty and Liberty of Conscience

1. 그리스도가 복음 아래 있는 성도들을 위해 값 주고 사신 자유의 본질은 죄책과 하나님의 저주의 진노와 율법의 엄격함과 저주로부터의 그들의 자유이다.[1] 그리고 현재 이 악한 세상과 사탄의 속박과 죄의 지배[2] 그리고 고통스러운 불행들과 사망의 공포와 그 쏘는 것과 무덤의 승리와 영원한 저주로부터[3] 그들의 구원이다. 또한 이 자유는 하나님께 자유롭게 나아감과 노예의 두려움이 아니라 어린아이 같은 사랑과 자발적인 마음으로 하나님께 순종하는 것이다.[4]

또한 법 아래 있던 성도들은 본질적으로 이 모든 자유들을 똑같이 경험하였다.[5] 그러나 신약 아래에서의 그리스도인들의 자유는 더욱 확대되었다. 유대교회가 복종하였던 의식법의 멍에로부터 자유롭게 되었고, 율법 아래 있던 성도들이 일반적으로 누렸던 것보다 더 큰 담대함으로 은혜의 보좌에 나아가고, 그들이 참여했던 것보다 더 충만하게 하나님의 자유의 영과 교제한다.[6]

1. 요한복음 3장 36절, 로마서 8장 33절, 갈라디아서 3장 13절
2. 갈라디아서 1장 4절, 에베소서 2장 1-3절, 골로새서 1장 13절, 사도행전 26장 18절, 로마서 6장 14-18절, 8장 3절

3. 로마서 8장 28절, 고린도전서 15장 54-47절, 데살로니가전서 1장 10절, 히브리서 2장 14-15절

4. 에베소서 2장 18절, 3장 12절, 로마서 8장 15절, 요한1서 4장 18절

5. 요한복음 8장 32절, 시편 19편 7-9절, 119편 14절, 24절, 45절, 47-48절, 72절, 97절, 로마서 4장 5-11절, 갈라디아서 3장 9절, 히브리서 11장 27절, 33-34절

6. 요한복음 1장 17절, 히브리서 1장 1-2절a, 히브리서 7장 19절, 22절, 8장 6절, 9장 23절, 11장 40절, 갈라디아서 2장 11절f, 갈라디아서 4장 1-3절, 골로새서 2장 16-17절, 히브리서 10장 19-21절, 요한복음 7장 38-39절

2. 하나님만이 양심의 주가 되신다.[1] 하나님께서는 하나님의 말씀에 거스르는 모든 사람의 교훈들과 명령들과, 말씀에 포함되지 않은 것들로부터 양심을 자유롭게 하셨다.[2] 따라서 양심을 떠나 이런 교훈들을 믿거나 이런 명령들을 따르는 것은 양심의 참 자유를 배반하는 것이다.[3] 그리고 맹신하는 믿음과 절대적이고 맹목적인 순종을 요구하는 것 또한 양심과 이성의 자유를 파괴하는 것이다.[4]

1. 야고보서 4장 12절, 로마서 14장 4절, 갈라디아서 5장 1절

2. 사도행전 4장 19절, 5장 29절, 고린도전서 7장 23절, 마태복음 15장 9절

3. 골로새서 2장 20절, 22-23절, 갈라디아서 1장 10절, 2장 3-5절, 5장 1절

4. 로마서 10장 17절, 14장 23절, 사도행전 17장 11절, 요한복음 4장 22절, 고린도전서 3장 5절, 고린도후서 1장 24절

3. 그리스도인의 자유를 핑계 삼아 어떤 죄를 범하거나 죄악된 정욕을 품는 사람들은 복음적 은혜의 주요한 계획을 왜곡하여 그들 자신을 파괴하는 데까지 이르는 것이다.[1] 이와 같이 그들은 우리의 모든 적들의 손아귀로부터

구원받은 우리가 두려움 없이 그분 앞에서 우리 인생의 매일매일 거룩하고 의롭게 주를 섬겨야 할 그리스도인의 자유의 목적을 완전히 파괴한다.[2]

1. 로마서 6장 1-2절
2. 누가복음 1장 74-75절, 로마서 14장 9절, 갈라디아서 5장 13절, 베드로후서 2장 18절, 21절

개요

기독교 전체주의, 국가 전체주의 그리고 '그릇된 복고주의'perverse reactionism
은 이 장의 역사적 배경을 형성하는 요소들이다. 로마 가톨릭 교회는 그리
스도인의 양심 전반에 걸쳐 극단적인 권위를 주장하였다. 로마교회는 사람
들에게 성경에 근거가 없는 교회의 선언들을 믿으라고 요구하였고 하나님
의 말씀에 더해지는 법을 만들 권한을 당연하게 생각했다. 이것은 그 문제
의 일부일 뿐이었다. 개혁교회들은 사로잡혀서 끔찍한 십자가 화형에 처해
졌다. 종교개혁시대에 교회가 사람의 최고 권위라고 생각한 사람들과 국가
가 사람의 최고 권위라고 생각한 사람들 사이에 몇백 년의 오랜 싸움이 있
었다. 많은 종교개혁자들조차도 이 두 번째 관점에 영향을 받았었다. 로마
교황의 통치에서 스스로를 구하기 위해, 그들은 자신들이 세운 교회들을 국
가 통치자의 보호와 권위 아래 두었다. 독일의 루터와 영국의 헨리 8세는 이
관점의 대표적인 인물들이었다. 이 두 극단들과는 대조적으로, 개혁주의 기
독교는 그리스도인의 자유에 관한 교리를 주장하였다. 그들은 교회도 국가
도 그리스도인에 대한 전적인 권위를 소유하지 못한다고 가르쳤다. 더욱이,
로마교회의 멍에를 벗어던져버린 사람들이 모든 종류의 극단들에 반발하는
일에는 항상 위험이 따랐고, 청교도들은 사방팔방에서 그 위험을 볼 수 있
었다. 이 위험은 지옥에 떨어지는 것과 비슷한 정도였다. 청교도들이 '그릇
된 복고론'에서 보았던 위험은, 1689 신앙고백서에서 제외되고 웨스트민스

터 신앙고백서 4항에서 발견된 항에 의해 강조된다.[1]

1689 신앙고백서에서 삭제된 항은 그리스도인의 자유를 제한하는 요소들을 다루면서 '그릇된 복고주의'의 위험을 강조하였다. 이 항은 16, 17세기에 몇몇 기독교 급진주의자에 의해 만들어진 양심의 자유를 사용하는 것을 금지한 것이다. 뮌스터의 재세례파들the Anabaptists of Munster 그리고 영국의 제5왕국파the Fifth Monarchy Men of England와 같은 비주류 재세례파 모임들은 그리스도인의 자유에 호소함으로써 급진적인 개혁정책과 도시와 기독교국가의 전복을 지지하였다. 그들은 그리스도께서 왕이셨고 곧 다시 오실 것이기 때문에, 폭력적인 수단과 폭동으로 그리스도의 왕국을 임하게 할 권한을 가졌다고 가르쳤다. 이 그릇된 복고주의는 웨스트민스터 신앙고백서에 의해 거절되었다. 또한 1689 신앙고백서에 의해서도 거절되었다(제24장 3항을 보라).

1689 신앙고백서의 침례교주의자, 그들 이전 사보이 선언의 회중주의자들, 18세기 후기 장로교인들조차도 결국 웨스트민스터 신앙고백서 제21장 4항을 삭제하였는데 그 까닭은 이 항에서 웨스트민스터 신앙고백서가 단일한 장로교회의 국가 정부가 있어야만 하고 국가 정부는 이단을 폐지할 의무를 가진다고 가르쳤기 때문이다. 이단은 (장로교)정부가 자연의 빛이나 분명한 기독교 원리들에 반한다고 믿는 의견을 공식적으로 주장하거나 계속 지키고 있는 것으로 정의되었다. 삭제된 항은 이단이 '교회의 책망으로, 그리고 **시민정부의 권한으로** 고소될 수 있다'고 진술한다.

그래서 웨스트민스터 신앙고백서에 원래 기록된 진술들로 인해 언급된 이 입장은 영국 침례교회들과 회중주의 교회들 전체에 의해 거부되었을 뿐만 아니라 미국장로교회들에 의해서도 거부되었다. 우리가 오늘날 직면

---

1 1689 신앙고백서 제21장은 사보이 선언을 상당 부분 글자 그대로 따른다. 제21장 1항에 사소한 차이가 있다. 1항에 사보이 선언이 언급한 "은혜언약의 모든 율법적 경륜"이라는 구문이 빠져있다.

하는 교회와 국가의 분리에 대한 세속적이고 제멋대로인 해석을 볼 때마다, 웨스트민스터 신앙고백서에 원래 기록된 진술을 거절한 것이 '욕조 물과 어린아이를 같이 쏟아 버리는 것이다'라는 말의 경고를 떠올리게 한다. 초기 영국 침례주의자들과 회중주의자들은 교회와 국가를 분리해야 한다는 교리를 가르쳤고 믿었고 경험했다. 그들은 국가가 공식적으로 이단을 가르치는 사람들을 처벌할 수 있는 권한을 가지고 있다는 개념을 거부하였다. 진보적인 분파들의 비과세 지위를 없애버리는 일을 지지하거나 정부가 마땅히 이단의 공식적인 가르침을 억압해야 한다고 주장하는 사람들은, 선조들의 교리를 물려받은 자들 가운데서 그 어떤 환대도 받지 못했다. 이런 입장들에 끌린 사람들은 자신들이 회중주의 청교도들과 침례주의 청교도들에 의해서 의도적으로, 그리고 완전하게 거부되었다는 사실을 당연히 알고 있었다.

우리가 이 장의 내용을 설명하는 데 있어서, 일반적으로 위에서 언급된 개요를 따라 갈 것이다.

I. 그리스도인의 자유의 구조

1. 복음 아래 놓여 있는 그리스도인의 자유

1) 소극적인 진술

1항의 소극적인 진술에서 세 번 언급되는 형태, '~로부터'를 주목하라.

(1) 죄의 책임으로부터 자유

우선 각 세 항목들은 죄로 인해 발생한 책임을 인식하는 것과 관련하여 다룬다(요한복음 3장 36절, 로마서 8장 33절). '율법의 엄함'은 우리가 구원을 유지하기 위해 하나님의 법에 완벽하고 영원하고 지속적이고 보편적으로 순종을 강요받는 상황을 언급한다. 이러한 진술은 불행한 예상을 가득 담고 있다. 그 까닭은 우리가 그렇게 할 수 있는 능력이 없기 때문이다. 하나님께서는 우리, 즉 자신의 자녀들로부터 복음이 가르치는 순종을 받으시기를 기뻐하시고, 기꺼이 그 순종에 보상하시기를 기뻐하신다.

(2) 죄의 힘으로부터 자유

다음의 세 항목들은 모두 우리를 지배하는 죄의 실제적인 힘과 영향력으로부터 벗어나는 것과 관련이 있다. 우리는 이 힘의 세 가지 동인, 즉 세상과 육신과 사탄으로부터 해방되었다(갈라디아서 1장 4절, 에베소서 2장 1-3절, 로마서 6장 14-18절).

(3) 죄의 형벌로부터 자유

이 항목들은 세심한 주의가 필요하다. 예를 들어, 우리는 '고통스러운 일들'로부터 구원을 받는 것이 아니라 '고통스러운 일들의 악'으로부터 구원을 받는 것이고 '죽음'으로부터 구원을 받는 것이 아니라 '죽음의 두려움과 고통'으로부터 구원을 받는 것이다 (로마서 8장 28절, 고린도전서 15장 54-57절, 히브리서 2장 14-15절).

2) 적극적인 진술

하나님께 자유롭게 나아가는 것과 어린아이 같이 순종하는 것이 복음 아래서 그리스도인의 자유의 두 가지 복들이다(에베소서 2장 18절, 3장 12절, 로마서 8장 15절).

2. 율법 아래 놓여 있는 그리스도인의 자유

1항의 두 번째 문단은 율법 아래 놓여 있는 그리스도인의 자유에 관한 두 가지 주장을 포함한다. 이 문단은 복음 아래 놓여 있는 그리스도인의 자유와 관련된 일반적인 본질과 그 이후에는 복음 아래서 그 자유가 확대된 내용을 포함하고 있다. 오늘날의 평범한 오류는 구약과 신약 사이에서 그리스도인이 가지는 자유의 정도의 차이들을 절대적인 대조로 왜곡하는 것이다. 이 오류는 일반적으로 구약과 신약에 속한 그리스도인의 자유의 일반적인 본질을 무시하고 부정하고, 신구약의 공통된 본질은 제외시키고 차이만을 강조한다.[2]

이런 관점들로 보면, 구약 성도들에게 있어서 구원과 성도의 자유의 경험은 상대적으로 어려운 주제가 된다. 그렇기에 우리는 반드시 성경의 의심할 수 없는 가르침과 분명한 주장들을 고수해야 한다. 그래야 우리는 우리의 추측으로 인해 길을 잃어버리지 않게 된다. 성경이 인도하는 원리는 그리스도인의 자유에 관한 정통적인 성경구절들 중 하나에서 언급된다(요한복음 8장 32절). 바로 진리가 자유롭게 한다. 바로 이 진리를 알고 있는 것이 사람들을 자유롭게 한다, 즉 사람들에게 그리스도인의 자유를 준다. 구약 성도들은 구속의 진리를 구원하는 앎으로 알고 있었을까? 바로 이 진리는 본질적으로 신약 성도들이 알았던 진리와 동일한 진리였나? 그렇다! 그래서 만약 그들이 진리를 알고 있었고 구원하는 앎으로 그 진리를 알았다면, 그들도 신약 성도들이 진리로 인해 자유한 것과 동일한 방식으로 자유했다.

신약 성도들이 점진적인 계시로 인해 진리와 더 확장되고 더 분명한 관계를 맺고 있는가? 그렇다! 신약 성도들은 그 진리가 나누어주는 자유, 즉 그리스도인의 자유를 더 많이 누린다.

---

2   L. S. Chafer, *Systematic Theology* (Dallas: Dallas Seminary Press, 1948), pp. 73, 74.

성경의 분명하고 기본적인 진리가 이 문제에서 우리를 명확하게 하고 인도한다. 이 자유의 본질에 관련하여 그리스도인의 자유가 모든 시대에 모든 성도에게 속해 있다고 생각하도록 우리를 이끈다. 또한 새 언약의 더 밝은 빛에 참여한 사람들이 그리스도인의 자유를 더 풍성하게 만끽한다고 생각하도록 우리를 이끈다.

1) 율법의 일반적인 본질

오늘날의 일반적인 오류는 사도행전 15장 10-11절과 갈라디아서 4장 1-5절 같은 성경구절에 절대적인 의미를 부여하는 것이다. 이 성경구절들이 의미하는 바가 무엇이든 간에, 이 구절들은 율법이, 즉 구약의 계시가 단지 멍에로 인도한다는 의미로 말할 수 없다.

율법 아래서 영감받은 성도들은 율법을 자유로운 것으로 받아들인다 (시편 19편 7-9절, 119편 14절, 24절, 45절, 47절, 48절, 72절, 97절). 구약의 성도들은 의로 인해 주어진 율법의 저주로부터 해방을 즐거워하였다(로마서 4장 5-11절, 갈라디아서 3장 9절). 구약성경의 계시 안에 있는 그들은 믿음으로 악에 승리하였다(히브리서 11장 27절, 33-34절). 그들은 자유의 영으로 인해 새로 태어나고 그 자유의 영께서는 그들 안에 거하신다(고린도후서 3장 17절, 요한복음 3장 3절, 5-6절, 로마서 8장 7-9절).

어떤 것은 구약으로부터 입증될 수는 있지만, 우리는 이 문제에 있어서 성령님의 일하심을 지지하는 분명한 진술들을 기대하기는 어렵다. 그 까닭은 성령님께서는 그리스도 그 본질과 삼위일체처럼 아직까지 분명하고 명확하게 계시되지 않았기 때문이다. 그 당시에는 아직 성령님께서 삼위일체의 세 번째 위격이라고 분명하고 명확하게 계시되지 않았는데, 어떻게 성경은 성령님께서 사람들을 중생시키시고 그들 안에 거하신다고 이야기할 수 있는가? 이 경우는 그리스도와 그분의 사역과 의에 있어서도 정확하게 같다. 세대주의자들은 성령님의 활동들에 관하여 구약의 계시가 부족하다는 것과 그 실체가 존재하지 않는다는 것을 혼동한다. 단지 어떤 일이 아직 계시되지 않았다는 것 때문에, 그 일이 그때까지 존재하지 않았다는 것을 의미하지 않는다.

2) 이후에 그리스도인의 자유의 확장

만약 우리가 더 많은 진리를 영적으로 그리고 구원적으로 안다면, 그 진리는 반드시 우리를 더 자유롭게 만든다(요한복음 1장 17절, 히브리서 1장 1-2절). 또한 히브리서에서 나오는 '더 좋다'라는 단어에 주목하라(히브리서 7장 19절, 22절, 8장 6절, 9장 23절, 11장 40절). '더 좋다'라는 단어의 사용은 어떤 의미를 포함하고 있을까? 더 좋다는 말은 비교급이다. 이미 좋은 것과 비교해서 어떤 것이 더 좋다는 것이다. 만약 새 언약이 더 좋다면, 옛 언약은 나빴던 것이 아니라 좋은 것이었다. 그렇기에 신약과 구약 아래서 그리스도인의 자유의 차이는 나쁨과 좋음이 아니라 좋음과 더 좋음의 차이라고 말할 수 있다.

1689 신앙고백서는 세 가지 특별한 측면에서 그리스도인의 자유가 복음 아래서 확장된다고 주장한다. 그 세 가지 측면들은 무엇인가?

의식에 있어서 율법으로부터 자유

우리가 구약 성도들이 의식법이 포함되어 있는 율법을 대하는 태도를 생각해 볼 때, 그들에게 율법이 멍에였는가? 만약 그렇다면, 어떤 의미에서 그러한가? 한 실례가 도움이 될 수 있을 것이다. 예를 들어 오후 9시에 잠자리에 들기 같은 아이들을 위한 유익한 규칙들은 어른들에게 짐이 될 수도 있다. 그렇지만 예를 들어 이러한 규칙들은 아이들에게 다음 날 학교생활을 잘할 수 있게 하는 자유의 근원이다. 어떤 의미에서 구약 성도들은 초기 구속사의 무대에서 어린아이들이었다. 음식에 대한 율법들과 이방인들과의 접촉에 관한 율법들 그리고 정결법들과 성전제사법들, 이 모든 법들은 보편적인 전도사역이 이방인들에게까지 미치는 시대에 짐일 수 있다. 이런 이유에서 바울은 의식법으로부터의 자유와 그 자유를 누릴 것을 주장하였다(갈라디아서 2장 11-21절, 4장 1-3절, 골로새서 2장 16-17절).

기도에 있어서 더 큰 담대함

그리스도를 통하여 하나님께 가는 길을 계시하셨기 때문에, 이제 은혜의 왕좌에 나아가는 더 큰 담력이 믿는 자들에게 있다(히브리서 10장 19-21절).

더 충만한 성령님의 임재

하나님의 자유의 영, 성령님과 더 풍성한 교제는 이제 믿는 자들의 소유이다(요한복음 7장 38-39절). 성령님의 새로운 출현을 나타내는 침례, 부어짐, 강과 같은 말은 모두 증가에 대해서 말한다. 이것은 논리적인 것처럼 보인다. 그 까닭은 새 언약에서 풍성해진 진리를 실제로 아는 것이 성령님의 충만한 충만을 요구하기 때문이다.

구약 성도들의 특권을 극단적으로 격하시키는 것을 주의하라. 그들은 진리를 알았고 그 진리가 그들을 자유롭게 하였다. 구약 성도들의 실제 경험과 거룩에 있어서, 그들 몇몇은 대부분의 신약의 성도들을 초월했을 수 있다! 사실 '일반적으로' 그리고 공동체적으로 신약 그리스도인들에게 지식과 성령님이 더 풍성하게 주어진다는 사실이 실제적인 신앙이나 경험에 있어서 신약의 백성들이 전체적으로 구약 성도들을 넘어서는 것을 의미하는 것은 아니다.

II. 그리스도인의 자유의 당연한 결과: 양심의 자유

앞의 개요에서 암시했던 것 같이, 2항은 그리스도인의 자유의 당연한 결과인 양심의 자유에 이른다. 우리는 그리스도인의 자유의 본질에 대해서 1항이 아니라 2항에서 언급된 것처럼 생각하는 경향이 있다. 그러나 1항이 우리의 자유의 본질에 대해 말하고 있다는 사실에 주의하라. 신앙고백서 저자들의 생각에, 우리가 그리스도인의 자유라고 부르는 것은 그 자유의 외적인 작용이었다. 우리는 반드시 주의하여 그들의 생각의 흐름을 보아야 한다. 인격적 자유와 양심의 자유는 반드시 영적인 자유의 근거들 위에 세워져야 한다. 복음의 자유가 없다면, 양심의 자유는 없다. 우리는 교황과 랍비 그리고 마르크스주의자의 전통으로부터 자유로운 곳에서 우리를 살게 해주신 하나님께 감사해야 한다. 각 그리스도인의 품위와 자유는 우리 사회 전체 구조의 기초이다.

양심의 자유의 근본적인 원리는 '오직 하나님께서 양심의 주인이시다'라는 것이다(야고보서 4장 12절, 로마서 14장 4절, 갈라디아서 5장 1절). 이 근본적인 원리에 대한 진술은 하나님께서 '자신의 말씀과 반대되는 것 안에 있거나 그 말씀에 속하지 않은 사람들의 교리들과 명령들로부터 양심을 자유롭게'(사도행전 4장 19절, 5장 29절, 고린도전서 7장 23절, 마태복음 15장 9절) 두셨다는 것을 기본적으로 함축하고 있는 의미들을 따르는 것이다. 이끄는 자들과 따르는 자들을 위한 양심의 자유의 필수적인 조건들이 2항을 마무리짓는다. 하나님의 말씀에 속하지 않은 교리를 믿거나 명령을 따르라고 강요하는 사람들처럼, 우리는 결코 무분별한 믿음, 즉 무조건적이고 맹목적인 순종을 요구하지 않는다. '무분별한 믿음'은 사람들에게 성경의 증거 없이 우리가 가르치는 모든 것이 하나님의 말씀이라고 믿을 것을 강요한다. '무조건적이고 맹목적인 순종'은 어떤 사람에게 우리의 명령들이 마치 하나님의 명령(무조건적으로)인 것처럼 그리고 영적인 증거 없이(맹목적으로) 순종하도록 강요하는 것이다(신명기 13장 1-5절, 이사야 8장 20절, 사도행전 17장 11절, 고린도전서 3장 5절, 고린도후서 1장 24절, 베드로전서 5장 3절, 요한1서 3장 24-4장 3절).[3]

1689 신앙고백서의 주장들은 여기서 반드시 설명되어야 하는 두 가지 어려운 문제들을 드러낸다. 어떻게 1689 신앙고백서의 진술들이 성경 안에 세워진 여러 권위자들의 힘과 조화되는가? 성경에 없는 법들과 규범들을 만들 권한은 권위자들의 권위에 당연히 따라오는 결과가 아닌가? 성경은 아내들과 노예들과 시민들과 어린이들이 존경하는 권위자들에게 순종해야 한다고 말하지 않는가? 여기서의 핵심은 1689 신앙고백서의 '양심으로부터 순종'이라는 말이 어떤 의미를 가지는지 이해하는 것이다. 문맥은 이 말이 의미하는 것을 분명하게 한다. 이 말은 우리는 성경에 없는 명령들을 마치 그 명령들이 하나님의 명령인 것처럼 순종하지 말아야 한다는 뜻이다. 그 어떤 사람의 권위도 사람의 명령들을 마치 하나님의 명령인 것처럼 생각하라고 요구할 권한을 가지지 못한다.

물론, 또 다른 의미로 양심은 사람이 권위에 순종하는 것과 관련이 있다(로마서 13:5). 그렇지만 로마서 13장 5절에서 양심은 세속정부의 개별적인 명령들에 대한 근거가 아니라 권위자들의 일반적인 권위에 대한 근거이다. 바울은 세속적인 권위의 모든 명령이 하나님께 속한 것이라고 말하지 않는다. 바울은 권위 그 자체가 하나님의 것으로 세워졌다고 말할 뿐이다. 세속정부의 일반적인 권위에 대한 순종은 하나님의 하나의 법이다. 그리고 그 순종은 반드시 양심으로부터 나와야 한다. 그렇지만 이 사실이 그 정부의 개별적인 명령들에 대한 양심적인 순종과 심지어 모든 명령에 대한 단순한

---

3   1689 신앙고백서 가르침의 현실적 중요성은 아주 많은 부분들에서 드러나기도 한다. 학생은 존 칼빈의 기독교 강요 3:19:7을 참조하면 좋다. 아놀드 달리모어Arnold Dallimore's *George Whitefield*, vol. 1, pp. 73-76, 또한 이 책은 양심에 대한 휫필드의 경험을 토대로 이 점에 대해 아주 탁월한 예를 제공한다.

순종을 요구하지 않는다. 이것이 그리스도인의 자유는 상당히 많은 부분에서 우리가 행하는 문제가 아니라는 것을 우리에게 상기시킨다. 그리스도인의 자유에서 가장 우선하는 것과 가장 중요한 것은 내적인 자유이다. 즉, 행동하기 전 마음 상태의 문제이다.

다른 문제는 거리낌이 있는 형제들과 관련된 것이다(로마서 14장 21절, 고린도전서 8장 13절). 이 성경구절을 마치 이 성경구절들이 그리스도인들에게 어떤 사람이 잘못된 것이라고 여기는 일은 하지 말라고 요구하는 것 같이 읽는 사람들이 있다. 이 해설은 "거리낌"이라는 단어를 핵심단어로 여기는 킹제임스 성경으로 인해 지지를 받는다. 이 해설로, 많은 사람들은 다른 그리스도인을 거리끼게 하는 것과 어지럽히는 것과 화나게 하는 일을 절대로 하지 말아야 한다고 결론 내린다. 우선, 이런 해설은 양심의 자유의 한계를 초래하고 새로운 멍에, 즉 형제들을 두려워하는 멍에를 씌운다. 사람들은 다른 그리스도인이 생각하기에 잘못된 일을 행함으로 죄를 짓고 있다는 것을 절대 알 수 없다. 둘째, 그리스도께서는 이런 관점으로 행하지 않으셨다(마태복음 15장 1-14절). 바리새인들은 여호와를 섬기는 사람들이라고 자칭하고 있었다. 손을 씻는 것에는 그 어떤 문제도 없다. 고린도전서 8장과 9장의 정신에서 왜 그리스도께서는 모든 사람들에게 모든 모범이 되지 않으셨는가? 그들이 거리꼈으나 그리스도께서는 따르기를 거절하셨다. 셋째, 이러한 이해는 성경이 '거리낌'이라는 단어에서 의미하는 뜻을 완벽하게 잘못 이해한 것이다. 여기서 사용된 단어는 일반적으로 성경 안에서 배교로 사용되기도 한다(마태복음 11장 6절, 13장 21절, 57절, 요한복음 6장 61절). 최소한 '거리낌'이라는 단어는 당신의 본을 따라서 진심으로 양심을 거스르도록 약한 그리스도인들을 이끈다는 의미이다. 그렇지만, 만약 '거리끼는' 형제들이 양심을 거스르거나 당신의 본을 따를 그 어떤 위험도 없다면, 솔직히 이 성경구절은 적합하지 않다.

III. 그리스도인의 자유의 부패

그리스도인의 자유를 부패시켜서 결과적으로 그 자유가 우리의 욕망의 온상이 되게 한 그 어리석음과 왜곡은 출애굽기에서 알기 쉽게 설명된다. 이스라엘의 출애굽은 구약의 구속과 해방의 모형이었다. 왜 하나님께서는 이스라엘을 애굽으로부터 해방시키셨을까? 그 유일한 목적은 그들이 하나님을 예배하는 것이었다. 그래서 우리는 죄의 노예, 사탄과 인간들의 노예에서 자유로워졌다. 그 결과 우리는 두려움 없이 하나님을 섬기게 되었다(누가복음 1장 74-75절, 로마서 14장 9절, 갈라디아서 5장 13절). 자유는 궁극적인 선이 아니다. 자유는 더 높은 가치들에 의해 제한된다. 그리스도인의 자유와 자유에 대한 숭배는 다르다. 자유는 내가 즐거운 대로 행하는 권리가 아니다. 자유는 두려움 없이 하나님이 즐거워하시는 대로 행하는 권리이다. 그리스도인의 자유에 대한 이해는 우리로 하여금 우리의 권한들과 자유들을 악하게 행사하지 못하게 한다. 여전히, 우리는 믿음을 잘못 드러낼 정도로 우리의 자유를 포기하지는 않을 것이다(갈라디아서 2장 3절, 골로새서 2장 16-23절).

제22장 종교적 예배와 안식일에 관하여

of Religious Worship and the Sabbath Day

.

1. 자연의 빛은 한 분 하나님께서 계시다는 것을 보여 준다. 하나님께서는 모든 것을 다스리시는 주권과 통치권을 가지신다. 하나님께서는 공의로우시고 선하시어 모든 것들에게 선을 행하신다. 그러므로 온 마음과 온 영혼과 온 힘을 다해 하나님을 경외하고, 사랑하고, 찬양하고, 부르고, 신뢰하고 섬겨야만 한다.[1] 그러나 참되신 하나님을 예배하는 합당한 방법은 하나님께서 친히 제정해 주셨다. 따라서 그 방법은 하나님 자신의 계시된 뜻에 의해 제한되기에 사람이 상상하여 만들어 낸 방법들이나 장치들, 또는 시각적인 모든 연출 아래서 사탄이 제시한 방법들, 또는 성경에서 규정되지 않은 다른 어떤 방법으로도 하나님을 예배해서는 안 된다.[2]

> 1. 예레미야 10장 7절, 마가복음 12장 33절
> 2. 창세기 4장 1-5절, 출애굽기 20장 4-6절, 마태복음 15장 3절, 8-9절, 열왕기하 16장 10-18절, 레위기 10장 1-3절, 신명기 17장 3절, 4장 2절, 12장 29-32절, 여호수아 1장 7절, 23장 6-8절, 마태복음 15장 13절, 골로새서 2장 20-23절, 디모데후서 3장 15-17절

2. 종교적 예배는 반드시 성부, 성자 그리고 성령 하나님 오직 그분께만 드려

야만 한다.[1] 천사들이나, 성인들 또는 다른 어떤 피조물에게도 예배해서는 안 된다.[2] 그리고 타락 이후에는 중보자 없이 종교적 예배를 드릴 수 없게 되었다. 그리스도 이외에 다른 어떤 자의 중보로도 종교적 예배를 드릴 수 없다.[3]

1. 마태복음 4장 9-10절, 요한복음 5장 23절, 고린도후서 13장 14절

2. 로마서 1장 25절, 골로새서 2장 10절, 요한계시록 19장 10절

3. 요한복음 14장 6절, 에베소서 2장 18절, 골로새서 3장 17절, 디모데전서 2장 5절

3. 감사함으로 드리는 기도는 본래 예배의 한 부분이기에, 하나님께서 모든 사람들에게 요구하시는 것이다.[1] 그러나 그 기도가 받아들여지기 위해서는 성자의 이름으로,[2] 성령님의 도우심으로,[2] 하나님의 뜻에 일치해야만 하고,[4] 이해와 존경과 겸손과 열심과 믿음과 사랑 그리고 인내를 가지고 해야만 한다.[5] 그리고 다른 사람들과 함께 기도할 때에 알아들을 수 있는 말로 해야만 한다.[6]

1. 시편 95편 1-7절, 시편 100편 1-5절

2. 요한복음 14장 13-14절

3. 로마서 8장 26절

4. 요한1서 5장 14절

5. 시편 47편 7절, 전도서 5장 1-2절, 히브리서 12장 28절, 창세기 18장 27절, 야고보서 5장 16절, 야고보서 1장 6-7절, 마가복음 11장 24절, 마태복음 6장 12절, 14-15절, 골로새서 4장, 2장, 에베소서 6장 18절

6. 고린도전서 14장 13-19절, 27-28절

4. 기도는 합법적인 것들과 모든 종류의 살아있는 사람들 또는 장래에 살아가게 될 사람들을 위해 드릴 수 있다.[1] 그러나 죽은 자들이나 죽음에 이르는 죄를 지은 것으로 알려진 사람들을 위해서는 기도하면 안 된다.[2]

1. 요한복음 5장 14절, 디모데전서 2장 1-2절, 요한복음 17장 20절
2. 사무엘하 12장 21-23절, 누가복음 16장 25-26절, 요한계시록 14장 13절, 요한1서 5장 16절

5. 성경을 읽는 것과[1] 하나님의 말씀을 설교하고 듣는 것과[2] 시편과 찬송들 그리고 영적인 노래들로 서로 가르치고 훈계하고, 우리 마음에 있는 은혜로 주님을 찬양하는 것,[3] 이와 같이 또한 침례와[4] 주의 만찬의[5] 집례는 하나님에 대한 종교적 예배의 모든 구성요소이다. 이는 이해와 믿음과 존경 그리고 경건한 두려움을 가지고 하나님께 순종함으로 시행되어야만 한다. 더욱이 특별한 경우에 금식과 감사의 표와 관련한 엄중한 낮은 행위는[6] 마땅히 거룩하고 종교적인 방식으로 실시되어야만 한다.[7]

1. 사도행전 15장 21절, 디모데전서 4장 13절, 요한계시록 1장 3절
2. 디모데후서 4장 2절, 누가복음 8장 18절
3. 에베소서 5장 19절, 골로새서 3장 16절
4. 마태복음 28장 19-20절
5. 고린도전서 11장 26절
6. 에스더 4장 16절, 요엘 2장 12절, 마태복음 9장 15절, 사도행전 13장 2-3절, 고린도전서 7장 5절
7. 출애굽기 15장 1-19절, 시편 107편

6. 기도뿐만 아니라 종교적 예배의 다른 부분도 지금 복음의 시대에서 그것

들이 시행되는 장소에 결부되어 있거나 그 장소로 인하여 더 잘 받아들여지는 것은 아니다.[1] 그러나 어디서든지 신령과 진리로[2] 사사로이 가정에서[3] 매일[4] 은밀하게 각자 홀로[5] 그리고 보다 엄숙하게 공적으로 모여서[6] 하나님께 예배드릴 수 있다. 하나님께서 말씀으로나 섭리로 그것들을 요구하실 때, 부주의나 제멋대로 무시하거나 저버려서는 안 된다.[7]

1. 요한복음 4장 21절

2. 말라기 1장 11절, 디모데전서 2장 8절, 요한복음 4장 23-24절

3. 신명기 6장 6-7절, 욥기 1장 5절, 베드로전서 3장 7절

4. 마태복음 6장 11절

5. 마태복음 6장 6절

6. 시편 84편 1-2절, 10절, 마태복음 18장 20절, 고린도전서 3장 16절, 14장 25절, 에베소서 2장 21-22절

7. 사도행전 2장 42절, 히브리서 10장 25절

7. 일반적으로 하나님께서 정하신 일정한 시간을 하나님께 예배드리기 위해 떼어놓는 것이 자연의 법칙에 해당하는 것처럼, 하나님의 말씀으로 인해 적극적이고 도덕적이며 영원한 한 계명 안에서, 모든 시대의 모든 사람들에게 구속력을 가지는데, 하나님께서는 특별히 칠 일 중 하루를 안식일로 정하셔서 하나님께 거룩하게 지키도록 명하셨다.[1] 안식일은 이 세상의 시작부터 그리스도의 부활까지는 한 주의 마지막 날이었다. 그리고 그리스도의 부활로부터 한 주의 첫째 날로 바뀌었고 그 날은 주의 날이라고 부른다. 이 날은 그리스도인의 안식일로서 세상 마지막까지 계속될 것이다. 한 주의 마지막 날을 지키는 것은 폐지되었다.[2]

1. 창세기 2장 3절, 출애굽기 20장 8-11절, 마가복음 2장 27-28절, 요한계시

록 1장 10절

2. 요한복음 20장 1절, 사도행전 2장 1절, 20장 7절, 고린도전서 16장 1-2절, 요한계시록 1장 10절, 골로새서 2장 16-17절

8. 따라서 안식일은 주님께 거룩하게 지켜져야 한다. 사람들은 자신들의 마음을 합당하게 준비하고 일상적인 일들을 미리 정리정돈한 후에 온종일 자신의 직장의 일들과 세속적인 일에 대한 말과 생각[1] 그리고 오락으로부터 거룩한 안식을 지켜야 할 뿐만 아니라, 또한 공적으로 개인적으로 예배하는 일들과 필수적이고 자비로운 의무들을 행하는 데 모든 시간을 보내야만 한다.[2]

1. 출애굽기 20장 8-11절, 느헤미야 13장 15-22절, 이사야 58장 13-14절, 요한계시록 1장 10절

2. 마태복음 12장 1-13절, 마가복음 2장 27-28절

개 요

제22장은 웨스트민스터 신앙고백서를 약간 수정한 사보이 선언을 거의 대부분 따르고 있다. 사보이 선언의 기록과 유일하게 달라진 부분은 5항에서 '시편과 찬송들 그리고 영적인 노래들로 서로 가르치고 훈계하고'라는 문구를 추가한 것뿐이다. 1689 신앙고백서의 저자들에게서 시작한 것으로 판단되는 수정은 웨스트민스터 신앙고백서와 사보이 선언에 있는 '시편들에 관하여'라는 단어를 대신한 것이다. 이는 아마도 배타적인 시편 편성의 입장에서 자신들은 멀리 떨어져 있기를 바라는 마음을 가리키는 것일 수 있다.

제22장에서의 초점은 새 언약의 예배이다. 6항에서 '지금 복음의 시대에서'라는 구절을 주목하라. 이 장을 해석하는 데 있어서는, 새 언약의 예배와 관련한 세 가지 주요한 주제에만 초점을 맞출 것이다. 그것은 규정원리와 지정된 장소와 날이다.

I. 규정원리

1항의 직접적인 역사적 사건은 청교도와 영국 성공회 간의 논쟁이었다. 영국 성공회 39개조 신조 중 20조는 '교회는 예배의식을 결정할 힘과 신앙에 관한 논쟁에 있어서 권위를 가지고 있다. 그러나 교회가, 기록된 하나님의 말씀에 모순된 어떤 명령을 내리는 것은 합법적이지 않고'라고 말한다.[1] 제임스 배너맨James Bannerman은 (우리 신앙고백서 안에 있는) 이 문제에 있어서 청교도 교리와 성공회 교리를 유용하게 대조한다.

영국 성공회의 경우, 하나님을 예배하는 것과 관련한 교회의 권위에 대한 성공회의 교리는 교회가 하나님 말씀에서 금지하는 모든 것을 제외하고는 모든 것을 결정할 권한을 가지고 있다는 것이다. 우리 청교도 교회의 경우, 예배에 관련된 교회의 권한에 관한 교리는 교회가 하나님의 말씀으로 명확하거나 암시적으로 명하여진 모든 것들을 제외하고 그 어떤 것도 결정할 권한이 없다는 것이다.[2]

윌리암슨G.I.Willianson은 아래의 도표와 같이 청교도와 영국 성공회가 이해한 규정적 원리의 차이를 아주 쉽게 설명한다.[3]

청교도 관점	
참 예배	거짓 예배
(명령 된 것만)	(명령하신 것 외 모든 것)
영국 성공회 관점	
참 예배	거짓 예배
(명령된 것,	(하나님께서 분명히
명백하게 금지되지	명령하신 것이나
않은 모든 것)	금지하신 것만)

1   James Bannerman, *The Church of Christ*, vol. I (Edinburgh: The Banner of Truth Truth, 1960), p. 339.
2   James Bannerman, vol. I , pp. 339, 340.
3   G. I. Williamson, *The Westminster Confession of Faith for Study* Classes, p. 160.

윌리암슨은 1689 신앙고백서 안에 예시되어 있는 청교도의 원리를 '명령된 것은 올바르고 명령되지 않은 것은 틀리다'라고 알기 쉽게 설명한다.[4] 청교도들과 영국 성공회들 사이의 차이는 하나님의 성전을 짓기로 마음먹은 두 건축가의 방식에서 유용하게 드러나 보이기도 한다. 앵글리칸씨는 반드시 하나님의 말씀을 재료들로 사용하지만, 그 어떤 설계도가 없고 다른 재료들을 사용하기도 한다. 퓨리탄씨는 오직 하나님의 말씀만을 재료로 사용하고 설계도를 가지고 있다. 특별한 천재가 아니더라도 두 완성된 건물들이 극단적으로 다를 것이라는 것을 알 수 있고 어느 건물이 더 하나님께 기쁨을 드릴 수 있는지도 알 수 있을 것이다.

예배에 관한 청교도의 규정원리를 지지하는 네 가지 성경의 논거가 이제 설명된다. 첫째, 예배에서 죄인들이 하나님께 다가가는 방식을 결정하시는 것은 하나님만의 특권이다. 배너맨은 동일하게 이것을 설명한다.

전체 논거의 기초에 놓여 있는 근본적인 원리는 이것이다. 공적 예배의 규정에 관해서 공적 예배에서의 방식과 형식 모두를 결정하는 것은 하나님의 영역이지 사람의 영역이 아니다 … 하나님께 나아가는 길은 인간의 죄의 결과로 닫혔고 단절되었다. 사람 스스로가 하나님과 사람을 차단하고 사법적인 형벌로 인해 엄중히 닫힌 교제를 새롭게 하는 것은 불가능했다. 그리고 사람이 하나님과의 관계를 다시 새롭게 하는 것이 불가능한가? 이것은 하나님만이 결정하시는 문제였다. 만약 그렇다면, 어떤 조건들 위에서 교제가 회복될 수 있을까? 그리고 어떤 방식으로 피조물과 그 창조주의 관계가 다시 유지될 수 있을까? 이것 역시 전자와 다름없이 하나님께서만 유일하게 해결하실 수 있는 문제이다.[5]

그러나 하나님께서 이 특권을 가지고 계실 뿐 아니라, 성경은 하나님

---

4   G. I. Williamson, *The Westminster Confession of Faith for Study* Classes, p. 162.
5   James Bannerman, *The Church of Christ*, vol. I, pp. 340, 431.

께서 그 특권을 행사하신다는 것을 보여 준다(창세기 4장 1-5절, 출애굽기 20장 4-6절). 만약 하나님께서 오직 오렌지색 셔츠를 입고 초록색 넥타이를 맨 사람들에 의해서 드려지는 예배만을 받으실 것이라고 결정하신다면, 하나님께서는 그렇게 정하실 권한을 가지신다. 하나님께서 예배 받으실 방법을 결정하는 것과 관련하여 최소한의 권리만 가지고 계신다고 생각하는 인간은 얼마나 거만한가!

둘째, 성경에 없는 예배의 관습을 도입하는 것은 하나님께서 지정하신 예배를 필연적으로 무가치하게 만들고 퇴색시키는 경향이 있다(마태복음 15장 3절, 8-9절, 열왕기하 16장 10-18절). 이 경향은 오늘날 복음적인 교회들에서 실제로 드러난다. 일상적이거나 쓸데없는 광고들과 특별한 음악과 간증의 시간들 그리고 다른 것들로 인해 단지 20~30분정도만이 설교를 위해 남겨진다.

셋째, 예배에 관한 정해지지 않은 요소들을 더함으로 그리스도의 지혜와 성경의 충분성에 이의가 제기된다. 존 오웬은 아래와 같이 설명한다.

하나님께 예배를 드릴 때 의례들과 의식들을 지키는 것이 정당하다는 것을 지지하는 세 가지 일반적인 주장들이 있다. 첫째, 의식들은 예배자들의 헌신을 촉진시킨다. 둘째, 의식들은 예배 그 자체를 훌륭하고 아름답게 만든다. 셋째, 의식들은 예배의식의 질서를 지킨다. 그래서 이러한 설명에 근거하면, 이 의식들은 몇몇 사람들에 의해 세워지거나 지정된 것이고 모든 사람들에 의해 지켜지는 것이다.[6]

오웬의 설명과 같은 이러한 논리의 흐름은 그리스도의 지혜에 이의를 제기하는 것이다. 그리스도께서 모든 악과 죄 그리고 어리석음을 가지고 있는 우리를 예배의 가장 중요한 문제에 있어서 올바른 안내 책 없이 내버

---

6   John Owen, *The Works of John Owen*, vol. XV (London: The Banner of Truth Trust, 1960), p. 467.

려 두실까? 다른 청교도들은 다음과 같이 말한다. '성부 하나님의 지혜이 시고 성부의 영광의 빛이시며 참 빛이시자 생명, 즉 진리와 생명 그 자체의 말씀이신 그리스도께서 예배에 있어서 충분한 확신이 없는 것을 (그리스도 께서 위해 지불하신 자신의 피의 값인) 자신의 교회에 주실 수 있으신가?'[7] 그러 므로 이러한 논리의 흐름 또한 성경의 충분성에 의문을 제기한다(디모데후 서 3장 15-17절). 규정원리를 반대하는 박사 툴로치Dr. Tulloch는 이 논리를 지 지하면서 '기독교의 성경은 하나님의 진리를 계시한 것이지 교회의 정치 형태를 계시한 것은 아니다. 기독교의 성경은 이러한 조직의 개요를 정하 지 않을 뿐 아니라 충분하고 결정적인 단서들도 주지 않는다'[8]라고 말한다. 디모데후서 3장 16-17절은 우리가 박사 툴로치와 같이 생각하는 사람들에 게 다음과 같은 질문을 던질 것을 요구한다. '하나님의 영광을 위하여 교회 를 체계화하는 것이 하나님의 사람이 특별하게 행하라고 요구받은 선한 일 인가?' 그렇다면, 성경은 이 사역을 위하여 철저하게 하나님의 사람을 준비 시킬 수 있다.

넷째, 성경은 하나님에 의해 명령되지 않은 모든 예배를 분명하게 저주 한다(레위기 10장 1-3절, 신명기 17장 3절, 4장 2절, 12장 29-32절, 여호수아 1장 7절, 23장 6-8절, 마태복음 15장 13절, 골로새서 2장 20-23절). 이 성경구절 중 세 구절 은 특별한 구절이라 할 만한 가치가 있다. 신명기 12장 29-32절 원문에는 하나님께 예배드리는 방식의 문제에 관해 정확하게 설명되어 있다(30절). 이 문제에 대한 답으로 여기서 주어진 규칙은 아주 명백하다. '내가 너희에게 명하는 이 모든 말을 너희는 지켜 행하고 그것에 가감하지 말지니라'(32절). 이 말씀은 세속적 예배들을 바라보는 방식과 예배에 대한 우리의 자세를 형 성하는 데 영향을 미치는 세속적 예배의 방식을 허용하는 것이 하나님의 백

---

7   *The Reformation of the Church*, selected with introductory notes by Iain Murray (London: The Banner of Truth Trust, 1965), p.75.
8   *The Reformation of the Church*, p. 44

성들에게 가장 큰 유혹이라는 사실을 분명하게 암시한다. 이러한 자세는 하나님의 백성에게 분명하게 금지되어 있다. 골로새서 2장 23절은 문자적으로 '자의적 숭배'로 번역될 수 있는 모든 것을 저주한다. 허버트 카슨Herbert Carson은 이 말씀에 필연적으로 함축된 의미에 대해 진술한다. '자의적 숭배라는 말은 인간이 스스로를 위해 고안해 낸 예배의 형태를 암시하는 것이다.'[9] 레위기 10장 1-3절은 하나님을 예배하는 방식에 있어서 나답과 아비후가 하나님을 불쾌하게 하였을 때 그들에게 일어난 사건에 대한 몹시 두려운 이야기이다. 무엇이 이렇게 충격적인 심판을 그들에게 임하게 하였는가? 1절에서 분명하게 드러난다. 그들은 '여호와께서 명령하시지 아니하신 다른 불을 담아 여호와 앞에 분향하였더니' '다른 불'의 의미는 다음 절에서 설명된다. 이 불은 하나님께서 금하셨던 불이 아니다. 히브리 사람들은 분명히 그리고 문자적으로 이 불은 '하나님께서 그들에게 명령하시지 않은' 불이었다고 읽었다. 그들이 감히 허가받지 않은 불을 가지고 왔다는 단순한 사실이 불을 불러일으켜 그들을 삼켜 죽였다.

이런 충분한 성경의 지지가 있는데, 왜 사람들은 자신들의 예배를 이렇게 느슨하게 하는가? 그 까닭은 현대인의 하나님은 두려운 하나님이 아니기 때문이다. 하나님을 예배함에 있어 하나님에 의해 정해지지 않은 모든 것들에 관하여 우리는 반드시 '이것을 여기서 가져가라!'라고 말씀하신 예수님의 말씀을 들어야 한다. 하나님의 자녀들은 마치 규정원리가 견딜 수 없이 옴짝달싹하지 못하게 하는 것으로 이 원리에 반응하지 않아야 할 것이다. 오히려, 하나님의 자녀는 '오 주여, 나를 가르쳐 당신이 받으실 만한 예배를 드리게 하소서'라고 기도할 것이다.

1689 신앙고백서 제1장 6항은 규정원리에 대해 아주 중요한 설명을 한

---

9   Herbert Carson, *Tyndale New Testament Commentaries: The Epistles of Paul to the Colossians and Philemon* (Grand Rapids, MI: Wm. B. Eerdmans Co., 1976), p. 79.

다. 우리는 하나님께서 명령하지 않으신 모든 것은 금지된 것이라고 말할 때, 우리는 예배의 본질과 요소들에 관하여 말하고 있는 것이지(2-6항), 예배의 부차적인 문제들에 대해 말하고 있는 것은 아니다. 하나님께서 자연의 빛, 즉 그리스도인의 현명함과 성경의 일반적인 규칙들에 의해 정해지도록 두신 어떤 사소하고 부차적인 사항들도 있다. 고린도전서 14장은 하나님께서 명령하셔서 우리가 스스로 각자의 주변 환경들에 적합하도록 적용하는 일반적인 규칙들에 대한 두 가지 예들을 포함한다. 이러한 일반규칙들은 덕을 세우는 일과 질서에 관한 규칙들이다(고린도전서 14장 26절, 40절). 하나님께서는 이러한 두 가지 규칙들을 따르도록 정하셨다. 그러나 하나님께서는 모든 상황에 두 규칙들이 의미하는 모든 세부적인 내용들을 주신 것이 아니다. 교회들은 상황들, 본질과 요소들 사이를 구분하는 선이 그어져 있는 자리에 관련해서는 다를 수 있다. 각 교회가 신중하게 규정원리를 지키는 한, 논리적인 차이가 불화의 원인이 되는 일은 없을 것이다. 우리는 반드시 교회의 다름에 있어서 관대해야 한다. 동시에, 우리는 분명하게 규정원리를 고집해야 한다.

II. 적합한 장소

6항에서 '복음 아래'라는 말은 '율법 아래'라는 상황과 암묵적으로 대조를 이루고 있다는 것을 계시한다. 그렇기 때문에 우리는 먼저 '율법 아래서'의 예배의 적절한 장소를 보고 '복음 아래서'의 예배 장소를 볼 것이다. 모세언약 시대에 예배는 구체적인 지리적 장소와 물리적 건축물에 묶여 있었다(출애굽기 25장 8-9절, 22절, 40장 34-38절, 열왕기상 8장 38절, 48-49절, 시편 5편 7절, 역대하 6장 38절, 다니엘 6장 10절). 예배와 물리적 건축물, 지리적 장소가 이렇게 묶여 있는 것은 상징적이고 의식적이어서 그리스도 안에서 폐지되었다(요한복음 4장 21-23절, 디모데전서 2장 8절, 말라기 1장 11절). 새 언약에서 예배는 어떤 특별한 장소들이나 건축물들과 관계가 있거나 거룩함이 그것에 깃들어 있지 않다. 6항을 지지하는 역사적인 근거는 로마가 특별한 신성함이 건축물들과 장소, 예를 들면 대성당, 예루살렘, 로마에 있다고 생각했었다는 것이다.

그렇지만, 하나님을 예배하는 지리적인 장소의 폐지가 새 언약에서 예배를 위한 적절한 장소는 그 어디에도 없다는 것을 의미하지 않는다. 새 언약 시대의 장소는 지리적인 것이 아니라 영적인 것이다. 이런 의미에서 그 장소는 성전과 성막으로 형성된 개념의 확장이다. 성전과 성막은 예배 장소였다. 그 까닭은 하나님께서 특별히 임재하시는 장소였기 때문이다. 여전히 하나님께서 특별히 임재하시는 장소는 있다. 신약성경에 따르면, 교회가 새 성전이고 교회의 모임들이 하나님께서 특별히 임재하시는 장소이다(마태복음 18장 20절, 고린도전서 3장 16절, 14장 25절, 에베소서 2장 21-22절). 이 새로운 모임들, 영적인 성전은 하나님의 구약 백성들이 물리적인 성전에서의 예배를 소중하게 여긴 것과 마찬가지로 하나님의 백성들에 의해 소중히 여겨져야 마땅하다. 두 곳 모두 하나님께서 특별하게 임재하시는 장소이다(시편 84편 1-2절, 10절). 교회의 공적인 모임은 '부주의나 고의로 무시해서도 저버려서도 안된다'(히브리서 10장 25절, 사도행전 2장 42절). 하나님의 특별한 임재가 예배의 장소라는 원리 또한 1689 신앙고백서에서 함축하고 있는 것처럼 개인예배와 가족예배에 적용되는 것이다. 이 경우는 믿는 자 자신이 하나님의 성전이기 때문이다(고린도전서 6장 19절). 즉, 하나님의 특별한 임재 장소이다.

III. 정해진 날

1689 신앙고백서 제22장 1항의 요지는 하나님께서는 자신이 받으실 예배의 방식을 정하실 권리가 있고 그 권리를 행사하신다는 것이다. 사람은 하나님께 드리는 예배에 사람의 생각들이나 의견들이나 권위를 억지로 끼워넣을 권한이 없다. 우리는 유일하게 이 구조와 이 관점에서만 안식일에 관하여 청교도와 성경의 가르침을 인정할 수 있다. 예배에 관한 다른 모든 주요한 요소는 하나님에 의해 정해지는 것이지 교회의 권위로 정해지는 것이 아니다. 공적 예배의 날도 사람에 의해 결정하도록 두지 않는다. 하나님께서 명백하고 도덕적이고 영원한 명령으로 그 날을 정하셨다.

여기서 예배의 정해진 날을 다룰 때, 1689 신앙고백서는 그날의 설립(7항)과 그날의 신성함(8항)을 설명한다. 여기서의 해설은 설립만을 다룰 것이다.

1689 신앙고백서는 우선 예배의 정해진 날이 본질적으로 필요하다는 사실을 언급한다. 1689 신앙고백서는 자연의 법이 예배를 위해 정해진 날을 필요로 한다고 가르친다. 두 가지 것들이 자연의 빛에 의해 증거가 된다. 첫째, 사람들은 반드시 공식적이고 한 공동체로서 하나님께 예배를 드려야 한다. 둘째, 이러한 공식적이고 공동체적인 예배는 시간에 있어서 공식적이고 공동체적인 합의가 필요하다. 이 시간에 대한 부분은 하나님에 의해 반드시 정해져야 한다. 그 까닭은 (사람이 그 시간을 정하는) 그 유일한 대안이 예배에 있어 하나님의 특권을 침해하기 때문이다.

정해진 날에 대한 실정법은 다음에 이야기할 것이다. 비록 일반계시(자연법)가 예배의 정해진 날의 필요성을 명확하게 하지만, 어떤 날이 되어야 하는지 지정하지 않을 수 없다. 일곱째 날이나 첫째 날 예배를 위한 쉼은 창조로 인해 사람의 마음에 새겨지지 않았다. 자연의 법은 우리가 공적 예배를 드리기 위한 시간, 특정한 시간을 정하지 않았기 때문에, 그 시간을 정해주는 하나님의 실제적인 명령이 반드시 있어야 한다. 여기 1689 신앙고백서에서 사용되는 '적극적'이라는 단어는 자연법과 일반계시에 더해진 것을 의미한다. 그 정해진 날은 반드시 특별계시로 계시된다. 몇몇 사람들은 '만약 안식일이 도덕법이라면, 왜 특별계시 없는 이방인들이 성경에 있는 그 날을 어긴 것에 대해 지적받지 않는가?'라고 질문한다. 그 이유는 분명하다. 이는 오직 특별계시로만 계시되는 실정명령이다. 1689 신앙고백서가 분명히 하는 것 같이, 실정명령들은 또한 도덕적일 수 있다. 그러므로 안식일에 대하여 특별하게 계시된 특징은 안식일이 의식적이라는 것을 의미하지 않는다.

그러나 자연법에 더해진 어떤 것이기 때문에, 이 명령이 실정법이라고만 불리는 것이 아니라, 도덕법이고 영원한 명령이라고도 불린다. 안식일로서 일곱째 날 중 한 날에 대한 명령은 최소한 세 가지 합당한 이유들 때문에 도덕적이고 영원한 법이라 여겨지기도 한다.

이 날은 창조 때 설립되었다(창세기 2장 3절, 출애굽기 20장 8-11절, 마가복음 2장 27-28절). 창조 때부터 제정된 것들은 피조 세계가 지속하는 동안 의미를 가진다. 그러므로 예수님과 바울 모두 창조 때 세워진 것이라는 사실 위에 윤리적 의무의 근거를 둔다(마태복음 19장 4-8절, 디모데전서 2장 13절, 고린도전서 11장 8-9절).

안식일은 십계명 안에 포함되었다(출애굽기 20장 8-11절). 하나님께서는 십계명 안에 안식일 규정을 포함하는 것을 적합한 것으로 보셨다. 십계명은 구약의 다른 법들을 초월하는 중요성을 가지고 있다(참고: 제19장). 십계명만이 유일하게 하나님께서 직접 말씀하신 것이다. 십계명만이 하나님의 손가락으로 돌에 기록된 것이다. 십계명만이 유일하게 언약궤에 놓였다. 십계명은 새 언약의 성도들의 마음에 새겨진 것이라고 말하여진다(예레미야 31장 33절). 신약 안에서 십계명은 영원히 중요한 의미를 갖는 근본적인 도덕법들로 지속적으로 인용된다(로마서 13장 8-10절, 마태복음 22장 18-19절). 안식일이 의식적이고 일시적인 법이라는 개념은 이런 성경의 사실들을 딱 잘라 부정한다.

안식일은 주의 날로 계속된다. 새 언약의 주일은 창조 때 세워진 안식일의 원리를 포함한다. 이것은 안식일과 주의 날 사이의 눈에 띄는 많은 유사점들에 의해 증명된다.

1. "주일"의 명칭은 안식일을 설명하는 성경구절들을 암시한다. "내 성일", "여호와의 성일"(이사야 58장 13절), "안식일의 주인"(마태복음 12장 8절).

2. 안식일과는 비슷하고 다른 모든 종교의식과는 다른 주일은 반복되는 일주일 중 기념되는 한 날이다.

3. 안식일과는 비슷하고 다른 종교의식과는 다른 주일은 창조의 7일 일주일을 전제한다.

4. 안식일과는 비슷하고 다른 종교의식과는 다른 주일은 창조와 구속 모두를 기념한다. 안식일이 첫 번째 창조와 출애굽을 기념하는 것처럼 주일은 새 창조와 더 위대한 구속을 기념한다.

5. 안식일과 같이, 주일은 특별하게 하나님께 속해 있는 날이다. 여섯 번이나 하나님께서는 '나의 안식일'에 대해 말씀하신다.

6. 주일은 거룩한 날이고 반드시 거룩함이 유지되어야 한다. 안식일은 거룩한 날이었다. 안식일은 거룩하게 된 날이었고 거룩함이 유지되어야만 했다(창세기 2장 3절, 출애굽기 20장 8절). 주일 또한 거룩한 날이다. '거룩'이라는 단어는 일반적인 사용에서 따로 떼어 하나님께 속하게 하는 것을 의미한다. 만약 그것이 하나님의 특별한 소유라면, 그것은 거룩한 것이다. 거룩하게 되는 것 그리고 특별하게 하나님께 속해 있다는 것은 동등한 것이다(출애굽기 13장 2절, 민수기 16장 3-7절). 다른 날들은 그렇지 않다는 의미에서 주일이 하나님의 특별한 소유인가? 그렇다. 그렇다면, 주일은 거룩하고 반드시 거룩한 상태여야 한다. 우리는 반드시 주일을 거룩하게 지켜야 한다는 것을 기억해야 한다.

7. 안식일과 같이, 주일은 공동체의 예배와 공적 예배의 날이다(사도행전 20장 7절, 고린도전서 16장 1-2절). 그러나 주일이 만약 공적 예배를 위해 정해진 날이라면, 그날은 반드시 쉬는 날, 즉 안식일이다. 이것은 세 가지 이유 때문에 그렇다. 첫째, 성경에서 공적이고 공동체적인 예배의 모든 날은 안식일이다. 안식일이 아닌 예배의 날은 예수님의 유대인 제자들에게는 이해될 수 없었다. 둘째, 주일은 거룩한 날이고 그렇기에 반드시 일상적인 노동의 날로부터 예배를 위해 따로 떼어 두어야 한다. 이것은 신성한 그날이 요구하는 모든 것이다. 그렇지만, 주일은 분명히 쉬는 날이다. 셋째, 어떤 사람도 최소 한 두 시간정도 세속적인 일로부터 쉼이 없다면 공적 예배에 참여할 수 없다.

이제 주일을 반드시 그리스도인의 안식일로 보아야 하는 이유는 분명하다. 창조 때 안식일의 제정, 십계명에 안식일의 포함, 주일에 안식일의 원리의 연속성은 이것을 요구한다. 그래서 어떤 사람이 '안식일이라는 단어는 항상 신약에서 유대인의 안식일을 언급하는 것이다'라고 말할 경우, 이것이 우리를 당황시키지 않는다. 물론, 성경의 안식일은 일곱째 날 안식일로 언급했다. 그것은 4천년 동안의 의식으로 언급되어져 왔다. 그렇지만 인용한 증거들을 근거로 우리는 폐지된 유대인의 일곱째 날 안식일과 주일로 계속되는 안식일의 개념을 반드시 구분한다. 안식일의 의식과 안식일의 개념 사이의 구분은 창조 때 안식일의 제정과 십계명에 포함됨 그리고 '주일'이라는 단어의 의미로 인해 요구된다.

7항의 마지막 부분에서 정해진 그 날이 일주일 중에 일곱째 날에서 첫째 날로 획기적으로 변경된 것에 대해 논의한다. 많은 사람들은 이것이 그리스도인의 안식일에 대한 1689 신앙고백서의 교리의 약점으로 느꼈다. 언뜻 보기에 그들의 논거는 그럴듯하게 보인다. (그들은) 만약 명령된 안식일이 도덕법이라면, 그것은 변할 수 없다고 주장한다. 두 다른 결론이 이 전제로부터 도출된다. 일곱째 날의 지지자들과 같은 사람들은 이 전제에서 그 날은 바뀔 수 없고 예배로 정해진 날은 여전히 일주일 중 일곱째 날이라는 결론을 이끌어 낸다. 다른 사람들은 그 날이 변하였기 때문에 안식일은 도덕법일 가능성이 없을 것이라고 결론을 내린다.

이 전제로 인해 야기된 딜레마에 대한 답변은, 안식일을 설명하기 위해 1689 신앙고백서에서 사용된 언어에 암시된 안식일 명령의 특별한 특징 안에서 발견된다. 그 단어는 '적극적이고 도적적이며 영원한 계명'으로 불려진다. 이 특별한 도덕법은 두 가지 구분되는 요소들로 구성된다. 이것들은 자연법과 실정법이다. 자연법은 변경될 수 없고 변경되지 않는다. 실정법은 아마도 변경될 수 있고, 변경된다. 그러므로 그 날의 변경은 안식일 명령의 도덕원리와 영원성을 해치는 주장이 아니다.

이 점에서 그 이상의 문제가 대두될 수 있다. 안식일 명령은 창조 때 세워진 실정적 명령이다. 어떻게 창조명령이 변경될 수 있는가? 물론 그 대답은 오직 새 창조만이 창조명령을 바꿀 수 있다. 그렇지만, 그리스도께서는 새 창조를 시작하셨다(고린도후서 5장 17절, 갈라디아서 6장 15절). 그러므로, 한 사람은 안식에 관한 창조명령의 내용의 변화를 예상했다. 일주일의 마지막 날이라는 의견이 폐지되었다는 것은 골로새서 2장 16-17절에 의해 증명되었다. 이 성경구절은 안식일의 개념이나 원리에 대해 말하고 있는 것이 아니라, 옛 창조와 옛 언약의 "일곱째 날" 안식일 의식은 폐지되었다고 가르치고 있다.

그 날의 변경에 대해 사람들이 가지는 또 다른 어려움은 성경 안에서 그 날의 변경에 대하여 어떠한 언급도 발견할 수 없다는 것이다. 이 문제를 해결하기 위해서, 우리는 우선 예배의 날은 창조법령에 의해 정해졌다는 원리를 반드시 이해해야 한다. 창조법령이 가지는 원리는 반드시 이해되어야 한다. 창세기 2장 3절에서 하나님께서는 일곱째 날을 따로 떼어 두셨다고 말씀하신다. 그 까닭은 하나님께서 바로 그날에 쉬셨기 때문이다. 하나님께서 구속 안에서 행하신 일들이 너무나 위대하여서 새 창조의 개념 외의 다른 것으로는 설명할 수 없다는 것을 인식하였다면, 우리는 새 창조에서 하나님께서 동일한 창조법령의 원리를 사용하고 계시다는 것을 확실하게 이해할 수 있다. 새 창조의 안식일은 옛 창조 안식일의 원리와 동일한 원리로 정해진다. 안식일은 하나님께서 쉬시는 날이다. 일주일의 첫 번째 날은 그리스도께서 자신의 백성의 죄들을 위해 속죄사역을 마치시고 부활의 영광의 상태의 쉼에 들어가신 날이다. 주의 날은 여덟째 날, 즉 새로 시작하는 날이다. 일곱째 날은 창조의 옛 사역을 연상시키고 기념하는 것처럼, 첫째 날은 새 창조를 연상시키고 기념하는 것이다.

제23장 합법적인 맹세와 서원에 관하여

of Lawful Oaths and Vows

1. 합법적인 맹세는 종교적 예배의 한 행위이다. 이 예배에서 사람이 진실과 의로움과 그리고 올바른 판단으로 맹세할 때, 자신이 맹세한 모든 것을 증언해 주실 것과 이 내용이 진리인지 거짓인지에 따라 자신을 판단해 주실 것을 하나님께 요청하는 행위이다.[1]

> 1. 신명기 10장 20절, 출애굽기 20장 7절, 레위기 19장 12절, 역대하 6장 22-23절, 고린도후서 1장 23절

2. 하나님의 이름만이 사람들이 맹세할 때의 이름이다. 그리고 맹세할 때 하나님의 이름은 모든 거룩한 두려움과 존경을 담아 사용되어야만 한다. 그러므로 그토록 영광스럽고 두려운 이름으로 헛되게 또는 성급하게 맹세하거나 다른 어떤 것으로도 맹세하는 것은 죄악된 것이고 혐오해야 할 것으로 여겨야만 한다.[1] 그러나 중대한 일과 중요한 순간에 진리를 확인하고 모든 논쟁을 종식시키는 맹세는 하나님의 말씀에 의해 보증된다. 그러므로 이러한 문제에 있어서 합법적인 권위에 의해 요구되는 합법적인 맹세가 행해지는 것은 바람직하다.[2]

1. 신명기 6장 13절, 출애굽기 20장 7절, 예레미야 5장 7절
2. 히브리서 6장 13-16절, 창세기 24장 3절, 47장 30-31절, 50장 25절, 열 왕기상 17장 1절, 느헤미야 13장 25절, 5장 12절, 에스라 10장 5절, 민수 기 5장 19절, 21절, 열왕기상 8장 31절, 출애굽기 22장 11절, 이사야 45장 23절, 이사야 65장 16절, 마태복음 26장 62-64절, 로마서 1장 9절, 고린도 후서 1장 23절, 사도행전 18장 18절

3. 하나님의 말씀으로 인해 보증된 맹세를 하는 사람은 누구든지 엄격한 행위의 중대함을 마땅히 생각해야만 한다. 그리고 맹세함에 있어서 그가 진리라고 아는 모든 것을 제외하고 그 어떤 것도 장담해서는 안 된다. 이는 성급하고 거짓되고 헛된 맹세들이 주님을 분노케 하기 때문이다. 이로 인해 이 땅이 슬퍼한다.[1]

1. 출애굽기 20장 7절, 레위기 19장 12절, 민수기 30장 2절, 예레미야 4장 2절

4. 이 맹세는 반드시 분명하고 일상적인 말로 하되, 애매모호한 말 또는 거 짓맹세는 없어야 한다.[1]

1. 시편 24편 4절, 예레미야 4장 2절

5. 그 어떤 피조물에게도 해서는 안 되고 오직 하나님께만 하는 서원은[1] 모든 종교적인 신중함과 성실함으로 행해져야만 하고 이행되어야만 한다.[2] 그러나 종신 독신과 의도적인 빈곤 그리고 맹목적인 상하복종에 대한 로마 가톨릭의 수도원 서원은 더 고차원적인 수준과는 거리가 멀다. 이것들은 그 어떤 그리스도인도 스스로 빠져 들어가서는 안 되는 미신적이고 죄악된 올무이다.[3]

1. 민수기 30장 2-3절, 시편 76편 11절, 예레미야 44장 25-26절

2. 민수기 30장 2절, 시편 61편 8절, 66편 13-14절, 전도서 5장 4-6절, 이사야 19장 21절

3. 고린도전서 6장 18절, 7장 2절, 9절, 디모데전서 4장 3절, 에베소서 4장 28절, 고린도전서 7장 23절, 마태복음 19장 11-12절

개 요

제23장의 해설은 전반적으로 이 개요를 따를 것이다. 위에서 제시된 개요가 명백하게 제시하듯이, 우선 합법적인 맹세를 다룬 후에 합법적인 서원을 다루겠다.

I. 합법적인 맹세(1-4항)

여기서 주된 쟁점은 맹세의 합법성이다. 침례교 신앙고백서는 많은 재세례론자들이 모든 맹세들을 거절하는 것에 대한 웨스트민스터 신앙고백서와 사보이 선언의 공격을 완화시킨다. 이 두 신앙고백서들은 '합법적인 권위로 인해 부여된 선하고 정당한 것에 대한 맹세를 거절하는 것은 하나의 죄이다'(3항)라고 분명하게 진술한다. 침례주의자들은 '이러한 문제에 있어서 합법적인 권위에 의해 요구되는 합법적인 맹세가 행해지는 것은 바람직하다'라는(웨스트민스터 신앙고백서 2항의) 진술을 단순히 반복한 것에 만족한다. 이렇게 말을 완화시키는 것이 마치 재세례론자에 대한 공감을 반영하는 것으로 보이기도 한다. 이 공감의 본질은 '이는 성급하고 거짓되고 헛된 맹세들이 주님을 분노케 하기 때문이다. 이로 인해 이 땅이 슬퍼한다'라는 1644 침례교신앙고백서 3항의 진술에서 드러난다. 분명히, 침례교 신앙고백서의 저자들은 맹세에 대한 재세례론파의 반응이 일반적으로 행해지는 맹세의 남용에 대한 적절한 반감을 반영한 것이라고 생각했다. 침례교 신앙고백서 저자들은 재세례론자들의 실제적인 반감을 공감하긴 하였지만, 침례교 신앙고백서는 이 저자들이 재세례파의 신학적인 입장에는 동의하지 않았다는 것을 분명히 한다. 이 문제에 있어서 침례교 신앙고백서의 저자들은 개혁주의 신학의 입장을 다시 고수한다.

맹세와 서원의 합법성을 지지하는 아래와 같은 성경의 근거들이 있다.

1. 하나님의 이름으로 망령되게 거짓으로 맹세하지 말라는 명령은 맹세의 합법성을 전제한다(출애굽기 20장 7절).

2. 오직 하나님의 이름으로만 맹세하라는 명령은 맹세의 합법성을 전제한다(신명기 6장 13절, 10장 20절).

3. 하나님 자신의 모범은 맹세의 합법성을 나타낸다(히브리서 6장 13-

16절).

4. 구약의 많은 성도들의 모범이 맹세의 합법성을 나타낸다(아브라함 창세기 24장 3절, 야곱 창세기 47장 30-31절, 요셉 창세기 50장 25절, 엘리야 열왕기상 17장 1절, 느헤미야 느헤미야 13장 25절, 5장 12절, 에스겔 에스겔 10장 5절). 이 모두 가 맹세를 했다.

5. 모세의 법이 특정한 상황들에서 맹세를 요구했다(민수기 5장 19절, 21절, 열왕기상 8장 31절, 출애굽기 22장 11절).

6. 선지자들의 예언이 맹세의 합법성을 나타낸다(이사야 45장 23절, 65장 16절).

7. 그리스도의 모범이 맹세의 합법성을 나타낸다(마태복음 26장 62-64절).

8. 바울의 모범이 맹세의 합법성을 나타낸다(로마서 1장 9절, 고린도후서 1장 23절, 사도행전 18장 18절).

그리스도께서 그리고 야고보가 마태복음 5장 33-37절과 야고서 5장 12절에서 '무엇보다도 맹세하지 말라'고 한 의미가 무엇이든 간에, 이 말씀 들이 맹세하는 것이 절대 옳지 않다는 것을 뜻할 수 없다. 그렇다면 이 성경 구절들이 의미하는 것은 무엇인가? 야고서 5장 12절은 단지 그리스도의 가르침을 야고보가 반복한 것일 뿐이다. 그래서 우리는 마태복음 5장 33-37절을 간단히 살펴볼 것이다. 두 질문이 예수님의 가르침의 의미를 쉽게 드러낸다.

1. 하나님 법의 대한 바리새인의 어떠한 왜곡을 그리스도께서 거부하고 계신가? 윌리엄 헨드릭슨William Hendriksen은 분명하고 정확하게 이 질문에 답한다.

전통주의자들이 강조점을 바꿔 놓았다는 사실은 마태복음 5장 34-36절의 예수님의 말씀에서 뚜렷이 드러난다. 모세 오경은 다음과 같이 시작한다.

"너희는 내 이름으로 거짓 맹세함으로 네 하나님의 이름을 욕되게 하지 말라"(레위기 19장 12절).

"사람이 여호와께 서원하였거나 결심하고 서약하였으면 깨뜨리지 말고 그가 입으로 말한 대로 다 이행할 것이니라"(민수기 30장 2절).

"네 하나님 여호와께 서원하거든 갚기를 더디하지 말라 네 하나님 여호와께서 반드시 그것을 네게 요구하시리니 더디면 그것이 네게 죄가 될 것이라"(신명기 23장 21절).

요약: "너희는 반드시 맹세를 깨뜨리지 말고, 너희가 주께 맹세한 것들을 반드시 지켜라."

바꾸어 말하면, 서기관들과 바리새인들 그리고 그들의 선조들이 생각할 때, "주님께" 맹세한 것은 반드시 지켜져야 한다는 것이다. 반대로, 주님의 이름이 분명하게 언급되지 않은 맹세는 덜 중요했다. 어떤 사람은 그 맹세를 아주 성실하게 지킬 필요가 없다고 생각했다. 그래서 일상 대화에서 "하늘로" 그리고 "땅으로" 그리고 "예루살렘으로" 그리고 마태복음 23장 16절, 18절에 따라서 "성전으로" 그리고 "제단으로" 하는 맹세가 늘어나기 시작하였다. 어떤 사람은 이러한 말로 감명을 주기 위해서 "호언하며" 이렇게 맹세를 말하였고 엄청나게 많은 약속들을 하였다. 만약 그 사람이 약속한 약속이 거짓이었거나 만약 그 약속이 결코 지켜질 수 없는 것이었다면 "주께" 맹세하지 않는 한 그것은 나쁜 것이 아니었다.'[1]

2. '도무지 맹세하지 말라'는 말씀에서 그리스도께서 금하시는 것은 무엇인가? 그리스도께서는 맹세할 때 우리의 말에 신뢰를 주기 위해서 그리고 동시에 절대적으로 정직해야만 하는 의무를 피하기 위해서 하나님의 이름에 대한 완곡어법을 헛되거나 경솔하게 사용하는 것을 비난하신다. 핸드릭슨은 다음과 같은 결론을 내린다. '우리가 마태복음 5장 33-37절(야고보서

---

[1] William Hendriksen, *Matthew* (Grand Rapids, MI:Baker Book House, 1973), pp. 307,308.

5장 12절)에서 얻은 것은 일상적인 대화를 인상적이게 하고 흥취를 곁들이려고 사용하는 경솔하고 신성 모독적이고 부적절하고 위선적인 맹세에 대한 비난이다. 악을 대항하여 예수님께서는 생각과 말과 행동에 있어서 진실하라고 명령하신다.[2] 그러므로, 예수님께서는 하나님의 이름으로 하는 합법적이고 종교적인 맹세에 관련하여 말씀하고 계신 것이 아니다. 예수님께서는 하나님의 이름의 완곡어법을 사용한 비공식적인 맹세에 대해 말씀하고 계신 것이다. 그러므로 이 성경구절을 근거로 법정에서의 맹세들이나 서약들을 거부하는 퀘이커들과 재세례파들은 맹세에 대해 완전히 문맥을 무시하고 이야기하고 있는 것이다. 이 성경구절에서 비슷한 결론들을 이끌어 낸 사람들은 같은 오류에 대한 책임이 있다.

성경에 대한 이러한 왜곡 안에 중요한 교훈들이 있다. 표면적이고 문자적인 성경해석의 위험과 기만을 주의하라. 그럴듯하나 표면적인 성경 이해로 인해 퀘이커들과 다른 이들이 끼친 불필요한 손해가 얼마나 많이 발생하였는가! 우리는 반드시 이 일로부터 진지한 성경연구, 신중한 해석에 대한 주의, 성경의 교리적인 가르침들의 필요성을 반드시 배워야 한다. 우리는 또한 모든 주제에 관하여 성경 전체를 연구해야 할 필요성을 반드시 배워야 한다. 더 큰 문맥에서 떼어낸 한두 구절들이 당신을 완전히 잘못된 길로 이끌고 갈 수도 있다. 조직신학과 교리적인 설교는 필수적이다. 우리의 자녀들은 따로 뚝 떨어진 성경구절들을 배우는 것보다 이것을 배우는 것이 더 필요하다. 우리 자녀들은 성경적 소요리문답들 안에 있는 그대로 간결하게 요약된 성경의 교리를 배울 필요가 있다.

웨스트민스터 신앙고백서와 사보이 선언에서 설명된 이 특별한 주제는 축약하여 표현한 침례교 신앙고백서에는 포함되어 있지 않다. 웨스트민스터 신앙고백서 4항에 있는 진술은 아래와 같다. '맹세가 죄를 짓게 할 수

---

2   Ibid., p. 309.

는 없으나 죄악이 아닌 것에 대해 맹세했으면 비록 자기에게 해로울지라도 이행할 의무가 있으며 또 비록 이단자들이나 불신자들에게 맹세했을지라도 그것을 어길 수 없다.' 이 진술은 모두 건전하며 실천적이다.

이 진술은 우리에게 어떤 맹세는 의무적이지 않다는 것을 가르친다. '맹세가 죄를 짓게 할 수 없다' 왜 그러한가? 그 까닭은 맹세가 어떤 이유에서건 어떤 환경에서 죄짓게 하는 권한이 없기 때문이다! 내뱉어진 당신의 말이 하나님의 말씀을 파괴할 수 있는 권리를 만들 수 없다(사도행전 23장 12절). 윌리엄슨은 훌륭하게 다음과 같이 말한다. '처음부터 그런 식으로 맹세하는 것은 잘못된 것이다. 그것이 죄악된 것이라고 밝혀진 후에도 그것을 계속 지키는 것은 두 가지 측면에서 잘못된 것이다.'[3] A. A. 핫지는 다음과 같은 말을 덧붙인다. '죄는 불법적인 일을 하겠다고 맹세하고 그 맹세를 깨트리지 않는 것이다.'[4]

이것이 자범죄를 강요하지 않는 모든 맹세들은 의무라는 것을 우리에게 가르친다. 맹세에 관해 주장하고 그것을 집중적으로 설명하기 위해서 1689 신앙고백서는 사람들에게 그들의 맹세가 의무적인 것이 아니라고 주장하도록 부추기는 두 상황들에 대해 이야기한다. 첫째로, 우리에게 손해를 입히는 결과들을 초래하는 맹세도 여전히 의무라는 것을 가르친다(시편 15편 4절). 더욱이 이방인들에게 한 맹세도 의무라고 가르친다(에스겔 17장 16-19절).

---

3 G. I. Williamson, *The Westminster Confession for Study Classes* (Philadelphia: Presbyterian and Reformed, 1964), p. 176.

4 A. A. Hodge, *The Confession of Faith* (Edinburgh: The Banner of Truth Trust, 1983), p. 289.

II. 합법적인 서원

1689 신앙고백서 5항은 웨스트민스터 신앙고백서 5-7항을 요약한다. 웨스트민스터 신앙고백서의 이 항들은 맹세와 구별하여 서원을 다룬다. 1689 신앙고백서가 이 주제를 함축적으로 다루는 것에서 그 어떤 중요한 교리적인 차이가 나타나지 않는다.

이 논의에서 맹세와 서원의 차이가 제시하는 핵심은 맹세와 서원의 관계이다. 성경 안에는 맹세와 서원을 각각 언급하는 두 개의 다른 단어군이 있다. 민수기 30장 2절에서 이 두 단어군은 의미에 있어서 맹세와 서원이 동일한 의미로 사용되었다. 이 두 단어 모두는 엄중한 약속들이다. 이 둘 모두는 신성한 방식으로 승인을 받는다. 맹세에 대하여 이전에 언급한 대부분의 내용은 서원에도 똑같이 적용된다. 맹세와 서원은 종교적인 것이 되어야 하고 신실하게 지켜져야 한다. 그렇다면 맹세와 서원 사이의 차이는 무엇인가? 서원은 주님과 맺은 엄중한 약속들이다. 맹세는 주님 앞에서 사람들과 맺은 엄중한 약속들이다. 맹세의 목적은 확증이다. 서원의 목적은 헌신이다.

제24장 국가 공직자에 관하여

of the Civil Magistrate

1. 온 세상 최고의 주이시고 왕이신 하나님께서는 자신의 영광과 공공의 선을 위해[1] 공직자들을 자신의 아래에 그리고 백성들 위에 임명하셨다.[2] 그리고 이 목적을 따라 하나님께서는 칼의 권세로 그들을 무장시키시어 선을 행하는 이들은 보호하시고 격려하며 악을 행하는 자들은 처벌하도록 하셨다.[3]

1. 창세기 6장 11-13절, 9장 5-6절, 시편 58편 1-2절, 72편 14절, 82편 1-4절, 잠언 21장 15절, 24장 11-12절, 29장 14절, 26절, 31장 5절, 에스겔 7장 23절, 45장 9절, 다니엘 4장 27절, 마태복음 22장 21절, 로마서 13장 3-4절, 디모데전서 2장 2절, 베드로전서 2장 14절

2. 시편 82편 1절, 누가복음 12장 48절, 로마서 13장 1-6절, 베드로전서 2장 13-14절

3. 창세기 9장 6절, 잠언 16장 14절, 19장 12절, 20장 2절, 21장 15절, 28장 17절, 사도행전 25장 11절, 로마서 13장 4절, 베드로전서 2장 14절

2. 그리스도인들이 공직으로 부름을 받았을 경우 이를 받아들이고 수행하는 것은 합법적이다.[1] 그들이 공무를 수행함에 있어서 각 국가의 건전한 법에 따라 특별히 정의와 평화를 유지해야만 한다. 바로 이 목적 때문에 신약

시대에도 정당하고 불가피한 경우에 그들이 전쟁을 수행하도록 합법적으로 허용된다.[2]

1. 출애굽기 22장 8-9절, 28-29절, 다니엘, 느헤미야, 잠언 14장 35절, 16장 10절, 12절, 20장 26절, 28절, 25장 2절, 28장 15-16절, 29장 4절, 14절, 31장 4-5절, 로마서 13장 2절, 4절, 6절
2. 누가복음 3장 14절, 로마서 13장 4절

3. 공직자들은 앞에서 언급한 목적을 위해 하나님에 의해서 세워진다. 우리는 공직자들이 명령한 모든 합법적인 것들에[1] 대해 처벌 때문이 아니라 양심을 따라 주님 안에서 복종[2]해야만 한다. 그리고 우리는 왕들과 권위 있는 모든 사람들을 위해서 간구하고 기도해야만 하는데, 이는 우리가 그들의 통치하에서 경건하고 품위 있는 상태로 고요하고 평화로운 삶을 살아가기 위함이다.[3]

1. 다니엘 1장 8절, 3장 4-6절, 16-18절, 6장 5-10절, 22절, 마태복음 22장 21절, 사도행전 4장 19-20절, 5장 29절
2. 잠언 16장 14-15절, 19장 12절, 20장 2절, 24장 21-22절, 25장 15절, 28장 2절, 로마서 13장 1-7절, 디도서 3장 1절, 베드로전서 2장 13-14절
3. 예레미야 29장 7절, 디모데전서 2장 1-4절

개 요

1689 신앙고백서가 '국가 공직자에 관하여'라는 주제를 포함하고 있다는 것이 당신을 놀라게 하는가? 여러분들은 '정치인들이 그리스도와 관련하여 무슨 일을 해야 하는가?'라고 질문을 하고 싶은가? 만약 여러분의 반응이 이와 같다면, 여러분이 교회와 국가의 분리에 관한 잘못된 관점 아래서 사회의 의무들을 저버리는 종교배경을 가지게 된 희생자라고 내가 말해도 되겠는가? 이러한 태도는 삶의 모든 영역에까지 미치는 하나님의 주권을 사실상 부인하는 것이다. 기독교를 '영적인' 영역으로 제한하는 것은 궁극적으로 기독교를 파괴하는 것이다.

I. 하나님께서 공직을 정하신다(1항)

1항에서 주장하고 있는 우선적이고 핵심적인 점은 공직자들이 신성하게 임명된다는 것이다. 공직자들은 하나님께로부터 자신들의 권위를 얻는다. 이 사실은 현대 오류의 근본적인 뿌리에 일격을 가한다. A. A. 핫지는 '몇몇 사람들은 세속정부의 정당하고 합법적인 권위가 궁극적으로 "피통치자의 동의"나 "다수의 의지" 혹은 사회가 시작되는 시점에 인류의 조상들에 의해 맺어진 가상의 "사회계약"에 근거를 두고 있다고 추측해 왔다. 그렇지만 자명하게 하나님의 뜻이 모든 정부의 근원이고, 그 뜻에 복종하는 의무, 즉 모든 도덕적 대리인들 위에 지워져 있는 복종의 근거이다. 하나님의 뜻이 세속정부에 복종해야 하는 모든 의무의 궁극적인 근거이다'[1]라고 타당하게 언급한다. 핫지가 분명하게 한 것 같이, 하나님께서 뜻하셨기 때문에 우리가 복종하는 것이지, 우리가 권위를 준 몇몇 사람들에게 우리가 자발적으로 우리 자신들을 위탁했기 때문이 아니다. 성경은 정부에 대해 우리의 대다수가 학교에서 배운 사회계약론을 가르치지 않는다. 로마서 13장 1-2절에 따르면 로마 황제들은 그 권위를 '피통치자의 동의'로부터 얻은 것은 아닐지라도, 그 황제들은 통치자로 신적인 임명을 받았다. 우리가 우리의 지도자들에게 복종하는 이유가 궁극적으로 그들이 우리에게 복종하기 때문이라고 말하는 이론은 옳지도, 성경적이지도 않다.

이 항은 국가 공직자의 신성한 임명에 관하여 세 가지 특별한 점을 언급한다.

1. 정하신 위치

공직자의 위치는 '하나님 자신의 아래에 그리고 백성들 위에' 있다는 것으로 설명된다. 로마서 13장 2절, 4절, 6절에서 이 권위 있는 위치는 '하나님의 명령'과 '하나님의 사역자' 그리고 '하나님의 일꾼'으로 다양하게 설명된다. 이러한 설명들은 1689 신앙고백서의 진술에 집약적으로 나타난다. 통치 방식에서 우리가 국가 권위에 매여 있는 것처럼, 국가 권위는 하나님께 복

---

1   A. A. Hodge, *The Confession of Faith* (Edinburgh: The Banner of Truth Trust, 1869) p.293.

종하는 것에 매여 있다. 하나님께서 공직자들이 가진 모든 권위를 그들에게 주셨다. "알지 못하고 맞을 일을 행한 종은 적게 맞으리라 무릇 많이 받은 자에게는 많이 요구할 것이요 많이 맡은 자에게는 많이 달라 할 것이니라" (누가복음 12장 48절).

2. 정하신 목적

이 목적은 '자신의 영광과 공공의 선을 위해'라는 1689 신앙고백서의 진술에 의해 설명된다. 이 목적은 또한 '선을 행하는 이들은 보호하고 격려하며 악을 행하는 자들은 처벌하도록 하셨다'라는 표현으로 언급된다. 또 '정의와 평화를 유지해야만 한다'라는 2항의 진술을 주목하라. 성경은 국가 통치자들의 특별한 역할이나 임무에 관하여 무엇이라고 가르치는가? 다음의 성경구절들이 이 주제를 설명한다. (창세기 6장 11-13절, 9장 5-6절, 시편 58편 2절, 72편 14절, 82편 1-4절, 잠언 21장 15절, 24장 11-12절, 29장 14절, 26절, 31장 5절, 에스겔 7장 23절, 45장 9절, 다니엘 4장 27절, 마태복음 22장 21절, 로마서 13장 3-4절, 디모데전서 2장 2절, 베드로전서 2장 14절) 이 성경구절들의 가르침은 국가 정부의 임무가 국가와 사회의 폭력과 사회적 불의를 억제하는 것과 선한 일들을 행하는 사람들을 칭찬함으로(보호하고 격려하여) 사회의 정의와 평화를 유지하는 것이어야 한다는 것이다.

3. 지정된 권한

국가 공직의 권한과 관련해서 1689 신앙고백서는 '하나님은 칼의 권세로 그들을 무장시키시어'라고 진술한다. 이 진술이 국가 공직자의 행동범위는 국가라는 것을 확증한다. 이 칼의 권세는 하나님의 자녀들을 훈련시키거나 완고한 자칭 그리스도인들에게 규율을 지키도록 하는 데 사용돼서는 안 된다. 이 칼의 권세는 폭력적인 범죄들이나 공공의 불의를 억압하는 데 적합하다.

성경은 하나님께서 공직자를 칼로 무장시키셨다고 가르친다(창세기 9장 6절, 잠언 16장 14절, 19장 12절, 20장 2절, 21장 15절, 28장 17절, 사도행전 25장 11절, 로마서 13장 4절, 베드로전서 2장 14절). 윌리엄슨은 핵심을 정확하게 말한다.

오늘날 우리 국가 안에는 사형 제도를 폐지하려는 움직임이 강해지고 있다. 그리고 대부분의 자유주의 기독교 단체들은 사형제도는 사회에 유익이 되지 않고 범죄를 개선하지도 못한다는 근거 위에 혹은 신약성경의 인도적인 가르침을 반영한다는 근거에 기초하여 이를 지지해오고 있다. 다른 말로 하면, 여러 가지 이유로 오늘날 국가 정부가 칼의 권세로 악을 처벌하는 것을 비난하는 것이 널리 지지를 얻고 있다. 국가 권위에 대한 이러한 관점은 조금의 과장도 없이 상당히 비성경적인 것이다. 우리는 사형 제도가 사회에 유익을 끼치지 못한다는 것을 증명하려는 것이 아니다. 우리가 그렇게 믿는 것은 다른 이유가 있는 것이 아니라, 악을 행하는 자들에게는 두려움을 주고 선을 행하는 자들은 격려하는 것이 정의를 신실하게 실현하는 것이라고 성경이 말하기 때문이다. 사형 제도를 반대하는 사람들은 이것을 비난한다. 그러나 그들은 이 사실을 헛되이 비난하는 것이다. 사형 제도가 범죄를 개선하기에 부족하다는 말은 사실일 수도 있을 것이다. 그러나 우리는 악을 행하는 것에 대한 공포의 부재가 범죄를 개선한다는 말이 사실인지를 의심한다. 더욱이, 우리는 공포의 부재가 악을 부추기지 않는다는 것을 믿지 않는다. 그러나 이 모든 사항들 보다, 우리는 신약성경의 "인도적인" 가르침이라는 현대주의자들의 개념이 공권력과 국가의 권위에 반영되어 있다는 가정을 부인한다. 정의가 구약성경에 비해 신약성경에서 더 "인도적인"것은 아니다. 그리고 하나님께서는 신약성경을 가르치는 용도로 국가 정부의 법을 정하시지 않으신다. 정부의 법은 범죄를 처벌하고 선을 행하는 사람들을 보호하는 것이다. 그렇지만 우리는 사형 제도의 폐지를 지지하는 자유주의 사람들의 의도가 "인도적인"것인지 의심스럽다. 우리는 현대의 대부분의 범죄가 악인에 대해서는 비성경적으로 너무 지나치게 우려하고, 의인에 대해서는 성경적인 관심이 너무 부족하기 때문에 발생한다고 생각한다.[2]

II. 그리스도인의 공직 참여(2항)

2항의 핵심은 그리스도인이 공직자가 되고 공직의 모든 분야, 전쟁에 참여하는 것까지도 포함하는 의무들을 수행하는 것이 불법이 아니라는 사실을 분명히 한다. 이 사실에 대한 성경의 지지는 많다. 누가복음 3장 14절에서 비록 군인으로서 그들의 역할은 본질적으로 전쟁을 수행하는 것이지만, 침례요한이 설교하는 그 때 회개하고 그리스도인의 삶을 살길 바라는 군인들에게 그들의 군인으로서의 활동을 포기하라고 말한 것은 아니다. 로마서 13장 2절, 4절, 6절에서 이 권위 있는 직책은 '하나님의 명령'과 '하나님의 사역자' 그리고 '하나님의 일꾼'으로 다양하게 설명된다. 이런 고귀한 설명들은 분명히 공직의 합법성을 전제한다. 더욱이, 이 설명들은 칼의 권세와 직접적인 관련성 안에서 합법성을 전제한다. 로마서 13장 4절에서 칼의 사용은 반역을 평정하기 위한 군사 행동들을 직접적으로 언급한다. 2절에 사용된 단어들을 특히 주목하라. 2절은 전쟁 문서에서 사용되는 것이다. 앞에서 말한 것과는 다르게 사형제도는 이 성경구절에서 의도했던 칼에 대한 원래 사용법이 아니다. 또한 느헤미야와 다니엘과 세 친구들 그리고 이스라엘의 모든 공정한 재판관들의 예들은 1689 신앙고백서의 주장을 지지한다. 마

---

2   G. I. Williamson, *The Westminster Confession of Faith for Study Classes* (Philadelphia: Prebyterian and Reformed Publishing Company, 1964), p. 242.

지막으로, 그리스도인들에게 이 공직의 합법성은 잠언의 주장들로 인해 당연한 것으로 여겨진다(잠언 14장 35절, 16장 10절, 12절, 20장 26절, 28절, 25장 2절, 28장 15-16절, 29장 4절, 14절, 31장 4-5절).

그리스도인 평화주의자들은 '어떻게 이럴 수 있나?' '십계명 제6계명과 마태복음 5장 38-48절에서 예수님의 가르침은 그럼 무엇인가?' 라고 묻는다. 이러한 반대들에 대한 성경의 반박의 본질은 철저한 성경적인 구분이다. 성경은 개인적인 소명과 개개인의 의무들 그리고 공적인 소명과 공직자들의 의무들 사이를 구분한다. 개개인들의 개인적 의무는 그들의 손으로 복수하지 말아야 하는 것인 반면, 공직자들의 엄중하고 공적인 의무는 국가적 범죄자들에게 하나님의 복수를 시행해야만 하는 것이다. 로마서 12장 17-21절, 특히 19절과 로마서 13장 3-4절을 비교할 때 내포하고 있는 구분에 주목하라. 사적으로 한 개인이 복수하는 것은 잘못이다. 공직자가 공적으로 복수하는 것은 옳다. 마태복음 5장 37-48절은 사람들의 사적인 의무를 언급하고 있는 것이지 공적인 공직자들의 의무를 말하는 것이 아니다. 이 구분을 기억한다면 풀리지 않았던 문제인 모세의 법, 특히 제6계명이 풀린다. 만약 살인이 잘못이라면, 어떻게 이 계명을 주신 그 장 바로 다음 장에서 여호와께서는 자신의 종인 모세를 통하여 그 확실한 범죄자들의 생명을 취할 것을, 즉 죽이라고 판결하실 수 있으신가? 공적인 범위들과 사적인 범위들 사이를 구분하는 정통적인 구분이 이것을 이해하게 만든다.

중요한 두 교훈이 이 모든 것에 의해 제시된다. 첫 번째는 윤리적인 것이고 두 번째는 역사적인 것이다.

① 하나님 앞에서 한 사람의 의무는 상당 부분 그 사람의 소명이나 부르심에 달려 있다. 어떤 경우에 다른 사람들이 하는 일을 여러분들이 행하면 잘못된 일이 되기도 한다. 왜 그런가? 인생에 있어서 그들의 부르심이 다르기 때문이다. 예를 들어, 내가 내 자녀를 벌로 체벌하는 것은 분명히 옳은 일이다. 다른 어떤 사람이 내 동의 없이 내 자녀를 벌하는 것은 옳지 않다.

왜 그런가? 다른 사람은 내 자녀의 부모로서 신성한 부르심이 없기 때문이다. 그것은 나의 부르심이다. 소명에 대한 이 개념은 종교개혁으로 인해 재발견되고 재강조된 성경윤리의 핵심 개념이다.

② 우리 침례교 선조들은 재세례파가 아니다. 재세례파는 그리스도인이 죄를 짓지 않으면서 공직에 참여할 수 없다고 가르쳤다. 공직은 '사탄에 속한 것'으로 가르쳤다. 우리 침례교 선조들은 분명히 정부에 대한 이런 관점을 전적으로 거절했다. 그리고 우리 선조들은 이런 관점이 암시하는 결과로 인한 평화주의를 전적으로 거절했다. 침례교인들은 자신들의 신앙고백서에서 이러한 관점을 공식적으로 멀리했다. 여기서 미국 침례교의 주류가 재세례파가 아니라 침례교 신념에 이른 청교도들로부터 이어져 내려왔다는 사실에 주목하는 것이 적절하다. 오늘날 대부분 침례주의자는 역사적으로 그 기원에 있어서 칼빈주의자이고 청교도이지 재세례파주의자나 알미니안이 아니다.

III. 공직에 대한 신자의 복종(3항)

비록 이 진술은 제1차 런던 신앙고백서에서 그대로 가져왔지만, 이 3항의 가르침은 확실히 1, 2항에 뿌리를 둔다. 시작하는 말에 주목하라. 1689 신앙고백서는 공직이 하나님에 의해 임명되고 정의와 평화를 유지하기 위해 하나님께서 임명하신 것이기 때문에, 이에 두 가지 분명한 의무들이 따라온다고 주장한다.

1. 공직자에 대한 복종의 의무

로마서 13장 1-7절 이외에 아래의 성경구절들은 국가 권위자들을 따르고 존경하고 결론적으로 복종해야 하는 의무를 분명히 가르친다. 잠언 16장 14-15절, 19장 12절, 20장 2절, 24장 21-22절, 25장 15절, 28장 2절, 디도서 3장 1절, 베드로전서 2장 13-14절. 물론 이 복종의 의무는 제한이 없는 것은 아니다. 1689 신앙고백서는 분명한 단서를 말한다. '공직자들이 명령한 모든 합법적인 것들을 우리는 … 복종해야만 한다.' 다음의 성경구절들을 보라. 다니엘 1장 8절, 3장 4-6절, 16-18절, 6장 5-10절, 22절, 마태복음 22장 21절, 사도행전 4장 19절, 20절, 5장 29절.

권위자들에 대한 복종은 오직 '모든 합법적인 것들'에 해당되는 것에만 합당하다. 그러나 '무엇이 합법을 정하는가?'라는 아주 중요한 질문이 있다. 그 대답은 반드시 오직 하나님의 말씀이다. 그 답은 우리의 의견이나 감정 또는 전통이나 우리의 편의가 절대 아니다. 기록된 하나님의 말씀이 합법적인 것에 대한 유일한 권위이다.

성경에는 그리스도인들이 국가 권위에 폭력적이고 반역적인 태도를 드러냈다는 단 하나의 선례도 없다는 사실에 주목하라. 사도행전 4장 19절에서 베드로의 반응은 이상할 정도로 온순하다. 이 반응은 오늘날 자칭 기독교의 한 특징인 폭력성과는 비교된다. 이러한 폭력성에 대한 좋은 예시가 있다. 사도행전 23장 1-5절에서 바울의 폭력성이다. 그렇지만 정의가 땅에 떨어진 사건으로 인해 바울은 화가 났음에도 곧바로 사과하였다! 결코 복종할 수 없을 때에도, 폭력적인 태도들과 의도적이고 불필요한 도발적인 행동들은 그리스도인들에게 결코 합당하지 않다.

2. 공직자들을 위한 기도의 의무

이 주제에서 가장 핵심적인 성경구절은 디모데전서 2장 1-4절이다. 공직자들을 위한 우리 기도의 분명한 목적은 복음의 번영의 목적을 위한 우리 인생의 평온함에 있다. 그러므로 이 기도의 특징은 하나님께 '왕들과 권위 있는 모든 사람들을 위해서 간구, 기도, 탄원, 감사해야' 한다. 우리는 모든 사람들의 복지와 특별히 우리 지도자들의 복지를 위해 반드시 기도해야 한다. 첫째로, 그들이 구원을 받도록 둘째로, 그들의 통치가 잘 이루어지고 잘 펼쳐져서 그들이 우리의 평온을 방해하는 사람들로부터 우리를 보호할 수 있도록 하기 위함이다.

물론 이것이 저주의 기도들이 결코 합당하지 않다는 것을 의미하는 것은 아니다. 이것은 우리 기도에서 표현되는 우리의 통치자들을 향한 우리의 기본적인 태도가 그들을 지지하는 것이 돼야 한다는 의미이다.

두 가지 결론적인 연구들

1. 로마서 13장과 혁명의 문제

로마서 13장 1-7절은 국가를 주제로 삼아 생각할 때, 성경의 정통 **구절**이다. 폭력적 혁명에 관한 다루기 어려운 사안을 제외하고, 이 구절이 아주 중요한 점을 설명하기 때문에 여기서 이 절의 의미에 대해 전체적으로 살펴보는 것이 적절하다.

로마서 13장 1-7절의 배경과 바울이 로마의 권위자들에게 복종하라는 주제를 거론한 이유는 주후 1세기 동안 있었던 유대인의 독립투사의 폭력적 행동과 반 로마운동 때문이다. 이들의 폭력과 혁명적 투쟁들은 많은 부분이 신약성경 이면에 도사리고 있다. 이러한 투쟁들은 로마서가 기록된 이후 10년에 걸쳐 예루살렘과 유대주의를 황폐하게 만들었던 반란에 어느 정도 책임이 있다. 로마에 있던 이러한 유대인 공동체는 아주 규모가 컸다. 그 인구의 십분의 일에 해당되는 대략 5만 명은 되었을 것이다. 이들 중 적지 않은 사람들이 그리스도인이었다(로마서 14장을 보라). 이 상황이 혁명적인 유대인의 태도들을 교회에 아주 가까이 가져다 놓았다.

로마서 13장 1-7절의 기본적인 주장은 로마의 국가 공직자들은 하나님에 의해 세워졌다는 것이다. 사실 사도 바울은 하나님에 의해 임명된 사람들이 아니고서는 그 어떤 국가 공직자도 있을 수 없다고 말한다. 이러한 주장은 현대인들이 들었을 때 더 놀랄 만한 것인데 그 까닭은 로마 권위의 시작은 정복을 통한 것이었고 그 형태는 독재였고 로마 권위자들의 특징은 부패였는데, 간단히 말해, 핍박하려는 성향이 있었기 때문이다. 이러한 사실은 마지막 세 황제들, 즉 칼리굴라, 클라우디우스 그리고 네로의 특징들이었고, 바울이 로마서를 기록할 당시에 이 황제들 가운데 한 황제가 다스리고 있었다!

이 성경구절에서 발견된 근본적인 명령은 일반적으로 잘못 이해된다. 바울은 로마의 그리스도인들에게 자신들의 지도자들에게 복종하라는 것에 초점을 맞춘 것이 아니다. 바울은 그들이 이런 지도자들에게 항상 복종할 것을 원하지는 않았을 것이다. 비록 신약성경에서 사용되는 복종을 대신하는 세 가지 완벽한 좋은 말들이 있지만, 바울은 그 단어들 중 어느 것도 여기에서는 사용하지 않는다.

바울이 로마 그리스도인들에게 진짜로 말하려고 한 것은 그들이 마땅히 '통치 받는 상태에 있어야 한다'라는 것이다. 다시 말하면 그들 자신이 로마의 통치자의 권위 아래 놓여 있다는 것이고, 그들의 위치는 하나님께서 정하신 통치자들의 아래에 있다는 것을 말한다. 로마서 13장 2절에서 복종의 반대를 표현하려고 쓴 말들로 인해 바울이 의미하는 것은 보다 더 정확하게 구체화된다. 단어들('거스르다'와 '저항하다') 모두는 원래 그리고 정확히는 반군에 대항하여 무력을 행사하는 것을 설명한다. 바울의 초점은 그리스도인들이 국가 공직자들에 대항해서 절대 무기를 들지 말아야 한다는 것이다. 더욱이, 로마 그리스도인들은 유대인들의 반란에 휩쓸리지 말아야 한다. 그들은 유대인 반란의 동기를 수용하거나 그 일원이 되어서는 안 된다. 그들은 로마의 권위 그 아래에 여전히 종속돼 있어야만 한다. 그들은 검을 들고 그 권위자들을 대항하지 말아야 하고 살인자들처럼 고통을 당하지 말아야 할 것이다(베드로전서 4장 15절).

로마서 13장 3절이나 4절의 진술들로 '인해' 또는 ' 때문에' 이러한 태도가 모든 존재하는 권위자들에 대한 우리의 태도여야만 한다. 주목하라, 바울은 국가 권위자들이 악행에 대한 두려움의 원인 '이다'라고 말하는 것이지 단지 그들이 두려움의 원인이 '될 수도 있다'고 단순하게 말하는 것이 아니다. 국가 권위자들은 이렇게 섭리로 임명되고 이렇게 섭리로 의도된 상태이다. 그래서 그들이 존경받아야만 하는 것이다. 바울의 '이다'를 '될 수도 있다'로 낮추는 해석은 바울의 주장의 흐름을 파괴한다. 로마서 13장 3-4절에서의 주장들은 1-2절에서 요구되는 의무를 지키도록 격려하려고 의도된 것이다. 그러나 만약 여러분이 이렇게 하면, 다른 일들이 일어날 수도 있다고 말하는 것은 그 어떤 격려도 아니다. 만약 우리가 우리 자녀들에게 '만약 너희가 내게 순종한다면, 나는 아이스크림을 사줄 수도 있다'라고 말한다면, 그들을 완전히 순종하게 만들지 못할 것이다! 그렇게, '너희 권위자들에게 순종하라, 그들이 악을 저지르는 자들에게 두려움이 될 수도 있고 선한 행동을 칭찬할 수도 있기 때문이다'라고 로마 그리스도인들에게 말하는 것은 그 어떤 격려도 아닐 것이다. 이것은 명백하게 복종에 대한 그 어떤 격려도 주지 못한다.

만약 이것이 우리와 국가 권력의 관계라면, 그들에 대항해 '세금 반란'

이나 '반란의 태도'는 절대로 없어야 한다. 세금납부를 거절하는 것은 초기 반란의 형태이다.

결론에서 세 가지 것들에 주목하라. 성경에는 세워진 국가 권력에 대항해 허용된 반란의 예는 없다. 국가 권위자들과의 관계에서 그리스도인들에게 요구되는 분명한 의무들은 함축적으로 그것과 완벽하게 반대된다. 대표적인 성경구절 로마서 13장 1-7절은 혁명적인 태도들과 행위들을 체계적으로 거절한다.

2. 빠진 항에 관하여

웨스트민스터 신앙고백서에서 이 주제와 평행하는 장을 아주 대강 훑어봐도 웨스트민스터 신앙고백서는 네 개의 항이 있는 반면 제2차 런던 신앙고백서에는 단지 세 개의 항만 있는 것을 바로 알게 된다. 조금 더 연구가 진행되면 두 신앙고백서의 1항과 2항이 거의 동일한 것으로 드러날 것이다. 제2차 런던 신앙고백서 3항은 웨스트민스터신앙고백서 4항과 상당 부분 다르지만 그래도 일반적으로 그 항과 같은 위치에 있다. 이 두 항은 그리스도인이 국가 공직에 복종해야 한다는 동일한 주제를 다루기 때문이다. 그래서 요지는 웨스트민스터 신앙고백서의 3항이 빠져 있다는 것이다.

웨스트민스터		1689
1	=	1
2	=	2
3	=	?
4	=	3

웨스트민스터 신앙고백서의 현대 미국판의 3항을 읽을 때, 제2차 런던 신앙고백서에서 이 항을 삭제한 별다른 이유가 없어 보인다. 그러나 이항은 침례교 선조들이 개정할 당시에는 웨스트민스터 신앙고백서에 없었다. 이것은 웨스트민스터 신앙고백서의 원문의 기록은 아니었다. 이 3항은 1788년 미국의 장로주의자들이 웨스트민스터 신앙고백서를 개정할 당시 처음 쓰여진 것이다. 미국 장로주의자들의 기록은 다음과 같다.

국가위정자들이 말씀 사역과 성례의 집행이나 하늘나라의 열쇠의 권세를 자기들의 것으로 취해서는 안 된다. 또, 그들은 조금이라도 신앙의 문제에 간섭해서도 안 된다. 그렇지만 양육하는 아버지와 같이 그리스도인들의 어느 한 교파를 다른 교파들보다 우대하지 않고 같은 주님의 교회를 보호하는 것이 위정자들의 임무이다. 폭력이나 위험의 염려 없이 교회에 속한 모든 사람들이 신성한 기능의 모든 부분을 이행할 수 있는 충분하고 의심할 여지가 없는 자유를 누릴 수 있도록 보호해야 한다. 그리고 예수 그리스도께서 교회의 질서 있는 통치와 권징을 정하셨으므로 그리스도인들은 자기 교파에 자발적으로 회원이 되어 자신들의 고백과 신념에 따라 그것을 정당하게 행사하려 할 때 국가의 그 어떤 법률이라도 간섭하거나 강요하거나 방해해서는 안 된다. 아무도 종교의 구실로나 불신앙의 구실로 모욕이나 고문을 당하거나 학대나 상해를 당하여 고생하는 일이 없도록 선량한 시민의 인권과 명예를 보호할 의무가 위정자들에게 있다. 또 모든 종교, 교회의 집회가 방해와 교란 없이 개최될 수 있도록 질서를 유지하는 것이 국가 위정자들의 의무이다.[3]

윌리엄슨은 웨스트민스터 신앙고백서에 대한 자신의 해석에서 웨스트민스터 신앙고백서 원문에 관련하여 '굉장히 어렵다' 그리고 '직접적으로

---

3   A. A. Hodge, *The Confession of Faith* (Edinburgh: The Banner of Truth Trust, 1869), pp. 21, 22, 297.

모순된다'고 언급을 한다.[4] 웨스트민스터 신앙고백서 원문은 다음과 같다.

공직자는 말씀 사역과 성례전 시행이나 하늘나라의 핵심적인 일들에 대한 권한은 없다. 그렇지만 교회의 연합과 평화를 유지하기 위해서, 공직자는 하나님의 진리를 순수하고 흠이 없이 유지하고 모든 신성모독과 이단들을 억압하고 예배와 훈련에 있어서 모든 부패들과 남용을 방지하고, 개혁하고 하나님의 모든 명령들을 적절하게 확정하고 시행하고 준수하는 권한을 가진다. 그리고 그것이 그의 의무이다. 이런 일들을 더 효과적으로 하기 위해, 공직자는 교회 회의를 소집하고 회의에 참석하여 회의에서 처리해야 할 모든 것들을 발의한다. 이 모든 일들은 하나님의 마음을 따라 행한다.[5]

왜 침례주의자들은 이 항을 삭제했을까? 여기서 문제시 되는 사안은 무엇인가? 이는 신앙적 자유에 속한 것이거나 일반적으로 '영혼의 자유'라 불리는 것이다. 이는 웨스트민스터 신앙고백서의 2항에 원래 있던 '경건'이라는 단어를 침례주의자들이 생략한 것에서 이미 암시된 것이다.

침례주의자들은 신앙의 자유를 주장하는 초기 개혁주의 그리스도인들이었다. 미국 안에 있는 다른 모든 개혁주의 교파들 대부분이 종교적인 자유를 지지해 나가지만, 그러기 위해서 그들은 웨스트민스터 신앙고백서와 벨직 신앙고백서를 바꿔야만 했다. 침례주의자들은 이 중요한 점을 주장하기 위해 자신들의 관점을 바꾸지 않았다. 그들은 항상 그것을 주장해왔다.

많은 주장들이 신앙적인 자유나 영혼의 자유를 지키려고 제시될 수 있다. 여기서는 두 주장만 언급하도록 하겠다.

종교적인 신념과 예배를 좌우하는 것은 국가의 업무나 기능이 아니다. 이러한 일들을 하는 것은 국가 권위자들의 영역을 벗어난 것이다. 성경의

---

4   G. I. Williamson, *The Westminster Confession of Faith* (Philadelphia: Presbyterian and Reformed Publishing Company, 1964), pp. 244 and 245.

5   *The Westminster Confession of Faith* (inverness: The Publications Committee of the Free Church of Scotland, 1970), pp. 101-103.

명백한 증거가 이미 드러나 있고 이 증거는 국가의 임무가 세속 정의와 평화 그리고 그들의 신체와 재산을 폭력으로부터 지키는 것이라고 입증한다. 여기에 더해지는 핵심은, 사람들이 개인과 재산에 폭력을 가하거나 다른 이들의 평화를 침해하지 않고도 종교적 신념에 관하여서 상당히 다를 수도 있고 다르다는 것이다. 더욱이, 특별한 업무를 수행하기 위해 국가 권위자에게 주어지는 무기는 우리가 이미 주목했던 것처럼 칼이다. 사람들의 양심에 영향을 주고 다스리기 위한 목적으로 사실 칼은 좋은 무기가 아니다(사실 아주 나쁜 무기이다). 느헤미야 9장 37절은 국가 권위자들이 사람들의 육체적인 것들을 통제한다는 사실을 언급한다. 이 말씀의 의미는 국가 권위자가 사람의 영혼이나 양심을 통제하기 위해 의도된 것이 아니라는 사실을 분명하게 보여준다.

게다가 만약 한 국가가 종교적인 신념이나 예배를 좌우하려 한다면, 이는 국가가 교회를 통제하거나 교회가 국가를 통제하는 일이 불가피하게 된다. 국가가 교회를 통치하는 체계는 에라스투스주의Erastianism로 잘 알려져 있다. 두 번째 체계는 교황주의이다. 비록 이 체계가 항상 일관되게 그 책무들을 수행해 온 것은 아니지만, 칼빈으로부터 시작된 개혁된 정통은 항상 이러한 두 체계들을 거부해왔고 교회와 국가는 하나님께서 그들에게 직접 위임하신 구분된 권위의 범위를 가지고, 다른 하나가 그것들에 영향을 주지 않는다고 가르쳤다. 이 체계는 분명히 성경이 제시하는 것이다. 그 까닭은 하나님께서 교회와 국가에 맞는 다른 통치 기구들과 다른 임무들을 정하셨기 때문이다(마태복음 22장 21절). 그렇지만 요점은 종교적 신념과 예배를 좌우하는 국가 때문에, 성경이 말하는 이 분리는 반드시 훼손된다는 것이다.

이런 체계로 인해 어떻게 종교적 자유가 위협받고 있는가에 관한 실례는 위에서 인용된 웨스트민스터 신앙고백서의 원문에 있다. 하나님 아래 있는 교회의 주권을 아주 위태롭게 하거나 교회를 사람들의 노예로 만들지 않고, 어떻게 국가가 웨스트민스터 신앙고백서와 일치하게 국가가 해야 한다고 생각하는 일들을 할 수 있을까? 웨스트민스터 신앙고백서 작성자들의 계승자들이 자신들의 유감을 드러내왔던 것처럼, 이 대답은 국가가 교회의 자유를 위태롭게 하지 않고 이러한 일들을 할 수 없다는 것이다.

교회와 국가의 분리에 대한 강한 반대는 세속 권위자가 하나님의 말씀에 따라서 반드시 통치해야 한다는 것이다. 만약 그렇게 통치하려면, 국가가 종교의 자유를 어떻게 허용할 수 있는가? 예를 들면, 제2계명은 우상을 금지한다. 그렇다면 세속 권위자의 의무 또한 우상을 금지하는 것이 아닌가?

여기서 아주 중요한 차이가 반드시 체계적으로 진술되어야 한다. 세속 권위자가 하나님의 말씀의 통치하에 있다는 것은 사실이지만, 세속 권위자의 의무가 그 권위를 가지고 하나님의 말씀의 모든 부분을 강제한다는 의미는 아니다. 몇몇 실례들이 이것을 명확하게 한다.

에베소서 6장 4절은 '또 아비들아 너희 자녀를 노엽게 하지 말고 오직 주의 교훈과 훈계로 양육하라'고 주장한다. 세속 공직자는 자녀들을 교육하는 것이 자신들에게 맡겨진 일이 아니라고 할 것이다. 그 말씀은 그의 권위가 아니기 때문이 아니라, 그가 아버지가 아니기 때문이다. 베드로전서 5장 2절에서 목회자들에게 주는 권고는 동일한 이유로 세속 공직자에 의해 시행되지 않는다. 세속 공직자로서 그는 목사가 아니다. 존 머레이는 이를 잘 설명한다.

세속 공직자는 하나님에 의하여 이 권위를 부여받았고 신성한 임명으로 인해 이런 기능들을 의무적으로 수행해야 하기 때문에, 그 공직자는 자신을 임명해 주신 살아계시고 참되신 한 분 하나님께 대한 책임이 있다. 그러므로 이 공직자는 하나님의 드러난 뜻과 일치하게 자신에게 맡겨진 이 직책을 의무적으로 수행해야 하는 상태 아래 놓여 있다. 성경은 하나님의 뜻을 계시한 최고 무오한 계시이다. 그렇기에 성경은 인생의 모든 부분에 있어서 최고의 무오한 규칙이다. 세속 공직자는 공직을 수행하기 위하여 성경을 무오한 규칙과 의무로 인식해야 한다.

그렇지만 자신의 권위의 제한된 범위 내에서만 세속 공직자는 공직자로서 자신의 지위 안에서 성경 안에 제시된 하나님의 뜻의 계시를 적용해야만 한다는 것을 반드시 인식해야 한다. 이러한 직무들을 이행할 때 공직자는 성경의 계시가 국가에 의해 수행되어야 하는 직무와 국가 공직자의 직책을 수행하는 것에 영향을 미치는 범위까지 성경의 요구들을 의무적으로 수행해야 한다. 만약 공직자가 공직자로서 자신의 직무를 수행할 때, 다른 직무들에 있는 공직자나 다른 기관들에 맡겨진 성경의 요구들을 실행하려고 노력한다면, 그 공직자는 즉시 그 권한들을 위반하는 죄를 짓는 것이고 성경이 요구하는 것들을 깨뜨리는 죄를 짓는 것이다.

교회의 범위는 세속 공직의 범위와 다르다. 교회의 유효한 범위는 이 주제의 첫 번째 항에서 정의 내려진다. 이제 인정할 필요가 있는 것은 교회의 범위와 국가의 범위가 대등하다는 것이다. 교회는 국가에 종속되지 않고 국가는 교회에 종속되지 않는다. 교회와 국가는 하나님께 종속해 있다. 그리고 이 둘은 교회, 그리스도의 몸에 속한 모든 것들을 다스리시는 머리로서 중보적으로 통치하시는 그리스도께 종속해 있다. 교회와 국가는 이런 복종과 신성한 기관으로 각자의 유효적인 범위가 대등하다는 것을 반드시 인식해야 하는 위치에 있다. 각각은 반드시 다른 기관에 관하여 자치권을 유지해야 하고, 주장해야 하고, 다른 기관의 침해로부터 자유를 지켜내야만 한다.[6]

왜 세속 공직자는 '율법의 첫 번째 판'을 강제적으로 시행하지 않는가? 그 까닭은 어쨌든 그 공직자가 하나님의 말씀에 순종하지 않기 때문인가? 아니다! 그것은 그의 임무가 아니기 때문이다!

물론 종교적 자유를 제한하는 것들이 있다. 어떤 사람의 종교는 세속

---

6   John Murray, *Collected Writings* (Edinburgh: Banner of Truth Trust, 1976) vol. I, pp. 253, 254.

정의나 평화를 파괴하고 다른 사람들을 폭력으로 위협하는데, 이것은 반드시 금지되어야 한다. 몰록Moloch 숭배, 여호와의 증인의 자녀들에 대한 수혈을 거절하는 것, 낙태 강요는 허용되지 않는 종교적인 '권리들'에 관한 몇 가지 예들이다.

로마서 13장 3-4절이 세속 지도자들에게 악을 처벌할 것을 요구한다고 볼 수도 있다. 그리고 악은 하나님의 법으로 정의 내려진 것이기 때문에 율법의 '첫 번째 돌판'의 위반은 세속 권위자에 의해 당연히 처벌 받아야 한다고 볼 수도 있다. 이미 언급했던 것들을 제외하고 타당한 세 가지 의견들이 있다. 첫째, 세속 지도자는 개인적인 악이나 마음의 악을 벌하지 못하기 때문에, 로마서 13장 3-4절에서 '악'이라는 단어는 확실히 어느 정도 제한되었다고 판단된다. 둘째, 아주 흥미롭게도, 바울이 로마서 13장에서 법에 대해 계속 이야기할 때, 그는 율법의 '두 번째 돌판'에 관해서만 이야기한다. 셋째, 로마서 13장의 역사적 상황으로도 세속 지도자들이 종교적 죄를 처벌한다는 개념은 믿을 수 없는 것이다. 바울은 로마서 13장에서 이상적으로 말하고 있는 것이 아니라 자기 인생 동안에 통치했던 로마 정부의 실제적인 행동에 대해 이야기하고 있는 것이다. 의심할 여지없이, 로마 황제들은 종교적 악행에 두려움을 주는 원인이 아니었다(로마서 13장 1절, 3-4절).

제25장   결혼에 관하여

of Marriage

1. 결혼은 반드시 한 남자와 한 여자 사이에서만 이루어져야 한다. 남자가 한 명보다 더 많은 아내를 두는 것도, 여자가 한 명보다 더 많은 남편을 두는 것도 합법적이지 않다.[1]

> 1. 창세기 2장 24절, 마태복음 19장 5절, 6장 1절, 디모데전서 3장 2절, 디도서 1장 6절

2. 결혼은 남편과 아내가 서로 돕기 위하여,[1] 합법적 자녀로 인한 인류의 번성을 위하여,[2] 그리고 부정을 막으려고 제정되었다.[3]

> 1. 창세기 2장 18절, 잠언 2장 17절, 말라기 2장 14절
>
> 2. 창세기 1장 28절, 시편 127편 3-5절, 128편 3-4절
>
> 3. 고린도전서 7장 2절, 9절

3. 판단력을 가지고 동의할 능력이 되는 사람은 누구나 합법적으로 결혼할 수 있다.[1] 그러나 주님 안에서 결혼하는 것이 그리스도인들의 의무이다. 그러므로 당연히 참된 신앙을 고백하는 사람과 결혼을 해야지 불신자들이나

이교도들과 결혼해서는 안 된다. 경건한 자들은 악한 삶을 살거나 가증스런 이단 사상을 주장하는 사람과 결혼하여 감당하지 못할 멍에를 같이 메지 말아야 한다.[2]

1. 고린도전서 7장 39절, 고린도후서 6장 14절, 디모데전서 4장 3절, 히브리서 13장 4절
2. 고린도전서 7장 39절, 고린도후서 6장 14절

4. 말씀에 금하는 혈족이나 친인척 관계 안에서의 결혼은 금지된다. 그들이 부부로서 함께 살 수 있도록 사람의 어떤 법이나 당사자들의 합의로 인해 근친간의 결혼이 합법화 될 수는 없다.[1]

1. 레위기 18장 6-18절, 아모스 2장 7절, 마가복음 6장 18절, 고린도전서 5장 1절

개 요

제25장의 내용들을 해설하기 전에 이 장에 포함되지 않은 것들이 반드시 언급되어야 한다. 이 장은 결혼에 관한 두 가지 핵심 사안들을 설명하기에는 불충분하다. 우리 사회에 끔찍한 충격을 주는 도덕적 타락 때문에, 이 결핍이 과거 세대에 흠이 아니었던 것만큼 더 이상 흠 없다고 못한다. 자, 설사 이 본문이 불충분하다 하더라도 교회들과 목사들은 결혼에 대한 주제를 명백하게 이해하는 것이 필요하다.

제25장의 진술에서 첫 번째로 부족한 점은 결혼에 대한 정의가 부족하다는 것이다. 이것은 의미가 있는 생략이지만, 일반적인 생략이다. 오늘날 이혼과 성적 부도덕에 관한 격렬한 논쟁들 안에서, 이 기본적인 사안은 일반적으로 잊혀진다. 이 물음에 대해 잘못된 답을 하거나 애매모호한 대답을 취하거나, 이 질문에 답하지 못한다면, 그 결과는 성적 부도덕과 이혼에 대한 주제에 대해 거의 확실히 잘못된 생각이나 애매모호한 생각이나 혼란스러운 생각이 될 것이다.

제이 아담스Jay Adams의 유용한 문구를 인용하자면, 결혼은 '동반자 언약'a covenant of companionship이다.[1] 바꾸어 말하면, 결혼은 한 남자와 한 여자가 서로에게 하는 공개적이고 공식적인 맹세의 약속이다. 한 남자와 한 여자가 삶의 모든 면에서 동반자라는 의미로 서로 결혼으로 연합한 것이다. 결혼에 대한 이 정의는 결혼의 주된 목적과 결혼의 합법적인 행위에 대한 언급을 포함한다. 결혼의 주된 목적은 한 남자와 한 여자가 서로 동반자가 돼야 한다는 것이다(창세기 2장 18절, 24절, 잠언 2장 17절, 말라기 2장 14절). 이 성경구절들은 이 친밀한 동반자적 관계가 성적이고, 하늘이 정한 것이고, 고백적이고, 감정적이어야만 한다는 것을 계시한다. 결혼의 합법적인 행위는 결혼언약에 대한 서약이고 그 언약을 맺는 것이다(창세기 2장 24절, 잠언 2장

---

1   Jay Adams, *Marriage, Divorce, and Remarriage in the Bible* (Phillipsburg: Presbyterian and Reformed, 1980), p. 8.

17절, 말라기 2장 14절, 에스겔 16장 8절). 언약은 단지 약속이 아니다(히브리서 6장 17-18절). 언약은 맹세로써 공개적이고 공식적으로 보증된 약속 또는 서약이다. 성경에서 이러한 언약들의 공개적이고 공식적인 특징은 언약들이 일반적으로 성취되는 것으로, 언약의 당사자들이 증인으로 참석하거나 명백한 표나 상징을 교환하는 것으로 나타난다.[2]

결혼에 대한 몇 가지 중요한 결론들은 결혼의 본질에서 흘러나온다. 성적인 연합이 결혼을 이루는 것이 아니다. 몇몇 부주의한 성경학자들이 고린도전서 6장 16절과 같은 말씀으로부터 성적 연합이 결혼을 이룬다고 성급하게 결론 내렸다. 이것은 터무니없는 말이다. 결혼은 결혼언약으로 이루어진다. 사실 성경에는 두 사람이 한 번도 함께 살지도 않았지만 법 앞에서 두 사람이 결혼한 것으로 여겨지는 경우가 상당히 많다. 일반적으로 유대인들의 결혼에 있어서 첫날밤을 치르기도 전에 언약을 맺었지만 이런 남자와 여자는 결혼한 것으로 여겨졌다(신명기 22장 24절, 호세아 2장 16절, 19절, 마태복음 1장 18-20절, 24절을 보라). 이런 이유로 약혼(결혼언약이 맺어졌을 때) 이후에 첫날밤 이전의 간통은 간음으로 다루었다(신명기 22장 22-29절).

맹세(서약)하고 반지를 교환하고 증인들이 참석하고 하나님께서 인정받는 공식적인 결혼의식들은 무의미한 전통이 아니다. 결혼 의식은 결혼언약이 구체적으로 나타나는 의식이다. 이러한 결혼언약이 경박하게 규정되거나 가볍게 맺어지거나 간단히 무시되어서는 절대 안 된다. 결혼언약 밖에 있는 모든 성적인 관계는 죄다. 서로 엄중히 결혼언약을 맹세하지 않은 두 사람의 성적인 관계는 하나님의 법을 어기는 것이다. 이 죄를 회개하지 않는 것은 죄의 피할 수 없는 결과로 지옥에서의 하나님의 진노를 경험하게 된다(고린도전서 6장 9-11절, 에베소서 5장 5-7절).

또한 침례교 신앙고백서에서 빠진 부분은 이혼과 관련한 진술이다. 이

---

2   제7장도 성경에 있는 언약의 의미를 설명한다.

는 앞에서 생략한 것에 비하면 더 변명의 여지가 없다. 그 까닭은 웨스트민스터 신앙고백서와 사보이 선언 모두에 탁월한 진술들이 포함되어 있기 때문이다. 몇 가지 이유로, 이 진술을 포함하고 있는 항은 침례교 신앙고백서에는 포함되지 않았다. 아마 웨스트민스터의 진술들을 따르는 것을 반대하는 형제들에 대한 존중이 이 삭제의 원인이었을 것이다. 어떤 경우였든 간에 웨스트민스터 신앙고백서에서 이 항의 진술이 우리 현실의 상황에서는 중요하다.

웨스트민스터 신앙고백서는, 악한 사람들이 이혼을 위해 변명할 구실로 날조하려 하겠지만 두 근거들, 오직 간통과 유기라는 두 근거들 위에서만 이혼의 권리와 재혼을 인정한다. 이혼과 재혼에 대한 성경의 가르침은 세 가지 사안에 입각하여 요약된다. 이것은 이혼에 대한 신성한 태도, 이혼의 핵심적인 본질, 이혼을 지지하는 정당한 근거들이다.

이혼에 대한 신성한 태도는 두 가지 진술로 완벽하게 드러날 수 있다. 하나님께서 창조 때 복으로 명하신 결혼을 부정하는 것이어서, 하나님께서는 이혼을 싫어하신다. 그 까닭은 이혼이 항상 죄의 결과이기 때문이다(말라기 2장 16절, 마태복음 19장 6절). 저주 아래 있는 타락한 세상에 불가피한 것이어서, 하나님께서 이혼을 허락하셨다. 그 까닭은 이혼하는 것과 이혼 당하는 것이 항상 죄는 아니기 때문이다. 하나님께서는 한 번 그 사람들에게 이혼을 명령하셨다(에스라 10장 1-14절). 의로운 사람 요셉도 이혼을 고려하였다(마태복음 1장 18-19절). 하나님께서는 이스라엘과 결혼언약을 맺으신 이후에 스스로 이스라엘과 이혼하셨다(예레미야 3장 8절, 에스겔 16장 8절, 59절).

이혼의 핵심적인 본질은 반드시 위 개요에서 결혼의 정의에 관한 빛 안에서 이해되어야 한다. 결혼이 성적인 관계로 이루어지는 것이 아니기에, 이혼도 간통으로 고려되는 것이 아니다(마태복음 1장 18-19절). 결혼이 공식적인 결혼언약으로 이루어졌기에, 이혼도 반드시 공식적인 이혼증서로 인해 이행되어야 한다(신명기 24장 1-4절, 예레미야 3장 8절, 이사야 50장 1절). 결혼의 목적은 동반자적인 관계이지만, 이혼은 바로 그 관계를 거절하는 것이다(신명기 24장 2절, 이사야 50장 1절, 예레미야 3장 8절).

이혼은 결혼언약을 파기하는 것이기 때문에, 이혼에 정당한 근거가 있다면, 이혼은 성도가 재혼하도록 자유롭게 놓아주는 것이다. 이런 일반적인 의미에서의 의견은 또한 고린도전서 7장 15절이 담고 있는 의미로 인해 확증된다. '혹 믿지 아니하는 자가 갈리거든 갈리게 하라 형제나 자매나 이런 일에 구애될 것이 없느니라 그러나 하나님은 화평 중에서 너희를 부르셨느니라.' 이 진술과 앞에 있는 10-11절에서 결혼에 관해 금지하는 것 사이의 대조를 이룬다. 이 대조는 매여 있지 않는 것이 재혼을 할 수 있다는 의미라는 것을 나타낸다. 매여 있다는 개념에 대한 이해는 매여 있지 않다는 것과 재혼할 수 있다는 것을 동등하게 취급하는 고린도전서 7장 39절에 의해 확증된다. 고린도전서 7장 27-28절은 만약 어떤 사람이 아내에게서 놓였으면, 그가 결혼을 해도 죄를 짓는 것이 아니라고 명백하게 주장하는 것이다. 27절에서 '놓였다'라는 단어는 분명히 이혼을 언급하는 것이다. '네가 아내에게 매였느냐 놓이기를 구하지 말라'라는 성경말씀을 주목하라. 또한 마태복음 19장 9절은 성적으로 부정한 행실에 근거하지 않는 이혼과 재혼은 악한 것이라고 주장한다. 존 머레이의 이혼에 대한 훌륭한 논문에서, 이 마태복음 19장 9절이 말하는 예외가 이혼 그 자체 뿐 아니라 재혼에까지도 적용되는 것이라고 신중하게 입증해나간다.[3] 따라서 예수님께서는 이 말씀에서 이혼 후 재혼은 분명한 경우에 악한 것이 아니라고 가르치신다.

이혼의 정당한 근거들은 두 가지, 오직 두 가지 뿐이다. 결혼이 동반자로서의 언약이기에, 이혼에 대한 유일하고 정당한 근거들은 결혼언약의 정체성을 절대적으로 부정하는 것들이다. 성경에 따르면 유기와 간통만이 이혼에 대한 근거로 제공된다. 유기는 동반자로서의 언약을 절대적으로 부정

---

3   John Murray, *Divorce* (Philadelphia: Presbyterian and Refromed, 1976), pp. 35-43.

하는 것이다. 그러므로 이것은 이혼의 합당한 권리를 제공한다(고린도전서 7장 15절). 간통은 결혼언약의 최고의 특권과 신성한 마음을 절대적으로 유린한 것이다(창세기 2장 24절). 이 이유로 이것은 또한 상처 입은 당사자에게 이혼할 권리를 준다(마태복음 5장 31-32절, 19장 9절). 이혼할 권리를 사용할 필요는 없다. 이 권리를 발휘하는 것이 아주 경솔할 수도 있다. 그러나 상처 입은 당사자가 바로 이 권리를 사용하는 것은 죄가 아니다.

지금까지 이 항에서 포함되지 않은 이 두 가지 문제들을 다 다루었고, 이제 우리는 1689 신앙고백서 본문에 대한 해설을 시작하겠다.

I. 결혼의 일부일처의 규칙 (1항)

창세기 2장 24절, 마태복음 19장 5-6절, 디모데전서 3장 2절 그리고 디도서 1장 6절은 결혼에 대한 신성한 모범이 일부일처제라는 것을 명백히 가르친다. 더욱이, 창세기 2장 24절과 마태복음 19장 5-6절은 창조 이후로 쭉 이것이 결혼의 모범이라고 분명히 가르친다. 아브라함과 야곱과 다윗 그리고 다른 사람들과 같이 구약의 성도들 가운데 일부다처의 예는 결혼에 대한 하나님의 법에 대한 위반이었다. 구약성경 시대의 빛이 더 희미했기 때문에, 이런 일부다처가 오늘날과 비슷한 마음의 강팍함의 정도를 나타내는 것은 아니다. 복음의 빛 아래에서 이런 일부다처의 결혼 계약은 마음의 강팍함의 정도가 훨씬 더 강하다는 것을 드러낸다.

II. 결혼의 주요한 목적들 (2항)

2항에서 언급하는 결혼의 세 가지 주된 목적들은 자녀를 갖는 것이 결혼의 목적들 중 하나이긴 하지만, 유일한 목적이 아니라는 것을 가리킨다. 로마교회는 출산을 결혼의 유일한 목적으로 본다. 이것은 2항에서 인용된 근거 구절들이 가리키는 오류이다. 로마 가톨릭처럼 성관계를 출산을 목적으로만 주어진 불가피한 악으로 보아서는 절대 안 된다. 그렇지만 출산은 결혼의 목적들 중 하나이다. 성관계와 결혼을 출산과 따로 떼어 생각하는 것은 때때로 결혼과 자녀에 대한 비성경적인 관점을 초래한다. 성경은 자녀들을 복으로 본다(창세기 1장 28절, 시편 127편 3-5절, 128편 3-4절). 자녀들을 저주로 보는 태도는 우리 현대 사회의 끔찍한 이기주의에 뿌리를 두고 있다.

성경은 결혼을 '음행을 피하기 위해 명하신 것이었다' (고린도전서 7장 2-5절, 9절) 라고 진술한다. 이 때 1689 신앙고백서는 성경이 가르치는 결혼에 대한 현실적인 관점을 명백히 드러내는 것이다. 정욕이 불타는 한 평범한 남자와 한 평범한 여자에게 명하신 신성한 해결책은 지극히 높은 영적 체험과 같이 영광스러운 것이 아니다. 이에 대한 대부분의 해결책은 그리스도인의 결혼과 같이 간단한 것이다.

III. 결혼의 합법적 당사자들 (3-4항)

1. 일반적인 규칙: 자유

성경은 합법적 결혼에 대해 3, 4항에서 언급하고 있는 것보다 더 많은 제약 조건들을 포함하고 있지 않다. 1689 신앙고백서가 말하고 있듯이, 이런 제약 조건들을 제외하고 '누구나 합법적으로 결혼할 수 있다.' 나이가 많은 사람도 결혼할 수 있다. 장애가 있는 사람도 할 수 있다. 다른 인종적 배경 출신도 결혼할 수 있다. 모든 사람들이 결혼할 수 있다. 그러나 우리는 자유의 문제와 권고의 문제를 결코 혼동해서는 안 된다. 죄가 아닌 것들은 권고할 만한 것이 아닐 수 있다(고린도전서 7장 25-40절).

2. 특별한 제한들

1) 그리스도인으로서의 제한

그리스도인이 그리스도인이 아닌 사람과 결혼하는 것은 죄이다(고린도전서 7장 39절, 고린도후서 6장 14절). 이 명령에 대한 순종은 이 명령을 어기려는 유혹을 피할 것을 요구한다. 그러므로 이 명령에 대한 순종은 미혼 그리스도인이 중생하지 못한 이성과 교제하지 않을 것을 요구한다. 이것이 빈번히 그리스도인들을 꾀어 주님 밖에서 결혼하도록 한다(시편 1편 1절, 잠언 1장 10절, 2장 20절, 13장 20절, 고린도후서 6장 14-18절, 디모데후서 2장 22절). 그러므로 또한 이 명령에 대한 순종은 미혼 그리스도인들에게 성경을 따라 상대방의 그리스도인으로서의 신앙고백을 판단한 이후에 연애할 것을 요구하는 것이다.

2) 태생적 제한

하나님의 말씀으로 금지된 혈족과 친척의 관계 안에서는 그 누구도 결혼하지 못할 것이다. 친척은 결혼으로 맺어진 관계를 가리키고 혈족은 혈족관계를 가리킨다. 이 주제에 관한 말씀의 법들은 레위기 18장 6-18절에 있다. 이러한 법들은 어떤 사람도 이 같은 관계를 맺고 있는 혈족이나 친척들과는 당연히 결혼할 수 없다는 것을 가르친다. 사촌보다 가까운 모든 친족과는 금지된다. 성경은 사촌들보다 더 먼 친척들과의 결혼은 금하지 않는다.

이러한 법들은 모세의 법의 일부이다. 그러므로 이 법들은 그리스도인을 옭아매는 것이 아니라는 주장은 이어지는 논의들에 의해 반론이 제기된다. 이 법들은 이스라엘에게만 주어진 의식법이 아니다. 이방인들은 이 법을 어김으로 심판을 받는다(레위기 18장 24-30절). 더욱이 신약은 이 법이 여전히 유효하다고 여긴다(마가복음 6장 18절, 고린도전서 5장 1절).

이 모든 것은 우리가 모세의 법들이 우리에게 적용되지 않는다고 단순하게 가정하지 않아야 한다는 것을 의미한다. 더욱이, 이것은 단지 십계명만이 우리를 위한 것이 아니라는 의미이다. 이 문제 안에서 신약시대에 유효한 법은 구약시대의 법이 폐지되지 않는 한, 구약시대의 법들이 특별히 또는 원리적으로 우리에게 적용되는 것이다.

친족과 혈족의 법들에 관해서 일반적으로 제기되는 몇몇 질문들이 있다. 아담의 자녀들은 그들의 형제들과 자매들과 결혼하지 않았는가? 아브라함은 그의 누이와 결혼하지 않았나?(창세기 20장 12절). 물론 이런 질문들의 답은 '그렇다'이다. 만약 우리가 이러한 법들을 위반하는 것과 관련되어, 잘 알려진 유전적인 문제들이 아브라함 시대 이후에 여전히 드러나지 않았고, 이러한 법들이 (적어도 부분적으로나마) 그런 유전적인 문제들의 관점에서 재정되었다고 생각한다면, 이 어려운 문제는 해결된다.

제26장 교회에 관하여

of the Church

1. 보편교회 또는 우주적 교회는[1] (성령님의 내적활동과 은혜의 진리라는 관점에서) 보이지 않는 교회로 불리어지기도 하는데, 바로 이 교회는 본질적으로 선택된 자들의 전체 수이다. 이는 교회의 머리이신 그리스도의 품 안에 하나로 모여왔고 모이고 있고 앞으로도 모일 자들이다. 그리고 이 교회는 만물 안에서 만물을 충만케 하시는 하나님의 신부이고 몸이고 충만함이다.[2]

> 1. 마태복음 16장 18절, 고린도전서 12장 28절, 에베소서 1장 22절, 4장 11-15절, 5장 23-25절, 27절, 29절, 32절, 골로새서 1장 18절, 24절, 히브리서 12장 23절
>
> 2. 에베소서 1장 22절, 4장 11-15절, 5장 23-25절, 27절, 29절, 32절, 골로새서 1장 18절, 24절, 요한계시록 21장 9-14절

2. 복음에 대한 믿음을 고백하고 그 복음을 따라 그리스도로 인해 하나님께 순종하고, 복음의 기초를 뒤집는 어떤 오류들이나 불경건한 행동으로 자신들의 고백을 파괴하지 않는 전 세계의 모든 사람들은 보이는 가시적 성도들이고 그렇게 불려도 된다.[1] 이런 사람들로만 모든 개별적인 회중을 구성하는 것이 옳다.[2]

1. 고린도전서 1장 2절, 로마서 1장 7-8절, 사도행전 11장 26절, 마태복음 16장 18절, 28장 15-20절, 고린도전서 5장 1-9절

2. 마태복음 18장 15-20절, 사도행전 2장 37-42절, 4장 4절, 로마서 1장 7절, 고린도전서 5장 1-9절

3. 하늘 아래 가장 순수한 교회들도 불순물이 섞이고 오류를 겪는다.[1] 그리고 어떤 교회는 매우 타락하여 더 이상 그리스도의 교회가 아니고 사단의 회들이 되고 말았다.[2] 그럼에도 불구하고 그리스도께서는 이 세상에 자신을 믿고 자기 이름을 고백하는 사람들로 이루어진 하나의 왕국을 항상 가지고 계셨고 이 세상 끝 날까지 영원히 가지고 계신다.[3]

1. 고린도전서 1장 11절, 5장 1절, 6장 6절, 11장 17-19절, 요한3서 9-10절, 요한계시록 2장, 3장

2. 요한계시록 2장 5절, 1장 20절, 디모데전서 3장 14-15절, 요한계시록 18장 2절

3. 마태복음 16장 18절, 24장 14절, 28장 20절, 마가복음 4장 30-32절, 시편 72편 16-18절, 102편 28절, 이사야 9장 6-7절, 요한계시록 12장 17절, 20장 7-9절

4. 주 예수 그리스도께서는 교회의 머리이시다. 그리스도에게 성부 하나님의 정하심대로 교회를 부르시고 세우시고 교회의 질서를 바로잡으시고 교회를 통치하는 모든 권세를 최고의 주권적인 방식으로 맡기셨다.[1] 로마교회의 교황도 어떤 식으로도 교회의 머리가 될 수 없다. 단지 적그리스도, 죄에 속한 사람, 멸망의 아들, 즉 교회에서 그리스도를 대적하여 스스로 높이는 자이고 모두가 신이라고 불리는 자들일 뿐이다. 주님께서는 반드시 재림의 빛으로 그 모두를 멸망시키실 것이다.[2]

1. 골로새서 1장 18절, 에베소서 4장 11-16절, 에베소서 1장 20-23절, 5장 23-32절, 고린도전서 12장 27-28절, 요한복음 17장 1-3절, 마태복음 28장 18-20절, 사도행전 5장 31절, 요한복음 10장 14-16절

2. 이 신앙고백서는 데살로니가후서 2장 2-9절을 암시하고 있다.

5. 주 예수님께서는 자신에게 맡겨진 이 권세를 행하심으로 성부 하나님께서 자신에게 주신 사람들을 자신의 말씀 사역을 통하여 그리고 성령님에 의하여 세상에서 불러내어 자신에게 속하게 하신다.[1] 그 결과 그들은 주 예수님께서 말씀으로 규정하신 모든 순종의 길로 그분 앞에서 걷게 될 것이다.[2] 이렇게 부름 받은 사람들에게 주 예수님께서는 개별적인 모임들, 각 교회들로 함께 걸어갈 것을 명령하신다. 이는 그들이 서로 도와 신앙의 증진을 일으키고 주님께서 이 세상에서 그들에게 요구하시는 공적 예배를 적절히 행하기 위함이다.[3]

1. 요한복음 10장 16절, 23절, 12장 32절, 17장 2절, 사도행전 5장 31-32절

2. 마태복음 28장 20절

3. 마태복음 18장 15-20절, 사도행전 14장 21-23절, 디도서 1장 5절, 디모데전서 1장 3절, 3장 14-16절, 5장 17-22절

6. 이런 교회들의 회중이 부르심을 받은 성도들이다. 이들은 그리스도의 부르심에 대한 순종을 보이게 드러내고 입증한다(그들의 고백의 내용과 그 고백으로 인해 그리고 그들이 걷고 있는 길과 그 순종의 걸음으로 인해).[1] 그리고 이 회중들은 그리스도의 약속을 따라 함께 걸어 갈 것을 의지적으로 동의한다. 그래서 그들은 하나님의 뜻을 기준으로 복음의 명령들에 대한 고백적 순종 안에서 그들 자신을 주님과 다른 사람들에게 기꺼이 내어놓는다.[2]

1. 마태복음 28장 18-20절, 사도행전 14장 22-23절, 로마서 1장 7절, 고린도전서 1장 2절, 13-17절, 데살로니가전서 1장 1절, 2-10절, 사도행전 2장 37-42절, 4장 4절, 5장 13-14절

2. 사도행전 2장 41-42절, 5장 13-14절, 고린도후서 9장 13절

7. 그분의 말씀 안에서 드러난 그리스도의 뜻에 따라 모여진 이러한 각 교회들에게 주님께서는 교회가 지켜야 하고 시행해야 하는 예배와 치리의 질서를 지속하는데 필요한 모든 권세와 권위를 주셨다. 이 권세의 적절하고 올바른 사용과 실행을 위한 명령들과 규칙들도 함께 주셨다.[1]

1. 마태복음 18장 17-20절, 고린도전서 5장 4-5절, 13절, 고린도후서 2장 6-8절

8. 그리스도의 뜻을 따라 모이고 온전하게 질서가 세워진 지역교회는 직분자들과 회중들로 구성된다. 그리고 그리스도에 의해 임명된 직분자들은 (교회가 부르심을 받고 모여진 것처럼) 교회에 의해 선택되고 구별되어야만 한다. 이 직분자들은 특별하게 의식들을 집례하고 권세나 의무를 행하기 위해 임명되는 것이다. 그리스도께서 맡기셨고 부르신, 이 세상 끝까지 계속되는 직분자들은 감독들이나 장로들 그리고 집사들이다.[1]

1. 빌립보서 1장 1절, 디모데전서 3장 1-13절, 사도행전 20장 17절, 28절, 디도서 1장 5-7절, 베드로전서 5장 2절

9. 성령님에 의해[1] 자격과 은사를 받은 어떤 사람을 한 교회 안에서 감독이나 장로의 직분으로 부르시기 위해 그리스도께서 정하신 방식은 바로 그 교회의 공통된 동의에 의해 그 직분에 선출되는 것이다.[2] 그리고 만약 한 교회

에 이미 구성된 회중이 있다면, 신중히 금식과 기도로 그리고 그 교회 목회자의 자리에 있는 자가 안수하는 것으로 구별되어야 한다.[3] 집사의 직분을 임명하는 방식도 동일한 동의로 선택되고 신중하게 기도와 안수하는 것으로 인해 구별되어야 한다.[4]

1. 에베소서 4장 11절, 디모데전서 3장 1-13절
2. 사도행전 6장 1-7절, 14장 23절, 마태복음 18장 17-20절, 고린도전서 5장 1-13절
3. 디모데전서 4장 14절, 5장 22절
4. 사도행전 6장 1-7절

10. 목사들의 직무는 지역교회 안에서 말씀과 기도의 사역으로 그리스도께 드리는 예배에 지속적으로 참여하면서 그들이 맡고 있는 영혼들에 대해 주님께 보고해야 되는 자들처럼 그들의 영혼을 살펴야 한다.[1] 그들의 목회자들을 합당하게 존경해야 할 뿐만 아니라 자신들의 능력을 따라 좋은 것들을 나누는 것이 교회에 부여된 책무이다.[2] 그래서 목회자들은 세속적인 일들에 얽혀있지 않아야 하며, 동시에 안정적인 재정 지원을 받아야 한다.[3] 또한 다른 사람들을 대접할 수 있을 만한 능력이 있어야만 한다.[4] 이는 자연의 법칙과 우리 주님의 분명한 명령, 즉 복음을 전하는 자들은 그 복음을 전하는 것으로 생계를 유지해야 한다는 명령으로 인해 요구되는 것이다.[5]

1. 사도행전 6장 4절, 디모데전서 3장 2절, 5장 17절, 히브리서 13장 17절
2. 디모데전서 5장 17-18절, 고린도전서 9장 14절, 갈라디아서 6장 6-7절
3. 디모데후서 2장 4절
4. 디모데전서 3장 2절
5. 고린도전서 9장 6-14절, 디모데전서 5장 18절

11. 한 교회 안에서 직분상 말씀을 꾸준히 전하는 일이 감독들이나 목사들의 책무라 할지라도, 말씀을 전하는 일이 그에게만 특별히 제한되는 것이 아니라, 이 일을 위해 성령님Holy Spirit께서 은사와 자질을 주신, 그리고 교회에 의해 인정받고 부름을 받은 다른 사람들도 이 직무를 수행하는 것이 허락되고 마땅하다.[1]

    1. 사도행전 8장 5절, 11장 19-21절, 베드로전서 4장 10-11절

12. 모든 신자들은 언제 어디서든 자신에게 지역교회에 가입해야 할 기회가 있으면 그렇게 해야만 한다. 그렇게 한 교회의 특권들에 참여하게 된 모든 사람들은 또한 그리스도의 규칙을 따라, 그 교회의 훈계와 다스림 아래있다.[1]

    1. 데살로니가전서 5장 14절, 데살로니가후서 3장 6절, 14-15절, 고린도전서
      5장 9-13절, 히브리서 13장 17절

13. 교회의 회중들로 인해 어떤 범죄가 발생한 경우에, 교회회중은 그 잘못을 일으킨 사람에 대하여 자신들에게 요구되는 의무를 즉각 수행하되, 함께 신앙생활 하는 그 회중의 죄로 인하여 교회의 어떤 질서도 훼방해서는 안 되며, 교회의 모임들 또는 의식들의 시행에 불참하는 것은 결코 허락되지 않는다. 그저 교회의 최종 진행 때까지 그리스도를 의지하며 기다려야한다.[1]

    1. 마태복음 18장 15-17절, 에베소서 4장 2-3절, 골로새서 3장 12-15절, 요한
      1서 2장 7-11절, 18-19절, 에베소서 4장 2-3절, 마태복음 28장 15-17절,
      28장 20절

14. 각 교회와 그 교회의 모든 회중들은 계속적으로 기도해야 할 의무가 있다. 이는 그리스도의 모든 교회들의 유익과 번영을 위한 것이고, 모든 장소와 모든 상황 위에서 자신들의 은사들과 은혜들을 사용하여 각자의 자리와 부르심 안에 있는 모든 사람들의 믿음을 증진시키기 위한 것이다.[1] 이와 같이 그 교회들이 하나님의 섭리로 세워진 경우, 이를 위한 기회와 유익이 되는 대로[2] 그들 가운데 평안과 사랑의 증진 그리고 서로의 성숙을 일으키기 위한 성도의 교제를 나누어야만 한다.[3]

1. 요한복음 13장 34-35절, 17장 11절, 21-23절, 에베소서 4장 11-16절, 6장 18절, 시편 122편 6절, 로마서 16장 1-3절, 요한3서 8-10절, 요한2서 5-11절, 로마서 15장 26절, 고린도후서 8장 1-4절, 16-24절, 9장 12-15절, 골로새서 2장 1절, 1장 3-4절, 7절, 4장 7절, 12절

2. 갈라디아서 1장 2절, 갈라디아서 1장 22절, 골로새서 4장 16절, 요한계시록 1장 4절, 로마서 16장 1-2절, 요한3서 8-10절

3. 요한1서 4장 1-3절, 요한2서 1-13절, 요한3서 1-14절, 로마서 16장 1-3절, 고린도후서 9장 12-15절, 여호수아 22장

15. 교리적이거나 행정적인 문제에서, 어려움 또는 차이가 있는 경우에, 전체 교회에서 일반적으로 발생한 것이나 어떤 한 교회에서 평화와 연합과 성숙에 있어서 발생하는 경우, 또는 어떤 교회의 회중이나 회중들이 진리와 질서에 일치하지 않는 권징의 절차 과정에서 그로 인해 상처를 입는 경우에는, 함께 교제를 나누고 있는 많은 교회들이 자신들의 대표자들을 세워 논란이 되는 문제의 본질이나 문제에 관하여 만나서 그들의 대표자들로 하여금, 생각하고 조언을 주고, 관계된 모든 교회에게 보고해야 한다. 이것이 그리스도의 뜻을 따르는 것이다.[1] 그럼에도 소집된 대표들에게는 이른바 교권도 없고, 모든 교회 그 자체를 지배하는 그 어떤 사법권도 없으며, 어떤 교회

들이나 회중을 징계할 권한도 없다. 또한 이 대표들에게는 모든 교회나 직분자들에게 강요할 권한이 부여되지 않는다.[2]

1. 갈라디아서 2장 2절, 잠언 3장 5-7절, 12장 15절, 13장 10절
2. 고린도전서 7장 25절, 36절, 40절, 고린도후서 1장 24절, 요한1서 4장 1절

개 요

1689 신앙고백서의 제26장은 웨스트민스터 신앙고백서와 가장 많은 부분에서 다른 장들 가운데 하나이다. 웨스트민스터 신앙고백서의 '교회에 관하여'라는 제목이 붙은 장은 여섯 개 항을 가지고 있는 반면 1689 신앙고백서는 열다섯 개의 항을 가진다. 교회론은 침례주의 청교도들과 장로주의 청교도들을 분리시킨다. 그러나 침례주의자들은 이 주제에 관하여 웨스트민

스터 신앙고백과 단순히 다르기만 한 것은 아니었다. 1689 신앙고백서 제 26장의 많은 항들은 1658년 독립회중주의 청교도들에 의해 출판된 사보이 선언의 교회 정치체계와 비슷한 진술들에서 유래된다. 따라서 이 장에서 발견된 개념들은 침례주의자들의 독자적인 개념들이 아니라 토마스 굿윈과 존 오웬과 존 카튼 그리고 조나단 에드워즈와 같은 독립회중주의 청교도들에 의해 주장된 개념들이다. 이 개념들을 신앙고백서에 넣겠다는 생각은 침례주의자들의 독특함이다.

이 항은 분명히 두 부분으로 나뉜다. 1-4항은 우주적 교회를 다루고, 5-15항은 지역교회를 다룬다. 이 구분은 제26장의 두 부분을 각각 강조하는 것뿐만 아니라 그것들 각각의 기원들로 인해 나타난다. 1-4항은 본질적으로 웨스트민스터 신앙고백에서 다루는 우주적 교회에 대해 사보이 선언이 개정한 것으로부터 유래된다. 반면 5-15항은 본질적으로 사보이 선언에 있는 지역교회 정치체계로부터 유래된다. 이장을 해석함에 있어서 일반적으로 앞에서 제시된 개요를 따라갈 것이다.

I. 우주적 교회 (1-4항)

1. 우주적 교회의 정체성(1-2항)

이 두 항은 보이지 않는 교회와 보이는 교회 사이의 차이를 중심으로 짜여진다.

1) 보이지 않는 우주적 교회 (1항)

1항에는 핵심 단어 세 개가 있다. '보편적'이라는 단어는 간단히 말해 우주적이라는 뜻이다. 우리가 가톨릭 교회에 대해 말할 때, 우주적 교회를 의미하는 것이지 로마교회가 우주적 또는 가톨릭이라고 부르는 그 교회를 의미하는 것이 아니다. '보이지 않는'이라는 단어가 여기서 사용되긴 하지만 잘못 이해되기가 아주 쉽다. 여러분은 1689 신앙고백서가 다음과 같이 이 단어를 아주 신중히 제한하고 있다는 사실에 주목해야 할 것이다. '보이지 않는 교회로 불리어지기도 하는데,…' '선택'이라는 단어는 세 번째 핵심단어이다. 보이지 않는 우주적 교회는 '…선택받은 자들의 전체 수이다….하나로 모여 왔고 모이고 있고 앞으로도 모일 자들…'로 구성된다. 이 세 개의 단어들로 인하여 1항은 최소한 세 가지를 가르친다. 첫째, 우주적 교회가 있다. 둘째, 이 우주적 교회는 모든 택자로 구성된다. 셋째, 이렇듯 이 우주적 교회는 눈에 보이지 않는다.

성경은 하나의 우주적 교회가 있다고 가르치는가? 신약은 '교회'라는 말을 115번 쓴다. 대부분의 언급은 사실 우주적 교회를 언급하는 것이 아니라 한 지역교회나 지역교회들을 언급하는 것이다(고린도후서 8장 23-24절, 갈라디아서 1장 2절). 신약은 하나의 우주적 교회에 대해서 언급한다(마태복음 16장 18절, 고린도전서 12장 28절, 에베소서 1장 22절, 4장 11-15절, 5장 23-25절, 27절, 29절, 32절, 골로새서 1장 18절, 24절, 히브리서 12장 23절). 이런 성경구절들은 지계석주의Landmarkism를 반박하고 하나의 우주적 교회를 부정하는 것을 반박한다.

성경은 이 우주적 교회가 모든 택자로 구성되어 있다고 가르치는가? 여기서의 차이가 아주 중요하다. 교회는 하나님의 백성을 최종적이고 유기적으로 지상에 드러내는 표현이다. 우리는 반드시 한 기관으로서 교회와 하나님의 백성으로서 교회를 구분해야 한다. 이러한 구분되는 특징은 우리가 신약에서 자주 잘못 해석하는 부분들을 올바로 고칠 수 있게 한다. 그리스도께서 초림 하셨을 때 그리스도의 주변에 일어난 복합적인 사건들 속에서 교회가 기관으로서 그리고 유기체로서 시작되었다는 것에는 아주 중요한 의미가 있었다. 역사적으로 교회는 이 땅에서 그리스도의 사역, 즉 죽으심과 부활하심 그리고 성령님을 부어주심의 사건들 속에서 시작되었다는 의미가 있었다. 그리스도의 사도들은 그리스도께서 지금도 자신의 교회를 세우고 계시다는 역사적인 토대이다(마태복음 16장 18절, 에베소서 2장 20절, 히브리서 12장 18-24절). 그러므로 그리스도의 말씀 '내가 내 교회를 세우리니'에서의 미래 시제에 그 말씀의 본질적인 권세가 주어질 것이다. 비록 과거 이스라엘이 교회의 한 모형이라 할지라도(로마서 2장 28-29절, 고린도전서 10장 18절, 갈라디아서 6장 16절, 빌립보서 3장 3절) 그리고 지금 그 교회가 하나님의 새 이스라엘과 예언의 성취라 할지라도(사도행전 2장 16절, 15장 14-18절, 고린도전서 10장 11절, 갈라디아서 6장 16절, 에베소서 2장 12-19절, 히브리서 8장 7-13절), 한 기관으로서 그리고 유기체로서 교회가 구약에 존재하지 않았다는 것은 사실이다. 이 사실들은 유아세례를 지지하려고 교회와 이스라엘 사이의 차이를 깨부순 언약신학의 어떤 흐름들의 경향을 부정한다.

반면, 교회는 이 땅에 하나님의 백성을 드러내는 정점이다. 따라서 그리스도와 연합한 모든 자들과 교회가 동일하다는 말이 자주 사용된 것이다. 교회는 그리스도의 몸이고 신부이다(에베소서 1장 22절, 4장 11-16절, 5장 23-27절, 29절, 32절, 골로새서 1장 18절, 24절). 더욱이, 그리스도의 신부는 마지막 날 모든 시대로부터 구원받은 사람으로 구성된다(에베소서 5장 27절, 요한계시록 21장 9-14절, 또 주목하라 마태복음 8장 11-12절, 요한복음 10장 14-17절, 히브리서 11장 39-40절). 따라서 언젠가 교회는 모든 구원받은 사람들로 구성될 것이다. 하나님의 백성으로서 교회는 본질적으로 '택자의 총수'로 구성된다. 이러한 이해들은 교회와 이스라엘을 구분하는 세대주의를 반박하고, 세대주의가 구약성도들이 교회의 한 부분이라는 사실에 대해 부인하는 것도 반박한다.

성경은 이 우주적 교회가 보이지 않는다고 가르치는가? 우리가 이 단어를 사용할 경우에, 1689 신앙고백서와 같이 우리는 반드시 아주 신중하게 사용해야 한다. 그 까닭은 보이지 않는 교회와 보이는 교회의 어떠한 구분도 없기 때문이다. 다시 말해서, 우주적 교회는 항상 눈에 보이는 기관이고 유기적인 기관이다. 존 머레이는 "보이는 독립체로서 교회와는 구분되는 보이지 않는 독립체로서 '교회' 개념에 대해서 그 어떤 증거도 없다"[1]고 말한다. 완벽하거나 온전하게 눈에 보이지 않을 지라도, 우주적 교회는 항상 눈에 보인다. 에베소서에서 말하는 우주적 교회는 가시적이다(에베소서 1장 22절, 3장 10절, 21절, 4장 4절, 11-13절, 참고 고린도전서 12장 28절). 우주적 교회는 박해 받을 수 있었고, 드러나야만 했다(사도행전 8장 1절, 3절, 9장 1-2절, 31절, 참고 갈라디아서 1장 13절, 빌립보서 3장 6절). 한 사람이 보이는 교회의 회중과 유대를 무시한다면 보이지 않는 교회의 회중의 한 사람이라고 확실히 고백할 수는 없을 것이다.

그러면 어떤 뜻으로 교회는 '비가시적'인가? 교회가 보이지 않는 이유는 한 사람을 그리스도께 연합시키는 성령님의 사역을 우리가 직접적으로 볼 수 없기 때문이다. 교회가 눈에 보이지 않는 이유는 우리가 또 다른 사람이 받은 은혜가 참인지 완벽하게 판단할 수 없기 때문이다. 교회가 눈에 보이지 않는 이유는 전체로서의 교회가 이 땅에서 아직까지는 완벽한 실체가 아니기 때문이다. 눈에 보이는 교회들은 보이지 않는 교회를 단지 불완전하고 부분적으로 드러내는 것이다.[2]

---

1   Hodge, *The Confession of Faith*, p. 312

2   Hodge, *The Confession of Faith*, p. 312

2) 보이는 우주적 교회 (2항)

우주적 교회는 단순히 또는 완전히 보이지 않는 것이 아니다. 2항은 우주적 교회가 눈에 보인다고 가르친다. 2항은 이 보이는 우주적 교회에 대해 두 가지를 주장한다.[3] 보이는 교회의 정체성은 복음을 믿고 그리스도께 순종하기로 고백한 사람들, 그리고 근본적인 오류들 또는 실천적 무신론을 가지고 이 고백들을 반대하지 않는 사람들로 묘사된다(고린도전서 1장 2절, 로마서 1장 7-8절, 사도행전 11장 26절, 마태복음 16장 18절, 28장 15-20절, 고린도전서 5장 1-9절). 보이는, 우주적 교회와 지역교회들과의 관계는 보이는 성도들만이 지역교회들의 회중이라는 것이다(마태복음 18장 15-20절, 사도행전 2장 37-42절, 4장 4절, 고린도전서 5장 1-9절). 우주적 교회가 완벽히 또는 완전히 보이지는 않으나, 우주적 교회는 실제로는 보이는 교회이다. 그리스도의 이름을 고백하지도 않고 외적으로 순종하지 않는 참 그리스도인은 없다. 어떤 신앙고백이든, 그것이 얼마나 열정적인지 상관없이 이단적이거나 무신론적인 길에서 돌아서지 않는 것으로 인해 부정된다.

2. 우주적 교회의 영속성 (3항)

보이는 우주적 교회의 영속성이 겉보기에 이 영속성을 받아들이기 어렵게 만들거나 의심이 들게 하는 실제 현상들을 언급하는 것으로 소개된다. 이 실제 현상들은 지역교회들이 죄를 지을 수 있고(고린도전서 1장 11절, 5장 1절, 6장 6절, 11장 17-19절, 요한3서 9-10절) 배교하기도 한다는 것이다(요한계시록

---

3   1689 신앙고백서는 보이는 교회라는 말을 쓰지 않고 대신 "보이는 성도들"이라는 말을 쓴다. 1689 신앙고백서는 2항의 마지막 부분에서 "개별적인 회중"에 대해서 이야기하는 것으로, 보이는 교회라는 말을 제시한다. 1689 신앙고백서 저자들은 한 지역교회가 통치하는 것보다 더 넓은 권위를 가진 보이고 우주적인 교회가 이 땅의 직분자들과 함께 존재한다는 인상을 주는 것을 피하기 위해서 보이는 교회라는 용어를 쓰지 않으려고 한 것이다. 지역교회의 독립을 주장하는 7항의 주장을 주목하라.

2장 5절, 참고 1장 20절, 디모데전서 3장 14-15절). 우리는 결코 어떤 교회의 모범들이나 그 교회의 지도자들의 선례들을 맹목적으로 따라가서는 안 된다. 우리는 반드시 공동체적인 죄와 배교를 경계해야 한다. 만약 당신이 당신의 교회를 사랑한다면, 당신의 교회를 위해 기도하고 죄를 경계해야 하고 죄 안에 빠진 사람들을 훈계해야 한다.

각 지역교회들에서 일어나는 이런 실제 현상들에도 불구하고, 우주적 교회는 항상 보이게 지속될 것이다(마태복음 16장 18절, 24장 14절, 28장 20절, 마가복음 4장 30-32절, 시편 72편 16-18절, 이사야 9장 6-7절). 성경과 신앙고백서 모두는 보이는 우주적 교회의 불멸에 대해 이야기하고 있다. 그리스도께서는 항상 '자기 이름을 고백하는 사람들로 이루어진 하나의 왕국을 가지고' 계실 것이다. 우리는 그리스도의 이름과 그리스도의 교회가 영원히 사라질 것을 두려워할 필요가 없다. 무신론자들은 교회가 사라질 것이라고 예측한다. 소설가들은 이에 대해 기록한다. 볼테르Voltaire는 교회가 사라질 것이라고 예언하였으나 그의 집은 성경 인쇄소로 바뀌어 버렸다. 우리는 지역교회를 위해 기도할 때 이러한 약속들을 구할 수 있다. 우리에게는 우리가 속한 지역교회가 지속될 것이라는 절대적인 약속은 없지만, 우리는 그리스도의 우주적 교회가 항상 보이게 지속될 것이라는 것을 분명히 안다. 이 지속될 일을 위해 그리스도께서 정하신 방식이 우리교회와 같은 지역교회들 안에 있다. 따라서 우리는 그리스도께서 자신의 교회를 세워 주실 것과 우리를 통해서 사탄의 권세를 물리쳐 주시기를 기도할 수 있다!

3. 우주적 교회의 권위 (4항)

4항의 요점은 주 예수님께서 우주적 교회의 머리, 권위자라는 것이다. 두 번째로 로마 교황이 그 어떤 의미로도 교회의 머리가 아니라는 사실은 여기서부터 추론된다. 개요를 보라. 1689 신앙고백서를 굳건히 따르는 사람들 대부분은 교황이 적그리스도라는 이 고백서의 교리적인 가치를 의심한다. 나도 이들 중 하나이다. 이것은 1689 신앙고백서의 개정판에서 적절히 삭제되어도 될 만한 진술들 중 하나이다. 그러나 이러한 삭제가 로마교회의 배교적인 상태들과 교황의 주장들이 가지는 악하고 이단적인 특징에 관하여 우리의 확신이 약해졌기 때문이 아니라, 1689 신앙고백서의 진술이 정확하지 않고 충분한 근거가 없다는 해석학적 확신에 의한 것이다.[4]

그리스도께서 교회의 머리되심이 반복적으로 주장된다(골로새서 1장 18절, 에베소서 4장 11-16절, 1장 20-23절, 5장 23-32절, 고린도전서 12장 27-28절, 요한복음 17장 1-3절, 마태복음 28장 18-20절, 사도행전 5장 31절, 요한복음 10장 14-16절). 그렇지만 몇몇 사람들은 '이 모든 것이 위대하게는 들리지만, 이게 어떻게 실제로 일어나느냐? 그리스도께서는 하늘에 계시지 땅에는 없으시다. 말 그대로 거의 20세기 동안 이 땅에 살고 있는 그 어떤 사람도 그리스도께 실제로 말한 적이 없다. 이런 머리로서의 위치가 실제로는 무슨 소용인가? 어떻게 이것이 실현되는가?'라고 말한다. 이 질문에 대한 답은 사실 아주 간단하다. 그리스도께서는 이 땅에서 자신이 임명한 대리자들을 통하여 자신의 머리로서의 지위를 실행하신다.

성령님께서는 그리스도의 대리자이시다. 성령님께서는 그리스도의 사역을 지속하고 수행하기 위해 보내심을 받으셨다(요한복음 14장 16-18절, 26절, 15장 26-27절, 16장 7-13절, 사도행전 16장 6-10절, 고린도후서 3장 17-18절). 그리스도의 사도들은 교회의 '우주적인 감독들'이고, 자신들의 증언을 통하여 그들은 교회의 기초가 된다(마태복음 16장 16-18절, 에베소서 2장 19-22절, 사도행전 1장 20-26절, 요한계시록 21장 14절). 따라서 승천하신 그리스도의 사역은 사도들의 '증언'을 통하여 이어지고 있다(사도행전 5장 31-32절). 이러한

---

4 저자 자신의 확신은 데살로니가후서 2장이 그리스도의 재림 때 멸망하는 한 존재에 대해서 이야기 하고 있는 것이다. 교황들의 계보에 대해서 말하고 있지 않는다. 물론 미래의 교황이 바로 그 한 존재일 가능성은 있다.

'증언들'은 기록된 증언(신약)을 통하여 여전히 그리스도의 교회를 다스린다. 성령님께서는 마지막 날까지 그 말씀을 적용하시려고 계신다.

사도들, 즉 교회의 우주적인 감독들은 제한이나 지도력 없이 성도들의 지역 모임들을 장악하려 하지 않았다. 여기서 그들은 교회에 선물들을 베풀고 계셨던 그리스도의 마음을 다시 가졌다. 그래서 사도들은 각 교회 안에 그 지역 감독들을 임명했다(에베소서 4장 11절, 사도행전 14장 23절, 13장 1절, 20장 28절, 베드로전서 5장 1절, 디도서 1장 5-9절). 장로들로, 감독들로, 또는 교사들로 다양하게 불리는 그 지도자들은 오직 그들이 섬기는 특정 교회 안에서 지역적이고 조건적인 권위를 행사할 뿐이다. 그렇지만 이 각 교회들 안에서 그들은 그리스도의 권위를 시행해야 하고 그리스도의 교회를 다스려야 한다.

그리스도의 머리로서의 지위와 이 땅에서의 그 권위의 대리자들에 대해 말한 것이 모두 사실이라면, 교황의 주장들은 거짓이고 모든 지역교회 또는 많은 지역교회들에 대해 권위를 주장하는 어떤 사람이나 그들의 주장들 또한 거짓이다. 그리스도의 참 대리인은 성령님이시지 교황이 아니다. 교황은 사도가 될 수 있는 자격이 없다. 유일하고 참된 사도적 계승은 신약의 기록들로 존재할 뿐이다. 이 땅에서 그리스도 권위의 유일한 대리자들은 지역감독들이다. 감독들의 권위는 철저히 지역적이다. 반면 교황은 우주적 권위를 부당하게 주장한다.

II. 지역교회

1689 신앙고백서는 1-4항에서 우주적 교회를 살펴보았다. 그리고 이 신앙고백서는 주 예수 그리스도께서 교회의 살아계신 머리이심을 주장함으로

이 연구를 결론짓는다. 1689 신앙고백서는 이제 5항에서 이 사실을 우주적 교회의 독특하고 개별적으로 드러난 지역교회에 적용하는데 까지 이른다. 1689 신앙고백서는 교회의 머리이신 그리스도께서 '교회를 부르시고 세우시고 교회의 질서를 바로잡으시고 교회를 통치하는 모든 권세'를 '맡기신' 방법에 대해서 이야기해 왔고, 지금부터는 그리스도께서 지역교회의 기원에서 그 권세를 어떻게 발휘하시는가를 보여 준다.

1. 지역교회를 설립하는 권한 (5항)

5항은 지역교회가 교회의 살아계시고 능력 있는 머리이신 예수 그리스도로부터 비롯된다는 것을 가르친다. 예수 그리스도께서는 구원하는 능력과 자신의 권위로 위임한 권한으로 교회를 시작하신다. 그리스도의 구원의 능력이 바로 이 권한의 토대이다.

1) 권한의 근거

지역교회의 시작에 있어서 첫 번째 단계는 그리스도께서 말씀과 성령님을 통하여 사람들을 부르심으로 그들을 강력하고 효과적으로 자기 자신에게 데려오는 것이다. 이 효과적인 부르심은 말씀을 수단으로, 성령님의 능력으로, 하나님의 택하신 목적의 양식에 따라 발생한다(요한복음 10장 16절, 27-28절, 12장 32절, 17장 2절, 사도행전 5장 31-32절, 참고: 1689 신앙고백서 제10장). 구원에 이르는 부르심은 대위임령의 맥락과 틀 안에서 우리에게 다가온다(마태복음 28장 18-20절). 마태복음 28장 20절에서 진술된 목적은 이렇게 부르심을 받은 사람들이 예수 그리스도께서 사도들에게 명령하신 모든 것들을 지킬 수 있도록 마땅히 가르쳐야 한다는 것이다. 1689 신앙고백서에서 대위임령을 암시하고 있다는 것에 주의하라.

2) 이 권한의 본질

그리스도께서 자신의 백성들에게 각 교회들에서 함께 신앙생활 할 것을 명령하신 것은 다른 명령들보다는 훨씬 간단하다. 이 명령은(1689 신앙고백서 안에서 특별히 세 번째 문장에서 넌지시 언급되는)대위임령이 수행되기 위한 구조나 환경을 만들었다. 예수님께서는 자신의 제자들이 자신이 명한 모든 명령들을 지킬 수 있도록 가르치시길 원하셨다. 어떻게 이것이 이루어질 것인가? 지역교회들을 만드시는 것으로 이루어지고, 지역교회의 교사와 장로들과 함께 이루어진다. 예수님께서 마태복음 18장 15-20절에서 이러한 교회들에게 명령하신다. 만약 예수님께서 죄 지은 사람들은 교회 앞에 세워져야 된다고 명하시고 교회가 그 죄를 지은 사람들을 꾸짖고 결국에는 그자의 완고함을 제거하라고 명령하셨다면, 필수적으로 예수님께서는 이러한 지역교회들의 존재를 명령하신 것이다. 마태복음 18장 15-20절에서 진술된 이 지역교회의 목적은, 잘못을 범한 회중의 한 사람에게 회개하도록 요구하고 필요하다면 교회의 규정된 판결을 기준삼아 그리스도의 명령들 중 하나를 가르치는 것이다.

또한 예수님께서는 이러한 지역교회들에게 사도들의 모범을 통하여 위임된 권한을 주셨다. 그리스도의 직접적인 대리자 사도 바울은 그가 가는 모든 곳에서 지역교회들을 형성하고 지역교회의 지역 장로와 교사들을 지명하는 것으로 대위임령을 완수하였다. 이 일에 관하여 세 가지 교훈적인 예들을 들 수 있다. 루스드라에서, 비시디아에 있는 이고니온과 안디옥에서 바울은 지역교회들을 설립하였고 지역 교사들을 임명하였다(사도행전 14장 21-23절). 바울은 또한 크레타 섬의 도시들에서 지역교회들을 세웠으나 그 지역교회의 일부를 자신의 대리자 디도에게 맡겼다(디도서 1장 5절). 또한 에베소서에서는 시작부터 바울의 직접적인 활동과 자신의 사도적 대리자들을 통한 연합과 단결이 있었다(디모데전서 1장 3절, 3장 14-16절, 5장 17-22절).

지역교회의 장로들은 누구인가? 그들은 대위임령, 특별히 지상명령의 세 번째 사역을 지속하기 위해 임명된 공식적인 교사들이다. 반면 바울은 계속해서 새로운 장소들로 옮겨 다녔다(디모데전서 3장 2절, 5장 17절, 디도서 1장 9-11절, 에베소서 4장 11-13절).

지역교회의 사람을 향한 핵심사역은 믿는 자들을 성장시켜 그리스도의 모든 명령들에 순종하게 하는 것이다. 규범적으로 그리고 일반적으로 그리스도의 제자들을 가르쳐서 그리스도의 모든 명령을 지키도록 가르치는 것은 지역교회 안에서 공식적으로 인정된 목사/교사들의 존재를 필요로 한다. 교회가 이러한 목사/교사들 없이도 존재하기도 하겠지만 교회가 온전히 존재할 수 없다. 일반적으로 어떤 교회는 하나님의 말씀을 하나님의 백성들에게 가르치는 것에 강할 수 있지만, 다른 교회들은 음악이나 교제 또는 사회적 이해관계들이나 복음 전도에 강할 수 있다고 말한다. 이러한 논리 흐름은 거짓이다. 말씀을 가르치는 것은 사람을 향한 모든 교회의 본질적이고 중심적인 역할이다(디모데전서 3장 15절).

또한 교회설립의 필수성은 대위임령을 수행하는 본질적이고 없어서는 안 될 부분으로 위에서 강조되었다. 한두 가지 이유 때문에 교회가 대위임령을 이행할 수 없다고 종종 주장된다. 사실 오직 교회만이 이 대위임령을 이행할 수 있다. 그 까닭은 이 명령은 지역교회를 세울 것을 전제하고 요구하기 때문이다.

2. 지역교회의 제한된 회중됨(6항)

지금까지 이야기한 모든 것들로부터 직접적인 하나의 결론이 따라온다. 침례로 인해 지역교회들에 가입한 회중의 한 지체들은 반드시 그리스도의 제자들이어야 한다(마태복음 28장 18-20절, 사도행전 14장 22-23절, 고린도전서 1장 2절, 13-17절, 데살로니가전서 1장 1절, 2-10절, 사도행전 2장 37-42절, 4장 4절, 5장 13-14절).

제자됨과 침례와 교회 회중됨은 대위임령 안에서 아주 긴밀하게 연결되어 있다. 그러므로 제자됨은 침례와 교회 회중됨 그리고 교회의 사역자/교사들에 대한 순종을 요구한다. 교회 회중됨은 주께 순종하겠다는 것이 드러나는 제자의 신분을 전제하고 요구한다. 순종은 특별히 교회의 가르치는 사역 안에서 침례의식과 말씀에 대한 순종으로 드러난다. 침례는 제자됨과 교회 회중됨과 분리될 수 없다. 이 모든 것을 더 함축하고 있는 의미는 이 지역교회를 떠나 다른 교회로 떠나려는 침례 받은 제자들이 다른 지역교회에 쉽게 받아들여지거나 자동적으로 당연히 받아들여질 수 있다고 기대하는 것은 있을 수 없고 하지 않는다는 것이다. 그들은 그리스도에 대한 자신들의 체험에 대하여 이야기를 하고, 그 이전 교회로부터의 추천서 그리고 자신들의 명백한 선행과 주님과 주님의 교회에 대한 순종을 구두로 이야기하여, 이전의 교회와 이전 교회의 사역자들이 제자의 신분을 가지고 있다는 증거를 자발적으로 그리고 당연히 제시해야만 한다(사도행전 9장 26-30절, 유다서 4절, 요한계시록 2장 2절, 14-15절).

3. 지역교회의 권세(7항)

분명히, 7항의 주제는 지역교회가 가진 능력과 권위이다. 이 항을 다루면서, 우리는 반드시 맨 먼저 이 능력에 관한 1689 신앙고백서의 설명을 살펴야 한다. 이 설명에 대한 요점 다섯 개는 개요에 제시된다. 이 설명을 지지하는 성경의 증거는, 1689 신앙고백서가 지역교회에게 주어진 권세에 대해 정리한 각 핵심들을 분명하게 언급하거나 제시하는 두 성경구절들에서 발견된다(마태복음 18장 15-20절, 고린도전서 5장 1-13절, 특별히 4-5절). 이 성경구절들에서 이 권세를 받는 제한된 기관은 지역교회이다. 이 모든 문제를 가지고 있었던 고린도교회조차 이 권세를 가지고 있다. 교회의 온전한 충분성은 마태복음 18장 18-19절의 그 왕국의 핵심들을 언급하는 것으로 인해 제시된다. 고린도전서 5장에서 이 충분성은 그들의 모임 안에 주 예수의 능력이 존재했다고(4절) 주장함으로 그리고 7절과 13절에서 악한 사람을 쫓아버리라는 명령으로 인해 제시된다. 이 권세의 시작은 분명히 그리스도 그분 자신이다(마태복음 18장 20절, 고린도전서 5장 3-5절). 이 권세의 특별한 목적은 교회의 회중의 한 사람을 제명하는 것까지도 포함한다(마태복음 18장 17절, 고린도전서 5장 7절, 13절). 그러나 예배도 마태복음 18장 20절에 의해 제시된다. 예배의 규정적 시행은 마태복음 18장 15-17절 그리고 고린도전서 5장 4절, 11절 그리고 고린도후서 2장 6-8절에서 주어진 세부적인 규칙들로 인해 분명히 나타난다.

요한계시록 2장과 3장의 아시아의 일곱 교회들에게 보내는 편지 안에서, 그리스도로 인하여 권징에 대한 주제가 반복적으로 강조되었다. 그러나 각 교회는 오직 그 교회의 회중과 그들의 권징에 대한 책임만을 가졌다. 그리스도께서는 절대 다른 교회들이 또 다른 교회들의 일들에 끼어드는 방식으로 권징을 시행하는 것을 주장하시거나 전제하시거나 암시하시지 않는다. 모든 교회가 라오디게아를 징계하는 것에 책임이 없고 모든 교회에게 권징을 시행하라고 당부하지도 않으신다.[5]

장로교주의자들은 그리스도 아래 여러 다른 장소에 있는 각 지역 교회가 이렇게 독립되어 있다는 것을 반대한다. 그렇지만, 장로교주의자들이 자신들의 주장의 기초를 삼은 중요하고 전통적인 성경 구절은 사도행전 15장이다.[6] 본질적으로, 장로교주의자들의 주장은 두 지점들 위에 놓여있다. 첫째, 예루살렘의 모임이 다른 여러 지역 교회들에게 권위를 행사하였다. 이 점은 분명히 옳다(사도행전 15장 28절, 16장 4절). 둘째, 예루살렘의 모임이 다

---

5   Note Wardlaw's remarks cited in James Bannerman's *Church of Christ* (Edinburgh: The Banner of Truth Trust, 1960), vol. II, p. 300.

6   James Bannerman, *The Church of Christ* (Edinburgh: The Banner of Truth Trust, 1974), vol. II, pp. 325, 326.

른 여러 지역교회의 대표인 장로들로 구성된 교회 회의나 종교회의였다. 이점은 반드시 논쟁의 여지가 있다.

'장로들'이 권위 있는 의회에 종속적으로 속해 있었다는 것이 사실이기는 하나(사도행전 15장 23절, 16장 4절), 이 교회 회의가 여러 교회들의 장로들이나 단 두 교회의 장로들로 구성되었다는 것은 사실이 아니고 증명할 수도 없다. 바울과 바나바조차도 결정을 내리는 '사도들과 장로들' 중에 속해 있었다는 그 어떤 증거도 없다(사도행전 15장 2절, 4절, 6절, 22-23절, 16장 4절). 사도행전 15장 2절, 4절 그리고 16장 4절은 특히 바울과 바나바를 장로들로부터 제외시키는 것을 염두에 둔다. 이 회의의 결정사항들을 전달받는 여러 다른 교회들의 사역자들이 참여했다는 절대적인 그 어떤 증거도 없다.

여러 이유들로 다른 교회들과 견줄 수 없는 예루살렘 교회는 구속사에 있어서 독특한 권위를 가졌다. 이 때문에, 이 후 예루살렘 교회와 그 교회의 장로들은 독특한 권위를 가지지 못한 다른 교회들에게 모범이 될 수 없었다.

1) 예루살렘 교회는 12사도들이 있는 교회였다. 그들의 영향력과 존재가 그 교회의 공식적인 진술들에 엄청난 권위를 주었을 것이다.

2) 예루살렘 교회는 기독교의 첫 번째 교회이고 어머니 교회였다.

3) 그 교회의 지도자들(12사도들을 제외하고라도)은 처음부터 그리스도의 제자들이었고 따르는 사람들이었다. 우리 주님의 이복형제 야고보와 같은 장로들은 원래 12사도들 중에 있지는 않았으나 사도로 불릴 수 있을 만큼의 권위를 행사하였다(갈라디아서 2장 9절, 고린도전서 15장 7절).

그러므로 예루살렘 교회가 그리스도의 교회 안에서 독특한 권위를 행사하였다고 생각하는 모든 이유가 있다. 이런 권위에 대한 선례를 찾기 어렵지 않을 것이다. 아마도 그리스도께서 보내신 70명 중 대부분이 포함되어 있는(누가복음 10장 1절, 17절) 교회의 지도력은 기독교 산헤드린과 같을 것이다. 위에서 언급한 다양한 이유로 예루살렘 교회는 모든 곳에 있는 유대교의 회당을 통치하는 유대교의 산헤드린(이스라엘의 70명의 장로들의 회의)의 권위와 비슷한 권위를 행사하였다.

참된 지역교회의 높은 권위와 그 교회와 그 교회의 권위 아래 있는 회중의 중요한 특권, 교회의 권세를 남용하지 않는 지역교회의 무거운 책임, 참 지역교회의 영광스러운 자유(사람들 사이에 실행되는 더 높은 종교적 권위는 그 어디에도 없다), 지역교회의 권세의 중요한 기원, 즉 그리스도의 특별한 임재, 이 모든 것으로 인해 몇몇 실제적인 교훈들이 강조된다.

4. 지역교회의 정해진 정치 체제(8-13항)

1) 이 정치 체제의 정체성(8항)

이 항의 요점은 그리스도께서는 지역교회에 단 두 개의 영속적인 직분만을 지정하셨다는 것이다. 바로 목회자들과 집사들이다. 훨씬 많은 직분들이 언급될 수는 있지만, 직분에 대한 주요한 증거들은 다음과 같은 것들이다. 첫째, 이 두 직분만이 지역교회의 항존 직분들이라고 대표적인 신약성경구절에서 언급된다(빌립보서 1장 1절, 디모데전서 3장 1-13절). 내포된 의미는 다른 직분들은 없다는 것이다. 둘째, 장로나 감독자 또는 목사나 목자의 직분은 하나이며 같은 것이다(사도행전 20장 17절, 28절, 디도서 1장 5-7절, 베드로전서 5장 2절, 디모데전서 3장 2절, 에베소서 4장 11절). 목사와 장로 사이를 구분하는 것은 오늘날에 일반적이다. 사도행전 20장 17절, 28절과 베드로전서 5장 2절에서 교회는 장로들을 목자나 목사로 명한다. 디모데전서 3장 2절에서 모든 장로들이 가르칠 수 있는 것은 당연한 것이다. 에베소서 4장 11절의 목사와 교사는 간단히 말해서 장로들이다.

지역교회에 말씀 사역자나 목사, 장로 그리고 집사와 같은 세 직분이 있는 것이 아니다. 감독자나 장로나 목사 그리고 집사 이렇게 오직 두 직책만 있다. 목사들과 장로들은 같다. 성경의 가르침이 담임목사와 부목사와 같은 용어로 인해 교묘하게 훼손되어서는 안 된다.

그 기준은 각 지역교회 안에 다수의 장로들이 있다는 것이다. 이것은 성경과 1689 신앙고백서 모두에서 분명하게 함축하고 있는 내용이다. 단 한 명의 장로만 있는 신약교회의 예는 없다. 일반적으로 다수의 장로들이 언급된다(사도행전 14장 23절, 20장 17절, 빌립보서 1장 1절, 데살로니가전서 5장 12절, 디도서 1장 5절, 히브리서 13장 17절, 야고보서 5장 14절).

여기서 '목사와 장로'라는 단어가 동일하다는 것에 관하여 주장하는 입장이 1689 신앙고백서에서 명백하게 주장되지 않는다는 사실은 반드시 인정되어야 한다. 사실은, 목사와 장로와 감독자를 분명히 동일시하는 것처럼 보이는 진술들이 있다. 8항에서 이 신앙고백서는 지역교회 안에서 두 항존 직책들 중 하나로 '감독자들이나 장로들'에 대해서 말한다. '감독자와 장로의 직책'이 동일하다는 것은 9항에서도 말한다. 1689 신앙고백서가 '교회들의 감독자들와 목사'에 대해 이야기할 때, 11항에서 감독자들과 장로들이 동일하다는 것이 분명 목사에게까지 확대된 것처럼 보인다.

그렇지만, 이 증언이 완벽하게 타당하려면, 반드시 장로들에 대한 재정 지원을 논하는 10항에서 사용된 단어가 '목사'라는 사실을 고려해야 한다. 더욱이, 이 항은 맨 먼저 지원을 받아야 하는 목사들이 '설교와 가르치는 일에 전념하는 사람들이라고 어디에서도 언급하지 않았다. 이 말의 의미는 (여기서 장로와 구분되는) 모든 목사들이 지원을 받는 것처럼 보인다는 것이다. 하지만, 다음 항에서 감독자들과 목사들을 동일시할 때, 이 가능한 의미는 분명히 모순되는 것처럼 보인다.

이 증언에 대한 다른 가능한 해설은 모든 장로가 말씀설교자들이므로 교회에 의해 재정 지원을 받는다는 것이다. 이 해설은 증언에 대한 일관된 해설을 제공하나, 각 교회는 상당히 많은 장로들이 있다는 8항과 9항의 명백한 가르침과 표준에 일치한다고 보기는 어렵다. 1689 신앙고백서가 각 교회는 일반적으로 많은 장로들이 있고 그 각각의 장로들을 지원해야 한다고 가르칠 수 있을까? 이것은 의심스러워 보인다.

1689 신앙고백서의 애매모호한 단어를 가장 올바르게 드러내는 해설은 '자신들의 능력에 따라'라는 10항의 제한하는 한 구문을 강조하는 것이다. 1689 신앙고백서를 지지하는 근본적인 성경적 증거들 가운데 이 점에 있어서 디모데전서 5장 17-18절이 인용된다. 아마도, 1689 신앙고백서는 '이상적으로' 모든 장로들이 재정 지원을 받아야한다고 주장하지만, 이 구절은 모든 장로들은 교회의 능력과 성경에 진술된 목회 지원을 위한 우선사항들에 따라 마땅히 지원을 받는다는 개념을 더한다. 이것이 디모데전서 5장 17-18절을 정확하게 이해하는 올바른 방식이든 아니든 간에, 이 해석은 1689 신앙고백서의 진술들에 대한 일관적인 이해를 제공한다.

2) 이 정치체제에서의 임명(9항)

지역교회에서 직분을 임명하기 위한 영적인 필요조건은 '성령님에 의해 자격과 은사를 받은'이라는 말로 진술된다(에베소서 4장 11절, 디모데전서 3장 1-13절). 교회는 하나님께서 그 직분으로 정하지 않은 사람을 임명할 어떠한 권한도 없다.

임명에 있어서 그 본질적인 특징들은 두 가지이다. 투표와 임명이다. 그렇지만 '투표'라는 단어는 단지 가장 제한적으로 사용된다. 현대인이 듣기에 선택은 분명히 하나님의 말씀을 벗어난 몇몇 일들을 내포하고 있다. 둘 혹은 더 많은 사람들이 투표로 교회 안에서 직분으로 선택되기 위해 서로 경쟁한 성경의 사례는 없다. 투표가 주권적이고 자주적인 권리행사, 즉 교회에서 힘의 궁극적인 원천이라는 생각에 대한 그 어떤 기초도 없다. 또 이런 개념은 성경의 생각과 완벽하게 반대이다. 우리는 우리가 기뻐하는 누구를 위해 투표할 성경적인 권한이 없다. 1689 신앙고백서가 교회 안에서 직분으로의 부르심은 반드시 '그 교회의 공동된 동의에 의해 이루어져야' 한다는 사실을 주장할 때, '투표'라는 단어는 1689 신앙고백서가 의미하는 바를 나타내기 위해 전형적으로 사용된다. 교회 그 자체의 동의 없이 그 어떤 사람도 교회 안에서 직분에 임명되지 못한다. 교회의 동의 없이 교회의 장로들이 한 사람을 장로로 임명하지 못한다. 그 권위가 감독자이든 교황이든 간에, 더 높은 권위가 임명하는 것은 아니다.

이것은 7항의 가르침으로부터 추론된 것이다. 만약 하나님께서 명하신 명령을 계속하기 위한 모든 필요한 능력을 지역교회에 주셨고 만약 이 권위가 지역교회의 회중의 지체들의 제명에까지 미치고 만약 제명이 오직 지역교회의 동의에 의해 수행된 것이라면(마태복음 18장 15-17절, 고린도전서 5장 1-13절), 분명히 그 어떤 직분도 그 교회의 동의 없이 임명되지 않을 것이다. 더욱 이러한 확증은 사도행전 6장에서 집사들의 투표에 대한 서술로부터 나온다. 이 서술은 교회의 권한이 직분들을 선택하는 데까지 미친다는 것을 보여준다. 또한 사도행전 14장 23절의 말씀은 선택의 행위를 제시하는 것일 수 있다. 여기서 사용된 헬라어 단어는 원래 손을 내밀어 투표하는 것을 의미한다. 누가는 이 단어를 '교회의 일반적인 투표권'을 나타내는 데 사용해 왔다.

'그 교회의 목회자의 자리에 있는 자가 안수하는 것으로 이루어지는' 임명 또한 절차의 필수적인 부분이다. 장로 직책에 임명될 사람에게 장로들이 손을 올려놓았다고 기록된 신약의 명백한 말씀은 없다. 그러나 이것이 옳다고 생각할 만한 모든 이유가 있다. 장로들이 임명하고 장로들이 임명되었다는 사례들이 있다.

그러므로 이런 말씀들은 지역교회에서 이미 임명된 장로들의 손을 올려놓음으로 인해 장로들이 임명되었다는 것의 정당한 근거이다. 이 내포된 의미는 교회의 장로들이 선한 양심으로 손을 올려놓을 수 없는 사람은 장로로 임명될 수 없다는 것이다(디모데전서 5장 22절). 지역교회와 그 교회의 장로들이 반드시 새로운 직책을 임명하는 것에 동의해야 한다.

성경근거	누가 임명 하였는가?	누가 임명 되었는가?
디모데전서 4장 14절	장로	디모데
디모데전서 5장 22절	디모데	장로들
사도행전 6장 6절	열두 사도들 (예루살렘의 장로)	일곱 집사들
사도행전 13장 3절	선지자들과 교사들 (안디옥의 장로)	바울과 바나바 (선교사로서)
디모데후서 1장 6절	바울(사도)	디모데

3) 이 정치체제의 초석: 말씀사역(10-11항)

이제 1689 신앙고백서는 교회정치를 논하는 범위 안에서 말씀사역으로 옮겨간다. 이것이 중요하다. 그 이유는 교회는 하나님의 말씀에 의해 통치되기 때문이다. 교회의 최고의 항존직은 고유한 자격 조건으로 가르치는 능력을 가진다(디모데전서 3장 2절, 5장 17절). 최초의 집사들은 말씀봉사자들의 봉사자들로 임명받게 되었다. 그래서 과부들을 도와주는 매우 고귀한 목적일지라도 이 집사의 중심 기능은 무시되지 않았다(사도행전 6장 2절, 4절). 그것의 중심 역할은 말씀의 선포이다(디모데전서 3장 15절). 그러므로 말씀사역은 교회 정치의 초석이다.

목사로 인한 공식적인 말씀사역(10항)

10항의 요지는 지역교회에서 장로들에 대한 재정 지원이다. 따라서 나는 이 주제에 완전히 집중하기 원한다. 제26장의 10항은 1689 신앙고백서 저자들이 이전의 신앙고백서들에서 이끌어낸 그 어떤 모범도 가져오지 못한 것 같기 때문에 집중적으로 살펴보는 것은 아주 타당하다. 물론 당연히 정기적으로 재정 지원을 받는 지역교회의 장로를 비난하는 사람은 거의 없다. 이러한 관점은 지역교회에 재정파탄을 가져다 줄 수 있기 때문에, 우리는 이 점에 집중하는 것이 중요하다. 성경의 증언은 주로 세 개의 정통적인 성경 말씀 안에서 발견된다.

디모데전서 5장 17-18절은 재정 지원을 '존경'으로 묘사한다. 배나 존경하는 것이 무엇인가? 이 말씀에서 존경은 재정 지원을 의미한다! 신약에서의 존경은 빈번하게 물질적인 가치를 가리킨다(마태복음 27장 6-9절, 사도행전 4장 34절, 5장 2-3절, 7장 16절). 디모데전서 5장 17-18절의 가까운 문맥에서 존경은 재정 지원으로 사용된다(참고 디모데전서 5장 3절 그리고 4-8절, 16절). 디모데전서 5장 18절은 재정 지원을 설명하기 위해 신약의 다른 곳에서 사용된 성경 구절(고린도전서 9장 9절, 마태복음 10장 10절, 누가복음 10장 7절)과 함께 17절 말씀을 지지한다('일렀으되'에 주목하라). 그러면 배나 존경하는 것은 무엇인가? 두 단서들이 일반적이지 않은 이 말씀의 의미를 밝힌다. 첫째는 디모데전서 5장 3절에서 존경의 사용이다. 디모데전서 5장 17절과 연결되어 있음에 주의하라. 과부를 존대(존경)하라(물질적으로). 장로들은 배나 존경해야 한다(물질적으로). 두 번째 단서는 신약에서 '배'double의 사용이다(요한계시록 18장 6절, 마태복음 23장 15절). 배는 비유적으로 충분함, 엄청난 양을 가리키는 데 사용된다. 배나 존경하라는 것은 충분한 재정 지원이다.

누구에게 배나 지원을 해야만 하는가? 그 대답은 분명히 잘 다스리는 장로들이다. 그러나 특별히 말씀과 가르치는 일에 봉사하는 공식적인 말씀 사역자가 재정 지원을 받아야만 한다. 두 중심적인 집단들로 인해 바울의 생각이 잘 설명된다. 바깥쪽 집단은 잘 다스리는 모든 장로들을 포함한다. 내부 집단은 '설교와 가르치는 일에 전념하는'(은사를 받은) 장로들을 포함한다. 교회의 필요와 능력이 감당할 만큼, 재정 지원은 반드시 내부 집단에 초점이 맞춰져야만 하고 바깥쪽으로 퍼져 나가야만 한다.

갈라디아서 6장 6절은 재정 지원을 '함께 나누는 것으로' 묘사한다. 이 성경말씀에 두 가지 질문이 반드시 놓여있어야 한다. 무엇을 공유해야만 하는가? '모든 좋은 것.' 갈라디아서 6장 10절 '모든 좋은 것'은 분명히 물질적인 복들이다. '모든 좋은 것'을 강조하는 것은 친절한 관대함을 가리킨다.

누구와 함께해야만 하는가? 그들은 말씀을 가르치는 사람과 함께해야만 한다. 그들은 말씀을 가르치는 사람과 반드시 함께해야만 한다. 갈라디아서 6장 6절의 '가르치다'로 옮겨진 단어는 영어단어 '문답식으로 가르치다'catechize로부터 파생되어 나온 단어이다. 이것은 공식적이고 정규적이고 조직적인 교육방식이다(로마서 2장 18절).

갈라디아서 6장 6절에 진술된 의무의 결말은 반드시 강조되어야 한다. 의무를 수행하는 것에 따라서 더 좋든지 더 나쁘든지 큰 영적인 결과들이 있다(갈라디아서 6장 7-9절). 대부분의 복음적 교회들의 목회자들의 충분한 재정 지원에 대한 악의적이고 처참한 실패는 예수 그리스도의 자칭 교회에 놓인 죽음과 저주에 뿌리를 둔다. 하나님의 종의 사역을 가장 높이 평가하는 사람들은 가장 값진 사역에 해당하는 복을 자신들이 받는다는 것을 알게 될 것이다.

고린도전서 9장 14절은 재정 지원을 '살리라'로 묘사한다. 또 두 질문들이 이 말씀의 중요성을 이해하게 해 줄 것이다. 누가 살아가야만 하는가? 복음을 설교(정식으로 선포)하는 사람이다. 무엇을 얻을 수 있는가? '살아가는 것' 또는 '생계'이다. 이것은 제대로 된 생활을 할 수 있을 만큼 세상의 물질들이 충분하다는 것을 가리킨다. 이것은 생명을 서서히 죽게 만드는 불충분함과 반대되는 것이다.

다른 근거들도 마태복음 10장 10절, 누가복음 10장 7절, 빌립보서 4장 10-20절, 디모데후서 2장 4-6절 안에서 발견된다. 복음 전도자들은 세상의 필요들로 인해 필연적으로 걸려 넘어지고 주의를 빼앗기지 않게 지원을 받아야만 한다. 베드로전서 5장 2절은 초대교회는 몇몇 교사들이 더러운 이익을 취하려고 가르쳐야겠다고 할 만큼 안정적으로 그들의 교사들에게 재정을 지원 하는 관습으로 특징지어진다는 사실을 보여준다(참고, 디모데전서 6장 5절).

많은 중요한 결론들이 이 성경의 근거들로부터 도출된다. 첫째는 지역 교회의 몇몇 장로들이 재정 지원을 받았다는 것이다. 사소한 것을 따지는 것은 이 성경말씀들 안에서 단 하나도 발견되지 않는다. 성경은 교사, 순회 사역자들과 같은 드문 집단들에게도 재정 지원을 까다롭게 제한하지 않는다. 이 표현법은 일반적이다. 고린도전서 9장 14절은 '복음을 선포하는 사람들'에 대해 이야기한다. 디모데전서 5장 17절은 '잘 다스리는 장로들 특히 설교하고 가르치는 일에 전념하는 사람들'에 대해서 이야기한다. 두 번째 결론은 재정 지원의 초점은 하나님의 말씀을 공식적으로 전하는 데 뛰어난 장로들에게 있다는 것이다. 또 이것은 지역교회 안에서 말씀의 우위를 강조하는 것이다. 세 번째 결론은 이러한 장로들에게까지 이르는 재정 지원의 범위는 교회에 의해 관대하고 충분하게 주어져야 한다는 것이다. 그것은 '살리라'와 '모든 좋은 것' 그리고 '배나 되는 존경'이어야만 한다(고린도전서 9장 14절, 갈라디아서 6장 6절, 디모데전서 5장 17절). 1689 신앙고백서의 글은 감탄할 만하다. 교회들은 '자신들의 능력을 따라 좋은 것들을 나누는 것이 교회에 부여된 책무이다. 그래서 목회자들은 세속적인 일들에 얽혀있지 않아야 하며, 동시에 안정적인 재정 지원을 받아야 한다. 또한 다른 사람들을 대접할 수 있을 만한 능력이 있어야만 한다. 이는 자연의 법칙과 우리 주님의 분명한 명령, 즉 복음을 전하는 자들은 그 복음을 전하는 것으로 생계를 유지해야 한다는 명령으로 인해 요구되는 것이다.'

다른 사람들에 의한 보조적인 말씀사역(11항)

말씀사역자가 아닌 사람에 의한 설교가 금지된 것은 일반적으로 말씀사역자들과 장로들 간의 비성경적인 구분과 연결지어 생각된다. 그렇지만, 기회를 잡았을 때 그리스도인이 복음을 선포하는 것을 금지하라는 가르침은 아니다. 정해진 장로가 아닌 그리스도인들이 설교하는 모범들이 있다(사도행전 8장 5절, 11장 19-21절, 베드로전서 4장 10절). 자신의 은사들을 평가하고 사용하는 데 자만심을 피하고 교회와 감독자에게 순종할 것을 요구하는 개념들과 원리들이 있다(로마서 12장 3절, 히브리서 13장 17절).

4. 이 정치체제의 범위(12-13항)

12-13항은 지역교회의 권징과 관련한 교회정치의 한 부분을 다룬다. 권징은 이 항들에서 사용되지 않는 단어이기 때문에 설명을 요구한다. 성경은 지역교회가 결속력이 약한 사회단체가 아니고 단순히 설교시설도 아니라고 가르친다. 지역교회는 사람을 가르쳐 그리스도께서 명하신 모든 것을 지키게 하는 일에 전념하는 한 공동체라고 성경은 가르친다. 그러므로 지역교회는 상호 책임에 의해 특징지어지는 종교질서이다. 하나님께서는 교회가 교회의 회중이 그리스도의 모든 명령들을 지키게 하기 위해 그 회중에게 특정한 권한이나 권징을 시행할 것을 명령하신다. 하나님께서는 회개하지 않고 심하게 그리스도의 명령을 위반하는 사람들을 공식적으로 권징, 즉 경고하고 궁극적으로 추방하는 권세까지도 교회에 주셨다. 이 권한과 이 권한의 실행들은 일반적으로 지역교회의 권징이라 불린다.

12항과 13항은 한 가지 주요한 점에 집중한다. 지역교회의 권징에 대한 순종의 의무이다. 이 장의 개요에서 분명히 하듯이, 1689 신앙고백서를 따라 이 권징은 그 교회의 모든 회중과 교회의 모든 문제들에까지 미친다.

12항은 모든 성도들은 지역교회에 가입할 의무가 있고("언제 어디서든 자신에게 지역교회에 가입할 기회가 있으면"), 그들이 가입하면, 자발적으로 교회의 권징에 순종해야 할 의무가 있다는 것을 주장한다. 이것을 당연한 것으로 생각하는 이유는 5항에서 이미 설명하였다. 이 의무가 함축하고 있는 뜻은 그리스도인들은 자신들의 교회들의 다스림에 마땅히 순종해야 한다는 것이다. 더욱이 이것에 대한 성경의 지지는 데살로니가전서 5장 14절, 데살로니가후서 3장 6절, 14-15절, 고린도전서 5장 9-13절, 히브리서 13장 17절 에서 발견된다.

13항은 오늘날에는 아주 일상적이 된 교회의 다스림에 반하는 심각한 죄에 대해서 날카롭게 설명한다. 예상되는 상황은 교회의 몇몇 회중의 지체들이 교회의 다른 지체로 인해 상처를 받은 상황이다. 그들은 마태복음 18장 15-17절에서 요구하는 의무를 시행하였다. 그 회중은 상처 받은 그 지체들을 자신의 회개로 만족시키지 못하였다. 이 점에서 1689 신앙고백서는 분명하지 않다. 그 지체들은 이 문제를 아직까지는 교회에 제기하지 않은 모양이다. 교회가 여전히 행동하고 있지 않다면, 그들은 어쨌든 자신의 만족에도 이르지 못할 것이다. 1689 신앙고백서는 이러한 회원들이 교회의 권징에 대한 명백한 의무가 있는 교회에 속해 있다고 가정한다. 1689 신앙고백서는 교회가 신실하지만 물론 잘못할 수도 있는 목사들에 의해 이끌려간다고 생각하고 있다. 이 회중이 직면하고 있는 큰 질문은 '이제 그들은 무엇을 해야 하는가?'이다.

언급된 금지는 이러한 교회 회중에게 그들이 마땅히 하지 말아야 하는 것들을 알려준다! 1689 신앙고백서의 금지의 본질은 교회의 권징에 반하는 무질서, 강한 반대는 없다는 것이다. 교회의 질서에 대해 공식적인 반대운동들, 수근거림이나 서명운동들, 험담으로 인한 그 어떤 방해가 절대 없어야 한다. 교회모임의 불참이나 교회의 명령에 대한 불응은 절대 없어야 한다.

필수적인 명령은 교회 회중에게 그들이 전달해야 하는 모든 내용들을 알려주어야 한다는 것이다! 만약 그들이 교회에 말하지 않았다면, 그들은 마땅히 말해야만 한다. 만약 그들이 교회에 말하였는데 교회가 여전히 행동하지 않는다면, 그들은 교회의 더 나은 진행 절차 안에서 그리스도를 기다려야 할 것이다. 그들은 이런 상황 안에 있는 사람들이 최소한 할 수 있는 한 가지 일을 해야 한다. 그들은 마땅히 기도해야 한다. 그들은 모든 참 교회의 장로들보다 더 높은 분, 주 예수 그리스도께서 계시다는 것을 계속해서 믿고 교회의 일반적인 절차를 마땅히 기다려야 한다.

현재 이 항에서 예상되는 상황을 교회가 갈라지는 것에 대한 정당한 이유로 보게 되면, 이 항의 가르침은 극단적이다. 몇몇 사람들은 다음과 같이 말한다. "뭐!" "마냥 기다려? 내가 그것으로 인해 얼마나 큰 상처를 받았는데? 당신은 내가 다른 교회로 떠날 권리가 없다고 말하는 것인가?" 이런 태도들은 1689 신앙고백서의 진술들이 성경적으로 정당한 근거가 있는지를 살펴볼 것을 요구한다.

교회 안에서 우리의 행동을 위해 마태복음 18장 15-17절에 있는 그리스도의 지침의 규정적 중요성은 반드시 기억되어야 한다. 마태복음 18장이 가르쳐 주는 원리들은 에베소서 4장 2-3절, 골로새서 3장 12-15절, 요한1서 2장 7-11절, 18-19절에서 강조된다. 만약 당신이 당신의 형제를 사랑한다면, 당신은 엄청난 슬픔과 주저함과 망설임 없이 그와의 관계를 끊지 못할 것이다. 만약 당신이 성령님과 하나 되려고 부지런히 노력하고 있다면, 당신은 이기적으로 토라져서 교회의 하나 됨을 방해하지 않아야 한다. 만약 당신이 겸손하다면, 당신은 거만하게 형제와 성경에 대한 당신의 관점이 틀리지 않다고 확신하지 않을 것이다. 만약 교회가 권징을 시행하는 것을 자제하고 있다면 당신은 신중하고 천천히 당신 자신을 다시 살펴보아야 할 것이다. 만약 당신이 이번에 옳다면, 당신은 당신의 권한을 먼저 천천히 살펴보아야만 한다는 것을 기억해야 한다. 그러므로 당신은 인내하고 오래 참을 수 있을 것이다.

또한 교회 안에서 우리의 행동을 위한 그리스도의 존재의 규정적 중요성은 반드시 기억되어야 한다(마태복음 28장 20절). 1689 신앙고백서의 정확한 말은 우리 '교회의 최종 진행 때까지 그리스도를 의지하며 기다려야 한다'는 것이다. 그리스도가 계시는가? 당신은 참 교회 안에 자격을 갖춘 목사들과 함께 있는가? 그렇다면 만약 교회가 일시적으로 그리스도께 순종하는 것을 늦추거나 실패한다면, 당신의 태도는 당신의 정당성을 입증하기 위해 그리스도를 기도하는 마음으로 기다려야 하는 것인가? 성급하게 교회의 평화를 깨거나 급하게 교회를 떠나는 것은 당신이 불신앙의 상태에 사로잡혀 있다는 것이 명백하다. 당신은 그리스도께서 우리 교회에 없다고 말하고 있는 것이다!

5. 지역교회의 형제 같은 관계: 지역교회들의 교제(14-15항)

지역교회와의 관계를 설명할 때 1689 신앙고백서가 자세히 설명하려고 노력하는 중요한 의무는 다른 지역교회들과 교제를 유지하는 의무이다. 지역교회의 관계는 14항과 15항 모두 '교제를 꽉 붙들라(또는 잡고 있어라)'라는 말이 포함되어 있는 것으로 강조된다. 우리는 다른 지역교회들과 관계를 붙들고 있어야 하는 의무에 대한 일반적 주제 아래서 이 항들을 설명할 것이다.[7]

1) 이 관계의 신적 보증(14항a)

지역교회들이 각자 다른 교회들과 교제를 붙들고 있어야 하는 이 의무의 신적 보증은 교회의 근본적인 기초를 위해 자기 자신 안에서의 사랑과 하나 됨을 가지고 있다. 그리스도께서 자신의 백성에게 사랑과 하나 됨을 바라신다(요한복음 13장 34-35절, 17장 11절, 21-23절, 에베소서 4장 11-16절). 이 하나 됨과 교제에서 가장 핵심적인 조건은 서로를 위해 기도하는 것이다(에베소서 6장 18절, 시편 122편 6절). 이러한 성경의 선례들이 있다. 이 예들은 다른

---

7   "공식적 지방회"에 대한 개념은 이 책 초판부터 개혁주의 침례주의자들 사이에서 많은 논쟁되어왔다. 1689 신앙고백서의 가장 본질적인 해석은 제26장 14-15항에서 공식적인 지방회들을 당연한 것으로 생각한다는 것이 이제 나에게는 분명하다. 나는 또 짐 레니한의 역사연구로 인해 확신하게 되었다. 그의 연구는 교제라는 용어가 우리의 신앙고백서의 기획자들에 의해 공식적으로 쓰였고 14항과 15항에 쓰인 이 용어의 쓰임은 공식적인 지방회에 대해서 말하는 것이지 비공식적인 친분에 대해서 말하는 것은 아니라는 것을 보여준다. *Edification and Beauty* (Eugene, OR: Wipf and Stock, 2009), 158.

교회 출신 복음전도자들을 때때로 지원하는 일과(로마서 16장 1-3절, 요한3서 8-10절, 요한2서 5-11절), 다른 교회들의 부족한 성도들을 위한 협력적 행동과 (로마서 15장 26절, 고린도후서 8장 1-4절, 16-24절, 9장 12-15절) 다른 교회들과 빈번한 교제이다(골로새서 2장 1절, 1장 3-4절, 7절, 4장 7절, 12절).

2) 이 관계의 섭리적 제한들(14항b)

지역교회들의 종교적인 교제들에 대한 성경의 예시들이 나타난다. 이러한 교제들은 지역교회들이 교제를 붙잡아야 하는 성경적인 이유와 필수적인 섭리적 제한들을 명확히 설명한다. 갈라디아의 교회들(갈라디아서 1장 20절)과 유대의 교회들(갈라디아서 1장 22절) 그리고 골로새의 교회들과 라오디게아의 교회들 사이의 교제를 주목하라. 어쩌면 이러한 교제에 대한 가장 분명한 예는 아시아의 일곱 교회들의 교제일 것이다(요한계시록 1장 4절). 이 교회들의 사자들은 아마 교회의 전달자들일 것이다. 그들이 함께 이러한 전달자들을 요한에게 보내는 것과 관련해서 공동 협력과 협동 그리고 교제에 주목하라.

3) 이 관계의 영적 유익들(14항c)

1689 신앙고백서는 이러한 유익들은 '그들 가운데 평안과 사랑의 증진 그리고 서로의 성숙을 일으키기 위한'이라고 말한다. 왜 영적 유익들을 위해 교제가 필수인가? 그 까닭은 지식과 교제는 사랑과 덕을 세우는 일의 전제조건이기 때문이다. 반면, 지식의 부족은 의심과 분열을 키운다. 요한1서 4장 1-3절과 요한2서 1장 1-13절, 요한3서 1장 1-14절의 비교는 교제와 지식이 사랑과 덕 세우는 일의 필요조건이라는 것을 보여준다. 시험은 항상 보상 앞에 있다(로마서 16장 1-3절, 고린도후서 9장 12-15절). 여호수아 22장의 사건들은 지식의 부족이 의심과 분열과 분쟁을 키울 수 있다는 것을 가르친다. 대화와 상호 이해를 가져오기 위해 가지는 교제는 그리스도인의

사랑과의 모순들을 피하기 위하여 필수이다. 그러므로 이것은 아주 중대한 의무이다.

4) 이 관계의 특별한 이점: 자문모임(15항)

이러한 총회들이 가능한 이유들은 교회들 사이에서 또는 한 교회 안에서 어려운 문제들과 차이들과 상처들 때문이다. 이러한 모임에 대한 성경의 기초는 조언을 구해야 하고 자만심 안에서는 지혜롭게 될 수 없다는 성경교리이다(갈라디아서 2장 2절, 잠언 3장 5-7절, 12장 15절, 13장 10절). 또한 하나 됨을 유지하는 노력이 성경적 필요에 의해 이 총회에 요구된다(에베소서 4장 1-3절). 이러한 총회의 엄밀한 제한은 그것은 단지 조언일 뿐이라는 것이다. 성경의 종교회의는 사도로부터 나온 것이라도 일반적으로 권위가 없다(고린도전서 7장 25절, 40절). 히브리서 13장 17절은 교회의 지도자들과 통치자를 동일시한다. 왕에 의해 자신의 왕국의 한 지방에 세금이 부과된다. 이러한 통치자들은 다른 이들에게 조언을 구하기도 하지만 이런 지방 통치자들은 합법적으로 그 왕에게만 책임을 진다.

제27장 성도의 교제에 관하여

of the Communion of Saints

1. 성령님과 믿음으로,[1] 머리 되신 예수 그리스도와 연합된 모든 성도들은[2] 비록 그리스도와 한 인격이 되는 것은 아니지만,[3] 그리스도의 은혜들과 고난들, 죽으심과 부활과 영광 안에서 교통한다.[4] 모든 성도들은 사랑으로 서로 연합하고, 그들의 은사들과 은혜들을 서로 함께 나눈다.[5] 공적으로나 사적으로, 영적이고 육적인 면에 있어서 자신들의 공동의 유익에 도움이 되는 모든 의무들을 질서 있는 방식으로 수행해야 할 의무를 가진다.[6]

1. 에베소서 3장 16-17절, 갈라디아서 2장 20절, 고린도후서 3장 17-18절

2. 에베소서 1장 4절, 요한복음 17장 2절, 6절, 고린도후서 5장 21절, 로마서 6장 8절, 8장 17절, 로마서 8장 2절, 고린도전서 6장 17절, 베드로후서 1장 4절

3. 고린도전서 8장 6절, 골로새서 1장 18-19절, 디모데전서 6장 15-16절, 이사야 42장 8절, 시편 45편 7절, 히브리서 1장 8-9절

4. 요한1서 1장 3절, 요한복음 1장 16절, 15장 1-6절, 에베소서 2장 4-6절, 로마서 4장 25절, 6장 1-6절, 빌립보서 3장 10절, 골로새서 3장 3-4절

5. 요한복음 13장 34-35절, 14장 15절, 에베소서 4장 15절, 베드로전서 4장 10절, 로마서 14장 7-8절, 고린도전서 3장 21-23절, 12장 7절, 25-27절

6. 로마서 1장 12절, 12장 10-13절, 데살로니가전서 5장 11절, 14절, 베드로전

서 3장 8절, 요한1서 3장 17-18절, 로마서 1장 12절, 갈라디아서 6장 10절

2. 신앙을 고백함으로 성도들은 하나님을 예배하고 서로의 신앙을 증진시키는 데 도움이 되는 다른 영적인 봉사들을 행하는 하나의 거룩한 교통의 모임을 지속적으로 유지해야 할 의무에 놓여있다.[1] 또한 그들 각자의 능력과 필요에 따라 물질적인 것들에 관하여도 서로 구제해야 하는 의무에 놓여있다.[2] 이러한 교제는 복음의 규칙을 따라 그들이 서 있는 일정한 공간 안에서의 관계, 즉 가족과 교회회중과 같은 관계에서 특별히 행해져야 하나,[3] 하나님께서 기회를 주신 경우 믿음의 모든 권속들, 즉 어디서든 주 예수 그리스도의 이름을 부르는 모든 사람들과도 행해져야만 된다.[4] 그럼에도 불구하고 다른 성도들과 맺는 성도의 교제가 그들의 소유들과 재산들에 있어서 각자의 소유권이나 재산권을 박탈하거나 침해해서는 안 된다.[5]

1. 히브리서 3장 12-13절, 10장 24-25절
2. 사도행전 11장 29-30절, 고린도후서 8-9장, 갈라디아서 2장, 로마서 15장
3. 디모데전서 5장 8절, 16절, 에베소서 6장 4절, 고린도전서 12장 27절
4. 사도행전 11장 29-30절, 고린도후서 8-9장, 갈라디아서 2장, 6장 10절, 로마서 15장
5. 사도행전 5장 4절, 에베소서 4장 28절, 출애굽기 20장 15절

개 요

1ª	I. 성도의 교제의 구속적 근거 : 그리스도와의 연합
	1. 교제의 실현
	1) 성령님으로 인해
	2) 믿음으로 인해
	2. 교제의 필요조건

교제는 연합을 전제하고, 연합을 기초한 어떤 종류의 나눔을 가리킨다. 동의어는 교통이다. (1689 신앙고백서 두 항에서 이 단어가 쓰인다는 것을 주목하라) 예를 들어, NATO연합은 교제를 포함한다. 조약은 교제, 즉 군인들, 전함들, 전투기를 공유하는 기초 위에 연합을 세운다.

I.성도의 교제의 구속적 근거: 그리스도와의 연합 (1항 a)

성도의 교제는 단지 사람의 연합도 아니고 직접적이지도 않다. 오히려 성도들은 다른 분, 예수 그리스도와의 일반적인 연합을 통한 교제 안에 있다. 친형제자매들이 연합되어 있다. 그 까닭은 그들이 같은 부모를 가졌다는 일반 출생을 공유하고 있기 때문이다. 그들의 연합은 그들의 부모로부터 유래한 것이고 부모를 통해 성립되는 것이다. 이와 대조적으로, 남편과 아내의 연합은 직접적이다. 성도의 교제는 그들과 예수 그리스도의 일반적인 연합에 기초하고 있기 때문에, 성도의 교제에 대해 논의하기 전에 바로 예수 그리스도와의 연합에 대한 내용들을 필수적으로 알아야 한다. 따라서 1689 신앙고백서는 예수 그리스도와의 연합에 대한 설명으로 시작한다. 그러나 우리가 이 설명을 시작하기 전에 반드시 그리스도와의 연합이 의미하는 것이 무엇인지 질문해야만 한다. 다음 세 가지 서론적인 진술들이 도움을 줄 것이다.

1) 하나님의 계획 안에서 우리는 그리스도와 하나이다(에베소서 1장 4절, 요한복음 17장 2절, 6절). 우리를 구원하시기 위한 계획 안에서, 하나님께서는 우리의 구원자로서 그리스도를 우리에게 주셨다.

2) 하나님의 법 앞에서 우리는 그리스도와 하나이다. 핫지는 다음과 같이 주장한다. '우리의 법적 지위는 그리스도의 의, 영광, 그리스도와의 관계로 인해 그리스도의 소유로 결정되고 이 모든 것들은 그리스도와의 연합 안에서 우리의 것이 된다(고린도후서 5장 21절, 로마서 6장 8절, 8장 17절).'[2]

3) 성령님의 생명 안에서 우리는 그리스도와 하나이다. 우리는 공동의 영적인 생명을 공유한다(로마서 8장 2절, 고린도전서 6장 17절, 베드로후서 1장 4절).

1. 교제에 대한 인식

비록 택자는 하나님의 계획 안에서 영원 전부터 그리스도와 하나이지만, 생명처럼 중요하고 구원하는 그리스도와의 연합은 성령님의 내주하심과 믿음의 역사를 통하여 오직 그들만 실제로 경험하게 된다(에베소서 3장 16-17절, 갈라디아서 2장 20절, 고린도후서 3장 17-18절). 그 어떤 사람도 그들의 인생에서 이렇게 연결된 두 실제들을 경험하지 못한다면 구원받지 못한다.

---

2   A. A. Hodge, *The Confession of Faith* (Edinburgh: Banner of Truth Trust, 1958) p. 322.

2. 교제의 필요조건

'비록 그분과 한 인격이 되는 것은 아니지만'이라는 이 진술은 '성도들이 그리스도와 더불어 갖는 이 교통으로 말미암아, 그들이 그리스도의 신격의 본체를 소유하는 것은 결코 아니며, 어느 면에서든지 그리스도와 동등하게 되는 것도 아니다'라는 것이다. 이들 중에 어느 하나라도 긍정한다면 그것은 불경건하고 신성 모독적인 것이 된다'라는 웨스트민스터 신앙고백서 3항의 진술에 대응한다. 이 필요조건은 특히 17세기에 중요했다. 다른 교파들은 그리스도와의 연합을 신비주의적이고 범신론적 의미에서 해석하고 있었다. 이것은 오늘날 우리들이 신이 될 수 있다고 주장하는 몰몬교Mormons와 뉴에이지 운동New Age movement과 같은 동방종교들과 이교도들에게서 반드시 나타나는 특징이다. 더욱이 복음주의자들조차 우리가 반드시 자신의 구별된 인격적 정체성을 잃어버려야 하는 것처럼 그리고 우리를 통하여 그리스도께서 자신의 삶을 살도록 피동적으로 허락해 줘야 되는 것처럼 이야기한다. 우리는 반드시 다리를 절뚝거리는 보잘 것 없는 존재가 되어야 하고 그리스도의 위대한 한 인격에 통합되거나 흡수되어야 한다는 인상을 준다. 그리스도와의 연합은 본질적으로나 인격적으로 우리가 신격화되는 의미를 내포하고 있지 않다(고린도전서 8장 6절, 골로새서 1장 18-19절, 디모데전서 6장 15-16절, 이사야 42장 8절, 시편 45편 7절, 히브리서 1장 8-9절).

3. 교제의 범위

중보자로서 그리스도께서 하셨던 모든 일들과 지금 그리스도께서 소유하신 모든 것들은 우리에게 속해 있다(에베소서 2장 4-6절, 로마서 4장 25절, 6장 1-6절, 골로새서 3장 3-4절). 이 영광스러운 연합은 성도의 교제의 근거이고, 이 성도의 교제를 가치있게 하고 강권한다. 만약 그들이 그리스도와 하나라면, 그리스도를 통해 그들은 서로 하나이다(요한복음 15장 1-6절).

II. 성도의 교제에 대한 일반적인 정의(1항 b)

1. 교제의 끈

그리스도에 대한 참 사랑은 직접적으로 그리스도와 교제 안에 있는 사람들에 대한 사랑을 포함한다. 당신이 그리스도를 사랑할 수 없으면 그리스도의 몸, 그리스도의 아내, 그리스도의 신부를 사랑할 수 없다. 게다가 예수님의 위대한 새 명령은 다른 사람을 사랑하라는 것이다(요한복음 13장 34-35절). 만약 우리가 예수님을 사랑한다면, 우리는 분명히 그리스도의 명령들을 지킬 것이다(요한복음 14장 15절).

2. 교제의 유익들

그리스도께 속한 지체들로서 그들은 스스로를 위해 존재하지 않고 그리스도와 서로를 위해 존재한다(베드로전서 4장 10절, 로마서 14장 7-8절, 고린도전서 12장 25-27절).

3. 교제의 의무들

여기에서 이 의무들은 광범위하고 일반적인 범위 안에서 진술된다. 우리는 이 유익과 다른 사람의 은사들과 은혜들의 영향을 나눈다. 나눔과 의무 모두가 있다(로마서 12장 11-13절, 데살로니가전서 5장 11절, 14절, 베드로전서 3장 8절,

요한1서 3장 17-18절, 갈라디아서 6장 10절, 로마서 1장 12절).

III.성도의 교제의 특별한 표현들(2항a)

1. 성도의 교제의 정체

'신앙고백에 의해 성도들은…' 이 강조에 주목하라. 1689 신앙고백서는 보이는 교회 안에서의 교제에 대한 더 공식적인 표현들을 다루고 있다. 윌리암슨은 다음과 같이 말한다. "웨스트민스터 신앙고백서는 '하나님을 예배하는 것 안에서 교통과 교제'의 의무가 최소한으로 이 연합의 결과의 한 부분이라고 주장한다. 그러나 몇몇 사람들은 스스로, 또는 최소한 보이는 교회의 회중이 되지 않고도 하나님을 경배할 수 있다고 주장한다. 몇몇 사람들은 주일에 예배로 정해진 시간에 각각의 모임에서 드려지는 예배에 충성되고 신실하게 참석해야 하는 의무조차 느끼지 못하는 것처럼 보인다. 그리스도와 연합된 사람은 다른 성도들과도 연합되었다. 그리고 그리스도와의 연합은 필수적으로 다른 성도들에 대한 엄숙한 의무를 포함한다."[3] 성도의 교제에서부터 자라나기 시작한 이 의무들은 특별히 공식적인 교회모임에서 그들과 함께 하는 일에 있어서의 신실함을 요구한다(히브리서 10장 24-25절).

　　현대 유행하는 철학은 다르다는 것, 자신만의 인격, 독립적이고, 독창적이고, 독특함에 특별한 가치를 부여한다. 인기 있는 주일학교의 노래들조차 특별함에 대해 노래한다. 성경은 은사들과 성격의 다양성을 인정하지만

---

[3]　G. I. Williamson, *The Confession of Faith for Study Class* (Philadelphia: Presbyterian and Reformed, 1964) p. 198.

그리스도인들이 동일하게 생각하고 행동해야 할 필요성을 강조한다(로마서 12장 16절, 빌립보서 2장 2절, 베드로전서 3장 8절, 고린도후서 13장 11절). 모든 그리스도인들이 동일한 틀로 존재한다는 것에 대한 염려는 성경보다 유행하는 철학과 더 관계가 있다. 우리는 마땅히 동료 그리스도인들과 함께 조화롭고 하나 된 방식으로 행동하기를 소망해야 한다.

2. 성도의 교제의 참여자들

구제와 같은 교제는 가정에서 시작한다(디모데전서 5장 8절, 16절, 에베소서 6장 4절, 고린도전서 12장 27절). 그러나 이것은 거기서 멈춰서는 안 된다. 필요에 따라 다른 교회들에게 연보를 보내는 성경의 모범들에 주목하라(사도행전 11장 29-30절, 고린도후서 8-9장, 갈라디아서 2장, 로마서 15장). 교회가 다른 지역에 있는 성도들을 물질적으로나 영적으로 도움을 주려고 노력하고 있을 때, 각각의 그리스도인은 냉담하고 무관심하게 서 있을 권리가 없다. 각각의 능력에 따라서, 모든 성도들이 관심을 갖고 걱정스러운 마음을 가진 참여자들이 되어야 마땅하다.

IV. 성도의 교제의 필수적인 제한들

성경은 도둑질을 악한 것으로 가르치고 개인적인 재산을 침해할 수 없는 것으로 분명히 가르친다(사도행전 5장 4절, 에베소서 4장 28절, 출애굽기 20장 15절). 그러나 두 가지 질문들에 반드시 답을 해야 한다.

사도행전 2장 44절, 4장 32절에서 물건들을 나누는 것은 어떤 식으로 실행했는가? 윌리암슨의 답은 간결하고 결론적이다. '첫째, 하나님께서 성도들에게 표준으로 삼으라고 명령하신 행위라는 그 어떤 지시도 없다. 둘째, 사도들에 의해 개인의 재산에 대한 권리가 인정되었다는 증거가 있다(사도행전 5장 4절). 그리고 마지막으로, 재산을 공유하려는 시도는 사도들의 교회에서조차 만족스럽게 실현되지 못했다(사도행전 6장 1절 이하).'[4]

왜 제한하는가? 만약 우리가 모두 하나라면, 왜 우리의 재산이 공동의 것이 아닌가? 우리는 반드시 그 근본을 생각해야 한다. 우리는 그리스도 안에서 그리고 그리스도를 통해서 하나이다. 우리는 직접적으로 하나가 아니다. 그러므로 우리의 재산도 첫째로 그리스도께 속한 것이고 오직 그리스도를 통해서 서로의 것이 된다. 그래서 예를 들면, 우리는 우리의 형제에게 그의 자동차를 요구할 그 어떤 권리도 없다. 오히려, 우리의 자세는 반드시 우리가 받은 모든 것들에 대해서 겸손하고 감사해야 한다. 우리는 반드시 우리의 형제의 재산은 신성한 청지기의 책무로서 그에게 속한 것이라는 사실을 존중해야 한다. 우리는 직접적으로 그의 물건들을 요구하지 못한다. 우리는 신성한 청지기의 책무를 방해할 그 어떤 권리도 없다.

---

4   Williamson, *The Westminster Confession of Faith*, p. 198.

제28장 침례와 주의 만찬에 관하여

of Baptism and the Lord's Supper

1. 침례와 주의 만찬은 적극적이고 주권적인 제도인 의식들로서, 유일한 입법자 주 예수님에 의하여[1] 그분의 교회 안에 세상 끝날까지 지속되도록 제정된 것이다.[2]

> 1. 마태복음 28장 19-20절, 고린도전서 11장 24-25절
> 2. 마태복음 28장 1-20절, 로마서 6장 3-4절, 고린도전서 1장 13-17절, 갈라디아서 3장 27절, 에베소서 4장 5절, 골로새서 2장 12절, 베드로전서 3장 21절, 고린도전서 11장 26절, 누가복음 22장 14-20절

2. 이처럼 거룩하게 제정된 의식들은 그리스도의 명령에 따라서, 자격을 부여받고 부르심을 받은 자들에 의해서만 집례되어야만 한다.[1]

> 1. 마태복음 24장 45-51절, 누가복음 12장 41-44절, 고린도전서 4장 1절, 디도서 1장 5-7절

개 요

1689 신앙고백서 제28장은 대응을 이루는 웨스트민스터 신앙고백서 제27장과 완전히 다르다. 웨스트민스터 신앙고백서 제27장 다섯 항은 1689 신앙고백서 제28장에서 간략하게 두 항으로 바뀌었다.

이런 변화들은 웨스트민스터 신앙고백서 제27장 '성례전에 관하여'라는 제목에서 시작한다. 비록 웨스트민스터 신앙고백서 제27장에서 '성례전'이라는 단어는 8회 사용되었지만, 1689 신앙고백서 제28장의 제목과 내용 모두에서 '성례전'이라는 단어는 빠져있다. '성찬'이라는 단어는 신성하게 된 것을 의미하는 라틴어 '세크라멘툼'ˢᵃᶜʳᵃᵐᵉⁿᵗᵘᵐ에서 유래한다. 세크라멘툼이라는 단어는 라틴 벌게이트ᴸᵃᵗⁱⁿ ⱽᵘˡᵍᵃᵗᵉ와 로마가톨릭교회의 성경에서는 '신비'라는 단어로 번역되어 사용되었다.

1689 신앙고백서에 이 단어가 빠짐으로 인해 이 단어를 사용하는 것이 타당한지에 관한 중요한 의문이 생겼다. 여기에 대한 답은 우리가 이 단어를 어떤 뜻으로 말하는 지에 달려 있다. 만약 우리에게 있어서 이 단어가 구원하는 효력을 성례전에 돌리는 미신적인 성례주의ˢᵃᶜʳᵃᵐᵉⁿᵗᵃˡⁱˢᵐ와 연결된 것이라면, 우리는 당연히 이 단어를 사용하지 말아야 한다. 만약 우리에게 있어서 성례전이 물질적 상징들을 사용하는 그리스도의 두 가지 유일한 의식들에 관해 말하고 있는 경건하고 알맞은 방식이라면 우리는 이 단어를 유용한 단어로 생각할 수 있다. 우리가 이 단어를 사용하는 것에 (또는 사용하지 않는 것에) 있어서 올바른 것을 의미하는 만큼 우리는 이 단어에 대해 논쟁하지 않게 될 것이다. 이러한 논쟁들은 성경에서 비난하는 말싸움, 즉 단순한

단어들에 관련한 논쟁이 될 것이다(디모데전서 6장 4절, 디모데후서 2장 14절, 사도행전 18장 15절).

　(1689 신앙고백서에서) 삭제된 웨스트민스터 신앙고백서 제27장의 다른 측면들은 다음과 같다. 웨스트민스터 신앙고백서 1항은 채택되지 않았다. 웨스트민스터 신앙고백서 1항은 성례전과 '은혜언약' 사이에 관계가 있다는 것과 또한 성례전과 교회 사이에 관계가 있다는 사실을 가르쳤다. 상징과 상징된 실체 사이의 관계를 정의하려는 노력은 웨스트민스터 신앙고백서 2항에 포함되었다. 그리고 성례전의 효력에 관한 3항의 진술 또한 빠졌다. 구약의 성례전들과 신약의 성례전들 사이의 관계를 정의하려는 웨스트민스터 신앙고백서 5항의 노력 또한 생략되었다. 웨스트민스터 신앙고백서에 포함 되어 있는 많은 내용들은 유익하고 유용하고, 최소한 다룰 필요가 있는 사안들을 언급한다. 아마 1689 신앙고백서에서 생략된 이유는 침례교 신앙고백서 제29장과 제30장에서 이 내용을 포함하고 있기 때문이거나, 1689 신앙고백서 저자들이 가지고 있는 침례교 신념들의 빛 안에서는 이 내용이 불필요하다고 보았기 때문일 것이다.

I. 침례와 주의 만찬의 제도, 특별한 특징(1항 a)

침례와 주의 만찬에 대한 특징은 '적극적이고 주권적인 제도인 의식들'이라는 말로 묘사된다. 웹스터 사전의 진술에 의하면 이 의식이란, '권위적 본질의 지시나 명령 [그리고 특별하게]··· 전통이나 권위에 의해 제정된 관례 또는 관행'이다.[1] 침례와 주의 만찬은 그리스도에 의해 제정된 의식이다. 그러면 '적극적이고 주권적인'이라는 말이 의미하는 것이 정확하게 무엇인가?

이 단어들을 이해하기 위해서, 우리는 반드시 이 단어들의 반대말을 이해해야 한다. '적극적'이라는 말에 대한 웹스터 사전의 첫 번째 정의는 (이 단어를) '자연적인 것과 반대되는 상태'[2]라고 말한다. 자연법, 자연의 법은 무엇인가? 로마서 2장 14-15절은 자연법이 하나님의 본성과 사람의 본성 때문에 법이 된 것이라고 가르친다. 자연법이 반드시 존재하는 이유는 하나님께서는 하나님이시고 사람은 하나님께서 창조하신 존재이기 때문이다. 이 법은 반드시 항상 존재하고 변하지 않는다.

적극적인 의식이나 법은 자연법에 더해진 어떤 것이다. 적극적인 법은 자연적으로 요구되지 않는 것이다. 침례와 주의 만찬은 자연법의 한 부분이 아니다. 이 의식들은 구약시대에는 존재하지 않았고 새 언약과 함께 존재하기 시작하였다. 다윗은 침례 받을 것을 강요받지 않았다. 아브라함도 주의 만찬에 참여하라는 요구를 받지 않았다. 만약 침례와 주의 만찬이 자연법의 한 부분이었다면, 침례와 주의 만찬은 항상 존재해 왔어야 할 것이다. 그러나 이 의식들은 항상 존재하지 않았다. 그래서 이 의식들은 '적극적인' 법들이다.

하나님의 모든 법은 적극적이거나 자연적이거나 이 두 법의 결합이다. 1689 신앙고백서는 자연법(제1장 6항, 제19장 1항, 2항) 그리고 적극적인 법(제28장 1항) 그리고 자연적인 법과 적극적인 법의 결합인 하나님의 법(제22장 7항)에 대해서 말한다.

웹스터 사전은 또한 '적극적'이라는 단어를 '독단적으로 정한 것'이라

---

1 *Webster's New World Dictionary of the American Language* (Cleveland, OH: The World Publishing Company, 1968), p. 1032.

2 *Webster's New World Dictionary of the American Language* (Cleveland, OH: The World Publishing Company, 1968), p. 1140.

고 정의한다. 자연법은 독단적이지 않다. 하나님의 본성과 사람의 본성은 자연법을 필연적인 것으로 만든다. 하나님께서 '살인하지 말라'고 말씀하셨을 때, 하나님 자신의 본성과 하나님의 형상인 사람의 본성이 요구하는 것을 명령하고 계셨던 것이다. 따라서 이것은 필연적인 제도이지 주권적인 제도는 아니다. 그러나 그리스도께서 '그들에게 침례를 베풀라' 그리고 '이를 행하라'고 말씀하실 때, 하나님의 본성이나 사람의 본성 안에 있는 그 어떤 것도 바로 이 법, 이러한 의식들을 필연적인 것으로 만들지 않았다. 이러한 의미에서, 이 의식들은 '독단적'이었다. 특별한 방식으로, 왕이신 그리스도의 주권적 자유로운 의지가 그것들 안에서 드러나게 된다.

그리스도의 '적극적이고 주권적인 제도들'을 잘 지키고 따르는 것은 왕이신 그리스도의 뜻에 특별한 사랑과 충성을 나타내는 것이다. 그리스도의 의식들을 무시하는 것은 그리스도의 왕 직분에 대한 존경이 부족하다는 증거를 드러내는 것이다. 자연법들을 지키는 것은 단지 빛이 비춰진 양심으로부터 흘러나오는 것일 수 있다. 그리스도의 명령들을 합당하게 준수하는 것은 그리스도의 뜻에 대한 사랑을 표현하는 것이다. 그 까닭은 그것이 그리스도의 뜻이기 때문이다.

II. 침례와 주의 만찬의 제정, 유일한 제정자(1항 b)

바로 그 유일한 제정자는 예수 그리스도이시다(마태복음 28장 19절, 고린도전서 11장 24-25절). 그리스도께서 우리에게 행하라고 말씀하셔서 우리가 그것을 행할 때에만, 우리가 합당하게 침례를 받고 주의 만찬에 참여하는 것이다. 전통으로나 또는 그것들이 우리에게 좋은 생각처럼 보이기에 이러한 의식들을 지키는 것이라면, 그 어떤 영광이나 유익도 없다. 그러나 우리가 그리스도의 말씀 안에서 진심으로 그리스도의 권위를 느끼고 그 권위에 반응할 때, 이 의식들 안에는 엄청난 영광이 있다! 이 의식들 안에는 살아있는 생명에 대한 새로운 인식, 그리고 그리스도의 실재와 임재가 있다. 또한 그리스도의 권위에 양심적으로 순종할 때, 우리의 생명이 그리스도에게 속해있다는 것을 새롭게 인식한다.

III. 침례와 주의 만찬의 지속, 제한적 영속성(1항 c)

1689 신앙고백서의 주장은 이 의식들이 어떤 제한된 의미 안에서 지속한다는 것이다. 이 의식들은 사도들이 죽은 이후에도 계속 지속되고 이 세상 마지막 날에 중단될 것이다. 신약 안에 침례를 그만두라는 그 어떤 암시도 없을 뿐만 아니라 침례를 계속하라는 수많은 지시가 있다(마태복음 28장 18-20절, 로마서 6장 3-4절, 고린도전서 1장 13-17절, 갈라디아서 3장 27절, 에베소서 4장 5절, 골로새서 2장 12절, 베드로전서 3장 21절). 또한 주의 만찬도 분명하게 그리스도께서 재림하실 때까지 지속 될 것이다(고린도전서 11장 26절, 누가복음 22장 14-20절). 이것은 모든 물질적 의식이 영적인 하늘에 속한 교회에 의해 지켜질 필요가 없다고 가르치는 극단적인 세대주의자들을 비난한다. 주의 만찬은 단지 우리를 그리스도의 살아있는 권위로 되돌릴 뿐 아니라, 우리를 실제적으로 그리스도께 돌리고 그리스도와 함께하게 한다. 이 의식들은 우리에게 살아계신 그리스도와 그리스도의 능력을 생각나게 하는 생명줄이다.

IV. 침례와 주의 만찬의 집례, 합당한 집례자들(2항)

비록 웨스트민스터 신앙고백서에서 거의 대부분이 나왔지만, 2항은 제1차 런던 신앙고백서와 웨스트민스터 신앙고백서와는 다른 관점을 드러낸다. 웨스트민스터 신앙고백서는 오직 정해진 목회자만이 성례들을 집전할 수 있다는 입장을 취한다. 또한 사보이 선언도 이와 같다. 제1차 런던 신앙고백서는 모든 제자들이 침례와 주의 만찬을 집전할 수 있다는 입장을 취한다.

1689 신앙고백서의 진술은 각 신앙고백서들의 입장들보다 구체적이지 않다. 그러나 '그리스도의 명령에 따라서, 자격을 부여받고 부르심을 받은 자들에 의해서만'이 의식들을 집례해야 한다고 말하고 있는 것으로 보아, 1689 신앙고백서는 일반적인 의미에서 제한적이다. 왜 1689 신앙고백서의 저자들은 이 사안을 이런 방식으로 진술하였을까? 분명한 것은, 그들이 장로주의자들의 성직자 중심주의 체계와 초기 침례주의자들의 회중주의 정치 체계 사이의 중간적인 방침을 강조하길 원했다는 것이다.

오늘날 1689 신앙고백서에서 언급하는 이러한 제한들은 그들에게 성직주의적이고 사제주의적인 인상을 남길 수도 있을 것이다. 우리는 '성경이 이 주제에 관하여 가르치는 것은 무엇인가?'라고 반드시 질문해야 한다. 성경에 따르면, 누가 침례와 주의 만찬을 집례해야 하는가? 몇 가지 고려사항이 1689 신앙고백서에서는 확실하지 않은 말을 성경적으로 정의 내리는 것에 도움을 줄 것이다.

1689 신앙고백서와 웨스트민스터 신앙고백서 모두는 고린도전서 4장 1절을 인용하여 자신들의 진술을 지지한다. 이것은 바울이 그리스도의 종들인 자신과 자신의 동료(아볼로와 게바)들을 마땅히 '하나님의 비밀들을 맡은 자'로 여겨줄 것을 권하는 것이다. 이 구절에서 '비밀들'이라는 단어는 성례전을 언급하는 것이 아니기 때문에, 그리고 바울과 게바는 사도였기 때

문에 언뜻 보기에는 이 사안과 밀접하게 관련이 없는 것처럼 보인다. 그렇지만 이 성경구절 안에 하나의 암시가 있다. 이는 우리에게 '맡은 자'의 개념에 초점을 맞추도록 한다.

마태복음 24장 45-51절과 누가복음 12장 41-44절은 하나님의 종들 모두가 '때를 따라 양식'을 그리스도의 종들에게 나누어 줄 권한과 책임을 맡은 자들은 아니라는 사실을 분명히 한다. 이것은 고린도전서 4장 1절의 전제와 일치한다. 그러나 일반적인 사역자들은 하나님의 '맡은 자'들인가? 그렇다! 디도서 1장 7절은 누가복음 12장 42절에서 사용한 바로 그 단어(청지기)를 써서 '맡은 자'를 묘사한다. 디도서 1장 5절은 마태복음 24장 45절과 누가복음 12장 42절 모두에서 사용된 바로 그 단어를 사용하여 장로로 임명되거나 맡겨졌다는 것을 설명한다. 이 구절에서 이 두 단어가 나타났다는 것은 바울이 디도서 1장 5-7절에서 이러한 사용법들을 제시했을 때, 누가복음 12장 42절에 대해서 생각하고 있었다는 것을 분명히 한다. 하나님께서는 교회 안에 여전히 맡은 자를 가지고 계시고 오늘날에도 장로의 지속적인 직책으로서 하나님의 종들을 다스리는 맡은 자들을 가지고 계신다.

하나님의 종들에게 그들의 영적 양식을 주는 권한을 가진 하나님의 맡은 자들은 하나님의 비밀들을 그들에게 가르치고 제공한다. 물론, 이것은 공적인 하나님의 말씀 사역을 포함한다. 그러나 침례와 주의 만찬은 영적인 양식과 이러한 비밀들이 눈에 보이는 상징들이기에, 이 의식들을 감독하고 집례하는 것은 하나님의 맡은 자들의 특권이다. 주의 만찬이 하나님의 종들에게 영적인 양식을 주는 것인가? 그렇다면 주의 만찬을 집례하는 것은 영적인 맡은 자들, 사역자들의 영적인 책임이다.[3]

두 번째 고려사항은 이것이다. 우리는 침례를 베풀 수 있는 기본적인 권한을 어디에서 발견하는가? 대위임령! (마태복음 28장 16-20절). 대위임령

---

3   John Owen, *The Works of John Owen*, vol. XVI, p. 79.

에 대한 피상적인 해설은 우리가 이 명령에 대한 아주 핵심적인 질문들조차 하지 못할 만큼 널리 퍼져있다. 이런 핵심적인 질문의 하나는 '대위임령을 누구에게 말씀하셨는가?'이다. 이 질문에 대해 오늘날 거의 모든 설교자들이나 사역자들이 생각하는 답은 이 대위임령은 모든 그리스도인들에게 말씀하셨다는 것이다. 그러나 대위임령은 개별적으로 모든 그리스도인들에게 이야기한 것은 아니다. 개별적인 모든 그리스도인들과 관련은 있으나, 개별적인 모든 그리스도인들에게 말씀하신 것은 아니다. 성경에서 이 명령에 해당하는 네 가지 기사들은 이 대위임령이 그리스도의 사도들에게 이야기하신 것이라는 사실을 분명하게 한다(마태복음 28장 16-20절, 마가복음 16장 14-18절, 누가복음 24장 45-49절, 사도행전 1장 1-18절).

　　이것은 대위임령이 오직 사도들에게만 주어졌다는 것을 의미하는 것은 아니다. 대위임령의 범위는 '모든 민족들'에 속한다(마태복음 28장 19절). 사도들이 이 명령을 완성하지 못하였기 때문에, 우리는 이 명령이 오늘날의 교회와 여전히 관계가 있다고 생각할 수 있다. 대위임령의 기간은 '세상 끝날까지'이다(마태복음 28장 20절). 사도들이 세상 끝나기 전에 죽었기에, 그리스도께서는 이 명령을 오직 사도들에게만 말씀하신 것은 아니라는 것이 분명하다.

　　이것이 우리를 우리가 시작했던 곳으로 데려다 놓지는 않는다. 올바른 결론은 대위임령이 교회에 공동체적으로 주어진 것이지 그리스도인들에게 개별적으로 주어진 것은 아니라는 것이다. 그 까닭은 사도들은 보이는 교회의 기반이었기 때문이다. 모든 나라로 가서 제자를 삼고 침례를 주고 그들을 가르쳐 그리스도의 모든 명령들을 지키도록 하는 것이 개별적인 모든 그리스도인의 의무가 될 수 없다. 이러한 의무는 대부분의 그리스도인들에게 분명히 불가능하기 때문이다. 이 의무는 그리스도의 대위임령과 지속적인 관계를 가지고 있는 사도들 위에 세워진 전체 교회에 있다. 개개인의 그리스도인은 보이는 교회의 한 부분으로서 교회를 도와 이 대위임령을 성취해야 하는 책임을 갖고는 있으나, 마태복음 28장 18, 20절에서 우리에게 개별적으로 말씀하신 것은 아니다.

대위임령에 따라, 누가 침례를 베푸는 제자들이 되어야 마땅한가? 만약 개인주의적인 현대적 해설이 옳다면, 그 대답은 개별적인 모든 그리스도인들이 되어야 할 것이다. 그러나 만약 우리의 해설이 옳다면, 교회의 권위를 가진 사람들만이 침례를 베풀어야 한다. 일반적으로, 그들은 교회의 사역자들이 될 것이다.

세 번째 고려사항은 주의 만찬과 교회와 관련이 있다. 고린도전서 11장 17-34절은 교회가 공식적으로 구성되었을 때, 주의 만찬을 기념하도록 가르친다. 주의 만찬의 집례는 교회의 공식적인 의식이기 때문에 교회의 다스림을 주도하는 장로들이 집례 해야만 한다(디모데전서 3장 5절).

그 사역자들은 신실한 형제에게 이 의식을 실제적으로 집례하는 대표로 위임할 수 있다. 그러나 그들은 그 책임을 위임할 수는 없다. 장로들은 여전히 하나님의 청지기이고 그 자격으로서 그들의 맡은 자로서의 직책에 대한 책임이 있다. (신앙고백서 제26장 11항을 주목하라.) 만약 지역교회에 사역자들이 없다면, 안전하고 지혜로운 진행을 위해 다른 목사들과 다른 교회의 감독을 찾아야만 하고, 그들의 지시 하에 침례와 주의 만찬을 집례할 수도 있을 것이다. 존 오웬은 사역자들이 없는 교회의 첫 번째 의무는 반드시 목사나 목사들을 찾아야 하는 것이지, 의식을 집례하려고 하는 것은 아니라는 의견을 말한다.[4]

---

4   John Owen, *Works* ..., vol. ⅩⅥ, pp. 79ff.

제29장 침례에 관하여

of Baptism

1. 침례는 예수 그리스도께서 제정하신 신약의 의식이다. 그리고 침례 받는 자들에게 있어서 침례는 예수 그리스도와 연합하여 그리스도의 죽음과 부활 안에 있다는 표이다. 이는 그리스도께 접붙임 되고,[1] 죄들을 용서받고,[2] 예수 그리스도를 통하여 자신을 하나님께 드리고 새 생명 안에서 살고 걷는다는 표이다.[3]

> 1. 로마서 6장 3-5절, 골로새서 2장 12절, 갈라디아서 3장 27절
> 2. 마가복음 1장 4절, 사도행전 22장 16절
> 3. 로마서 6장 4절

2. 하나님을 향한 회개와 우리 주 예수 그리스도에 대한 믿음과 그리스도를 향한 순종을 실제로 고백하는 사람들만이 이 의식에 합당한 유일한 대상들이다.[1]

> 1. 마태복음 3장 1-12절, 마가복음 1장 4-6절, 누가복음 3장 3-6절, 마태복음 28장 19-20절, 마가복음 16장 15-16절, 요한복음 4장 1-2절, 고린도전서 1장 13-17절, 사도행전 2장 37-41절, 8장 12-13절, 8장 36-38절, 9장

18절, 10장 47-48절, 11장 16절, 15장 9절, 16장 14-15절, 31-34절, 18장 8절, 19장 3-5절, 22장 16절, 로마서 6장 3-4절, 갈라디아서 3장 27절, 골로새서 2장 12절, 베드로전서 3장 21절, 예레미야 31장 31-34절, 빌립보서 3장 3절, 요한복음 1장 12-13절, 마태복음 21장 43절

3. 이 의식에서 사용되는 외적인 요소는 물이다. 침례 받는 그 사람은[1] 물에서 성부와 성자와 성령의 이름으로 침례를 받아야만 한다.[2]

   1. 마태복음 3장 11절, 사도행전 8장 36절, 38절, 22장 16절

   2. 마태복음 28장 18-20절

4. 침수, 즉 사람을 물에 잠기게 하는 것이 이 의식의 합당한 시행에 있어서 필수이다.[1]

   1. 열왕기하 5장 14절, 시편 69편 2절, 이사야 21장 4절, 마가복음 1장 5절, 8-9절, 요한복음 3장 23절, 사도행전 8장 38절, 로마서 6장 4절, 골로새서 2장 12절, 마가복음 7장 3-4절, 마가복음 10장 38-39절, 누가복음 12장 50절, 고린도전서 10장 1-2절, 마태복음 3장 11절, 사도행전 1장 5절, 8절, 2장 1-4절, 17절

개요. 주제 : 침례

1항	I. 침례의 영적인 의미
2항	II. 침례의 적절한 대상들
3-4항	III. 침례의 외적인 요소들
3 a	1. 물
3 b	2. 삼위하나님의 이름
4	3. 사람을 물에 잠기게 하는 방식

제28장에서 교회 의식들(또는 성례전들)을 소개했고, 1689 신앙고백서는 이제 특별히 침례에 관한 세 가지 특별한 질문들에 답하는 식으로 이 주제를 설명한다. 침례가 의미하는 것은 무엇인가? 누가 침례를 받아야 마땅한가? 침례는 어떤 방식으로 시행되어야 마땅한가? 이 세 질문들은 위에 제시된 개요의 세 가지 점과 일치한다. 이 장을 해설할 때 우리는 이 개요를 철저히 따라갈 것이다.

I. 침례의 영적인 의미 (1항)

1. 침례의 영적인 의미의 주안점

그 주안점은 '침례를 받은 자들'이다. 비록 침례가 분명 세상과 교회에 대해 의미를 가지지만, 침례의 가장 우선적인 의미는 침례 받은 사람을 위한 것이다. 그 까닭은 침례가 하나님과 개인 사이의 언약 집행, 언약 의식이기 때문이다. 사적인 상황에서 일어나는 침례에 대한 몇 가지 성경의 예들은 침례 받는 대상이 중요하다는 이해를 요구한다(사도행전 8장 36-38절, 9장 17-19절, 10장 47-48절, 16장 31-34절). 이로부터 몇 가지 실제적인 의견들이 따라온다.

비록 더 공적인 자리에서 일어났던 침례의 경우들이 있고 침례가 (교회가 이미 있는 곳에서는) 교회 앞에서 이루어지는 것이 적합하지만, 꼭 침례가 교회 안에서 집례될 필요는 없다. 이러한 점에서 침례가 주의 만찬과 같지는 않은 것이다. 침례는 개인의 의식인 반면 주의 만찬은 공동체의 의식이다.

대부분 현대 침례주의자들은 로마 가톨릭의 성례주의에 대해 반대한다. 이 성례주의는 침례가 세상과 교회를 향한 하나의 증표라고 강조는 하지만, 침례 받은 자를 위한 침례의 의미를 거의 강조하지 않는다. 이는 성경의 가르침과 전혀 일치하지 않다. 침례가 구원하지는 못하지만, 침례는 하나님과 침례를 받는 당사자 간의 언약적 의식 또는 언약의 집행 안에서 구원을 공적으로 인정한다. 침례는 몸이고, 믿음은 몸 안에 있는 영혼이다. 그러므로 우리는 침례가 중요하지 않다는 생각을 감히 하지 못한다.

2. 침례의 의미의 측면들

침례 받은 자에게 침례가 의미하는 것은 무엇인가? 윌리암슨은 '침례는 비언어적인 방식으로 복음의 언어적 내용을 간단히 표현하는 것이다'[1]라고 적절히 답한다. 1689 신앙고백서는 침례의 의미에 있어서 세 측면들을 강조한다. **그리스도와의 연합** (로마서 6장 3-5절, 골로새서 2장 12절, 갈라디아서 3장 27절), (침례 그 자체는 당신을 다스리는 분과 연합하거나 하나 된다는 개념을 전달한다. 마태복음 28장 19절, 고린도전서 10장 2절, 1장 13-16절). 그리고 침례는 **죄가 사면되었다**는 개념을 전달한다(에베소서 1장 7절). (침례, 물로 씻음은 용서를 상징한다(사도행전 22장 16절, 마태복음 1장 4절, 사도행전 2장 38절). 그리고 우리 마음을 **도덕적으로 깨끗이 한다**는 개념을 전달한다.

침례가 침례 받은 사람에게 말하는 것은 무엇이고, 그 사람에 대해서 하는 말은 무엇인가? 침례는 그(녀)가 그리스도와 연합의 상태에 있고 죄 용서받았고 깨끗한 마음을 가졌다는 것을 말한다. 따라서 유아들이 세례를 받을 때, 그 세례는 유아들에게 그리고 그들에 관하여 그리스도와 연합되었고 죄 용서받았고 순수한 마음을 가졌다고 선언하는 것이다. 이러한 함축적 의

---

1   G. I. Williamson, *The Westminster Confession of Faith: For Study Classes* (Philadelphia: Presbyterian and Reformed, 1964), p. 208.

미로 인해 대부분의 유아세례주의자들은 경악할 것이지만, 오직 이 함축적 의미만이 침례에 대한 성경적 의미와 일치한다. 이 함축적 의미는 이러한 형제들이 유아세례를 베풀지 않게 할 수도 있을 것이다.

침례의 영적인 의미에 대한 연구를 마무리 짓기 전에, '침례는 복음의 유익들뿐 아니라 복음에 대한 우리의 구원하는 반응도 상징하는가?'라는 이 마지막 질문을 반드시 던져야 한다.

윌리암슨은 다른 유아세례주의자들을 대표하여 '아니다'[2]라고 말한다. 이렇게 대답한 이유는 당연히 유아세례가 복음에 대한 유아의 구원하는 반응을 상징할 수 없기 때문이다. 그러나 침례가 복음에 대한 구원하는 반응을 상징하는 것이라는 사실이 성경의 가르침이다(베드로전서 3장 21절, 마가복음 1장 4절, 사도행전 2장 38절, 마태복음 3장 6-8절, 11절). 침례는 복음의 요구들에 순종하는 것을 상징한다. 그러므로 그 어떤 대답으로도 고백하지 않는 사람에게 세례를 베푼다는 것은 잘못된 것이고 복음과 반대되는 인상을 남기는 경향이 있다.

II. 침례의 적절한 대상들 (2항)

1689 신앙고백서 2항은 '누가 마땅히 침례를 받아야 하는가?'라는 질문에 대한 답이다. 1689 신앙고백서의 대답은 고백한 제자들이 침례를 받는 것이 마땅하다는 것이다. 이 대답은 두 주제 아래에서 전개될 것이다.

---

2   G. I. Williamson, *The Westminster Confession* ..., p. 208.

1. 역사적 배경

신자침례교리에 대한 성경 증언은 반드시 역사적 상황 안에 놓인다. 네 가지 중요한 근본적인 사안들이 반드시 설명돼야 한다.

1) 역사적으로 교회 안에서의 근본적인 차이

이 차이는 세례중생교리를 긍정하는 사람들(성례주의자들)과 이를 반대하는 사람(반성례주의자)들 사이에 있다. 성례주의자들은 로마 가톨릭과 루터주의자들 그리고 영국성공회파 사람들을 포함하는 반면, 반성례주의자들은 종교개혁 전통 안에 있는 사람들, 침례주의자들과 재세례파를 포함하고 있다. 1항에서 침례교 신앙고백서는 반성례주의 웨스트민스터 신앙고백서와 사보이 선언을 같은 선상에 놓는다. 세례중생 교리는 논리적으로나 윤리적으로 유아세례를 요구한다. 개혁의 시대에 이 교리를 주장했던 사람들은 많은 경우 교회의 전통의 근거 위에서 유아세례를 옹호했다.

2) 반성례주의자들 안에서 근본적인 분열

종교개혁 이후에 반성례주의자들 안에서 두 그룹이 드러났다. 이는 유아세례를 반대하는 침례주의자들과 유아세례를 지지하는 유아세례주의자들이다. 로마 가톨릭의 관점인 세례중생교리와 전통적 권위에 대한 그들의 교리 모두를 거부하는 유아세례주의자들은 유아세례를 지지하기 위한 성경적인 논리적 근거를 세우는 데 힘을 썼다. 이 논리적 근거의 가능성은 침례의 대상과 같이 반성례주의자들 간의 논쟁에서 근본적인 주제이다. 지금 이 논쟁이 고백한 복음주의 그리스도인들의 두 그룹 사이에 있다는 것을 주목하는 것은 중요하다. 모든 유아세례주의자가 성례주의자들은 아니다.

3) 반성례주의자인 유아세례주의자들의 근본적인 주장

존 머레이는 적절하게 이 주장의 요점을 말한다.

유아세례를 지지하는 주장은 세상 안에서 하나님의 구속사역과 계시가 언약적이라는 인식에 놓여 있다. 한 마디로 말해서, 구속계시는 언약의 행위이고 구속계시는 언약계시이다. 성도들의 어린 자녀는 그들의 부모와 함께 언약관계와 조항에 포함되어 있다는 원리가 하나님의 이 언약의 사역에 심겨져 있다. 하나님께서 이 세상에 은혜를 베푸시는 바로 이 방식은 반드시 정당하게 평가되어야 한다. 이것은 구약에서와 같이 신약에도 속한다. 그 방식의 존재와 의미는 유아세례를 바탕으로 한다. 그리고 은혜를 베푸시는 의미를 인식하는 것은 우리에게 이 규정의 의미를 명확히 한다.[3]

킹던Kingdon은 머레이와 모든 개혁파 유아세례주의자들의 주장을 적절히 요약한다.

'실제로 이 주장은 삼단논법의 형식으로 분명하고 확실하다.

① 은혜언약은 성도들뿐만 아니라 그들의 자녀들에게도 속한다.
② 구약시대의 언약증표는 할례였다. 어른들에게 확실히 적용된 경우와 같이 아이들에게도 적용되었다.
③ 신약시대에서 언약증표는 세례이다. 세례는 할례를 대신한 것이어서 마땅히 성도들과 그들의 자녀들에게 적용되어야 한다.'[4]

4) 이 주장에 대한 침례주의자들의 반응들에 대한 근본적인 차이

개혁파가 아닌 침례주의자들의 반응이 있다. 16세기에 나온 재세례파와 메노나이트 그리고 19세기에 일어난 세대주의자들이 대표적이다. 이 그룹들

---

3   John Murray, *Christian Baptism* (Philadelphia: Presbyterian and Reformed, 1962), p. 2
4   David Kingdon, *Children of Abraham* (Haywards Heath: Carey Publications, 1975), pp. 23, 24.

모두는 성경의 근본적인 통일성과 하나님의 백성들을 다루시는 하나님의
언약의 통일성을 부인한다. 그러므로 그들은 그 언약들에서 나오는 유아세
례주의자의 주장을 이해하려고 하거나 고심하지 않고 신약성경 자료를 신
자침례를 지지하는 결정적인 것으로 여긴다. 킹던은 이러한 개혁파가 아닌
침례주의자들에 대해 적절하게 이야기 한다.

여기서 설명된 논리적 방식에 대한 오늘날 (개혁파가 아닌) 많은 침례주
의자들의 반응은 '구약'의 가르침이라는 한 문장으로 아주 간단히 그 논리
방식을 일축해 버린다. 그 전제는 그 논리방식이 신약과 그 어떤 관련도 없
다는 것이다. 할례와 세례의 유사성에 직면할 때 그들은 그 두 의식들 사이
에 있는 모든 관련성을 부인한다. 개혁파가 아닌 침례주의자들의 입장에서
의 이러한 반응은 개혁파 전통에 속해 있으면서 잘 훈련된 유아세례주의자
의 비난을 받게 되어있고 마땅히 그러하다!'[5]

개혁파 침례주의자의 반응이 있다. 킹던은 다음과 같이 말한다.

역사적으로 말해, 침례주의자들의 변증도 개혁파 신학에서부터 나왔지
만, 현재 개혁파가 아닌 침례주의자들과 개혁파 유아세례주의자들은 이 변
증의 강력한 흐름이 유아세례주의를 지지하는 언약적 논증의 약점을 드러
내고 있다는 사실을 인식해야 할 필요가 있다… 존 번연, 존 길, 아브라함 부
스, 알렉산더 카슨 그리고 찰스 스펄전이 이름들은 언약신학을 계속해서 이
어온 특수침례주의 전통의 대표자들이다.[6]

개혁파 침례주의자들은 성경계시의 통일성과 하나님께서 자신의 백성
을 언약으로 다루심에 있어서의 통일성을 받아들인다. 그러나 그들은 하나
님께서 언약적으로 다루신다는 것에 대한 정확한 개념이 실제로는 신자침
례를 요구한다고 주장한다. 개혁파 침례주의의 반응은 하나님의 언약적 다

---

5 David Kingdon, *Children of Abraham*, p. 17.
6 Kingdon, *Children of Abraham*, p. 17, 18.

루심의 통일성 안에서 할례와 침례 사이의 어떤 상응 또는 유사점이 있다는 것을 허용한다(로마서 4장 11절, 골로새서 2장 11-12절). 이 두 의식들 모두는 하나님의 언약백성으로 들어가는 의식들 또는 상징들이었다.

2. 성경의 증명

이런 역사적 고찰들이 앞선 문제의 본질을 분명히 설명했다면, 이제는 신자 침례가 진리라는 것에 대한 성경의 증명을 드러낼 수 있다. 개혁파 유아세례주의자들이 유아세례를 지지하는 자신들의 논증을 할례와 옛 언약으로부터 분명하게 세울 수 없었다고 한다면, 그 전제는 반드시 오직 고백한 제자들만이 침례를 받아야 한다는 것 때문이다. 이것은 두 가지 이유들 때문에 그렇다.

　　종교개혁 이전에 유아세례는 교회전통과 세례중생설의 기초 위에서 시행되었다. 개혁파 프로테스탄트들이 이런 것들 전부를 거절하였기 때문에, 어떤 이는 그들이 유아세례를 거절할 것이라고 기대하였다. 그러나 그들의 반응은 구약으로부터 유아세례를 지지하는 주장을 세워나갔다. 이러한 주장을 제외하고 유아세례를 지지하는 그 어떤 성경적 정당성도 없다. 대표적인 유아세례주의자들은 이를 인정한다. 워필드는 '유아세례를 보장하는 것은 신약에서는 찾을 수 있는 것이 아니라 구약에서 찾을 수 있다'[7]고 말한다. 루이스 벌콥은 다음과 같은 생각을 확실히 주장한다. '모든 진술들은 언약의 자녀들에게 할례를 시행하라는 하나님의 명령 위에 근거를 두고 있다는 것을 알게 될 것이다. 그 이유는 결국 바로 이 명령이 유아세례의 근거이기 때문이다.'[8]

7　　B. B. Warfield, *Studies in Theology* (New York: Oxford University Press, 1932), p. 399.

8　　Louis Berkhof, *Systematic Theology* (Grand Rapids, MI: Eerdmans, 1972), p. 638.

506

침례는 복음의 유익들과 복음에 대한 구원하는 반응 모두의 상징이다. 침례는 회개와 죄 용서를 상징한다. 그래서 당연히 그 전제는 반드시 침례가 마땅히 오직 회개와 죄 용서받은 사람들에게 주어져야 한다는 것이다. 할례로부터 이끌어 낸 가장 강력하고 분명한 논증은 이러한 전제에 대한 의심들을 일으킬 수도 있다. 세 가지 고찰들이 유아세례주의자의 주장을 반박한다.

1) 유아세례주의자의 주장은 논리적으로 새 언약의 세례와 옛 언약의 할례의 단순한 통일성만 아니라 동일성을 전제한다.

우리는 할례와 침례 사이에 어떤 상응이나 유사한 점이 있다는 것을 인정한다. 유아세례주의자들은 더 나아간다. 그들은 이 둘을 동등하게 취급하거나 동일시한다. 예를 들어, A.A. 핫지는 다음과 같이 발언한다. '구약시대의 교회와 신약시대의 교회는 동일하다… 구약의 교회는 신약의 교회와 정체성에 있어서 동일하다… 할례는 침례가 의미하는 모든 것을 의미하고 할례는 정확하게 침례가 의미하는 것에 매여있다. 그리고 침례가 정확하게 할례의 자리를 차지하고 있기 때문에, 신자의 자녀들에 대한 교회의 회중됨이 마땅히 인정되어야 하고 사실 과거에 그랬던 것처럼 그 자녀들은 마땅히 세례받아야 한다는 결론에 이르게 된다.'[9] 벌콥은 세례가 할례를 '대신하는 것'이라고 말한다.[10] 옛 언약과 새 언약 사이에, 그리고 할례와 세례 사이에 하나의 동일한 증표를 놓는 것이 적절한가?

할례와 침례 사이에 확실하고 분명한 차이점들이 있다. 외적인 의식이 분명하게 다르다는 사실을 제쳐놓아라. 의식의 대상들이 다르다. 오직 남성들만이 할례를 받았지만, 침례는 남성과 여성 모두 침례를 받는다.

---

9   Louis Berkhof, *Systematic Theology* (Grand Rapids, MI: Eerdmans, 1972), p. 638.
10   L. Berkhof, *Systematic Theology*, p. 633, 634.

옛 언약과 새 언약이 관련이 있다는 전통적인 성경구절이 그 언약들 간의 동일성이나 유사성뿐만이 아니라 다르다는 것도 강조한다(예레미야 31장 31-34절). 만약 새 언약이 옛 언약과 동일하지 않다면, 세례와 할례가 동일하다는 것을 어떤 식으로 말할 수 있는가? 더욱이, 옛 언약의 양자됨은 새 언약의 양자됨과 동일하지 않다(로마서 9장 1-5절, 8장 14-17절). 동일한 헬라어 단어가 로마서 9장 4절과 8장 16절 모두에서 쓰인다.

옛 언약과 새 언약 간의 특별한 차이는 유아가 언약에 참여할 수 있는 자격의 연속성을 금지하는 것이다. 이 특별한 차이는 새 언약 안에 있는 하나님의 백성은 이스라엘이 그랬던 것처럼 언약을 파괴하지 못한다는 것이다. 그리고 또한 이 특별한 차이는 새 언약의 모든 백성들이 주를 알게 될 것이라는 사실이다(예레미야 31장 34절). 그렇다. 할례는 언약에 참여했다는 증표였고 침례도 그렇다. 또한 우리는 침례가 새 언약의 모든 참여자들과 참된 신약의 할례를 받은 모든 참여자들에게 베풀어져야 한다는 사실을 인정한다. 그러나 그들은 누구인가? 주님을 알고(예레미야 31장 34절) 영적으로 할례를 받고(빌립보서 3장 3절) 하나님으로 인해 태어난(요한복음 1장 12-13절) 사람들, 오직 이 사람들만이 새 언약의 참여자의 자격을 요구하고 그 증표에 대한 권한도 주장할 수 있다. 언약의 사람은 더 이상 육의 백성이 아니라 영의 백성이다(마태복음 21장 43절). 따라서 앞으로 육적 혈통은 이 나라의 백성될 자격을 주거나 육의 혈통이 언약의 증표들에 참여하는 것을 허용하지 않는다!

그러므로 침례는 할례가 요구했던 그 모든 것들을 고백한다. 할례는 새 마음을 요구했다. 그러나 실제로 할례가 새 마음을 고백하지는 않았다. 침례는 새 마음을 고백한다. 비록 침례와 할례 사이에 밀접한 관련이 있지만, 그것들은 동일하지 않다. 그러므로 이 두 의식들을 동일시하는 유아세례주의자의 주장은 타당하지 않다.

유아세례주의자들은 다음과 같은 진술로 반박한다. '너희들은 구원받지 못한 교회의 회중이 있다는 것으로 우리를 비난한다. 그럼에도 불구하고 너희들도 구원받지 못한 교인들을 가진다. 따라서 너희와 우리는 전혀 다르지 않다. 다만 너희들은 일관성이 없고 위선적이다.' 우리는 구원받지 못한 회중의 한 사람이 가장 훌륭한 교회 안에도 있다는 것을 인정한다. 그러나 이것이 우리가 일관성이 없고 사실상 유아세례주의자들과 다를 것이 전혀 없다는 것을 의미하지는 않는다. 이 유아세례주의자의 주장은 두 가지 점들을 혼동한 것에 기초한다. 실제 현실*de facto*과 법적 근거*de jure*이다. 만약 러시아 KGB 수장이 러시아와 영국 그리고 미국에는 무죄한 사람들이 철창 속에 갇혀 있기 때문에 사실상 이 나라들 간에 그 어떤 차이도 없다고 주장한다면, 당신은 어떤 식으로 대답할 것인가? 당신은 러시아에 선량한 사람들이 감옥에 있는 것은 그들의 법 때문이지만, 영국과 미국에서 그들이 거기에 갇혀 있는 것은 법들을 무시해서 그렇다고 말할 수 있다. 러시아와 미국 사이에는 엄청난 법적*de jure*인 차이가 있다. 이렇듯 유아세례주의자들은 교회에 구원받지 못한 회원들을 법적으로 눈감아준다. 침례주의자들은 그렇게 하지 않는다. 결국, 이것이 이 두 교단의 체계 안에 엄청난 큰 실제적*de facto*인 차이를 만든다.

2) 유아세례주의자는 자신들의 논리를 주의 만찬에 일관되게 적용하지 않는다.

역사적으로 그리고 거의 만장일치로, 개혁파 유아세례주의자들은 세례 받은 어린자녀들에게 주의 만찬을 허락해도 된다고 생각하거나 실제로 허락한 적도 없다. 그들은 어린자녀들이 언약 안에 있고 그래서 그 어린 자녀들은 당연히 그 언약의 증표로 세례를 받아야 한다고 주장해 왔다. 그러나 분명 주의 만찬도 언약의 증표(고린도전서 11장 25절)임에도 불구하고, 그들은 자신들의 세례 받은 어린 자녀들에게 주의 만찬을 허락하지는 않는다. 그들이 주의 만찬에 참여하기 이전에 개인적인 신앙고백을 요구한다. 다시 말해서, 그들은 정확하게 침례주의자들이 침례에 참여하기 위해 요구하는 바로 그 모든 것을 요구하는 것이다.

지금 당신이 이 주제와 관련된 문제를 이해하지 못한다면, 내가 세 가지 진술들로 이 문제를 논리적으로 분명하게 설명하겠다.

① 오히려 주의 만찬과 유월절이 침례와 할례보다 더 유사하다. 주의 만찬은 유월절의 배경에서 제정되었다. 실제 의식의 행위들이 침례와 할례보다 훨씬 더 유사하다.
② 할례를 받은 모든 사람들이 여호와의 유월절 어린양을 먹을 것을 명령받았다(출애굽기 12장 3-4절, 6절, 21-28절, 42-49절).
③ 결론은 침례 받은 모든 사람들이 주의 만찬을 먹는 것은 당연한 것이라는 것이다. 그러나 유아세례주의자들은 논리의 일관성이 없다!

왜 유아세례주의자들은 개인적이고 지적인 믿음의 고백이 주의 만찬에 참여하는 데 필수라고 믿는가? 일반적으로 고린도전서 11장 28절이 말하는 자기를 살펴야 하는 조건이 인용된다. 그러나 만약 신약성경이 주의 만찬에 대한 기준이라면, 왜 침례의 기준은 아닌가? 그리고 만약 할례로부터 이끌어 낸 논증이 믿음의 요구를 무색하게 한다면, 왜 유월절로부터 이끌어 낸 논증은 자기를 살펴야 하는 신약성경의 요구를 무색하게 하지 않는가?

여기에 논리의 일관성이 없다는 것은 분명해 보인다. 그러나 유아세례주의자들은 이것에 대한 몇몇 대답을 가지고 있다. 그들은 출애굽기 12장 26-27절로부터 어린 자녀들은 지적 이해 없이 유월절에 참여하는 것이 허락되지 않았다고 주장한다. 이 말씀과 관련한 문제는, 유아세례주의자들이 자신들의 자녀들에게 개인적인 신앙고백 이후에 주의 만찬에 참여하도록 하는 것은 자신들의 자녀들의 지적 이해보다 더 많은 것을 요구한다는 것이다. 더욱이 이러한 지적 이해가 유월절 식사에 참여하기 위한 하나의 조건

도 아니었다.[11]

그들은 또한 육체적으로 연약한 유아들이 딱딱한 음식을 먹을 수 없는 것에 근거를 두고 주장한다.[12] 그러나 이 근거가 얼마나 타당한가? 분명히, 딱딱한 음식을 먹기에 충분한 나이가 들고 할례 받은 모든 이스라엘 백성이 참석하였다. 여기에 참석할 수 있기 전에는 개인적으로 믿음을 고백하는 것도 요구되지 않았을 것이었다. 분명히, 유아세례주의자의 논리와 일치하는 유일한 입장은 세례 받은 모든 아이들이 딱딱한 음식을 먹을 수 있는 바로 그 때, 참석하도록 허락되어야 할 것이다.

만약 유아세례주의자들이 성도의 교제를 실천하는 근거가 논리적이지 않다면, 논리적인 근거는 무엇인가? 유아세례주의자들의 위대한 신학자들과 목사들은 이러한 교제의 실천이 보이는 교회를 효과적으로 파괴할 수 있다는 것을 진짜로 알고 있다. 더 이상 참 중생은 그 어떤 외적이고 상징적이고 보이는 표시를 가지지 못할 것이다. 교회회중의 자격은 완전히 외적이고 영적이지 않은 문제가 될 수 있다. 이것이 유아세례주의자들이 유아와의 교제를 과감하게 받아들이지 못하는 가장 크고 결정적인 이유이다.

3) 유아세례주의자는 신약성경의 가르침을 설명할 수 없다.

지금까지의 유아세례에 관한 진술들 안에서, 나는 구약과 할례로부터 이끌어낸 논증을 신중하게 다루어왔다. 그 논증은 구약의 범위 안에서 반론되어 왔다. 우리는 유아세례를 반대하는 신약과 신약의 결정적인 증거로 다시 돌아갈 필요가 전혀 없다.

지금까지의 논증 안에서 우리는 구약과 신약 그리고 할례와 침례 사이의 연속성을 충분히 인정해 왔다. 절대 동일한 책임이 강조되지 않는다. 구

---

11 Paul K. Jewett, *Infant Baptism and the Covenant of Grace* (Grand Rapids, MI: Eerdmans Publishing Co., 1978), pp. 204, 205.

12 John Murray, *Christian Baptism*, pp. 77f.

약의 의식인 할례는 그리스도 안에서 폐지되었다(사도행전 15장 5절, 24절, 고린도전서 7장 18-19절, 갈라디아서 2장 3절, 5장 2-6절, 11절, 6장 12-15절). 할례와 침례 사이에 인정된 어떤 유사성들이 있다 할지라도, 할례는 폐지되었다. 침례는 새 언약의 의식이다. 그러므로 우리는 새 언약의 내용이 반드시 침례의 실행에 있어서 확실한 기준이 되어야 한다고 주장한다. 구약은 단지 이차적인 가치만을 줄 수 있을 뿐이다.

신자침례를 지지하는 신약의 증언에 대한 고찰

침례의식과 그 대상에 관한 신약의 가르침과 실행 그리고 선례는 무엇인가? 그 증언은 여기에 단지 기록되어 있을 뿐이지만, 고백한 제자들에게 침례를 베푸는 것에 대한 결정적인 지지는 상세하게 설명된다(마태복음 3장 1-12절, 마가복음 1장 4-6절, 누가복음 3장 3-16절, 마태복음 28장 19-20절, 마가복음 16장 15-16절, 요한복음 4장 1-2절, 고린도전서 1장 13-17절, 사도행전 2장 37-41절, 8장 12-13절, 36-38절, 9장 18절, 10장 47-48절, 11장 16절, 15장 9절, 16장 14-15절, 31-34절, 18장 8절, 19장 3-5절, 22장 16절, 로마서 6장 3-4절, 갈라디아서 3장 27절, 골로새서 2장 12절, 베드로전서 3장 21절).

유아세례를 지지한다고 추정되는 신약의 증언에 대한 고찰

마태복음 19장 13-15절, 마가복음 10장 13-16절 그리고 누가복음 18장 15-17절은 유아세례를 지지하는 데 빈번히 인용된다. 만약 그리스도의 제자들이 유아세례를 믿었거나 실행하였다면, 그들 스스로 어린 아이들이 그리스도께 나아가는 것을 막아야겠다고 상상이나 할 수 있었을까?

사도행전 2장 39절은 한 유아세례주의자에 의해 '기독교 교회가 세워질 바로 그 때 유아세례를 승인'한 것으로 보인다. 이러한 해석은 이 성경구절에서 두 가지 분명한 요소들을 무시한 것이다.

첫째는 '약속'의 본질이다. 이것은 교회의 외적인 회중됨에 대한 약속이나 심지어 아브라함과 맺은 약속도 아니다. 이것은 성령님의 약속이다(사도행전 2장 38절, 33절). 둘째는 약속을 받는 대상에 대한 정의이다. 이것은 모든 유대인들과 그들의 모든 자녀들 그리고 그들의 먼 후손들 모두에게 무조건적이고 자격이 없는 약속은 아니다. 이것은 회개를 조건으로 하는 약속이다(사도행전 2장 38절). 그러므로 사도행전 2장 39절 후반부를 제외하지 않는 것이 굉장히 중요하다. 이 약속은 주 우리 하나님께서 부르셔서 회개와 죄용서를 받은 사람들에게만 주어진 것이다.

신약에서 가정에서의 침례가 유아세례주의자들에 의해 종종 인용된다. 사도행전 10장 1-2절, 33절, 44절에서 언급된 것처럼 고넬료의 가정은 침례를 받았다. 그렇지만 모든 식구가 하나님을 두려워하고 그 말씀을 경청하고 성령님을 받아들인 가정에 침례를 베푼 것이라면, 그 어떤 침례주의자도 문제 삼지 않았을 것이다. 분명히 유아들은 포함되어 있지 않은 상태였다. 사도행전 16장 13-15절에서 루디아의 집은 침례를 받았다. 제윗Jewett은 다음과 같이 적절히 말했다. '이 성경구절에서 그 어떤 말도 루디아가 아이들을 기르고 있는 결혼한 여인이었다는 것을 암시하지 않는다. 그 까닭은 그녀가 자신의 고향으로부터 약 300마일을 여행하였고 그 집의 가장으로서 사람들을 자신의 집으로 초대하는 자유를 가지고 있었기 때문이다. 누가는 그녀의 집이 침례를 받았다는 것, 그녀가 사도들을 자신의 집에 머무를 것을 지속적으로 권유했다는 것을 말하고, 그녀의 남편에 대한 단 한차례의 언급도 없는 것으로 보아, 가장 그럴듯한 추측은 그녀는 남편이 없었다는 것이다. 어떤 사건에서, 그녀의 집에는 틀림없이 하인들과 친구들과 동업자들과 같은 다른 어른들이 있었고 그들은 그녀의 모범으로 인해 그녀가 침례를 받을 동안 자신들의 믿음을 고백하기에 이르렀다.'[13] 사도행전 16장 31-34절에 빌립보 간수의 집이 침례를 받았다고 언급된다. 그러나 또한 같은

---

13   Jewett, *Infant Baptism and the Covenant of Grace*, p. 49.

절에서, 들었고 믿었고 기뻐하였다고 언급된다. 고린도전서 1장 16절, 16장 15절에 따르면 스데바나의 집이 구원을 받았다. 그러나 이러한 성경구절들에 따르면 이것은 성도들에게 베풀어진 것이었다. 또 다시, 이러한 말이 더 함축하고 있을 것 같은 뜻은 어린 자녀들은 포함되어 있지 않았다는 것이다.

제웻의 말은 그것들과 관련하여 예리한 지혜를 담고 있다.

이 문제의 요점은 유아세례의 사안이 이러한 성경구절들로는 해결될 수 없다는 것이다. 사실, 유아세례주의자들에 의해 전통적으로 증거 구절로 쓰인 이러한 성경구절들은 '어린 자녀들에게 세례를 베푸는 것이 어떤가?' 라는 질문을 제시함으로 문제들을 복잡하게 해왔다. 이렇게 묻는 질문은 잘못된 질문이다. 이는 이러한 성경구절들이 어린 자녀들과 관련된 것이 아니라 복음이 선포된 식구들의 중생과 침례와 관련하여 묻는 것이기 때문이다. 이러한 집들에 어린 자녀들이 있었다는 것을 유아세례주의자들의 입장에서 확신하는 것처럼 침례주의자들의 입장에서 비난하는 것은 신학적으로 부적절한 사안이다. 우리가 예수님께서 귀족의 아들을 치료하시고 그의 집 전체가 믿었을 때(요한복음 4장 53절), 또는 고넬료가 자신의 집과 함께 하나님을 두려워하는 사람이었다는 것(사도행전 10장 2절), 또 불순종하는 사람들이 자신들의 가르침으로 온 가정을 무너뜨린다(디도서 1장 11절)라는 말씀을 읽을 때, 누가 어린 자녀들에 관해 쓸데없는 언쟁을 벌이는가?[14]

고린도전서 7장 12-15절, 특히 14절은 종종 성도들의 어린 자녀들이 세례를 받을 권한을 주는 언약의 거룩함과 같은 것을 가지고 있다는 유아세례주의자의 논증의 기초가 되어왔다. 이것은 그 성경구절을 너무 과하게 읽고 있는 것이다. 이 성경구절은 믿지 않는 배우자가 거룩하게 되었다고 주장하기 때문에, 이 경우 믿지 않는 배우자들 또한 침례 받을 권한을 가지고 있다는 것을 의미하기도 한다.

---

14   Jewett, *Infant Baptism and the Covenant of Grace*, p. 51.

이 해석은 결혼과 이혼이 뒤섞여 있는 성경구절의 문맥과 참 의미를 무시하는 것이다. 몇몇 그리스도인들은 믿지 않는 자들과 이혼할 권리가 있다고 주장했다. 14절의 논리적인 출발점은 이러한 결혼들 안에 있는 자녀들에 대한 조건적인 거룩함과 깨끗함이다. 14절의 중요한 점은 만약 결혼으로 인해 자녀들이 거룩하려면, 즉 정결하거나 적출자이려면, 그 결혼은 반드시 올바른 결혼이어야 한다. 그들이 자신들의 자녀를 사생아라고 부를 경우에, 그들은 자신들의 결혼이 합법적이지 않았다는 것을 생각할 수 있어야 한다고 바울은 합리적인 고린도인들에게 말하고 있는 것이다. 바울은 그들에게 오직 불법적인 결혼을 원하면서 합법적인 자녀를 원하는 것은 논리적이지 않다고 말한다. 그 당시 유대인의 문학에서 '거룩' 또는 '거룩함'이라는 단어는 정확하게 결혼과 그 자녀의 합법성을 언급하는 것으로 주로 사용되었다.[15]

아브라함과 맺은 언약과 유아세례

아브라함과 맺은 언약은 성경의 통일구조들 중 하나이다. 그래서 유아세례주의자들은 유아세례를 찬성하는 자신의 논증에서 아브라함언약을 강조하는 것을 좋아한다. 특별히 아브라함과 맺은 언약에 대해서 구체적인 것들을 말하지 않는 것은 유아세례를 반대하는 이 논증에 벌어진 틈을 남겨놓는 것으로 보여질 수도 있다. 아브라함언약으로부터 이끌어 낸 유아세례주의자들의 논쟁은 다음과 같다.

① 대전제: 아브라함언약은 성도와 그들의 자녀들과 맺은 언약이었다.
② 소전제: 아브라함언약은 은혜언약이었다.
③ 결론: 은혜언약은 성도들과 그들의 자녀와 맺은 언약이다.

---

15 Jewett, *Infant Baptism and ...*, p. 133.

이 삼단논법의 전제들 중 단 하나의 전제라도 오류가 있다는 것을 증명하는 것으로 충분할 것이다. 하나의 전제에 오류가 발생한 것으로, 두 전제들은 논리적이지 않은 것이 된다.

대전제가 오류이다. 아브라함언약은 아브라함과 그 후손과 맺은 언약이었다. 유아세례주의자들에게 아브라함언약이 성도들과 그들의 자녀들과 맺었던 언약이라는 것을 증명하는 한 성경구절을 인용해 보라 하자.

소전제 또한 틀리다. 아브라함언약은 은혜언약의 그림자적인 계시였으나 아브라함언약은 모든 의미에서 은혜언약과는 매우 다르다. 그 은혜언약이 성도인 우리 모두에게 문자적인 가나안 땅을 약속하셨는가? 유아세례주의자들은 아니라고 말한다! 그러나 아브라함언약은 이러한 가나안 땅을 약속한다(창세기 17장 8절)! 따라서 유아세례주의자들은 스스로 아브라함언약과 은혜언약을 동일시하지 않는다. 그들은 문자적 가나안을 주장하지 않는다. 무슨 권한으로 그들은 아브라함언약과 은혜언약을 문자적으로 동일시하는가? 신약에 따르면 아브라함의 참된 후손은 성도들과 그들의 자녀가 아니라 그리스도 자신과 믿음으로 인해 그리스도와 결합한 모든 사람들이다(갈라디아서 3장 29절).

III. 침례의 외적인 요소들(3-4항)

1. 물로 (3항a)

침례에 물이 사용되어 왔다(마태복음 3장 11절, 사도행전 8장 36절, 38절). 물은 마시거나 식물에 물을 주는 일에 사용되기도 한다. 이런 식으로 사용되면, 물은 갈증을 해소시키고 생기가 넘치게 한다. 비록 이것이 침례에 물을 사용하는 것에 적절한 의미를 준다고 볼 수도 있지만, 성경은 절대 이것이 침례의 의미의 어떤 부분이라는 것을 가리키지 않는다. 오히려, 물을 사용하는이유는 물이 깨끗하게 하는 매개물이기 때문이다. 회개와 죄들을 깨끗이 하는 것은 영적인 깨끗함을 나타낸다(사도행전 22장 16절).

2. 삼위일체의 이름으로(3항b)

마태복음 28장 18-20절은 문자적으로 '아버지와 아들과 성령의 이름으로' 침례를 베푸는 것에 대해서 이야기한다. 이것의 의미는 침례가 침례 받을 때불리는 이름들 안에서 하나님과 침례 받은 사람을 상징적으로 일치시키고 연합시키는 것이었다. 침례는 언약으로 하나님과 하나가 되는 것을 상징한다. 하나님을 따르는 사람, 제자가 되는 것이다(고린도전서 1장 12-15절, 10장 2절).

3. 사람을 물에 잠기게 하는 방식으로(4항)

웨스트민스터 신앙고백서와 1689 신앙고백서가 이 장에서 부딪히는 두 번째 지점이다. 장로교주의자들은 일반적으로 침수침례가 침례의 적절한 방식이라는 것을 비난하지 않는다. 그들은 단지 살수례나 관수례 또한 적절하다고 주장한다. 그러므로 설령 그들이 옳다고 해도, 우리 교회의 관습 안에서 실제적으로 아주 작은 차이만 만들 뿐이다.

　1689 신앙고백서는 다른 방식으로 세례 받은 사람을 침례 받지 않은 것으로 주장하지는 않는다. 침수침례는 '적절한' 시행에 있어서만 필수이다. 이것은 '적절하거나, 꼭 맞거나, 적당한' 시행을 의미한다. 1689 신앙고백서는 가능한 모든 변칙적인 방식들을 취하지 않는다. 1689 신앙고백서는 아주많은 물을 사용하여 엄숙하거나 형식적이거나 미신적인 매력을 드러내 보이지 않는다.

1689 신앙고백서는 침례의 방식이 무의미하지 않다는 것을 가리킨다. 침례교 신앙고백서는 침수침례가 상징성의 핵심을 포함하고 있다고 주장한다. 이 저자들은 하나님의 명령들에 세세하게 순종하는 것이 중요하다는 것과 이러한 순종은 침수침례의 방식인 침례를 포함한다고 분명히 믿었다.

이제, 이 사안을 거시적으로 놓고 보자. 다음의 사항들이 침수침례가 유일하게 침례의 올바른 방식이라는 1689 신앙고백서의 가르침을 지지한다.[16]

1) 침례에 관한 일반 헬라어의 문자적 쓰임은 다음의 의미를 확실히 한다. 침례의 기본적인 의미는 담그다, 물속에 잠기게 하다, 죽다, 밀어 넣다, 적신다는 것이다. 침례의 의미의 생생한 한 예시는 함선의 침몰에 쓰인다는 것이다. 그 배는 해전 중에 침몰되었다!

2) 침례에 관한 일반헬라어의 비유적인 쓰임 또한 일반적인 의미를 확실히 한다. 여기에서 침례의 의미는 재난, 붕괴, 어려움들, 걱정, 가난, 빚, 망연자실, 무감각, 무지와 오염과 같은 상황들 안으로 밀어 넣다, 담그다, 가라앉힌다는(삼키는 홍수와 같은)뜻을 의미한다.

3) 70인역에서 침례에 대한 문자적인 쓰임 또한 아주 분명하게 담그다라는 의미를 확증한다(열왕기하 5장 14절).

4) 70인역에서 침례의 비유적인 쓰임 또한 이 일반적인 개념을 확증한다(시편 69편 2절, 이사야 21장 4절).

5) 신약에서 침례의 문자적인 쓰임은 분명하게 담그는 것을 의미한다(마가복음 1장 5절, 8-9절, 요한복음 3장 23절, 사도행전 8장 38절, 로마서 6장 4절, 골로새서 2장 12절, 마가복음 7장 3-4절). 이 마지막 성경구절에서 침례는 단순히 씻는 것을 의미하지 않는다. 그들의 손을 씻기거나 물을 뿌렸다와 잔과 주발과 놋그릇을 씻었다는 것 사이에는 시사하는 차이가 있다.

---

16 나는 여기서 코난트T. J. Conant의 탁월한 작품을 광범위하게 인용했다는 것을 인정한다. *The Meaning and Use of Baptizein* (Grand Rapids, MI: Kregel, 1977).

6) 신약에서 침례의 비유적인 쓰임은 '담그다'라는 개념과 일치한다(마가복음 10장 38-39절, 누가복음 12장 50절, 고린도전서 10장 1-2절 이것은 비유적으로 잠긴 상태였다. 마태복음 3장 11절, 사도행전 1장 5절, 8절, 2장 1-4절, 17절).

이러한 성경구절들에 관하여 핫지는 다음과 같이 진술한다. '물세례가 상징하는 성령님의 세례는 성경에서 절대 "물에 담그다"로 설명되지 않는다. 항상 "쏟는다", "뿌린다"로 설명한다.'[17] 핫지는 혼동했다. 침례를 베푸는 것과 쏟아 붓다 그리고 뿌리다, 이 모든 말은 이러한 성경구절들 안에서 비유적인 말로 쓰였다. 비유적인 쓰임을 기준으로 한 단어의 의미를 결정하는 것은 사전적인 관점에서는 매우 극단적인 것이다. 유사한 비유적인 말에서 이끌어낸 주장은 잘못된 것이다.

침례는 문자적으로 '담그다'라는 뜻이고, 비유적으로 매몰시킨다는 뜻이다. 침례는 우리가 완벽하고 영적으로 그리스도께 파묻히고 성령님으로 인해 매몰된 우리의 상태를 가리켜 드러낸다. 침례는 그리스도 안에서 우리가 가져야 하는 영적인 건강과 힘을 가리킨다. 다름이 아닌 바로 담그다, 문자적으로 매몰시키는 쏟아짐이 이 진리를 적절히 설명한다.

---

17   A. A. Hodge, *The Confession of Faith*, p. 342.

제30장   주의 만찬에 관하여

of the Lord's Supper

1. 주 예수님의 만찬은 예수님에 의해 제정되었다. 바로 그날 밤에 주님께서는 배반당하셨다.[1] 그러므로 주의 만찬은 자신의 교회들에서[2] 이 세상 끝날까지 영원히 기억하고 시행되어야 한다.[3] 이는 죽음으로 자기 자신을 희생 제물로 바치신 예수님을 드러내며,[4] 주의 만찬에 참여하여 얻는 모든 유익들로 성도들의 믿음을 견고하게 하기 위함이다.[5] 주의 만찬에서 참여자는 그리스도 안에서 영적으로 자라며 성장하고,[6] 주님께 드려야 하는 모든 의무들을 짊어지고 더 잘 이행하게 될 것이다.[7] 그러므로 주의 만찬은 참여자가 예수님과 및 다른 참여자들과의 관계를 단단히 매는 줄이자 하나의 보증이다.[8]

1. 고린도전서 11장 23절, 마태복음 26장 20-26절, 마가복음 14장 17-22절, 누가복음 22장 19-23절
2. 사도행전 2장 41-42절, 20장 7절, 고린도전서 11장 17-22절, 33-34절
3. 마가복음 14장 24-25절, 누가복음 22장 17-22절, 고린도전서 11장 24-26절
4. 고린도전서 11장 24-26절, 마태복음 26장 27-28절, 누가복음 22장 19-20절
5. 로마서 4장 11절

6. 요한복음 6장 29절, 35절, 47-58절

7. 고린도전서 11장 25절

8. 고린도전서 10장 16-17절

2. 이 의식에서 그리스도께서는 성부께 바쳐지는 것이 아니고 산 자와 죽은 자의 죄를 완전히 용서하시기 위해 실제로 희생제물이 되시는 것도 아니다. 오직 십자가에서 자기 자신을 자발적으로 희생 제물로 단번에 드린 사실의 기념일뿐이다.[1] 그리고 기념의 의미로 하나님께 드리는 가능한 모든 찬양의 영적 봉헌일 뿐이다.[2] 그러므로 교황주의자들이 그렇게 부르는 미사, 교황적 제사는 택자의 모든 죄를 위하여 그리스도 자신이 직접 치르신 희생과 유일한 속죄를 모욕하는 가장 혐오스러운 것이다.

1. 요한복음 19장 30절, 히브리서 9장 25-28절, 10장 10-14절, 누가복음 22장 19절, 고린도전서 11장 24-25절

2. 마태복음 26장 26-27절, 30절, 히브리서 13장 10-16절

3. 주 예수님께서는 이 의식에서 자신의 사역자들이 기도하고, 성찬의 요소인 빵과 포도주에 축사하여 그 빵과 포도주를 일상적인 것에서 거룩한 용도로 구별하여 빵을 잡고 떼고 그 잔을 잡고 그들이 빵과 포도주 모두를 참여자들에게 나눠주도록 정하셨다.[1]

1. 고린도전서 11장 23-26절, 마태복음 26장 26-28절, 마가복음 14장 22-25절, 누가복음 22장 19-22절

4. 분잔을 하지 않거나[1] 빵과 포도주를 예배하거나 그 성찬의 요소들을 높이거나 거의 경배의 대상으로 높여 그것들을 그럴듯한 종교적인 용도를 위

해 따로 떼어두는 것은[2] 이 의식의 본질과 그리스도의 제정하신 의미에 완전히 반하는 것이다.[3]

1. 마태복음 26장 27절, 마가복음 14장 23절, 고린도전서 11장 25-28절
2. 출애굽기 20장 4-5절
3. 마태복음 15장 9절

5. 이 의식에서 외적인 요소들은 그리스도께서 정하신 용도에 따라 적절히 구별되어야 한다. 이 외적요소들은 십자가에 달리신 그리스도와 관계를 가진다. 실제로는 비록 상징적으로 사용되는 요소들이지만, 이 외적요소들은 때에 따라서는 그 요소들이 상징하는 것들, 즉 그리스도의 살과 피로 불리기도 한다.[1] 비록 실체와 본질에 있어서 그 외적요소들은 기도하기 이전과 여전히 똑같은 진짜 빵과 포도주일 뿐이다.[2]

1. 고린도전서 11장 27절, 마태복음 26장 26-28절
2. 고린도전서 11장 26-28절, 마태복음 26장 29절

6. 일반적으로 화체설이라 불리는, 사제의 축성이나 다른 어떤 방식으로 인하여 빵과 포도주의 실체가 그리스도의 살과 피의 실체로 변한다고 주장하는 교리는 성경을 거스를 뿐 아니라[1] 상식과 일반적인 이성적 논리와도 모순된다. 이는 이 의식의 본질을 파괴하는 것이며 여러 미신들 뿐 아니라 모든 우상숭배의 원인이 되어왔고 원인이다.

1. 마태복음 26장 26-29절, 누가복음 24장 36-43절, 50-51절, 요한복음 1장 14절, 20장 26-29절, 사도행전 1장 9-11절, 3장 21절, 고린도전서 11장 24-26절, 누가복음 12장 1절, 요한계시록 1장 20절, 창세기 17장 10-11절,

에스겔 37장 11절, 창세기 41장 26-27절

7. 합당한 참여자들은 이 의식에서 빵과 포도주를 먹음으로써 외적으로 참여하고[1] 또한 믿음에 의하여 실제로 그리고 참으로 내적으로도 참여하는 것이다. 이는 물질적이고 육체적으로 받아들이거나 먹는 것이 아니다. 십자가에 달리신 그리스도를 의지하여 그리스도의 죽음의 모든 유익들을 영적으로 받아들이고 먹는 것이다.[2] 그리스도의 살과 피는 육체적이거나 물질적으로 있는 것이 아니다. 그러나 외적요소들이 그 자체로 그 외적인 의미들과 일치하게 있는 것 같이, 영적으로 이 의식에서 성도들의 믿음을 따라 드러나는 것이다.[3]

1. 고린도전서 11장 28절

2. 요한복음 6장 29절, 35절, 47-58절

3. 고린도전서 10장 16절

8. 모든 무지하고 불경건한 자들은 그리스도와의 교제를 즐거워하기에 적절하지 않다. 이처럼 그들은 주의 만찬에 적합하지 않다. 그리고 그분을 대적하는 엄청난 죄를 용서받지 않고 여전히 그 죄를 가지고 있는 동안에는 이러한 거룩한 신비에 참여할 수도 없고 허락되지도 않는다.[1] 게다가 자격 없이 받은 사람은 누구든지 주님의 살과 피에 대한 죄의 책임이 있다. 이는 스스로 심판을 먹고 마시는 것이다.[2]

1. 마태복음 7장 6절, 에베소서 4장 17-24절, 5장 3-9절, 출애굽기 20장 7절, 16절, 고린도전서 5장 9-13절, 요한2서 10절, 사도행전 2장 41-42절, 20장 7절, 고린도전서 11장 17-22절, 33-34절

2. 고린도전서 11장 20-22절, 27-34절

개요. 주제: 주의 만찬

위에서 제시된 개요를 자세히 살피는 것은 이 장 안에 긍정에서부터 부정으로의 반복하는 흐름이 있다는 것을 가리킬 것이다. 바로 주의 만찬에 대한 로마 가톨릭의 왜곡이 모든 점에 있어서 1689 신앙고백서 저자들에게 성경의 진리를 긍정적으로 진술하고 나서 로마교회의 왜곡에 대한 부정적인 반박으로 나아가는 것을 요구한다.

핫지는 주의 만찬에 대해서 언급하면서 다음과 같이 말한다. '배신 당하시던 그 밤에 우리 주님께서 직접 주의 만찬을 제정하셨다는 사실에 관하여 그 어떤 의심도 할 수 없다… 주의 만찬과 결합되어 복음역사에서 진리에 대한 기념은 오늘날까지도 계속 이어진다.'[1] 믿음의 변증자들은 역사적 증거가 우리를 데려가는 가장 이른 시대부터 주의 만찬이 그리스도인들에 의해 보편적으로 실행되었다는 사실을 일반적으로 드러낸다. 이 역사적 사실에 대한 논리적인 유일한 설명은 신약 안에서 우리에게 주어진 사실이다. 실제 사람이신 예수 그리스도께서 자신의 생애의 정점에서 자신을 따르는 사람들을 위한 영원한 의식으로 이 의식을 실제로 제정하셨다. 예수님을 따르는 사람들에 의해 이 세상에서 약 2,000년 동안 지속된 이 제정된 의식은 예수 그리스도의 능력과 신성과 확실성을 주목하게 한다.

그 어떤 신비로운 의미가 주의 만찬에 없다고 해도, 주의 만찬보다 이해해야 할 더 본질적인 것들이 있을 수 있지만 주의 만찬은 여전히 기독교의 아주 중요한 한 부분이다. 그럼에도 불구하고, 대부분의 그리스도인들이 주의 만찬을 충분할 만큼 철저하게 이해하지 못한다. 따라서 몇 가지 세부사항이 주의 만찬에 대한 해설에서 제시될 것이다.

---

1   A. A. Hodge, *The Confession of Faith* (Edinburgh: Banner of Truth Trust, 1983), p. 355.

I. 주의 만찬의 제정(1항)

주의 만찬 제정의 최초의 상황들은 그리스도의 백성의 마음 안에 이 제정에 대한 큰 부담과 애착을 쏟게 한다. 만약 친한 친구가 죽어가면서 한 마지막 부탁이 우리에게 특별한 힘을 준다면, 예수님께서 돌아가시기 전에 하신 마지막 요구는 우리를 더 움직이게 하지 않을까? 이 빛 안에서 당신은 주의 만찬과 주의 만찬에 관한 당신의 의무를 올바로 생각하는가? 당신은 한 지역 교회의 회중자격을 부정하는 것을 받아들이고 있는가? 또 그리스도의 이 특별한 명령에 반대하는 죄를 짓도록 여러분을 팔아넘기겠다는 확신과 비이성적인 논쟁을 벌이고 있는가?

주의 만찬을 기념하기 위해 1689 신앙고백서에서 정한 장소는 '예수님의 교회들'이다(사도행전 2장 41-42절, 20장 7절, 고린도전서 11장 17-22절, 33-34절). 주의 만찬은 교회의 의식이다. 이 의식은 가정이나 국가나 개인에게 주어졌던 것이 아니었다. 오직 지역교회의 보호 아래, 교회의 모임 안에서 주의 만찬은 올바르게 시행된다. 이것은 교회가 반드시 주의 만찬에 참여할 수 있도록 허락된 사람들과 주의 만찬이 시행되는 올바른 방식을 규제한다는 사실로 인해 확정된다. 8항의 해설에 주의하라.

II. 주의 만찬의 본질(2항)

1. 진술

1) 부정적인 진술

1689 신앙고백서는 주의 만찬 안에서 '그리스도께서는 성부께 바쳐지는 것이 아니고 산 자와 죽은 자의 죄를 완전히 용서하시기 위해 실제로 희생제물이 되시는 것도 아니다'라고 진술한다. 기독교의 극단적인 문자주의와 미신적인 이교사상의 영향을 지나는 동안 교회의 역사에서 아주 초창기부터 주의 만찬은 그 대중의 마음 안에 증가하는 신비와 두려움 그리고 능력이 커지기 시작하였다. '이것은 내 살이다'라는 문장은 문자적으로 이해되었고 그래서 집례자에 의해 그 빵이 쪼개질 때, 죄를 대신한 실제 희생제사가 행해졌다고 생각하게 되었다. 따라서 주의 만찬은 그리스도의 새로운 성육신이 되고 새로운 희생제물이 되었다 그러나, 1689 신앙고백서는 주의 만찬에 관련된 이 모든 이야기들을 완전히 비난한다. 주의 만찬 안에 실제로 속죄의 희생제물이 있다는 사실을 비난하는 성경의 근거는 요한복음 19장 30절, 히브리서 9장 25-28절, 10장 10-14절이다.

2) 긍정적인 진술

그렇다면 주의 만찬은 문자 그대로 하나의 희생제물로 보이지 않는다. 오히려 이것은 영적이고 정신적인 것 즉, 기념적인 것으로 보인다. 누가복음 22장 19절, 고린도전서 11장 24-26절은 '기념하라, 기념, 전하라'라는 단어들을 반복적으로 사용하여 주의 만찬의 본질적인 특징을 설명한다. 이것은 주의 만찬의 유익, 힘, 도움이 오직 기념하는 방식으로만 온다는 것을 의미한다. 마술적으로나 물리적으로 주의 만찬이 우리에게 유익을 주는 것이 아니라 기념 의식으로서 영적으로 정신적으로 도움을 준다. 만약 이 경우라면, 우리가 이 의식을 기념할 때(고린도전서 11장 27-29절), 우리는 우리의 마음과 영혼을 집중해서 참여해야 한다고 확신한다. 더 나아가, 우리는 우리의 마음과 영혼이 성경에 따라 참여해야 된다는 것을 확신한다. 만약 주의 만찬이 보이는 복음, 그리스도의 사역의 기념이라면, 주의 만찬은 복음 선포와 동떨어진 것은 아닐 것이다. 복음 선포와 단절된 주의 만찬은 주의 만찬을 미신적으로 보이는 느낌을 준다. 이것은 주의 만찬을 기념하는 것과는 다른 것으로 보려는 것이다.

2. 적용

이 빛 안에서 1689 신앙고백서는 미사의 교황적 희생제물이 가장 가증스러운(혐오스럽고, 증오할 만한) 것인데 그 까닭은 이것이 그리스도의 희생을 손상시키기 때문이라고 주장한다. 이것은 그리스도의 희생의 효력을 손상시키지 않는다. 그것은 손상 받을 수 없다. 미사의 희생제물은 그리스도의 희생의 영광을 손상시킨다. 미사의 희생제물은 그리스도의 사역의 완성되고 성취된 특성을 희미하게 하고 감히 그 희생을 반복적인 것으로 여김으로 그리스도에게서 영광을 도둑질한다. 십자가의 영광은 십자가 위에서 그리스도께서 그의 모든 백성들의 죄를 대신하여 하나님의 공의를 만족시키셨고 단번에 그들의 구속을 완성하셨다는 것이다. 미사의 희생제물은 이것을 부인한다. 만약 우리가 이러한 진리들을 이해하고 믿는다면, 미사의 교황적 희생제물이 1689 신앙고백서 저자들에게 가증했던 것과 똑같이 우리에게도 가증스러운 것으로 여겨질 것이다.

　'주의 만찬의 의식은 종교적 제물이 아닌가? 하나님께서는 주의 만찬에서 정식으로, 공식적으로 찬양과 경배를 받으시지 않는가? 이러한 경배는 제물이 아닌가?'라는 반대 의견이 제기되기도 한다. 마태복음 26장 26-

27절, 30절, 히브리서 13장 10-16절은 이러한 질문에 대한 답은 아니다'라는 사실을 드러낸다. 1689 신앙고백서 자체는 주의 만찬이 '하나님께 드리는 가능한 모든 찬양의 영적 봉헌'이라고 주장하면서 이것을 가르친다. 그렇지만 찬양의 희생과 피의 희생, 우리의 감사의 반응과 그리스도의 사역 사이에는 분명한 차이가 있다. 구약성경에서조차 곡물(감사 또는 화평)의 제사들과 죄책(죄)의 제사들 사이에는 차이가 있었다(레위기 1-7장).

만약 우리가 결코 자기반성과 죄에 대한 고백을 넘어서지 못한다면, 주의 만찬은 올바르게 집례되지 못한다. 주의 만찬은 감사의 예식들, 복된 말들, 찬송들 가운데서 세워졌다. 주의 만찬은 하나님께 가능한 모든 찬양을 드리는 영적인 봉헌이 되는 것이다.

III. 주의 만찬의 기념의식(3-4항)

1. 주의 만찬의 적절한 의식(3항)

1689 신앙고백서에 따르면, 주의 만찬 의식은 세 가지 주요한 절차들로 구성된다. 주 예수님께서는 기도와 빵을 떼는 것, 잔을 취하는 것을 지정하셨다(고린도전서 11장 23-26절, 마태복음 26장 26-28절, 마가복음 14장 22-25절, 누가복음 22장 19-22절).

이 기도에 관하여서 세 가지 세부사항들이 주어진다. 주의 만찬의 기도를 드리는 사람은 '그리스도의 말씀사역자들'이 되어야만 한다. 이 사역자들은 공식적으로 그리스도를 대표하고 그리스도의 종들을 위해 그리스도의 빵을 나눠주는 자의 자리에 있을 권위를 인정받은 사람들이다. 우리가 1689 신앙고백서 제28장에서 본 것처럼, 이것은 반드시 사역자나 정해진 그의 대리인이어야 한다. 이것은 복의 기도여야 한다(참고, 마가복음 14장 22절과 누가복음 22장 19절). 복의 기도는 하나님께서 복 주시는 방식으로 먹을 양식을 우리에게 주실 것을 하나님께 간청하는 감사의 기도이다. 모든 양식은 이렇게 복으로 주어지는 것이다(마태복음 14장 19절, 15장 36절, 누가복음 24장 30절, 사도행전 27장 35절). 그러므로 특별히 주의 만찬 안에서 하나님께서 주시는 복을 구하려고 해야 한다. 이러한 기도의 효력은 빵과 포도주를 일상적인 쓰임에서 신성한 쓰임으로 구별하는 것이다(참고 디모데전서 4장 4-5절과 창세기 2장 3절). 하나님께서 말씀으로 우리에게 주신 것에 신령한 복을 내려 달라고 간청하는 것은 그것을 구별하는 행위이다.

2. 주의 만찬의 잘못된 의식(4항)

로마 가톨릭이 집례하는 주의 만찬의 잘못된 의식에 대한 특징으로 다섯 가지가 언급된다. 사람들에게 분잔하는 것을 거부하고(마태복음 26장 27절, 마가복음 14장 23절, 고린도전서 11장 25-28절) 그 요소들을 경배하고, 그것들을 높이고, 그것들을 숭배하기 위해 지니고 다니고 가식적인 종교적 쓰임을 위해 그것들을 따로 떼어 놓는다(출애굽기 20장 4-5절).

웨스트민스터 신앙고백서는 개인미사들은 잘못이라고 덧붙인다. 침례주의자는 이 부분을 삭제하였다. 그 까닭은 몇몇 형제들이 집에만 있을 수밖에 없는 성도들에게 주의 만찬을 베푸는 것이 때로 합법적이었다고 믿기 때문이다. 비록 이러한 형제들을 향한 자비의 마음이 이 부분을 삭제하는 동기가 되었지만, 개인미사의 금지는 삭제하지 말아야 했다. 1항의 진술과 거기서 인용된 언급이 분명한 것 같이, 주의 만찬은 '그리스도의 교회들 안에서만' 실행되어야 마땅하다.

IV. 주의 만찬의 요소들(5-6항)

1. 정의된 참된 교리(5항)

주의 만찬에 사용되는 요소들에 관한 권위 있는 교리는 전제조건, 가정, 제한으로 드러난다. 전제조건은 그리스도로 인해 정해진 쓰임에 맞게 절차에 따라 구별해 놓은 빵과 포도주만이 논의된다는 것이다(3항을 주목하라). 가정은 이 빵과 포도주가 비록 비유적이긴 하지만 그것들은 그리스도의 몸과 피로 불리기도 할 만큼 참으로 그리스도와 관계가 있다는 것이다. 예를 들면, 그 잔은 일반적으로 중요한 것들, 그리스도의 피 안에 있는 새 언약이라고 불리는데 그 까닭은 상징과 실체 사이의 근본적인 관계, 성례적 연합 때문이다. 제한은 잔이 문자적으로 피가 아니라는 것이다. 빵과 포도주의 물리적 구성에 관해서 이 요소들은 이전과 동일하게 여전히 빵과 포도주일 뿐이다.

2. 거절된 잘못된 교리(6항)

이 잘못된 교리는 빵과 포도주가 성체화로 인해 물질적으로 그리스도의 신체인 몸과 피로 실제로 변한다고 주장한다. 화체설이 이 교리에 붙여진 이름이다. 교회역사가 라인홀드 제베르크Reinhold Seeberg는 로마 가톨릭이 이 교리를 공식적으로 채택한 것을 논한다.

신학자들에 의해 잘 다듬어진 이 교리는 제4차 라테란 공회의(AD 1215)에서 교황 이노센트 3세에 의해 불변의 교리의 위치에 놓여졌다. "그 몸과 피가 제단의 성사로 실제로 빵과 포도주의 모양 아래 포함되어 있다. 신성한 능력으로 인하여 빵은 몸으로 포도주는 피로 변했다. 그리고 이 성사는 어떤 경우에도 적법하게 서품을 받은 사제를 제외하고는 집례할 수 없다."[2]

'화체설'이라는 단어와 그 단어가 담고 있는 개념은 로마 가톨릭의 공인된 교리이고 따라서 아마 무류한 교리일 것이다. 1689 신앙고백서는 이 교리는 성경과 이성 모두에 일치하지 않는다(반대된다)고 주장한다.

화체설은 성경과 일치하지 않는다. 그 까닭은 성경이 '이것은 내 살이다'라는 구절을 문자적으로 해석하는 것을 인정하지 않고, 비유적으로 해석할 것을 요구하기 때문이다. 이 문자적인 해석은 이 말씀을 처음 하셨을 때의 역사적 상황과 반대된다(마태복음 26장 26-29절). 핫지는 '게다가, 우리 주님께서 이것을 말씀하시고 제자들에게 빵을 주시며 먹으라고 하셨을 때, 주님은 온전하고 완전한 육신을 가지시고 그들 옆에 앉아 계셨고 그들과 함께 먹고 마시셨다.'[3]

또한 이 교리는 그리스도의 인성에 대한 성경의 교리와 반대된다. 그리스도께서는 참 사람의 몸을 취하셨다. 그리스도께서는 여전히 그 몸을 가지고 계신다. 그리스도께서는 영원히 그 몸을 가지고 계실 것이다. 바로 그 몸은 제한적이고 유한하여 지금은 이 땅에 없다(누가복음 24장 36-43절, 50-51절, 요한복음 1장 14절, 20장 26-29절, 사도행전 1장 9-11절, 3장 21절). 이러한 몸은 수많은 성사에 동시에 존재할 수 없다. 더욱이, 성경의 분명한 진술에 따르면, '화체설'은 진리일 수 없다. 주의 만찬은 그리스도께서 오시기까지 그리스도를 기념하는 기념식(고린도전서 11장 24-26절)이다. 이것은 그리스도의 사람의 몸이 실체이고 온전하다는 것과 주의 만찬에 그리스도의 몸이 없다는 것에 대해서 말한다. 우리는 육신으로 임재하신 존재를 기념하지 않는다.

이 문자적인 해석은 성경에 많이 쓰이는 동사 '이다'의 비유적인 쓰임을 무시한다. 바로 주님의 만찬에서 이 동사의 비유적인 쓰임의 모범이 있

---

2   Reinhold Seeberg, *History of Doctrines* (Grand Rapids, MI: Baker Book House, 1987), vol. 2, p. 78.

3   A. A. Hodge, *The Confession of Faith*, p. 360

다(고린도전서 11장 25절). 예수님께서는 '이 잔은 내 피로 세운 새 언약이다'라고 말씀하셨다. 이 잔은 포도주를 비유로 언급한 것이다. 이 동사의 다른 비유적 쓰임은 누가복음 12장 1절, 요한계시록 1장 20절, 창세기 17장 10-11절, 에스겔 37장 11절, 창세기 41장 26-27절에 나타난다.

성경의 문맥과 문법이 비유적인 해석을 요구하고 허용한다. 물질적 변화를 지지하는 유일한 주장은 '이것은 나의 몸이다'라는 말씀뿐이기 때문이다. 혹시 한편으로 다른 해석이 가능할 지라도, 화체설 교리는 증명되지 않는 것으로 보일 것이다. 그렇지만 사실 성경의 다른 증언은 이 교리를 반박한다.

이성도 화체설을 부정한다. 그 까닭은 이성은 우리 오감의 입증된 지각의 객관성을 전제하기 때문이다. 비록 성경이 우리의 오감으로부터 얻어진 지식은 제한적이라고 가르치지만(고린도후서 5장 7절), 성경은 오감의 범위 내에서 이성과 일반적인 감각이 현실에 대한 정확한 통찰력을 제공한다는 것을 모든 곳에서 전제한다(요한1서 1장 1-3절, 누가복음 24장 36-43절). 심지어 감각적인 관찰은 이 요소들의 본질이 성별 후의 빵과 포도주이지 몸과 피가 아니라는 것을 증명한다. 우연과 본질 사이의 논리적인 철학적 구분은 도움을 주지 못한다. 그 구분 자체는 이성과 오감의 객관성을 손상시키는 것일지도 모른다. 요한복음 2장 1-11절은 화체설에 대한 진짜 예를 기록하지만 이 경우 그 변화는 눈에 보였다.

1689 신앙고백서에서 화체설의 두 가지 악한 결과들이 언급된다. 실제로 이런 잘못된 가르침은 주의 만찬을 파괴한다. 이 교리를 믿고 주의 만찬에 참여한다고 생각하는 사람들은 실제로 주의 만찬에 참여하는 것이 아니라 완전히 왜곡하는 것이다. 이 교리의 두 번째 악한 결과는 미신과 우상숭배를 일으킨다. 만약 이 요소들이 물질적으로 예수님의 몸과 피로 생각된다면, 미신적인 두려움을 가지고 그 빵과 포도주를 바라보게 될 것이고, 그러므로 그 요소들은 우상숭배의 대상으로 만들어질 것이다. 그 다음, 이것은

이러한 기적을 행할 능력이 있는 그것에 대한 두려움을 만들어낸다. 더욱이, 이 교리가 이성과 반대되기 때문에, 이 교리는 이 교리를 믿는 사람들을 자기 자신과 멘탈 게임을 하게 만든다. 오감을 통한 경험에 근본적인 의문을 던지는 것처럼 어떤 것에 근본적인 의문을 던져야 하기 때문에 그렇다. 만약 당신이 이것을 믿는다면, 당신은 어떤 것이라도 믿게 될 것이다. 이것은 역사의 영역에서 믿음을 빼내어, 믿음을 신비의 영역으로 밀어 넣는 끔찍한 위험의 기회를 열어놓는 것이다. 따라서 이러한 미신과 고등비평 사이에는 밀접한 관련이 있다.

(빵과 포도주가 예수님의 몸으로 변한다고 가르치는 것 대신에 그리스도의 물질적 육체의 몸과 피는 성별 이후에 빵으로, 빵과 함께, 빵 안에 있다고 가르치는) 루터파의 교리인 공재설 또한 화체설에 반대하여 앞에서 제기된 많은 반대 의견들에 무방비한 상태이다.

V. 주의 만찬의 받아들임(7-8장)

1. 합당한 받아들임의 유익들(7항)

7항은 주의 만찬을 합법적으로 받는 것의 유익이라는 하나의 주제에 모든 주의를 쏟는다.

주의 만찬의 유익을 얻기 위해, 우리는 반드시 외적으로 주의 만찬에 참여해야 할 뿐만 아니라 반드시 믿음으로 참석해야 한다. 우리는 반드시 그 요소들이 실제로 구원자를 대표하고, 그것들이 그리스도의 상징들로 받아들이는 것으로 우리가 그리스도의 사역의 유익들을 우리 자신을 위해 사용한다는 사실을 믿는다.

영적으로 그리스도를 먹는다는 것은 믿음으로 그리스도와 그 찢긴 몸, 흘린 피로 사신 언약의 모든 복들을 받아들인다는 것이다(요한복음 6장 53-58절). 요한복음 6장 53-58절의 말씀은 몇 가지 이유들 때문에 문자적으로 이해될 수 없다. 문자적 이해는 정확하게 유대인들의 오류였다(52절). 예수님께서 분명한 의도를 가지시고 요한복음 6장 60-63절에 대한 이러한 이해를 물리치셨을 가능성이 있다. 그리스도께서 말씀하시는 먹는다는 것은 현재형이다(54절). 예수님께서 아직까지 주의 만찬을 제정하시지 않으셨기에, 이것이 문자적으로 주의 만찬에서 그리스도의 몸을 먹으라는 것일 수는 없기 때문이다. 예수님께서는 이 말씀에서 자신을 먹는다는 것이 믿음으로 예수님과 예수님의 구원을 받아들인다는 의미라는 것을 반복해서 설명하셨다(29절, 35절, 47-58절). 먹는다는 설명으로, 믿는다는 것이 여기에서 받아들이는 행위로 드러난다. 음식을 먹어야만 그것이 도움이 되듯이, 오직 그리스도를 믿음으로 받아들여야만 그리스도께서 유익이 되신다. 여기에서 예수님께서는 주의 만찬에 대해서 말씀하고 계신 것이 아니기 때문에, 우리는 질적인 면에서 주의 만찬에서 받는 유익과 그 유익을 받는 방식에 대해서 전혀 다르지 않다는 결론 내린다. 특히 영적으로 그리스도를 받아들이는 것이 유용한 방식이다. 우리가 그리스도 안에서 믿음의 행동을 할 때마다, 우리는 주의 만찬에서와 동일한 일을 하는 것이고 동일한 복들을 받는 것이다.

이 요소들(빵과 포도주)이 물질적으로 우리의 감각에 인지되는 것은 그리스도의 몸과 피, 즉 우리의 구속을 획득한 값을 실재하는 것으로 만들어 주기에 하나님의 백성에게 특별한 도움이다. 그래서 이 요소들은 그리스도의 몸을 육체적으로 실재하는 것이 아니라 영적으로 믿음의 눈에 실재하는 것으로 만든다. 그리스도의 몸과 피에 관해 아주 중요한 것 하나는 그것들이 구속을 획득한 값이었다는 것이다. 이 요소들이 어떤 특별한 물질적 혼합물을 가지고 있는 것은 아니었고 지금도 그렇다. 따라서 만약 우리가 그리스도의 몸과 피를 먹을 수 있다 해도 그것으로 인해 그 어떤 유익도 얻지 못할 것이다.

2. 잘못 받아들임에 대한 책임들(8항)

1689 신앙고백서는 8항에서 효력 없는 받아들임에 대해 두 가지 종류를 이야기한다. 첫째로 분명하게 중생하지 않은 사람과 둘째로 부당하게 참여한 그 밖의 모든 사람이다.

1) 중생하지 않은 것으로 드러난 사람에 의해

드러나게 중생하지 않은 사람을 확인하는 특이점은 '모든 무지하고 불경건한 자들은'이라는 말로 진술된다. 이 표현은 분명히 중생하지 못한 것에 대해 이야기하는 중에 그들을 명확하게 특징짓는 것이다. 복음과 복음의 기본적인 진리들에 무지한 그 어떤 사람도 주의 만찬에 합당하게 참여할 수 없다. 어떻게 이러한 사람들이 자신들이 알지도 못하는 그리스도를 기념할 수 있겠는가? 지식은 중생에 있어서 본질이다(에베소서 4장 17-21절). 더욱이, 신앙 없는 그 어떤 사람도 주의 만찬에 합당하게 참여할 수 없다. 그의 행동은 그리스도에 대한 구원하는 기억이 전혀 없고 중생하지 못했다는 것을 보여준다(에베소서 4장 22-24절, 5장 3-9절).

이렇게 무지하고 신앙이 없는 사람들이 주의 만찬에 와서 참여하는 것은 큰 죄이다. 이것은 일어날 수 있는 가장 거룩한 문제에서 십계명 제3계명과 제9계명의 명령 모두를 어기는 것이다.

1689 신앙고백서는 단지 이런 사람들이 주의 만찬에 참여하는 것만이 큰 죄라고 주장하지 않는다. 1689 신앙고백서는 이러한 사람들에게 주의 만찬에 참여하도록 허용한 것도 큰 죄라고 주장한다. 이 진술은 교회가 주의 만찬을 잘 시행하고 주의 만찬에 걸맞지 않은 사람들에게 주의 만찬에 참여하는 자격을 거부할 권한과 의무가 있다는 함축적인 의미를 가진다. 이 주장을 지지하는 성경의 근거는 첫째, 우리가 할 수 있다면 다른 사람들이 죄를 짓고 죄의 책임에 빠지지 않도록 하는 것이 우리의 의무이고 둘째, 그들

이 그리스도인임을 고백했을지라도 우리는 공개적으로 신앙이 없는 사람들과 함께 교제하지(먹지) 않는 것이 우리의 의무이고(고린도전서 5장 9-13절, 요한2서 10절) 셋째, 주의 만찬은 오직 교회를 위한 것이라는 사실이다(사도행전 2장 41-42절, 20장 7절, 고린도전서 11장 17-22절, 33-34절).

이러한 성경의 진리들은 우리에게 '열린 성찬'을 거절할 것을 요구한다. 열린 성찬은 주의 만찬에 참여하길 원하는 모든 사람들에게 주의 만찬을 베푸는 것이다. 교회는 주의 만찬이 이렇게 더럽혀지는 것을 막을 의무가 있다. 만약 교회가 주의 만찬이 더럽혀지는 것을 막지 않는다면, 교회는 부정하게 행하는 것이다. 그렇지만 이러한 성경의 진리들이 '닫힌 성찬'을 요구하지 않는다. 닫힌 성찬은 오직 자신의 교회나 교단에서 선한 자리에 있는 회중에게만 주의 만찬에 참여하도록 허락하는 것이다. 한 사람이 오직 자신의 교회나 교파만이 참 그리스도인들과 관계하는 참 교회라고 믿지 않는다면, 닫힌 성찬은 그리스도의 눈에 훌륭한 성도들을 거절하는 것이다. 이러한 성경의 진리들은 '제한적인 주의 만찬'을 요구한다. 오직 참 교회들의 회중 된 참 성도들만 주의 만찬에 참석하는 것을 허락하는 것이다. '제한적 주의 만찬'의 정확한 시행은 최소한 두 가지 것들을 요구한다. 이 두 가지는 성경의 요구들에 대한 공적인 선포와, 자격이 없는 것으로 알려졌는데 (참석해보려고 생각하는) 사람에 대한 개인적인 금지이다.

2) 중생한 것으로 드러난 사람에 의해

드러나게 중생하지 않은 사람이 주의 만찬에 참석하여 큰 죄를 짓는 것이 가능할 뿐만 아니라 참 교회들에서 올바로 서 있는 회중이 주의 만찬에 걸맞지 않게 참석하는 것도 가능하다. 1689 신앙고백서 8항 중반에서는 특별히 이런 사람들을 '자격 없이 받은 사람은 누구든지'라고 가리킨다. 여기서 중요한 세 가지 질문들에 반드시 답을 해야 한다.

'주의 몸과 피에 대하여 죄를 짓는 것이다'라는 말은 무슨 뜻인가?(고린도전서 11장 27절). '몸에 대하여'라는 말은 언급된 대상의 속격이다. 그는 주님의 몸과 피를 더럽히는 것으로 그것들에 대해서 죄를 짓는 것이다. 그는 몸과 피를 상징한 빵과 포도주를 일상적인 음식으로 다룬다. 이것이 그리스도의 이름을 망령되게 부르지 말라는 제3계명을 더럽히는 것이다. 이것은 분명 그리스도의 몸과 피의 상징들을, 그것이 마치 일상적인 빵과 포도주인 것 같이 다루고 빵과 포도주를 거룩한 의미를 가지고 있다고 생각하거나 행동하지 않는다(고린도전서 11:18-22, 33-34). 이러한 죄의 책임은 아주 심각한 것이고 개인들과 교회들에게 일시적인 훈계의 형벌들을 가져다준다. 그러나 이것은 용서받지 못할 것은 아니다(고린도전서 11장 32절).

부적합하게 참석하는 것은 무엇인가? 여기에서 합당한 것은 법적인 가치가 아니라 복음적인 타당성의 문제이다. 복음적인 가치가 있다. 요한계시록 3장 4절, 에베소서 4장 1절, 마태복음 10장 11절, 37-38절, 빌립보서 1장 27절, 골로새서 1장 10절, 데살로니가전서 2장 12절 이 모든 성경구절은 고린도전서 11장 27절, 29절에서 사용하는 같은 근원을 가진다. 가치 있는 것은, 첫째, 우리가 참여할 때 (믿음으로 인격적으로) 그리스도를 기억하는 문제이고(고린도전서 11장 24-26절) 둘째, 자기를 살피고(28절) 우리 스스로를 주의 만찬에서 그리스도를 기억하고 있는 사람으로 증명하고 인정해야 하고, 주의 만찬을 일상적인 음식으로 생각해서는 안 되는 문제이고 셋째, 그 몸을 분별하고(29절), 주의 만찬의 거룩한 상징과 영적인 의미를 믿음으로 이해해야 하는 문제이고 넷째, 우리 스스로를 판단하여(31절), 주의 만찬 안에서 그리스도를 기념하는 것을 잘못하였는지 판단하고 이러한 실패를 회개해야 하는 문제이다. 만약 우리가 진심으로 주의 만찬이 주님의 죽음을 상징하는 것이고 그 실체를 마음에 염두에 두고 참석한다면, 우리는 합당하다. 합당함은 지난 달 동안의 우리의 생활들을 병적으로 아주 철저하게 살피는 문제가 아니다. 이것은 우리가 지금 하려고 하는 것이 무엇인지 진심으로 그리고 믿음으로 이해하는 문제이다. 이것은 주의 만찬에 대해 즉, 주의 만찬이 무

엇이고 회개하고 믿는 죄인으로 참여하는 것임을 이해하는 문제이다. 바울
은 그 어디에서도 그리스도인들에게 주의 만찬을 멀리하라고 권하지 않는
다. 바울은 모든 곳에서 올바른 방식으로 참여하라고 격려한다. 주의 만찬에
참석하지 않고 있는 것은 "나는 불경하게 주의 만찬에 참여한 것에 대해 회
개하기를 거절하는 것이다"라고 말하는 것일 뿐이다.

좋지 않은 결과를 초래하는 판단은 무엇인가? 이것은 일시적으로 병들
고 잠든 것이다(30절). 30절과 같은 성경구절들은 값싼 믿음주의와 세속적
인 기독교의 현대의 체계에 들어맞아 왔다. 그 성경구절들은 성도의 견인이
필수적이라는 의견을 부정하는 것에 힘을 실어왔다. 이 체계 안에서, 견인의
실패는 영적인 죽음이 아닌 육체적 죽음을 초래한다. 고린도전서 11장 30절
은 일반적으로 첫 번째 증거로 사용된다. 고린도전서 11장 30절에 따라서
그리스도인이 죽음을 벌로 받는다고 믿어질 그 어떤 이유도 없다. 그렇게
생각하지 않는 것이 정당하다.

이 판단에 대한 두 분명한 사실들이 고린도전서 11장 30절을 이와 같이
해석하는 것을 반대하는 증거이다. 첫째, 이 판단은 공동체의 것이지 단순히
개인의 것이 아니다. 실은, 교회의 회중이 죽었다. 아마도 참 그리스도인들
이 죽었을 것이다. 그러나 여기서 말하는 그 판단은 공동체의 죄에 대한 공
동체에 대한 판단이다(30-32절). 물론, 개인들이 죄를 지었으면 개인들이 판
단을 받았다(29절). 그렇지만 이 성경구절은 죄를 지은 죄인들이 죽었다고
주장하지 않는다. 이 성경구절은 그들이 판단을 받았다고 주장한다. 다윗이
죄를 지었을 때, 다윗이 아니라 그의 아들이 죽었다. 그렇기는 하나, 가장 심
한 죄를 지은 개인들은 아내나 남편 혹은 자녀들이 죽을 수도 있다. 그들 자
신들이 죽었는지 그 어떤 확신이 없다. 참 그리스도인들이 하나님의 징벌
아래 죽었다고 전적으로 주장하지 못한다. 둘째, 이 판단은 징계이다(32절).
징계하시는 목적이 이 성경구절에서 분명히 언급된다. 이는 세상과 함께 정
죄 받지 않도록 우리를 구원하기 위함이다. 이것은 '어떻게 징계가 구원하

는가?'라는 의문이 생기게 한다. 징계가 우리를 회개하게 함으로 구원한다 (히브리서 12장 10-11절). 만약 한 개인이 징계를 받는다면, 징계는 그가 회개해야 한다는 것이다. 동일하게 만약 한 교회가 징계를 받는다면, 그것은 교회가 회개해야 하는 것일 것이다. 이 성경구절이 함축하고 있는 아주 분명한 의미는 징계 아래서 회개하지 않는 것은 세상과 함께 정죄받게 된다는 것이다.

'만약 하나님의 징계가 먼저 그 사람을 죽인다면, 어떻게 그 징계 아래서 회개하는가?'라는 마지막 질문을 한다. 만약 하나님의 징계가 회개하지 않은 그를 죽인다면, 그는 세상과 함께 정죄받을 것도 기대할 수 없지 않은가! 징계, 회개, 세상과 함께 정죄받지 않는다는 것들은 하나님의 목적 안에서 불가분하게 연결되어 있다. 회개하기 이전에 징계 받은 대상들을 죽이는 징계는 성경적이지 않다.

제31장 죽음 이후의 사람의 상태와
죽은 자의 부활에 관하여

of the State of Man After Death and of the Resurrection of the Dead

1. 사람의 육신은 죽은 후 흙으로 돌아가고 부패를 겪는다.[1] 그러나 불멸의 실재을 가진 사람의 영혼들은 죽지도, 잠자지도 않고 그 즉시 그것들을 주신 하나님께로 돌아간다.[2] 의인의 영혼은 그때 거룩함에 있어서 완벽하게 되어 낙원으로 받아들여지고 그곳에서 그리스도와 함께 거하고 빛과 영광 중에 하나님의 얼굴을 보면서 그들의 육신의 완전한 구원을 기다린다.[3] 그리고 악인의 영혼은 지옥에 던져진다. 그곳에서 그 영혼들은 고통과 칠흑 같은 어둠 안에 남겨져 그 큰 날의 심판 가운데 놓이게 된다.[4] 사람의 육신에서 분리된 영혼을 위한 이 두 자리 외에 성경은 그 어떤 장소도 인정하지 않는다.

1. 창세기 2장 17절, 3장 19절, 사도행전 13장 36절, 로마서 5장 12-21절, 고린도전서 15장 22절

2. 창세기 2장 7절, 야고보서 2장 26절, 마태복음 10장 28절, 전도서 12장 7절

3. 시편 23편 6절, 열왕기상 8장 27-49절, 이사야 63장 15절, 66장 1절, 누가복음 23장 43절, 사도행전 1장 9-11절, 3장 21절, 고린도후서 5장 6-8절, 12장 2-4절, 에베소서 4장 10절, 빌립보서 1장 21-23절, 히브리서 1장 3절,

4장 14-15절, 6장 20절, 8장 1절, 9장 24절, 12장 23절, 요한계시록 6장

9-11절, 14장 13절, 20장 4-6절

4. 누가복음 16장 22-26절, 사도행전 1장 25절, 베드로전서 3장 19절, 베드로

후서 2장 9절

2. 그 마지막 날에 살아있는 성도들은 당연히 잠들지 않고 변화될 것이다.[1] 그리고 모든 죽은 자들은 다른 몸이 아닌 자기 본래의 몸으로,[2] 하지만 다른 특성들을 가지고[3] 일으킴을 받을 것이다.[4] 그리하여 다시 자신의 영혼과 영원토록 결합된다.[5]

1. 고린도전서 15장 50-53절, 고린도후서 5장 1-4절, 데살로니가전서 4장

17절

2. 욥기 19장 26-27절, 요한복음 5장 28-29절, 고린도전서 15장 35-38절,

42-44절

3. 고린도전서 15장 42-44절, 52-54절

4. 다니엘 12장 2절, 요한복음 5장 28-29절, 사도행전 24장 15절

5. 다니엘 12장 2절, 마태복음 25장 46절

3. 불의한 자의 육신은 그리스도의 능력으로 일으켜져 수치를 당하게 된다.[1] 의인의 육신은 성령님의 인도하심을 받아[2] 존귀하게 되고[3] 그리스도 자신의 영광스러운 육신과 같은 모습이 된다.[4]

1. 다니엘 12장 2절, 요한복음 5장 28-29절

2. 로마서 8장 1절, 11절, 고린도전서 15장 45절, 갈라디아서 6장 8절

3. 고린도전서 15장 42-49절

4. 로마서 8장 17절, 29-30절, 고린도전서 15장 20-23절, 48-49절, 빌립보서

3장 21절, 골로새서 1장 18절, 3장 4절, 요한1서 3장 2절, 요한계시록 1장 5절

개 요

제31장과 제32장에서 우리는 신학자들이 마지막 일들에 대한 교리를 의미하는 '종말론'이라고 부르는 주제에 이른다. 17세기 1689 신앙고백서를 작성한 이후부터 지금까지 이 주제는 뜨겁게 논쟁이 되어왔다. 1689 신앙고백서의 빛 안에서 흥미롭게도 주목할 것은 침례주의자들이 이전에 장로주의자들과 회중주의자들이 했던 말들 중에 단 한 마디에도 동의하지 못할 이유가 없다고 봤다는 것이다. 여기에 한 교훈이 있다. 아마 하나 이상일 것이다.

I. 중간상태 (1항)

내가 '중간상태'라는 전문용어를 쓸 경우에, 죽음과 부활 사이의 기간을 의미한다. 한 사람이 죽었을 때 그는 중간상태로 바로 들어가고 부활의 날까지 그 상태에 머무른다. 이 상태가 의인이나 악인 모두의 마지막 운명은 아니기 때문에, 이 상태를 중간상태라고 부른다.

1689 신앙고백서는 두 가지 아주 중요한 구별로 중간상태에 관한 성경의 가르침을 아주 탁월하게 요약한다. 이는 중간상태에서 육신과 영혼의 구별 그리고 의인과 악인의 구별이다. 만약 우리가 이 중요한 문제에 관해 성경이 가르치는 모든 것들을 제대로 이해하려면, 반드시 이 두 구별에 기초해야 한다.

1. 육신과 영혼 사이의 구별

첫 번째 핵심적인 구별은 사람들이 질적으로 다른 두 가지 것들로 구성되어 있다는 것이다. 1689 신앙고백서는 그것들을 육신과 영혼이라 한다. 그 까닭은 이것들은 본질적으로 다른 두 실체이기 때문에, 그 상태와 위치 모두에 있어서 죽은 후 바로 구별된다.

1) 육신

여기에서 1689 신앙고백서는 경험과 성경이 분명히 한 것을 말한다. 그 불쾌한 현실은 우리, 즉 우리의 육신들이 죽게 될 것이라는 사실이다. 부패의 과정을 거친 후에 당신, 즉 당신의 육신은 무덤 안에 한 줌의 흙으로만 있고 사라질 것이다. 이것은 일반적으로 사람들에게 일어나는 일이고 특별히 에녹과 엘리야 그리고 그리스도의 재림의 순간 살아있는 그리스도인들을 제외한 우리들에게 일어나는 일이다. 더욱이, 이것은 아담의 불순종에 내리신 하나님의 저주 때문에 일어난다(창세기 2장 17절, 3장 19절, 로마서 5장 12-21절, 고린도전서 15장 22절).

2) 영혼

1689 신앙고백서는 육신을 가지고 있는 영혼과 중간 상태에 있는 영혼의 상태를 대비시키면서 영혼에 대하여 두 가지 주장을 한다. 첫째, 1689 신앙고백서는 영혼이 '죽지도 잠자지도 않는 불멸하는 실재'라고 주장한다. 이 말에는 어느 정도의 설명이 필요하다. 특별히 '불멸하는 실재'라는 표현이 그렇다. 실재라는 단어는 간단히 말해서 (웹스터 사전에 따르면) '존재, 존재하는 것, 연속성'을 의미한다. 육신은 부패한다. 부패하는 것은 그것으로 존재하는 것을 멈추는 것이다. 그렇지만 영혼은 지속적으로 존재하고 또 죽은 후에도 존재한다. 영혼은 자체적으로 존립한다.

'불멸'이라는 단어는 더 어렵다. 이 단어가 어려운 아주 중요한 한 가지 이유는 사람의 영혼은 영원하지 않는다는 것이다. 웹스터사전의 두 번째 정의는 우리가 영혼이 불멸하다고 말할 때의 그 뜻을 의미하는 것이 아니다. 웹스터 사전의 정의는 '영원의 존재들, 즉 영원하고 신적인 하늘에 속한 존재들'에 관한 것이다. 그리스 철학자들은 영혼을 이런 의미에서 불멸한다고 보았다. 이 철학자들은 영혼을 신성한 불의 불꽃, 즉 하나님과 관련 있는 것 그리고 영원하고 창조되지 않은 것으로 보았다. 이것은 그리스도인들이 영혼이 불멸한다고 하는 의미가 분명히 아니다. 1689 신앙고백서가 의미하는 것이 아닌 것은 확실하다. 그리스도인들은 다른 모든 것들과 같이 영혼이 하나님에 의해 창조된 것이고 계속해서 존재하기 위해서는 매 순간 하나님께 의존해야 한다고 믿는다.

웹스터 사전의 첫 번째 정의는 1689 신앙고백서에서 사용된 '불멸'이라는 단어의 의미와 상당히 일치한다. 이 정의는 '죽지 않는, 죽음이 없는, 영원히 살아가는 것'[1]이다. 영어에는 여기서 1689 신앙고백서가 말하는 것을 표현하는 적절한 단어가 없다. '불멸'이 사용할 수 있는 최고의 단어일 것이다. 그 의미는 물질적인 죽음이 영혼의 죽음을 초래하지 않는다는 것이다. 영혼들은 육체들과 같이 죽지 않는다. 영혼들은 사람의 한 부분으로 죽음을 경험하기는 하나, 영혼 그 자체가 죽음으로 인하여 활동하지 않거나 부패되지 않는다. 1689 신앙고백서도 영혼은 '죽지도 잠자지도 않는다'라고 언급하고 있다. 지적 작용, 의식의 상태가 영혼의 본질이다. 그 본질은 죽은 후에도 지속한다. 이런 의미에서 영혼은 죽지 않는 것이다.

영혼에 대한 1689 신앙고백서의 두 번째 주장은 영혼이 죽었을 때 흙으로 돌아가는 것이 아니라, 하나님께로 돌아간다는 것이다. 1689 신앙고백서

---

1   *Webster's New World Dictionary* (Cleveland, OH: The World Publishing Company, 1966), p. 727.

에 의해 정해진 이 개념은 마지막 심판 날까지 예비적인 상이나 벌을 정하기 위해서 영혼이 하나님께 돌아간다는 것을 나타낸다.

물론, 성경이 이러한 내용을 어디에서 가르치는가? 이것이 핵심 질문이다. 우리가 두 번째 구별에 다다랐을 때, 우리는 중간상태에서 의인과 악인의 상태에 관한 경우를 직접적으로 언급한 많은 성경구절들을 살펴보아야 마땅할 것이다. 각각의 성경구절이 육체와 영혼 사이의 구별에 대해 이미 언급해왔던 모든 것들을 더욱 확고하게 할 것이다. 어떤 의미에서 육체와 영혼 사이의 구별에 대한 가장 확실한 증거는 중간상태에서의 존재이다. 바로 이 비정상적인 죽음이 사람의 구성이 이분법적이라는 것을 가장 분명하게 드러낸다. 실례로서 고린도후서 5장 1-8절을 주목하라. 성경은 사람이 다른 두 실체들인 육체와 영혼으로 구성된다고 명확하게 가르친다(창세기 2장 7절, 야고보서 2장 26절, 마태복음 10장 28절, 전도서 12장 7절).

이러한 문제들은 죽음에 관한 성경의 가르침에 대한 서론을 구성한다. 이 가르침은 네 가지 명제들로 요약될 수 있다.

1. 죽음, 물리적 죽음은 죄의 형벌의 한 결과이다. 이 진술을 지지하는 증언은 위에서 언급한 창세기 2장 17절, 3장 19절, 로마서 5장 12-21절 그리고 고린도전서 15장 22절에서 주어진다.

죽음은 죄의 형벌의 결과로서 하나님의 창조 질서의 왜곡이다. 인간의 타락은 하나님의 완벽한 창조물을 파괴시켰다. 이렇듯이, 그 말의 가장 정확한 의미로 죽음은 비정상적인 것이다. 죽음은 악한 것이다.

2. 죽음, 물질적 죽음은 육체의 썩음과 부패 그리고 영혼의 발가벗음을 초래하는, 영혼과 육체의 극단적이고 비정상적인 분리이다. (위에서 인용된 성경구절들을 주목하라).

죽음에서 육체와 영혼의 단절은 그 창조된 특징들과 완벽하게 반대이다. 영혼도 육체도 서로 떨어져서 존재하도록 의도되지 않았다. 죽음이 다가오는 것을 알리는 점점 더 늙어 가는 것(전도서 12장 1-6절)과 죽음의 결과로 일어나는 혐오스러운 부패는 분명히 죽음의 비정상적인 특징을 가리킨다.

3. **죽음, 물질적 죽음은 아담의 자손의 장래의 영원한 죽음에 대한 표시이고 상징이다.** 육체의 죽음의 중요한 의미는 '사망이 쏘는 것' 다시 말해서, 육체의 최악의 측면이다(요한계시록 20장 14절, 고린도전서 15장 56-57절, 히브리서 9장 27절). 죽음은 상상할 수 있는 가장 무시무시한 물질적 사건으로, 모든 사람을 압도하는 가장 참혹한 재앙인 지옥의 상징이다.

4. **사망이 쏘는 것은 그리스도와 연합 안에 있는 사람들에게서 제거되었다.** 그들은 아담 안에서 죽지 않는다. 그들은 그리스도 안에서 죽는다. 그래서 죽음의 가장 무시무시한 의미인 사망이 쏘는 것은 그들에게 없다(데살로니가전서 4장 14절, 요한계시록 14장 13절, 로마서 8장 37-39절).

그리스도인들은 반드시 자신들과 다른 사람들의 입장에서 죽음의 실체에 접근하는 경우에 거룩한 균형을 유지해야 한다. 만약 앞에서 요약된 것이 사실이라면, 죽음에 대해서 생각할 때 기뻐하려고 노력하거나 무관심한 태도를 가질 필요도 없고 당연히 그래서도 안 된다. 그러나 물질적 죽음의 두려움에 대한 아주 솔직한 인정이 결코 균형적인 태도를 파괴하지 않는다. 그리스도인의 죽음의 가시는 사라졌기 때문이다. 죽음의 가시는 그에게서 가장 소중한 분인 그리스도를 빼앗지 못한다. 그리스도인은 복음의 진리의 증거인 용기와 희망을 가지고 죽음을 직면하게 될 것이고 반드시 그럴 것이다.

믿지 않는 자들은 죽음이 보기만 하는 스포츠가 아니라는 것을 반드시 명심해야 한다. 이것이 사실이기에, 그 믿지 않는 자는 죽음에 대한 대답이 필요하다. 만약 그가 기독교에 대하여 의심쩍게 여기고 성경으로부터 그 대답들을 얻지 않는다면, 그는 어디에서 그 답을 얻을 수 있을까? 죽음에 관한 답이 없이 참으로 살아갈 수 있을까? 만약 우리 공교육에서 그리고 인기 있는 과학자들에 의해 가르쳐지는 자연주의와 물질주의가 정말로 옳다면, 왜 죽음에 대한 생각이 이처럼 그를 힘들게 괴롭히는가? 만약 죽음이 단지 자연 질서의 한 부분이라면, 왜 이렇게 자연의 법칙에 어긋나는 것처럼 보이고, 이렇게 공포에 떨게 하는가?

만약 죽음이 자연의 법칙에 어긋나는 것, 악에 대한 형벌의 결과 그리고 저주의 표시라면, 모든 것이 이치에 맞는다. 그렇지만 만약 죽음이 단지 자연 질서의 한 부분이라면, 그 어떤 것도 이치에 맞지 않는다. 죽음에 대한 인간의 감정들이 이치에 맞지 않는다. 믿지 않는 자 그들 자체가 이치에 맞지 않는다. 기독교의 가르침은 죽음을 이해하는 데 있어서 만족할 만한 지적인 기본들을 제공한다. 만약 기독교가 진리라면, 믿지 않는 자는 자신들의 가짜 의심들을 품는 것을 멈추고 그리스도를 진심으로 대하는 것이 필요하다.

II. 중간상태에서 의인과 악인사이의 구별

의인과 악인 사인의 구별은 세 가지 진술 방식에 의해 전개된다. 의인의 상태에 대한 진술과 악인의 상태에 대한 진술 그리고 다른 대안이 없다는 진술이 있다. 주로 연옥이라는 문제를 설명하는 세 번째 진술은 별도로 다루는 것이 아니라, 의인의 조건에 대한 설명 가운데 다루어질 것이다.

1. 의인의 상태

1) 의인은 즉각 의의 상태가 된다

1689 신앙고백서에서 이 점의 핵심단어는 '그 즉시'이다. 1689 신앙고백서는 이렇게 표현한다. '죽은 후… 영혼은… 그 즉시 하나님께로 돌아간다'. 1689 신앙고백서가 말한다. '영혼은 그 때 거룩함에 있어서 완벽하게 되어 낙원으로 받아들여진다'. 이런 진술 방식으로 1689 신앙고백서는 분명하게 죽음 그 자체와 의인이 영광으로 들어가는 사이에 그 어떤 짧은 시간도 없다는 것을 가르친다.

1689 신앙고백서의 가르침은 이 점에서 분명하게 연옥에 대한 의문을 설명한다. 만약 죽음 그 자체와 의인이 영광으로 들어가는 것 사이에 그 어떤 짧은 시간도 없다고 설명한다면, 연옥과 같은 장소는 존재하지 않는다. 이 문단 마지막에서, 1689 신앙고백서는 이 의미를 명백하게 한다. '사람의 육신에서 분리된 영혼을 위한 이 두 자리 외에 성경은 그 어떤 장소도 인정하지 않는다.'

2) 의로운 상태에서 그들의 완벽한 거룩함

중간상태가 성도들에게 가져다주는 복들 중 언급된 첫 번째 복은 그들의 존재가 완벽하게 거룩해진다는 것이다. 바꾸어 말하면, 그들의 도덕적, 윤리적 상태에 있어서 성도들은 절대적으로 죄 없는 상태가 된다. 그들의 영혼은 하나님의 완벽한 의에 정확하게 일치된다.

3) 의로운 상태에서 그들의 즐거운 상황들

죽은 사람의 영혼들의 자리는 '낙원'이라고 한다. 비록 이 단어가 몇몇 사람들에 의해 논쟁이 되기도 하지만, 이것은 천국과 동의어이다. 이 자리는 죽는 순간에 들어가는 상태 안에 있는 의인의 영혼이 행복하다는 것을 우리에게 단언한다.

4) 의로운 상태에서 그들의 복된 동반자

또한 중간상태에서 의인의 복에 있어서 핵심은 그들의 동반자이다. 그들은 예수 그리스도와 함께 있다. 우리가 볼 수 있는 것처럼, 이것은 중간상태에 대한 성경의 가르침에 있어서 성경의 중심 주장이고 많은 면에서 사실이다.

5) 의로운 상태에서 그들의 영광스러운 특권

1689 신앙고백서는 의인의 영혼은 하나님을 본다고 가르친다. 이것은 신학자들에 의해 '지복직관'이라고 불려진다. 악한 자는 결코 볼 수 없다는 의미에서, 의로운 사람들이 천국에서 하나님의 명백한 영광을 보고 그 영광 가까이 존재한다.

6) 의로운 상태에서 그들의 불완전한 복

비록 중간상태에서 성도의 영혼은 거룩함에 있어서 완벽하지만, 다른 모든 면에 있어서 완벽한 것은 아니다. 그들의 복은 아직까지 불완전하다. 그들이 반드시 기다려야하는 복들 중 가장 주요한 것은 '그들의 육신의 구원'이다.

중간상태에 있는 의인의 상태에 관한 여러 주장들을 지지하는 성경의 기초를 드러내려고 시도할 때, '성도들의 중간상태에 대한 신앙문답'이라고 부르는 일련의 짧은 질문들과 짧은 대답들에 기초를 두고 성경의 가르침을 유기적으로 구성해 보는 것이 유익하다고 본다.

질문1: 성도의 영혼은 죽을 때 어디로 가는가?

답: 그들은 그리스도와 함께 있는 곳으로 간다(빌립보서 1장 19-24절, 고린도후서 5장 6-9절, 누가복음 23장 43절, 히브리서 12장 23-24절, 요한계시록 14장 13절).

이 질문과 답이 첫 번째로 놓였다. 그 까닭은 성도의 죽음과 관련하여 성경이 확실하게 보증하기 때문이다. 어떤 의미에서 이 하나의 답은 죽은 직후 인간의 상태에 대한 우리의 모든 의문들에 대한 답이다.

구약성도들의 근본적인 확신은 하나님께서 죽음 이후의 인생의 신비한 일들을 드러내시기 시작하셨기에 죽음이 언약의 하나님과의 관계를 파괴할 수 없다는 것이었다(창세기 5장 24절, 시편 23편 6절, 73편 24절, 16편 9-11절, 49편 15절). 구약말씀들의 내용은 아주 기본적인 것이다. 이 성경구절들은 분명하게 죽음과 부활 후 사람의 상태 사이를 구별한다. 그렇지만 죽음 이후에 대한 시편기자의 기본적인 확신은 아주 분명하다. 내가 알게 되었고 이 인생에서 나를 돌보신다는 것을 드러내시는 언약사랑의 하나님께서 죽음에 있어서도 나를 버리시지 않으실 것이다.

구약성경의 기본적인 확신은 신약의 충분한 계시와 정확한 초점에 이르게 된다. 언약의 하나님께서 예수 그리스도 안에서 충분하게 드러나신 것처럼, 죽음에 있어서 그리스도인의 확신은 '죽음'이 '우리를 예수 그리스도 우리 주 안에 있는 하나님의 사랑에서 끊을 수 없다'는 확신에 초점이 맞춰진다(로마서 8장 37-39절). 성도들은 주님 안에서 죽는다(데살로니가전서 4장 14절, 요한계시록 14장 13절). 그리스도께서 계신 그곳에 마찬가지로 그리스도의 백성들도 있을 것이라는 것이 그리스도의 뜻이다(요한복음 14장 2절). 그러므로 성도들이 죽을 때, 그들은 그리스도와 함께 있는 곳으로 간다(누가복음 23장 43절, 고린도후서 5장 6-8절, 빌립보서 1장 23절, 히브리서 12장 23-24절).

이 주제에 관해서 현실적으로 주목해야 할 몇 가지가 반드시 강조되어야 한다. 첫째, 그리스도와 관계를 맺고 그리스도를 위하는 인생은 죽음에 대한 확신에서 떨어질 수 없다. 살아계신 하나님에 대한 인격적인 지식과 하나님과의 특별한 관계가 전혀 없으면, 죽음에 대한 성경적 확신이 있을 수 없다. 그러므로 죽음에 대한 당신의 확신이 예수 그리스도를 향해 가까이 다가가는 것과 관련이 있다고 생각하는 이유가 있다. 둘째, 죽은 후 성도들을 위한 최고의 복과 다른 모든 복들의 근원은 그리스도께서 계신 곳에 그리스도와 함께 있는 것이다. 오직 그리스도만을 위한 사랑과 그리스도와 함께 있는 것을 소망하는 것이 죽음을 우리가 바라는 것으로 만들 것이다. 이 현실이 대부분의 사람들의 끝이지만, 사후에 대한 세속적인 관심은 오늘날 아주 일반적이다.

질문2: 그리스도께서는 어디 계시는가?

답: 그리스도는 천국에서 가장 높은 곳에 계신다(요한복음 16장 28절, 마태복음 6장 9절, 사도행전 3장 21절, 히브리서 1장 3절, 에베소서 4장 10절).

질문3: 천국은 무엇인가?

답: 천국은 하나님께서 특별히 머무르시는 곳이다. 그곳에서 하나님께서는 특별히 자신의 영광을 드러내신다(시편 23편 6절, 열왕기상 8장 27-49절, 이사야 63장 15절, 66장 1절).

비록 성경에 기록된 천국이 우리에게 보이는 물질적인 세계로 종종 사용되기도 하지만, 하나님과 하나님의 천사들이 특별히 거하는, 우리에게 보이지 않는 장소로 쓰이기도 한다. 이것이 성경의 천국을 일반적으로 세 가지, 즉 대기권, 우주, 하나님의 천국으로 구분하게 한다. 이러한 구분에 대해 성경의 선례가 있는 것처럼 보이는 이유는 바울이 '셋째 하늘로 이끌려가서'라고 말하고 천국에 대한 고린도후서 12장 4절과 성경의 용법들이 이러한 세 가지 의미들의 측면에서 쉽게 구분되기 때문이다.

하나님의 천국은 하나님께서 자신의 영광을 충만하게 드러내시고 하나님께서 특별하게 거하심으로 정의될 수 있다. 성경은 비록 하나님께서 모든 곳에 존재하시지만, 하나님께서 다른 장소들과 상황들에서 충만하게 존재하신다고 가르친다. W. M. 스미스는 '성경이 "하늘과 하늘들의 하늘이라도

주를 용납하지 못하겠거든"(열왕기상 8장 27절 ASV) 그리고 하나님께서는 이 우주의 모든 곳에 계신다는 것은 진리이지만, 그럼에도 불구하고 성경은 천국이 특별한 방식으로 하나님의 집이라는 것을 분명하게 단언한다'라고 말한다.

아마 이 점에 있어서 가장 중요한 성경구절은 열왕기상 8장일 것이다. 이 성경구절은 하나님의 땅의 집으로 솔로몬에 의해 지어진 이 땅의 성전을 헌납하는 것을 묘사한다. 그렇지만 솔로몬은 반복적으로 이 땅의 건축물로 천국을 예표하고 있다는 것을 드러냈다(10-13절, 27절, 30절, 32절, 34절, 36절, 39절, 43절, 45절, 49절, 또 시편 23편 6절, 이사야 57장 15절, 63장 15절, 66장 1절을 주목하라). 이 성경구절들에서 계속해서 강조하는 점은 천국은 하나님께서 특별히 거하시는 장소라는 것이다. 그 곳에서 하나님의 영광과 속성들이 가장 분명하게 드러난다. 이처럼 천국은 우주에서 가장 높은 곳이고 거룩한 장소이다.

질문4: 그러면, 천국은 한 장소인가?

답: 그렇다. 지금 천국에 있는 에녹과 엘리야 그리고 특별히 우리 주님의 육체를 가진 상태는 천국이 물질적인 장소라고 우리에게 단언한다(창세기 5장 21-24절, 열왕기하 2장 10-18절, 누가복음 24장 36-43절, 사도행전 1장 1-11절, 요한복음 19장 40-20장 17절, 히브리서 12장 24절).

천국이 한 장소라고 말하는 의미는 무엇인가? 아주 단순하게, 천국은 공간적인 크기를 가진 하나의 장소이다. 천국은 공간을 차지한다. 천국은 런던, 마닐라, 뉴욕과 같은 실제 장소이다.

우리가 이것을 어떻게 증명할 수 있을까? 천국이 공간을 차지하는 장소라는 것을 증명하는 최고의 방식은 공간을 차지하는 어떤 것들이 그곳에 있다는 것을 증명하는 것이다. 에녹과 엘리야 그리고 우리 주님께서 육체를 가진 상태로 천국에 있다는 사실로 인해 이것은 증명된다(창세기 5장 21-24절, 열왕기하 2장 10-18절).

우리 주님께서 육체를 가진 존재임을 지지하는 성경의 증언은 더 중요하고 그 증언에 더 집중해야 한다(누가복음 24장 36-43절, 사도행전 1장 3-4절, 9-12절, 3장 21절, 요한복음 19장 40-20장 17절, 히브리서 2장 14-18절, 4장 14-15절, 6장 20절, 8장 1절, 9장 24절, 12장 22-24절).

질문5:   천국에는 시간이 있을까?

답: 그렇다. 오직 하나님만이 시간을 초월하시기 때문에, 천국에 거하는 피조물들은 공간의 제한뿐만 아니라 시간의 제한도 경험한다(디모데전서 1장 17절, 요한계시록 6장 11절, 20장 4-6절, 에베소서 1장 20절, 2장 7절).

하나님께서는 '그 존재에 있어서 무한하시고 영원하시고 불변하시기' 때문에, 공간과 시간의 제한에 종속되지 않으신다. 디모데전서 1장 17절에 따르면 하나님께서는 시간의 노예가 아니고 '영원하신 왕'이시다. 특히 모든 성경의 상식을 반대하는 플라톤철학과 그리스철학에 따르면 하나님의 속성이 천국과 그곳에 거주하는 사람들에게 전달된다. 그렇지만 천국에 시간이 있다는 것은 몇 가지 고려해야 할 사항들로 인해 증명된다.

1) 오직 하나님만이 시간을 초월하기 때문에 피조물이 시간으로부터 벗어날 수 있는 유일한 방법은 신이 되는 것뿐이다. 그렇지만 성경은 결코 이것을 가르치지 않는다. 이것은 아주 악질적인 이단사상이다. '영원으로 들어간다는' 말에 대한 올바른 의미가 무엇이든 간에, 우리가 하나님처럼 영원이 되는 것을 의미하는 것은 아닐 것이다.

2) 성경은 천국에 있는 의인의 영들은 시간에 종속되어 있다는 것을 명

백히 가르친다(요한계시록 6장 11절). 그리스도께서 천국으로 승천하셨다는 것이 천국의 역사에서 새로운 시대나 새로운 역사 또는 시간을 이야기하는 것이 아니었을까?

3) 시간은 영원한 상태에서 존재한다. 그 상태는 다가올 시대 또는 다가올 시대들이라고 불린다(마가복음 10장 30절, 누가복음 20장 34-35절, 에베소서 1장 21절, 2장 7절). 이 단어는 '세계-시대'를 의미하고 실제적으로 영원한 상태는 공간과 시간의 존재 모두라는 것을 암시한다. 천국의 상태와 영원한 상태 모두 일반적으로 시간이 없다는 것으로 인식되기 때문에, 영원한 상태가 시간이 없는 상태가 아니라는 것을 보여주는 것은 천국에는 시간이 있다는 것을 전제한 것이다.

4) 천국 혹은 영원한 상태에는 시간이 없다는 생각은 요한계시록 10장 6절에 호소함으로 종종 지지된다. 요한계시록 10장 6절의 흠정역의 번역은 '지체하지 아니하리니'(더 이상 시간이 없다)이다. NIV, NASV, NKJV, Amplified Bible 그리고 헬라어 대사전major Greek lexicons은 이 구절을 하나님의 목적을 시행하는 데 더 이상의 미뤄짐은 없을 것이라는 의미로 이해한 것에 주목하는 것만으로도 이 호소에 대한 충분한 반박이다.

이 모든 것이 한 가지 핵심을 우리에게 새겨 주기에 적당하다. 그것은 바로 천국의 영광의 실체이다. 타락한 그 때, 하나님께서는 하나님께서 특별히 거하신 장소에서 인간을 쫓아내셨다. 타락 이후 여호와께서는 인간과 함께 걸으시거나 자신의 존재를 인간들 가운데 눈에 보이게 외적으로 거의 드러내지 않으셨다. 우리는 추방당한 인류이다. 심지어 그리스도인들조차 믿음으로 걸을 뿐 보고 걷지 못하고, 소망 안에서 살지만 실제로는 아니다. 더욱이 그리스도인들은 현실성을 거의 느끼지 못할 만큼 천국이 모호하고 비현실적인 영역에 있다고 일반적으로 생각해왔다. 천국은 시간과 공간이 존재하지 않는 이상적이고 영적인 세계였다. 영원은 시간이 없기 때문에, 그것은 절대 움직이지 않는 살아있는 동상들로 가득 채워져 있고, 경외하는 모습으로 영원히 고정된 것 같이 생각되었다. 그렇지 않으면 천국은 어쨌든지 현실 공간의 밖에 있고, 불분명하고 이념적이고 만질 수 없고 영적인 것으로 생각되었다. 성경의 현실적인 관점 대신에 이러한 개념을 버린 것은 정말 다행이다! 사실, 천국은 육신을 가진 사람들이 사는 한 장소이다. 에녹과 엘리야 그리고 우리 주님께서 계신 장소이다. 만약 당신이 그곳에 있다면, 당신은 당신의 구주를 보고 만질 수 있을 것이다.

질문6: 성경에서는 천국을 어떻게 묘사하는가?

답: 천국은 하나님의 도성 그리고 하나님의 낙원으로 묘사된다(히브리서 12장 22-24절, 갈라디아서 4장 24-31절, 누가복음 23장 43절, 고린도후서 12장 2-4절).

몇몇 사람은 이 답이 단순히 천국에 대해 성경이 제시하는 복잡한 설명을 고려하지 않는다고 말하기도 한다. 그렇지만 나는 천국에 대한 성경의 설명 대부분은 이 답에서 언급된 두 가지로 요약된다고 믿는다. 이 답에서 언급된 두 설명이 성경의 주된 설명들이다.

천국은 **하나님의 도성이다**(히브리서 12장 22-24절, 갈라디아서 4장 24-31절). 하나님의 도성으로서 천국은 하나님의 성전과 하나님의 왕좌가 있는 장소이다. 천국을 하나님의 성전과 하나님의 왕좌로 설명하는 일반적인 성경의 설명은 천국을 하나님의 도성으로 설명하는 것 아래로 포함시킬 수 있다. 한 도시로 비유한 것은 그 의미가 아주 풍성하다. 이 장 마지막에서 우리는 도시의 중요한 의미에 포함된 것들을 그려낼 것이다. 여기서는 천국이 단지 어떤 도시가 아니라는 것에 주의하는 것이 중요하다. 그 어떤 도시는 예루살렘이다. 예루살렘은 약속의 땅 가나안의 성경적 수도였다(히브리서 11장 16절). 이것이 우리를 천국에 대한 두 번째로 주요한 성경적 설명으로 이끌어 준다.

천국은 **하나님의 낙원이다**. 낙원이라는 단어는 문자적으로 아름다운 공원이나 정원을 가리킨다. 성경은 두 가지 예를 들어 천국을 아름다운 공원 또는 정원으로 설명한다. 요한계시록 2장 7절에서 낙원은 분명하게 에덴동산을 연상시킨다. 생명나무가 있었다. 또한 사람이 하나님과 완벽히 의롭고 행복하게 교제하고 있었다. 그래서 천국은 에덴동산으로 돌아가는 것이다. 약속의 땅, 가나안, 하나님의 백성에게 약속된 안식의 예는 에덴동산의 예와 아주 밀접하게 관련 있다(히브리서 11장 16절, 참고 히브리서 3장 18절-4장 1절 그리고 요한계시록 6장 11절, 14장 13절 또한 주목하라). 가나안의 안식, 젖과 꿀이 흐르는 땅은 타들어가는 광야에서 지친 나날들 동안에 이스라엘이 바라보았던 엄청난 약속이었다. 그래서 천국은 그리스도인들이 바라보는 유산이다. 천국의 본질에 대한 많은 통찰은 이 비유를 곰곰이 생각해 보는 데서 얻어진다.

그러나 천국이 하나님의 도성이고 하나님의 낙원이라는 생각에서 한 가지 의문이 든다. 이 두 비유들이 중간상태 뿐 아니라 영원한 상태를 설명하는 데 사용되지 않는가? 영원한 상태는 새 예루살렘 그리고 더 위대한 가나안 안식, 즉 우리의 영원한 유산이지 않은가? 대답은 '그렇다'이다(요한계시록 21장 2-4절, 히브리서 13장 14절, 9장 15절을 주목하라). 이것은 중간상태의 교리에 관한 아주 중요한 원리를 보도록 이끈다. 중간상태는 영원한 상태를 예상한다. 천국은 우리 미래의 소망을 현재에서 기대하는 것이다. 그리스도인은 두 가지 소망을 갖지 않는다. 그리스도인은 한 가지 소망을 가진다. 성도들의 영혼들이 천국에 있을 것이라는 이 한 가지 소망만이 기대된다.

질문7: 천국에서 성도들의 영혼의 복된 상태는 무엇인가?

답: 성도의 영혼은 본질에 있어서 변하지 않고 완벽하게 거룩하고 행복하게 된다(히브리서 12장 23절, 누가복음 23장 43절, 고린도후서 5장 8절, 빌립보서 1장 23절, 요한계시록 14장 13절).

이 답은 천국에서 성도들의 영혼의 상태에 대해서 네 가지를 주장한다.

1) 성도의 영혼은 **불변하다.** 이 상태는 구원이 하나님의 주권적 목적의 결과라는 아주 중요한 사실에서부터 나온다. '하나님의 은사와 부르심에는 후회하심이 없느니라'(로마서 11장 29절). 천국의 도성 안에서 얻어지는 복은 되돌릴 수 없다. 만약 자유의지가 구원의 근원이었다면, 모든 사람들은 구원받았지만 또한 그들이 천국의 영광으로부터 배교할 수 있다는 가르쳤던 초대교회의 교부 오리겐이 옳았을 것이다. 그러나 우리는 구원이 절대적으로 하나님께 달려있다고 믿기 때문에, 천국의 영광은 영원한 것이다. 불변하는 상태는 이 도시에 '터가 있고' 그 도시의 '설계자와 건축가는 하나님이시다'(히브리서 11장 10절)라고 가르치는 성경의 진술에 분명하게 함축되어 있다. 하나님의 도성은 또한 안전한 장소이다. 모든 도성들은 아주 이상적으로 계획되었다(시편 48편 3절, 8절). 또한 이 상태는 히브리서 12장 23절에서 성도의 영혼이 '온전하게 된다'라는 진술에 함축되어 있다. 문자적으로는 성도의 영혼이 온전함에 이른다는 것이다. 하나님의 주권적인 목적으로 이 목적은 후회가 없고 변하지 않는다.

2) 성도의 영혼은 **완벽하게 거룩하다.** 세 가지 고려해야 할 사항들이 이 결론을 요구한다. 첫째, 히브리서 12장 23절 성경의 분명한 진술은 이 결론을 요구한다. 이 성경구절은 '온전하게 된 의인의 영혼들'에 대해서 이야기한다. 이 말씀에서 필수적으로 함축되어 있는 뜻은 성도의 영혼이 정확히 그 성품에 있어서 의로운 사람과 같이 완벽해진다는 것이다. 지금까지 언급한

것과 같이, '온전하게 된다'라는 말은 문자적으로 '정해진 목표에 이르게 하는 원인이 된다' 또는 '완성했다'는 의미이다. 의인에게 정해진 목적은 물론 영원한 유산의 보상이다. 성경을 유추해 보면 이 유산의 복의 한 측면이 성도들을 윤리적으로 완벽하게 만든다는 것임을 분명하게 한다. 히브리서 12장 23절의 핵심은 죽을 때 성도들의 영혼들이 이 온전함을 얻는다는 것이다.

둘째, 의인들의 영혼들이 거룩함에 있어서 완벽해진다는 것은 그들이 있는 자리로 인해 필연적이 된다. 그들은 하나님의 거룩한 도성과 낙원에 있다. 그렇지만 그곳에 있다는 것은 완벽한 거룩을 요구한다(요한계시록 21장 27절, 창세기 3장). 사람이 죄에 빠져서 에덴동산에서 쫓겨났다. 그리고 스스로 윤리적 완벽함을 회복하기 전까지, 하나님께서 계시는 그곳으로 다시 돌아가는 것이 허락되는 것은 불가능하다. 그 도성에 계신 하나님의 영광의 밝은 빛으로 둘러싸인 그곳에 거하기 위해서는 도덕적 완벽함이 요구된다(히브리서 12장 23절).

셋째, 성도들의 영혼들의 윤리적 완벽함은 그들의 동반자로 의해 요구받는다. 그들은 그리스도와 함께 있는 곳으로 간다. 이것이 성경의 가장 지배적인 원리이다. 어떤 의미에서, 죽었을 때 그들은 더 이상 믿음으로 걷는 것이 아니라 보면서 걷는다(고린도후서 5장 6-8절). 그러나 그리스도를 본다는 것은 그리스도처럼 된다는 것이다(요한1서 3장 1-3절). 비록 이것이 그리스도의 재림에 대해 말하는 것이지만, 성경이 말하는 원리는 더 보편적이다. 우리는 그리스도처럼 된다. 그 까닭은 우리가 그리스도를 보기 때문이다. 만약 우리가 죽어서 영혼의 상태로 그리스도를 본다면, 우리의 영혼은 최소한 반드시 그리스도처럼 된다.

3) 성도들의 영혼들은 **온전한 행복의 상태이다.** 하나님의 낙원, 하나님의 도성 그리고 하나님의 아들과 함께 사는 모든 사람은 반드시 완벽하게 행복하다.

4) 성도들의 영혼들은 **불완전한 상태이다**. 성도의 영혼이 완벽하게 행복하고 거룩한 것은 본질적인 것이다. 우리가 질문10에서 살펴보겠지만, 이 영혼들의 완벽한 행복에 관해서는 제한하는 것들이 있다.

질문8: 천국에서 성도들의 영혼들이 하는 일은 무엇인가?

답: 성도들의 영혼들은 천국의 가나안에서 쉰다. 그 영혼들은 천국의 예루살렘에서 동료 시민들과 교제한다. 그들은 그리스도와 함께 통치한다. 그들은 하나님을 바라보고, 하나님을 예배하고 찬양하는 참 성전에서 어린양의 중보를 바라본다(요한계시록 14장 13절, 6장 11절, 누가복음 23장 43절, 히브리서 12장 23절, 요한계시록 20장 4-6절, 참고 3장 12절, 21절).

1) **성도들의 영혼들은 천국의 가나안에서 쉰다**(요한계시록 6장 11절, 14장 13절). 성경에서 쉼에 대한 개념은 놀랄 만큼 많다. 우리는 이 말이 주는 모든 개념을 여기에서 살펴볼 수 없다. 우리가 지금까지 읽어 온 성경구절들은 천국이 성도들의 영혼을 위한 안식처라는 것을 분명하게 한다. 이것이 우리를 놀라게 하지 않는 것은 천국이 하늘의 가나안이기 때문이다. 가나안은 하나님의 백성의 안식처였다. 그 땅은 바로의 탄압과 광야에서 겪는 위험들 없이 하나님을 예배할 수 있는 곳이었다. 그들은 자신들의 이전의 괴롭고 고생스러운 경험 끝에 주어진 안식을 누렸을 것이다. 괴로움이 끝난다는 이 개념은 요한계시록 14장 13절에 분명히 드러난다. 그들은 자신들의 수고로운 일들로부터 쉰다. 복수형에 주의하라. 이러한 수고로운 일들의 본질은 12절에 함축되어 있다. 세상에서 하나님의 계명들을 지키는 것과 예수님을 믿는 것을 유지하는 것이 필수였다. "견인"이라는 단어는 그리스도를 섬기는 그들의 노력과 상반되는 뜻을 암시한다. 이 문맥은 상반되는 것을 주로 세상과 사탄으로 동일시한다. 그러나 또한 그들 자신의 육체를 하나님께 순종하는 것은 수고스러운 것이다. 천국의 안식은 이러한 전투들이 끝나는 것

과 이러한 방해 없이 하나님을 찬양하고 예배하는 능력 그리고 그들의 신실한 수고들에 대한 하나님의 보상을 가장 즐거워하는 것을 의미한다. 성도들의 영혼에게 천국은 이스라엘에게 있어서 가나안, 지친 그리스도인에게 쉼의 날 그 이상일 것이다.

2) 성도들의 영혼들은 하나님의 도성 안에서 동료시민들과 교제한다. '우리가 천국에서 서로를 알아보고 서로 교제를 나눌까?'라는 질문이 종종 떠오른다. 이 질문에 정확한 답은 분명히 '그렇다'이다. 하나님의 도성인 천국에 대한 자세한 설명은 그 도성의 다른 시민들과 동료로 지내고 교제한다는 생각을 요구한다. 성경에서의 도성은 화목한 사회이다. 다시 말하면, 사회의 개념은 어떤 도시의 개념과 본질적으로 일치한다. 정의하자면, 사회는 교제와 개인적인 관계들을 전제한다. 하나님의 도성으로서 천국은 이러한 사회이다.

우리가 천국에서 다른 사람들을 알고 교제하는 것은 우리가 그리스도와 함께 있을 것이라는 중간상태에 대한 기본적 사실로 인해 더 확실해진다. '그리스도와 함께 있다' 또는 '그리스도와 함께 고향에 있다'는 말은 그리스도를 알고 그리스도와 교제한다는 개념을 분명히 필요로 한다. 만약 우리가 우리 주님을 알고 교제하는 것이 분명하다면, 의인의 영혼들을 알고 그들과 교제할 것이라고 생각하는 것은 합리적이다.

3) 성도들의 영혼은 그리스도와 함께 통치한다. 이미 그리스도인들은 천국의 자리에서 법적으로 그리스도와 함께 앉아 있다. 다시 말해서, 우리가 그리스도와 연합되었다는 이유로, 우리는 이미 그리스도의 영광스러운 통치에 참여하고 있다(에베소서 2장 6절, 골로새서 3장 1-3절). 그러나 우리가 지금 법적으로 가지고 있는 것을 죽어서 그리스도와 함께 있을 때 개인적으로 경험하게 될 것이다. 그 이후에 우리의 영혼은 그리스도와 함께, 그리스도께

서 하나님 우편에서 다스리시는 곳으로 갈 것이다(빌립보서 1장 23절). 이것은 앞서 말한 사실들로부터 나온 단순한 추론이 아니다. 이것은 성경이 중간상태에 관한 절정의 가르침 안에서 직접 언급한 내용이다(요한계시록 3장 21절). 의심할 것 없이, 이 성경구절은 성취되고 아마 그리스도의 재림 때, 성도들이 세상을 심판 할 때 그 말씀의 핵심이 성취될 것이다(고린도전서 6장 2-3절). 그러나 중간상태에서 이 약속의 성취를 입증하는 세 가지 생각해야 할 것들이 있다. 첫째, 여기에서 약속된 그리스도와 함께 다스린다는 것을 이긴 사람들의 인생이 끝나고 시작하는 것으로 생각하는 것이 자연스럽다. 그 때가 그리스도께서 이러한 약속들에 요구되는 조건을 성취하실 때이다. 둘째, 이긴 사람들에게 주시는 다른 약속들은 중간상태에서 성취된다(요한계시록 3장 5절, 6장 11절, 2장 7절, 누가복음 23장 43절, 고린도후서 12장 4절, 요한계시록 3장 12절, 6장 11절, 20장 6절을 보라). 중간상태에서 이긴 자들에게 주신 약속들의 예비적 성취는 중간상태와 영원한 상태 사이에 분명한 연속성이 있다는 원리를 다시 증명한다. 셋째, 요한계시록 20장 4-6절의 올바른 해석은 이러한 성취가 있다는 것을 직접적으로 단언한다. 이것은 우리로 하여금 요한계시록 20장 2-6절을 해석하도록 하고 중간상태교리를 위해 그 해석을 중요하게 여기도록 한다.

요한계시록 20장을 간략하게라도 다룰만한 자리가 없다. 여기에 전제된 해석을 자세히 설명하는 탁월한 논술법이 유용하다.[2] 신약의 쉼과 일치하고, 요한계시록 20장 4-6절을 중간상태 동안 천국에 있는 성도들의 영혼과 특별히 순교자의 영광스러운 상태를 묘사하는 것으로 보는 요한계시록의 표현과 일치하는 요한계시록 20장의 해석만을 이야기해도 충분하다. 이와 같은 해석을 따르면, 중간상태에 관해서 요한계시록 20장 4-6절을 반드

---

2   William Hendriksen, *More Than Conquerors* (Grand Rapids, Ml: Baker Book House, 1967) pp. 230-232; W. J. Grier, *The Momentous Event* (London:banner of Truth Trust, 1945), pp. 116-120

시 신약성경에서 절정의 성경구절로 보아야 한다. 세 질문들이 중간상태에 대한 요한계시록 20장의 중요한 의미를 설명해 줄 것이다.

요한은 누구를 보는가? 그는 영혼, 즉 '목 베임을 당한 자들의 영혼들'을 본다. '목 베임을 당한'이라는 말은 완료시제이다. 이것은 그가 '목 베임을 당하였고 여전히 그 상태로 있는 영혼들'을 보았다는 의미이다. 물론 성경에서는 살아있는 인격들에게 '영혼들'이라는 말을 사용할 수 있지만, 또한 이 단어는 자연스럽게 육체에서 분리된 영혼들을 언급한 것이고 요한계시록(6장 11절)에서는 이 쓰임으로 사용하였다. 그렇지만 이 성경구절에서, 이 영혼들은 육체에서 분리된 영혼들을 언급한다. 그 까닭은 헬라어 완료시제를 문자적으로 표현한 것으로 목 베임을 당한 상태인 영혼들은 반드시 육체와 떨어졌기 때문이다.

이런 영혼들은 어디에 있는가? 그들은 왕좌에 앉아있다(요한계시록 20장 4절). 그들은 요한계시록 3장 21절의 약속의 성취로 인해 '그리스도와 함께 그리스도의 천국의 왕좌에 앉아있다.'

그들은 무엇을 하고 있는가? 그들은 세 가지 것을 하고 있다. 살아가고 통치하고 제사장으로서 예배드린다.

이 얼마나 큰 승리의 장면인가! 로마인들은 자신들이 이런 그리스도인들을 죽였다고 생각했다. 그들은 자신들이 그리스도인들이 가지고 있던 모든 힘과 영향력을 파괴하였다고 생각했다. 그들은 그리스도인들을 인간사회에서 가치 없는 존재로 다루었다. 그러나 로마인들의 가장 끔찍한 박해들이 이룬 것은 그리스도인들을 참 생명, 그리스도와 함께하는 고귀한 통치의 시대, 사람들이 아닌 하나님의 면전에서 드리는 거룩한 예배의 장소로 높이 올려 주었다. 그리스도의 순교자들의 승리를 얼마나 명백히 증명하는가! 이것은 우리로 하여금 네 번째 행동을 하게 한다.

4) 성도들의 영혼들은 자신들이 제사장으로서 하나님을 예배하고 찬

양하는 참 성전에 계신 하나님과 어린양의 중보를 바라본다(요한계시록 3:12; 20:6). 한 청교도는 우리가 여기 이 땅에서는 그리스도의 중보에 대하여 단지 애매하게 이해하겠지만 그곳에서는 일하시는 그리스도를 볼 것이라고 말한다. 분명히 이것은 반드시 우리에게 깊고 적절한 인상을 남긴다.

질문9: 성도들의 영혼들은 언제 천국에 들어가는가?

답: 모든 성도들의 영혼들은 죽는 그 순간에 바로 천국에 들어간다(누가복음 23장 43절, 빌립보서 1장 23절, 고린도후서 5장 6-8절).

핵심단어는 '모든'이다. 이 질문과 답은 연옥의 문제를 드러낸다. 앞에서 말한 답을 결정적으로 지지하는 두 주장이 있다. 첫 번째는 부정적인 진술이고 두 번째는 긍정적인 진술이다.

연옥교리는 성경의 지지가 전혀 없고, 죽을 수밖에 없는 죄와 용서받을 수 있는 죄를 구분하는 것과 같은 로마교회의 많은 잘못된 교리들이 전제된다.[3] 우리의 입장에서 관련된 점은 죽은 신자들의 영혼이 거하는 곳에 대해서 천국이 아니고서는 그 어떤 장소도 성경의 대안일 수 없다는 것이다. 그 영혼들이 반드시 천국으로 가야 하는 까닭은 성경이 그들이 갈 수 있는 다른 장소에 대해서 알지 못하기 때문이다.

성도들의 죽은 영혼이 거하는 곳을 정의하는 모든 성경구절들은 그곳을 천국과 동일시한다(누가복음 23장 42-43절을 주목하라). 성도들의 영혼이 즉각적으로 천국에 들어가는 것을 반대하는 몇몇 사람들은 이 성경구절을 다음과 같이 번역한다. '내가 진실로 네게 이르노니 오늘, 네가 나와 함께 낙원에 있으리라 하시니라.' 이 반대자들은 '오늘'이라는 단어 뒤에 콤마를 찍

---

3   Loraine Boettner, *Roman Catholicism* (Philadelphia: Presbyterian and Reformed Publishing Company, 1962) pp. 218-234.

고 '내가 진실로 네게 이르노니'라는 구절을 '오늘'과 연결한다. 최소한 이 표현과 관련하여 세 가지 잘못된 내용들이 있다. 첫째, 이것은 예수님을 완전히 혼해빠진 허튼소리를 하는 분으로 만든다. 예수님께서 다른 곳에서도 그렇게 말씀하시고 계신 적이 있었던가? 둘째, 이 해설은 이 성경구절의 자연스러운 의미를 해친다. 그 강도는 예수님께서 자신의 왕국에 들어가 계실 때 자기 자신을 기억해주길 요청한 것이다. 예수님의 대답은 '오늘, 네가 나와 함께 낙원에 있으리라'이다. 셋째, 이것은 예수님께서 바로 그날 죽으셨다는 (내용이) 바로 이어지는 성경구절들 안에서 강조하고 있는 문맥을 무시하는 것이다(누가복음 23장 44-46절). 또한 고린도후서 5장 6-8절을 주목해 보라. 바울은 여기에서 자신의 죽음이 천국에서 주님과 함께 집에 거한다는 의미라고 확신을 가지고 말한다. 두 가지가 이 성경구절의 중요성을 강조하고 바울에게 진리인 것이 모든 신자들에게도 진리라는 것을 함축한다. 바울은 이 성경구절 전체에서 '우리'라는 대명사를 사용한다. 이는 바울이 최소한 모든 신자들은 아니겠지만 자신과 함께 하는 사역자들이 동일한 복을 경험한다는 것을 예상한다는 의미이다. 이 방향에서 가리키는 두 번째 것은 '우리가 육체의 집에 사는 동안에는 주님이 계시는 곳에서 떨어져 있다'(고린도후서 5장 6절, 8-9절)라고 바울이 반복적으로 말하는 형식이다. 이것은 이런 것들이 유일한 두 가지 대안들이라는 생각을 필요로 한다(빌립보서 1장 21-24절, 히브리서 12장 23절, 요한계시록 6장 9-11절, 14장 13절, 20장 4절).

십자가 위에 있는 강도, 바울, 바울과 함께한 사역자들, 완벽하게 된 의로운 사람들의 영혼, 순교자들, 주님 안에서 죽은 자, 그들 모두는 단 한 사람도 예외 없이 천국에 있다. 만약 모든 성도들이 천국에 있다면, 만약 성도들의 영혼이 거주할 다른 곳이 계시되지 않았다면, 만약 모든 그리스도인이 그리스도와 동등하게 연합해 있고 동등하게 용서받고 동등하게 영광의 유산에 참여한다면, 우리는 반드시 모든 성도들의 영혼은 그들이 죽어서 곧바로 천국에 들어간다는 결론을 내릴 수밖에 없다.

질문 10:   성도들의 영혼들의 복은 완전한가?

답: 아니다! 중간상태에서 구속의 목적은 아직 성취되지 않은 상태이다. 그러므로 그들의 복은 다섯 가지 면에서 불완전하다. 성도들의 영혼은 자신들의 육체의 구원을 받지 못하였다. 그들의 형제들, 그리스도의 택한 백성은 여전히 부분적으로 구원받지 못한 상태이다. 그들의 유산, 회복된 피조물은 여전히 그들의 것이 아니다. 그들은 아직 공식적으로 최후의 심판으로 인해 정당성을 입증받지 못한 상태이다. 즉, 그들의 적들도 아직 심판받지 않은 상태이다(고린도후서 5장 1-8절, 요한계시록 6장 11절, 21장 1절).

앞선 질문들을 다루면서 우리는 일반적으로 중간상태가 성경에서 영원한 상태의 기대 혹은 영원한 상태의 복에 대한 예비적 성취로 여긴다는 것을 강조해왔다. 그래서 중간상태와 영원한 상태 사이에는 분명한 연속성이 있다. 그러나 질문8을 다루면서, 나는 성경의 분명한 강조를 받아들여서 중간상태와 관련하여 완성되지 않은 현실이 있다는 것을 암시했다. 중간상태는 비록 완벽하게 거룩한 상태이고 어떤 의미에서 완벽하게 행복한 상태이기는 하지만 다른 관점에서는 불완전한 상태이다. 질문10에 대한 답을 하면서 중간상태의 복이 다섯 가지 면에서 불완전하다는 것을 언급한 상태이다. 성경에 대한 피상적인 지식으로도 거기서 이야기하는 다섯 가지 진술들에 대한 기본을 드러내는 것에는 충분하다.

남아있는 불완전함과 중간상태의 부족한 상태를 의도적으로 반영한 두 성경구절들을 살펴볼 것이다. 어떤 사람은 성경 그 자체는 성도들의 중간상태를 절대 부정적으로 생각하지 않는다고 생각하기도 한다. 그러나 성경은 결코 육체를 벗어난 상태를 이상적인 것으로 다루지 않고 항상 이 세상과 육체적인 것 모두가 역사적으로 성취되는 것을 성도들의 참 소망으로 확실히 이해한다.

첫 번째 성경구절은 요한계시록 6장 9-11절이다. 여기에 중간상태에 대한 몇몇 불완전한 측면들이 드러나 있다. 가장 눈에 띄는 것은 의인들의 영혼들이 자각하는 명예에 대한 입증이 부족하다는 것이다. 그 이유는 그들의 원수들이 여전히 심판을 받지 않고 있기 때문이다. 아직 해결되지 않은 불의함이 의인의 영혼의 복을 불완전하게 만든다. 두 번째 다른 불완전한 측면들은 더 은연중에 언급된다. 9절에서 '죽임을 당한 영혼들'이라는 표현은 육체를 이탈한 상태가 불안정한 상태라는 것을 암시한다. 11절에서 '그들의 동무 종들과 형제들도 자기처럼 죽임을 당하여'라는 언급은 우리에게 하나님의 택한 백성의 연합을 떠올리게 한다. 성도들의 영혼이 가진 복은 그들의 형제들이 여전히 잔인한 세상의 적대감에 시달리고 있는 한 반드시 불완전하다.

두 번째 성경구절은 요한계시록의 아주 비유적인 문맥들에서 발견되지 않고, 고린도후서의 아주 평범한 문맥과 단어에서 발견된다. 또한 이 성경구절은 특별하게 중간상태의 불완전한 측면들에 대해서 반영한다. 바울이 여기서 '벗은 자'와 '벗고자 함'(고린도후서 5장 3-4절)에 대해 이야기 할 때, 그는 죽을 때 들어가는 중간상태를 암시하고 있고 중간상태에 있는 육체 없는 상태를 암시하고 있다. 더욱이, 이 성경구절들은 벗은 자나 벗고자 하는 것이 바울이 소망하는 상태가 아니라 오히려 자신의 죽을 수밖에 없는 육체를 물리치고 변화된 육체를 덧입기를 희망한다고 노골적으로 진술하는 것이다. 2절과 4절 모두에서 바울은 문자적으로 '전체에 입는다'라는 의미로 '덧입는다'라는 표현을 사용한다. 이것은 정확하게 말해서 단순히 고린도전서 15장 53-54절에서 '입으리로다'라는 의미로 사용된 동사와 같은 동사가 아니다. 그래서 고린도후서 5장에서 바울은 분명하게 어떤 면에서는 육체가 없는 중간상태에 대해 탐탁지 않게 생각하고 있는 것이다.

2. 악인의 상태

죽은 후 악인의 상태에 대한 1689 신앙고백서의 진술은 진지하고 간명하다. '그리고 악인의 영혼은 지옥에 던져진다. 그곳에서 그 영혼들은 고통과 칠흑 같은 어둠 안에 남겨져 최후의 그 큰 날에 심판 가운데 놓이게 된다.' 이 문장에서 1689 신앙고백서는 우리에게 중간상태에서 악인의 상태에 관한 세 가지 것들을 말해준다. 이는 장소(지옥), 상황(고통과 어둠), 그리고 기대(최후의 심판)이다. 이러한 주장들에 대한 성경의 기본적인 것을 완전히 이해하기 위해서, 우리는 반드시 두 가지 것들을 살펴보아야 한다. 이는 악인의 상태와 관련된 기본적인 성경의 진술 그리고 악인의 상태를 논하는 기본적인 성경 본문들이다.

1) 악인의 상태와 관련된 기본적인 성경의 진술

악인의 중간상태에 대한 논의는 완전하지 않을 것이다. 악인의 중간상태를 구약성경의 스올이라는 단어의 의미와 같다고 설명할 수 없었고 신약성경의 하데스에 해당한다고 하지 못했다. 확실하지 않지만, 특히 혼란과 오류가 스올의 의미를 에워싸고 있다.

　여호와의 증인과 같은 집단은 스올이 무의식의 상태 또는 존재하지 않는 상태를 의미한다고 주장한다. 이 주장에 대한 충분한 반박은 신명기 32장 22절과 같은 성경구절을 터무니없는 말씀으로 만든다는 것이다.

　모더니즘에 영향을 받은 현대주의자들과 몇몇 복음주의자들은 중간상태가 어두운 지하세계나 암흑세계를 가리키는 것이라고 생각한다. 이런 관점에 따르면, 사후세계에 대한 유대인의 관점은 그들을 둘러싸고 있는 국가들의 영향을 깊이 받은 것이었다. 그 당시의 공식적인 개념은 의인과 악인 모두가 음침한 지하세계로 갔다는 것이었다. 이 관점은 모든 사람이 죽어서 같은 장소, 스올에 간다고 가르치고 암시하는 성경구절들에 기초한 것이다

(전도서 2장 14절, 3장 19절, 6장 6절, 7장 2절, 9장 2-3절, 10절, 창세기 37장 35절, 시편 9편 17절, 사무엘하 1장 23절). 확실히, 이 성경구절들은 죽어서 모든 사람들은 스올에 간다고 가르친다. 그렇지만, 우리가 볼 것처럼, 스올이 오직 한 장소, 어두운 지하세계를 가리킨다는 추측은 아주 가능성이 희박하다. 이 관점은 죽어서 의인과 악인 사이의 차이가 있다는 사실을 분명히 가르치는 성경구절들이 올바르다고 하지 못하는 것이다(잠언 14장 32절). 사후세계에서 의인이 복을 경험하고 악인은 벌을 받는다는 분명한 증거가 구약성경에 있다.

신구약 중간기의 유대주의는 스올을 최소한 다른 두 가지 구분, 즉 의인을 위한 자리와 의인이 아닌 자를 위한 자리를 포함하는 것으로 보았다. 부이즈Buis는 단지 언급되기만 했던 이 관점을 설명한다. '이 시기의 주요한 발전은 스올이 두 구분으로 나뉜다는 사실에서 시작한다. 이는 낙원이라고 불리는 의인을 위한 장소와 게헨나로 불리는 악인을 위한 다른 장소이다.'4 이 이론은 아마도 앞에서 제시된 바로 그 딜레마를 해결하기 위해 발전되었을 것이다. 구약성경은 모든 사람들은 스올로 간다고 가르쳤지만 또한 죽은 의인과 악인 사인에는 차이가 있다고 가르친다. 이 딜레마에 대한 유대인의 해결책은 스올에 불의한 자를 위한 고통의 장소와 의인을 위한 복의 장소로 구별되는 두 장소가 있다는 생각을 가정하기에 이르렀다. 이것은 신구약 중간기 유대주의 이후로 계속해서 많은 사람들에게 논리적인 이론인 것처럼 보여왔다. 몇몇 초대교회의 선조들과 현대 세대주의자들이 이 이론을 채택하였고 그리스도인 관점으로 이 이론을 정교하게 구성하였다.

이 이론에 대한 반대의견들은 많다. 첫째로, 그 반대의견들은 구약성경이 천국으로 간 신자들을 주장함으로 이 가르침을 단호히 부정한다(창세기 5장 24절, 열왕기하 2장 11절, 시편 23편 6절, 73편 23-24절). 둘째로, 우리가 앞서서

---

4   Harry Buis, *The Doctrine of Eternal Punishment* (Philadelphia: Presbyterian and Reformed, 1957), p. 18f.

보아왔던 것처럼, 신약성경의 낙원과 천국은 동일하다(고린도후서 12장 4절, 요한계시록 2장 7절, 누가복음 23장 43절). 셋째, 이 이론은 누가복음 16장 22절과 일치하지 않는다. 그 부자는 게헨나에 있는 것이 아니라 하데스Hades에 있다. 하데스는 스올에 해당하는 헬라어이다. 낙원, 아브라함의 품은 게헨나와 대조되는 것이 아니라 하데스와 대조 된다.

더 깊은 이해를 위한 아주 중요한 전제는 성경에서 스올과 하데스가 항상 같은 곳을 언급하지 않는다는 것이다. 이 전제는 이미 언급했던 잘못된 각각의 해석들로 인해 무시된다. (참고로 육체적 죽음, 영적 죽음, 영원한 죽음과 같이) 성경에서 다르게 언급된 '죽음'이라는 단어와 밀접한 관련이 있는 단어는 이런 가정(추측)에 대한 근거가 부족하다는 것을 보여준다. 벌콥은 구약성경에서 스올의 쓰임에 대한 단어 연구가 이 단어는 항상 같은 뜻으로 사용되지 않았다는 것을 아주 바로 증명할 것이라고 주장한다. 그는 대부분의 전통적인 해석자들이 자신과 일치하다는 것을 특별히 언급한다.[5]

우리는 이미 '스올'이라는 단어의 기원은 불확실하다고 말했다. 그렇지만, 이것이 성경에서 이 단어의 일반적인 의미가 불분명하다는 의미는 아니다. 사실, 성경에서 최초로 스올이라는 단어가 사용된 다섯 개의 성경구절들은 이 일반적인 의미를 완벽히 분명하게 만들기에 충분하다(창세기 37장 35절, 42장 38절, 44장 29-31절, 민수기 16장 30절, 33절, 신명기 32장 22절, 사무엘상 2장 6절). 스올이 더 특별하게 의미하는 바가 무엇이든 간에 아래에 있는 장소이다. 스올은 아래에 있는 장소이다.

이 일반적인 의미가 성경에서 스올의 의미와 쓰임을 분명히 하기 위한 유용한 유추를 제공한다. 만약 스올이 아래에 있는 장소라면, 성경에서 이 단어와 반대되는 단어는 무엇일까? 그것은 히브리어 단어로 샤마임, 번역하

---

5   Louis Berkhof, *Systematic Theology* (Grand Rapids, MI: William B. Eerdmans Publishing Co., 1939), pp. 684, 685.

'하나님의 하늘'

하늘
_____

_____
지구
_____

_____
스올
'불의 스올'

면 '천국' 또는 '천국들'이다. 아래에 있는 장소가 스올인 것 같이, 샤마임은 위에 있는 장소이다. 이 대조는 욥기 11장 8절, 시편 139편 8절 그리고 아모스 9장 2절에서 분명하다.

우리에게 흥미로운 점은 샤마임 또한 여러 실체들을 가리키는 데 쓰인다는 것이다.

성경에서 세 개의 하늘로 구분된다. 이는 대기권the airy heavens과 우주the starry heavens 그리고 하나님의 하늘the heaven of God이다(고린도후서 12장 1-4절). 스올과 샤마임이라는 단어가 개념상 비슷하다면, 이것은 스올 또한 여러 실체들을 가리킨다는 것을 암시한다. 눈에 보이는 하늘들은 위에 있는 하늘이다. 그러므로 하늘들은 하나님과 연관되고 하나님께서 거하시는 장소와 복의 장소로 상징된다. 문자적으로 아래에 있는 장소인 스올은 하나님 그리고 복과 대조를 이루는 장소이다. 그러므로 스올은 신의 현현과 복이 없는 비통과 고통의 장소를 상징한다. 그러므로 스올은 일반적으로 지옥의 다른 예인 무덤으로 쓰인다. 그 까닭은 무덤은 하나님의 심판의 상징이고 지옥의 상징이기 때문이다. 다음 표는 샤마임과 스올 사이의 유사성을 보여준다.

스올에 대한 이 해석을 지지하는 핵심증거는 사실 이 단어가 죽은 후 악인의 형벌의 장소인 지옥으로 사용된다는 것이다. 지옥의 의미를 가진 스올을 논리적으로 지지하는 구약의 본문들은 많이 있다(신명기 32장 22절, 욥기 21장 13절, 24장 19절, 26장 6절, 시편 9편 17절, 잠언 5장 5절, 9장 18절, 15장 24절, 23장 14절). 앞으로 고려해야 하는 문제들은 이런 성경본문들에 대한 가장 논리적인 해석이 채택될 것을 요구한다. 첫째로, 잠언 14장 32절의 진술은 우리가 알고 있는 무덤 그 이상의 것을 요구한다. 둘째, 심지어 의인이 물리적 무덤에 들어간다는 사실은, 이러한 성경말씀들을 기록한 유대인 저자의 마음에 악인에 대한 형벌만으로 여기는 물질적 죽음과 무덤 그 이상이 필요한 것처럼 판단된다. 셋째, 신구약 중간기의 유대주의의 문헌은 유대인들이 육체적인 죽음과 무덤 그 이상을 그 문헌에서 보았다고 확증한다. 넷째, 헬라어 스올에 해당하는 신약의 하데스의 용법은 신약의 영감받은 저자들 입장에서 스올이 지옥을 의미한다는 것을 입증한다. 이렇게 생각하는 까닭은 신약에서 하데스가 지옥을 의미한다는 것은 논의의 여지가 없기 때문이다(마태복음 11장 23절, 16장 18절, 누가복음 10장 15절, 16장 23절). 다섯째, 구약은 의인이 스올에서 구원을 받는다고 가르친다. 어떤 경우에는 의인이 죽고 스올, 무덤에 간다고 하기도 한다(잠언 15장 24절, 시편 49편 14-15절). 이것은 우리에게 의인이 구원받아 나온 저 세상 형벌의 장소와 마지막 날까지 일반적으로 의인이 거하는 사후처소를 상징하는 무덤 사이의 구별을 요구한다. 그렇지 않으면, 스올로부터 구원받은 의인에 대한 가르침은 그 어떤 의미도 가지지 못할 것이다.

지옥의 존재를 지지하는 두 개, 세 개, 심지어 열 개의 증거구절들이 성경에 있다 해도 문제가 아니다. 육체를 떠난 악인의 영혼들을 위한 고통의 장소인 지옥의 실체가 성경의 기본구조에 짜맞춰지게 된다. 그러나 단지 성경의 기본구조가 되는 것만이 아니다. 이 지옥의 실체가 이 땅의 기본구조에 엮어졌다. 우리가 죽어서 들어가는 그 상태를 설명하기 위해 성경에서 사용된 그 단어들은 죽음이 하나님의 심판이라는 사실을 우리에게 상기시켜 주는 단어들이다. 스올이 무덤을 의미하기도 하지만, 그 이유는 신성하고 복된 모든 것들과 정반대된 것을 가리키고 또한 스올이 지옥을 의미하기 때문이다. 죽음을 알리는 기사들, 장례식장과 묘지들이 이 땅에 있는 것은 모든 인류가 하나님의 진노의 지속적인 위협 아래 살아간다는 것을 계속해서 생각나게 하는 것들이다. 우리는 결코 이렇게 죽음을 떠올리는 것에 대한 필요를 간과하지 않는다. 오히려, 우리가 나이를 먹고 세상이 진부하게 될 때, 죽음을 떠올리는 것들이 더욱더 필요하다.

2) 악인의 상태를 논하는 기본적인 성경본문들

(1) **누가복음 16장 19-31절.** 이 성경구절에서 그리스도의 가르침이 두 방향으로 남용되어 왔다. 극단적 문자주의로 인해 언급되는 것보다 더 문자적으로 언급해 온 것이다. 이러한 해석자들이 그리스도의 이 가르침의 모든 세부사항들을 강조해 왔다. 현실적인 것이 아니라 우리가 상상조차 할 수 없는 것에 대해서 말씀하실 경우, 그리스도께서는 반드시 비유적인 언어를 사용하신다.

보수주의를 최소화함으로써 언급되어 온 것보다 덜 보수주의적으로 언급되어 왔다. 몇몇 보수적인 학자들은 첫 번째 위험을 주의하여 예수님께서 중간상태에 대하여 어떤 내용을 가르치시려는 의도가 있었다는 것을 부인해왔다. 래드G. E. Ladd는 다음과 같이 이야기한다. '이 비유는 현실 사회생활에 대한 기록이 전혀 아니고 죽은 이후에 대한 가르침을 줄 의도도 없다. 이것은 부자와 나사로에 대한 실제적인 비유가 아니라 다섯 형제들에 대한 실제적인 비유이다. 예수님께서는 토속이야기를 사용하셔서 만약 사람이 하나님의 말씀을 듣지 않는다면 부활과 같은 기적적인 것으로도 그들을 설득할 수 없다는 유일한 진리를 말씀하신 것이다.' 우리는 이런 진술에 대해 어떻게 반응해야 하는가? 몇 가지 반응들이 적절하다. 첫째, 예수님께서 이런 토속이야기를 사용하셔서서 확실하게 그것에 동의하신다고 의견을 제시하신 것처럼 판단된다. 둘째, 래드의 해석은 처음 여덟 개의 절이 단순히 지역적 색체를 띠고 있다는 것을 의미했다. 이것은 이 비유의 3분의 2까지는 교리적인 관점으로는 쓸모없다는 것을 의미한다. 이것은 성경에 대한 높은 관점을 나타내지 않는다. 셋째, 이 문맥은 우리가 잠시 뒤에 살펴볼 것과 같이 확실한 죄들에 따르는 형벌에 대한 문맥에서 가르침의 필요를 요구하거나 최소한 강하게 제시한다.

이 교훈 안에서 이야기되고 있는 사람들은 바리새인들이다(14-15절). 그들은 바로 이전 절에서 언급된 세 가지 죄악 된 태도들로 인해 특징지어졌다. 이는 탐심(1-14절)과 예수님의 말씀에 대한 비웃음(14-15절) 그리고 탐심의 태도들을 지지하는 자기 의와 자기 합리화(14-15절)이다.

바리새인들의 죄들이 여러 가지이기 때문에, 이 비유는 특별히 탐심과 예수님의 말씀을 비웃는 바보 같은 짓을 드러내기 위하여 두 부분들로 나뉘어 있다. 19-26절은 바리새인들과 같이 자기도취에 빠져 있고 탐심이 많은 부자를 기다리는 어떤 고통에 대해 경고한다. 27-31절은 바리새인들의 자기도취와 탐심을 누르기 위한 기적의 표들도 효력이 없다는 것을 경고한다. 그러므로 래드와 반대로, 이 설명의 두 측면 모두는 예수님께서 바리새인에게 대답하실 때 핵심적인 역할을 한다. 더욱이, 우리는 반드시 예수님의 기본적인 두 가지 목적을 반영하여 이 성경구절들을 제한적으로 해석하고 사용하는 데 아주 조심스러워야 한다.

분명히, 여기에서 예수님의 가르침은 절대적으로 중간상태에 해당한다. 이는 부자의 다섯 형제들을 여전이 이 세상에서 평범한 존재로 살아가는 것으로 여기기 때문이다.

악인의 중간상태에 관한 예수님의 말씀 안에 두 가지 진리가 전해진다. 첫째, 그 상태는 하데스에서 느낄 수 있는 고통의 상태이다(23-25절). 둘째, 이 상태는 도망칠 수 없는 고통의 상태이다(26절). 이러한 진리들은 예수님의 질책을 무관심하게 거절하는 바리새인들의 위험을 납득시킨다.

(2) **사도행전 1장 25절**. 사도행전 1장 25절과 마태복음 27장 3-10절을 비교하고 사도행전 1장 16-19절과도 비교하라. 이 성경본문은 유다가 그의 죄와 하나님의 심판으로 인해 자기에게 특별히 준비된 자기 자신의 장소로 갔다고 주장한다(요한복음 17장 12절). 그는 멸망의 자녀였기에, 우리는 그가 간 장소가 멸망과 파멸 그리고 파괴를 의미하는 지옥이었다는 것을 안다.

이 성경본문에서 가르치는 교리는 분명하게 이것이다. 멸망한 각 사람은 지옥에 그를 위해 특별히 준비된 자리를 가진다. 그가 죽으면 그곳으로 간다. 이것은 몇 가지 더 함축적인 의미들을 가진다.

하나님의 징벌은 정확하다. 각 사람은 자기 자신의 특별한 자리를 가진다. 이것은 하나님의 심판의 차이를 암시한다. 이러한 차이는 두 가지 구별되는 개념들, 지옥에서의 고통의 정도와 합당함에 대한 개념을 포함하기도 한다. 다른 말로 하면, 하나님의 형벌은 정확하고 심지어 역설적이게도 각 사람 그 자신만의 악에 합당하다는 것이다.

이 모든 것은 이 인생이 죽은 이후의 인생을 결정하는 것이라는 사실을 더욱 암시한다. 이생에서 악인의 죄는 하나님의 복수에 따라서 죽음 이후 그들의 정확한 자리를 만든다.

(3) **베드로전서 3장 19절**. 대부분의 사람들은 이 성경구절이 그리스도께서 죽은 이후에 몸소 지옥에 내려가셨고 그곳에 있는 영혼들에게 구원을 선언하셨다는 것을 의미한다고 이해했다. 이 구절은 빈번히 구약성도들이 그리스도의 죽으심으로 인해 하데스에서 건짐을 받았고 바로 그 때 하데스에서 천국으로 이끌려 왔다는 개념을 지지하는 증거구절들로 사용되어 왔다. 우리는 이 개념이 성경의 가르침과 상반된다는 것을 이미 이해하고 있다. 더욱이, 이 개념은 이 구절의 가르침으로 인해 지지받지 못한다. 그 까닭은 이곳에서 설교를 들은 영혼들은 성도들이 아니었기 때문이 아니라 노아시대의 반항적이고 저주받은 사람들이었기 때문이다. 그러므로 특정 이단들은 이것이 죽은 후의 두 번째 근신기간이라는 증거라고 덧붙여 말한다.

그렇지만 이 이단들의 가르침은 성경의 가르침의 전체적인 취지에 전적으로 상반된다.

그러므로 우리는 이 성경구절에 대한 일반적인 개신교의 해석에 제한시켜야 한다. 이것은 이 본문에 대한 분명한 해석으로 가장 인정받는다. 이 해석은 그리스도께서 노아 시대에 자신의 영으로, 노아를 통하여 베드로의 날에 '옥에 있는 영들'에게 가서서 설교를 하셨다고 진술한다. 그 까닭은 그들이 살아있었던 동안에 성령님께서 권능을 부여한 노아의 설교에 불순종하였기 때문이다. 18절에 대한 주의 깊은 해석은 그리스도께서 몸소 옥에 있는 영들에게 설교하셨다는 것이 아니라 그분의 영이 혹은 그분의 영으로 그리스도께서 그렇게 하셨다는 것을 주장하는 것을 보여줄 것이다. 노아의 말씀 선포의 수단이 20절에 암시되고(노아의 날과 연관된 불순종이라는 단어에 주목하라) 다른 곳에서도 분명하게 언급된다(베드로후서 2장 5절, 창세기 6장 3절). 성경의 다른 곳에 그리스도께서 몸소 육체를 가지시고 설교하신 것이 아니라 오직 그리스도의 영으로만 하신 설교에 관한 언급이 있다(에베소서 2장 17절, 베드로전서 1장 12절).

그러므로 '옥'이라는 단어는 반드시 '지금'이라는 단어를 덧붙여서 이해하는 NASV와 같이 이해되어야 한다. 이 단어는 노아의 날에 이 영들의 불순종의 결과를 베드로가 언급한 것이다. 그 결과는 '지금' 그 영들이 옥에 있다는 것이다. 그러므로 이 성경본문은 악인의 중간상태는 빠져나올 수 없는 형벌의 장소인 감옥에 있는 상태라는 신약성경의 다른 진술들을 확증한다.

(4) **베드로후서 2장 9절.** 베드로의 이 진술은 자신이 인용한, 신성한 심판에 대해 제시한 세 가지 모범으로부터 자신의 결론을 형성한다(4-6절). 4절에서 사용된 '지키게 하셨다'라는 동사를 계속 반복해서 쓰는 것으로 보아 이 진술은 특별히 4절을 암시한다. 따라서 바울은 모든 불의한 사람의 상태를 죄를 지은 천사들의 상태와 비교한다. 그 천사들은 형벌의 장소에서

형벌 받기 위해 지금 남겨진 상태이다. 이와 같이 모든 불의한 죽은 자들도 그럴 것이라고 바울이 말한다. 또한 여기에서 악인의 중간상태에 대한 언급은 이 성경구절의 문법이 확증한다. 흠정역(KJV)은 이 점을 놓쳤다. '벌하다'를 의미하는 동사는 '형벌 아래 두어'로 번역되어 현재수동분사이다(NASV와 NIV의 번역을 살펴보라). 문자적으로 이 구절은 '불의한 자는 형벌 아래에 두어 심판 날까지 지키며'라고 기록되어 있는 것이다.

이 성경구절의 가르침은 죽음 이후 악한 자 그리고 심판을 기다리는 악한 자는 갇혀있고 형벌을 받는다는 것이다. 그들은 문자적으로 주님께서 감시하신다. 그러므로 그들이 그들의 상태나 심판으로부터 도망칠 길은 전혀 없다. 이렇게 감시당하고 있는 동안에도 그들은 형벌을 받고 있다. 이 성경구절이 암시하는 것은 죄를 지은 천사들이 형벌을 받고 있는 것과 비슷한 방식과 자리에서 그들이 형벌을 받고 있다는 것이다. 이 장소는 '어두운 구덩이'(베드로후서 2장 4절), '영원한 결박으로 흑암'(유다서 6절)으로 묘사된다.

악인의 중간상태에 관한 성경의 가르침을 이렇게 살펴본 것으로부터 몇 가지 특별한 결론이 도출된다.

(1) 악인의 중간상태는 고통과 형벌을 느낄 수 있는 장소이다. 이 고통은 어둠 안에 있고 속박되어 있고 불에 타고 있는 것으로 묘사된다.

(2) 악인의 중간상태는 사람들이 들어가고 사람을 위해 준비된 장소이다. 이는 탐심, 예수님의 말씀에 대한 비웃음, 하나님의 말씀선포에 대한 불순종으로 다양하게 묘사된 악인들의 죄 때문이다. 그리고 이 죄는 노아의 세대, 소돔과 고모라의 사람들, 예수님을 은을 받고 파는 것과 같은 불의이다. 각 사람은 각자의 죄에 합한 특정한 형벌을 가지고 있는 만큼, 이 장소는 사람들의 악과 밀접하게 관련이 있다.

(3) 악인의 중간상태는 그곳에서 결코 도망칠 길이 없는 장소이다. 이것은 이러한 성경본문들의 많은 다른 고찰들로 인해 입증된다. 그 어떤 사람도 하데스로부터 나올 수 없는 불변하는 엄청난 격차가 있다. 이것은 주님

께서 지키시는 자로 계시는 감옥으로 묘사된다. 결론적으로 이 장소로부터 도망칠 길은 전혀 없다. 이 장소는 죽음 이후 인간의 장소이다. 악인을 위해 준비된 특정한 장소로서 그곳에서 도망칠 길은 전혀 없다.

이것이 인간에게 죽음 이후 구원받을 수 있는 두 번째 기회가 있는지 없는지에 대한 질문의 대답이다. 악인은 심판의 날에 그들이 책망 받는 특별한 목적 때문에 이 옥에 갇혀있게 된다(베드로후서 2장 9절). 이미 언급한 성경본문으로부터 생각해봐야 할 것들을 제쳐두고, 이 결론을 도출하게 된 다른 성경구절들은 무엇인가? 베드로전서 3장 20절은 하나님의 참으심이 이런 사람들의 죽음과 함께 끝난다고 암시한다. 요한복음 8장 21절, 24절에 예수님의 말씀이 포함하는 최종성에 대한 주석이 있다. 죄 안에서 죽는 것은 분명히 무시무시한 일이나, 두 번째 기회가 있다면 왜 그렇게 무시무시한 일이 되는가? 또한 최후의 심판이 사람들이 이 땅에서 살아간 인생을 기초하여 진행된다는 것에 주의하라. 항상 심판의 유일한 기초로, 사람이 이 땅에서 살아간 인생을 가리킨다(고린도후서 5장 10절, 요한계시록 14장 13절, 디모데전서 5장 24-25절, 마태복음 10장 32-33절, 히브리서 9장 27절). 죽음 이후의 행동으로 인해 가능한 어떤 변화에 대한 언급은 전혀 없다.

II. 마지막 변화(2-3항)

1. 마지막 변화의 사실(2항)

1) 마지막 날 살아있는 사람들에 대해

데살로니가전서 4장 13-17절(특히 17절), 고린도전서 15장 50-53절, 고린도후서 5장 1-4절은 성도들이 그리스도의 재림 때 육적으로 살아남는다고 가르친다. 죽음을 통하지 않고 그들은 영광스러운 몸과 존재를 얻는다.

2) 마지막 날 이미 죽은 사람들에 대해

이 점에서 1689 신앙고백서는 일반적으로 모든 사람들이 부활한다는 교리를 가르친다. 이것은 '모든 죽은 자들이 일으킴을 받을 것이다'라는 2항의 진술로 아주 충분하다. 그러나 이 일반적인 진술은 '모든 죽은 자들'이 3항에서 '불의한 자의 육신'과 '의인의 육신' 모두를 의미한다고 더 자세히 설명될 때 더 구체적이 된다.

마지막 날에 모든 죽은 사람들이 일반적으로 부활한다는 교리를 주장하는 성경은 다니엘 12장 2절, 요한복음 5장 28-29절, 사도행전 24장 15절이다. 이러한 일반적인 부활은 일반적인 심판과 영원히 지속되는 심판의 결과들을 설명하는 많은 성경구절에서 강하게 암시된다(요한계시록 20장 11-15절, 마태복음 25장 31-46절, 로마서 2장 5-16절). 악인의 부활을 지지하는 성경의 증언은 의인의 부활을 지지하는 성경구절만큼 많지는 않지만, 여전히 완벽히 분명하다.

2. 마지막 변화의 특징

'다른 몸이 아닌 자기 본래의 몸으로, 하지만 다른 특성들을 가지고'라는 이 문장 안에서, 1689 신앙고백서는 부활교리에 대한 아주 중요한 질문을 해결하려고 노력한다. 그 질문은 '부활과 지금 우리의 육체들과는 어떤 관련이 있는가?'라는 것이다. 비록 이 질문은 간단하지만 그 대답은 성경의 아주 중요한 긴장과 균형을 포함한다. 1689 신앙고백서가 역설적으로 두 가지 것들을 주장하기 때문이다. 첫째, 1689 신앙고백서는 부활한 육체는 우리가 지금 가지고 있는 육체와 동일하다고 주장한다. 부활한 육체는 지금 우리의 육체이다. 둘째, 1689 신앙고백서는 부활한 육체는 다른 부분을 가진 동일한 육체라고 주장한다. 부활한 육체는 우리가 지금 가진 육체와는 다른 본질을 가진 육체이다. 핫지가 '부활한 육체는 옛 것을 대신한 새 육체가 아니라 그 옛 육체가 변하여 새 육체가 된 것이다'[6]라고 말하는 것과 같다.

이 육체와 부활한 육체, 즉 새 육체 사이에 불연속성과 다른 차이들이 있는 변화들은 우리가 3항을 다룰 때 이 장 마지막 부분에서 논의될 것이다. 여기서 우리는 간단히 1689 신앙고백서가 부활육체를 동일한 육체라고 적절하게 언급하는 것을 허용하는 연속성의 요소들을 깊이 생각하길 원한다.

사실상 이것이 의미하는 것은 무엇인가? 이것은 죽고 묻힌 바로 그 육체가 반드시 죽음으로부터 일으켜질 것을 의미한다. 땅에 묻힌 육체가 그곳으로부터 나오지 못하면, 그 어떤 부활도 없다. 마지막 변화는 단순히 영적인 부활이 아니다. 예수님께서 죽음에서 올라오셨을 때, 이것은 수의로 감겨진 그 육신이 무덤과 수의 안에 없다는 것을 의미했다(요한복음 20장 1-8절). 그리고 또한, 부활의 날 예수님께서 죽은 자를 불러내실 때, 그 행동은 '무덤 속에 있는 자가 나오는 것'을 포함한다(요한복음 5장 28-29절). 이것과 동일한 기본적인 사실은 부활한 육체의 연속성과 불연속성 모두를 훌륭하게 이 한 마디로 요약한 사도 바울의 '씨의 비유' 안에서 전달된다(고린도전서 15장 35-38절). 씨앗으로 땅에 묻혀있는 물질적 생명은 그곳에서 자라난 식물로 싹을 틔운다. 식물의 존재는 더 이상 땅에 묻혀 있는 죽은 씨앗이 없다는 것을 뜻한다.

여기에 함축된 하나의 의미는 부활한 육체는 물질적인 육체라는 것이다. 부활한 생명은 육체적이고 물질적이다. 이것은 반드시 어떤 의미에서 옛 육체의 연속성이 있다. 새 육체가 물질적인 존재가 아니라는 의미에서 신성하거나 영적이라는 것이 아니다.

몇몇 사람들은 이 주제와 관련하여 사도 바울의 말을 잘못 적용하거나

---

6   A. A. Hodge, *The Confession of Faith* (Edinburgh: Banner of Truth Trust, 1869) p. 387.

그 말에 대한 잘못된 이해를 가진다. '하늘에 속한 육체'(48절)라는 말은 천상의, 비물질적인 육체를 가리키는 것으로 보여 왔다. 그러나 이것은 의도적으로 성경의 언어를 헬라, 또는 플라톤적인 개념으로 읽은 것이다. 바울은 바로 앞선 내용에서 아주 물질적이고 하늘에 속한 육체들을 설명한다(고린도전서 15장 40-42절).

'신령한 몸'(44절)이라는 말 또한 영혼으로 구성된 육체라는 의미로 이해되어 왔다. 또한 이것은 바울이 의미하는 것을 완전히 잘못 이해한 것이다. 후크마의 주석은 이런 오해들을 해결했다.

여기서 다른 것들 중 하나는 "신령한 몸"이라는 표현이 많은 사람들을 부활의 육체는 비물질적인 육체일 것이라고 생각하도록 이끌어 왔다는 것이다. 영적인 것은 육체적인 것과 대조되는 것으로 생각되었다. 그런 것이 아니라는 것은 아주 쉽게 드러날 수 있다. 우리가 지금까지 보아왔듯이 성도의 부활한 육체는 그리스도의 부활한 육체와 비슷할 것이다(참고: 고린도전서 15장 48-49절). 그리스도의 부활한 육체는 분명히 물질적인 육체였다. 그리스도께서는 만져졌고(요한복음 20장 17절, 27절) 음식을 드실 수도 있었다(누가복음 24장 38-43절). 더 나아가, 영적인 것은 비물질적인 것이나 비육체적이라는 것을 묘사하는 것은 아니다. 바울이 고린도전서 2장 14-15절에서 어떻게 같은 대조를 사용하는지 주의해서 봐야한다. "육에 속한 사람은 하나님의 성령의 일들을 받지 아니하나니 이는 그것들이 그에게는 어리석게 보임이요, 또 그는 그것들을 알 수도 없나니 그러한 일은 영적으로 분별되기 때문이라 신령한 자는 모든 것을 판단하나 자기는 아무에게도 판단을 받지 아니하느니라". 고린도전서 15장 44절과 같이 여기에서 같은 두 헬라어 단어가 사용된다. 그러나 여기에서 영적이라는 단어는 비물질적이라는 의미가 아니다. 더욱이, 최소한 원칙상으로 이 단어는 성령님의 인도함을 받는 사람을 의미한다. 이 단어는 자신의 본질적인 충동에만 이끌리는 사람과 거리가 멀다. 비슷한 방식으로, 고린도전서 15장 44절에서 설명한 자연적인 육체는 현재 죄와 저주받은 존재의 한 부분인 육체이다. 그러나 부활한 영적인 육체는 부분적이 아니라 전체적으로 성령님의 통치와 지시를 받게 되는 육체이다.

미래의 우리 존재는 성령님의 완벽하고 전체적인 다스림을 받는 존재일 것이다. 그래서 우리는 죄와 관련된 일들을 영원히 끝낼 것이다. 그러므로 부활한 육체는 영적인 육체로 불린다. 성령님께서 육체를 다스리시는 상태를 설명하는 것이라는 사실을 분명하게 하기 위해서,[7] 게할더스 보스는 우리가 (고린도전서 15장 44절) 이 절에서 이 단어를 영적인 것으로 써야 한다고 주장할 때, 그는 옳다.

또한 몇몇 사람들은 50절도 같은 결과로 잘못 이해해 왔다. 여기에서 바울의 요점은 부활의 육체가 비물질적이라는 것이 아니라 썩지 않는다는 것이다. '혈과 육'이라는 말은 미래의 하나님의 왕국에 적합하지 않을 것 같은 현재 우리 육신의 약하고 죽을 수밖에 없는 특징을 설명하는 데 주로 사용된다. 51-54절의 구절은 우리가 여기에서 가지고 있는 육체가 비물질인 육체가 아니라 썩지 않는 육체라는 것을 입증한다. 이 육체는 사라지지 않는다. 이 육체는 '변화된' 상태이다. 이 육체는 '썩지 않는 상태'로 올라간 상태이다. 이 육체는 '썩지 않음'을 입는다. 누가복음 24장 39절에 예수님께서는 자신의 부활한 육체가 '살과 뼈'라고 말씀하셨다.

3. 최종 변화의 영속성

1689 신앙고백서는 분명하게 부활로 인해 발생하는 변화는 최종적이고 영원하다고 진술한다(살아있는 성도들의 경우, 그 변화로 인해). 이러한 육체들은

---

7   Anthony Hoekema, *The Bible and the Future* (Grand Rapids, MI: Eerdmans, 1979) pp. 249, 250.

'자신들의 영혼과 영원토록 결합된다'. 우리가 제32장의 영원한 형벌에 관한 교리를 시작할 때, 이 상태의 영원한 특징에 관한 더 세부적인 내용들을 이해할 수 있게 될 것이다. 여기에서는 다니엘 12장 2절과 마태복음 25장 46절을 언급하는 것으로도 충분하다. 죽은 자의 부활과 심판으로 인한 최종적인 변화 후에 사람의 육체적이거나 영적인 상태의 변화는 상상할 수도 없다.

4. 최종적 변화의 때

2항은 '그 마지막 날'이라는 말로 시작한다. 이 말은 자연스럽게 그 부활이 일반적이라는 것을 가리킨다. 바꿔 말하면, 모든 사건은 동시에 모든 사람, 즉 산 사람과 죽은 사람, 의인과 악인 모두에게 보이게 일어난다. 살아있는 성도들의 변화, 의인의 부활, 악인의 부활, 이 모든 사건들은 마지막 날 동시에 일어난다.

이 말에서 1689 신앙고백서는 우리가 이미 생각해 본 여러 성경말씀들의 본질적 강조점을 간단히 반영하고 있다. 앞에서 주의 깊게 보았던 것처럼, 의인과 악인 모두 함께 부활한다는 것을 정확하게 언급한 세 성경구절들, 오직 세 성경구절들만이 있다(다니엘 12장 2절, 요한복음 5장 28-29절, 사도행전 24장 15절). 각각의 성경구절들이 본질적인 의미에서 의인과 악인의 부활이 같은 시간에 발생한다는 개념을 가지고 있다는 것은 아주 흥미롭다. 핫지는 이 주제에 대해서 '마지막 날 모든 죽은 자, 의인과 악인 모두의 부활이 동시에 일어날 것이다'[8]라고 언급한다.

이제 나는 이런 성경구절들의 본질적인 강조점을 흐리게 하거나 피하

---

8   A. A. Hodge, *The Confession of Faith* (Edinburgh: The Banner of Truth Trust, 1869, 1983), p. 385.

는 방법들이 있다는 것을 알고 있다. 그렇지만 그 어떤 논쟁도 되지 않을 한 지점이 있다. 이것은 이 성경본문의 본질적인 강조점을 피하기 위해 덧없는 행동을 하려고 마음먹은 사람들에게 엄청난 부담을 주는 지점이다. 성경에 의인과 악인이 동시에 부활한다고 명확하게 언급하는 유일한 세 구절들이 있다. 각 성경구절들은 의인과 악인의 부활은 동시에 발생한다는 본질적인 생각을 갖게 한다. 어떤 사람이 이러한 성경본문에 성경의 예언에 대한 자신의 체계를 대입하기 전에, 그는 멈춰서 왜 단 하나의 성경구절들에서도 이것이 발견되지 않는지 스스로에게 물어봐야 할 것이다.

이 지점은 일반적인 부활교리가 전천년설의 체계와 조화되는 것은 불가능하다는 것이다. 만약 의인과 악인 모두가 그리스도의 재림 때 그리고 '영벌에 들어간다' 또는 '영생에 들어간다'는 마태복음 25장 46절 말씀에서의 그 시점에 들어 올려져서 심판을 받는다면, 그리스도 재림 이후에 천 년 동안 일어난다고 가정된 천년 동안 살기 위해 남아있는 자는 누구인가?

5. 최종적인 변화에 있어서 대조

첫 세 가지 주제들에서, 의인과 불의한 자의 부활 사이의 비슷한 점들을 강조해 왔다. 그렇지만 이제, 마지막 주제를 진행하는 가운데 우리는 의인과 불의한 자의 부활 사이의 차이에 이르렀다.

1) 불의한 자의 부활

부활은 신비한 문제이고, 의인의 부활보다 성경의 언급이 훨씬 적은 주제인 불의한 자의 부활은 특히 사실이다. 우리는 1689 신앙고백서가 우리에게 이야기하는 정도만 안다. 다니엘 12장 2절은 수치를 당하고 영원히 부끄러움을 당하는 부활에 대해서 언급한다. 요한복음 5장 28-29절은 생명의 부활보다는 오히려 심판의 부활에 대해서 언급한다. 심판의 부활은 사람을 생명과 반대되는 심판, 하나님의 진노와 두 번째 죽음의 심판으로 부정적인 의미에서 심판에 직면하게 이끈다.

불의한 자의 부활과 '생명의 부활'을 대조시키는 요한복음 5장 28-29절에 진술된 차이는, 부활이라는 주제를 다루는 성경이 대부분 생명으로 정해진 의인의 부활만을 언급하는 이유를 설명한다. 비록 불의한 자가 부활하지만, 아주 이상하고 모순적인 부활이다. 비록 그들이 육적으로 부활하지만, 그들은 '생명'에 이르는 부활이 아니라 '죽음'에 이르는 부활이다. 극단적인 의미에서 불의한 자의 부활은 부활, 즉 생명에 이르는 부활이 전혀 아니다.

회심하지 못한 친구들은 죽음이 하나님의 진노를 피할 하나의 길이라고 절대 생각해서는 안 된다. 죽음조차도 하나님으로부터 피할 도피처가 아니다. 하나님의 진노한 전능한 손이 불의한 자들을 죽음에서도 끌어내셔서, 마지막 날 하나님의 공포의 보좌 앞에 세운다. 비록 그들은 스스로를 산산조각 내지만, 그들이 하나님의 크고 흰 보좌를 직면하도록 하나님께서는 그들을 다시 모으실 것이다!

반드시 언급되어야 하는 내용이 하나 더 있다. 이것은 심판의 부활뿐만 아니라, 영원히 수치와 부끄러움을 당하는 부활이다. 이것이 그들을 경멸과 불명예의 대상으로 만든 저주받은 육체의 모습의 부활이 있다는 것을 암시하지 않는가? 이러한 마지막은 그 누구도 바라지 않지만, 성경은 하나님께서 죄의 추하고 혐오스러운 본질을 마지막까지 뉘우치지 않은 바로 그 육체들에게 드러나게 하실 것이라고 암시한다. 하나님께서는 의인의 탁월함을 그 부활의 몸의 영광에 드러나게 하시지 않으셨는가? 최후의 부활과 심판의 목적이 진리를 드러내고 죄에 대한 신성한 심판을 공개적으로 드러내는 것이 아닌가? 자, 악한 마음이 가장 잘생기고 아름다운 모습을 연상시킨다는 사실이 거짓말, 속임수, '돼지 코에 금고리'가 아닌가? 하나님께서 그 위대한 날에 이러한 모든 거짓을 없애버리지 않으실까? 그렇다면, 이러한 모든 이유 때문에, 우리는 저주받은 사람의 육체가 죄의 추하고 역겨운 본성을 아주 정확하게 묘사할 것이라는 것을 반드시 생각해야 한다.

2) 의인의 부활

1689 신앙고백서는 의인의 부활과 불의한 자의 부활을 세 가지 점에서 대조한다. 부활의 방식, 부활의 동인, 부활의 특징에 관한 대조가 있다.

부활의 방식- '자신의 영광스러운 육신과 같은 모습이 된다'. 1689 신앙고백서가 불의한 자의 부활의 방식에 대해서는 아무 말도 하지 않는 반면에, 그리스도의 부활한 육체가 우리들의 방식이라고 명백하게 주장한다.

부활한 육체의 영광은 무엇보다도 다음과 같이 존재한다. 그 육체는 그리스도의 영광스러운 육체와 비슷하게 만들어진다(빌립보서 3장 21절, 고린도전서 15장 20-23절, 48-49절, 로마서 8장 17절, 29-30절, 골로새서 1장 18절, 3장 4절, 요한1서 3장 2절, 요한계시록 1장 5절). 이미 암시한 것과 같이, 성경 전반의 가르침은 그리스도의 부활의 육체에 대해 우리가 알고 있는 것이 우리에게도 사실일 것이라는 것을 의미한다.

부활의 동인- '성령님'. 1689 신앙고백서는 일반적으로 불의한 자는 그리스도의 능력으로 인해 부활된다는 견해를 가지지만, 이와 상당히 대조적으로, 의인은 성령님으로 인해 부활한다고 주장한다.

우리는 바울이 새 육체를 신령한 몸으로 설명할 때(고린도전서 15장 44-46절), '신령한'이라는 단어가 하나님의 영을 가리킨다는 것을 이미 보았다. 이는 육체의 부활이 성령님과 밀접한 관련이 있다는 것에 대해 단언하는 것이다. 이는 육체가 하나님의 영으로 인해 통치받고 성령님께서 내주하시며 성령님으로 인해 비교할 수 없는 최고의 힘을 공급받는다는 것이다. 이 모든 것은 의인의 부활에서 그리스도의 영이 동인이라는 것을 이미 분명하게 암시한다.

다른 많은 성경구절들은 이와 동일한 생각을 넌지시 드러낸다(로마서

8장 1-2절, 고린도후서 3장 18절, 고린도전서 15장 45절, 로마서 8장 23절, 고린도후서 1장 22절, 5장 5절, 로마서 8장 23절, 갈라디아서 6장 8절). 그러나 부활에서 성령님의 역할에 대한 전통적인 진술은 로마서 8장 11절에 있다. 각 성경구절들은 의인의 부활에서 성령님의 작용을 성령님의 구원사역의 부분, 일부로 여긴다. 그 이유로 1689 신앙고백서가 의인은 성령님으로 인해 부활한다고 주장하는 반면, 더 일반적으로 불의한 자는 그리스도의 능력에 의해 일으켜진다고 진술한다. 의인의 부활은 의인의 구원의 한 부분이다. 반면 불의한 자의 부활은 그들의 구원과 관련되어 있는 일이 단 하나도 없다.

부활의 특징 - '명예'. 바로 이 점이 언급해 왔던 가장 명백한 대조점이다. 불의한 자는 불명예스럽게 일으켜지고, 의인은 명예스럽게 부활한다. 바울은 고린도전서 15장에서 몇 가지 대조의 방식으로 1689 신앙고백서가 부활한 육체의 '명예'라고 부르는 것을 아주 상세하게 설명한다.

지금 육체와 부활 육체간의 고린도전서 15장 대조

	아담(살아있는 영혼)	마지막 아담(생명을 주는 영)
1	흙에 속한	하늘에 속한
2	육의 몸	신령한 몸
3	썩기 쉬운 것(죽음)	썩지 아니할 것(불멸)
4	불명예	영광
5	약함	강함

두 상태의 차이는 육체적으로, 아담의 형상을 가진 자와 마지막 아담의 형상을 가진 자 사이의 차이이다. 첫 두 대조는 아주 밀접한 관련이 있기 때문에 함께 다룰 것이다.

흙에 속한/하늘에 속한, 육의/신령의

육적이고 신령한 것 사이의 대조, 흙에 속한 것과 하늘에 속한 것의 대조 모두의 의미는 이미 언급했다. 이미 '신령한'것과 '하늘에 속한'것이 라는 단어를 언급하는 것으로 강조한 점은, 부활을 언급하면서 육체를 쓸 경우 이러한 단어들은 영으로 구성된 육체, 즉 하늘의 비물질적인 육체를 설명하는 것이 아니라는 것이다.

'신령한'이라는 단어는 성령님의 통치와 북돋아주심을 받는 새 육체를 설명한다. 마찬가지로 '하늘에 속한'이라는 단어는 '땅에 속한'과 대조될 경우 흙에 속한 육체를 초월하는 방식으로, 하나님과 결합되고 신적인 성품과 능력을 반영하는 것으로 새 육체를 특징 짓는다.

육의 몸과 신령한 몸 사이의 대조와 또한 땅에 속한 자와 하늘에 속한 자 사이의 대조는 단순히 아담의 타락한 육체와 그리스도의 영광스러운 육체의 대조가 아니라, 타락한 상태의 아담과 부활하신 그리스도 사이의 실제적인 대조이다. 45절에 타락한 아담을 언급하는 본문이 인용된 것을 주목하라. 또한 아담이 '흙에서 나서 흙에 속한 자'였다는 사실이 아담에게 그 어떤 수치도 주지 못했고 부패도 아니었다는 것에 주목하라. 그것은 간단히 말해 하나님께서 그를 창조하신 방식이었다(창세기 2장 7절).

이것은 이 두 대조의 의미와 중요성을 이해할 수 있는 단서이다. 이 두 대조는 처음에 창조된 사람이 비록 무죄하고 의롭지만 성숙하고 도덕적인 순수성의 상태에 도달하지 못했다는 것을 반영한다. 아담은 하나님의 은총으로부터 떨어져 죄를 짓고 타락할 수 있었다. 통과해야 하는 시험, 완벽해지기 위한 기간, 참아야 하는 고난은 성숙하고 윤리적으로 완전한 상태를 성취하기 이전에 있었다. 그 때까지, 인류는 하나님의 영광과 능력 그리고 교제의 완성을 경험할 수 없었을 것이다. 또한 바로 이 완벽한 상태를 육체로 드러내는 것도 기다려야 할 것이다. 외적으로, 육체로 영광을 완전히 드러내는 상태는 하나님께 대한 충성심이 시험을 받고 완벽해지고 죄 없는 상태의 자리에 인류가 다다랐을 때였다. 이 상태는 창세기 2장과 3장의 본문 안에서 나타난다. 창세기 2장 16-17절은 하나님과 함께 있는 지속적인 생명의 상태에 관해 언급한다. 창세기 3장 22절은 유익하든 해롭든 간에 인류가 영원한 생명을 얻을 것이라는 사실을 암시한다. 완벽히 의로운 상태에서 영원한 생명은 엄청난 복이지만, 깊은 타락의 상태에서 이것은 끔찍한 저주일 것이다. 창세기 3장 22절은 이미 모든 사람은 일으킴을 받아 육체를 가진 생명으로 끝없이 살 것이라는 것과 불의한 자들의 입장에서는 이러한 생명은 끔찍한 저주가 될 것이라는 것을 암시한다.

물론 하나님의 능력과 성령님의 전능이 아담의 원시 창조에 대한 책임은 있었지만, 하나님의 능력과 성령님의 전능은 사람의 윤리적 완벽함과 성숙을 기다렸다. 인류가 하나님께서 인류를 위해 준비해 두셨던 능력과 성품의 충만함을 받기 전에, 이 완벽함은 필수였다. 아담이 타락했을 때, 그가 윤리적인 순수함과 의로움을 잃어버린 것은 처음부터 극단적이고 그 이후로는 점진적으로 그가 원래 가지고 있었던 완벽한 힘과 능력을 잃어버리는 결과를 초래했다. 마지막 아담이 성공적으로 하나님의 뜻을 성취하였을 때, 그리스도께서는 단순하게 아담이 잃어버린 것을 되찾으신 것이 아니라, 아담이 얻으려다가 실패한 것보다 더 높은 상태를 얻으셨다.

영적인 몸과 하늘에 속한 육체의 개념은 하나님과 완벽하게 연합되고 교제하게 된 사람의 육적인 상태를 자세히 설명한 것이다. 그 사람의 육체의 상태는 성숙한 윤리적인 완벽함을 얻게 되고, 피조물이 감당할 수 있는 성령님의 지혜, 전능, 거룩이 아주 충분히 주어진다.

썩기 쉬운/썩지 아니할 (죽음/불멸)

썩기 쉬운 것과 썩지 아니할 것(고린도전서 15장 42절, 50절, 52절, 53절, 54절)은 부패하고 시들고 분해되고 악화되고 파괴되고 폐허가 되는 것과 이러한 부패에 속하지 않는 것을 대조시키는 것이다. 육체는 부패될 수 있고 그럴 것이다(갈라디아서 6장 8절). 씨는 썩고 그 씨로부터 자라난 풀은 마른다(베드로전서 1장 23절). 아름다움은 썩어질 것이다(베드로전서 3장 4절). 음식은 썩을 것이고 확실히 부패될 것이고 먹으면 소화될 것이다(골로새서 2장 22절). 같은 식으로, 지금의 육체는 썩어지고 죽고 부패하고 사라질 것이다. 부활한 육체는 이러한 썩어짐에 종속되지 않는다. 바로 이 육체와 그 육체의 한 부분으로 소유할 모든 유산은 썩지 않고 불멸한다(베드로전서 1장 4절, 로마서 2장 7절).

(고린도전서 15장 53-54절의 앞선 말씀과 대응되어 사용된) 죽음과 불멸은 죽음에 속한 것과 죽지 않을, 죽을 수 없는 것을 대조시킨다. 불멸한 것은 단지 살아만 있는 것이 아니라 죽어 갈 수 없다는 것이다.

불명예/영광

불명예와 영광(고린도전서 15장 40-43절)은 부끄러움과 수치로 특징되는 육체와 육체의 밝음과 광채 그리고 광휘로 인해 그 육체를 소유한 사람의 명예와 명성과 영광 그리고 탁월함이 입증되는 육체를 대조시킨다. 불명예는 비뚤어진 성적인 욕망들(로마서 1장 26절), 길게 머리를 기른 남자들(고린도전서 11장 14절), 악한 이름과 욕됨(고린도후서 6장 8절, 11장 21절), 집에서 천하게 쓰는 그릇들을 묘사하는 데 사용되었다(디모데후서 2장 20절). 부패와 죄로 인해 야기되는 저주에 종속되어 있어, 이로 인해 죄를 받을 만한 욕됨과 불명예의 아래에 있는, 현재 우리의 육체가 가진 이런 모든 불명예적인 특징은 새 육체의 영광으로 인해 영원히 사라질 것이다. '영광'이라는 단어는 명백한 탁월함을 언급한다. 새 육체의 물질적인 광채는 하나님의 아들의 탁월함과 덕을 입증하고 육체를 소유한 사람의 칭찬을 요구하고 보장한다(고린도전서 15장 40-41절). 태양의 빛나는 광채는 태양의 본질을 나타낸다. 그렇듯 부활한 육체는 하나님의 자녀의 탁월함을 나타낸다.

약함/강함

약함과 강함(43절)은 병약하고 제대로 기능하지 못하고 병이 있고 궁극적으로 육체적인 무능력과 죽음 그 자체를 드러내는 육체와, 이러한 것들에 종속되지 않고 질병, 장애, 쇠약함 없이 그 육체를 소유한 자의 거룩한 소망들을 성취할 수 있는 육체와 대조시킨다. 고린도후서 11장 23-30절, 12장 7-10절에서 약한 자에 대한 성경의 묘사를 보라. 새 육체는 우리 안에서 죄의 유혹과 죄로 빈번히 발생하는 약함과 피곤함과 병약함을 결코 경험하지 못한다.

바울은 하나님의 영광의 소망을 기뻐한다고 우리에게 말한다. 그것은 이러한 진리들에 대한 반응으로 우리가 마땅히 해야 하는 것들이다. 부활한 생명의 명예와 영광을 감사하라! 새 육체는 큰 힘을 가진 육체이다. 약함, 지침, 몇몇 제한들 때문에 현재 우리의 육체가 겪는 지속적인 좌절들에 새 육체는 직면하지 않는다. 새 육체는 구속세계에서 지치지 않고 힘 있게 하나님을 예배한다. 새 육체는 영광의 육체이다. 하나님의 부활하신 독생자의 육체적인 모습은 하나님께서 그 안에서 빛나고 계시다는 것을 지속적으로 증명하는 것이다. 그리스도 자신에게 있어 그리고 피조된 우주에게 있어서, 그리스도의 이 육체는 그리스도의 성품의 탁월함을 입증하고, 마음속에 있는 욕이나 비방을 말하는 입을 다물게 하신다. 새 육체는 불멸한다. 새 육체는 하나님의 영광으로 인해 완벽하고 취소될 수 없고 도덕적으로 거룩하고 의롭게 되도록 이끌려진 상태에 있는 특징을 가진 육체이다. 그러므로 이 육체는 절대 약해지지 않고 결코 흠이 없고 예나 다름없이 항상 육체적으로 힘과 아름다움이 가득하다.

아마 무엇보다 가장 복 받은 것은, 새 육체가 하나님과 교제하고 있는 완벽한 상태라는 표이자 이라는 것이다. 새 육체는 가장 충만하게 성령님이 거하시고 성령님으로 인해 통치를 받고 생명력을 받고 있다. 그리스도 안에서 새 육체와 하나님과의 연합, 가장 높으신 하나님의 은총의 소유는 불변하고 바꿀 수 없고 썩지 않는다. 새 육체는 영적이고 하늘에 속한 육체이다.

제32장 최후 심판에 관하여

of the Last Judgement

1. 하나님께서는 예수 그리스도께서 세상을 의로 심판하실 한 날을 정하셨다. 성부의 모든 권세와 심판권이 그리스도께 주어졌다.[1] 그 날에 배교한 천사들이 심판을 받을 뿐만 아니라[2] 이 땅을 살아온 모든 사람들은 그리스도의 심판대 앞에 서게 되어[3] 그들의 생각들과 말들과 행동들을 보고하고 선이든 악이든 그 육신의 모습으로 행한 모든 것들로 판단을 받게 된다.[4]

> 1. 요한복음 5장 22절, 27절, 사도행전 17장 31절
> 2. 고린도전서 6장 3절, 유다서 6절
> 3. 마태복음 16장 27절, 25장 31-46절, 사도행전 17장 30-31절, 로마서 2장 6-16절, 데살로니가후서 1장 5-10절, 베드로후서 3장 1-13절, 요한계시록 20장 11-15절
> 4. 고린도후서 5장 10절, 고린도전서 4장 5절, 마태복음 12장 36절

2. 하나님께서 이 날을 정하신 목적은 택자의 영원한 구원에서 하나님 자신의 영광을 드러내시고, 악하고 불순종한 유기된 자의 영원한 저주에서 자신의 공의를 드러내시기 위함이다.[1] 그 때에 의인은 영원한 생명으로 들어가고 주님의 임재하심 안에 있는, 영원한 상급과 함께 기쁨과 영광의 충만함

을 누리게 된다. 그러나 하나님을 알지 못하고 예수 그리스도의 복음을 받아들이지 않은 악인은 주님 앞에서 단절되고 주님의 능력의 영광으로부터 끊어져 영원한 고통에 떨어지게 되고 영원한 멸망의 벌을 받게 된다.[2]

1. 로마서 9장 22-23절
2. 마태복음 18장 8절, 25장 41절, 46절, 데살로니가후서 1장 9절, 히브리서 6장 2절, 유다서 6절, 요한계시록 14장 10-11절, 누가복음 3장 17절, 마가복음 9장 43절, 48절, 마태복음 3장 12절, 5장 26절, 마태복음 13장 41-42절, 24장 51절, 25장 30절

3. 그리스도께서는 심판의 날이 있다는 사실을 우리로 하여금 확실히 믿게 하여, 모든 사람들이 죄로부터 돌이키고[1] 그들의 불행 안에서 더 많은 신적 위로를 얻도록 결심하길 바라신다.[2] 그러나 그리스도께서 이같이 그 날을 사람들에게 확실하게 알리시지 않으신 것은 그들이 주님이 오실 그 시간을 알지 못하므로 모든 육신의 보장을 버릴 수 있게 하고[3] 항상 깨어 '주님 속히 오소서'라고 말하도록 하기 위한 것이다. 아멘.[4]

1. 고린도후서 5장 10-11절
2. 데살로니가후서 1장 5-7절
3. 마가복음 13장 35-37절, 누가복음 12장 35-40절
4. 요한계시록 22장 20절

개 요

1항	I. 최후 심판에 대한 개념
	1. 최후 심판에 대한 성경의 요약(출처 사도행전 17장 31절)
	1) 계획자 : '하나님' (성부하나님)

I. 일반적인 심판에 대한 실제적 의미들

1689 신앙고백서 제32장과 성경은 그리스도의 재림의 순간 최후의 심판이
있을 것이고 바로 그 때 살아온 모든 사람들은 심판을 받을 것이고 그 결과
에 따라 영원한 생명이나 영원한 형벌로 들어간다는 것을 주장하고 가르친
다. 이 일반적인 심판에 대한 이러한 가르침에는 세 가지 핵심 요소들(시간:

그리스도의 재림, 범위: 절대적 보편성, 결과: 영원한 생명이나 형벌)이 있다.

일반적인 심판교리에 대한 증거는 이러한 세 가지 핵심 요소들이 한 번의 심판 안에 동시에 일어난다는 성경의 강력한 증거 안에 놓여있다. 일곱 개 핵심적인 성경구절의 증거는 다음과 같다.

본문	시간	범위	결과
마태복음 16장 27절	E	E	I
마태복음 25장 31-46절	E	E	E
사도행전 17장 30-31절	I	E	I
로마서 2장 6-16절	I	E	E
데살로니가후서 1장 5-10절	E	I	E
베드로후서 3장 1-13절	E	E	E
요한계시록 20장 11-15절	I	E	E

E xplicit = 진술된 교리를 지지하는 명백한 진술
I mplicit = 진술된 교리를 지지하는 암시적인 증거

위 표가 분명하게 하는 것처럼, 살펴본 일곱 개의 성경구절들은 진술된 일반적인 심판교리와 반대되는 그 어떤 진술도 포함하지 않는다. 이 성경구절들 중 두 구절은 각각 세 가지 핵심 요소들을 지지하는 명확한 증거를 포함한다. 이 성경구절들 중 네 개의 구절은 각각 적합한 영역들 안에서 세 개의 핵심 요소들 중 두 요소를 지지하는 명확한 증거를 포함한다. 분명하게, 진술된 이 교리를 교묘히 피해가려는 모든 시도는 반드시 이 주제의 기초적인 성경구절들에 대한 전반적으로 재해석을 해야 한다. 최후 심판은 그리스도의 재림의 순간에 일어날 것이고, 심판의 범위에 있어서 지금까지 살았던 사람들까지도 포함한 모든 사람일 것이고, 의인에게는 영원한 복의 상태 그리고 악인에게는 영원한 형벌의 상태로 일어날 것이다.

그러나 만약 이것이 사실이라면, 기본적으로 함축하는 것들이 있다. 여기서 드러난 성경의 가르침은 기본적으로 오늘날 많은 보수적인 교회들에서 믿는 대중적인 관점과는 전혀 다르다. 성경의 가르침은 그 관점에 대해 근본적으로 비평한다. 성경의 가르침과 이 근본적인 비평의 세 가지 실제적인 암시들은 다음과 같다.

1. **성경의 가르침은 널리 알려진 전천년설이라는 해결할 수 없는 문제를 드러낸다.** 1689 신앙고백서가 전천년설에 대해서 특별히 그 어떤 것도 특별히 언급하고 있지 않다는 것에 일반적으로 주목해 왔다. 이에 대한 몇몇 설명들이 주어져 왔다. 사실 1689 신앙고백서 저자들은 형제로 여기는 몇몇 이들이 주장하는 교리를 명확하게 비난하기를 원치 않았을 수도 있다. 하지만 그럴지라도, 일반적인 부활 교리와 심판교리가 전천년설의 어떤 형태와 조화되는 것은 불가능하다는 것만이 사실이다. 여기서 전천년설을 주장하는 사랑하는 형제들에게는 하나의 문제가 있다. 만약 의인과 악인 모두가 그리스도의 재림과 '영벌에, 영생에 들어가리라'라는 마태복음 25장 46절에서 말한 바로 그 시점에 일으켜지고 심판받는다면, 누가 그리스도의 재림 후 천년 동안 펼쳐질 것이라 추측하는 그 천년을 살아가도록 남겨질 것인가? 모든 전천년주의자들은 부활하지 못한 악한 사람들이 그리스도의 재림 때 의인이 부활하고 나서 천년 동안 남겨질 것이라고 가르친다. 그러나 만약 그리스도의 재림 때 실행된 부활과 심판의 방식이 보편적이고 일반적이라면 어떻게 그럴 수 있는가?

2. **성경의 가르침은 만연해 있는 안일한 신앙주의에 맞선 반박할 수 없는 논쟁을 드러낸다.** 오늘날 일반적으로 최소한 다른 두 심판이 있다고 가르쳐진다. 이는 그리스도인을 위한 심판과 구원받지 못한 사람들을 위한 심판이다. 그리스도를 위해 살기로 결심한 사람들은 그리스도인들을 위한 심판으

로 간다. 이 심판 때에 그들의 행동들이 영원한 구원인지 아닌지를 결정짓는 것이 아니다. 그 까닭은 구원이 은혜로 인한 것이지 행위로 인한 것이 아니기 때문이다. 그들의 행위들은 단지 영광 안에서 그들이 얼마나 많은 상과 왕관을 받을지를 결정할 뿐이다. 이런 방식으로 우리의 행위들은 절대적으로 우리의 기본적인 운명들과 전혀 관련이 없다. 예를 들어 오순절주의자가 말하길, '여기서 이 주제는 심판받는 사람이 신자냐 아니냐를 결정하는 것이 아니라고 진심으로 믿어야 하고 구원에 대한 문제와는 관련이 없다'[1]라고 한다.

이 가르침에서 무엇이 잘못되었나? 먼저, 성경은 모든 곳에서 우리의 행위에 대한 심판 안에 우리가 성도인지 아닌지가 달려있다는 정확한 사실을 충분히 말하고 명백히 한다. 둘째, 성경은 성도들과 불신자들 모두 같은 심판대에 선다는 것을 모든 곳에서 완전히 분명히 한다(마태복음 25장 31-46절, 로마서 2장 6-16절). 이런 가르침이 율법주의, 즉 행위로 인한 구원이라고 주장하는 것은 본질적으로 복음 그 자체의 기본적인 측면들을 무시하고 있다는 것을 드러낸다. 구원은 행위에 의한 것이 아니라, 구원 전체의 핵심이 행위를 만들어낸다는 것이다. 한 사람의 생활방식이 근본적으로 변화되지 않는 곳에는 그 어떤 은혜로운 구원의 효력도 없다.

심판은 우리의 행위들에 기초를 두고 진행된다. 그 까닭은 전체적인 우리의 행위들이 우리의 특징을 드러내고 우리의 특징은 우리와 그리스도의 관계, 그리고 그리스도를 믿는 믿음이 있는지 없는지를 드러내기 때문이다.

3. 성경의 가르침은 심판의 날에 대한 두려움으로부터 말로 형언할 수 없는 평안함을 드러낸다. 물론, 참 그리스도인이 아닌 사람들에게는 이러한 평

---

1   J. Dwight Pentecost, *Things to Come* (Grand Rapids, MI: Zondervan Publishing House, 1958), p. 221.

안이 결코 드러나지 않는다. 그러나 많은 참 그리스도인들이 자신들이 배워온 일반적인 관점의 결과로 마지막 날에 대한 상당한 두려움을 가지고 살아가는 것이 사실이다. 이러한 일반적인 관점으로 보면 고린도후서 5장 10절은 성도들만을 위한 심판을 언급한다. 충분히 논리적으로, 이 가르침을 받은 성도들은 심판의 날에 자신들의 모든 악과 가치 없는 행위들이 드러날 것이고, 자신들의 가치 없는 봉사에 상응하여 주어지는 적절한 보상이 드러날 것이라고 결론 내린다. 애석하게도, 행위의 보상에 대해 민감하게 반응하는 성도일수록 이것을 아주 깊이 느끼는 반면, 이런 가르침의 의도대로 겁을 먹은 세속적인 그리스도인들은 구원이 자신의 선택이나 그리스도를 섬기는 것에 달려있지 않다는 것을 아는 것만으로도 행복을 느낀다.

이러한 가르침의 전체 효력은 참 성도들이 성경에서 용기를 얻어 마지막 날을 기대하는 태도로 완전하게 바뀌는 것이다(참고: 요한복음 5장 24절, 마태복음 25장 21절, 34절, 요한복음 5장 29절, 로마서 2장 6절, 10절, 고린도전서 4장 5절, 데살로니가후서 1장 7-10절, 디모데후서 4장 8-10절, 베드로후서 3장 13-14절).

그리스도인이 마지막 날을 두려워한다고 주장하는 성경본문은 그 어디에도 없다. 반대로, 많은 성경본문들은 참 그리스도인들이 마지막 날을 기대한다고 가르친다. 악하고 속이고 거짓된 자는 두려워 할 것이 있고 그리스도인은 두려워할 것이 없다.

그러나 어떤 사람은 고린도후서 5장 10절에 관하여 '이 절이 단지 성도들에 관하여 이야기하고 있는 중일까?'라는 질문을 할 수 있다. 아니다, 이어지는 구절들을 살펴보라. 이 본문에서 악으로 보응 받는 악한 행위들은 중생하지 못한 사람들의 악한 행위들이다. 선한 행위들은 그리스도인의 행위이다. 렌스키Lenski는 이 성경본문의 가르침을 잘 요약한다.

우리 모두는 지금 그리고 죽는 그 순간에 심판을 받는다. 이 심판은 비밀이다. 많은 사람이 죽는다. 그렇지만 우리는 그리스도께서 그 사람을 어떻게 심판하실지 완전히 확신할 수 없다. 우리는 우리가 확실하다고 느끼는 것조차도 잘못 알고 있을 수 있다는 것을 안다. 그 마지막 심판은 공식적이다. 모든 판결도 공식적이다. 그러나 이 세상이 의롭게 되기 이전에 그 판결들은 공식적으로 될 뿐 아니라 공식적으로 입증되고 확고히 된다. 더 나아가 로마서 2장 5절을 보라. 이 이유 때문에 성경은 일반적으로 이 마지막 날의 심판이 우리의 행위들 위에 기초를 두고 있다고 진술한다. "각각 몸으로 행한(완료) 것을 따라 받으려(부정과거) 함이라(고린도후서 5장 10절)."

이것은 의로운 행위가 아니다. 이 복수형은 여기저기에서 개별적인 행위들을 언급하는 것이 아니다. 육체로 행한 이 행위들이 ta makes a substantive of dia tou somatos 각 사람의 인생의 전체를 구성한다. 이는 하나님의 눈앞에서 그의 인생의 전부가 된다. 그가 행한 것을 따라 pros a epraxen "우리가 실제로 행한 모든 일들을 직시하신다." 그리고 이것은 두 가지 것들 중 하나일 것이다. 선한, 하나님의 눈앞에서 "선"의 총합이나 구성, 또는 악한, 무가치한 "악"의 총합이다. 이것은 그리스도를 신뢰함으로 인해 특징지어지고 아름답게 되어, 모든 사람의 눈에 이 "선"을 행했던 사람으로 드러나게 되는 신앙의 인생의 열매이다. 다른 하나는 이 신앙이 없고 그의 진짜 모습은 불신자로 드러나게 되는 상태의 결과이다.

어떤 경우에도 작은 의심조차 없을 것이다. 그래서 믿음 또는 믿음 없음에 근거하여 판결을 내릴 것이다. 오직 이 모두는 행위의 부정할 수 없는 공식적인 증거로 인해 결정된다. 믿음의 구원하는 모든 능력이 드러날 것이고 그리스도를 신뢰하는 것을 거절하는 저주의 모든 힘이 드러날 것이다. 그가 저지른 죄들과 그가 행한 선한 행위들 사이에 마치 선행이 죄를 상쇄하는 것과 같은 그 어떤 절충도 없을 것이다. 그의 모든 죄들은 완전히 그리스도의 보혈로 인해서 없어지고 동이 서에서 먼 것처럼 멀리 옮겨지고(시편 103편 12절), 바다 깊은 곳에 던져지고(미가 7장 19절), 지워지고, **빽빽**한 구름 같이 없이되며(이사야 43장 25절, 44장 22절), 영원히 발견되지 않을 것이다. 또한 선행의 모든 불완전함도 영원히 사라질 것이다. 신자들의 죄들에 관하여서는 그 어떤 심문도 하지 않고 할 수도 없게 된다. 그들이 있는 자리에서는 오직 그리스도의 보혈과 의만이 발견될 것이다.[2]

신자는 드러날 자신의 어떤 무가치한 행위들도 두려워할 필요가 없다. 단지 자신의 믿음을 입증하는 의로운 생활방식만이 드러날 것이다. 하나님께서 그 심판의 날을 자신의 백성을 위해 계획하신 소망으로 만드시길 바란다!

II. 끝없는 고통에 대한 성경의 확증

1689 신앙고백서 2항은 악인의 끝없는 고통의 교리를 자그마치 세 번이나 집중적으로 반복한다. 1689 신앙고백서 2항은 "영원한 저주", "영원한 고통", "영원한 멸망"에 대해 말한다. 내가 아는 한 1689 신앙고백서의 이런 단어가 악인의 끝없는 고통에 대한 교리를 가르치려는 의도를 가진 것인지 아닌지를 심각하게 의심하는 사람은 없다. 그렇지만 많은 사람들은, 이 구절들이 아주 분명하게 반복하고 있는 성경의 언어가 끝없는 고통의 교리를 가르치려고 의도하고 있다는 생각에 이의를 제기하고 있다. 끝없는 고통의 교리에 이의를 제기하는 것에 대한 가장 확실한 반박은 성경 그 자체의 본질적인 참뜻이다. 끝없는 고통의 교리를 지지하는 성경의 확증은 세 부분들로 분류될 수 있다. 이는 그 교리의 긍정적인 주장들과 단호한 부정들 그리고 다양한 표현들이다.

2　R. C. H. Lenski, *The Interpretation of I and II Corinthians* (Minneapolis: Augsburg Publishing House, 1963), pp. 1015,1016.

1. 그 교리의 긍정적 주장들

성경은 저주받은 사람들의 고통이 영원하다고 적극적으로 주장한다(마태복음 18장 8절, 25장 41절, 46절, 데살로니가후서 1장 9절, 히브리서 6장 2절, 유다서 6절, 요한계시록 14장 10-11절을 보라). 끝없는 고통의 교리를 부인하는 자들은 "이 성경본문들에서 '영원한' 또는 '끝없는'이라고 번역된 단어들이 어떤 경우에 제한되고 한정된 기간을 가리키는 것이다"라고 주장함으로써 일반적으로 이 교리를 반대해 왔다. 이 반대주장에 대해 몇 가지 반론을 할 수 있다.

1) 어떤 경우에 이 단어가 제한된 기간에 사용되기도 하고 단순하게 '오랜 세월' 또는 그와 같은 것을 의미한 것이 사실이지만, 만약 성경저자들이 영원한 기간에 대한 생각을 표현하기 원했다면 이 단어들이 사용할 수 있는 가장 적절하고 유일한 단어라는 것도 의심할 수 없는 사실이다. 핫지는 다음과 같이 말한다. '헬라어가 제공하는 힘 있는 단어들은 신약성경에 채택되어, 잃은 자의 형벌적 고통은 끝나지 않는다는 것을 표현한다. 동일한 단어들(*aion, aionios* 그리고 *aidios*)은 하나님(디모데전서 1장 17절, 로마서 1장 20절, 16장 26절)과 그리스도(요한계시록 1장 18절) 그리고 성령님(히브리서 9장 14절)의 영원한 존재 그리고 성도의 행복이 계속된다는 것을 표현하는 데 사용된다…'3

2) 이런 단어들의 널리 쓰이는 주요한 용법의 의미는 끝없는 기간을 뜻한다. 다가올 시대에 대해서만 사용되고 이 시대에 대해서는 사용되지 않을 경우, 이 단어는 일반적으로 끝없는 기간을 언급한다. 쉐드는 다음과 같이 말한다. '훨씬 더 많은 경우에 있어서, **아이온**과 **아이오니오스**는 미래의 무한한 시대를 언급하고 현재의 제한된 시대를 언급하지 않는다. 영원을 가리

---

3   A. A. Hodge, *The Confession of Faith* (Edinburgh: The Banner of Truth Trust, 1869, 1958), p. 393.

키는 것이지 시간을 가리키는 것은 아니다. 스튜어트Stuart는 "··· **아이오니오** **스**가 미래의 기간을 가리키는 모든 경우, 이 단어는 끝없는 기간을 나타낸다 고 말한다···'4

3) 의인의 영원한 복을 가리키는 단어는 정확하게 악인의 영원한 고통 을 언급하는 단어와 병행된다. 그래서 이와 같이 악인의 영원한 형벌을 부 인하는 모든 주장은 의인의 복의 영원한 기간을 약화시키는 것이다(참고: 마 태복음 25장 46절).

성경의 언어에 관한 이러한 이론들이 영원한 형벌의 가능성으로부터 우리의 영혼의 안전하고 확실한 피난처는 아니다.

2. 단호한 부정들

악인의 고통은 끝없다, 끝나지 않는다, 결코 끝나지 않는다고 말하는 성경 의 진술들이 이러한 단어들이 영원한 고통을 가리킨다는 생각을 더 확고히 지지하고 있다(누가복음 3장 17절, 마가복음 9장 43절, 48절, 마태복음 3장 12절, 5장 26절).

3. 다양한 표현들

조금의 희망조차도 없고 끝없는 지옥의 고통들을 전하는 다양한 표현들이 성경에서 많은 다양한 방식들로 사용된다(마태복음 13장 41-42절, 24장 51절, 25장 30절). 이러한 심판에 빠지지 말라는 엄중한 경고들과 함께 고려된 이러 한 표현들은 지옥의 최후의 마지막과 희망 없음에 대해서 언급한다. 마태복

---

4 William G. T. Shedd, *The Doctrine of Endless Punishment* (Minneapolish: Klock & Klock Christian Publishers, 1886, 1980), pp. 87, 88.

음 12장 31-32절과 마가복음 3장 29절에 있는 용서받지 못할 죄에 대한 경고 또한 이것에 대해 말한다. 마태복음 26장 21절과 마가복음 14장 21절은 결코 태어나지 않았다면 더 나았을 사람들에 대해 말하는 것으로 피할 수 없는 동일한 교리를 전달한다. 부활상태는 성경의 모든 곳에서 사람의 최종적이고 영원한 상태로 본다. 그러나 성경은 악인이 하나님의 영원한 진노의 목적을 위해 육체를 가지고 일으켜질 것이라고 분명히 말한다(다니엘 12장 1-2절, 요한복음 5장 29절, 사도행전 24장 15절).

이러한 증거는 악인의 끝없는 고통들의 교리를 지지하는 성경의 확증을 의심할 여지를 두지 않는다. 그렇지만 두 이단들이 이 증거에 이의를 제기하려고 노력해 왔다. 그것들을 간략하게 진술하고 그것들을 반대하는 덧붙여진 확실한 주장들을 드러내는 것이 필요하다.

보편주의Universalism는 예외 없이 모든 사람이 한날에 구원을 받을 것이라고 가르쳐 왔다. 사람들에게 두 평행한 운명, 서로 대조되는 운명이 있다는 성경의 한결같은 증언은 이 보편주의를 반대한다. 보편주의는 또한 사탄이 스스로 구원받을 수 있다는 터무니없는 내용을 포함한다. (만약 사탄이 구원을 받을 수 있다는 것을 부인하고 오직 사람만이 구원을 받을 수 있다고 주장하려면, 저주받은 사람들이 사탄과 그에게 속한 영들과 똑같은 운명을 겪는다는 것을 이단자에게 상기시켜주는 것이 필요하다(마태복음 25장 41절)). 보편주의는 또한 어떤 사람들에 대해서 만약 그들은 태어나지 않았다면 더 나았을 것이라는 그리스도의 진술을 비난한다. 보편주의가 사실이라면, 태어나는 것이 항상 더 나을 것이다. 보편주의가 좋아하는 인용된 확실한 증거는 보편속죄와 제한속죄의 이론들을 입증하기 위해서 알미니안주의에 의해 인용된 증거-성경의 보편적인 용어('모든 사람들', '세상' 등등)와 동일하다. 보편주의는 알미니안주의를 거부한 것과 동일한 생각들로 인해 거절된다. 성경에 있는 이러한 단어가 예외 없이 모든 사람들을 가리키지 않고 오히려 모든 택자 또는 전체로서 인류를 가리킨다는 것은 간단한 사실이다. 택자는 구원을 받을 수 있고,

각 사람과 모든 사람이 아닌 그들 안에서 세상 전체가 구원 받는것이다.

영혼멸절설Annihilationism은 아마도 오늘날에 더 유명한 이단일 것이다. 복음주의 지도자들로 인해 이 이론이 채택되어 왔거나 적어도 용납되어 왔다. 영혼멸절설은 어느 시점에, 지옥에서 형벌의 시기 이후에 악인의 육체와 영혼은 무로 사라질 것이라고 가르친다. 죄에 상응하는 형벌의 죽음과 두 번째 죽음을 최후의 소멸 또는 절대적인 소멸로 본다. 몇 가지 고려해야 할 사항들이 이 입장의 어리석음을 보여준다. 첫째, 이것은 그들이 자신들을 위해 결코 태어나지 않았다면 더 좋았을 것이라는 그리스도의 진술과 일치할 수 없다. 영혼멸절설은 궁극적으로 그들의 상태가 마치 그들이 태어나지 않은 것과 정확하게 같다는 것을 의미했다. 둘째, 영혼멸절설은 성경의 용어인 멸망과 철학적 개념인 멸절을 동일하다고 계속 고집한다. 그러나 성경에서의 멸망은 어떤 것을 완전한 무로 밀어 넣는다는 것을 절대 의미하지 않는다. 성경의 멸망은 썩어질 것을 의미한다. 마지막으로, 영혼멸절설은 죄에 상응하는 형벌에 관하여 성경의 가르침을 왜곡한다. 예수님께서 대신에 그리고 대리로서 우리의 죄에 해당하는 형벌을 자신에게 지우셨을 때, 예수님께서는 멸망하시거나 소멸되시지 않으셨다. 예수님께서는 육체와 영혼 모두의 아픔과 고통으로 처벌받으셨다. 영혼멸절설은 논리적으로 대속교리를 반박한다.

결국 영원한 형벌의 교리를 의심하거나 부인하는 하나님의 사랑에 관한 모든 교리는 잘못된 교리이다. 이 교리는 하나님의 완전함과 공의를 깎아 내리고 극단적인 죄악을 축소시키는 것으로 인해 하나님을 무력화시킨다. 영원한 형벌교리에 대한 확고한 주장과 그 형벌 안에서의 잔혹한 즐거움을 혼란스러워하지 말라. 하나님께서는 성경에서 영원한 불의 위험에 대해서 가장 자주, 일관되고 생생하게 경고하시고 온유하시고 겸손하시다. 이것이 하나님에 대해서 완벽히 정확하게 언급할 수 있는 것이었다.

부록 1   1689 침례교 신앙고백서의 역사적 기원

서론

대부분의 현대 침례주의자들은 300년 전 문서에 대한 간단한 연구에도 열정을 쏟아야 하는 어려운 시간을 보냈다. 영어권에서 지난 30년에 걸쳐 실현되어 온 칼빈주의, 개혁주의 침례주의자들은 다른 어떤 것보다 자신들의 정체성을 구체화할 수 있는 문서를 연구해야 할 합당한 이유가 있다. 이러한 침례주의자들은 적어도 특수침례교회의 유산과 기독교 역사에서 자신들의 자리를 이해하는 것을 중요하게 인식해야 할 것이다.

1689 침례교 신앙고백서(제2차 런던 신앙고백서로 잘 알려져 있다)는 서명 이후 거의 200년 동안 특수침례교회의 승인된 기준이었다. 이 침례교 신앙고백서는 오늘날에도 여전히 많은 개혁주의 침례교주의자들의 교리적 진술로 남아 있다. 이 신앙고백서는 미국 침례주의자들에 의해 1742년에 필라델피아 신앙고백서로 채택되었고, 300주년을 기념한 해에 대서양(과 태평양)을 접하고 있는 영어권 침례주의자들의 관심을 확실하게 사로잡았다. 이 책의 저자는 1689 침례교 신앙고백서 전체를 가르치면서, 이러한 관심이 개혁주의 침례교회들의 연합을 굉장히 끈끈하게 하고 그들의 근간을 단단하게 할 것이라고 확신한다.

1689 신앙고백서는 런던의 페티 프랑스 교회Petty France church의 두 명의 목사, 느헤미야 콕스와 윌리엄 콜린스에 인해 1677년에 처음 작성되었다. 페티 프랑스 교회의 기록부에 보면, 1675년 9월 21일 "형제 콜린스와 형제 콕스는 이 교회의 목사로 임명되었다."[1] 레니한Renihan은 1689 신앙고백서에 대해 처음으로 알려진 언급이 1677년 8월 26일에 같은 기록부에서 발견되었다는 사실에 주목한다.[2] 1689 신앙고백서는 그 당시 잘 알려진 대부분의 침례주의자들에게 서명을 요구하였다. 콜린스는 1689년에 서명을 하였지만 같은 해에 죽은 콕스는 서명을 하지 못했다. 윌리엄 콜린스는 핸서드 놀리즈Hanserd Knollys(1644 제1차 런던 신앙고백서에도 서명하였다)와 윌리엄 키핀William Kiffin과 벤자민 키치Benjamin Keach(여전히 유용한 여러 책들의 저자이다)와 같이 유명하지는 않은 서명자이다. 섭리가 명예혁명이라는 수단으로 1688년에 영국침례교주의자들에게 아주 큰 종교의 자유와 시민의 자유를 준 이후에 이 신앙고백서는 1689년에 서명되었다. 1689 신앙고백서는 107개 교회들의 대표들이 참여한 영국 특수침례교회의 첫 총회에서 채택되었다.[3]

내가 초점을 두기 원하는 질문은 1689 신앙고백서의 자료들에 관한 흥미로운 주제와 관련이 있다. 페티 프랑스 교회의 목사 윌리엄 콜린스와 느헤미야 콕스 (그리고 이들과 함께 작업했을 인물)의 작품들을 제외하고 최소한 세 가지 특별하고 중요한 자료들은 확인되어야 할 것이다. 이러한 자료들의 연구는 특수침례교운동의 선조들의 교리적 뿌리들과 신앙의 정체성을 가장 유익한 방식으로 명확하게 하는 데 적합하다. 이것이 결과적으로 오늘날 개

---

1   *Covenant Theology from Adam to Christ*, ed. by Ronald D. Miller, J ames M. Renihan, Francisco, Orozco (Palmdale, CA: Reformed Baptist Academic Press, 2005), 17.
2   *Covenant Theology*, 20.
3   William L. Lumpkin, Baptist Confessions of Faith (chicago: The judson Press, 1959), p. 235-238.

혁주의 침례주의자들에게 특별한 의미가 없지 않을 것이다. 우리는 첫째로 1689 신앙고백서의 정체성, 둘째로 특징, 셋째로 유용함, 넷째로 의미를 연구할 것이다.

I. 1689 신앙고백서의 정체성

중요한 순서대로 이 침례교 신앙고백서의 자료들은 다음과 같다.
1. 웨스트민스터 신앙고백서
2. 사보이 선언
3. 제1차 런던 신앙고백서
4. 첫 편집자들의 자료들

II. 1689 신앙고백서의 특징

1. 웨스트민스터 신앙고백서

웨스트민스터 신앙고백서(이후로 이 글에서는 웨스트민스터라고 부르겠다)는 웨스트민스터 총회에서 청교도 신학자들에 의해 작성되었고 1646년에 출판되었다. 장로교 신념을 가진 청교도들이 바로 이 총회에서 우세하였기에, 웨스트민스터 신앙고백서는 장로체계와 노회, 유아세례, 장로교 국가교회의

개념으로 인하여 장로교 관점의 교회정치를 반영하였다.[4]

2. 사보이 선언

사보이 선언(이후에 이 글에서 사보이라고 부르겠다)은 정도를 지킨, 웨스트민스터 신앙고백서의 수정판이었다. 회중교회의 질서를 설명하는 30개의 짧은 항이 웨스트민스터 신앙고백서 수정판에 덧붙여져 있다. 이 수정판은 1658년 회중교회의 신념을 가진 여섯 명의 청교도들에 의해 작성되었고 그들 중에는 토마스 굿윈과 존 오웬이 있었다. 이 수정판은 교회 회의의 체계를 가지고 그들이 장로교회의 통치체계를 거절한 것을 반영하였고 각 지역 교회의 회중모임의 독립성을 주장하였다. 또한 이 수정판은 국가교회 개념을 거절하였고 종교의 자유의 개념에 가깝게 다가갔다. 이 회중주의자들은 개인의 신앙고백이 교회회중에게 필수라는 것을 주장하였으나 일관성 없는 논리로 유아세례를 지속적으로 시행하였다.[5]

3. 제1차 런던 신앙고백서

제1차 런던 신앙고백서(이후에 이 글에서 제1차 런던으로 부르겠다)는 1644년 런던 지역에 있는 일곱 개의 특수침례교회들에 의해 작성되었다. 제1차 런던 신앙고백서는 초기 특수침례주의자들의 칼빈주의 신앙을 52장으로 명료

---

4   *Westminster Confession of Faith* (Inverness: The Publications Committee of the Presbyterian Church of Scotland, 1970), Chapters 20.4 (p. 89), 23.3 (pp. 101-103), 28.4 (p. 115), Chapter 21 (pp. 121-123). 많은 미국 장로교들은 이후에 웨스트민스터 신앙고백서의 항에서 교회와 국가의 연합에 대한 진술들을 제거했다.

5   *The Savoy Declaration of Faith and Order 1658* (London: Evangelical Press, 1971), 21장 3항(pp. 31, 32), 24장 3항(p. 35), 25장 2항(p. 36), 29항 4항(p. 39)을 특별히 주목하라. Philip Schaff, *The Creeds of Christendom*, Vol. Ⅲ, pp. 707-729.

하게 진술한다. 제1차 신앙고백서는 은혜교리, 침례와 교회에 대한 침례주의자의 관점을 가르쳤고, 네덜란드와 독일의 재세례파들의 많은 독특한 교리들을 명명백백하게 거절했다. "재세례파로 (아주 부적절하게) 일컬어진 일곱 회중들, 일곱 교회들의 신앙고백서"라는 제1차 런던 신앙고백서의 제목이 이 마지막 관계를 강조했다. 이 관계에 대한 설명으로 인해, 이 신앙고백서는 명백히 자유의지(자유의지에 관한 펠라기안의 관점이 재세례파들 가운데 일반적이었다)를 버렸다. 그리고 세속정부를 하나님께서 임명하셨다는 것을 지지했다(재세례파들은 세속정부가 하나님으로 인해 세워졌다는 사실을 일반적으로 부정했고 기껏해야 세속정부를 필요악으로 여겼다).[6]

4. 첫 편집자들의 자료들

런던에 있는 페티 프랑스 교회의 목사 윌리엄 콜린스와 느헤미야 콕스는 앞에서 언급된 각 문서들에서 뽑아낸 내용들을 논리적인 신앙고백서로 엮어 내야 할 책임이 있었다. 앞에서 언급한 문서들에서 발췌하지 않은 단어들, 구절들, 때로는 문장들, 항들이 1689 신앙고백서 여기저기에 있다. 이러한 것들은 분명 첫 편집자들로부터, 즉 지금의 저자가 인식하지 못한 다른 몇몇 자료들로부터 가져온 것이 틀림없다.[7]

---

6   *A Confession of Faith* (London: Matth. Simmons, 1646 reprinted Rochester, NY: Backus Book Publisher, 1981) note particular the facimile title page and Articles 3 (pp. 1,2), 6 (p. 3), 21 (p.8), 22 (p.9), 23 (p. 9) 48-50 (pp. 17-19).

7   Alan Dunn, *"The London Baptist Confession of 1689 With a Key to Its Sources"* (unpublished, 1988).

III. 1689 신앙고백서의 유용함

콜린스에 대한 언급은 우리로 하여금 편집자 콜린스가 고심 중에 이러한 자료들을 실제로 사용하였다는 것을 생각하게 한다. 1689 신앙고백서에서 발견된 자료들 중 많은 부분은 원래 웨스트민스터 신앙고백서에서 가져왔다. 이것은 많은 해석자들로 하여금 웨스트민스터 신앙고백서가 콜린스가 직접 관여하여 수정한 문서였다고 간주하도록 생각하게 한다. 실제로, 완전히 이것은 사실이 아니다. 사보이 선언이 콜린스가 직접 관여하여 작업하였던 문서였다는 결정적인 증거는 있다. 다른 말로하면, 1689 신앙고백서에 큰 영향을 준 웨스트민스터 용어는 (거의 예외 없이) 대부분 오로지 사보이 선언의 체로 걸러져서 드러났을 뿐이다. 한편으로, 1689 신앙고백서는 "제20장 복음과 그 은혜의 범위에 관하여"를 포함한다. 이 장은 사보이판 웨스트민스터 신앙고백서에 덧붙여진 유일한 장이다. 1689 신앙고백서는 웨스트민스터 신앙고백서 "제30장 교회의 권징에 관하여", "제31장 공의회와 협의회에 관하여"를 삭제함으로 사보이 선언을 따른다. 웨스트민스터 신앙고백서 "제15장 회개에 관하여", "제25장 결혼에 관하여"로부터 많은 부분에서 달리한 것은 대부분 사보이 선언의 용어를 채택하였다는 것을 반영한다. "제26장 교회에 관하여"는 사보이 선언으로부터 대부분을 발췌했다는 것을 드러낸다. 1689 신앙고백서 제26장 1-4항에서 사보이 선언 제26장의 용어들이 광범위하게 사용되었다. 반면 지역교회를 다루는 5-15항에서는 두 항만을 제외한 모든 항이 사보인 선언에 덧붙여진 교회의 질서에 대한 진술에서 발췌되었다. 1689 신앙고백서에 포함되어 있는 160항들 중에 단 14항만이 사보이 선언에서 발췌된 것은 아니다. 더 중요하게, 그 구조는 사보이 선언의 것이다. 1689 신앙고백서의 32장의 제목들이 일관되고 정확하게 사보이 선언의 제목과 같다. (단 한 장의 예외는 제28장이다. 그 장은 "성례전에 관하여"를 대신하여 우리는 "침례와 주의 만찬에 관하여"이다.)

그러나 침례주의자들이 사보이 선언과 웨스트민스터 신앙고백서를 칭찬한 것은 앞에서 보았듯이 명명백백하지만, 이러한 문서들을 독창성 없이 맹목적으로 의지하지 않았다는 충분한 증거가 있다. 언약, 국가, 침례의 주제에 있어서 이러한 문서들과 중요한 차이들로 인하여 이것은 명백해진다. 또한 이는 많은 점에 있어서 제1차 런던 신앙고백서를 인용한 것으로 명백해진다. 제1차 런던 신앙고백서에서 중요하게 도움을 얻은 내용들은 제2장 1항, 3항, 제3장 1항, 3항, 제6장 1항, 3항, 제8장 2항, 8-10항, 제10장 2항, 제13장 3항, 제14장 2항, 제17장 1항, 제24장 3항, 제26장 11항에서 발견된다. 이것은 콜린스와 그의 동료들이 만든 수정판들에 의해 또한 명백해진다. 의미있는 수정들은 제1장 1항, 제4장 2항, 제5장 2항, 제6장 1항, 제7장 2-3항, 제8장 8-10항, 제14장 1-2항, 제17장 1항, 3항, 제22장 5항, 제23장 3항, 제24장 3항, 제26장 1-2항, 10항, 12-13항, 제27장 2항, 제28장 1-2항, 제29장 1-4항, 제30장 1항, 5항, 제31장 1항에서 발견된다. 다른 약간의 변화들이 있다. 그렇지만, 이러한 변화들은 어떤 범위나 중요성에 있어서 그렇다. 1689 신앙고백서에 있는 160개의 항들 중에서 완전한 6개의 항들(제7장 3항, 제26장 10항, 제28장 1-2항, 제29장 2항, 4항)만이 그 편집자들에 의해 제공을 받았다.

이 연구의 결과, 다음과 같이 정리될 수 있다. 1689 신앙고백서의 160개의 항들 가운데 146항은 (많은 점에 있어서 웨스트민스터 신앙고백서를 반영한) 사보이 선언에서 가져온 것이고, 8항은 제1차 런던신앙고백서, 6항은 콜린스로부터 발췌한 것이다.

IV. 1689 신앙고백서의 의미

이 모든 것은 고문서 연구자나 역사가에게 아주 매력적일 수 있지만, 보통 그리스도인들에게는 아주 재미없는 것일 수 있다. 나는 1689 신앙고백서가 그리스도의 교회의 역사로부터 아주 실질적인 가르침을 진심으로 배우기 원하는 사람들을 위해, 실제로 그 가르침들을 포함하고 있다는 사실을 보여주길 소망한다.

1) 1689 신앙고백서는 믿음 안에서 존경받는 선조들이 독창성에 그 어떠한 추가가치를 두지 않고, 오히려 연합과 교리에 있어서 입증된 방향에 가치를 두었다고 가르친다. 그들이 그들 자신의 믿음을 자신의 독특한 방식으로 진술해야 할 만큼, 그들은 썩 훌륭하거나 지혜롭거나 독창적이지도 않았다. 아니다, 오히려 그들은 그들이 개혁주의 형제들과 청교도 형제들과 연합되어 있다는 것을 보여주길 바랐다. 1677년 처음 발행되었을 때 그 신앙고백서의 서문에서, 그들은 자신들의 목적이 "그들이 아주 분명한 성경의 증거를 가지고 주장해온 모든 개신교 교리에 있어서 우리가 진심으로 그들(장로교인들과 독립회중주의자들)과 일치한다"[8]라는 사실을 보여주는 것이라고 진술한다.

어떤 사람은 이러한 침례주의자 선조들에 의해 드러난 지혜에 감탄한다. 침례주의자들 자신들과 독립회중주의자들, 장로교주의자들과 가능한 만큼 거리를 두려는 반응은 대부분의 청교도 형제들에 의해 박해를 받았고, 확실히 그들의 오류들에 동의하지 않은 그들에게 있어서, 세상에서 가장 쉬

---

8   As quoted by William L. Lumpkin, *Baptist Confessions of Faith* (Chicago: The Judson Press, 1959), p. 236.

운 일이었을 수도 있었다. 그들은 이렇게 쉬운 일을 하지 않았다. 그들은 새로운 것이 일반적으로 이단에 상응하는 다른 말이라는 사실을 인식하고 있었다. 그들은 그리스도의 참 교회가 올바른 의미에서 가톨릭^{catholic}이라는 인식을 보여주었다. 그래서 그들은 자신들의 독특한 입장이 아니라 자신들이 역사적 기독교와 하나라는 사실을 강조하기 위해 노력했다.

이 사실에는 오늘날 개혁주의 침례주의자들을 향한 엄청난 가르침들이 있다. 개혁주의 침례주의자들이나 다른 개혁주의 그리스도인들의 공동체들이 자신들만의 독특한 것들을 너무 강조하고 모든 종류의 특이하고 독특한 것들의 취약한 점을 드러내는 것으로 얼마나 속이 좁고, 독단적이고, 깔보는 반응을 해왔는가. 이러한 일들은 그들의 모든 유용함을 파괴해왔다. 필요한 모든 것은 우리의 첫 선조들로 인해 드러났던 것 같은 보편성의 정신이다. 우리는 우리의 신앙의 양심을 버리지 않으면서, 다른 보수적이고 개혁주의 기독교인들과 동일한 정신을 가졌다는 사실을 반드시 강조해야 한다. 우리는 반드시 우리의 신앙의 양심이나 우리 교회들의 회중들을 위한 기준을 가지고 별난 것들, 의견들, 철학적인 것들을 만들지 않아야 하고, 오히려 우리의 신앙고백서에서 우리에게 주어진 성경의 진리에 대한 진술된 요약과 같이 진리 안에서 일치를 요구해야 한다(빌립보서 2장 1-4절).

2) 1689 신앙고백서는 특수 침례주의자, 개혁 침례주의자 운동의 개혁주의, 청교도 기원을 가르친다. 만약 어떤 것이 앞선 연구에서 분명해졌다면 이는 이것일 것이다. 제1차, 제2차 런던 신앙고백서 모두 재세례파들로부터 특수침례주의자들을 떼어놓으려는 의도를 가졌다. 자신들의 계보가 대륙의 재세례파들까지 올라가길 바라는 사람들이 그렇게 떼어놓기도 하지만, 그들은 특수 침례주의자의 유산에 대한 자신들의 권리를 기꺼이 포기한다. 어떤 사람은 1689 신앙고백서의 몇 부분들에서 박해받은 재세례파들을 공감하는 마음을 알 수 있다고 한다. 또한 대륙의 재세례파들로부터 받은 일반

적이거나 간접적인 영향이 몇몇 사람들로 하여금 신자침례주의를 고려하게
했다고 할 수도 있다. 그럼에도 불구하고, 런던과 넓게는 영국에서 발생한
특수 침례교회들의 직접적인 뿌리는 이후에 독립, 회중주의[9]로 잘 알려지게
된 분리주의자, 청교도 교회들이었다. 이 운동은 토마스 굿윈, 존 오웬, 필립
나이Philip Nye, 윌리엄 브리지William Bridge, 예레미야 버로우즈Jeremiah Burroughs
에 의해 이끌어졌다. 이들 대부분이 웨스트민스터 회의[10]에 참석하였다는
것으로, 그들의 청교도 정체성은 부인될 수 없다. 1689 신앙고백서에서 발
견된 항들 중 90% 이상이 회중주의 청교도들에 의해 작성된 사보이 선언에
서 발견된다. 단지, 역사적 무지나 신학적 편견이 사람들로 하여금 침례주의
자들이 개혁주의라는 것을 부정하게 하는 것이다. 이 반대가 전통 개혁주의
교파들에 있는 사람들에게서 나오는 것이든 혹은, 침례교에 있는 사람들에
게서 나오는 것이든 이 반대는 역사연구의 빛 앞에 설 수 없다.

3) 1689 신앙고백서는 하나님의 말씀의 기초 위에서 판단의 올바른 독
립성을 위한 자리를 가르친다(고린도전서 7장 23절). 몇몇 사람들은 특수침례
교회의 유산의 독창성을 구체화 때 1689 신앙고백서의 중요성을 깎아내리
길 바라고 있다. 그들은 특수 침례주의자들이 박해받는 상황으로 인해 지
나치게 영향을 받아 웨스트민스터 신앙고백서의 전통을 따라갔다고 주장
해 왔다.[11] 이 주장에 대한 몇몇 설득력 있는 반응들이 있을 수 있고, 있어 왔

---

9   Erroll Hulse, *An Introduction to the Baptist* (Haywards Heath: Carey Publications, 1973),
    pp. 17,18.

10 *The New Schaff-Herzog Encyclopedia of Religious Knowledge*, Vol. 111 (Chamier-Draendorf)
    (New York: Funk and Wagnalls, 1901), p.233; Not also the comments of Williston Walker
    in T*he Creeds and Platforms of congregationalism* (Philadelphia: Pilgrim Press, 1969), pp.
    340-353.

11 *A Confession of Faith* (London: Matth. Simmons, 1646 reprinted Rochester, NY: Backus
    Book Publishers, 1981) note particularly Gary Long's Contemporary Preface, pp. iv-vi.

다.[12] 만약 제2차 런던 신앙고백서를 웨스트민스터 신앙고백서와 사보이 선언과 비교한다면, 제2차 런던신앙고백서는 독립적인 판단과 자유를 가지고 이 두 문서들을 수정했다는 사실을 계속해서 드러낸다고 여기서 충분하게 말할 수 있다.[13] 사보이 선언, 웨스트민스터 신앙고백서와 1689 신앙고백서의 유사성이나 1689 신앙고백서의 독창성의 가치를 깎아내리는 것은 잘못일 것이다. 콜린스에 의해 유의미하게 영향 받은 요약된 항목과, 앞에서 분명하게 주어진 제1차 런던 신앙고백서가 웨스트민스터 신앙고백서에 맹목적으로 의존하거나 종속되어 있지 않았다는 것을 충분히 드러낸다. 만약 단어를 바꾼 작은 변화들까지 포함한다면, 이 변화는 배로 늘어날 것이다. 럼킨Lumpkin은 다음과 같이 주장한다.

저자, 즉 총회 신앙고백서[SW= 1689 신앙고백서]의 저자들의 생각의 독립성에 대한 증거들이 부족하지 않다. 1644 신앙고백서와 같이 성경에서 보자면 주의 만찬은 침례 받은 사람들에게 제한되어 있지 않다. 독특하게 침례주의자들은 다음의 주제들에 관하여 총회 신앙고백서 안에서 드러내는 것을 강조한다. 이 주제들은 모든 세대들, 민족들에게 복음을 설교해야 하는 의무(웨스트민스터 신앙고백서에는 없는 새로운 제20장), "찬송들과 영적인 노래들"을 부르는 것(웨스트민스터 신앙고백서의 권고, 시편찬송 부르기, 제23장에 덧붙였다), "성례전"이라는 용어, 성례전들이라는 장로교의 정의를 사용하지 않고(제27장), 성도가 설교하는 것에 대한 조항(제26장 2항)이다. 덧붙여, 교회에 대하여 침례주의자가 강조한 독특성은 제26장을 아홉 개의 세부 항들로 확장하는 것으로 특징지어진다(SW: 럼킨이 틀렸다. 세부 항의 수는 열다섯이다). 첫 특수 침례주의자 신앙고백서가 런던과 그 지역들을 대표한 것처럼, 1689 신

---

12 Note the excellent critique of Richard P. Belcher and Tony Mattia, *A Discussion of the Seventeenth Century Baptist Confessions of Faith* (coumbia: Richharry Press 1983).

13 Alan Dunn, *"The London Baptist Confession of 1689 With a Key to Its Sources"* (unpublished, 1988).

앙고백서는 역사적이었다. 그러나 1677년에 이 신앙고백서가 앞으로 유용하겠다고 거의 상상할 수 없었을 것이다.[14]

4) 1689 신앙고백서는 우리에게 특수, 개혁주의 침례주의 운동을 가르친다. 개혁주의 전통에 있는 많은 사람들은 모든 침례주의자가 알미니안으로 평가하는 교육을 받아왔다. 그러나 알미니안주의는 명확히 침례주의의 특징이 아니다. 몇몇 현대 침례주의자들은 침례주의의 하나의 특징이 구약과 십계명의 가치를 깎아내리는 것이라고 결론을 내리는 듯하나, 1689 신앙고백서는 아주 힘 있게 이를 반대하는 증언들을 가진다. 침례주의자의 특징들은 분명히 국가공직자들에 대한 재세례파들의 관점을 포함하지 않는다. 개혁주의, 청교도 형제들과 마찬가지로 특수 침례주의자들은 알미니안주의, 율법폐기론, 재세례파를 거절했다.

특수 침례주의자들의 특징은 첫째, 위계적 교권으로 지역교회의 독립이었다. 둘째, 특수 침례주의자들은 교회는 오직 예수 그리스도를 믿는 믿음을 신뢰할 수 있게 고백하는 회중들만으로 구성되어야 한다고 믿었다. 그들이 주장한 이 두 특징들은 독립회중주의자 청교도들과 일치한다. 물론, 세 번째 특징은 신자의 침례였다. 네 번째 특징은 교회와 국가의 분리, 즉 종교의 자유에 대한 분명하고 모호하지 않은 교리였다. 이 모든 것이 다섯 번째 특징을 암시했다. 특수 침례주의자들은 하나님의 언약들의 일치성을 확실히 주장하지만 새 언약의 우위와 이 언약들 간의 다양성을 부정하지 않는 하나님의 언약의 관점을 고수하였다. 그렇지만, 여기에서조차 특수 침례주의자들은 웨스트민스터 신앙고백서와 사보이 선언(제7장 2항)의 은혜언약과 동일한 언어로 은혜언약을 정의 내리는 것에 만족하였다. 신앙고백에 있어서 특수, 개혁주의 침례주의자들을 특징짓는 주요한 문제들이다.

---

14 Lumpkin, *Baptist Confessions of Faith*, pp. 237, 238.

부록 2　1689 침례교 신앙고백서의 분석적 개요

물론, 모든 것들(성경, 책들, 신조들)의 개요들은 논리적인 분석에 기초를 두는 것이 당연하다. 그렇지만 이 개요들은 어느 정도 설교적인 것이 가미된 부분이다. 내가 여러분들에게 제시하는 모든 것을 1689 신앙고백서 개요에 대한 최종적인 말처럼 취하지 않길 바란다.

내가 여기서 여러분에게 제시하는 1689 신앙고백서의 분석적인 개요에 대해서 두 번째 요구가 있다. 이 개요를 온전히 내 자신의 분석의 산물이라고 생각하지 않길 바란다. 나의 생각은 그렉 니콜스Greg Nichols와 짐 레니한Jim Renihan에 의해 영향을 받아왔다. 그렉의 1689 신앙고백서 개요는 이 책A Modern Exposition 이전 판에 있다. 미국개혁주의ARBCA 총회에서 짐 레니한의 분석은 통찰력 있었고, 앞으로 소개할 나의 1689 신앙고백서의 개요를 수정하는 데 아주 유용했다. 물론, 앞으로 소개할 개요의 모든 결점은 나의 책임이다.

그렉과 짐으로부터 얻은 유용한 통찰력이 나의 새로운 개요에 대한 관점이다.

첫 번째 부분: 첫 원리들(제1장-제6장)

두 번째 부분: 하나님의 언약(제7장-제20장)

세 번째 부분: 그리스도인의 자유(제21장-제30장)

네 번째 부분: 마지막 일들(제31장-제32장)

나는 이 개요에서 형성된 핵심적인 통찰력들을 여러분들과 공유하도록
하겠다.

첫 번째 부분: 첫 원리들(제1장-제6장)
우리 모두는 1689 신앙고백서의 이 장들이 근거라는 것에 동의한다.

두 번째 부분: 하나님의 언약(제7장-제20장)
짐 레니한은 내가 하나님의 언약이 1689 신앙고백서의 두 번째 부분의 기
초적, 구조적인 원리라고 앞서 언급한 것을 가끔 논했다. 그래서 제7장이 두
번째 부분에서 시작한다.

워필드는 웨스트민스터 총회와 자신의 작품에서 웨스트민스터 신앙고
백서에 대해서 다음과 같이 말한다.

웨스트민스터 신앙고백서의 구조상 원리는 그 당시의 영국 계약신학
Federal theology의 체계화에 의해 제공을 받는다. 이 언약신학의 체계는 유럽
대륙의 지배적인 입장과 동일하고, 개혁주의 교리의 집대성을 드러내는 가
장 적합한 형태이다.[1]

워필드는 "계약신학"Federal theology을 언약신학Covenant Theology으로 의미
한다. (언약Covenant은 계약federal이 나온 라틴어 *foedus*를 영어로 옮긴 것이다.)

세 번째 부분: 그리스도인의 자유(제21장-제30장)
1689 신앙고백서의 두 번째 부분과 세 번째 부분 모두 각 주제들의 장들에
서 시작한다. 그리스도인의 자유는 개혁주의의 주된 문제이고 신앙고백서
의 세 번째 부분의 모든 장들의 주제에 영향을 미친다. 이는 독자를 깜짝 놀

---

1   Benjamin B. Warfield, *The Works of Benjamin B. Warfield*, Vol. VI, The Westminster
     Assembly and its Work (Grand Rapids, MI: Baker Books, 2000), 56.

라게 한다. 존 칼빈이 "그리스도인의 자유"를 주제로 언급한 내용을 집중해서 듣자.

우리는 이제 그리스도인의 자유에 대해서 다룰 것이다. 어떤 사람이 복음의 가르침을 요약하여 전하기로 하였어도, 이 자유에 대한 설명은 분명하게 생략되어서는 안 된다. 기본적으로 필수적인 문제이기에, 양심이 망설임 없이 어떤 일을 행할 수 없게 하는 지식 없이… 특별히 그리스도인의 자유는 적절하게 칭의에 덧붙여지고 그 자유의 힘을 이해하는 데 큰 도움을 준다(기독교강요 3.19.1).

또, 그리스도인의 자유에 대한 존 오웬의 말을 생각해보자.

종교개혁의 두 번째 원리, 이 원리 위에서 개혁가들은 자신을 로마교회로부터 분리한 것을 정당화했다. 이 원리는 바로 이것이다. '그리스도인들은 교회가 안내하는 내용들에 맹목적으로 복종하도록 묶여 있는 것이 아니고 자유로울 뿐만 아니라 또한 신앙과 하나님을 예배하는 것에 있어서 믿고 실천해야만 하는 모든 것에 대해서 자신을 위해서 의무적으로 판단해야 한다.[2]

네 번째 부분: 마지막 일들(제31장-제32장)

모든 사람들은 이것이 이 장들의 주제라는 것에 동의한다. 1689 신앙고백서 이전 판에서 주어진 개요에서, 이것은 "앞으로 올 세상"이라고 불렸다. 나는 간략하게 여기에서 약간 고어체 제목을 붙인다.

내가 그것을 이해한 것과 같이 세부적이고, 분석적인 개요가 있다.

첫 번째 부분: 첫 번째 원리들(제1장-제6장)

---

2 John Owen, *The Works of John Owen*, ed. by William Goold (London: The Banner of Truth Trust, 1967), 15:402.

첫 번째 구역: 거룩한 성경(제1장): "거룩한 성경에 관하여"

두 번째 구역: 하나님의 본질(제2장): "하나님과 거룩한 삼위일체에 관하여"

세 번째 구역: 하나님의 작정(제3장-제5장): "하나님의 작정···창조··· 하나님의 섭리에 관하여"

네 번째 구역: 사람의 타락(제6장): "사람의 타락, 죄, 죄의 형벌에 관하여"

두 번째 부분: 하나님의 언약(제7장-20장)

첫 번째 구역: 언약교리(제7장): "하나님의 언약에 관하여"

두 번째 구역: 언약의 중보자(제8장): "그리스도, 중보자에 관하여"

세 번째 구역: 언약의 무대(제9장): "자유의지에 관하여"

네 번째 구역: 언약의 복들(제10장-13장)[3]

  1. "유효적 부르심에 관하여"(제10장)

  2. "칭의에 관하여"(제11장)

  3. "양자에 관하여"(제12장)

  4. "성화에 관하여"(제13장)

다섯 번째 구역: 언약의 은혜들(제14장-제18장)

  1. "구원하는 믿음에 관하여"(제14장)

  2. "생명에 이르는 회개에 관하여"(제15장)

  3. "선행에 관하여"(제16장)

  4. "성도의 견인에 관하여"(제17장)

  5. "은혜와 구원의 확신에 관하여"(제18장)

---

3 신앙고백서는 **구원의 서정**ordo salutis을 따르고 있지 않다. 순서는 하나님께서 주시는 복들과 사람이 받은 은혜들이다. 언약은 첫 번째 판이고 두 번째 판이다.

여섯 번째 구역: 언약의 수단(제19장-제20장)[4]

 1. "하나님의 법에 관하여"(제19장)

 2. "복음과 복음의 은혜의 범위에 관하여"(제20장)

세 번째 부분: 그리스도인의 자유(제21장-제30장)

 첫 번째 구역: 개인의 자유(제21장): "그리스도인의 자유와 양심의
          자유에 관하여"(제21장)

 두 번째 구역: 종교적 예배 (제22장-제23장)

 1. "종교적 예배와 안식일에 관하여"(제22장)

 2. "합법적 맹세와 서약에 관하여"(제23장)

 세 번째 구역: 국가통치(제24장): "국가 공직자에 관하여"

 네 번째 구역: 거룩한 결혼(제25장): "결혼에 관하여"

 다섯 번째 구역: 교회통치(제26장): "교회에 관하여"

 여섯 번째 구역: 그리스도인의 교제(제27장): "성도의 교제에 관하여"

 일곱 번째 구역: 교회의 의식들(제28장-제30장)

 1. "침례와 주의 만찬에 관하여"(제28장)

 2. "침례에 관하여"(제29장)

 3. "주의 만찬에 관하여"(제30장)

네 번째 부분: 마지막 일들(제31장-제32장)

 첫 번째 구역: 중간상태(제31장 1항): "죽은 후 사람의 상태와 부활에
          관하여"

 두 번째 구역: 일반적인 부활(제31장 2-3항): "죽은 후 사람의 상태와

---

4 이 장들은 종교개혁의 근본적인 주제들 가운데 하나를 드러낸다. 바로 율법과 복음이다.
 그러나 율법과 복음은 동일한 방식으로 언약의 수단이 아니다. 율법은 준비시키고, 복음
 은 구원시킨다.

부활에 관하여"

세 번째 구역: 최후의 심판(제32장): "최후의 심판에 관하여"

부록 3   1689 침례교 신앙고백서의 교리적 개관

1689 신앙고백서의 개요와 기원에 대한 앞선 연구는 우리에게 있어서 결정적인 영향을 준다. 우리는 개혁주의 침례주의자들의 삶을 위해 다른 어떤 체계적인 문서보다 이 문서에 마땅히 주의하여 들어야 한다. 개혁주의 침례주의자인 우리는 누구인가? 1689 신앙고백서의 신학적인 특징들은 세 마디로 요약될 수 있고 세 동심원으로 드러낼 수 있다. 가장 바깥에 있는 원은 **역사적 전통**이다. 다음 원은 **개혁주의 신학**이다. 가장 안쪽에 있는 원은 우리가 **침례주의자 원리들**로 부를 수 있을 것이다.

역사적 전통

오늘날 사람들은 역사적 전통이 필요하다. 변화하는 세상은 변하지 않는 진리들을 필요로 한다. 1689 신앙고백서는 역사적, 기독교 전통 안에 서 있다. 개혁주의 침례주의자들은 전통 기독교의 하나님, 삼위일체에 대한 니케아 교리, 역사적 전통에 속한 그리스도를 믿는다. 역사적 전통에 집중하는 것은 믿음의 선조들이 독창성에 지나친 가치를 두지 않았다는 것과 오히려 일치성과 입증된 교리적 방향에 가치를 두었다는 사실을 드러낸다.

개혁주의 신학

입증된 길에 둔 가치는 1689 신앙고백서가 잘 알려진 개혁주의 신앙고백서들을 폭넓게 참고했다는 것에서 드러난다. 1689 신앙고백서는 하나님의 작정, 죄, 그리스도의 사역, 자유의지, 유효적 부르심, 하나님의 법, 규정적 원리, 기독교 안식일, 마지막 일들과 언급될 수 있는 항목들에 대해 개혁주의 관점들을 가진다.

1689 신앙고백서가 개혁주의 신학을 수용하는 방식은 특수 침례주의 운동의 기원이 개혁주의와 청교도라는 사실을 분명히 가르친다. 그렇다, 정말 잘 알려진 침례주의자들과 개혁주의 학자들임에도 불구하고, 침례교 개혁주의자가 되었다. 침례주의자들이 개혁주의자가 될 수 없다는 생각은 개혁주의 침례주의자인 우리의 독특함을 잘못 이해한 개혁주의자, 침례주의자들이 유아세례에 지나치게 사로잡혀 있다는 것을 드러낸다.

침례주의자들의 원리들

모든 개혁주의 세계에 맞서, 독립회중 청교도들의 몇몇 관점을 지지하는 것을 제외하고 1689 신앙고백서는 침례주의자의 원리들을 가르친다. 이것은 하나님의 말씀에 기초하여 적절한 판단의 독립성을 위한 자리가 있다는 사실을 보여준다(고린도전서 7장 23절). 이것은 우리에게 특수, 개혁주의 침례주의자 운동의 참 특징들을 가르친다. 이러한 특징들은 알미니안주의, 율법폐기론,[1] 재세례파가 아니다. 침례주의자들의 독특성은 오히려 지역교회의 독립성이다. 신자들의 교회이다. 신자침례이다. 종교의 자유이다. 그리고 새 언약의 우위성이다.

---

[1]   Richard P. Belcher, Anthony Mattia, *Seventeenth Century Baptist Confessions of Faith* (Crown Publications, 1990); James M. Renihan, "Confessing the Faith in 1644 and 1689" accessed on August 23 at http://www.reformedreader.org/ctf.htm.

부록 4   1689 침례교 신앙고백서에 대한 올바른 이해[1]

올해 초 나인 막스 미니스트리[9Marks Ministry]가 서든 침례신학대학교 역사교수 숀 라이트[Shawn Wright]에 의해 쓰여 진 한 기사를 게재했다. 이 기사에서 1689 신앙고백서가 지역교회의 신앙진술문으로 사용되지 않았다고 주장하였다. 바로 이 기사는 www.9marks.org에서 볼 수 있다. 사무엘 왈드론[Sam Waldron]의 이 기사는 1689 신앙고백서가 지역교회들에 의해 쓰였다는 변증이다.

서론

짧은 글이 설명하는 중대한 주제들에 들어가기 전에, 분명히 하길 원하는 세 가지 내용이 있다.

숀 라이트에 대한 의견

우선 나는 나의 친구 숀 라이트에 대한 의견을 말하려고 한다. 우리는 루이빌에 있는 서든 침례신학대학교에서 서로 관계를 맺음으로, 나는 숀을 알고

---

1   다음의 부록은 '어떻게 (왜) 여러분의 교회는 1689 신앙고백서를 고수하고 있는가?'라는 제목으로 2005년 여름에 Founders 잡지에 싣기 위해 쓴 나의 글이다. 다음의 주소로 접속할 수 있을 것이다. http://founders.org/fj6r/ how-and-why-your-church-should-hold-to-the-1689-confession/.

존중한다. 나는 다른 곳에서 그의 작품을 인용했다. 나는 여기에서 그와 일치하지 않는 것이 전혀 즐겁지 않다. 중대한 주제들은 나로 하여금 그의 관점들을 비판적으로 평가하도록 자극한 9Marks의 소식지에 실린 그의 기사로 인해 드러난다. 이는 단지 나의 의견일 뿐이다.

이러한 이유로, 나는 그를 비난하는 데 그의 이름을 쓰지 않겠다. 나는 이 글에 "라이트Wright가 옳은가Right?"라고 동음이의로 제목을 붙이거나, 두음법으로 "라이트Wright가 틀렸는가Wrong?" 또는 더 노골적으로 두음을 맞춰서 "라이트는 틀렸다!"라는 식으로 제목을 붙이지는 않을 것이다.

나인막스에 대한 의견

또한 나는 내가 일반적으로는 나인막스의 사역을 존중한다는 것을 분명히 한다. 나는 나인막스와 교회개혁 기관이 아주 훌륭한 동인이라고 믿는다. 내가 여기서 말하는 것은 그 사역의 가치를 떨어뜨리려는 그 어떠한 의도도 없다. 사실, 켄터키주 오인즈버러에 있는 헤리티지 침례교회의 나의 동료 목사들과 나는 다른 사람들에게 이 사역을 권한다. 우리가 이렇게 실망한 이유들 가운데 하나는 나인막스에 의해 분명하게 의뢰받은 라이트의 글에서 표현된 관점들 때문이다. 나는 이후 바로 그 소식지에 그들의 관점들에 답할 수 있는 기회를 주신 것에 감사한다.

내가 글을 쓴 이유에 대한 의견

나는 실제로 글을 쓰는 두 가지 이유를 가지고 있다. 첫째로, 나는 1689 침례교 신앙고백서가 지역교회의 신앙고백으로 쓰이길 진심으로 권한다. 나는 라이트의 관점들이 오늘날 침례교회들의 개혁에 모든 나쁜 결과들을 초래할 수 있을까 염려한다.

나는 1689 침례교 신앙고백서가 완벽한 신앙고백서라고 표현하지 않고 그렇게 가정하면서 라이트의 관점들을 반대하지 않겠다. 앞으로의 논쟁들이 보여줄 것이지만, 이 모든 관점은 전부 나의 관점만은 아니다. 나는 적절한 시기, 즉 개혁의 대의를 이루고자 하는 침례주의자의 폭넓은 연합이 이루어지는 바로 그때, 1689 신앙고백서는 약간의 수정과 광범위한 확장이 필요하다고 믿는다. 지금이 이러한 변화를 위한 시간인지에 대해서는 의심스럽지만, 이것은 다른 주제이다.

내가 이 글을 작성하는 두 번째 이유는 라이트가 자신의 글에서 중요하고 현실적인 질문을 했기 때문이다. 이 질문은 나의 변증문 제목에서 드러난다. 이 제목은 "어떻게 1689 침례교 신앙고백서가 교회의 회중들에 의해 서명되었는가?"이다. 1689 신앙고백서를(이 문제에 있어서는 어떤 특정한 신앙고백서라도 괜찮다) 채택한 지역교회는 그 교회의 회중들이 바로 그 신앙고백서의 아주 사소한 모든 부분도 알아야 하고 믿을 것을 반드시 요구하는가? 내가 생각하기에, 이것은 굉장히 중요한 주제이고 (라이트의 글에 분명히 기록되어 있는 것 같이) 이것에 관하여서, 오늘날 상당히 잘못 이해한 것들이 있다.

구체적인 논평

나는 두 주제, 구체적인 논평들과 일반적인 우려들로 라이트에 대한 나의 변증을 체계화하였다. 라이트는 1689 신앙고백서의 역사적 배경, 지역교회들의 신앙고백의 목적, 1689 신앙고백서의 교리적 특별함, 간략한 결론과 주석 달린 참고문헌에 대한 간략한 진술들로 자신의 논거들을 발전시킨다. 나는 일반적인 우려들을 해 나가기 전에, 각 항목에 대한 구체적인 논평을 해 나갈 것이다.

1689 신앙고백서의 역사적 배경

라이트는 1689 신앙고백서가 17세기 중반 영국에서 일어난 종교적 사건들로 인하여 역사적으로 결정되었다는 사실을 피나는 노력으로 우리에게 알려주었다. 그의 역사적 진술은 정확하다. 라이트는 모든 역사적 문서들이 구

628

체적이고 역사적인 배경을 가지고 있다는 확신을 주었다. 그는 결론적으로 1689 신앙고백서가 이단적이거나 쓸모없지도 않다는 것을 확신한다. 그럼에도 불구하고, 그는 1689 신앙고백서가 "지역교회의 신앙고백서로 쓰이지" 않았을 것이라는 관점을 지지하기 위해서 역사적 배경들을 강조해 나가면서 노력해가고 있다. 그렇지만, 이 논리는 지속적으로 유지될 수 없다. 신앙고백서의 모든 진술들은 역사적으로 결정된다. 그러므로 모든 신앙고백서가 지역교회들을 위한 신앙의 진술로서 결함이 있는가?

여기서의 라이트의 논평은 1689 신앙고백서의 역사적 시작점들이 특수, 개혁주의 침례주의자의 정체성과 "우연히" 연결되었다는 인상을 남긴다. 그는 역사적 배경들이 아무래도 특수 또는 개혁주의 침례주의자들의 정체성과 분리될 수 있다고 암시한다. 이것이 그렇지 않다는 것을 분명히 하자. 특수 침례주의자들은 역사적으로 우연하게 개혁주의가 된 침례주의자들이 아니었다. 특수 침례주의자들은 청교도 독립회중주의로 인한 청교도 운동에서 드러났다. 라이트도 이렇게 알고 있다고 나는 생각한다.

특수 침례주의자들은 영국의 청교도사상을 점진적으로 발전시켜서 침례주의자들이 된 청교도들이었다. 이러한 침례주의자들은 제1차 런던 신앙고백서와 제2차 런던신앙고백서로 그들이 재세례파와 일반 침례주의자들과 다르다는 것을 결정하였다. 그들의 출발점은 달랐다. 그들의 출발점은 청교도 신앙고백과 완벽하게 일치하고 청교도 신앙고백서를 가지고 있다는 그들의 정체성을 반영한다. 1689 침례교 신앙고백서는 역사적 우연이 아니다. 오히려 1689 신앙고백서는 특수, 개혁주의 침례주의자들의 독특한 본질을 드러낸다.[2]

이러한 관점 아래서, 라이트는 로마 교황이 적그리스도라는 1689 신앙

---

2   Erroll Hulse, *An Introduction to the Baptists* (Haywards Heath, Sussex, England: Carey Publications, 1973), 1720; James M. Renihan, *The Practical Ecclesiology of the English Particular Baptist* (PhD dissertation, Trinity Evangelical Divinity School, 1997), 1-31.

고백서 제26장 4항의 주장에 주목한다. 비록 이 진술이 그 당시 개신교들에 의해 일반적으로 주장된 예언적인 관점을 반영하지만, 나는 제26장 4항의 진술은 오늘날 우리의 신앙고백서로, 신앙고백서의 한 부분으로 삼을 수 없다는 라이트의 진술에 동의한다.[3] 내 생각에 이것은 1689 신앙고백서의 약간의 수정이 필요한 지점들 중 하나이다. (1977년 개혁주의 침례교 목사가 되었고 그 시간 동안 두 개혁주의 침례교회에서 목회한) 내 경험으로, 그들의 규약들에서 1689 신앙고백서를 충실히 따른다는 마음을 드러낼 때, 오늘날 개혁주의 침례교회들은 일반적으로 이 진술을 뺀다.[4]

지역교회 신앙고백의 목적

다음에 라이트는 한 지역교회 신앙고백서가 두 가지 기능을 수행한다는 것에 주목한다. 첫째, 이는 "교회의 가르침과 설교 사역의 틀을 결정하는 데 있어서 교회가 가지는 신학의 개요를 제공한다. 이리하여, 이는 교회회중들에게 가르치는 도구의 역할을 할 수 있다." 둘째, 이는 "거짓 가르침과 이단으로부터 회중을 지킨다." 라이트는 1689 신앙고백서가 이 두 번째 기능에 있어서는 아주 유용하다고 주장하나 첫 번째 역할에 관하여서는 너무 특수하

---

3   1689 신앙고백서의 주장의 의미는 예언에 대한 역사주의 해석의 배경 안에서 반드시 이해되어야 한다. "교황들의 계보"가 바로 "적그리스도"라는 것이다. 나는 이것이 데살로니가후서 2장과 요한1서 2장의 언급이라고는 생각하지 않지만, (긍정적인 의미에서 로마교회가 오늘날 도덕적이고 집단적인 문제들에 서 있다고 하더라도) 트랜트 가톨릭주의는 "반기독교"라는 것이 사실이다. 또한 미래의 교황은 "적그리스도"가 될 수도 있다는 가능성은 남아 있다.

4   내가 목회한 두 개혁주의 침례교회들의 규약은 이것을 제외한다. "우리는 1689 런던 침례교 신앙고백서를 (정신적으로 무능한 자의 구원[제10장 3항]과 적그리스도의 신원[제26장 4항]에 관한 주장을 제외한다) 탁월하게 여기고, 비록 영감은 받지 않았으나 하나님의 말씀의 가르침을 드러낸 것이라고 여긴다. 그 까닭은 기록된 하나님의 말씀이 모든 신앙, 도덕, 의식의 문제에 있어서 최고의 권위를 인정하기 때문에, 우리는 이 두 역사적 문서들을 우리의 교리적 기준으로 채택한다. 우리는 이 문서들이 신앙에 있어서 논쟁과 확증에 있어서 도움이 되고 의로 교화하는 수단이 된다는 것을 발견한다."

다고 주장한다.

신앙고백의 기능에 대한 진술들에서 교리의 독특성에 대한 그의 다음 주장으로 넘어갈 때 라이트의 논리체계에 **불합리한 추론**^{non sequitur}이 있다. 1689 신앙고백서가 가르치는 도구로서 교회의 가르치는 사역들의 틀을 결정하는 기능, 앞에서 언급한 첫 번째 기능에서 실패했다고 말하면서, 그는 이 기초 위에서 1689 신앙고백서가 교회회중에게 요구하는 내용에 있어서 너무 독특하다는 것을 계속해서 주장한다. 라이트는 여기에서 주제를 바꾸지 않았나? 주제가 무엇인가? 1689 신앙고백서가 가르치는 도구로서 교회회중을 "하나님의 모든 뜻 가운데서 완전하고 확신 있게 서도록"(골로새서 4장 12절) 이끌어 가는가? 또는 교회회중의 상태를 지나치게 교리적으로 독특하게 세워 가는가? 아마 라이트는 이 두 가지를 구별하지 않은 것 같다. 그렇지만 이 두 질문들은 나에게는 굉장히 다르게 보이고 내가 앞으로 분명하게 할 것이다. 이와 같이 이 차이는 내가 신앙고백주의를 이해하는 기초이다.

1689 신앙고백서의 교리의 독특성

라이트는 1689 신앙고백서가 지나치게 교리적으로 독특하다는 것을 발견하고 과도하게 제한적이라는 세 가지 실증을 제공한다. 그는 "문자적 6일 창조", "제한속죄", "주일에 대한 안식일 개념"에 대한 주장들이 지나치게 엄격하다는 주장을 편다.[5] 그는 이러한 교리적 제한이 "성도들로 하여금 지

---

5   라이트는 그리스도인의 안식일을 필수적인 신앙으로 지지하지 않으면서 골로새서 2장 16절을 인용함으로 자신이 반 안식일주의자인 것을 드러낸다. 만약 골로새서 2장 16절이 "그리스도인의 안식일"에 관하여 언급한다면, 라이트는 이러한 관점이 교회회중들의 의무가 아니라는 사실을 정정해야할 뿐만 아니라 주님의 날에 대한 모든 안식개념이 잘못되었고 골로새인의 이단에 치우쳐 있는 것을 드러낸다. 물론 이 문제는 그리스도인의 안식일을 지지하는 학식 있는 사람은 골로새서 2장 16절이 주님의 날을 준수하는 것을 언급하는 것이라고 단 한명도 생각하지 않는다.

역교회의 회중으로 서로 연합하지 못하도록 막고 "회중됨"을 제한하고, "회중됨에 요구되는 신념(들)이다"라고 특징 지운다.

만약 교회가 1689 침례교 신앙고백서를 채택하는 것이 이러한 제한들을 회중됨에 요구하는 것이라고 생각한다면, 라이트는 잘못된 정보로, 혹은 성급하여 부적절한 결론에 이른 것이다. 1689 신앙고백서를 채택한 개혁 침례교회들에서 겪었던 나의 경험은 1689 신앙고백서를 채택한 교회들이 실제로 행하고 있는 것에 대한 라이트의 추측과 다르다. 나는 다른 두 개혁 침례교회의 목사로서 교회회중을 1689 신앙고백서의 모든 특별한 주장들을 이해하거나 믿는 사람들로 제한하는 것을 좋아하지도 않고 그렇게 하지도 않아 왔다. 사실, 개인적인 대화 가운데 나는 일반적으로 이러한 동의가 교회회중에게 마땅히 요구되는 것이 아니라는 점에서 기독교의 안식일, 제한 속죄를 주제로 삼곤 한다.

더욱이, 라이트가 잘못된 정보를 가졌다는 증거는 2005 미국총회의 개혁침례교회연합을 위해 준비한 회보에 의해 최근에 드러났다. 이 회보는 박사 짐 레니한에 의해 "성경과 제2차 신앙고백서를 따라 지역교회를 위한 교리적이고 실천적 기준들"이라는 제목이 붙여졌다. 이 주제와 가장 관련이 있는 다른 많은 언급들 가운데 레니한은 다음과 같이 말한다.

우리는 1689 신앙고백서가 말하지 않는 모든 것에 반드시 주목해야 한다. 이 신앙고백서는 모든 성도들이 교회회중이 되기 위해서 반드시 기독교 신학, 심지어 1689 신앙고백서의 신학에 대한 충분한 이해를 가져야 한다고 말하지 않는다. 사실, 교회회중의 자격이 없는 것은 이해의 부족이 아니라 오히려 이교도의 관점들에 실제로 빠져있는 것이다. 한 사람이 이교도의 관점을 취하고 있지 않고 그리스도를 믿는 믿음을 명확히 표명하고 순종적인

제자로 살아가는 동안, 그 형제와 자매는 교회회중일 것이다.[6]

　논의에 참석한 한 목사는 이 회보에 대한 총회의 논의에 대해서 다음과 같은 논평을 썼다. "이 문제에 대한 공개 논의는 형제들 간의 상호결정이 지역교회의 기준에 은혜롭고 구속적인 유연성을 담고 있다는 것을 드러냈다… 대부분의 우리 교회들 입장에서, 단지 사역자들에게 (절대적이지는 않지만) 충분한 동의가 요구된다."

　라이트와 그의 관점을 가진 사람들은 이러한 유연성을 일관성 없다고 생각할 수 있다. 물론, 그들은 자신들의 의견을 가질 수 있다. 그렇지만, 그들은 우리가 우리 자신과 다른 사람들에게 실행하는 것을 잘못 드러내서는 안 된다. 더욱이, 나는 이러한 유연함이 교회가 가지고 있는 훌륭한 개혁주의 신앙고백서들의 하나와 완벽하게 일치한다고 앞으로 주장해 나갈 것이다.

6　James M. Renihan, "The Doctrinal and Practical Standards for Local Church Membership according to the Bible and the Second London confession of Faith," Circular Letter prepared for the 2005 ARBCA General Assembly.

결론과 참고문헌

라이트의 결론과 참고문헌에 관한 몇몇 논평이 필요하다. 첫째, 나는 라이트
가 1689 신앙고백서를 "역사적 개혁주의 교리(내가 생각하기에 성경적이다)의
탁월한 기준"이라고 칭찬하는 것에 주목하길 원한다. 약간의 불일치는 있
지만, 이것은 아주 훌륭하다. 1689 침례교 신앙고백서는 항상 지역교회 신
앙고백서의 역할을 해 왔고 여전히 큰 역할을 수행한다. 침례교 교회론 가
운데 다른 어떤 것이 있을 수 있는가? 만약 1689 신앙고백서가 더 이상 역
할을 수행하지 못한다면, (라이트와 같이) 몇몇 사람들이 "1689 신앙고백서를
성경의 가르침으로 인도하는 안내서로 높이 칭찬"하는 것은 의심스럽다. 라
이트가 지역교회의 신앙고백서로 1689 신앙고백서를 거절하는 것은 결과
적으로 1689 신앙고백서를 침례주의자 전집들을 보관하는 먼지가 쌓인 책
장들에 버려두라고 실제로 제안하는 것이다!

둘째, 라이트가 벨처Belcher와 마티아Mattia의 17세기 특수 침례주의자
신앙고백서에 대한 논문을 유용한 논문으로 생각한 것에 주목하는 것은 흥
미롭다. 실제로, 1689 신앙고백서에 대한 역사적 상황에 대한 라이트의 논
점은 벨처와 마티아가 그들의 훌륭한 소책자에서 반대하고 있는 것들과 비
슷하다.

셋째, 라이트가 나의 책 **1689 침례교 신앙고백서에 대한 현대적 해석**에
대해 아주 좋은 말로 평해줘서 감사하게 생각한다. 그렇지만, 나는 바로 이

책이 "교회회중들을 가르치는 아주 탁월한 도구", 지역교회의 훌륭한(심지어 가장 유용한) 신앙고백서로서 역할을 한다는 확신을 드러내며 썼다는 것은 이제 분명하다.

일반적인 우려들

왜 회중됨은 충분한 동의를 요구하지 않는가

일반적으로 충분한 동의는 교회회중에게 요구되지 않는다는 나의 주장에도 불구하고, 라이트는 충분한 동의를 요구하지 않는 것은 논리적이지 않다고 여전히 생각하는 것 같다. 모든 교회회중들에게 충분한 동의를 요구하지 않는 것이 어떻게 옳을 수 있고 왜 중요한가?

첫째, 여기에서 이해해야 하는 가장 기본적인 것은 공식적으로 채택된 신앙고백서들, 신조들, 각 지역교회의 신앙고백서의 진술들은 본질적으로 신적 권위를 가지지 않는다는 것이다.[1]

이 신앙고백서들은 분명히 사람의 권위에 속한 종류들이다. 신앙고백서의 명칭들이 이를 드러낸다. 신앙고백서는 신앙고백들, 즉 우리가 고백한 모든 내용이다. 신앙고백서들은 라틴어 크레도credo로부터 나온 신조들, 즉 교회가 고백한 모든 내용이다. 신앙고백서들은 본질적으로 신의 계시가 아니다. 톰 네틀즈Tom Nettles는 다음과 같이 언급한다.

우리가 신앙고백서를 철저히 사람이 구성한 문서라고 인정하는 것은 연합을 추구하는 데 있어서 중요한 단계이다. 모든 보수기독교 교단들은 자신들의 신학들과 교회론들이 성경의 가르침을 올바로 반영한다고 믿는다. 참 기독교인은 "당신은 성경적이지만 분명히 나는 그렇지 않다. 그러나 나

---

[1] 물론, 나는 신앙고백서들이 하나님의 계시가 가르치는 내용들을 분명하게 표현하도록 의도되었다는 것을 인정한다. 제한적인 의미에서 신앙고백서들은 2차적인 신적 권위를 가지지만, 신앙고백서들은 그 자체로 이 권위를 가지지 못한다.

는 내가 그리스도인이라고 말할 것이다"라고 말하기 어렵다. 비록 그들이 동의하지 못하더라도, 각 사람들은 자신들의 입장이 성경적이라고 믿는다. 사람의 문서는 성경에 대한 다른 이해를 드러내는 본질적인 부족에 직면한다. 그들의 이해들이 아주 중요한 부분들에서 크게 다를 경우, 목적과 말씀 선포의 일치가 불가능하지는 않을 지라도, 어렵게 된다.[2]

신앙고백서들이 단지 사람의 권위만을 가진다는 사실이 함축하고 있는 한 가지는(그리고 이것은 일반적으로 충분히 인정받는 함의는 아니다) 그 어떤 신앙고백서(또 교회)도 절대 동의나 맹목적 신앙이나 무조건적인 복종을 요구하는 것은 아니라는 것이다. 오직 신적 권위만이 이러한 반응들을 요구할 수 있다. 여전히 이 사실이 신앙고백서들이 그 어떤 권위도 가지지 못한다는 것을 의미하지 않는다. 신앙고백서들은 사람의 권위를 가진다. 우리가 사람의 권위와 어떤 관계를 맺고 있는지에 대한 성경에서 쓰인 핵심단어는 후포타쎄인*hupotassein*이다. 기본적인 개념에서 이 동사는 복종이나 종속이다. 종속은 동의를 포함하기도 하지만 일반적으로 순종을 요구하는 반면, 이 둘은 구분되는 개념들이다. 물론, 우리는 반드시 하나님의 권위에 복종해야 한다. 그러나 하나님의 권위에 복종하는 우리의 의무는 단순한 복종을 완전히 초월한다. 그렇지만, 사람의 권위는 일반적으로, 본질적으로 이러한 복종의 방식으로 설명된다. 자녀들은 부모들에게(누가복음 2장 51절, 히브리서 12장 9절), 종들은 주인들에게(디도서 2장 9절, 베드로전서 2장 18절), 교회에서 여자들은 남자들에게(고린도전서 14장 34절), 아내들은 남편들에게(에베소서 5장 24절, 디도서 2장 5절, 베드로전서 3장 1절, 5절), 그들의 권세들에게(로마서 13장 1절, 5절, 디도서 3장 1절, 베드로전서 2장 13절), 젊은이들은 장로들에게(베드로전서 5장 5절), 예언하는 자들은 예언하는 모든 자들에게(고린도전서 14장 32절), 그리스도인들은 그 사역자들에게(고린도전서 16장 16절) 복종해야만 한다. 심지어 귀신들

---

2   Tom Nettles, "The Role of Confessions in Baptist Faith," *Founders Junrnal* 4 (Spring 1991).

도 그 칠십 인에게 복종하지만 이것이 귀신들이 그들에게 동의한다는 뜻은 분명히 아니다(누가복음 10장 17절).

교회의 신앙고백서에서 우리에게 마주 서 있는 권위는 단순히 인류의 일반적인 권위가 아니다. 지역교회와 지역교회의 신앙고백서에서 우리는 특별한 종류의 사람의 권위를 다루어야 한다. 아이들, 노예들, 신하들과 같지 않은 그리스도인들은 자신들이 참석할 지역교회를 선택할 수 있다. 비록 모든 그리스도인은 반드시 지역교회에 참여해야 하지만, 그리스도인은 각 특정한 지역교회에 강압적으로 참여해야 할 의무는 없다. 여기서 그리스도인은 하나님의 말씀으로 묶여 있는 자기 자신의 양심에 맡겨진다. 분명하게, 여기에서 사람의 권위에 대한 종속의 시작은 동의되는 만큼 자발적이다(아내 될 자가 남편 될 자에게 종속되는 경우나, 교회회중 될 자가 그 교회 될 교회와 그 교회의 신앙고백에 종속되는 경우나). 이것은 관계된 모든 사람들에게 관계를 더 다정하고 좋게 만들 것이다. 아내 될 자는 남편 될 자에게 종속되기 위해 모든 일에서 반드시 남편 될 자에게 동의해야 한다고 신부가 생각하지 않을 수 있는 것처럼, 그 교회, 그 목회자들, 그 신앙고백서에 대한 절대 동의는 자신을 그들에게 종속시키기 위해 필수라고 교회회중 될 자가 마땅하게 생각하지 않을 수 있다. 이러한 종속을 위한 동의가 요구되는 것으로 생각하는 것은 결혼과 지역교회 모두 실제적으로 파괴시킬 수도 있다. 우리, 심지어 그리스도인들인 우리들 가운데 어느 누구라도 다른 사람들에게 완벽히 동의하지 못한다.

이 모든 것은 교회회중과 교회와 교회의 신앙고백서와의 관계에 있어서 몇 가지 아주 특별한 것들을 의미한다. 물론, 교회를 대표하는 목회자는 회중 될 자가 교회의 신앙고백서에 실제로 동의하지 않는 부분이 있는지 반드시 물어야 한다. 목회자는 이러한 불일치들이 근본적인 오류들이 아니고 신뢰할 만한 신앙고백과 일치하고 다른 근거들 위에서 교회회중과 일치하는지 반드시 결정해야 한다. 그렇지만 회중 될 자의 관점에서 종속이 가능할 만큼의 충분한 동의가 필요하다. 이것은 모든 회중 될 자들로 하여금 교회의 신앙고백서를 신중하게 읽어 볼 것을 요구한다. 그렇지만, 교회회중은 교회의 신앙고백서를 완전히 이해할 필요나 완전히 동의할 필요는 없다. 만약 교회회중이 자신이 기쁨으로 교회에 종속할 만큼, 평화롭게 지낼 만큼, 교회의 설명에 쉽게 받아들인 만큼 충분히 동의한다면, 이것이 요구되는 전부이다. 물론, 만약 어떤 사람이 주어진 신앙고백서가 가르쳐 질 때 기쁘지 않고, 평화가 없고, 배울 자세가 없다면, 그는 그 신앙고백서를 고백하는 교회에 참여하지 못하는 것이 당연하다.

이 모든 것으로 보아 교회회중들과 목회자 사이에 아주 중요한 구분이 반드시 유지되어야 한다는 것은 분명하다. 회중은 신앙고백서에 속해 있으면 된다. 목회자들은 신앙고백서를 가르쳐야 하는 의무가 있다(디모데전서 3장 2절, 디모데후서 2장 24절, 디도서 1장 9절). 이것은 목회자들이 교회의 신앙고백서와 다른 관계를 맺고 있다는 것을 분명히 암시한다. 특히, 교회회중들에게 요구하는 동의보다 훨씬 더 큰 동의를 암시한다. 이러한 관점에서, (내가 앞에서 지적한 불합리한 추론에서) 라이트는 교회회중의 충분한 동의를 이끌어내기 위해 가르치는 도구로서의 신앙고백서의 쓰임에서 벗어났다. 그리고 이 벗어남은 신앙고백주의와 관련하여 아주 중요한 구분을 모호하게 한다.

아주 중요한 이 구분을 하지 못하는 것은 잇따르는 결과들을 가져온다. 첫째, 라이트의 입장은 교회가 지금 바로 침례 받은 회중이 이해하고 믿는 내용만큼만 고백할 것을 요구하는 것처럼 보인다. 교회의 신앙고백이 바로 침례 받은 회중이 믿는 내용으로 제한되어야 하는가? 내 생각에는 그렇지 않다. 교회에게 이러한 내용보다 믿어야 하고 고백해야 하는 내용이 더 많이 요구된다. 훌륭한 종교개혁 신앙고백서들은 이 원리 위에서 작용하고 교회가 이제까지 1600년에 걸쳐 믿어 왔던 내용의 저장소이며 금고이다. 교회의 신앙고백은 결코 가장 믿음이 약한 회중의 지체들의 신앙에 볼모로 잡혀 있지 않아야 한다. 가장 약한 회중의 지체들은 구원받은 상태에서, 사랑을 받으면서 믿음이 장성한 분량에까지 반드시 성장되어야 한다. 만약 최근에 회중이 되고, 믿음이 가장 연약한 회중들이 교회의 신앙고백서를 이미 믿고 이해하였다면, 가르치는 도구로서의 신앙고백서의 기능은 어떻게 되는가?

두 번째, 라이트가 회중과 사역자들 사이의 굉장히 중요한 차이를 부정하는 것은 믿음에 대한 교회의 단순한 진술에 포함되어 있는 교리를 넘어선 모든 교리의 중요성에 대한 주장을 분열시키는 결과를 가져올 수 있다고 추측할 수 있다. 만약 교회의 연합이 교회의 신앙고백서에 표현되어 있고 이 신앙고백이 믿음이 가장 연약한 회중들이 믿는 내용에 제한되어 있다면, 가장 연약한 회중이 이해하지 못하는 제한속죄 또는 다른 교리들의 중요성을 주장하는 것은 분열을 초래하는 것이 아닌가? 그러면 하나님에 대한 깊은 내용을 가르치는 것이 결코 교회생활의 중심이 될 수 없다. 그 까닭은 더 깊은 이 가르침이 더 단순한 신앙 위에 기초하고 있는 교회의 연합을 위협하기 때문이다. 이 관점에서, 교회가 심지어 은혜교리들에 대해서 공식적이고, 형식을 갖추고, 분명한 증거를 가지는 것이 분열을 야기시키는 것이 될 수 있다. 나는 라이트나 그의 관점을 가지고 있는 다른 사람들이 이러한 결과를 원한다고 생각하지 않는다. 나는 그들이 자신들의 관점이 이러한 결과에 도달하지 않는 이유를 설명해야 할 필요가 없다고 생각한다.

왜 특별함에 대한 불평들로 인해 차이들이 숨겨질 수 없는가?

내가 생각하기에 신앙고백서들의 특별함이 적었으면 하는 라이트의 희망이 라이트와 1689 신앙고백서 사이의 중요한 교리적 차이들을 가리지 못한다. 나는 라이트가 이러한 차이들을 숨기는 것처럼 보지 않고, 또한 이러한 차이들의 중요성을 생각하지 못했을 수도 있다는 말부터 하겠다. 그러나 나는 이러한 차이들이 중요하다고 생각한다! 나는 독선적이고 고집스럽고 꽉 막혀있다고 비난하지 않고 그들이 어떤 입장인지 판단해 보겠다. 이것은 라이트가 거절한 바로 "중도노선"의 것이 아닌가? 라이트는 "우리 모두가 함께할 수 없는가? 왜 우리는 더 교리적인 특별함을 필요로 하는가?" 라고 말하고 있지 않은가? 물론, 우리 모두는 반드시 어딘가에 줄을 긋는다. 나는 이 짧은 글에서 바로 이것을 말하고 있는 것이다. 나는 아주 큰 교리적 차이들이 6일 창조, 제한속죄, 그리스도인의 안식일에 대한 여려 관점들로 인해 드러나지 않는다고 미리 가정하지 않는다. 1689 신앙고백서의 아주 큰 교리적 독특함에 대한 비난들은 오늘날 칼빈주의 신념을 가진 침례주의자들 가운데 일어난 중요한 신학적이고 실천적인 논의들에서 벗어나는 경향이 있다.

왜 교회들은 1689 침례교 신앙고백서를 마땅히 소유해야 하는가?

내용이 충실하고 아주 경건한 신앙고백서는 동의한 교회들에게 몇 가지 유익들이 있다. 교회들은 당연히 1689 신앙고백서를 채택해야 한다. 그 까닭은,

- 1689 신앙고백서는 성경, 삼위일체, 그리스도의 인격에 관한 홀륭한 기독교정통 교리들을 담고 있는 저장소이다.
- 1689 신앙고백서의 독특한 내용들은 성경과 일치한다. 하나님, 하나님의 작정, 그리스도의 사역, 구원의 적용, 하나님의 법, 그리스도인의 예배에 대한 신앙고백서의 개혁주의적 접근은 성경과 일치한다. 언약들, 의식들, 지역교회에 대한 신앙고백서의 침례주의자들의 접근은 모두 성경과 모든 면에서, 본질적으로 일치한다.
- 1689 신앙고백서는 침례교회들을 그 교회의 역사적 기원들과 일치시킨다. 재세례파들과 일반 침례주의자들, 그리고 특수침례주의자들 사이에는 크고 중요한 역사적 차이들이 있다.
- 1689 신앙고백서는 교회회중의 충분한 기준과 가르침을 위한 위대한 목적을 제공한다. 1689 신앙고백서는 새로운 회중들이 그리스도인으로 성장하기 위한 목적으로 새 회중 앞에 주어지는 진리의 풍성한 보물이다.

나는 예화로 마무리 하겠다. 라이트는 자신과 함께 교회 나들이를 가서 진리를 담은 작은 그릇을 함께 나누자고 여러분들을 초대한다. 그 그릇에 담긴 음식은 좋고 영양가가 높지만 다양하지 않고 풍미가 없고 양이 적다. 여러분은 매끼 식사를 하지만, 이 식사는 여러분들에게 식욕만 더 당기게 한다. 나 또한 나와 함께 교회나들이에 여러분들을 초대한다. 나는 내 트럭 트렁크에 얼음처럼 차가운 음료들이 가득한 아주 큰 냉장고가 있고 아주 맛좋은 음식들이 가득 담겨 있는 아주 큰 소풍 가방을 가지고 있다. 여러분들은 이러한 진수성찬이 대체로 아주 좋아 보이지만, 한 사람이 먹기에는 너무 많고 색다르게 보일 수도 있다는 생각이 먼저 들 수도 있다. 그렇지만, 여러분들은 각 음식이 다음을 위해 식욕을 돋아 주는 역할을 한다는 것을 알게 될 것이다. 그리고 여러분이 식사를 음미하면 할수록 이 모든 음식들이 더 큰 기쁨이 될 것이다. 나는 나의 모든 간식들을 여러분들에게 먹으라고 하지 않을 것이다. 비록 내가 생각하기에 그것들이 모두 맛있어도 말이다. 그러나 나는 여러분들이 결국에는 그것들 모두가 만족을 주고 건강에 좋다는 것을 알게 될 것이라고 확신한다. 나에게 있어서 독자의 선택은 분명한 것 같다.

제1장

1. 1689 신앙고백서 제1장의 개요를 간략하게 서술하시오.

2. 얼마나 많은 종류의 계시가 있는가? 그 명칭을 적으시오.

3. '자연의 빛'은 명료한가? 자연의 빛은 구원에 충분한가? 그렇다면, 그 이유는 무엇인가? 또 그렇지 않다면, 그 이유는 무엇인가?

4. 어떤 의미에서 기록된 말씀이 필수인가?

5. 모든 성경, 즉 구약과 신약이 하나님의 말씀이라는 것을 지지하는 성경의 근거를 요약하시오.

6. 우리는 성경이 하나님의 말씀이라는 것을 어떻게 아는가?

7. 제1장에서 사용된 '영감'이라는 용어를 정의하시오(1장 2항, 3항, 8항).

8. 성경의 충분성이 의미하지 않는 것들은 무엇인가?

9. 성경은 어떤 면에서 충분한가?

10. 성경의 충분성에 대한 성경의 전통적인 주장은 무엇인가?

11. 성경의 충분성은 어떤 식으로 제한되어야만 하는가?

12. 1689 신앙고백서의 진술에 의하면 성경의 명료성에 대한 세 가지 주장들은 무엇으로 인해 정당한 것으로 인정받는가?

13. 어떤 성경구절들이 성경은 모든 부분에 있어서 동일하게 명료하지 않다는 것을 분명히 가르치는가?

14. 제1장은 무제한적 성경무오성을 가르치는가? 당신의 대답을 입증하시오.

15. 하나님께서 한 번 주신 성경을 모든 세대에 보존하셨다는 것을 우리는 어떻게 확신하는가?

16. 이 장에서 소개된 웨스트민스터 신앙고백서의 제1장과 세 가지 작은 차이점들은 무엇인가?

17. 1689 신앙고백서는 각 언어로 번역된 성경을 논쟁 중에 호소하는 최종재판관으로 볼 수 있다는 생각을 지지하는가?

제2장

1. 제2장 3개 항들에 대한 개요를 간략히 서술하시오.

2. 어떤 구두점이 1689 신앙고백서의 구조를 이해하기 위한 실마리를 제공하는 가?

3. 1689 신앙고백서는 하나님의 속성들을 다른 범주로 분류시켰는가? 이것이 지혜로운가?

4. 교회의 역사적 신조들에 대한 1689 신앙고백서 저자들의 태도에 관하여 이 장이 드러내는 것은 무엇인가?

5. 알미니안주의자들은 하나님의 속성들과 하나님과 피조물과의 관계에 대하여 1689 신앙고백서의 진술에 동의할 수 있겠는가?

6. 3항의 출처들은 무엇인가? 삼위일체교리의 특별한 기원이 가능한 근거들은 무엇인가?

7. 삼위일체 교리가 비이성적이라고 말하는 것이 옳은가? 그렇다면 그 이유는 무엇인가? 그렇지 않다면 그 이유는 무엇인가?

8. 성경의 교리들을 연구할 때 왜 우리는 신비를 마주할 것을 예상해야 하는가?

9. 삼위일체 교리의 세 부분은 무엇인가?

10. 몇몇 복음주의자들에게 있어서 어떤 점들이 위험한가? 그 이유는 무엇인가?

11. 성경은 아들의 영원출생교리를 가르치는가? 여러분의 의견의 근거를 제시하시오.

제3장

1. 제3장을 간략히 약술하십시오.

2. 어떻게 제3장에서 생각의 일반적인 흐름이 선택교리의 아주 중요한 배경에 대해서 알려주는가?

3. 하나님의 작정이 우주적이고, 모든 것을 포함하고, 즉 '일어날 어떤 일이라도 그 모든 것을' 포함하고 있다는 1689 신앙고백서의 주장을 지지하는 두 가지 성경의 근거를 말하시오.

4. 하나님의 작정의 그 어떤 부분도 앞으로 일어날 일들에 대한 예지에 기초하지 않는다는 1689 신앙고백서의 주장을 지지하는 논리적인 이유는 무엇인가?

5. 알미니안과 극단적 칼빈주의의 관점들은 하나님의 주권과 사람의 자유의 관계에 대해 어떤 방식으로 바라보는가?

6. 어떤 기초 위에서 1689 신앙고백서는 하나님께서 모든 일을 정해두셨지만 하나님께서는 죄의 저자가 아니시라고 주장하는가? 여러분은 이 문제와 관련하여 다른 더 좋은 생각들을 제안할 수 있는가?

7. '제2원인들의 자유'를 1항에 쓰인 구문들과 일치하게 간략히 정의하시오.

8. 하나님의 허용하신 작정, 하나님의 허용하신 뜻에 대한 개념이 1항과 2항의 설명에서 논리적으로 타당한가?

9. 하나님께서는 미리 작정하시지 않으신 것을 미리 보실 수 있으신가?

10. 성경의 예언과 하나님의 작정의 관계에 대한 올바른 설명은 무엇인가?

11. 택함이 선택이고 어떤 사람을 지나친다는 개념을 지지하는 성경의 논증들은 무엇인가?

12. 여러분은 택함이 개별적이라는 개념을 지지하는 어떤 증거들을 제시할 수 있는가?

13. 성경이 '택함은 미리 아심에 따른다'라고 주장할 때, '미리 아심'의 의미는 무엇인가? 여러분의 답을 지지하는 증거를 제시하시오.

14. 택자 이외의 사람이 구원받을 수 있는가? 그렇다면 혹은 그렇지 않다면 그 이유는 무엇인가?

15. 무엇이 하나님께서 생명으로 정한 사람들과 죽음으로 내버려 둔 사람들 사이의 차이를 만드는가?

16. 우리는 우리가 택함 받은 자인지 알 수 있는가? 택함을 받았다면, 어떻게 받았는가?

17. 하나님의 '감추어진 경륜과 하나님의 뜻의 선한 기쁨'에 순종해야만 하는가? 당신의 답을 지지하는 증거를 제시하시오.

18. 택자가 무슨 일을 하더라도 구원을 받을 것이라고 말하는 것은 참인가? 미리 정해진 일들은 그 일들이 일어나기 위해서 사람의 행위들과 역사의 사건들에 달려있는가?

19. 침례주의자들이 예정에 대한 진술에서 웨스트민스터 신앙고백서 7항을 삭제한 까닭은 무엇인가? 이 변화에 대한 여러분의 평가는 무엇인가?

제4장

1. 제4장의 다른 두 개요들을 말하시오.

2. 1689 신앙고백서 제4장은 웨스트민스터 신앙고백서에서 상응하는 장과 어떤 부분에서 다른가?

3. 창조의 날들은 문자적인 날들이라는 1689 신앙고백서의 가르침으로부터 벗어난 두 부류의 해석자들의 이름을 쓰시오.

4. 창조에 대한 설명이 계시의 의미는 없고 문학적 구조만 있는 단지 '포장지'에 불과하다는 관점에 대해 어떤 반대 의견들이 제시될 수 있는가?

5. 창세기 1장에서 '날'이라는 단어의 비유적인 해석은 어떤 해결할 수 없는 어려움들에 직면하는가?

6. 사람의 본성의 이중구조에 대한 가장 설득력 있는 증거는 무엇인가?

7. 이 증거가 육체와 분리된 영혼이 정상인지, 선한 것인지에 대한 문제에 있어서 시사하는 것은 무엇인가?

8. 사람의 구성을 바라보는 성경의 관점으로 제시된 세 가지 실제적인 결론들을 나열하시오.

9. 창세기 1장 26절에 '형상'과 '모양' 앞에 쓰인 전치사의 의미는 한 마디로 무엇인가?

10. '형상'과 '모양'이라는 단어가 의미하는 것은 무엇인가? 이 두 단어 간의 신학적 차이가 중요한가?

11. 사람이 '하나님의 형상이다'라는 말이 뜻하는 것이 무엇인지 여러분의 말로 요약하시오.

12. 그래서 하나님의 형상의 본질은 무엇인가?

13. 타락한 사람은 하나님의 형상인가?

14. 하나님의 형상으로서 사람이 하나님과 친밀하고 뗄 수 없는 관계를 맺고 있다는 사실이 몇 가지 암시하고 있는 것들은 무엇인가?

제5장

1. 제5장의 개요를 간단히 서술하시오.

2. 하나님의 작정과 하나님의 섭리의 관계를 진술하거나 예를 들어 설명하시오.

3. 어떤 일이 하나님으로 인하여 결정되었지만, 자유롭고 우연한 원인으로 인하여 일어날 가능성이 있는가?

4. 성경은 우연한 일에 대해서 말하는가? 어떤 의미로 말하는가?

5. 수단의 중요성을 이해하는 것이 현실에서 어떻게 유용한가?

6. '노골적인 허용'은 무엇인가? 1689 신앙고백서는 노골적인 허용의 개념을 반대하는가?

7. 하나님께서는 어떻게 유기된 자를 강퍅하게 하시는가?

8. 하나님의 섭리는 모든 것을 포함하고 신비롭기에, 모든 일이 하나님께서 관심을 쏟으시는 초점이자 하나님의 돌봄의 대상이라고 말하는 것이 옳은가?

제6장

1. 제6장의 개요를 간략히 서술하시오.

2. 창세기 2장 17절에 함축된 약속이 있는가? 여러분의 관점을 입증하시오.

3. 사람은 도덕에 있어서 중립적으로 창조되었는가? 이것이 도덕적으로 의롭다는 근원에 대해 무엇을 드러내는가?

4. 사람은 도덕적으로 성숙하게 창조되었는가? 여러분의 답을 설명하고 입증하시오.

5. 아담에 대한 언약시행이 그리스도의 사역을 이해하는 데 어떻게 도움이 되는가?

6. 대표자의 죄를 지지하는 성경의 몇 가지 논거들을 제시하시오.

7. 여러분은 믿음이 없는 사람에게 대표자 또는 원죄를 어떻게 변증할 것인가?

8. 아담의 죄가 그의 자손들에게 전가되는 것이 왜 맞는가?

9. 3항의 진술이 어떤 이유로 애매한가?

10. 4항에서 '실제적인 범죄'는 무엇을 의미하는가?

11. 그리스도인들이 이 세상에서 죄로부터 결코 자유로울 수 없다는 개념을 지지

하는 전통적인 성경구절은 무엇인가? 이 개념을 지지하는 다른 성경구절을 제시하시오.

12. 우리의 본성의 부패는 '실제로, 틀림없이 죄'라는 것을 성경에서 증명하시오.

제7장

1. 제7장의 개요를 간략히 서술하시오.

2. 제7장에 구체적으로 나타나 있는 웨스트민스터 신앙고백서와 상당히 다른 부분들이 함축하고 있는 내용들은 무엇인가?

3. '은혜언약'과 하나님의 언약들은 동일시되어야 하는가? 그렇다면, 그 이유는 무엇인가? 그렇지 않다면, 그 이유는 무엇인가?

4. '은혜언약'이라는 신학용어는 적절한가? 이 용어가 어떤 어려움들을 드러내는가? 여러분들의 답을 설명하고, 입증하고, 근거를 제시하시오.

5. 하나님의 언약들의 유기적 일치성을 설명하고 이를 뒷받침하시오.

6. 하나님의 언약들의 주제의 일치성을 설명하고 이를 뒷받침하시오.

7. 침례교 신앙고백과 웨스트민스터 신앙고백 사이에서 기본적으로 일치되는 내용들과 다른 내용들을 설명하시오.

8. '은혜언약'의 일반적인 필요성은 죄의 실체와 타락에 그 뿌리를 두고 있는가?

9. 2항에서 제시하는 '은혜언약'의 정의는 어떤 차이들을 드러내는가?

10. '은혜언약'에 대한 계시에 관하여 침례교 신앙고백서 3항의 진술은 웨스트민스터 신앙고백서의 이 내용과 비교할 때 어떤 장점이 있는가?

11. 고려해야 할 어떤 사항들이 성경에서 '언약'이라는 단어의 중요성을 강조하는가?

12. 이전 언약신학자들 대부분에 의해 이해된 언약의 일반적인 개념은 무엇인가? 이 일반적인 개념은 언약에 대한 성경의 정의가 가지는 어떤 특징을 의도적으로 감추는가?

13. 성경이 의미하는 언약의 뜻을 간략히 정의하시오.

14. 하나님께서 언약을 맺으셨다는 사실에 대해서 두드러진 것은 무엇인가? 이 사실이 하나님의 특징에 대해서 무엇을 가르쳐주는가?

15. 옛 언약을 행위언약으로 설명하는 것은 적절한가?

16. 옛 언약과 새 언약 간의 차이를 간략히 설명하시오. 여러분의 설명을 지지하는 성경의 증거들을 제시하시오.

17. (노아와 맺은 언약을 제외하고) 하나님의 언약들을 받은 사람들에게 요구되는 반응에 무엇이 달려있는가?

18. 왜 (노아와 맺은 언약을 제외하고) 하나님의 언약들의 본질, 은혜로운 특징은 언약을 받은 사람들로부터 반응, 그들로 인해 만족되어야 하는 조건을 요구하는가?

19. 복음이 값없이 주어진다는 것의 가장 중요한 핵심은 무엇인가? 이 중요한 진리를 가르치는 핵심적인 몇몇 성경구절들은 무엇인가?

제8장

1. 제8장의 개요를 간략히 서술하시오.

2. 그리스도의 위격교리에 대해 한 문장으로 요약하시오. 2항을 참고하시오.

3. 그리스도께서는 사람의 육체를 가지신 것 같이 사람의 영혼을 가지셨는가?

4. 하나님의 아들은 자신의 힘으로 구속사역을 성취하셨는가?

5. 그리스도께서 죄 없이 온전하시다는 사실을 지지하는 전통적인 성경구절 다섯 개를 인용하시오.

6. 제8장은 그리스도께서 택자만을 위해 죽으셨다고 가르치는가?

7. 어떻게 구약의 희생제물들 등(6항)이 그리스도의 죽음의 효력을 구약시대의 택자에게 주었는가?

8. 7항의 개념을 여러분 자신의 말로 바꾸시오.

9. 그리스도의 속죄는 필수였는가? 여러분의 답을 설명하고 근거를 제시하시오.

10. 그리스도의 속죄를 필수로 만든 하나님의 속성에 관련된 것은 무엇인가?

11. 그리스도의 속죄는 하나님의 의의 요구를 어떻게 처리하는가?

12. 왜 하나님께서 사람이 되셨는가$^{Cur\ Deus\ Homo}$라는 말을 누가 썼는가? 이 표제의 의미를 설명하시오.

13. '그리스도께서 누구를 위하여 죽으셨는가?'라는 질문의 정확한 의미를 설명하시오.

14. 제한속죄교리를 지지하는 성경의 주요한 근거구절들은 무엇인가?

15. 왜 제한속죄에 일반적으로 제기되는 어려움들은 제한속죄를 반대하기에 불충분한 논거들인가?

16. 제한속죄교리와 관련된 주요한 어려움들은 무엇인가? 이 어려움들 중 하나를 택하여 해결해보시오.

제9장

1. 제9장의 개요를 간략히 서술하시오.

2. 어떤 의미에서는 성경이 자유의지를 가르치고 다른 의미에서는 가르치지 않는다고 말하는 것이 올바른가? 여러분이 그것을 무엇이라고 생각하는지를 설명하시오.

3. 1689 신앙고백서는 자유의지를 어떻게 정의 내리는가? 이 정의는 1689 신앙고백서를 어떤 '주의들'과 구분하는가?

4. 성경이 자유의지에 두는 몇몇 제한들은 무엇인가? 성경의 근거들을 제시하시오.

5. 자유의지는 항상 동일한가? 여러분의 답을 논하시오.

6. 우리가 윤리적 측면에서 영원에서 될 존재로 되어가고 있다는 개념이 어떤 실제적인 가치를 담고 있는가?

7. 전적 부패와 전적 무능의 관계는 무엇인가? 하나를 주장하고 다른 것을 주장할 수 없는가?

8. 전적 무능을 지지하는 성경의 논거들은 무엇인가?

9. 전적 무능을 반대하는 일반적인 반대 의견들은 무엇인가?

10. 책임이 능력을 전제하는가? 여러분의 답을 설명하고 이를 성경적으로 지지하시오.

11. 회심 되지 못한 사람들은 선하거나 의로운 일을 하지 못하는가? 여러분들의 답을 근거를 제시하시오.

12. 전적 무능은 걱정이 많은 죄인들에게 하나님께서 구원해주시기를 기다리는 것 말고 그 어떤 것도 할 것이 없다고 말하는 것을 의미하는 것인가?

13. 복음에 반응해야 하는 사람들이 전적 무능하다는 교리가 어떻게 그들에게 그리스도를 진실하고 값없이 제시하는 것과 일치하는가?

14. '준비주의'는 무엇인가? 전적 무능이 '준비주의'를 암시하는 것보다 이를 거절하는 방식을 설명하시오.

제10장

1. 제10장의 개요를 간략히 서술하시오.

2. 제10장의 마지막 세 항들은 유효적 부르심의 일반적인 개관의 어떤 측면을 상세히 설명하는가?

3. '유아기에 죽은 유아들이 중생된다'라는 3항의 주장의 의미를 설명하시오. 이러한 유아들 모두 또는 어떤 유아들만 구원받는다는 의미인가?

4. 이 주장을 지지하기 위해 어떤 성경의 근거들을 찾아야 하는가? 이 근거가 충분한가? 또는 다른 해석들의 여지가 있는가?

5. 유아들의 중생으로부터 얼마나 위험한 추론이 나오는가? 이 추론의 오류들은 무엇인가?

6. 일반적 부르심과 유효적 부르심의 차이를 성경적으로 입증하시오.

7. 유효적 부르심이 '선행'한다는 주장은 무엇을 의미하는가? 이 주장을 지지하는 성경의 지지를 제시하시오.

8. 유효적 부르심이 효과적이라는 사실을 입증하시오.

9. 왜 유효적 부르심이 개인적이고 개별적이라고 말하는 것이 중요한가? 이 말이 성경으로부터 나왔다는 것을 증명하시오.

제11장

1. 제11장의 개요를 간략히 서술하시오.

2. 만약 성경의 칭의교리에 올바로 접근하려면, 우리가 반드시 이해해야 하는 현실적인 문제는 무엇인가?

3. 칭의의 의미는 무엇인가?

4. 그리스도의 적극적, 소극적 순종의 차이를 설명하시오. 이 차이가 왜 중요한가?

5. 그리스도의 적극적, 소극적 순종의 차이가 그리스도의 구속사역에 구분되는 두 부분이 있다는 것을 의미하는가? 이 차이를 지지하는 성경의 기초는 무엇인가?

6. 오직 믿음만이 칭의의 수단이라는 개념을 입증하시오. 왜 믿음이 칭의의 수단인가?

7. 왜 칭의는 '오직 값없는 은혜'에 속해 있는가? (3항)

8. 택자는 영원 전에 칭의 받았다는 관점인 '영원칭의'교리를 부정하는 몇몇 논거들을 제시하시오.

9. 5항에서 다루어진 문제와 제시된 해결책을 설명하시오. 5항에서 제시된 해결책을 지지하는 성경의 근거는 무엇인가?

10. 칭의는 구약과 신약에서 하나이고 동일하다는 6항의 가르침을 성경이 어떻게 지지하는지를 여러분 자신의 말로 설명하시오.

제12장

1. 제12장의 개요를 간략히 서술하시오.

2. 옛 영어단어 '은혜로 허락하다'라는 단어가 양자의 복에 대해서 우리에게 무엇을 말해주는가?

3. 구속사와 구원의 서정의 차이를 정의하시오.

4. 구속사에서 언급된 다른 양자삼은 일들을 간략히 논하시오.

5. 이스라엘의 대표로서의, 민족적으로 양자됨과 교회의 양자됨 사이의 차이는 구약의 성도들이 양자의 영을 받지 못했다는 것을 의미하는가?

6. 양자교리는 어떤 더 큰 교리체계의 일부분인가?

7. 어떤 생각이 우리로 하여금 로마서 8장 15절과 8장 23절에서 대표적으로 언급된 두 다른 시간을 이해하는 데 도움을 주는가? 어떻게 도움을 주는가?

8. 양자됨으로 인해 전해지는 복들을 요약하시오.

9. 중생과 양자됨은 어떤 관계인가?

10. 칭의와 양자됨의 관계에 대해서 제12장을 시작하는 말들이 가리키는 것은 무엇인가?

11. 어떤 성경구절이 칭의와 양자됨 사이에 아주 밀접한 관련이 있다는 것을 가리키는가?

12. 칭의와 양자의 복들의 비슷한 점들과 다른 점들을 설명하시오.

13. 성경의 양자교리의 어떤 부분이 1689 신앙고백서에 빠져 있는가?

14. 양자를 정의하시오.

제13장

1. 제13장의 개요를 간략히 서술하시오.

2. 성화에 대한 성경의 의미는 무엇인가? 이것은 성화의 일반적인 쓰임과 같은가?

3. 하나님의 어떠한 행하심들이 지속적인 성화를 굳건히 하는 근거를 형성하는가?

4. 성도들이 결정적으로 성화되었다는 것을 성경에서 증명하시오.

5. 결정적 성화교리로 인해 어떤 두 가지 오류들이 거절되는가?

6. 결정적 성화와 관련된 핵심 성경구절은 무엇인가?

7. 로마서 6장 1-11절에서 '우리가 죄에 대하여 죽었다'라는 구절의 의미는 무엇인가?

8. 그리스도인의 삶에서 직설법과 명령법의 관계를 논하시오.

9. 그리스도인이 그 삶에서 반드시 열심히 걸어가야 할 두 길은 어떤 길인가? 왜 이러한 두 방향의 노력이 중요한가?

10. 하나님께서 지속적인 성화에서 우리에게 요구하시는 기본적인 활동들은 무엇인가?

11. 우리는 오직 믿음으로 성화 되는가?

제14장

1. 제14장의 개요를 간략히 서술하시오.

2. 믿음은 성령님의 일하심을 통해 주어지는 하나님의 선물이라는 것을 보여주는 성경 본문들 가운데 몇 구절들을 제시하시오.

3. 믿음은 '일반적으로 말씀의 사역으로 인해 발생한다'wrought라는 진술이 의미하는 것이 무엇인지 설명하시오. 1689 신앙고백서의 저자들은 하나님의 말씀 없이 발생하는 믿음이 있을 수 있다고 주장하고 있는가?

4. 여러분의 말로 구원 얻는 믿음을 정의하시오. 여러분은 이러한 믿음의 해석에 어떤 내용을 더하고 싶은가?

5. 구원 얻는 믿음은 말씀이 말하는 모든 내용을 믿는다는 주장을 지지하는 어떤

추가적인 증거를 가져 올 수 있는가? 이 주장이 우리에게 있어 현실적으로 어떤 관련이 있는가?

6. 2항에서 언급된 믿음의 세 가지 행위나 활동은 무엇인가? 이 세 가지 중 주요한 것은 무엇인가?

7. 믿음과 확신의 관계는 무엇인가?

8. 참 믿음과 거짓 믿음의 차이는 무엇인가?

9. 3항에서 어떤 오류가 반박되는가?

10. 우리는 '무엇을 해야만 구원받는가'라는 아주 중요한 질문과 관련한 성경구절에서 어떤 문제에 직면하는가?

11. 믿음과 회개의 관계를 한 문장으로 정의하시오.

12. 왜 우리는 믿음이 회개에 앞선다거나 회개가 믿음에 앞선다고 절대 말하지 않는가?

13. 왜 다른 은혜가 아니라 믿음이 구원의 도구적 수단인가? 여러분의 답을 설명하고 이를 지지하는 성경의 증거를 제시하시오.

제15장

1. 제15장의 개요를 간략히 서술하시오.

2. 1689 신앙고백서를 따르면, 성숙한 나이에 회심한 사람들에게만 회개가 주어지는가? 여러분의 답을 지지하는 증거를 인용해보시오.

3. 1689 신앙고백서는 어떤 특정한 사람에게 회개가 주어진다고 언급하는가? 여러분은 이러한 두 집단들에 대해서 성경의 예를 제시할 수 있는가?

4. 제15장은 제14장 '구원 얻는 믿음'과 같은 방식으로 '구원 얻는 회개'라고 제목을 붙이지 않은 합리적인 이유가 있는가?

5. 왜 1689 신앙고백서는 회개에 대해서 '복음적인 은혜'라고 언급하는가?

6. 참 회개가 하나님의 선물이라는 성경의 증거들은 무엇인가?

7. 참 회개는 죄의 결과들을 싫어하고 지옥을 두려워하는 것 그 이상의 것인가?

8. 자신의 죄의 오염과 책임을 실제로 인지하고 있지만 구원받지 못하는 것이 가능한가? 여러분의 입장을 지지하는 성경의 증거들을 제시하시오.

9. 참 회개에 대한 성경의 중요한 몇 가지 예들을 제시하시오.

10. 성경에서 회개를 설명하면서 쓰인 핵심 단어들은 무엇인가?

11. 왜 회개는 '고행을 행하는' 것과 결코 동일시 되지 않는가?

12. 1689 신앙고백서는 참 회개는 하나님을 기쁘시게 하려는 길을 걷기 위해 '목적을 가지고 노력하는' 것으로 끝난다고 진술한다. 여러분들은 왜 이 신앙고백서가 이렇게 말한다고 생각하는가?

13. 회개의 열매를 '모든 일을 하나님 앞에서 행하여 하나님을 기쁘시게 하려는' 것으로 언급할 경우, 1689 신앙고백서는 너무 지나치고 너무 한쪽으로 치우쳐있는 것인가?

14. 왜 회개는 반드시 그리스도인의 삶 전체에서 지속되어야 하는가? 이러한 지속적인 회개는 구원에 있어서 필수인가?

제16장

1. 제16장의 개요를 간략히 서술하시오.

2. 1항의 주장을 얼마나 증명할 수 있는가?

3. 맹목적인 열정으로 인해 행해지는 오늘날 일반적인 선행이라 불리는 예를 제시하시오.

4. 1689 신앙고백서에 따르면 선행과 구원의 연관성은 무엇인가?

5. 선행의 유익한 열매들은 무엇인가?

6. 성령님께서 우리의 선행의 직접적인 원인이라는 사실에서 우리가 반드시 경계해야 하는 잘못된 추론은 무엇인가? 왜 이 추론은 잘못된 것인가?

7. 공덕을 정의하시오. 공덕의 개념과 관련한 오류는 무엇인가?

8. 그 어떤 공덕도 가능하지 않은 몇 가지 이유를 제시하시오.

9. 하나님께서 성도들의 선행에 보상하신다고 말하는 것은 옳은가?

10. 선행의 기준은 무엇인가?

11. 왜 중생하지 못한 사람의 행위들이 어떤 의미에서는 '선'으로 불릴 수 있는가?

제17장

1. 제17장의 개요를 간략히 서술하시오.

2. 1689 신앙고백서에 따르면 누가 확실하게 인내할 수 있는가? 신앙고백서가 거절하는 이 교리의 일반적인 오류는 무엇인가?

3. 1689 신앙고백서에 따르면 참 성도들은 무엇을 견뎌야 하는가? 이 주장을 지지하는 성경의 근거는 무엇인가? 이 성경의 근거는 이 교리에 대해 일반적으로 반대하는 어떤 의견에 답을 주는가?

4. '은혜의 상태로부터 전적으로 또는 최종적으로 떨어질 수 있는 것이 아니라'는

구절에서 '전적으로'라는 단어가 무엇을 단언하는가? 왜 이 두 단어 모두를 필수적으로 사용해야 하는가?

5. 만약 이 성경의 증거가 완전히 이해되었다면, 파멸의 원인이 되는 어떤 추측이 반드시 거절되고 대체되었겠는가?

6. 제2항에서 제시하는 견인교리의 다섯 가지 근거를 나열하시오.

7. 제3항에서 언급하는 심각한 죄에 성도가 빠진 결과들을 나열하시오.

8. 참 성도는 자신이 죽기 전에 계속 지어 온 심각한 죄를 회개하는가?

9. 우리는 죽음에 이르는 죄를 짓는 사람들이 참 그리스도인이 아니라는 것을 어떻게 아는가?

제18장

1. 제18장의 개요를 간략히 서술하시오.

2. 1689 신앙고백서 제18장의 역사적 배경은 무엇인가?

3. 확신의 가능성을 성경으로부터 입증하시오.

4. 이러한 가능성에 포함되어 있는 위험성은 무엇인가?

5. 1689 신앙고백서는 '틀림없는 확신'을 무엇이라 말하는가?

6. 확신의 세 가지 근거는 무엇인가? 첫 번째 근거는 무엇이고 확신의 근본적인 근거는 무엇인가? 왜 각 세 가지 근거가 필요한가? 왜 모든 근거들을 모두 가지고 있는 것이 중요한가?

7. 몇몇 성도들이 확신으로 나아갈 때 경험하는 어려움들을 설명하는 근본적인 실체는 무엇인가?

8. 회심 받았다는 직접적인 확신을 갖는 것은 가능한가?

9. 1689 신앙고백서에 따르면 확신은 양자택일의 문제인가?

10. 성경에 따르면 확신은 양자택일의 문제인가? 여러분의 답을 뒷받침하고 실제적 중요성을 설명하시오.

11. 왜 그리스도인은 확신을 가지려고 노력해야 하는가?

12. 4항에서 언급하는 확신을 잃어버리는 이유를 확인하고 설명하고 성경의 근거들을 제시하시오.

제19장

1. 제19장의 개요를 간략히 서술하시오.

2. 1689 신앙고백서는 1항의 '생명'을 무엇이라 말하는가?

3. 아담의 마음에 새겨진 동일한 법이 하나님에 의해 시내 산에서 반복되었다는 것을 보여주는 핵심 구절은 무엇인가?

4. 십계명이 시내 산에서 전해진 것보다 앞서 있었다는 다른 어떤 증거가 있는가?

5. 1689 신앙고백서는 모세의 법을 어떻게 분류하는가? 이 분류를 뒷받침하는 성경의 증거는 무엇인가?

6. 시민법이 현대 국가들과 그리스도인들에 대해 공식적인 권위를 소멸했다는 것을 증명하시오.

7. 시민법은 그리스도인에게 어떤 권위를 가지는가? 여러분의 답을 설명하시오.

8. 도덕법은 구원받은 자와 구원받지 못한 자 모두에게 계속해서 묶여 있다는 것을 증명하시오. 신약성경에 따르면 무엇이 도덕법인가?

9. 우리가 단지 그리스도를 향한 사랑을 드러내는 것으로 그 법에 마땅히 순종해야 한다고 말하는 것이 옳은가? 여러분의 답을 뒷받침하시오.

10. 성도의 삶에서 이 법의 용도들을 열거하시오.

11. 두려워서 또는 보상을 바라고 이 법에 순종하는 것이 율법적이거나 세속적인 것인가? 여러분의 답을 뒷받침하시오.

12. 율법과 복음 간의 성경의 긴장감이 있는가? 여러분의 답을 설명하시오.

제20장

1. 제20장의 개요를 간략히 서술하시오.

2. 제20장의 특징은 무엇인가? 어떻게 이 특징을 설명할 수 있는가?

3. 언급된 이단에 대한 1689 신앙고백서의 세 가지 반응은 무엇인가?

4. 1항에서 특별하게 어떤 오류를 설명하는가? 이 오류는 어떻게 반박되는가?

5. 우리는 아담과 하와가 구원에 대해서 근본적인 어떤 사실들을 이해하고 있었다고 확신할 수 있는가?

6. 저항할 수 없는 은혜를 가르치는 몇몇 정통교사들에 의해 어떻게 복음의 가치가 떨어지는가?

7. 복음의 특별계시는 구원에 필수인가? 여러분의 답을 뒷받침하시오.

8. 어떤 두 근본적인 교리들이 복음의 특별계시의 주권을 뒷받침하는가?

9. 칼빈주의자만이 복음을 전하는 열정을 파괴하는 오류들에 대한 예방적 조치를 취해야 하는 이유를 설명하시오.

10. 회심 때 복음의 능력과 성령님의 능력의 관계를 자세히(예를 들어) 설명하시오.

제21장

1. 제21장의 개요를 간략히 서술하시오.

2. 이 장의 배경의 원인이 되는 세 가지 역사적 요소들은 무엇인가?

3. 사보이 선언과 1689 신앙고백서가 웨스트민스터 신앙고백서 4항을 삭제한 이유는 무엇인가?

4. 그리스도인의 자유는 구약과 신약에서 본질적으로 동일하다는 것을 성경에서 증명하시오.

5. 그리스도인의 자유가 신약에서 확장된 방식을 설명하시오.

6. 1689 신앙고백서는 무조건적인 믿음, 절대적이고 맹목적인 복종을 무엇이라고 말하는가?

7. 무조건적인 믿음, 절대적이고 맹목적인 복종을 하는 것이 옳은가?

8. 성경에서 찾을 수 없는, 사람의 명령에 복종하는 것은 죄인가? 여러분의 답을 성경에서 뒷받침하시오.

9. 형제가 죄라고 생각하는 것을 행하여, 그 형제를 '화나게 하는'것은 정당한가?

10. 구약성경의 어떤 사건이 그리스도인의 자유의 목적, 의도를 충분하게 예를 들어 설명해 주는가?

제22장

1. 제22장의 개요를 간략히 서술하시오.

2. 1689 신앙고백서 저자들이 사보이 선언에 추가한 의미 있는 한 가지는 무엇인가? 이 추가에 합당한 의미를 간략히 설명하시오.

3. 1항의 역사적 배경에 대해 간략히 설명하시오.

4. 영국 성공회교도들과 청교도들 사이의 차이를 예배의 규정원리를 중심으로 예를 들어 자세히 설명하시오.

5. 규정원리에 대한 청교도 관점을 지지하는 논거의 주요한 구절들은 무엇인가? 규정원리를 가르치는 세 가지 중요한 성경구절들을 설명하시오.

6. 1689 신앙고백서에 규정원리에 대한 어떤 중요한 설명이나 단서가 진술되어 있는가? 어디에 진술되어 있는가?

7. 새 언약에 하나님께서 예배 받으셔야 하는 특별한 장소가 있는가? 여러분의 답을 설명하시오.

8. 그리스도인의 안식일을 다루는 항의 간략한 개요를 제시하시오.

9. 안식일 명령을 '적극적이고 도덕적인' 명령으로 설명한 것이 가리키는 안식일 명령의 독특한 특징은 무엇인가?

10. 안식일 명령의 도덕적 특징을 지지하는 세 가지 주요한 논거는 무엇인가?

11. 일곱 번째 날에서 첫 번째 날로 안식일이 바뀐 것으로 인해 제기되고 추측할 수 있는 딜레마는 무엇인가?

제23장

1. 제23장의 개요를 간략히 서술하시오.

2. 맹세의 합법성을 지지하는 성경의 네 가지 논거를 제시하시오.

3. 마태복음 5장 33-37절과 야고보서 5장 12절이 각 성경 문맥상 뜻하는 내용이 무엇인지 설명하시오.

4. 퀘이커교도들, 재세례파들, 현대 이교도들에 의한 이러한 성경구절들의 왜곡으로부터 어떤 교훈들을 엿볼 수 있는가?

5. 우리는 반드시 우리의 맹세들과 서원들을 항상 지켜야 하는가? 여러분의 답을 설명하시오.

6. 맹세들과 서원들의 관계를 논하시오.

제24장

1. 제24장의 개요를 간략히 서술하시오.

2. 영적이고 종교적인 주제들을 다루는 문서에 세속적으로 보이는 주제, 국가공직자에 대한 주제를 포함하는 것이 왜 필수인가?

3. 1689 신앙고백서의 가르침은 모든 합법적인 공직의 권위가 '피통치자의 동의'로부터 유래한다는 개념과 일치하는가?

4. 공직자는 '하나님 아래에, 백성들 위에'있다는 진술에 어떤 두 가지 책임들이 함축되어 있는가?

5. 이 진술을 지지하기 위해 여러분이 제시할 수 있는 어떤 성경구절이 있는가?

6. 1689 신앙고백서는 공직자의 업무에 대해서 어디에서, 어떤 말들로 언급하는가?

7. 성경에 따르면, 공직자의 업무는 무엇인가? 여러분의 답을 지지하는 성경을 제시하시오.

8. 하나님께서 공직자에게 '칼의 권세'로 무장시키셨다는 주장을 지지하는 성경 말씀은 무엇인가?

9. 공직자들에게 주어진 칼이 어떻게 그들의 의무와 권위의 한계들을 분명하게 만드는 역할을 하는가?

10. 2항이 주요하게 반대하는 어떤 종교적 의견이나 오류가 있는가?

11. 그리스도인들이 공직자의 자리를 얻는 것, 심지어 전쟁을 벌일 때에도 합법적이라는 주장이 어떻게 성경에서 지지를 얻을 수 있는가?

12. 신앙고백서의 주장은 마태복음 5장 37-48절과 제6계명을 어떻게 일치시키는가?

13. 2항에 함축되어 있는 종교적 오류에 대한 1689 신앙고백서의 거절은 침례주의자들의 역사적 기원들에 대해 무엇을 제시하는가?

14. 3항에 정확하게 가르치는 두 가지 의무들은 무엇인가?

15. 성경은 어디에서 첫 번째 의무를 가르치는가?

16. 첫 번째 의무가 공직자를 향한 우리의 태도들에 관하여 요구하는 것은 무엇인가?

17. 1689 신앙고백서에 의하면 이 첫 번째 의무에 어떤 제약들이 놓여있는가?

18. 3항에서 언급된 두 번째 의무를 요구하는 핵심구절은 무엇인가?

19. 1689 신앙고백서의 가르침은 정당한 혁명교리와 일치하는가?

20. 바울이 로마서 13장에서 설명하고 있는 특별한 문제, 주제는 무엇인가?

21. 종교의 자유교리는 성경으로부터 어떻게 변증되는가?

22. 하나님의 말씀을 지키기 위해, 공직자의 책임의 기초 위에서 종교의 자유교리와 상반되는 어떤 일련의 내용들이 제시될 수 있는가?

23. 무엇이 이 어려움의 해결책인가?

24. 종교의 자유를 제한하는 것들이 있는가?

25. 왜 로마서 13장 3-4절의 '선'과 '악'이라는 단어는 문맥 안에서 반드시 제한되어야 하는가?

제25장

1. 제25장의 개요를 간략히 서술하시오.

2. 결혼을 간략히 정의하시오. 여러분의 정의를 성경에서 뒷받침하시오.

3. 웨스트민스터 신앙고백서에 있는 이혼에 대한 항을 침례교 신앙고백서에서 제외한 합당한 설명은 무엇인가?

4. 이혼에 대한 하나님의 방식은 무엇인가? 여러분의 답을 뒷받침하시오.

5. 일부일처 결혼을 요구하는 성경구절 네 개를 인용하시오. 구약의 하나님의 사람들로 인한 일부일처 결혼의 파괴를 여러분은 어떻게 설명할 것인가?

6. 결혼에 대한 주요한 목적에 관한 1689 신앙고백서의 진술에 대한 두 가지 현대적 적용을 제시하시오.

7. 마땅히 다른 그리스도인들과만 결혼해야 한다는 명령을 미혼 그리스도인에게 적용하는 것을 논하시오.

8. 레위기 18장에 포함된 동족, 친족의 법이 오늘날에도 여전히 유효하다는 것을 가리키는 증거는 무엇인가? 이것은 성경 해석에 대한 어떤 원리를 설명하는?

제26장

1. 주요한 구분에 있어서 이 장의 일반적인 구조는 무엇인가? 여러분은 어떻게 아는가?

2. 이 장의 주요한 첫 번째 구분의 개요를 간략히 서술하시오.

3. 이 장의 주요한 두 번째 구분의 개요를 간략히 서술하시오.

4. 1689 신앙고백서는 우주적 교회의 정의에 대한 논의를 어떻게 구조화하는 가?

5. 1항에서 쓰인 단어 '가톨릭'의 의미를 한 마디로 정의하시오.

6. 1항의 핵심적인 세 가지 단어와 이 핵심적인 단어들을 가지고 1항이 주장하는 세 가지 내용은 무엇인가?

7. 어떤 단체가 우주적 교회의 실체를 거절하는가? 그들을 성경으로 반박하시오.

8. 교회는 '선택된 자들의 전체 수'로 구성된다는 주장에 대한 논의에서 반드시 기억해야 하는 결정적인 차이는 무엇인가?

9. 보이지 않는, 우주적 교회를 가르칠 때 포함되어 있는 위험은 무엇인가? 1689 신앙고백서는 보이지 않는 교회가 있다는 개념을 지지하는가?

10. 2항에 따르면 우주적, 보이는 교회의 회중됨은 각 회중의 회중됨과 관계는 어떻게 되는가?

11. 3항에서 드러나 있는 것과 같이 교회의 불순수성과 영속성간의 관계를 논하 시오.

12. 4항의 관련된 두 주장들은 무엇인가?

13. 4항의 어떤 주장이 변경되어야 하는가? 왜 그렇게 되어야 하는가?

14. 그리스도께서는 교회에게 머리되심을 어떻게 실제적으로 행하시는가?

15. 그리스도께서는 그리스도인들에게 지역교회들에 가입하라고 어떻게 명령하시는가?

16. 대위임령의 어떤 부분이 특별히 지역교회들과 관련되는가?

17. 그리스도께서 각 지역교회들의 일들을 행하기 위해 모든 필요한 능력을 각 지역 교회에게 주실 것이라는 것을 보여주는 핵심 성경구절들은 무엇인가?

18. 지역교회의 독립에 반하는 결정적인 논거는 무엇인가? 어떤 식으로 이 논거는 거절될 수 있는가?

19. 지역교회들의 지속적인 사역들은 무엇인가? 우리는 반드시 이 주제에 있어서 어떤 현대적인 오류들을 계속해서 주의해야 하는가?

20. 지역교회에서 감당해야 하는 사역을 위해 결정적인 필수조건은 무엇인가?

21. 어떤 사람을 지역교회의 사역자로 부를 때 핵심적인 두 가지 요소들은 무엇인가?

22. '투표'라는 단어는 1689 신앙고백서가 '바로 그 교회의 공통된 동의'라고 부르는 것을 설명하기 위해서 쓰였는가?

23. 10항의 요지는 무엇인가?

24. 지역교회의 사역자들의 생계를 지원해주는 문제에 대해 결정적인 성경구절 세 가지는 무엇인가? 이러한 성경구절들은 어떤 결론들을 요구하는가?

25. 설교하는 것은 정해진 장로들에게 제한되는가? 여러분의 답을 뒷받침하시오.

26. 12항과 관련된 두 가지 의무들은 무엇인가?

27. 어떤 규정원리들이 교회에서 이 문제들을 해결하는 방식에 대한 13항의 설명을 뒷받침하는가?

28. 14항과 15항에서 명령된 특별한 의무는 무엇인가?

29. 자매교회와의 관계를 주의하여 돈독히 하지 않을 경우의 위험은 무엇인가?

30. 15항의 가르침을 지지하는 근본적인 성경원리는 무엇인가?

제27장

1. 제27장의 개요를 간략히 서술하시오.

2. 교제를 정의하시오.

3. 성도의 교제의 근거는 무엇인가? 우리 형제들에게 지울 수 있는 요구들을 어떻게 제한할 수 있는가?

4. 왜 1689 신앙고백서는 우리가 그리스도와 '한 인격이 되는 것은 아니다'라고 말하는가? 오늘날 이 진술의 전제조건의 중요성은 무엇인가?

5. 우리와 그리스도의 연합을 간략히 설명하시오.

6. 그리스도와의 연합이 어떻게 실현되는가? 여러분의 답을 뒷받침하시오.

7. 성도의 교제교리는 여러분 자신의 인격과 한 사람의 개인성에 대한 주장을 강조하는 현대에 어떤 영향을 미치는가?

8. 성도의 교제를 실제적으로 드러내기 위해 성경에서 말하는 우선순위들은 무엇인가?

제28장

1. 제28장의 개요를 간략히 서술하시오.

2. 우리는 '성례'라는 말을 마땅히 사용해야 하는가?

3. 침례교 신앙고백서에서 제외된 웨스트민스터 신앙고백서의 몇 가지 내용들은 무엇인가?

4. 1항의 '적극적이고 주권적인'이라는 단어는 무엇을 의미하는가?

5. 이 의식들에 부여된 영속성의 의미는 무엇인가? 의식들이 주는 영속성을 성경

에서 증명하시오.

6. 1689 신앙고백서는 이 의식들의 합당한 집례자들에 대한 문제에 있어서 웨스트민스터 신앙고백서, 제1차 런던 신앙고백서와 어떤 차이가 있는가?

7. 오직 사역자들, 그들의 대표들이 이 의식들을 집례할 수 있다는 개념을 뒷받침하시오.

제29장

1. 제29장의 개요를 간략히 서술하시오.

2. 침례의 의미는 무엇인가? 여러분의 답변을 뒷받침하시오.

3. 침례는 복음의 유익들과 요구들 모두를 상징하는가? 여러분의 답변을 뒷받침하시오.

4. 침례의 의미는 침례의 대상들에 대한 문제에 있어서 어떤 영향을 미치는가?

5. 침례교 신앙고백서가 웨스트민스터 신앙고백서와 일치하는 두 방식들을 명시하고 동의하지 않는 두 방식들을 명시하시오.

6. 유아세례를 지지하는 개혁주의 유아세례주의자의 기본적인 논거는 무엇인가?

7. 이 논거에 대한 결정적인 반대의견들은 무엇인가?

8. 신약에서 도출된 유아세례를 지지하는 몇 가지 논거들은 무엇인가?

9. 침례주의자는 신약의 가정에서의 침례의식들을 어떻게 해석하는가?

10. 왜 유아세례주의자는 자신들의 입장을 지지하기 위해 고린도전서 7장 14절
   을 사용하지 않는가?

11. 왜 아브라함 언약은 은혜언약과 동일하지 않는가?

12. 침례의 외적인 실행에 있어서 요구되는 세 가지 요소들은 무엇인가?

13. '침례를 주다'라는 말의 의미는 무엇인가?

14. 왜 '침례를 주다'라는 말의 비유적인 쓰임이 침례의 형식인 살수례, 관수례를
   거부하는가?

제30장

1. 제30장의 개요를 간략히 서술하시오.

2. 여러분은 긍정에서부터 부정으로의 반복되는 흐름을 어떻게 설명하는가?

3. 주의 만찬은 어디에서 마땅히 집례되어야 하는가? 여러분의 답을 지지하는 성

경의 지지를 제시하시오.

4. 주의 만찬이 제정되는 첫 상황들이 그리스도인에게 어떤 현실적인 중요성을 주는가?

5. 왜 잘 교육받은 그리스도인은 로마 가톨릭 미사를 혐오스러운 것으로 여길 수밖에 없는가?

6. 주의 만찬은 희생제사인가? 여러분의 답을 정의하시오.

7. 주의 만찬을 기념하는 데 있어서 본질에 해당하는 주요한 행위들은 무엇인가?

8. 화체설은 무엇인가?

9. 화체설은 비이성적인가? 이러한 비이성적인 교리들을 믿는 위험은 무엇인가?

10. 왜 화체설은 비성경적인가?

11. 주의 만찬에서와 독특한 방식으로 성도들은 그리스도로 인해 살아가는가? 여러분의 답을 설명하고 변증하시오.

12. '무지하고 불경건한 자들'이 주의 만찬에 참여하려고 애쓰는 것에 관하여 교회의 의무는 무엇인가? 여러분의 대답을 지지하는 성경의 근거를 제시하시오.

13. 고린도전서 11장 29-32절은 참 성도들이 죽음에 이르는 징계를 받을 수도 있다고 가르치는가? 여러분의 답을 변증하시오.

제31장

1. 제31장의 개요를 간략히 서술하시오.

2. '중간상태'라는 말은 무엇을 의미하는가?

3. 중간상태에 대한 올바른 이해와 관련한 결정적 구별, 즉 성경에서 말하는 핵심적인 두 구별은 무엇인가?

4. 영혼이 '불멸'한다는 주장은 성경적인가? 어떤 의미에서 성경적인가?

5. 육체와 영혼은 다른 두 개의 것들이고 영혼은 몸이 죽은 이후에도 계속 존재한다는 개념을 지지하는 성경은 무엇인가?

6. 죽음에 대해서 생각할 때 어떤 결정적인 균형 잡힌 생각이 실제로 그리스도인을 지킬 수 있는가?

7. 성도의 중간상태에 대해서 성경의 근본적인 주장은 무엇인가?

8. 천국은 성경에서 어떻게 정의되었는가?

9. 천국은 장소인가? 여러분이 뜻하는 것을 설명하고 여러분의 답을 지지하는 성경의 증언을 제시하시오.

10. 천국에 시간이 있는가? 여러분의 답을 지지하는 성경의 증거를 제시하시오.

11. 성도들의 영혼들이 죽었을 때 완벽하게 거룩하게 된다는 사실을 지지하는 성경의 논거는 무엇인가?

12. 우리는 천국에 있는 다른 성도를 알고 교제할 수 있는가? 여러분의 답을 성경으로 뒷받침하시오.

13. 우리는 성경으로부터 모든 성도들의 영혼들이 죽는 순간 천국에 들어간다고 어떻게 알 수 있는가?

14. 천국에 있는 성도들의 영혼이 완벽히 행복하다고 말하는 것은 참인가? 그렇다면 왜 그러한가? 그렇지 않으면 왜인가?

15. '스올'이라는 말을 성경에서의 쓰임대로 정의하시오.

16. 이 스올이라는 말은 항상 성경에서 같은 말로 언급되는가?

17. 이 단어의 잘못된 관점들은 무엇인가? 이 관점들의 일반적인 오류는 무엇인가?

18. 악인의 중간상태에 대해 언급하는 결정적인 신약의 본문들은 무엇인가?

19. 사람들이 죽은 이후에 두 번째 기회를 가질 것이라는 개념에 반하는 성경의 증언은 무엇인가?

20. 어떤 성경구절들이 의로운 자들과 불의한 자들이 죽음에서 들어 올려질 것이라고 명백하게 진술하는가?

21. 부활한 육체는 지금의 몸과 동일한가? 다른가? 여러분의 답을 뒷받침하시오.

22. 부활한 육체는 영적인가 육적인가? 여러분의 답을 뒷받침하시오.

23. 의인의 부활과 악인의 부활 사이에 관한, 1689 신앙고백서에서 진술되고 함축되어 있는 차이는 무엇인가?

24. 현재의 육체와 부활한 육체 사이에 관한, 고린도전서 15장에 언급되어 있는 차이는 무엇인가?

제32장

1. 제32장의 개요를 간략히 서술하시오.

2. 1689 신앙고백서가 각 항에서 어떤 핵심 성경구절들을 암시하는가?

3. 1689 신앙고백서의 어떤 표현이 우주적이고, 완전하고, 일반적인 심판에 대한 개념을 주장하는가?

4. 절대적인 우주적 심판을 가르치는 결정적인 성경구절 일곱 개는 무엇인가?

5. 이 장에서 설명된 것과 같은 일반적인 심판이 가지는 세 가지 실제적인 함의는 무엇인가?

6. 참 그리스도인들은 어떤 의미에서 이 심판을 두려워해야 마땅한가?

7. 1689 신앙고백서 제32장에서 영원한 형벌교리를 분명히 가르치는 곳을 옮겨 적으시오.

8. 왜 일반적으로 '영원한'으로 번역된 성경의 용어들은 반드시 끝없는 존재를 뜻하는 것으로 이해되는가?

9. 이러한 표현을 쓰지 않고도 끝없는 형벌을 지지하는 다른 성경의 증언을 인용하시오.

10. 어떤 두 이단들이 끝없는 형벌을 지지하는 증언을 부정하는가? 이 두 이단들의 가르침들을 간략히 요약하시오.

11. 오늘날 어떤 이단이 더 유명하고, 복음주의자 지도자들에 의해 받아들여지거나 용납되는가?

12. 보편주의에 반하여 인용되는 더 확실한 증거는 무엇인가?

13. 영혼멸절설에 반하여 인용되는 더 확실한 증거는 무엇인가?

제5열람실

제5열람실은 '교회를 위한 신학을 공부하는 곳'이라는 의미를 지닌 침례신학대학교 독서 동아리였습니다. 이제는 교회에서 출판사 제5열람실로 다시 이 소망을 이어갑니다. 제5열람실은 종교개혁의 유산, 침례교가 가지고 있는 개혁신학과 신앙을 한국교회에 소개하고자 책을 만들어내고 있습니다. 우리가 펴낸 모든 책이 교회를 바로 세우는 기틀이 되기를 바랍니다.

제2차 런던 신앙고백 해설

Copyright ⓒ 제5열람실 2020

1쇄 발행   2020년 12월 30일

지은이   사무엘 E. 왈드론
옮긴이   김홍범, 박대일
펴낸이   방인성
펴낸곳   제5열람실

편집   고운석, 박나리, 정아라
디자인   파크인미

홈페이지   www.facebook.com/the5threadingroom
출판등록   2016년 11월 1일
주소   대전광역시 유성구 반석서로 71번길 7, 3층 302호
전화   042-825-1405
팩스   042-825-1403

ISBN 979-11-963679-7-8 03230

책값은 뒤표지에 있습니다.

이 도서의 국립중앙도서관 출판예정도서목록(CIP)은 서지정보유통지원시스템 홈페이지(http://seoji.nl.go.kr)와 국가자료종합목록 구축시스템(http://kolis-net.nl.go.kr)에서 이용하실 수 있습니다.
CIP제어번호 : CIP2020053066